[redacted]

Management

L'essentiel des concepts et des pratiques

7e édition

Stephen P. Robbins (San Diego State University)
David DeCenzo (Coastal Carolina University)
Mary Coulter (Missouri State University)
Charles-Clemens Rüling (Grenoble Ecole de Management)

Avec la contribution de **Philippe Gabilliet** (ESCP Europe, Paris)

PEARSON
Education

Publié par Pearson Education France
47 bis, rue des Vinaigriers
75010 PARIS
Tél. : 01 72 74 90 00

Traduction : Pierre-Olivier Douphis, Valérie Lavoyer,
Delphine Lemoine et Sébastien Marty

Mise en pages : TyPAO

ISBN : 978-2-7440-7485-1

Table des matières

Chapitre 2
Les métiers du manager 23

Chapitre 3
L'environnement du management 51

Chapitre 5

Chapitre 6

Chapitre 7

Chapitre 9

Le comportement individuel

Chapitre 10
Les groupes et les équipes de travail 277

Chapitre 11
La motivation 309

Chapitre 13

Chapitre 14

Table des documents et des encadrés

Documents

Encadrés

Théorie classique

Le manager et la technologie

Manager la diversité

Préface des auteurs

Management, L'essentiel des concepts et des pratiques est un livre sur le management et les managers. Toute organisation, indépendamment de sa taille ou de son statut, a besoin d'être managée. Le monde du management est actuellement en évolution et va, sans doute, continuer à évoluer. Ces changements constituent autant d'opportunités. Le management est une discipline dynamique, et toute introduction au management se doit de refléter ces changements. Avec cette 7e édition, nous avons donc cherché à mettre la compréhension des changements actuels au cœur du débat.

Au moment de prendre sa plume, chaque auteur a en tête une série d'hypothèses, implicites ou non, qui déterminent les orientations de ce qu'il va écrire. En soi, le management constitue un thème passionnant. Il traite en effet de la véritable vie économique et des problèmes que les gens rencontrent quotidiennement dans le monde du travail.

Pour notre part, nous sommes convaincus que le management ne doit pas seulement être étudié du point de vue des multinationales et des sphères dirigeantes de l'entreprise. Les concepts évoqués dans les chapitres qui suivent touchent tous les acteurs des organisations, de l'agent de maîtrise œuvrant sur le terrain jusqu'au P.-D.G. d'une société, en passant par tous les niveaux intermédiaires de responsabilité. L'attention de celui qui étudie le management doit se porter autant sur les défis et opportunités rencontrés par le chef d'une petite équipe de cinq collaborateurs que sur ceux affrontés par un dirigeant à la tête d'un comité exécutif. De plus, tout le monde ne cherche pas à travailler dans une entreprise multinationale ou classée au sommet du palmarès des grands magazines économiques. Ainsi, les lecteurs intéressés par des structures de plus petite taille, des projets plus aventureux, voire par le management des organisations à but non lucratif, trouveront aussi dans les pages qui suivent les descriptions de concepts applicables dans tous ces domaines.

Dans le cadre de cet ouvrage, il nous a fallu faire des choix. Ainsi, avant de décider d'inclure tel ou tel concept, nous sommes-nous systématiquement interrogés sur sa pertinence scientifique ou pratique. En quoi méritait-il d'être connu ? Si sa pertinence n'était pas des plus frappantes, il était rejeté ou bien devait être clairement expliqué En outre, le contenu devait être adapté pour demeurer cohérent avec une époque de plus en plus dynamique, dans laquelle les changements (en particulier organisationnels) se produisent à un rythme effréné. Un ouvrage sur un sujet aussi évolutif que le management se devait d'être à la hauteur en intégrant les ultimes concepts et pratiques du domaine.

Écrire et publier un tel ouvrage nécessite les talents et la collaboration de nombreuses personnes, qui n'apparaissent jamais sur la couverture. Nous aimerions donc reconnaître ici la contribution apportée par celles et ceux sans qui ce projet n'aurait pu aboutir. Nous remercions particulièrement nos éditeurs ainsi que toute notre équipe éditoriale : Kim Norbuta, Judy Leale, Nikki Jones, Claudia Fernandes, Kathie Foot, Eric Svendsen, Sally Yagan, Nancy Moudry et Seila Norman.

Nous espérons que vous prendrez autant de plaisir à travailler avec ce livre que nous avons pris à l'écrire pour vous.

Stephen P. Robbins

David A. Decenzo

Mary Coulter

Préface à l'édition française

Fundamentals of Management constitue aux États-Unis un ouvrage de référence, tant pour les étudiants d'écoles de gestion que pour les professionnels en formation. L'adaptation d'un tel ouvrage signifie une recherche permanente d'équilibre entre l'esprit du texte d'origine et les caractéristiques institutionnelles, économiques et sociales du contexte dans lequel il sera reçu. Tout en respectant les choix théoriques et conceptuels des auteurs nord-américains, nous avons cherché à garantir que les problématiques et exemples reflètent la réalité du management en Europe et en France plus particulièrement.

Management, L'essentiel des concepts et des pratiques se veut un ouvrage à la fois utile, utilisable et utilisé par ceux qui le liront. Pour ce faire, chaque chapitre est structuré de manière identique, favorisant à la fois l'apprentissage des notions et leur intégration dans une réflexion globale orientée vers l'action efficace et la performance.

L'arrivée, pour cette édition, d'un nouvel auteur, Mary Coulter, dans l'équipe américaine, a été l'occasion de revoir en profondeur la structure de l'ouvrage ainsi que l'agencement des chapitres. Parmi les principales nouveautés figurent un chapitre entier sur l'entrepreneuriat ainsi que des sections transverses sur gestion de la diversité et sur l'impact des nouvelles technologies.

Les activités proposées en fin de chapitre ont été entièrement revues et augmentées. Chaque chapitre est désormais accompagné de propositions d'activités pédagogiques multiples : questions de compréhension, exercice d'autoévaluation, dilemme éthique, mises en situation et/ou exercices de groupe ainsi que nouveau cas d'entreprise. Par rapport à l'édition américaine, nous avons décidé de maintenir l'introduction historique (chapitre 1) qui nous semble particulièrement importante pour comprendre les situations et contextes dans lesquels se sont développées nos connaissances actuelles en management.

Du côté français, l'ouvrage a changé d'adaptateur. Professeur à Grenoble École de Management, j'ai eu le grand plaisir d'accepter cette responsabilité qui m'a été confiée par mon prédécesseur, Philippe Gabilliet, de l'ESCP Europe. Je suis heureux de participer à l'évolution de cet ouvrage et j'invite tout lecteur – étudiant, enseignant ou manager – à me faire part de ses observations, commentaires ou suggestions pour les éditions suivantes.

Merci à tous ceux qui ont directement contribué à cette édition. Je tiens à remercier particulièrement Philippe Gabilliet qui a contribué à la présente édition (notamment pour les chapitres 1, 2, 11, 12 et 15) et qui a entièrement rédigé le chapitre 6 sur l'entrepreneuriat. Je remercie également mes collègues au sein de Grenoble École de Management pour nos échanges et pour leur soutien, ainsi que l'équipe de Pearson France qui a accompagné ce projet avec un professionnalisme exemplaire. Je remercie enfin mes enfants Marine et Felix pour la patience dont ils ont su faire preuve pendant le temps de révision et de rédaction de cette nouvelle édition.

Charles-Clemens Rüling
charles-clemens.ruling@grenoble-em.com

Préface à l'édition pour Grenoble Ecole de Management

Vous tenez entre vos mains une édition spéciale du livre *Management, L'essentiel des concepts et pratiques* aux couleurs de GEM. Ce livre vous accompagnera tout au long de vos études et deviendra, nous l'espérons, une référence tout au long de votre vie professionnelle.

Management, L'essentiel des concepts et pratiques donne un aperçu très complet, à la fois théorique et concret, des principales questions liées à la pratique de management : prise de décision, stratégie, entrepreneuriat, structure d'organisation, changement et innovation, dynamique d'équipe, motivation, leadership, communication, contrôle, etc.

Dans le cadre de votre scolarité, il servira comme ouvrage de référence pour l'ensemble des cours de tronc commun dédiés au management en première, deuxième et troisième année : En première année il permettra de découvrir les principaux auteurs et interrogations qui définissent le champ du management. En deuxième année il vous aidera à approfondir le domaine du « comportement organisationnel », c'est à dire la question des dynamiques individuelles et collectives au travail, et en troisième année il orientera votre regard davantage sur les questions de structure, culture et pouvoir et le thème de la responsabilité managériale.

Plus qu'un simple manuel de cours, ce livre vous propose un à la fois un grand nombre d'auto-évaluations, d'exercices, de mises en situation, et de nombreuses suggestions pour bien gérer des situations managériales concrètes – utilisez-le sans modération, dans vos cours et bien au-delà !

J'espère que vous prendrez du plaisir à découvrir ce livre !

Charles-Clemens Rüling
Professeur au département Hommes, organisations, Société
Grenoble Ecole de Management

Chapitre 1

Aux sources du management contemporain

Objectifs

1. Décrire les sources historiques des méthodes modernes de management.
2. Présenter les apports et l'actualité de l'école classique du management.
3. Montrer l'importance du mouvement des relations humaines dans les conceptions modernes du management.
4. Analyser les liens entre l'émergence des grandes théories du management et leur contexte sociohistorique d'apparition.
5. Identifier les modèles de référence dans la théorie managériale contemporaine.

La connaissance de l'histoire du management peut faciliter la compréhension de nombre de méthodes et théories de management contemporaines. Dans ce chapitre, nous étudierons les origines de nombreux concepts actuels et tenterons de démontrer que leur évolution reflète non seulement celle des besoins des entreprises, mais aussi celle de la société dans son ensemble.

1. L'ère prémoderne

Les hommes exercent des activités organisées et pratiquent le management depuis des milliers d'années, peut-être même davantage. Certains paléontologues n'ont-ils pas trouvé des traces de taillage de silex à la chaîne du temps de l'homme de Cro-Magnon[1] ? Plus près de nous, les pyramides d'Égypte et la Grande Muraille de Chine témoignent que des projets d'une envergure phénoménale, impliquant des dizaines de milliers de personnes, étaient déjà mis en œuvre bien avant l'époque moderne. Les pyramides en offrent un exemple particulièrement intéressant. La construction d'un seul de ces monuments occupait des milliers d'individus pendant plusieurs décennies. Qui se chargeait d'indiquer à chaque ouvrier ce qu'il était censé faire ? Qui s'assurait de l'existence d'un stock suffisant de pierres, afin de prévenir toute interruption du chantier ? Ce genre de responsabilités incombait aux managers. Peu importe le nom qu'on leur donnait alors ; il fallait que quelqu'un planifie le travail, organise la main-d'œuvre, gère l'approvisionnement en matériaux et dirige les ouvriers.

Lorsque l'on entend le nom de Michel-Ange, à quoi pense-t-on ? À un artiste de la Renaissance ? À un génie ? Mais pourquoi pas à un manager ? De récentes études ont en effet révélé que l'image qui lui est traditionnellement associée – celle d'un créatif solitaire sans cesse ballotté entre angoisse et extase, allongé sur un échafaudage, décorant à lui seul toute la voûte de la chapelle Sixtine – n'est qu'un mythe[2]. Il y a quatre cent quatre-vingts ans de cela, Michel-Ange gérait en réalité une véritable PME. Trente artisans travaillent avec lui sur la fresque de la chapelle Sixtine. À Florence, une vingtaine d'ouvriers l'aident à tailler les tombes de marbre de la chapelle funéraire des Médicis et deux cents autres au moins contribuent, sous sa direction, à la construction de la bibliothèque Laurentienne. Michel-Ange recrute et forme lui-même ses ouvriers ; il les répartit en équipes et opère un suivi détaillé du personnel. Chaque semaine, il répertorie ainsi le nom, le nombre de journées de travail et le salaire de tous ses employés. Parallèlement, Michel-Ange joue un rôle de superviseur. Chaque jour, il passe en revue les divers chantiers placés sous sa responsabilité, contrôle l'avancement des travaux et règle les éventuels problèmes.

Ce simple exemple historique illustre bien que l'organisation des activités ainsi que la fonction managériale sont apparues bien avant la Révolution industrielle. Pour autant, ce n'est qu'au cours des tout derniers siècles, et plus particulièrement du XXe siècle, que le management a réellement commencé à faire l'objet d'une étude systématique, à constituer un champ de connaissances propre et à s'imposer enfin comme une discipline à part entière.

1.1. Adam Smith, pionnier du management ?

On a coutume, dans les cours d'économie, de n'évoquer le nom d'Adam Smith (1723-1790) qu'à travers ses contributions à la doctrine économique classique. Mais *La Richesse des nations* (1776) renferme également un brillant exposé sur les bénéfices économiques que la **division du travail** peut apporter aux entreprises et à la société[3]. S'appuyant sur l'exemple d'une manufacture d'épingles, Smith note que dix ouvriers, spécialisés chacun dans une tâche précise, sont capables de produire quelque 48 000 épingles par jour. En revanche, s'ils travaillent séparément, indépendamment les uns des autres, ces mêmes dix ouvriers pourront déjà s'estimer heureux d'en fabriquer 200 – ou même 100.

Division du travail — Décomposition rationnelle du travail en tâches parcellaires et répétitives.

Smith en déduit que la division du travail augmente la productivité, car elle permet de développer le savoir-faire et la dextérité de chaque ouvrier, évite les pertes de temps ordinairement liées aux changements de postes et stimule l'apparition d'inventions et de machines susceptibles de réduire la main-d'œuvre. Aujourd'hui, la grande popularité des emplois spécialisés – dans certaines activités tertiaires telles que l'enseignement ou la médecine, tout comme sur les chaînes de montage des usines automobiles – découle sans aucun doute des avantages économiques soulignés, voilà plus de deux siècles, par Adam Smith.

1.2. La Révolution industrielle a-t-elle influencé les méthodes de management ?

Historiquement, l'évolution la plus importante en matière de management est probablement venue de la **Révolution industrielle**. Apparue en Grande-Bretagne à la fin du XVIIIe siècle, celle-ci achève de traverser l'Atlantique aux derniers jours de la guerre de Sécession. L'énergie mécanique ne tarde pas à se substituer à l'énergie humaine et l'utilisation des machines rend la production industrielle économiquement viable.

Révolution industrielle — Mouvement sociohistorique et socio-économique né en Grande-Bretagne à la fin du XVIIIe siècle avant de se diffuser dans toute l'Europe et l'Amérique du Nord et caractérisé par l'avènement simultané de l'énergie mécanique, de la production de masse et de modes de transport plus efficaces.

L'énergie mécanique, la production de masse, la réduction des coûts de transport – conséquence du développement rapide du chemin de fer – et l'absence de réglementation favorisent en outre la croissance des grosses compagnies. La Standard Oil de John Rockefeller se transforme peu à peu en monopole, Andrew Carnegie s'approprie les deux tiers de l'industrie sidérurgique et nombre de leurs confrères fondent d'autres grandes entreprises qui exigent la mise en œuvre d'un management rigoureux. Le besoin d'une théorie formelle permettant de guider les managers dans la gestion de leurs affaires se fait alors cruellement sentir. Mais il faut pourtant attendre le début du XXe siècle pour assister aux premières grandes étapes de son élaboration.

2. L'école classique du management

Les fondements du management moderne sont issus du travail d'un groupe d'auteurs et de professionnels qui s'attachent à formuler certains principes rationnels susceptibles d'améliorer l'efficacité des entreprises. Leurs contributions ayant jeté les bases théoriques d'une nouvelle discipline baptisée management, nous parlerons à leur égard d'une école classique du management, laquelle se subdivise en deux sous-catégories : le management scientifique d'une part et la théorie administrative générale d'autre part. Les théoriciens du management scientifique (Taylor, Gilbreth, Gantt) envisagent la question du management sous l'angle de l'augmentation de la productivité ouvrière, tandis que les tenants de la théorie administrative (Fayol, Weber) s'intéressent à l'organisation globale de l'entreprise et aux moyens de la rendre plus efficace.

École classique du management — Terme servant à désigner les hypothèses des théoriciens du management scientifique et de la théorie administrative générale.

2.1. Que doit-on à Frederick Taylor ?

S'il fallait déterminer la date de naissance exacte de la théorie du management moderne, l'année 1911, qui voit la publication des *Principes d'organisation scientifique des usines* de Frederick Taylor (1856-1915), aurait de bonnes chances de l'emporter[4]. Cet ouvrage, dont le propos devait être aussitôt adopté par les managers du monde entier, décrit la théorie du **management scientifique** – l'utilisation d'une méthodologie scientifique pour établir la « manière optimale » de réaliser une tâche (le « one best way »). Les études qu'il mènera avant et après la publication de son livre vont consacrer Taylor comme le père de la théorie du management scientifique (voir l'encadré). Il effectue la plus grande partie de ses recherches en Pennsylvanie, au sein des entreprises sidérurgiques Midvale et Bethlehem. Ingénieur mécanicien issu d'une famille de quakers puritains, Taylor s'indigne en permanence de l'inefficacité des ouvriers : ils emploient plusieurs techniques radicalement différentes pour réaliser le même travail et ont tendance à « flâner ». Selon lui, la production n'atteint de ce fait qu'un tiers environ de son maximum potentiel. Aussi décide-t-il de remédier à cette situation par le biais de l'étude scientifique des emplois ouvriers. Il va consacrer plus de vingt années de recherches intensives à déterminer la manière optimale de réaliser chaque tâche.

Management scientifique — Utilisation d'une méthodologie scientifique pour définir la manière optimale de réaliser une tâche.

Taylor a pour ambition de révolutionner les mentalités – celles des ouvriers comme celles des patrons – en établissant des règles claires permettant d'améliorer la productivité. Il dégage les quatre principes de base du management (voir document 1.1) et affirme que le respect de ces principes assurera la prospérité de tous : les employés seront mieux payés et les dirigeants verront leurs bénéfices augmenter.

Par l'application des techniques du management scientifique, Taylor est capable de déterminer la manière optimale d'accomplir une tâche donnée. Il peut dès lors choisir la personne la plus adaptée pour ce travail et lui apprendre à le réaliser très précisément de cette façon-là. Pour motiver les ouvriers, il préconise la mise en place d'une rémunération au rendement. Taylor parvient ainsi à obtenir régulièrement des gains de productivité de 200 % et plus, tout en réaffirmant les fonctions de planification et de direction des managers et la nécessité pour les ouvriers d'obéir scrupuleusement aux instructions.

Document 1.1 – Les quatre principes du management de Taylor.

1. Substituer à l'empirisme traditionnel la connaissance scientifique des divers aspects du travail de chaque individu.
2. Sélectionner, former, éduquer et perfectionner scientifiquement les ouvriers. (Auparavant, on les laissait choisir leur métier et ils se formaient seuls, du mieux qu'ils pouvaient.)
3. Établir une coopération franche avec les ouvriers, de manière à s'assurer que l'ensemble du travail soit effectué conformément aux principes scientifiques établis.
4. Répartir le travail et les responsabilités de manière à peu près égale entre la direction et les ouvriers. La direction se chargera de toutes les tâches pour lesquelles elle se montrera plus compétente que les ouvriers. (Auparavant, la quasi-totalité du travail et la majorité des responsabilités incombaient à ces derniers.)

On ne soulignera jamais assez l'impact des travaux de Taylor[5]. Au cours de la première décennie du XXe siècle, il donne de nombreuses conférences publiques afin d'enseigner le management scientifique aux industriels curieux. Entre 1901 et 1911, dix-huit entreprises au moins adoptent l'une des variantes de sa théorie. En 1908, la Harvard Business School déclare que l'approche taylorienne constitue désormais la norme du management moderne et l'impose au cœur de tous ses cursus d'enseignement. En 1909, Taylor lui-même commence à enseigner à Harvard. Entre 1910 et 1912, deux événements propulsent le management scientifique sur le devant de la scène. En 1910, la compagnie Eastern Railroad exige de l'ICC (*Interstate Commerce Commission*) une augmentation des tarifs des billets de train. Convoqué devant la commission, un expert en organisation affirme que les chemins de fer pourraient économiser un million de dollars (l'équivalent de 17 millions aujourd'hui) en appliquant les principes du management scientifique. Cette assertion influence l'ensemble des auditions de la commission et éveille l'intérêt du pays tout entier pour les idées de Taylor. En 1911, *Principes d'organisation scientifique des usines* devient d'emblée un best-seller. Dès 1914, les conceptions tayloriennes ont acquis une telle popularité qu'à New York, une exposition sur l'efficacité économique inaugurée par Taylor attire un public estimé à 69 000 personnes. Bien que ses idées aient été diffusées non seulement aux États-Unis, mais aussi en France, en Allemagne, en Russie et au Japon, c'est sur l'industrie américaine que Taylor aura le plus d'influence. En 1908, le montage de la Ford T demande douze heures vingt ; dans les années 20, une heure vingt suffit ! La méthode taylorienne va désormais conférer aux entreprises industrielles américaines un avantage certain sur les firmes des autres pays, ainsi qu'une efficacité que leur enviera le monde entier – au moins pour une cinquantaine d'années.

Théorie classique

Frederick Taylor

L'expérience menée par Taylor dans le domaine de la fonte brute représente sans doute l'exemple de management scientifique le plus couramment cité. Les ouvriers chargeaient des gueuses de fonte de 92 livres sur des chariots. Leur production moyenne s'élevait à 12,5 tonnes par jour. Taylor était convaincu que l'analyse scientifique de leur travail permettrait de déterminer la manière optimale de charger les gueuses et de porter ainsi la production quotidienne à 47 ou 48 tonnes.

Il commença par chercher un sujet solidement bâti et financièrement intéressé. L'individu sélectionné, un immigré néerlandais de forte carrure, fut surnommé « Schmidt ». Comme tous ses collègues, Schmidt gagnait 1,15 dollar par jour – une somme qui, même à l'époque, suffisait à peine pour vivre. Taylor s'engagea à lui verser 1,85 dollar s'il acceptait de faire ce qu'il lui demanderait.

Il lui fit donc charger ses gueuses de fonte en modifiant alternativement divers facteurs, afin d'en mesurer l'impact sur sa production journalière. Certains jours, Schmidt devait par exemple soulever les gueuses en dépliant les genoux ; d'autres fois, on lui ordonnait de garder les jambes droites et de ne se servir que de son dos. Taylor fit varier les périodes de repos, la cadence du pas, les postures de chargement et quantité d'autres variables. Après avoir longuement et méthodiquement expérimenté diverses combinaisons de procédures, de techniques et d'outils, Taylor parvint à obtenir le niveau de productivité espéré. En confiant ce travail à la bonne personne, munie d'un outillage et d'un équipement adéquat, en l'incitant à respecter à la lettre ses instructions et en la motivant par une augmentation substantielle de son salaire, Taylor avait atteint son objectif de 48 tonnes par jour.

Il est important de bien comprendre ce que Taylor avait découvert en arrivant chez Midvale Steel, et qui l'avait à ce point poussé à vouloir améliorer le fonctionnement de l'usine. À cette époque, la responsabilité des employeurs et des managers correspondait encore à un concept assez flou. Il n'existait pour ainsi dire aucune norme permettant de mesurer l'efficacité du travail. Les ouvriers faisaient exprès de travailler lentement. Les dirigeants prenaient leurs décisions du fond de leur siège, en se fiant uniquement à leur intuition. On ne se souciait jamais de savoir si les capacités et les aptitudes des ouvriers correspondaient aux postes auxquels on les affectait. Pire encore, la direction et le personnel s'estimaient engagés dans un conflit permanent. Plutôt que de coopérer pour le bien commun, ils percevaient leur relation comme un antagonisme de forces – si l'un gagnait quelque chose, c'était forcément au détriment de l'autre.

2.2. Taylor, et après ?

Les idées de Taylor incitèrent d'autres personnes à mettre au point et à développer leurs propres méthodes de management scientifique. Ses principaux disciples sont Frank et Lillian Gilbreth[6], ainsi que Henry Gantt.

Entrepreneur en bâtiment, Frank Gilbreth abandonne sa carrière en 1912 pour étudier le management scientifique, après avoir entendu l'intervention de Taylor lors d'une conférence professionnelle. Avec sa femme Lillian, psychologue, il travaille sur une organisation du travail permettant d'éliminer les gestes inutiles. Les époux Gilbreth expérimentent également la conception et l'utilisation d'outils adaptés, visant à maximiser les performances des ouvriers[7]. Mais Frank Gilbreth est surtout connu pour ses expériences sur la réduction du nombre de gestes nécessaires au briquetage.

Les Gilbreth sont parmi les premiers à utiliser des films animés pour étudier les mouvements du corps et des membres. Ils inventent un microchronomètre capable de mesurer le temps à deux millièmes de seconde près ; ils placent l'appareil dans le champ du sujet photographié et peuvent ainsi déterminer le temps exact qu'un ouvrier consacre à chacun de ses mouvements. Les gestes inutiles, invisibles à l'œil nu, peuvent dès lors être aisément identifiés et éliminés. Les Gilbreth élaborent en outre un système de classement répertoriant dix-sept mouvements élémentaires de la main – tels que « chercher », « choisir », « saisir » ou « tenir » – baptisés « **therbligs** » (anagramme de Gilbreth). Ce système leur permet d'analyser plus précisément encore les phases successives des gestes des ouvriers.

Therbligs — Système de classification des mouvements inventé par les époux Gilbreth, répertoriant dix-sept gestes élémentaires de la main.

Chez Midvale et Bethlehem, Taylor s'est associé avec le jeune ingénieur Henry Gantt. À l'instar de Taylor et des époux Gilbreth, Gantt cherche lui aussi, par l'investigation scientifique, à rendre les ouvriers plus efficaces. Il développe certaines idées de Taylor en leur adjoignant quelques-unes des siennes. Gantt imagine ainsi une méthode de motivation qui offre aux ouvriers la possibilité d'obtenir une prime s'ils achèvent leur travail avant la fin du temps imparti. Il introduit également le versement d'une prime au contremaître pour chaque ouvrier ayant respecté les délais, assortie d'une bonification supplémentaire si toute son équipe y est parvenue. Gantt élargit de la sorte le champ d'application du management scientifique, afin de prendre en compte à la fois le travail du manager et celui de l'ouvrier. Mais il est surtout connu pour avoir inventé un graphique à barres susceptible de servir d'outil de planification et de contrôle du travail. Ce graphique, dit « diagramme de Gantt », sera étudié plus en détail au chapitre 15.

2.3. Pourquoi tant d'intérêt pour le management scientifique ?

Aujourd'hui, nombre des principes édictés par Taylor et ses successeurs en vue d'améliorer la productivité paraissent frappés au coin du bon sens. On peut ainsi considérer que l'évidence même aurait dû commander aux managers, dès cette époque, de sélectionner et de former soigneusement leurs ouvriers avant de leur confier un travail. Pour bien appréhender l'importance du management scientifique, il faut d'abord comprendre l'époque dans laquelle Taylor, Gantt et les époux Gilbreth vivent. Le niveau de vie est très bas. La production nécessite une main-d'œuvre extrêmement abondante. Au début du siècle, Midvale Steel emploie une vingtaine ou une trentaine d'ouvriers dont l'unique tâche consiste à charger des gueuses de fonte sur des chariots. De nos jours, un seul ouvrier équipé d'un élévateur hydraulique pourrait sans doute réaliser en quelques heures la totalité de leur production quotidienne. Mais ce genre d'appareils n'existe pas encore. De même, pour que les avancées de Gilbreth en matière de briquetage prennent tout leur sens, il faut d'abord savoir que la plupart des bâtiments de qualité sont alors construits en briques, que les terrains sont bon marché et que la plus grande part du coût de fabrication d'une usine ou d'une maison est imputable aux matériaux utilisés (les briques) ainsi qu'à la main-d'œuvre.

2.4. De Henri Fayol à Max Weber : vers une première approche européenne du management ?

Henri Fayol et Max Weber ont joué un rôle très important dans le développement de la théorie administrative générale. Déjà mentionné en début de chapitre, Fayol propose de définir le management comme un ensemble universel de fonctions : prévoir, organiser, commander, coordonner et contrôler. Étant donné l'impact de son travail, il convient d'y revenir ici plus en détail[8].

Document 1.2 – Les quatorze principes du management de Fayol.

1. **Division du travail.** Identique au principe édicté par Adam Smith. La spécialisation rend les ouvriers plus efficaces et permet d'améliorer leur rendement.
2. **Autorité.** Les managers doivent pouvoir donner des ordres. L'autorité qu'ils incarnent leur confère ce droit. Mais ils sont tenus d'assumer en même temps les responsabilités qui en découlent.
3. **Discipline.** Les employés doivent observer et respecter les règles qui régissent le fonctionnement de l'entreprise. Une bonne discipline s'obtient par la combinaison d'une direction efficace, d'une absence d'ambiguïté entre dirigeants et ouvriers quant aux règles de l'entreprise et d'un usage judicieux des pénalités liées à leur transgression.
4. **Unité de commandement.** Chaque employé ne doit recevoir ses ordres que d'un seul chef.
5. **Unité de direction.** Il ne doit y avoir qu'un seul chef et qu'un seul programme pour un ensemble d'opérations visant un même but.
6. **Subordination des intérêts individuels à l'intérêt général.** Les intérêts d'un employé ou d'un groupe d'employés donné ne doivent jamais prendre le pas sur l'intérêt général de l'entreprise.
7. **Rémunération.** Les employés doivent recevoir un juste salaire en contrepartie de leurs services.
8. **Centralisation.** La notion de centralisation se rapporte au degré d'implication des subordonnés dans le processus décisionnel. Entre centralisation (sur la direction) et décentralisation (vers les employés), tout est question de proportions. L'objectif consiste à trouver, pour chaque situation, le niveau de centralisation optimal.
9. **Hiérarchie.** La chaîne de commandement qui s'étend de l'autorité supérieure aux agents inférieurs porte le nom de hiérarchie et représente une voie de communication privilégiée. Dans les cas où elle entraînerait un retard trop important, on pourra toutefois envisager de la court-circuiter, sous réserve d'obtenir l'accord de l'ensemble des parties et d'informer régulièrement les supérieurs.
10. **Ordre.** Chaque chose et chaque personne doivent toujours se trouver à la bonne place au bon moment.
11. **Équité.** Les managers doivent se montrer bons et justes envers leurs subordonnés.
12. **Stabilité du personnel.** Une rotation élevée du personnel est cause d'inefficacité. Les dirigeants doivent assurer une gestion méthodique de la main-d'œuvre et disposer d'un nombre suffisant de remplaçants pour pallier d'éventuels départs.
13. **Initiative.** Les employés incités à suggérer et à mettre en œuvre de nouvelles idées ont tendance à s'investir davantage.
14. **Union du personnel.** La promotion du travail d'équipe favorise l'unité du personnel et l'harmonie relationnelle au sein de l'entreprise

Les écrits de Fayol (1841-1925) sont contemporains de ceux de Taylor. Mais tandis que ce dernier s'intéresse au management des ateliers (ce qui correspondrait aujourd'hui à la fonction de superviseur) en lui appliquant une méthodologie scientifique, Fayol traite pour sa part de l'activité de l'ensemble des managers, en s'appuyant sur son expérience personnelle. Taylor était un scientifique ; Fayol, en tant que directeur général d'une grande entreprise charbonnière – les mines de Commentry (Allier) –, était quant à lui un homme de terrain.

Fayol distingue le management des autres fonctions courantes de la conduite des affaires, telles que la comptabilité, la gestion financière, la production ou la distribution. Il s'agit selon lui d'une activité commune à l'ensemble des entreprises humaines, depuis l'administration d'un État jusqu'à la tenue de la maison. Il énumère par la suite quatorze principes de management – sortes de vérités fondamentales ou universelles pouvant être enseignées dans les écoles et les universités. Le document 1.2 en dresse la liste.

Max Weber (1864-1920), autre grande figure européenne de la réflexion sur les organisations, est un sociologue allemand. Au début du XXe siècle, il développe une théorie des structures dirigeantes et trace une description de l'activité organisationnelle fondée sur les relations d'autorité[9]. Il imagine un type idéal – en fait un modèle théorique d'organisation –, baptisé **bureaucratie**, concept caractérisé par la division du travail et la mise en place d'une hiérarchie clairement définie, de règles et de normes précises, ainsi que d'un mode de relation impersonnel. Weber admet volontiers que cette bureaucratie idéale n'existe pas dans la réalité et qu'elle constitue plutôt une reconstruction sélective du monde réel. Ce concept lui sert néanmoins de base pour l'élaboration d'une théorie du travail et de son exécution au sein de groupes à larges effectifs, adoptée par beaucoup de grandes entreprises actuelles. Le document 1.3 présente les caractéristiques du modèle bureaucratique de Weber.

Bureaucratie — Modèle théorique d'organisation défini par Weber et caractérisé par la division du travail et la mise en place d'une hiérarchie clairement définie, de règles et de normes précises, ainsi qu'un mode de relation impersonnel.

Document 1.3 – Le modèle bureaucratique de Weber.

- **Division du travail.** Le travail est décomposé en une série de tâches élémentaires, répétitives et précisément définies.
- **Hiérarchisation du pouvoir.** Les fonctions et les postes sont organisés hiérarchiquement et chaque subordonné se trouve soumis à l'autorité d'un supérieur.
- **Sélection formelle.** Tous les membres de la structure organisationnelle sont sélectionnés en fonction des compétences techniques révélées par leur formation, leur cursus scolaire ou les résultats d'une évaluation formelle.
- **Règles et normes formelles.** Afin de réglementer uniformément l'activité des employés, les managers doivent s'appuyer autant que possible sur un ensemble de règles formelles.
- **Impersonnalité.** Règlements et contrôles sont appliqués uniformément, de manière à éviter toute implication personnelle et toute tentation de satisfaire les préférences personnelles des employés.
- **Évolution professionnelle.** Les managers sont des agents professionnels, plutôt que les propriétaires des unités qu'ils dirigent. Ils reçoivent un salaire fixe et évoluent au sein de l'organisation.

2.5. Que reste-t-il de l'école classique du management ?

Toute étude historique présente comme intérêt de nous permettre de tirer les leçons du passé. Un certain nombre de méthodes et concepts actuels de management découlent ainsi directement des contributions des auteurs classiques.

L'idée de rechercher une adéquation entre l'individu et son travail – et de le former afin de le rendre plus efficace – correspond par exemple à l'une des applications possibles de l'« optimisation » chère à Taylor. L'ingénierie industrielle, qui dissèque dans leurs moindres détails les processus de production, plonge elle aussi ses racines dans le management scientifique, comme du reste le souci d'adapter le lieu de travail au travailleur, de créer un environnement professionnel favorisant la productivité ou encore l'importance que l'on accorde aujourd'hui à la gestion de projet et à la planification. Quant à l'utilisation de la vidéo comme moyen d'améliorer le rendement – au travail comme sur les pistes d'athlétisme –, il faut bien entendu y voir l'influence des époux Gilbreth.

La vision fonctionnelle de l'activité de manager trouve son origine chez Fayol. Bien que certains de ses principes puissent se révéler difficilement applicables à l'immense diversité des entreprises d'aujourd'hui, ils n'en constituent pas moins un système de référence sur lequel s'appuient nombre de concepts actuels. La bureaucratie de Weber représente une tentative, toujours actuelle, d'élaborer un modèle idéal d'organisation, ainsi qu'une réponse aux abus constatés par son auteur. Weber estimait que son système pouvait permettre d'éliminer l'ambiguïté, l'inefficacité et le népotisme dont souffraient alors la plupart des entreprises. Si celui-ci n'est plus à présent aussi populaire qu'il l'était voilà dix ou vingt ans, le fonctionnement des structures les plus importantes participe encore de beaucoup de ses éléments. Quand une entreprise se restructure, licencie un grand nombre d'employés ou réévalue ses objectifs à long terme, elle applique en réalité les principes de la théorie administrative générale. Et la notion d'esprit d'équipe, qu'on ne cesse aujourd'hui de promouvoir, s'apparente par ailleurs très nettement au concept d'« union du personnel » développé en son temps par Fayol[10].

3. L'école des relations humaines

Les managers obtiennent ce qu'ils désirent en collaborant avec d'autres personnes. Forts de ce constat, certains auteurs et chercheurs ont choisi d'étudier le management sous l'angle de la relation humaine. L'essentiel de ce qui relève aujourd'hui de la gestion du personnel, ainsi que la plupart des idées contemporaines sur la motivation ou le leadership, résultent des travaux menés par ces théoriciens.

3.1. D'où vient l'approche des relations humaines ?

Tout au long du XIXe siècle et jusqu'au début du XXe siècle, de nombreux auteurs ont reconnu l'importance indiscutable du facteur humain dans le succès d'une entreprise. Cinq d'entre eux se sont néanmoins distingués en défendant dès l'origine une approche du management fondée sur la gestion des relations humaines. Il s'agit de Robert Owen, Hugo Munsterberg, Mary Parker Follett, Chester Barnard et Elton Mayo.

Qui était Robert Owen ?

Grand homme d'affaires écossais, Robert Owen (1771-1858) achète sa première usine en 1789, à l'âge de 18 ans. Écœuré par la cruauté des méthodes de production en vigueur dans son pays – l'emploi des enfants (dont beaucoup âgés de moins de 10 ans), les journées de treize heures, les conditions de travail désastreuses –, il se range dans le camp des réformistes. Il reproche aux industriels de mieux traiter leurs équipements que leurs ouvriers, pointant du doigt le fait qu'ils achètent certes les meilleures machines, mais qu'ils dépensent ensuite le moins possible pour la main-d'œuvre. Owen affirme dès cette époque que l'argent consacré à l'amélioration des conditions de travail représente l'un des meilleurs investissements qu'un chef d'entreprise puisse réaliser. Il déclare en outre que le bien-être des employés peut se révéler extrêmement profitable en termes de management tout en permettant de soulager la misère humaine.

Certes, Owen propose une vision utopique de l'environnement de travail. L'histoire du management retiendra d'ailleurs moins sa réussite que son courage et son attachement à réduire les souffrances de la classe ouvrière. Avec plus d'un siècle d'avance sur son époque, il se prononce dès 1825 en faveur d'un horaire réglementé pour tous (dans sa propre filature, il fera passer le temps de travail de quatorze à douze heures, avec pause payée pour le repas…), d'une législation sur le travail des enfants, de la promotion de l'instruction publique, de la fourniture des outils par les entreprises et de l'implication de ces dernières dans les projets d'utilité collective[11].

Pourquoi se souvient-on de Hugo Munsterberg ?

Hugo Munsterberg est le père de la psychologie industrielle – l'étude scientifique des individus au travail, en vue d'optimiser leur productivité et leur adaptation professionnelle. Dans un texte intitulé *Psychology and Industrial Efficiency*[12] (1913), il affirme que l'étude scientifique du comportement humain permet d'identifier certains schémas de base et d'expliquer les différences individuelles. Munsterberg recommande l'adoption de tests psychologiques pour améliorer la sélection des employés, défend l'intérêt des théories d'apprentissage dans le développement des méthodes de formation et préconise l'étude du comportement humain afin de déterminer les techniques de motivation les plus efficaces. Il est intéressant de noter que Munsterberg établit pour la première fois un lien entre le management scientifique et la psychologie industrielle : ces deux disciplines viseraient à améliorer l'efficacité des entreprises par le biais de l'analyse scientifique, grâce à un meilleur ajustement des compétences individuelles aux exigences des divers emplois. L'essentiel de nos connaissances actuelles en matière de sélection, de formation professionnelle, de définition de postes et de motivation s'appuie sur les travaux de Munsterberg.

Pourquoi Mary Parker Follett est-elle considérée comme une pionnière en matière de management ?

Spécialiste de philosophie sociale, Mary Parker Follett (1868-1933) est l'un des premiers auteurs à soutenir que l'organisation des entreprises peut être étudiée du point de vue des comportements individuels et collectifs[13]. À une époque où le management scientifique tient le haut du pavé, Follett défend une vision transversale et beaucoup plus humaniste. À l'encontre de Fayol, elle soutient l'idée que l'intérêt de l'individu n'a pas à s'effacer devant celui du groupe ; elle prône aussi une logique de la responsabilité, préférable selon elle à la seule logique de l'obéissance... Ses idées possèdent d'évidentes implications en termes de management. Elle estime par exemple que la gestion des entreprises doit se fonder sur une éthique collective plutôt que sur l'individualisme. Le potentiel de chacun ne peut s'exprimer selon elle qu'à travers le groupe. Le travail du manager consiste donc à harmoniser et à coordonner l'effort collectif – à exercer le pouvoir *avec* les employés, au lieu de les en exclure. Managers et ouvriers doivent se considérer comme des partenaires au sein d'un seul et même groupe. En ce sens, les managers sont tenus de diriger les employés en s'appuyant davantage sur leur expertise et leurs connaissances que sur l'autorité formelle liée à leur position. Aujourd'hui, les idées humanistes de Follett influencent encore profondément notre manière de concevoir la motivation, le leadership, le pouvoir et l'autorité.

Et Chester Barnard ?

Figure transversale au même titre que Follett, Chester Barnard jette un pont entre les visions classique et humaniste du management. À l'instar de Fayol, Barnard est un homme de terrain – il préside la Bell Telephone Company du New Jersey. Il a lu Weber et s'est beaucoup inspiré de ses travaux ; mais à la différence de ce dernier, qui défend une vision impersonnelle de l'entreprise, Barnard y voit au contraire un système social requérant une coopération intersubjective. Il exposera ses idées dans un ouvrage intitulé *The Functions of the Executive*[14] (1938).

Barnard considère que le fonctionnement des entreprises, composées d'êtres humains, repose sur un ensemble d'interactions sociales. La principale fonction du manager consiste à communiquer avec ses subordonnés et à les stimuler, afin d'obtenir de leur part un effort plus important. La réussite d'une entreprise dépend en grande partie, selon Barnard, de la coopération de ses employés et de leur soumission à l'autorité. Mais aussi, ajoute-t-il, de sa capacité à entretenir de bonnes relations avec les individus et les institutions qu'elle est amenée à côtoyer régulièrement. En soulignant la dépendance de l'entreprise vis-à-vis des investisseurs, des fournisseurs, des clients et de ses autres partenaires, Barnard introduit l'idée selon laquelle les managers doivent en premier lieu examiner l'environnement externe, pour ensuite adapter leurs méthodes de gestion de manière à maintenir l'équilibre global. Aussi efficace une entreprise soit-elle, si la direction se montre incapable d'assurer un approvisionnement continu en matières premières ou de trouver des débouchés pour ses produits, sa survie se trouve directement menacée.

L'intérêt actuel des entreprises pour la constitution de groupes de travail interactifs, la responsabilisation sociale des établissements commerciaux ou encore l'adéquation des stratégies organisationnelles aux opportunités des marchés découlent en droite ligne des idées développées en leur temps par Follett et Barnard.

En quoi consistaient les « expériences de Hawthorne » ?

Entamées en 1924, mais poursuivies jusqu'au début des années 30, les expériences de Hawthorne représentent incontestablement l'une des plus importantes contributions à l'approche du management sous l'angle des relations humaines. Initialement destinées à observer l'évolution de la productivité des ouvriers en fonction de l'éclairage, ces expériences sont entreprises à Cicero, dans l'Illinois, au sein des usines Hawthorne, propriété de la Western Electric Company[15] (ancêtre de la société Lucent Technologies). Ayant réparti les sujets en deux groupes, les ingénieurs de la Western Electric soumettent le premier – le groupe test – à différents niveaux d'intensité lumineuse, tandis que le second – le groupe témoin – continue de travailler sous un éclairage constant. Alors qu'ils s'attendaient à ce que le rendement individuel se révèle directement proportionnel à l'intensité lumineuse, ils constatent que l'intensification de l'éclairage du groupe test améliore en réalité le rendement de chacun des deux groupes. À leur grande surprise, ils découvrent également que ce rendement continue d'augmenter même si l'on diminue de nouveau la lumière. Le rendement du groupe test ne commence en fait à diminuer qu'à partir du moment où l'éclairage se trouve réduit à celui d'une nuit de pleine lune. Les ingénieurs en déduisent que l'intensité lumineuse n'a pas de répercussion directe sur la productivité du groupe, mais demeurent incapables d'expliquer les raisons du comportement qu'ils ont observé.

En 1927, ils proposent à Elton Mayo (1880-1949), professeur à Harvard, et à ses collaborateurs de participer à leurs travaux en tant que consultants. Cette collaboration se poursuivra jusqu'en 1932 et donnera lieu à de nombreuses expériences touchant à la redéfinition des postes, à l'aménagement du temps de travail quotidien et hebdomadaire, à l'introduction de périodes de repos, ainsi qu'aux avantages comparés des grilles de salaires individuelles et collectives[16]. L'une de ces expériences vise par exemple à évaluer l'influence d'un système de rémunération à la pièce sur le rendement d'un groupe. Les résultats démontrent qu'un tel système est loin d'avoir autant d'impact que la pression et le consentement du groupe, ainsi que l'effet sécurisant que ce dernier induit. Les normes et références sociales du groupe semblent donc constituer les déterminants essentiels du comportement des individus dans la sphère professionnelle.

La plupart des spécialistes s'accordent à penser que les expériences de Hawthorne, sous la direction de Mayo, influencèrent profondément l'orientation ultérieure des études en management. Les conclusions de Mayo soulignent l'existence d'un lien étroit entre sentiments et comportements, de même que l'importance du poids du groupe sur les comportements individuels ou l'impact des normes collectives sur le rendement des ouvriers. Elles mettent aussi en avant le fait qu'en matière de productivité, l'argent pèse bien moins que les normes, les sentiments et la sécurité du groupe – un ensemble de constatations résumées sous l'appellation d'« effet Hawthorne ». Ces conclusions suscitèrent un nouvel intérêt pour le facteur humain, eu égard au fonctionnement des entreprises et à la réalisation de leurs objectifs. Mais elles entraînèrent également un regain de paternalisme dans la pratique du management.

Les expériences de Hawthorne n'ont cependant pas échappé aux critiques. Certains ont contesté les protocoles mis en œuvre, l'analyse des résultats, ainsi que les conclusions qui en ont été tirées[17]. D'un point de vue historique, il importe assez peu que ces travaux ne soient pas d'une parfaite rigueur intellectuelle ou que leurs conclusions ne soient pas pleinement fondées. L'important, c'est qu'ils ont renouvelé l'intérêt des chercheurs pour les facteurs humains. Les expériences de Hawthorne ont largement contribué à discréditer l'opinion, répandue à l'époque, selon laquelle les gens n'étaient rien d'autre que des machines ; en d'autres termes, qu'il suffisait de les installer dans l'atelier et de les gaver de matériaux pour leur faire produire une quantité déterminée de pièces. L'héritage de ces recherches demeure aujourd'hui encore très vivace.

L'école des relations humaines a-t-elle été importante dans l'histoire du management ?

Parmi les défenseurs d'une approche axée sur les relations humaines, un autre groupe d'individus mérite d'être distingué pour son indéfectible engagement en faveur d'une humanisation des méthodes de management. Les acteurs du mouvement des relations humaines soulignèrent unanimement l'importance que revêtait à leurs yeux la satisfaction de l'employé – affirmant qu'un ouvrier satisfait ne pouvait que devenir un ouvrier productif. Pour l'essentiel, les hommes associés à ce mouvement – Dale Carnegie, Abraham Maslow et Douglas McGregor – fondèrent davantage leur réflexion sur une conviction philosophique personnelle que sur une solide démonstration scientifique.

Les spécialistes du management omettent souvent de mentionner le nom de Dale Carnegie. Ses idées ont pourtant influencé de manière considérable l'exercice de cette discipline. Son ouvrage, *How to Win Friends and Influence People*[18], emporte l'adhésion de millions de lecteurs entre 1930 et 1950 tandis que des milliers de managers et d'apprentis managers se pressent à l'époque pour assister à ses séminaires. Carnegie explique en substance que pour réussir, il faut (1) faire en sorte que les autres se sentent importants, en leur témoignant une sincère reconnaissance de leurs efforts ; (2) faire bonne impression lors de la première entrevue ; (3) convertir les gens à ses propres vues en leur laissant la parole, en se montrant compréhensif, et en « ne les accusant jamais d'avoir tort » ; enfin (4), changer l'attitude des gens en mettant en valeur leurs bons côtés et en permettant aux fautifs de sauver la face.

Psychologue humaniste, Abraham Maslow propose de classer hiérarchiquement cinq besoins essentiels : besoins physiologiques, de sécurité, d'appartenance, d'estime et d'auto-accomplissement[19]. En termes de motivation, Maslow explique que chacun de ces besoins doit être satisfait avant que le suivant n'entre en ligne de compte et qu'à partir du moment où l'un d'eux se trouve comblé, son influence comportementale disparaît.

Bien qu'elle résiste assez mal à l'analyse, cette hiérarchie des besoins demeure probablement l'une des théories les plus connues en matière de motivation. Aucun ouvrage d'initiation au management, aux rapports sociaux, aux relations humaines, à la psychologie ou au marketing ne peut se permettre de l'ignorer.

Douglas McGregor est surtout connu pour avoir formulé deux séries d'hypothèses contradictoires sur la nature humaine – la théorie X et la théorie Y[20]. La première propose une vision essentiellement négative de l'être humain. Elle affirme qu'il manque d'ambition, qu'il n'aime pas travailler, qu'il cherche à fuir ses responsabilités et qu'il a besoin d'être étroitement surveillé pour fournir un travail efficace. À l'opposé, la théorie Y soutient que l'homme est capable de s'autodiscipliner, qu'il accepte volontiers d'assumer ses responsabilités et qu'il lui paraît aussi naturel de travailler que de se reposer ou de s'amuser. McGregor considère que seule cette dernière théorie dépeint au mieux la véritable nature de l'ouvrier et doit par conséquent guider l'exercice du management.

Il existe à propos de cet auteur une anecdote qui révèle très clairement l'essence même de sa pensée. McGregor enseignait depuis une douzaine d'années au Massachusetts Institute of Technology (MIT) lorsqu'il fut nommé recteur de l'Antioch College. Six ans après, il sembla admettre que sa philosophie avait rencontré quelques difficultés à s'adapter aux réalités de l'entreprise.

> *Je croyais par exemple que le responsable d'une organisation pouvait diriger efficacement en se cantonnant au simple rôle de conseiller. Je pensais pouvoir éviter d'endosser le costume du « patron ». Inconsciemment, j'espérais sans doute échapper à la déplaisante obligation de prendre des décisions délicates, de choisir telle ou telle ligne de conduite parmi tout un tas de possibilités aussi aléatoires les unes que les autres, de*

commettre des erreurs et de devoir en assumer les conséquences. J'espérais parvenir à me faire aimer de tous – à éliminer disputes et dissensions en entretenant de « bonnes relations » avec chacun. Jamais je ne m'étais autant trompé. Il m'a fallu quelques années pour l'admettre, mais j'ai fini par comprendre qu'un dirigeant ne pouvait éviter d'exercer son autorité, pas plus qu'il ne peut fuir la responsabilité des événements qui touchent à son organisation[21].

L'ironie veut que McGregor ait ensuite réintégré le MIT... pour y prêcher de nouveau, jusqu'à son dernier souffle, la même doctrine humaniste ! À l'instar de celle de Maslow, la vision de la nature humaine défendue par McGregor a longtemps fait de nombreux adeptes parmi les théoriciens et les professionnels du management.

Tous les partisans du mouvement des relations humaines, Carnegie, Maslow et McGregor en tête, partagent un optimisme inébranlable quant aux capacités de l'être humain. Même face à des expérimentations ou à des résultats d'enquêtes de terrain aboutissant à des conclusions plus nuancées, ils restent convaincus de la justesse fondamentale de la cause qu'ils défendent et de la pertinence de leurs conceptions. Aucune expérience contradictoire ne réussit jamais à ébranler leurs convictions. Néanmoins, et en dépit de ce manque d'objectivité, tous exercèrent et continuent d'exercer une influence incontestable sur la théorie et la pratique du management.

Parmi les adeptes d'une approche fondée sur les relations humaines, on notera enfin un dernier groupe de psychologues et de sociologues qui tentent de s'appuyer sur une étude scientifique du comportement des individus au sein des entreprises. À l'inverse des théoriciens du mouvement des relations humaines, les comportementalistes (ou behavioristes), tels que F. Skinner, N. Miller et J.C. Dollard ou A. Bandura entreprennent des recherches objectives et tentent d'écarter autant que possible leurs préjugés personnels. Pour l'ensemble de ces approches, les comportements humains sont essentiellement le produit des interactions des sujets avec leur environnement. Les représentants de ce courant s'attachent à mettre au point des protocoles expérimentaux susceptibles d'être reproduits par d'autres chercheurs, espérant bâtir de la sorte une authentique science du comportement organisationnel, que celle-ci soit fondée sur la maîtrise des processus cognitifs de renforcement ou d'apprentissage.

3.2. L'approche du management sous l'aspect des relations humaines est-elle encore d'actualité ?

Les chercheurs ayant étudié le management sous l'angle des relations humaines se comptent par centaines. Ainsi, depuis la fin de la Seconde Guerre mondiale jusqu'à nos jours, leurs travaux nous ont permis d'acquérir une telle masse de connaissances sur le comportement des individus dans l'entreprise qu'il est désormais possible de prévoir celui-ci d'une manière raisonnablement fiable. Notre façon d'aborder aujourd'hui les questions liées au leadership, à la motivation, à la détection des profils psychologiques, à la définition des postes et des organigrammes, à la culture d'entreprise, à l'optimisation du travail en équipe, à l'évaluation des performances, à la gestion des conflits, aux enquêtes d'attitudes, à l'orientation professionnelle, à la formation des cadres, aux processus décisionnels participatifs, aux systèmes de rémunération par équipes et aux techniques de négociation doit beaucoup aux contributions de ces chercheurs.

4. L'école quantitative

L'approche quantitative du management, souvent désignée sous le nom de recherche opérationnelle (RO) ou de science du management, s'est développée à partir des méthodes mathématiques et statistiques mises au point lors de la Seconde Guerre mondiale. Contrainte d'exploiter au mieux ses faibles moyens aériens face à une Allemagne suréquipée, l'armée britannique avait ainsi demandé à ses mathématiciens de concevoir un modèle de répartition optimale des ressources. Dans le même ordre d'idée, les sections anti-sous-marines américaines s'étaient fondées sur les techniques de la recherche opérationnelle pour augmenter les chances de survie des convois alliés pendant la traversée de l'Atlantique nord et déterminer la puissance idéale des grenades sous-marines que les avions et les navires devaient larguer sur les submersibles allemands.

Après la guerre, la plupart des méthodes quantitatives exploitées par les militaires trouvèrent une nouvelle application dans le monde des affaires[22]. Un groupe d'officiers rejoignit au milieu des années 40 la Ford Motor Company. Surnommés les « Whiz Kids » (les « Petits Génies »), ils y introduisirent aussitôt l'usage des méthodes statistiques en vue d'améliorer la prise de décisions. Deux membres du groupe, Robert McNamara et Charles Thornton, dit « Tex », devaient par la suite devenir célèbres. McNamara fut nommé président de Ford, puis ministre de la Défense au sein du gouvernement américain. Au Pentagone, il s'employa à quantifier les schémas de répartition des ressources sur la base d'une analyse coût/profit. Il acheva sa carrière à la tête de la Banque mondiale. Thornton s'en alla fonder de son côté un énorme conglomérat, Litton Industries, en s'appuyant lui aussi sur des techniques quantitatives pour motiver ses décisions d'acquisition et d'affectation. Des dizaines d'autres spécialistes en recherche opérationnelle se reconvertirent comme consultants. Le cabinet conseil d'Arthur Little commença ainsi dès le début des années 50 à traiter les problèmes de management selon des méthodes de RO. Quelques années plus tard, de très nombreuses firmes possédaient leurs propres équipes de RO et l'industrie employait des centaines d'analystes issus de cette discipline.

Mais que recouvrent réellement ces techniques quantitatives et dans quelle mesure ont-elles influencé les méthodes de management actuelles ? L'approche quantitative du management suppose le recours aux statistiques, aux modèles mathématiques d'optimisation et de gestion de l'information et aux simulations informatiques. La programmation linéaire peut ainsi permettre aux managers d'améliorer la répartition de leurs ressources. L'échelonnement des travaux tire par ailleurs grand profit d'une analyse sous l'angle du chemin critique, tandis que la détermination du niveau optimal des stocks se trouve facilitée par l'adoption des modèles économiques de réapprovisionnement. En règle générale, l'approche quantitative contribue directement à la prise de décisions, en particulier dans le domaine de la planification et du contrôle.

5. Comment les événements sociaux influencent-ils les conceptions du management ?

En conclusion de cet exposé historique, il est intéressant d'observer à quel point les événements sociaux influencent les réflexions des théoriciens et les préoccupations des managers. Bien que certains historiens du management puissent contester l'analyse en termes de causes et d'effets, la plupart d'entre eux reconnaissent que l'émergence de nouvelles approches découle essentiellement des conditions sociétales.

5.1. Pourquoi l'approche classique ?

Les théories de Taylor, des époux Gilbreth, de Fayol ou de Weber visaient toutes un même objectif : accroître l'efficacité des entreprises. À la fin du XIXe siècle et au début du XXe siècle, le monde du travail se révélait en effet hautement inefficace : la plupart des activités de gestion n'étaient ni planifiées ni organisées, les responsabilités professionnelles demeuraient vagues et ambiguës et les managers, quand ils existaient, n'avaient aucune idée précise de ce qu'ils étaient censés faire. Il devenait urgent de mettre un peu d'ordre dans ce chaos et d'améliorer enfin la productivité. Les techniques standardisées introduites par les classiques – et en particulier par les adeptes du management scientifique – devaient fournir précisément le moyen d'y parvenir. Au début du XXe siècle, le niveau de vie était faible, les salaires modestes et les ouvriers ne possédaient que très rarement leur propre maison. L'industrie réclamait une main-d'œuvre abondante et il n'était pas rare de voir plusieurs centaines d'ouvriers effectuer les mêmes tâches éreintantes et répétitives tout au long de la journée. Taylor n'en considérait donc que plus légitime de passer six mois ou plus à mettre au point la manière optimale de réaliser ces dernières. Répercutés sur le tarif de l'acier, les gains de productivité ainsi obtenus permettraient d'élargir le marché, de créer de nouveaux emplois et de mettre à la portée des ouvriers et de leurs familles certains produits tels que les fours ou les réfrigérateurs. Dans le même ordre d'idée, la standardisation et l'amélioration de l'efficacité des techniques de briquetage, conséquences des découvertes de Gilbreth, entraînèrent une forte baisse des coûts de construction et, par suite, une multiplication des chantiers : la chute des prix permettait aux industriels d'ouvrir un plus grand nombre d'usines et aux particuliers d'accéder plus facilement à la propriété. En conclusion, l'application des principes du management scientifique contribua donc directement, dans beaucoup de pays, à l'élévation du niveau de vie.

5.2. Pourquoi l'approche sous l'angle des relations humaines ?

Deux phénomènes concomitants expliquent l'intérêt suscité, au début des années 1930, par la gestion des relations humaines. Le premier tient à la remise en cause des classiques et de leur vision exagérément mécaniste de l'ouvrier. Le second est lié au contexte né de la Grande Crise de 1929.

Les classiques se représentaient l'entreprise et ses employés comme des machines. Les managers s'apparentaient à des ingénieurs ; ils assuraient l'approvisionnement régulier de ces machines et veillaient à ce qu'elles soient correctement entretenues. Si l'employé se montrait incapable de produire les quantités demandées, il s'agissait d'un simple problème d'ingénierie : il fallait redéfinir le poste, ou graisser la machine en lui proposant une rémunération plus motivante. Cette conception posait cependant problème, car elle entraînait l'aliénation du personnel. Les hommes n'étant pas des machines, ils ne toléraient pas forcément très bien la froide rigueur de l'entreprise parfaite imaginée par les classiques. La gestion des relations humaines offrit aux managers le moyen de réduire ce sentiment d'aliénation et d'améliorer le rendement des ouvriers.

Au cours des années 1930, les effets dévastateurs de la Grande Crise se répercutèrent sur l'ensemble du globe et renforcèrent considérablement le rôle de l'État dans la vie des gens et des entreprises. Aux États-Unis, Franklin Roosevelt chercha, par le biais du New Deal, à redonner confiance à une nation sinistrée. En l'espace de quelques années, entre 1935 et 1938, les interventions politiques se multiplièrent : promulgation du Social Security Act en faveur des retraités ; adoption du National Labor Relations Act, légitimant les droits des organisations syndicales ; introduction d'un salaire horaire minimal garanti par le Fair Labor Standards Act et, enfin, instauration du premier système national d'indemnisation chômage, en application du Railroad Unemployment Insurance Act. Le New Deal mettait l'accent sur l'importance de l'ouvrier. L'humanisation de l'environnement de travail répondait désormais aux préoccupations de la société.

5.3. Pourquoi les approches quantitatives ?

La Seconde Guerre mondiale donna l'impulsion première aux approches quantitatives du management. Plusieurs programmes de recherche publics avaient été mis en place afin de développer des outils mathématiques et statistiques susceptibles de faciliter la résolution des problèmes militaires. Les techniques de recherche opérationnelle qui en furent issues se révélèrent extraordinairement efficaces. Après la guerre, certaines entreprises décidèrent de les intégrer à leur processus décisionnel. Constatant que les profits s'en trouvaient augmentés, les managers des sociétés concurrentes se virent à leur tour contraints de les adopter.

De nouveaux organismes furent créés, avec pour mission d'informer les managers sur ces nouvelles techniques de gestion. Fondée en 1952, l'Operations Research Society of America créa aussitôt une publication intitulée *Operations Research*. En 1953, l'Institute of Management Science se fixa comme objectif d'« identifier, enrichir et unifier les connaissances scientifiques qui contribuent à une meilleure compréhension de l'exercice du management » et lança la revue *Management Science*[23].

À la fin des années 60, dans la plupart des écoles de commerce, les cours de mathématiques, de statistiques et de management opérationnel étaient devenus obligatoires. La notion de qualité, mise en avant par Joseph Juran ou Edwards Deming, commençait à changer le regard des gens sur le monde des affaires[24]. Pour toute une nouvelle génération de managers, la théorie des probabilités, la programmation linéaire, la théorie des files d'attente, la théorie des jeux et le concept de la qualité totale n'avaient désormais plus aucun secret[25].

6. Étudier le management aujourd'hui…

Nous ne nous sommes jusqu'à présent intéressé qu'à certaines conceptions bien spécifiques du management. Si chacune a été élaborée en fonction du climat social de son époque, elles sont toutes demeurées isolées les unes des autres. Trois théories unificatrices sont cependant apparues depuis, lesquelles permettent de mieux appréhender ce que recouvre réellement l'étude du management. Il s'agit de l'approche par les processus, de l'analyse systémique et de la théorie de la contingence.

6.1. Qu'est-ce que l'approche par les processus ?

En décembre 1961, Harold Koontz publie un article détaillant l'incroyable diversité des doctrines managériales – la perspective fonctionnelle, les méthodes quantitatives, le mouvement des relations humaines, etc. –, dont il ressort que le champ d'étude du management s'apparente en définitive à une véritable jungle[26]. Tout en admettant que chacune de ces approches a pu enrichir d'une manière ou d'une autre la théorie générale du management, Koontz s'emploie à démontrer que beaucoup d'entre elles représentent en fait de simples outils de gestion. Il estime qu'une approche par processus permettrait de dégager une théorie globale et synthétique. L'approche par les processus, introduite en réalité par Fayol, se fonde sur les fonctions managériales exposées au chapitre 2. L'exécution de ces fonctions – planifier, organiser, commander et contrôler – est représentée sous la forme d'un unique diagramme circulaire (voir document 1.4).

Bien que l'article de Koontz ait permis de poser les bases d'un débat essentiel, la plupart des enseignants et des professionnels du management restèrent fermement attachés à leurs points de vue respectifs[27]. Koontz n'en avait pas moins marqué les esprits. La place aujourd'hui réservée à l'approche par les processus dans les manuels de management confirme d'ailleurs la viabilité de ce concept unificateur.

Document 1.4 – L'entreprise et son environnement.

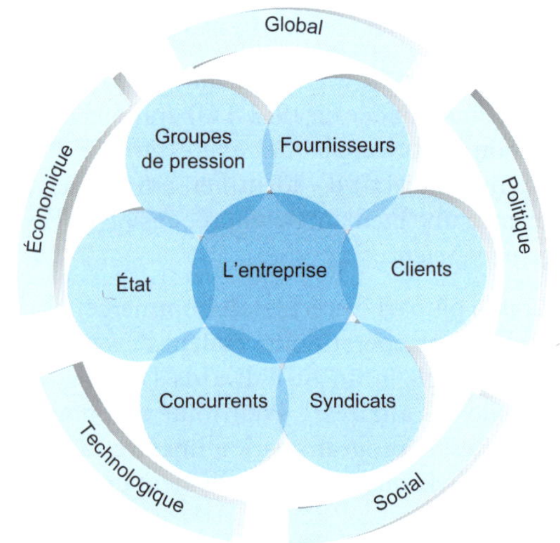

6.2. Comment l'analyse systémique s'intègre-t-elle au monde du management ?

Au milieu des années 60, l'idée consistant à analyser l'entreprise selon une perspective systémique s'attire, pour une décennie, une très large audience. L'**approche systémique** définit le système comme un ensemble d'éléments interdépendants agencés de manière à former un tout cohérent. Les sociétés sont donc des systèmes, tout comme les ordinateurs, les automobiles, les entreprises ou l'organisme de chaque animal et de chaque être humain.

Approche systémique — Définit le système comme un ensemble d'éléments interdépendants agencés de manière à former un tout cohérent.

Il existe deux grands types de systèmes : les systèmes ouverts et les systèmes fermés. Les **systèmes fermés** n'interagissent jamais avec leur environnement et n'en subissent aucune influence. À l'inverse, une approche sous l'angle de **systèmes ouverts** reconnaît l'existence d'interactions dynamiques entre le système et son environnement (voir document 1.4). Quand il est question des entreprises en tant que systèmes, cela renvoie bien sûr aujourd'hui à la notion de systèmes ouverts. Cela signifie que l'on prend en compte les interactions permanentes entre l'entreprise et son environnement.

> *Systèmes fermés* — Systèmes qui n'interagissent pas avec leur environnement et qui n'en subissent aucune influence.

> *Systèmes ouverts* — Systèmes qui interagissent dynamiquement avec leur environnement et qui transforment les ressources qu'ils traitent.

L'entreprise (et l'équipe qui la dirige) ne se contente pas d'interagir avec son environnement : elle en est aussi totalement dépendante. En termes de management, on dit que l'entreprise dialogue avec ses partenaires. Ce terme de **partenaires** (ou *parties prenantes*) désigne tout groupe potentiellement affecté par les décisions et les orientations de l'entreprise. Il peut notamment s'agir des pouvoirs publics, des syndicats, des entreprises concurrentes, des employés, des fournisseurs, des clients, des leaders d'opinion locaux ou de certaines associations. Le travail d'un manager consiste à coordonner toutes ces composantes afin d'atteindre les objectifs fixés. La plupart des dirigeants comprennent bien que la survie de l'entreprise dépend entièrement du comportement des consommateurs. Ils ont conscience que le lancement prématuré d'un nouveau produit, sans s'être d'abord assuré que celui-ci répond aux besoins ou aux envies de clients potentiels, peut avoir des conséquences désastreuses. Lorsqu'une telle erreur entraîne une réduction des bénéfices, il arrive que l'entreprise vienne à manquer de ressources pour payer les salaires ou les impôts, pour acheter de nouveaux équipements ou rembourser les emprunts. L'approche systémique reconnaît l'existence de ce genre de relations et souligne le fait que les managers doivent prendre conscience de leur importance et des contraintes potentielles qui s'y rattachent. L'éthique managériale répond du reste aux mêmes impératifs. Les comportements douteux des cadres d'Enron, d'Arthur Andersen, de WorldCom ou autres sont ainsi susceptibles d'entraîner la promulgation de lois et de normes nouvelles en matière de comptabilité et de gestion. Ils amènent de surcroît le grand public à s'interroger encore davantage sur la déontologie des entreprises.

> *Partenaires (ou parties prenantes)* — Tout groupe potentiellement affecté par les décisions et les orientations de l'entreprise.

L'approche systémique reconnaît par ailleurs que les entreprises ne fonctionnent jamais en vase clos. Leur survie requiert une interaction efficace avec leur environnement, lequel englobe notamment les conditions économiques, l'état du marché, l'activité politique, les progrès technologiques et l'évolution des mœurs. Le mépris prolongé de l'un ou l'autre de ces facteurs peut très vite se révéler préjudiciable.

D'un point de vue managérial, l'approche systémique est en fin de compte extrêmement pertinente. Les fonctions du manager imposent en effet à celui-ci de coordonner et de combiner tout un ensemble d'activités professionnelles afin qu'un système composé d'éléments interdépendants (l'entreprise) puisse atteindre ses objectifs. Et bien qu'elle n'en fournisse aucune description spécifique, l'approche systémique propose en définitive, comparée à l'approche par les processus, une représentation beaucoup plus claire de cette mission. Au surplus, le fait d'envisager le manager comme un lien entre l'entreprise et son environnement conduit celle-ci à se montrer plus attentif envers ses partenaires clés – clients, fournisseurs, agences gouvernementales, population locale.

6.3. Qu'apporte au management la théorie de la contingence ?

Comme la vie elle-même, le management fonctionne selon des principes qui n'ont rien d'évident[28]. Les compagnies d'assurance savent bien que tous les êtres humains ne présentent pas les mêmes risques de tomber gravement malade. Des facteurs tels que l'âge, la condition physique et la consommation d'alcool ou de tabac influencent la santé de chacun. De même, il est impossible d'affirmer que les élèves apprennent moins en suivant un cours par correspondance qu'en face d'un véritable enseignant. De nombreuses études démontrent en effet que certains facteurs contingents, comme le contenu des cours ou les schémas d'apprentissage des individus, déterminent l'efficacité de l'enseignement.

La **théorie de la contingence** (parfois qualifiée dans le monde anglo-saxon d'*approche situationnelle*) est venue remplacer certains principes de management trop simplistes. Elle intègre en outre l'essentiel des théories élaborées en ce domaine et s'inscrit dans une démarche logique. Étant donné l'immense diversité des entreprises – en termes de taille, d'objectifs, de tâches, etc. – il serait en effet très étonnant que l'on puisse dégager des principes universellement applicables, susceptibles de s'adapter à toutes les situations. En d'autres termes, les programmeurs d'Oracle ne sauraient être managés comme les ingénieurs commerciaux de cette même entreprise, et encore moins comme les vendeurs des Galeries Lafayette. Pour autant, il ne suffit pas bien entendu d'affirmer que « tout dépend des cas ». Il faut aussi expliquer en quoi chaque cas diffère du cas précédent. Les défenseurs de la théorie de la contingence – parmi lesquels figurent la plupart des théoriciens et des professionnels du management – se sont employés à identifier les différentes variables qui entrent en ligne de compte. Le document 1.5 en détaille quatre.

Document 1.5 – Quatre variables contingentes fondamentales.

- **Taille de l'entreprise.** L'effectif d'une entreprise influence de manière considérable le travail des managers. Plus il est important, plus les problèmes de coordination s'intensifient. De ce fait, la structure organisationnelle d'une entreprise de cinquante mille employés a toutes les chances de se révéler inefficace au sein d'une PME de cinquante personnes.
- **Qualification des technologies.** Pour exercer son activité, l'entreprise exploite une technologie – un processus qui consiste à transformer des ressources en produits. Les technologies usuelles et les technologies propriétaires, ou non standard, exigent des structures organisationnelles, des modes de gestion et des systèmes de contrôle différents.
- **Incertitude environnementale.** Le degré d'incertitude lié aux évolutions politiques, technologiques, socioculturelles et économiques influence le processus managérial. Une méthode qui fonctionne à la perfection dans un environnement stable et prévisible peut se révéler totalement inappropriée au sein d'un environnement changeant et imprévisible.
- **Particularités individuelles.** Les individus diffèrent entre autres par leurs ambitions, leur autonomie, leur capacité à tolérer l'ambiguïté et leurs attentes. Ces différences individuelles revêtent une importance particulière quant aux choix du manager en termes de techniques de motivation, de style de leadership et de définition de postes.

Cette liste n'a certes rien d'exhaustif (plus d'une centaine ont d'ores et déjà été identifiées), mais elle répertorie les variables le plus couramment utilisées et donne une bonne idée de ce que l'on entend par « variable contingente »[29]. Comme on peut le voir ici, les variables contingentes influencent notablement le travail des managers – c'est-à-dire leur manière de coordonner et de combiner l'ensemble des activités professionnelles.

Théorie de la contingence (ou approche situationnelle) — Approche intégrée du management, qui affirme qu'il n'existe pas une méthode idéale qu'il suffirait d'appliquer, mais que les types d'approches ou de solutions envisagées dépendent toujours du contexte et de la situation rencontrés.

Pour en savoir plus

Bouchet M.-H., *La Globalisation. Introduction à l'économie du nouveau monde*, Paris, Pearson Education, 2005.

Boyer L., *50 ans de management des organisations*, Les Éditions d'Organisation, 2005.

Boyer L., *Management des hommes : historique, grands acteurs et auteurs*, Les Editions d'Organisation, 2006.

Drancourt M., *Leçons d'histoire sur l'entreprise de l'Antiquité à nos jours*, Paris, PUF, 1998.

ESCP-EAP, Bain & cie, *L'Art de la croissance*, Paris, Village Mondial, 2007.

Girard B., *Histoire des théories du management en France du début de la révolution industrielle au lendemain de la première guerre mondiale*, s.d. **www.bernardgirard.com/management.pdf**

IAE de Paris, Caby J et Schmidt G. (coord.), *50 ans de management, Réflexions et témoignages sur les évolutions du management durant les 50 dernières années*, Paris, Pearson Education, 2006.

Jarrosson B., *100 ans de management*, Paris, Dunod, 2004.

Kennedy C., *Toutes les théories du management : les idées essentielles des auteurs les plus souvent cités*, Paris, Maxima, 2008 (5e éd.).

Scheid J. C., *Les grands auteurs en organisation*, Paris, Dunod, 2005.

Thuderoz Ch., *Histoire et sociologie du management : doctrine, textes, études de cas*, Lyon, PPUR, 2006.

Activités

Questions de compréhension

1. Dans quelle mesure le management des organisations peut-il être considéré comme un invariant des sociétés humaines ?
2. La pensée de management classique influence-t-elle encore le management des organisations modernes ? Quelle est son actualité ?
3. Quelle est l'actualité de l'école classique du management et en particulier du modèle taylorien ? Dans quelles structures organisationnelles modernes en retrouve-t-on aujourd'hui des traces ?
4. En quoi les conceptions de Fayol sont-elles aujourd'hui toujours adaptées – ou au contraire inadaptées – aux modes de fonctionnement des organisations ?
5. Le concept wéberien de bureaucratie a-t-il encore un sens dans l'organisation virtuelle et sans frontières du XXIe siècle ?
6. L'approche sous l'angle des relations humaines a-t-elle encore sa place dans des organisations marquées par la recherche prioritaire de la rentabilité financière ?
7. Bien que considérée comme scientifiquement dépassée, l'approche des relations humaines rencontre encore un grand succès. Comment l'expliquer ?
8. En quoi l'explosion des nouvelles technologies d'information et de communication dans la société pose-t-elle le problème du management des organisations de façon radicalement nouvelle ?
9. En quoi l'approche par les processus, l'analyse systémique et la théorie de la contingence sont-elles des modélisations théoriques particulièrement bien adaptées à la société contemporaine ?

Chapitre 2

Les métiers du manager

Objectifs

1. Décrire qui sont les managers et les organisations dans lesquelles ils travaillent.
2. Définir le management et ses différentes modalités.
3. Décrire le travail des managers et leurs rôles dans l'organisation.
4. Expliquer l'intérêt de l'étude du management.
5. Présenter les facteurs actuels d'évolution des métiers du manager.

Aujourd'hui, les managers sont partout. Ils peuvent être des hommes et des femmes[1] entre 18 et 80 ans. Ils sont à la tête de multinationales, de petites ou moyennes entreprises, de structures administratives et de services publics, d'hôpitaux, de musées, d'écoles, d'associations ou de coopératives. Par ailleurs, le manager se rencontre à divers niveaux de la hiérarchie, tant dans les hautes sphères de la responsabilité et du pouvoir qu'au milieu de la pyramide organisationnelle, voire directement en contact avec le personnel. Enfin, cette « profession » existe désormais dans tous les pays du globe.

Le présent ouvrage traite par conséquent des activités quotidiennes de dizaines de millions de managers répartis dans le monde. Après nous être intéressés à l'histoire de la pensée managériale, entrons désormais dans leur univers et dans celui du management des organisations : Qui sont ces hommes et ces femmes ? Où travaillent-ils ? Qu'est-ce que le management ? Quels sont les rôles essentiels des managers ? À quoi servent les études de management ? Quels sont les nouveaux défis auxquels font face les managers des années 2010 ?

1. Qui sont les managers et où travaillent-ils ?

Les managers travaillent dans des **organisations**, c'est-à-dire des ensembles de personnes rassemblées dans un but précis, en vue d'atteindre des objectifs par une division du travail et des fonctions, ainsi que par des modalités de coordination définies : un lycée, un club, un hôpital, un lieu de culte, une épicerie de quartier, une équipe de football, une association humanitaire ou une multinationale de l'agroalimentaire ou de la cosmétique sont autant d'organisations, qui partagent trois points communs.

Organisation — Ensemble de personnes rassemblées afin d'atteindre des objectifs, par une division du travail et des fonctions, grâce à des modalités de coordination définies.

1.1. Quels sont les trois points communs à toute organisation ?

Toute organisation sert des objectifs précis et se compose de personnes réunies d'une certaine façon (voir document 2.1). L'objectif spécifique d'une organisation s'exprime en termes de but ou de configuration de buts. Mais rien n'est possible sans que des individus identifiés prennent des décisions pour fixer ce but et accomplissent une série de tâches afin de transformer ce but en réalité. Enfin, les organisations instaurent une structure systématique pour déterminer le comportement de leurs membres, l'orienter et lui fixer des limites. Pour cela, elles établissent des règles, demandent à certains individus d'en contrôler d'autres, forment des équipes de travail ou décrivent les postes afin que chacun sache ce qu'il a à faire. Le terme *organisation* désigne par conséquent une entité poursuivant un but précis, se composant de personnes ou de membres et possédant une structure systématique.

Document 2.1 – Caractéristiques communes des organisations.

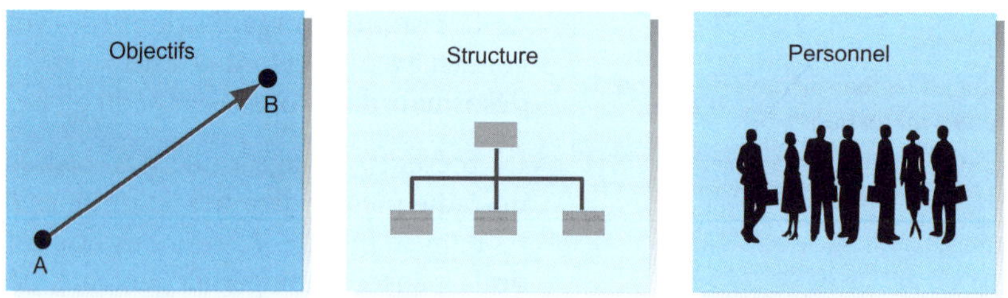

1.2. En quoi les managers se distinguent-ils des autres collaborateurs de l'entreprise ?

Quiconque travaillant au sein d'une organisation n'occupe pas nécessairement un poste d'encadrement, encore moins de direction. Pour simplifier à l'extrême, il existe deux types de membres, remplissant des fonctions dont les frontières ne sont pas toujours claires : les employés et les managers. Les **employés** (on parlera aussi parfois *d'exécutants*, *d'opérationnels* ou de *collaborateurs*, selon le niveau d'autonomie requis) ont la charge d'une tâche donnée mais n'ont que peu de responsabilité (voire aucune) de supervision du travail des autres : par exemple, ils enregistrent par téléphone une commande ou une inscription à un cours, assurent une relation commerciale ou réalisent une opération sur une chaîne de montage. Les **managers**, en revanche, dirigent les activités des employés et des responsables de niveau inférieur et se répartissent généralement en trois catégories : les cadres dirigeants, les cadres intermédiaires et les agents de maîtrise (voir document 2.2).

Employés — Personnes s'occupant d'une tâche donnée et n'ayant aucune responsabilité de supervision du travail des autres.

Document 2.2 – Niveaux organisationnels.

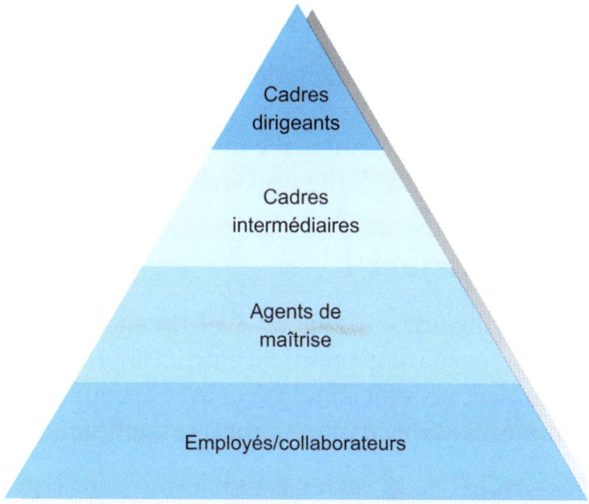

Managers — Personnes coordonnant et dirigeant dans une organisation les activités des autres, soit en mode hiérarchique, soit en mode transversal.

Les managers sont également directement chargés de certaines tâches et assument parfois des responsabilités pratiques. Par exemple, un responsable régional des ventes d'un distributeur de fournitures industrielles ou de produits pharmaceutiques n'échappera pas au traitement direct de certains clients, même s'il contrôle par ailleurs les activités d'autres vendeurs sur chaque secteur géographique. La différence essentielle entre les deux groupes est donc que les managers ont des employés ou des collaborateurs qui leur rendent des comptes.

1.3. Quels titres donne-t-on aux managers dans leur organisation ?

Bien que faciles à repérer, les managers possèdent des titres très différents. Les **managers de première ligne** correspondent généralement aux contremaîtres, superviseurs, chefs d'équipe ou coordinateurs. Leur mission consiste à gérer les activités quotidiennes des employés. Les **managers intermédiaires** occupent quant à eux des niveaux d'encadrement oscillant entre le terrain (supervision) et les hautes sphères. Ils dirigent d'autres managers, voire des employés, et se chargent de traduire les objectifs de la direction en données exploitables par les responsables et collaborateurs de niveau inférieur. Au sein des organisations, ce sont des chefs d'agence ou de département, des chefs de projets, des responsables d'unité, des chefs de district ou de service.

À la pointe de la pyramide se trouvent les **cadres dirigeants** (parfois appelés Top Managers). Ils sont chargés de prendre des décisions sur la stratégie et la direction de l'organisation et d'instaurer des règles s'appliquant à tous les membres. Les hauts dirigeants sont des vice-présidents, P.-D.G., présidents honoraires, directeurs généraux ou encore des directeurs opérationnels ou des directeurs d'unité membres d'un comité de direction.

2. Qu'est-ce que le management ?

Si les organisations ont des points communs, les managers en ont aussi. En effet, le titre a beau varier, certains aspects de la fonction occupée se retrouvent d'une personne à l'autre, entre l'infirmier-chef de l'unité de cardiologie de l'hôpital Georges-Pompidou (Paris), à la tête d'une équipe de spécialistes, et le président de La Poste, forte de 276 000 collaborateurs. Avant d'aborder ces points communs, il est nécessaire de se pencher sur la définition du management, sur les fonctions essentielles que recouvre ce concept, ainsi que sur les conclusions récentes d'études portant sur la validité universelle de son application.

2.1. Qu'est-ce que « manager » ?

Comme l'écrit Bernard Galambaud, « Manager, c'est transformer le travail des autres en performance durable. »[2] Le mot **management** désigne ici le processus par lequel des résultats sont obtenus de façon efficace et efficiente, *via* et avec la coopération d'autrui. Plusieurs termes de cette définition méritent discussion : processus, efficacité et efficience.

> *Management* — Processus par lequel des résultats sont obtenus de façon efficace et efficiente, *via* et avec la coopération d'autrui.

Le terme de *processus* correspond aux activités fondamentales d'un manager, activités que nous détaillerons ultérieurement.

2.2. Efficience ou efficacité ?

Les notions d'*efficacité* et d'*efficience* relèvent de ce qui est réalisé et de la manière d'y parvenir. L'**efficience** renvoie à la capacité de faire les choses bien et illustre la relation entre les ressources et le rendement : une production accrue avec les mêmes facteurs suppose un gain en efficience, tout comme un même rendement avec moins de ressources. Les managers doivent en permanence jongler avec des ressources rares (temps, argent, espace, personnel, équipement) et en avoir un usage rentable. Aussi, le management consiste-t-il à minimiser le coût des ressources.

Mais ce n'est pas tout, car il faut également mener à bien les activités, c'est-à-dire faire preuve d'**efficacité**, savoir quoi faire. Au sein d'une organisation, cela signifie essentiellement atteindre des objectifs (voir document 2.3).

> *Efficience* — Se réfère au fait d'effectuer une tâche correctement, à la maîtrise de la relation entre les ressources et le rendement, le tout en cherchant à minimiser le coût du processus.

> *Efficacité* — Mesure se référant au fait d'effectuer les tâches qui s'imposent, d'atteindre des objectifs.

Bien que de sens distincts, les concepts d'efficience et d'efficacité sont interdépendants. Par exemple, il est plus aisé d'être efficace en faisant fi de l'efficience : c'est ainsi que Hewlett-Packard a pu mettre au point des toners plus élaborés et résistants pour imprimantes laser en ne tenant pas compte des coûts de main-d'œuvre et matériels. De la même façon, certains services publics ont à maintes reprises essuyé le reproche d'être assez efficaces mais absolument pas rentables (donc efficients), en atteignant des objectifs certes, mais à des coûts exorbitants. Conclusion : un management digne de ce nom doit permettre de parvenir à ses fins (efficacité), mais d'une façon rentable assortie d'une utilisation optimale des moyens (efficience).

Document 2.3 – Efficience et efficacité.

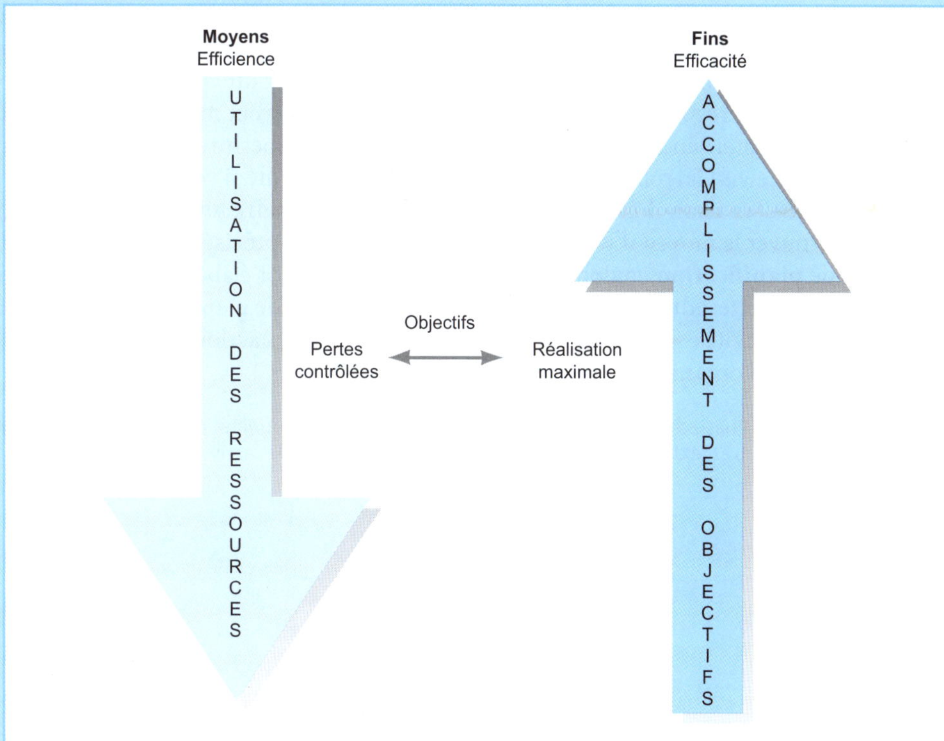

Cela dit, les organisations peuvent-elles être efficientes mais inefficaces ? Bien sûr, en faisant par exemple correctement des choses inappropriées ! Cela a pu être le cas, tant en Europe qu'en Amérique du Nord, de plusieurs établissements scolaires ou universitaires ayant considérablement réduit le coût de l'enseignement par étudiant en optant pour l'apprentissage par ordinateur, les programmes d'études à distance (e-learning) ou une activité à temps partiel. Dans certains cas, la qualité de l'enseignement dispensé du fait de ces choix de gestion a été mise en cause par les étudiants, les anciens élèves ainsi que les organismes d'accréditation de diplômes. Il va de soi que l'idée d'une efficience élevée est généralement associée à une bonne dose d'efficacité. Un mauvais management se reconnaît à une combinaison inefficacité/incapacité, ou du moins à une efficacité atteinte sans rentabilité et/ou avec un gaspillage de ressources et de moyens.

3. Que font les managers ?

3.1. Qu'est-ce que le processus de management ?

Au début du XXe siècle, l'industriel français Henri Fayol énonce les cinq principales activités exercées par les managers, regroupées sous l'expression « processus de management » : il s'agit de prévoir, d'organiser, de commander, coordonner et contrôler[3]. Au milieu des années 1950, deux professeurs de l'université de Los Angeles préfèrent les termes *prévoir, organiser, embaucher, diriger* et *contrôler,* autour desquels s'articule la structure d'un livre de management resté pendant vingt ans la « Bible » en la matière[4]. Les ouvrages les plus répandus sur le sujet traitent tous de ce **processus de management**, généralement ramené à quatre phases : planifier, organiser, diriger et contrôler (voir document 2.4). Avant de voir ce que chacune d'elles recouvre, rappelons que les managers doivent mener ces activités de front, car elles sont interdépendantes. Comme le dit le Chat du Cheshire dans *Alice aux pays des merveilles,* de Lewis Carroll, « Peu importe le chemin emprunté si vous avancez sans but précis. » Parce que la raison d'être des organisations est d'atteindre un but, quelqu'un doit l'identifier et trouver le moyen d'y parvenir. Et ce quelqu'un est précisément le manager. La composante de **planification** englobe la définition des objectifs, l'élaboration d'une stratégie globale pour les atteindre et la mise au point d'un ensemble de plans d'intégration et de coordination des activités. C'est en identifiant les objectifs que les actions restent centrées et que les membres de l'organisation ne s'écartent pas de l'essentiel.

Planification — Phase du processus de management englobant la définition d'objectifs, l'élaboration d'une stratégie et le développement de plans pour coordonner les activités.

Document 2.4 – Activités de management.

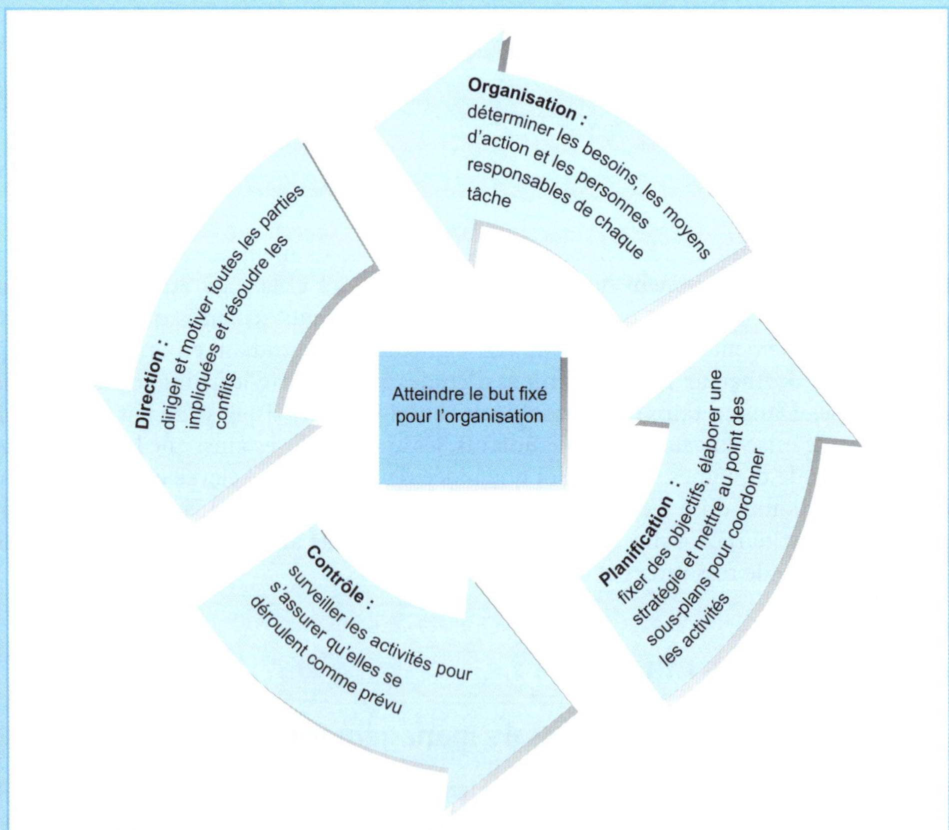

Les managers, qu'il s'agisse de dirigeants de la trempe de Vincent Bolloré, de Richard Branson ou de jeunes entrepreneurs créateurs de leur propre société, doivent également proposer une structure, à savoir une **organisation**. Ils définissent les tâches qui seront exécutées, les personnes qui s'en chargeront, la manière de regrouper les missions, qui rendra des comptes à qui et à quel niveau les décisions seront prises.

> *Organisation* — Phase du processus de management consistant à déterminer les tâches devant être effectuées, qui doit s'en charger, comment regrouper les missions, qui rend des comptes à qui et le niveau auquel les décisions sont prises.

Les organisations se composent avant tout d'individus, hommes et femmes, que le manager doit diriger et coordonner en fonction des activités à mener et des objectifs à atteindre. Cette activité de **direction** – souvent qualifiée de *leadership* – consiste à motiver les employés, administrer les activités des autres, choisir le canal de communication le plus probant et résoudre les conflits entre les membres.

> *Direction* — Phase du processus de management comprenant la motivation des personnes, l'administration des activités des autres collaborateurs, le choix du canal de communication le plus probant et des messages les plus percutants ainsi que la résolution des conflits.

Enfin, les managers doivent exercer un **contrôle**. Une fois les objectifs définis, les plans établis, les structures mises en place et le personnel recruté, formé et motivé, reste encore à surveiller les performances de l'organisation. Celles-ci doivent être confrontées aux objectifs fixés : en cas d'écart constaté, il revient au manager de remettre l'organisation sur les rails. Cette méthode de pilotage, faite de comparaisons et de corrections permanentes, constitue précisément le processus de contrôle.

> *Contrôle* — Phase du processus de management visant à surveiller les performances, à les comparer avec les objectifs et à corriger tout écart éventuel.

La popularité de cette approche témoigne de sa simplicité et de sa clarté. Offre-t-elle pour autant une description exacte du rôle du manager ? Dans la réalité, ce dernier se livre-t-il concrètement, quotidiennement, à des tâches de planification, d'organisation, de direction et de contrôle ? Ces questions se sont posées car il est apparu que l'analyse initiale de Fayol ne se fondait pas sur l'étude détaillée de milliers de managers exerçant dans des centaines d'entreprises, mais seulement sur des observations dans l'industrie minière. C'est à la fin des années 1960 qu'un autre auteur, Henry Mintzberg, va proposer des remarques empiriques nouvelles sur le métier et les rôles réels du manager[5].

3.2. Quels sont les véritables rôles du manager ?

Dans le cadre de sa recherche, Henry Mintzberg s'est livré à l'étude minutieuse de cinq managers en exercice et a par la même occasion remis en cause des notions qui faisaient école depuis longtemps. Par exemple, contrairement à l'image répandue du manager comme tête pensante assurant un traitement rationnel et séquentiel de l'information avant de prendre des décisions, Mintzberg observe – sur leur terrain – des dirigeants engagés dans des activités très diverses, plutôt brèves et souvent informelles. Il constate aussi qu'ils n'ont que peu de temps à accorder à la réflexion, essentiellement en raison d'interruptions permanentes ; d'où sur 50 % des tâches accomplies une moyenne de neuf minutes par tâche… Mintzberg propose par ailleurs un schéma renouvelé de classification des **rôles du manager**.

Document 2.5 – Les rôles du manager selon Mintzberg

Rôle	Description	Activités correspondantes
Rôles interpersonnels		
Symbole	Représentation symbolique, obligation d'accomplir plusieurs tâches routinières de nature juridique ou sociale	Accueillir des visiteurs, signer des documents officiels
Leader	Charger de motiver et d'encourager le personnel, responsable de l'embauche, de la formation et autres tâches connexes	Se livrer à toutes les activités impliquant des employés
Agent de liaison	Conserver le réseau naturel de contacts externes et d'informateur offrant faveur et renseignements utiles	Répondre au courrier, effectuer des tâches externes au comité de direction ainsi que des activités impliquant des intervenants extérieurs
Rôles informationnels		
Observateur actif	Recherche et reçoit une foule d'informations (le plus souvent d'actualité) afin de mieux cerner l'organisation et son environnement, point névralgique des données internes comme externes	Lire les journaux et les rapports, entretenir des contacts personnels
Diffuseur	Transmet des informations reçues d'autres employés à des membres de l'organisation (certaines données sont factuelles, d'autres supposent l'interprétation et l'intégration de plusieurs postes d'influence)	Organiser des réunions d'informations, faire des annonces pour diffuser l'information.
Porte-parole	Transmet des informations à des intervenants externes sur les plans, règles, actions, résultats, etc., sert d'expert sur l'activité de l'organisation	
Rôles décisionnels		
Entrepreneur	Recherche dans l'organisation et son environnement des occasions d'avancer et lance des « projets d'amélioration » pour instaurer des changements, contrôle l'élaboration de certains projets.	Organiser des séances stratégiques et de discussion pour mettre au point de nouveaux programmes.
Régulateur	Chargé des actions de correction lorsque l'organisation doit faire face à des problèmes majeurs	Organiser des séances stratégiques et de discussion portant sur des problèmes et des crises
Répartiteur de ressources	Chargé d'attribuer des ressources en tout genre, en d'autres termes, de prendre ou d'approuver toutes les décisions importantes	Planifier, demander des autorisations, réaliser toute activité relevant du budget et de la programmation du travail des employés
Négociateur	Chargé de représenter l'organisation lors des négociations	Participer à des négociations avec les syndicats ou les fournisseurs

Source : The Nature of Managerial Work, H. Mintzberg, tableau 2, pp. 92-93.

Rôles du manager — Catégories spécifiques de comportements dégagées par Mintzberg, et regroupant trois catégories : les rôles interpersonnels, les rôles informationnels et les rôles décisionnels.

Selon lui, les dirigeants remplissent en fait dix rôles essentiels (assimilables à des comportements), aussi distincts qu'étroitement liés. Le document 2.5 montre qu'ils appartiennent à trois grandes catégories : les relations interpersonnelles, le traitement d'informations et la prise de décisions.

3.3. Quelles sont les compétences attendues des bons managers ?

Outre l'aptitude à exercer les quatre activités fondamentales, communes à tous les niveaux, tailles et types d'organisations, les managers présentent un certain nombre de compétences clés. Dans les années 1970, l'expert en management Robert L. Katz a tenté de les identifier[6] et a établi, avec d'autres, qu'elles étaient au nombre de quatre[7]. Elles regroupent les capacités et les comportements essentiels à l'exercice performant du métier de manager et se divisent en deux catégories.

Compétences génériques

Il est généralement admis que les managers efficaces doivent justifier de compétences dans quatre domaines.

Les **compétences conceptuelles** désignent la capacité mentale à analyser et à saisir des situations complexes en vue de prendre les décisions qui s'imposent. Les **compétences interpersonnelles** englobent la capacité de travailler en équipe, de comprendre autrui, de le guider et de le motiver, tant au niveau individuel qu'en groupe. Sachant que les managers comptent sur d'autres pour obtenir des résultats, ces compétences leur permettent de communiquer, d'encourager et de déléguer. De plus, les managers doivent faire preuve de **compétences techniques** : appliquer un savoir spécialisé et avoir une capacité d'expertise. Pour les hauts dirigeants, ces compétences portent généralement sur le secteur d'activités et sur les procédés et produits de l'organisation. Les managers de niveau inférieur font quant à eux preuve d'un savoir propre à leur domaine (finances, ressources humaines, informatique, production, juridique, marketing, etc.). Enfin, les managers ont besoin de **compétences politiques** afin d'améliorer leur position, de s'assurer une base de pouvoir et d'établir les liens opportuns. Les organisations sont comparables à des arènes politiques où se livre une véritable compétition pour les ressources. Les managers ayant des compétences politiques certaines réussissent mieux à capter les ressources pour leur groupe et tendent du coup à être évalués positivement (voir l'encadré « Comment développer vos compétences politiques »).

Compétences conceptuelles — Capacité mentale d'un manager à coordonner l'ensemble des intérêts et activités de l'organisation.

Compétences interpersonnelles — Capacité d'un manager à travailler en équipe, comprendre autrui, servir de mentor et motiver, tant au niveau individuel que collectif.

Compétences techniques — Capacité d'un manager à employer des outils, des procédures et des techniques propres à un domaine spécialisé.

Compétences politiques — Capacité d'un manager à s'assurer une base de pouvoir et à établir les contacts opportuns.

Comment développer vos compétences politiques ?

La recherche a montré que les personnes diffèrent dans leurs compétences politiques. Celles qui sont plus douées politiquement se révèlent plus efficaces dans leur utilisation des tactiques d'influence. Les compétences politiques apparaissent aussi plus efficaces quand les enjeux sont élevés. En fin de compte, les individus compétents en « politique » sont capables d'exercer leur influence sans que les autres le détectent, ce qui est important car cela leur évite (paradoxalement) d'être étiquetés comme trop « politiques » ! La compétence politique d'une personne est déterminée par sa capacité à fonctionner en réseau, à jouer sur son influence interpersonnelle, à faire preuve de sensibilité sociale et à exercer son action avec sincérité.

Points de repère

1. **Développer votre capacité à fonctionner en réseau.** Un bon réseau peut être un outil très puissant. Vous pouvez commencer à bâtir votre réseau en faisant connaissance avec des gens importants dans votre sphère de travail, puis en développant des relations avec des acteurs en position de pouvoir. Des comportements comme se porter volontaire pour un comité ou un groupe de travail, voire offrir son aide dans le cadre d'un projet, sont remarqués par les acteurs en position de pouvoir. Tentez toujours d'exercer des fonctions et des missions à forte visibilité, qui permettent de percevoir que vous jouez en équipe et que vous manifestez de l'intérêt à la réussite de l'organisation. Tenez à jour la liste de toutes les personnes que vous rencontrez, même pour un bref moment. Puis, dès que vous avez besoin d'un avis ou d'un conseil, n'hésitez pas à faire appel, soit pour vous soit pour un tiers, au réseau ainsi bâti à tous les niveaux de l'organisation.
2. **Accroître votre influence interpersonnelle.** Les gens vous écouteront davantage à partir du moment où ils se sentiront à l'aise en votre compagnie. Travaillez sans relâche vos techniques de communication interpersonnelle de façon à pouvoir interagir aisément et efficacement avec les autres. Travaillez à développer de bonnes relations avec les gens dans tous les secteurs et à tous les niveaux de l'organisation. Soyez ouvert, amical, et montrez-vous toujours prêt à vous atteler à une tâche nouvelle. Votre niveau d'influence sera toujours affecté par la façon dont les autres vous apprécieront.
3. **Développer votre sensibilité sociale.** Certaines personnes ont un sens inné de la relation avec les autres. Elles perçoivent instantanément ce que les autres pensent ou ressentent. Si vous ne disposez pas de ce talent, vous allez devoir développer votre sensibilité sociale avec astuce et efficacité. Prenez garde à dire les choses au bon moment, dans le bon timing ; prêtez une grande attention aux expressions et aux attitudes non verbales de vos interlocuteurs ; essayez toujours de déterminer leurs agendas « cachés », c'est-à-dire les projets « derrière les projets ».
4. **Être sincère.** La sincérité est une chose qui se perçoit. C'est une dimension importante pour que les autres aient envie de s'associer avec vous. Soyez authentique dans ce que vous dites autant que dans ce que vous faites. Et sachez montrer un réel intérêt aux problèmes des autres dans les situations qu'ils rencontrent.

Mise en pratique

Sélectionnez tour à tour chacune des quatre composantes de la compétence politique et consacrez-y une semaine entière. Puis rédigez une brève note décrivant vos expériences en la matière, qu'elles soient bonnes ou mauvaises, concluantes ou ratées. Qu'en ressort-il ? Vous sentez-vous à même de développer un réseau au sein de votre organisation ou avez-vous préféré travailler votre sensibilité sociale, par exemple en cherchant à mieux décoder les gestes, attitudes, expressions et propos des personnes que vous avez rencontrées ? Qu'auriez-vous pu faire différemment pour accroître votre potentiel politique dans votre environnement professionnel immédiat ? Une fois que vous aurez commencé à sentir ce qu'implique le jeu politique au sein de votre propre organisation, vous pourrez progressivement mieux vous connecter aux autres afin de développer une authentique « sensibilité politique » de terrain.

Compétences spécifiques

Les études ont également révélé six types de comportements pesant dans la balance pour une bonne moitié des performances d'un manager[8].

- **Contrôle de l'environnement de** l'organisation **et de ses ressources.** Il s'agit de la capacité, tant dans la tenue de réunions que dans la prise de décisions immédiate, de prendre les devants et d'anticiper les changements environnementaux. Il est également question de fonder les décisions sur une connaissance précise et actualisée des objectifs à atteindre.
- **Organisation et coordination.** Les managers répartissent leur temps entre des tâches et assurent une coordination des relations interdépendantes.
- **Gestion de l'information.** L'idée est d'utiliser les canaux d'information et de communication pour identifier des problèmes, comprendre l'évolution de l'environnement et prendre les décisions appropriées.
- **Recherche de croissance et de développement.** Les managers visent leur développement personnel tout comme celui des employés grâce à un apprentissage continu.
- **Motivation du personnel et gestion des conflits.** En faisant de la motivation un moteur, les managers poussent les employés à faire le travail et à effacer les différends pouvant miner leur implication.
- **Résolution de problèmes stratégiques.** Les managers assument la responsabilité de leurs décisions et vérifient que leurs subalternes utilisent à bon escient leurs compétences de décideurs.

Capacités de management

L'approche la plus récente des fonctions du manager est centrée sur les **capacités de management**[9], lesquelles regroupent connaissances, compétences et attitudes garantes de l'efficacité managériale. L'une des études les plus complètes sur le sujet a été réalisée au Royaume-Uni[10], sous l'intitulé *Management Charter Initiative* (MCI). En partant d'une analyse des activités de management et en accordant la priorité à ce que les bons dirigeants doivent pouvoir faire plutôt qu'à ce qu'ils savent, la MCI a établi une grille standard d'attitudes et de comportements s'appliquant aux managers de divers niveaux.

Capacités de management — Ensemble de connaissances, de compétences et d'attitudes garantes de la performance managériale.

Document 2.6 – Compétences des cadres intermédiaires selon la *Management Charter Initiative*.

Compétences de base	Éléments connexes spécifiques (exemples)
1. Entamer et mettre en place un changement et une amélioration des services, produits et systèmes.	Identifier les moyens d'améliorer les services, les produits et les systèmes. Négocier et se mettre d'accord sur l'introduction d'un changement.
2. Observer, entretenir et améliorer la livraison de produits et de services.	Instaurer et entretenir l'approvisionnement de ressources dans l'organisation/le service.
3. Observer et contrôler l'utilisation des ressources.	Contrôler les coûts et augmenter la valeur. Observer et contrôler les activités par rapport aux budgets.
4. Garantir une affectation rentable des ressources pour les activités et projets.	Justifier les propositions de dépenses pour les projets. Négocier et s'accorder sur le budget.
5. Recruter et sélectionner le personnel.	Définir les besoins à venir en personnel. Trouver comment garantir le recrutement de personnes de qualité.
6. Permettre le développement de soi, d'autrui et des équipes pour stimuler les performances.	Constituer et améliorer les équipes *via* la planification et des activités. Identifier, modifier et améliorer des activités d'émancipation des individus.
7. Prévoir, affecter et évaluer le travail réalisé par les équipes, les individus et soi-même.	Définir et mettre à jour des objectifs de travail pour les équipes et les individus. Donner du travail aux équipes, aux individus et à soi-même et faire des évaluations par rapport aux objectifs.
8. Établir, maintenir et améliorer des relations professionnelles enrichissantes.	Instaurer et entretenir la confiance et le soutien des employés. Identifier et minimiser les conflits interpersonnels.
9. Rechercher, évaluer et organiser des informations en vue d'actions.	Obtenir et évaluer les informations en vue de la prise de décisions. Enregistrer et conserver les informations.
10. Échanger des informations pour résoudre des problèmes et prendre des décisions.	Mener des réunions et des discussions en groupe. Conseiller et informer les autres.

Le document 2.6 répertorie les standards pour les managers intermédiaires. Dans chaque domaine de compétences, un ensemble d'éléments spécifiques détermine l'efficacité recherchée. En ce qui concerne les relations humaines, par exemple, les compétences que les managers doivent développer consistent à « établir, maintenir et améliorer les relations avec les collaborateurs et les autres parties prenantes de l'organisation ; recruter, sélectionner et conserver le personnel ; répartir et évaluer le travail des employés ; fournir des opportunités de formation »[11].

Les standards MCI suscitent un grand intérêt, en particulier dans le monde anglo-saxon.

Devenir manager puis être un bon manager requiert donc de multiples talents ; et les managers peuvent apporter beaucoup à une organisation. Ils sont ainsi globalement mieux payés que les autres employés, une rémunération qui va généralement croissant avec le degré d'autorité et de responsabilité.

3.4. Manager, un métier universel ?

L'universalité du champ d'application des fonctions de management a déjà été mentionnée. Et jusqu'à maintenant, l'activité a été envisagée de façon générique : un manager reste un manager, où qu'il exerce. Aussi, ses actions doivent être très semblables, quels que soient sa place dans la hiérarchie, le type (entreprise, association ou institution) et la taille (PME ou entreprise multinationale) de l'organisation et son emplacement (que l'on soit à Paris, France ou à Paris, Texas…).

Quelle place hiérarchique dans l'organisation ?

Nous avons vu précédemment que l'importance des rôles remplis par le manager est fonction du niveau qu'il occupe dans l'organisation. Néanmoins, ce n'est pas parce que le travail du chef de rayon d'un hypermarché diffère de celui du P.-D.G. de l'enseigne que leurs responsabilités sont si éloignées. En effet, les divergences ne tiennent pas à l'activité en elle-même mais sont plutôt question de degré et d'intensité.

En grimpant les échelons, les managers se livrent à davantage de planification et exercent moins de contrôle direct sur les autres membres, comme l'illustre le document 2.7.

Document 2.7 – Répartition du temps par activité et niveau hiérarchique.

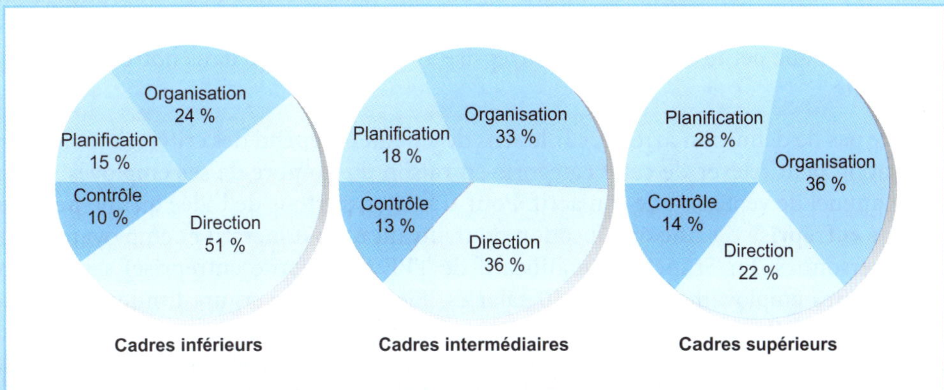

Source : Adaptation de T. A. Mahoney, T. H. Jerdee et S. J. Carroll, « The Job(s) of Management », *Industrial Relations* 4, n° 2 (1965), p. 103.

À tous les niveaux, les dirigeants prennent des décisions, de même qu'ils réalisent des tâches de planification, d'organisation, de direction et de contrôle. Toutefois, le temps consacré à chaque activité n'est pas toujours identique et leur contenu est lui aussi variable. Par exemple, comme décrit au chapitre 7, les dirigeants s'attachent davantage à définir la structure globale de l'organisation, alors que les managers intermédiaires consacrent plutôt leurs efforts à déterminer les fonctions des individus ou des groupes de travail.

Recherche de bénéfices ou but non lucratif ?

Toute la question est de savoir si le travail d'un dirigeant reste le même selon qu'il opère dans des organisations à but lucratif ou des organisations à but non lucratif[12]. La réponse penche généralement vers l'affirmative, dès lors que ces types de postes présentent des caractéristiques génériques : prise de décisions, définition d'objectifs, création de structures opérationnelles, embauche et motivation du personnel, garantie de légitimité pour l'organisation et recherche d'un soutien politique interne afin d'appliquer les programmes. Parallèlement, certaines différences méritent d'être soulignées, notamment le mode d'évaluation des performances. Le résultat financier est un outil de mesure sans équivoque des capacités, étalon dont ne disposent pas les organisations à but non lucratif. On imagine combien il peut être difficile d'apprécier la performance économique d'écoles, de musées, de services publics ou d'associations caritatives. Pour autant, les managers de ce type d'organisations ne peuvent en ignorer la dimension financière et doivent aussi générer des liquidités, ne serait-ce que pour survivre. L'unique différence est que les « propriétaires » de ce type d'organisation n'ont pas pour premier objectif de dégager des bénéfices, ce qui épargne aux managers d'être jugés à l'aune de l'optimisation des bénéfices.

En bref, organisations à but lucratif et non lucratif sont plus comparables que distinctes. Dans les deux cas en effet, les managers sont pareillement impliqués dans la planification, l'organisation, la direction et le contrôle.

La taille de l'organisation importe-t-elle ?

Le dirigeant d'une petite imprimerie de 12 personnes et le directeur de l'unité d'impression du journal *Le Monde* effectuent-ils un travail managérial différent ? Pour le savoir, et avant de comparer les responsabilités de managers de PME aux rôles évoqués auparavant, examinons ce qu'est une petite ou moyenne entreprise ainsi que sa place dans notre économie et notre société.

Il n'existe pas de définition arrêtée, car le sens de « petite » dépend des critères retenus : une organisation peut relever de cette catégorie en raison du nombre de ses employés, de son volume annuel de ventes ou de son actif. Pour trancher, partons de l'idée qu'une **petite ou moyenne entreprise** est une organisation poursuivant un but lucratif et employant moins de 500 personnes. En France, le qualificatif de TPE (très petite entreprise) sera réservé aux structures employant moins de 10 salariés. Bien que d'envergure limitée, toutes ces entreprises de taille petite ou moyenne ont un fort impact sur l'économie mondiale. Aux États-Unis, selon la Small Business Administration, elles représentent environ 98 % des activités non agricoles, emploient plus de 60 % de la main-d'œuvre privée, dominent les secteurs de la vente au détail et de la construction et offriront la moitié des nouveaux postes au cours de la prochaine décennie. En France, 2 494 000 PME de moins de 500 salariés, soit 99,9 % des entreprises, emploient 89 % des salariés du pays. 25 % des salariés français sont employés par des entreprises comprenant moins de 10 personnes. Les TPE représentent en effet 92,5 % du total des PME. De plus, ce sont ces mêmes PME qui ont, ces dernières années, enregistré la plus forte création d'emplois, tant aux États-Unis qu'en Europe. Par exemple, entre 1980 et 2002, les compagnies classées au Fortune 1000 ont supprimé des millions de postes, alors que les entreprises de moins de 500 employés en ont généré chaque année plus de 2 millions[13]. Et croyez bien que ce phénomène n'est pas propre aux États-Unis : il se remarque également en France, en Grande-Bretagne, en Chine, au Japon, en Corée ou à Taïwan[14].

> *Petite ou moyenne entreprise* — Toute entreprise indépendante et poursuivant un but lucratif, employant moins de 500 personnes.

Dès lors, gérer une petite entreprise revient-il au même qu'en gérer une plus grande ? Certaines différences s'imposent d'elles-mêmes. Par exemple, comme le montre le document 2.8, le rôle dominant de celui ou celle qui manage une structure réduite – selon la typologie des rôles de Mintzberg – est plutôt celui de porte-parole. En effet, une part importante de son temps est consacrée à des actions vers l'extérieur, telles que des réunions avec des clients, des négociations financières avec les banques, la recherche de nouveaux débouchés et l'incitation au changement. Dans les grandes organisations en revanche, les managers seront davantage tournés vers l'intérieur de leur structure, afin de décider quelles unités doivent obtenir quelles ressources et en quelle quantité. De la même façon, notamment chez les managers intermédiaires, le rôle d'entrepreneur – à savoir la découverte de marchés et la planification en vue d'améliorer les performances – sera vraisemblablement moins prisé.

Document 2.8 – Importance des rôles de management dans les petites et les grandes entreprises.

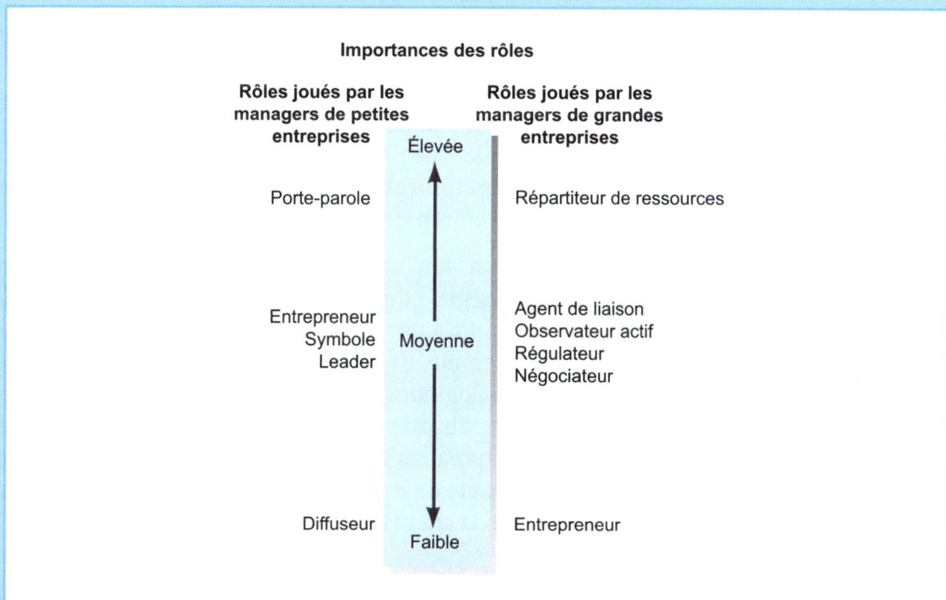

Source : Adaptation de J. G. P. Paolillo, « The Manager's Self Assessments of Managerial Roles: Small vs. Large Firms », *American Journal of Small Business*, janvier-mars 1984, p. 61-62.

Le profil du manager de petite ou moyenne entreprise est donc plutôt généraliste. Sa tâche consiste à jongler entre les activités d'un P.-D.G. de multinationale autant qu'avec celles d'un manager de proximité. Par ailleurs, structure et aspect formel de ce poste au sein d'une grande organisation ont tendance à s'émousser dans les entreprises plus modestes. La planification perd de son rituel soigneusement orchestré, la hiérarchie se révèle moins sophistiquée et le contrôle s'appuie plutôt sur l'observation directe que sur des systèmes informatisés et complexes. Là encore, les différences se relèvent en termes de degré et d'intensité, et non au niveau des activités proprement dites. Les managers de petites et des grandes entreprises remplissent en fait la même mission ; seuls varient l'approche et le temps consacré aux différentes tâches.

Les concepts du management sont-ils universels ?

Le dernier aspect générique porte sur la possibilité de transposer les concepts du management au-delà des frontières. S'ils étaient absolus, ils s'appliqueraient à l'échelle universelle, quels que soient les contrastes économiques, sociaux, politiques ou culturels. Des études ayant comparé certaines pratiques entre pays n'ont pourtant pas défendu leur universalité, bien au contraire[15]. Pour l'heure, il suffit de comprendre que la plupart des concepts abordés dans les chapitres du présent ouvrage concernent essentiellement le monde anglo-saxon (États-Unis, Canada, Grande-Bretagne, Australie, autres pays anglophones) ainsi qu'une part importante de l'Europe occidentale. Autant dire qu'ils nécessitent d'être adaptés afin d'être applicables tout aussi efficacement en Inde, en Chine, au Brésil ou dans tout autre pays dont le contexte économique, politique, social ou culturel est totalement étranger à celui d'un pays industrialisé, démocratique et inscrit dans une économie de marché.

Prise de décisions et/ou gestion du changement ?

Deux points de vue doivent enfin être abordés concernant les rôles et missions des managers : ils prennent des décisions et sont des agents de changement. Toute action suppose pour le manager une prise de décisions. Qu'il fixe des objectifs, élabore une hiérarchie, cherche comment motiver et récompenser son personnel ou encore identifie des variations importantes de performances, un manager doit décider. Un bon manager sera donc celui qui sera capable de détecter les problèmes, d'assimiler les données pertinentes, de donner un sens aux informations et de choisir l'action à entreprendre en conséquence (voir chapitre 6).

Aujourd'hui, les organisations évoluent aussi dans un monde en continuel changement. Diriger en situation de chaos est devenu la règle, et non plus l'exception. Pour réussir, les managers doivent analyser les évolutions rapides qui les entourent et faire preuve de souplesse afin d'adapter leurs pratiques. Par exemple, ils peuvent détecter le gain potentiel de performances grâce à des innovations technologiques tout en comprenant que le personnel est généralement réticent à tout changement. Ils doivent alors savoir faire valoir les avantages d'une telle évolution et « vendre » le changement tout en apportant leur soutien aux employés confrontés à l'incertitude et à l'anxiété de la nouveauté. Cet exemple illustre combien les managers participent aux processus de changement (voir chapitre 8).

4. Étudier le management, pour quoi faire ?

En tant que matière d'enseignement ou thème de formation continue, le management offre une vision intéressante de nombreux aspects organisationnels du quotidien et mérite toute sa place dans un cursus.

4.1. Apprendre à mieux gérer les organisations

Tout d'abord, nous sommes tous directement intéressés par l'amélioration du mode de gestion des organisations, sachant que nous avons chaque jour affaire à elles. Perdez-vous patience s'il vous faut passer plusieurs heures à la préfecture ou à la mairie pour renouveler votre carte d'identité ou votre passeport ? Êtes-vous surpris lorsqu'une organisation de grande notoriété – supposée en pleine expansion – lance un plan social ou fait faillite ? En voulez-vous aux employés de la compagnie aérienne qui vous indiquent un prix différent à chaque appel ? En tant que contribuable, ne ressentez-vous pas un problème si vous apprenez que des entreprises ont surfacturé des commandes du gouvernement pour des équipements liés à la Défense nationale ? Autant d'exemples qui s'expliquent en partie par un mauvais management, alors que nombre d'organisations faisant preuve d'une gestion saine (Auchan, General Electric, Siemens, Michelin, Groupama ou Peugeot) renvoient plutôt une image loyale, solide et durable. À l'opposé du tableau, piètre management rime avec perte de clientèle et bénéfices amoindris, et donc survie compromise. Gimbel's, W.T. Grant, Smith Corona, Eastern Airlines, Lehman Brothers ou Enron : autant d'entreprises d'abord prospères, employant des dizaines de milliers de personnes et fournissant tous les jours biens et services à des centaines de milliers de clients, terrassées par des erreurs de gestion qui ont causé leur perte.

Le management mérite également d'être étudié pour une autre raison : la vie professionnelle constitue un monde où les compétences managériales constituent une ressource clé, que l'on occupe ou non un poste à responsabilités. En effet, il n'est nul besoin de vouloir devenir manager pour étudier le management. Car le fait même d'entrer dans le monde professionnel, que ce soit dans le secteur privé, public ou associatif, conduit chacun à s'intégrer tôt ou tard dans une organisation. À ce titre, il apparaît essentiel, en toutes circonstances, d'apprendre à composer efficacement avec les autres acteurs, qu'ils soient vos supérieurs, vos collaborateurs ou vos subordonnés. Quelle que soit votre position, vous disposerez ainsi de clés supplémentaires vous permettant de décrypter le comportement des managers et donc de mieux comprendre les rouages internes de l'entreprise.

Mais avant de clore ce chapitre, il convient de replacer les études de management dans une juste perspective. Le management ne saurait s'appréhender comme un champ d'étude isolé ; il donne en effet corps au travail et aux pratiques de plusieurs spécialistes dans des disciplines très variées. Ces connexions interdisciplinaires, comme nous allons le voir, sont essentielles à une bonne appréhension de la richesse des problématiques managériales.

4.2. Quelles relations entre le management et d'autres disciplines ?

Bien souvent, les contenus des cours universitaires ou des programmes de formation continue semblent extrêmement cloisonnés. Trop souvent d'ailleurs, l'un a peu à voir avec les précédents ou ceux qui lui succèdent, ce qui interdit à celles et ceux qui les suivent de développer la vision les liens possibles entre eux et finit par nuire à leur assimilation. Tel est encore le cas de nombre de programmes d'universités, d'écoles d'ingénieur ou d'écoles de commerce, où apparaît une absence de relation évidente entre les matières techniques, les sciences de gestion et les humanités. Les cours de comptabilité ne font que peu de références au marketing, ceux de marketing ne mentionnant pas, en principe, ceux d'économie ou de sciences politiques. La science politique ignore les contraintes de la gestion, etc. Les programmes d'enseignement s'apparentent dès lors à un ensemble de blocs autonomes.

Un certain nombre d'enseignants en management ont cependant commencé à établir des passerelles entre ces blocs en intégrant des cours au fil du programme. En voici une brève présentation. Vous verrez ainsi comment des cours d'économie, de psychologie, de sociologie, de sciences politiques et de philosophie ne sont pas étrangers au management, voire peuvent les éclairer d'un jour tout à fait nouveau.

Une étude exclusive des concepts du management fait en général perdre la vue d'ensemble. En ayant d'emblée à l'esprit cette perspective interdisciplinaire, on comprend mieux combien les matières générales sont utiles aux étudiants en management, tout comme cela peut aider à devenir un manager plus efficace.

Voici quelques matières de sciences humaines et sociales pouvant avoir un impact direct sur les pratiques de management.

Anthropologie. Se définit comme l'étude des sociétés, expliquant le fonctionnement des êtres humains et leurs activités. Une distinction peut être faite entre, d'une part, l'*anthropologie sociale*, qui cherche à établir les lois de la vie en société sous l'angle du fonctionnement des institutions et des organisations et, d'autre part, l'*anthropologie culturelle*, qui accorde une importance particulière aux objets ainsi qu'aux phénomènes de constitution et de transmission de la culture. Le travail des anthropologues en termes de culture et d'environnement a par exemple permis à des managers de mieux cerner les différences de valeurs, de principes, d'attitudes et de comportements entre les habitants de divers pays et travaillant dans des organisations distinctes ; les concepts de ces disciplines sont de même particulièrement utiles à la compréhension des cultures organisationnelles.

Économie. Elle porte sur l'affectation et la répartition de ressources rares. Elle aide à saisir l'évolution de la conjoncture et le rôle de la concurrence et des économies de marché dans un contexte global. Par exemple, pourquoi la plupart des chaussures de sport se fabriquent-elles en Asie ? Pourquoi le Mexique compte-t-il désormais plus d'usines automobiles que Détroit ? Les économistes apportent des réponses à ces questions lorsqu'ils débattent de l'avantage concurrentiel. De la même façon, comprendre le libre-échange et le protectionnisme est essentiel à tout manager se positionnant sur le marché mondial. Par ailleurs, la science économique a développé, ces dernières années, de nouvelles approches tout à fait pertinentes d'un point de vue organisationnel, en particulier autour du rôle des croyances sociales, et surtout de la confiance dans la régulation des marchés et des comportements de coopération des acteurs entre eux.

Philosophie. Les cours de philosophie examinent la nature des choses, notamment l'éthique et les valeurs. L'éthique établit des normes s'appliquant à la conduite humaine et porte directement sur la raison d'être des organisations. Elle s'interroge de même sur les comportements qui leur sont les plus adaptés. L'éthique de la liberté (Locke Edwin) pose par exemple comme droits légaux la liberté, l'égalité, la justice et la propriété privée ; l'éthique protestante (Calvin) encourage les individus à être économes, travailler dur et réussir ; enfin, l'éthique du marché (Adam Smith) défend que seuls le marché et la concurrence, et non l'État, doivent intervenir comme régulateurs de l'économie. Ces systèmes éthiques ont dessiné en partie les organisations d'aujourd'hui en offrant une base d'autorité, en associant des récompenses aux performances et en justifiant l'existence des affaires et d'une structure corporative. Mais la philosophie, en tant que démarche et ensemble d'outils d'interrogation sur le monde, constitue aussi pour le manager un champ de réflexion essentiel touchant aux finalités de son action, à sa raison d'être en tant que sujet, dans une organisation elle-même porteuse de significations pour celles et ceux qui y travaillent.

Sciences politiques. Ce terme générique recouvre une discipline carrefour, ou plutôt la rencontre de plusieurs disciplines (sociologie, psychologie, anthropologie) autour d'un centre d'intérêt commun, le politique, défini comme l'étude du comportement des individus et des modes de régulation des groupes dans un environnement institutionnalisé de pouvoir. D'un point de vue organisationnel, l'apport de cette discipline apparaît essentiel pour la compréhension de concepts clés tels que la structuration et la résolution des conflits, l'attribution de pouvoir et les jeux de pouvoir, ou plus généralement la compréhension des stratégies organisationnelles, tant d'un point de vue individuel que collectif.

Psychologie. Science cherchant à évaluer, expliquer et parfois modifier le comportement des êtres humains. Les psychologues s'attachent à comprendre la nature des comportements et des interactions des individus entre eux et peuvent en cela éclairer les managers sur la diversité humaine. Aujourd'hui, les dirigeants sont confrontés à une clientèle des plus variées, mais aussi à un personnel éclectique. Tout le travail d'approche des psychologues (selon le genre et la culture) permet aux managers de mieux saisir les besoins de leurs clients et de leurs employés, en constante mutation. Les cours de psychologie servent bien évidemment à mieux assimiler les notions classiques de perception, de motivation, d'autorité, de confiance, de conflit, de communication, etc. Mais ils servent aussi, surtout du fait des avancées récentes en psychologie cognitive, à mieux faire comprendre au manager comment ses collaborateurs traitent l'information et construisent à partir de celle-ci le monde dans lequel ils agissent. Les interactions entre comportement, univers intérieur et environnement, sont au cœur de la problématique sociocognitive appliquée aux réalités du monde du travail et des organisations.

Sociologie. L'objet de cette discipline essentielle du champ des sciences humaines est l'étude des interactions sociales et culturelles entre acteurs individuels et collectifs. Contrairement à la psychologie, dont l'objet premier est l'individu, la sociologie oriente sa réflexion sur les groupes humains et cherche en priorité à comprendre les déterminants collectifs des attitudes et des comportements des acteurs et des groupes. Il s'agit de l'étude de personnes par rapport à leurs semblables et certains concepts ou problématiques de la sociologie apparaissent comme importants pour les managers. En quoi l'évolution de la société (globalisation, diversité culturelle accrue, nouvelle place des genres, changement du mode de vie familiale) affecte-t-elle les pratiques organisationnelles ? Quel est l'impact des méthodes de scolarisation et des tendances d'enseignement sur les compétences des futurs employés ? En quoi les changements démographiques modifient-ils le marché du travail et la clientèle ? À quoi ressemblera la société de l'ère de l'information d'ici à dix ans ? Les réponses à ce type de questions – essentiellement sociologiques dans leur esprit – seront déterminantes pour opérer des choix stratégiques.

5. Quels sont les facteurs qui contribuent au changement et à l'évolution du management ?

Au siège social de Best Buy, plus de 60 % des 4 000 employés sont uniquement évalués sur leur travail et leurs résultats. Ils prennent donc le temps dont ils ont besoin pour faire ce qu'ils ont à faire. Ils avouent aussi qu'ils ont de meilleurs rapports avec leur famille et leurs amis, qu'ils sont plus respectueux de leur entreprise, plus concentrés et plus énergiques. La productivité a ainsi augmenté de 35 %. Ils avouent aussi qu'ils ne connaissent pas leur nombre d'heures travaillées, car ils ont tout simplement arrêté de les compter ! Et – peut-être est-ce d'ailleurs la chose la plus importante – ils ont trouvé de nouvelles manières d'être efficaces.

Bienvenue dans le nouveau monde du management ! Dans la société actuelle, les dirigeants doivent faire face à une transformation des conditions de travail, à des questions éthiques et de confiance, à une incertitude économique mondialisée et à l'évolution permanente des technologies. Par exemple, bien que la population ait toujours besoin d'acheter de la nourriture – même pendant les périodes de récession –, les magasins d'alimentation se battent pour conserver leur clientèle habituelle et pour maintenir des dépenses moindres. Dans les supermarchés Publix (la grande chaîne d'épicerie du sud-est des États-Unis), tout le monde, même les managers, cherche de nouvelles manières de mieux servir les clients. Le président, Todd Jones, qui a commencé sa carrière en mettant les produits dans les sacs dans un Publix de New Smyrna Beach en Floride, mène son entreprise à travers ces périodes de challenges économiques en demandant à tous ses employés un service à la clientèle exceptionnel. Pour sa part, Roger Oglesby, éditeur et rédacteur du *Seattle Post-Intelligencer*, s'est battu, comme beaucoup d'autres, pour continuer à publier son journal dans une branche qui perd de plus en plus de lecteurs et dont le chiffre d'affaires s'amenuise à une vitesse assez alarmante. Au début de l'année 2009, il a choisi de passer au tout-numérique et de faire du *Seattle Post-Intelligencer* un journal uniquement disponible en ligne. Cela l'a amené à prendre des décisions difficiles comme réduire le personnel de 165 à 20 personnes. Et plus l'organisation se poursuit, plus Oglesby doit faire face à d'autres challenges car, en tant que manager, il doit prévoir, organiser, diriger et contrôler dans un environnement en perpétuelle évolution. Où qu'il se trouve, un manager a le devoir de s'adapter aux circonstances toujours changeantes. Et donc, la manière dont il agit est, de la même façon, changeante. Tout au long de ce livre, nous étudions ces changements et voyons leur influence sur la façon dont les dirigeants prévoient, organisent, dirigent et contrôlent. Nous voudrions ici mettre plus particulièrement l'accent sur deux de ces changements : l'importance croissante donnée aux clients et l'innovation.

5.1. Pourquoi les clients sont-ils importants pour un manager ?

John Chambers, le directeur général de Cisco Systems, préfère écouter les messages vocaux des clients insatisfaits. Comme il l'explique lui-même, « des e-mails seraient plus efficaces, mais je veux entendre les émotions, la frustration, je veux entendre le niveau de satisfaction des clients envers la stratégie que nous employons. Je ne peux pas ressentir ça avec des e-mails ». C'est un manager qui appréhende l'importance des clients. Il comprend que, sans eux, la plupart des entreprises n'existeraient plus. Auparavant, on pensait que l'attention aux clients était de la seule responsabilité des directions et services du marketing. « Laissons les marketeurs et les vendeurs s'occuper des clients », pensent encore quelques managers. D'autres, au contraire, ont découvert que l'attitude de tous les employés joue un très grand rôle dans la satisfaction des clients.

Les dirigeants reconnaissent de plus en plus que, devant la concurrence actuelle, un service clientèle performant est essentiel à la pérennité et au succès d'une entreprise et que les salariés sont une donnée importante dans cette équation. Un manager doit promouvoir une relation avec les clients dans laquelle les employés sont amicaux, courtois, accessibles, bien informés, prompts à répondre aux questions et aux besoins des clients et volontaires pour les satisfaire.

5.2. Pourquoi l'innovation est-elle importante pour un manager ?

« Il n'y a rien de plus risqué que de ne pas innover. » Innover, c'est faire les choses différemment, explorer de nouveaux territoires et prendre des risques. L'innovation n'est pas seulement réservée aux entreprises de haute technologie. Par exemple, le manager du magasin Best Buy de Manchester, dans le Connecticut, a bien compris l'intérêt d'employer des personnes portées sur l'innovation. C'est une tâche assez difficile puisque ce genre de magasin recrute plutôt des jeunes gens dont c'est le premier ou le deuxième emploi. « La complexité de nos produits demande une formation de haut niveau, mais les nombreuses distractions qui peuvent séduire ces jeunes employés font que le potentiel de turnover est assez élevé. » Toutefois, le manager a contourné le problème en demandant à ses salariés de faire des propositions. Une idée, en particulier, a eu un effet remarquable sur l'attitude et l'implication des employés : elle a été nommée « team close » et a consisté à constituer une équipe de personnes qui travaillent jusqu'à l'heure de fermeture. Ils ferment le magasin et s'en vont tous ensemble.

Le travail d'un manager peut donc être stimulant et excitant. Et le manager est important pour l'organisation. L'institut Gallup, qui a mené un sondage parmi des millions de travailleurs et des dizaines de milliers de managers, a découvert que la variable la plus importante dans la productivité et la loyauté des employés n'est ni le salaire, ni les bénéfices, ni l'environnement de travail mais bien la qualité des relations entre eux et leur supérieur hiérarchique direct. Nombreuses sont aujourd'hui les organisations qui redécouvrent que la façon dont elles managent leur personnel peut affecter significativement leurs performances financières. Alors, oui, les managers ont beaucoup d'importance.

Résumé

1. **Décrire qui sont les managers et les organisations dans lesquelles ils travaillent.**
   Les managers dirigent les activités des autres membres de l'organisation et répondent au titre de surveillant, chef de service, chef de division, vice-président, P.-D.G., etc. Pour leur part, les employés (ou collaborateurs, opérationnels, exécutants) constituent les effectifs non managers. Ils interviennent directement à un poste, effectuent une tâche ou traitent un dossier mais ils n'ont aucune responsabilité de supervision du travail des autres.

   Les trois niveaux de management sont les agents de maîtrise, les cadres intermédiaires et les cadres supérieurs. Les agents de maîtrise occupent le niveau le plus bas de responsabilité et sont généralement chargés de gérer les activités quotidiennes des employés. Les cadres intermédiaires se situent entre les agents de maîtrise et les hauts dirigeants. Ils ont sous leur coupe d'autres managers et éventuellement des employés, et ils sont surtout responsables de traduire les objectifs fixés par la direction en instructions spécifiques pour les chefs de rang inférieur. Enfin, les cadres dirigeants se rangent dans la partie supérieure de la pyramide, prennent des décisions sur la direction de l'organisation et instaurent des règles concernant tous les membres.

2. Définir le management et ses différentes modalités.

Le management désigne le processus par lequel des activités sont réalisées de façon efficace, avec et *via* d'autres personnes. Il englobe les fonctions de base que sont la planification, l'organisation, la direction et le contrôle.

En matière de management, il est nécessaire de distinguer les concepts de performance et d'efficacité. La performance managériale vise à réduire le coût des ressources employées, alors que l'efficacité managériale consiste à réaliser des activités, à savoir atteindre des objectifs.

3. Décrire le travail des managers et leurs rôles dans l'organisation.

Le processus de management comprend quatre étapes fondamentales : la planification (définir des objectifs), l'organisation (trouver comment les atteindre), la direction (motiver les effectifs) et le contrôle (gérer les activités).

Quels sont les rôles clés des managers ? Selon Henry Mintzberg, les managers jouent dix rôles (comportements) différents répartis en trois catégories. La première porte sur les relations interpersonnelles (symbole, leader, agent de liaison), la deuxième sur le transfert d'informations (observateur actif, diffuseur, porte-parole) et la dernière sur la prise de décisions (entrepreneur, régulateur, répartiteur de ressources, négociateur).

Il existe quatre compétences principales nécessaires pour réussir en tant que manager. Elles sont conceptuelles (capacité à analyser et à comprendre des situations complexes), interpersonnelles (capacité à comprendre les autres), techniques (capacité à appliquer des connaissances spécialisées) et politiques (capacité à améliorer son statut et à s'assurer une base de pouvoir).

4. Expliquer l'intérêt de l'étude du management.

Des personnes de tous horizons reconnaissent le rôle que le management de qualité joue dans notre société. Pour ceux qui visent une place de direction, les études de management apportent les connaissances de base nécessaires à tout dirigeant. Et pour ceux s'orientant vers d'autres carrières, elles permettent de saisir le comportement des supérieurs et le fonctionnement interne des organisations.

Le management n'existe pas hors de son contexte et ses pratiques sont directement influencées par des études dans des domaines tels que l'anthropologie (apprendre le fonctionnement de l'être humain et de ses activités), l'économie (comprendre l'affectation et la répartition des ressources), la philosophie (développer des valeurs et une éthique), les sciences politiques (comprendre le comportement de l'individu et du groupe selon une approche politique), la psychologie (assimiler le comportement individuel) et la sociologie (comprendre les relations entre individus).

5. **Présenter les facteurs actuels d'évolution des métiers du manager.**

   La connaissance de ces différents angles d'approche est nécessaire aux managers. En effet, dans le monde actuel, ils sont aux prises avec de nombreux changements qui affectent à la fois le lieu de travail, la relation de confiance avec les collaborateurs, les nouvelles exigences éthiques, les incertitudes économiques globales et les changements technologiques, entre autres.

   Deux problèmes apparaissent aujourd'hui comme particulièrement critiques pour les managers de terrain, quelle que soit leur organisation d'appartenance : produire un service au client de qualité très élevée et encourager les efforts des équipes vers davantage d'innovation.

Pour en savoir plus

Barabel M., Meier O., Teboul T., *Les Fondamentaux du management*, Dunod, 2008.

Bellier S., Laroche H., *Moi, manager*, Paris, Dunod, 2005.

Cayatte R., Manager une équipe à distance, Dunod, 2009.

Chollet J. (dir.), *La Vraie Vie des managers*, Coopil, 2009.

Combalbert L., *Guide de survie du manager*, Dunod, 2008.

Drucker P., L'Avenir du management. Réflexions pour l'action, Paris, Village Mondial, 2010.

Drucker P., *Devenez manager. Les meilleurs textes de Peter Drucker*, Paris, Village Mondial, 2006, nouvelle édition.

Foudriat M., *Sociologie des organisations*, Paris, Pearson Éducation, 2011, 3e éd.

Hamel G., Breen B., La Fin du management. Inventer les règles de demain, Vuibert, 2008.

Lethielleux L., Le Manager de demain : regards croisés sur de nouveaux défis, Gualino Éditeur, 2009.

Mintzberg H., *Le Manager au quotidien. Les dix rôles du cadre,* Paris, Les Éditions d'Organisation, 2006.

Mintzberg H., *Le Management. Voyage au centre des organisations*, Paris, Les Éditions d'Organisation, coll. « Poche EO », 2004.

Ramond P., Management opérationnel. Direction et animation des équipes, Paris, Maxima, 2004, 3e éd.

Roth G., Kurtyka M., Profession dirigeant : de la conception du changement à l'action, Paris, Dunod, 2007.

Thiétart R.-A., *Le Management*, Paris, PUF, coll. « Que-sais-je ? », no 1860, 1999, 10e éd.

Watkins M., *90 Jours pour réussir sa prise de poste*, Paris, Village Mondial, 2010.

Activités

Questions de compréhension

1. Qu'est-ce qu'une organisation ? Pourquoi les managers sont-ils des acteurs importants dans la réussite d'une organisation ?
2. Toutes les organisations efficientes sont-elles efficaces ? Discutez ce point. Si vous deviez choisir entre être efficient et être efficace, quelle serait votre position ? Pourquoi ?
3. Quelles sont les quatre activités communes à tout processus de management ? Décrivez-les brièvement.
4. Quelles sont les quatre compétences générales et les six compétences spécifiques qui influent sur l'efficacité managériale ?
5. Comment le travail d'un manager évolue-t-il en fonction de sa position dans une organisation ?
6. Un professeur de gestion ou un formateur en management sont-ils des managers ? Argumentez à partir des quatre fonctions fondamentales et des dix rôles de Mintzberg.
7. Qu'y a-t-il de commun entre les activités managériales d'un petit garagiste employant cinq personnes et le président de GDF Suez ? À quoi tiennent réellement les différences qui les distinguent ?
8. Peut-on affirmer qu'il existe une façon de manager nettement « meilleure » que les autres ? Pourquoi ?
9. Pourquoi les managers sont-ils aussi importants pour les organisations ?
10. En utilisant des articles de la presse économique, trouvez cinq exemples de managers que l'on peut considérer comme des « maîtres-managers ». En vous appuyant sur des exemples concrets, expliquez pourquoi vous pensez qu'ils peuvent mériter ce titre.
11. De plus en plus de responsables portent aujourd'hui le titre de « manager de projet ». Ils gèrent des projets de tailles diverses et doivent coordonner les talents de nombreuses personnes afin d'atteindre leurs objectifs, mais ils n'ont aucun lien hiérarchique avec les autres contributeurs du projet. Sont-ils de ce fait réellement des « managers », dès lors qu'ils n'ont aucun employé sous leur autorité directe ? Expliquez ce point.

Autoévaluation

Suis-je suffisamment motivé pour être un manager ?

Tout le monde n'est pas motivé pour tenir des fonctions managériales. Le questionnaire d'autoévaluation suivant s'appuie sur six affirmations relatives au succès des managers, particulièrement dans de grandes entreprises. Ces affirmations concernent une attitude favorable envers l'autorité, le désir de compétition, le désir de pouvoir, la confiance, le désir d'une position distinctive et la volonté de faire des tâches répétitives.

Questionnaire

Répondez en indiquant votre degré d'accord ou de désaccord en utilisant l'échelle suivante :

1 = désaccord complet
2 = désaccord modéré
3 = désaccord léger
4 = ni en accord, ni en désaccord
5 = accord léger
6 = accord modéré
7 = accord complet

1. J'ai une attitude plutôt positive envers les personnes qui exercent une autorité sur moi.	**1**	**2**	**3**	**4**	**5**	**6**	**7**
2. J'aime la compétition et je m'efforce de gagner pour moi-même et mon équipe.	**1**	**2**	**3**	**4**	**5**	**6**	**7**
3. J'aime dire aux autres ce qu'ils doivent faire et je n'ai pas de problème à sanctionner pour renforcer mon autorité.	**1**	**2**	**3**	**4**	**5**	**6**	**7**
4. J'aime être actif, assuré et j'aime protéger les membres de mon équipe.	**1**	**2**	**3**	**4**	**5**	**6**	**7**
5. J'aime l'idée d'être en avant du groupe, de me comporter d'une manière unique et d'être très visible.	**1**	**2**	**3**	**4**	**5**	**6**	**7**
6. Je suis volontaire pour faire des choses journalières et routinières.	**1**	**2**	**3**	**4**	**5**	**6**	**7**

Calculez votre résultat

Pour calculer votre résultat, additionnez toutes vos réponses.

Analyse et interprétation

Les résultats de ce questionnaire s'étalent entre 6 et 42.

Les résultats entre 6 et 18 indiquent une faible motivation pour manager ; entre 19 et 29, une motivation moyenne ; et supérieurs à 30, une motivation élevée pour le management.

Quel sens pouvez-vous donner à votre résultat ? Il vous donne une idée de votre niveau de motivation pour les tâches managériales. Notons tout de même que ce questionnaire met l'accent sur les tâches associées au management dans une organisation de grande taille et plus bureaucratique. Un résultat faible ou modéré peut indiquer que vous seriez plus à l'aise dans une PME, dans une organisation non structurée et plus flexible ou dans des situations entrepreneuriales.

Sources : J. B. Miner et N. R. Smith, « Decline and Stabilization of Managerial Motivation over a 20-Year Period », *Journal of Applied Psychology*, juin 1982, p. 297-305 ; J. B. Miner, B. Ebrahimi et J. M. Wachtel, « How Deficiencies in Motivation to Manage contribute to the United States' Competitiveness Problem (and What Can Be Done About It) », *Human Resource Management*, automne 1995, p. 363-386.

Dilemme éthique

Mentir sur son *curriculum vitæ*[16] ? Une enquête a montré que quelque 44 % des gens mentaient au sujet de leur parcours professionnel. Une autre enquête a révélé que 93 % des agents recruteurs qui découvraient un mensonge décidaient de ne pas embaucher le candidat. Mais que se passe-t-il si le menteur se trouve à la tête de l'entreprise ? Une enquête portant sur 358 dirigeants et administrateurs de 53 sociétés cotées en Bourse a fait apparaître que sept d'entre eux ne possédaient pas réellement le diplôme universitaire dont ils se disaient titulaires. Les fausses déclarations de cet ordre ont coûté leur poste aux P.-D.G. de Radio Shack, d'Herbalife, de USANA Health Sciences et de MGM Mirage.

Pourquoi pensez-vous que l'on considère comme répréhensible le fait de mentir par rapport à ses références universitaires ? Quels problèmes éthiques cela soulève-t-il ? Qu'est-ce qui est pire : mentir sur ses références universitaires ou à propos de son parcours professionnel ? Pourquoi ?

Pour action

Parfumeries de France

À : Eric Kim, responsable de la formation

De : Hélène Merquin, directrice des ressources humaines

Objet : Formation et certification des managers

Comme vous le savez, nos chiffres de ventes n'ont cessé de progresser. En dépit des incertitudes économiques, nous avons enregistré une croissance de 8 % durant le premier trimestre et de 10 % au deuxième, suivie bien entendu d'une forte augmentation des ventes – 15 % – lors des fêtes de fin d'année. Il va de soi que ces chiffres nous ravissent. Mais le problème est que la progression continuelle des ventes place nos responsables de fabrication sous pression et les met au défi d'entretenir la motivation et l'enthousiasme des employés. Si nous n'engageons pas rapidement les actions de formation nécessaires pour les aider à mieux affronter cette cadence éprouvante, nos employés de production risquent, je le crains, de se retrouver stressés, avec à la clé un possible recul de la qualité. Or nous ne souhaitons surtout pas que cela se produise, car les clients nous ont indiqué que ce qu'ils appréciaient chez nous, c'était précisément la qualité de nos produits.

Il y a deux questions que je souhaiterais soumettre à votre examen. J'estime d'une part qu'il nous faudrait définir un programme de formation axé sur les compétences que nos managers, compte tenu des circonstances, vont devoir acquérir pour gagner en efficacité.

Afin d'amorcer l'élaboration de ce programme, j'aimerais que vous dressiez une liste des compétences qui vous semblent les plus importantes pour eux, en expliquant pourquoi. Merci de ne pas dépasser deux pages dactylographiées.

Le second point tient au fait que nous devrions, selon moi, reconnaître le rôle primordial de nos managers dans la réussite de l'entreprise, en les aidant à obtenir une certification validant leurs compétences, leur savoir et leur professionnalisme.

Nous allons donc lancer un appel d'offres auprès de quelques grandes écoles de management afin de mettre en place cette certification. J'aimerais que vous prépariez une liste des compétences que cette certification devrait valider ainsi que des contenus de formation qu'elle devait comporter. Limitez-vous là encore à deux pages dactylographiées.

Comme il nous faut planifier rapidement cette initiative importante, je vous saurai gré de me faire parvenir ces informations le plus vite possible. Dès que nous aurons eu l'occasion d'en débattre, nous pourrons entreprendre la mise en place de ce programme d'acquisition de compétences et de certification managériale.

Cette entreprise et ce message fictifs ont été imaginés dans un but exclusivement pédagogique. Il n'est aucunement question ici d'évoquer, ni en bien ni en mal, les pratiques managériales d'une entreprise réelle qui porterait le même nom.

Cas d'entreprise

Pfizer, une nouvelle façon de travailler

Être compétent et efficace n'est pas seulement important pour les personnes que le manager supervise. C'est aussi important pour le manager lui-même ! Mais ce n'est pas toujours facile. Le travail d'un manager est varié, complexe et quelquefois intense. Tout au long de la journée, il est toujours en action, il a des devoirs, il doit prendre des décisions et il est sans cesse interrompu. Tout comme vous, lorsque vous travaillez sur un projet d'étude, les managers peuvent trouver que leurs propres projets sont monotones et ennuyeux. Il serait tellement plus facile d'appuyer sur un bouton pour faire apparaître un bon génie qui se chargerait de toutes ces tâches fastidieuses et chronophages. Chez Pfizer, ce « bouton magique » est une réalité pour un grand nombre d'employés.

En tant que groupe pharmaceutique mondial, Pfizer cherche continuellement de nouveaux moyens pour aider ses salariés à être plus efficaces. Le responsable de l'efficacité organisationnelle de l'entreprise, Jordan Cohen, a découvert que « la personne détentrice d'un MBA de Harvard que nous avions recrutée pour innover et développer des stratégies passait son temps à faire des recherches sur Google et des présentations sous PowerPoint ». Des études internes ont en effet montré que le personnel perdait un temps fou en menus travaux. L'employé moyen passait de 20 à 40 % de son temps dans des tâches subalternes (créer des documents, taper des notes, faire des recherches, manipuler des données, prendre des rendez-vous) et seulement de 60 à 80 % du temps dans l'exploitation des connaissances (stratégie, innovation, réseautage, collaboration, réflexion critique). Et ce problème ne se posait pas seulement aux niveaux les plus bas de la hiérarchie. Cela touchait aussi les cadres.

Prenons l'exemple de David, un directeur de l'ingénierie internationale. Il apprécie beaucoup son travail (évaluer les risques environnementaux de l'immobilier, gérer des équipements et contrôler un budget de plusieurs millions de dollars), mais il apprécie moins de devoir s'occuper de tableaux Excel et de présentations PowerPoint. Maintenant, chez Pfizer, grâce au « bouton magique », ces tâches sont faites par des personnes extérieures à l'entreprise.

PfizerWorks permet aux employés d'éviter les tâches fastidieuses en cliquant sur une icône sur le bureau de leur ordinateur. Dans un formulaire en ligne, ils décrivent ce dont ils ont besoin. Ensuite, ils l'envoient à l'une des deux sociétés indiennes d'externalisation des services. Quand il reçoit le formulaire, le membre de l'équipe en Inde appelle l'employé chez Pfizer pour bien comprendre ce qu'il veut et pour quand. Il envoie en retour un e-mail spécifiant le coût du travail. Si l'employé de Pfizer est d'accord, ces coûts sont mis au compte de son département. À propos de cette disposition, David dit qu'il « se réjouit de travailler avec ce qu'il préfère appeler son "organisation personnelle de conseil" ».

Quels sont les bénéfices de PfizerWorks ? Il a été estimé que 66 500 heures ont ainsi été économisées. Qu'en est-il de l'expérience d'un collaborateur tel que David ? Il a donné à l'équipe indienne un projet complexe dont le but est de rechercher les actions stratégiques à mener lors d'une fusion des infrastructures de l'entreprise. L'équipe indienne a rendu son travail en un mois, alors qu'il lui en aurait fallu six pour le faire tout seul.

Questions

1. Décrivez et évaluez ce que Pfizer fait avec PfizerWorks.
2. Nous avons défini le manager comme un individu dans une organisation qui dirige et supervise les activités des autres personnes de l'organisation. Quelles difficultés peut-il rencontrer quand ces personnes se trouvent à l'autre bout du globe ? Comment peut-il se servir des quatre fonctions managériales pour passer outre ces difficultés ? Quelles compétences peut-il utiliser pour travailler de façon efficace ?
3. Pensez-vous que PfizerWorks serait utile à des agents de maîtrise ? Veuillez étayer votre réponse.
4. Pensez-vous que cette disposition peut fonctionner dans d'autres types d'organisations ? Veuillez étayer votre réponse. De quel type seraient ces organisations ?

Chapitre 3

L'environnement du management

Objectifs

1. Décrire la nouvelle donne économique et son impact sur les organisations.
2. Expliquer la mondialisation et ses conséquences pour les organisations.
3. Discuter l'influence des attentes sociétales par rapport aux entreprises.
4. Décrire l'évolution de la population active et son impact sur le management des organisations.
5. Expliquer le rôle des managers dans l'orientation client.

1. Quelle est la nouvelle donne économique ?

La faillite d'icônes industrielles comme General Motors, la destruction de millions d'emplois (dont 9,4 millions aux États-Unis) et l'émergence d'un nouveau vocabulaire – actifs toxiques, stress tests, etc. – marquent des changements profonds dans le contexte économique actuel. Afin de comprendre cette nouvelle donne économique, nous analyserons les principaux changements et leurs implications pour le management des organisations.

1.1. Les origines de la crise économique

Au début des années 1980, l'économie américaine était en pleine croissance et les taux d'imposition étaient peu élevés. Les gens avaient de l'argent à dépenser et ils prenaient des risques en investissant en Bourse, dans l'immobilier, ou en créant leur entreprise. Grâce à toutes ces nouvelles activités économiques, l'économie a continué de se développer et les consommateurs ont pu profiter d'un taux d'inflation faible et de taux d'intérêts particulièrement faibles. Cette situation a encouragé les institutions financières qui ont incité leurs clients à s'engager dans des programmes leur permettant de gagner de l'argent facilement et rapidement dans le but de le dépenser de manière agressive, afin d'encourager encore davantage la croissance économique. Comme l'a déclaré un expert, « cette formule a fonctionné pendant un moment »[1]. Après cela, le cours du pétrole a augmenté jusqu'à dépasser les 150 $ par baril à l'été 2008. Les prêts à taux variables ont été revus à la hausse avec une augmentation des remboursements mensuels, et les consommateurs ont accumulé un taux de dettes record. Ceux qui étaient déjà fragilisés sur le plan financier se sont aperçus qu'ils ne pourraient pas suivre. « La crise financière a révélé le niveau de risque auquel les gens s'étaient exposés, volontairement ou pas »[2]. Les consommateurs ne sont pas les seuls à avoir pris de mauvaises décisions. De nombreux dirigeants d'entreprise ont profité d'un assouplissement des réglementations gouvernementales ainsi que d'offres de crédit peu encadrées pour faire des choix risqués, et cela s'est avéré tout particulièrement après que la situation économique s'est dégradée.

Cette crise économique, qui a d'abord touché les emprunts immobiliers avant de s'étendre aux entreprises après la chute du marché des crédits, a été qualifiée de pires crises financières depuis la Grande Dépression de 1929. Saisies, récession économique, effondrement de la dette publique, problèmes sociaux suite aux vagues de licenciements : les environnements économiques ont clairement été transformés, et les changements sont toujours en cours à l'heure actuelle. Le Fonds monétaire international a par exemple annoncé que, pour la première fois depuis la Seconde Guerre mondiale, l'économie mondiale se contracterait de nouveau en 2009 et que le rétablissement prendrait plus de temps que prévu. L'Organisation de Coopération et de Développement Économiques (OCDE), une organisation économique rassemblant 30 pays industrialisés, a toutefois révisé ses prévisions à la hausse en ce qui concerne la croissance des pays membres pour la première fois en deux ans[3].

La colère vis-à-vis des dirigeants d'entreprises, notamment des institutions bancaires, a suivi la montée de ce désastre économique tout au long de l'année 2008. De nombreux employés ont perdu leur emploi, le cours des actions a plongé et les plans de sauvetage gouvernementaux ont atteint des milliards de dollars tandis que l'opinion était choquée par les primes scandaleuses parfois versées (le P.-D.G. d'une banque est même allé jusqu'à réclamer un bonus de 40 millions de dollars après que son entreprise a perdu 15 milliards de dollars au dernier trimestre 2008) et par l'attitude désinvolte de certains dirigeants (des P.-D.G. du secteur automobile américain se sont rendus à Washington DC avec des jets appartenant à leur entreprise pour réclamer une aide gouvernementale de plusieurs milliards de dollars). La colère était compréhensible, mais les conséquences, à savoir le manque de confiance envers les entreprises et les dirigeants, ont à vrai dire été pires encore. D'après un sondage réalisé en janvier 2009, la confiance envers les entreprises américaines est tombée de 58 % à 38 % en un an[4]. Restaurer cette confiance prendra du temps et ne se fera pas sans difficultés.

1.2. À quoi va ressembler le nouveau paysage économique ?

Le système économique mondial repose aujourd'hui pour l'essentiel sur des principes capitalistes. Dans l'ensemble, le commerce et l'industrie y sont contrôlés par des organismes privés plutôt que par l'État. Dans ce type de système, comme nous avons pu le constater à maintes occasions, il arrive que les individus prennent de mauvaises décisions, voire des décisions désastreuses. John Maynard Keynes, un économiste renommé, a déclaré à ce propos : « Le capitalisme consiste à croire de manière insensée que les pires personnes peuvent entreprendre les pires actions pour le bien de tous[5] ».

Malgré ce point de vue quelque peu cynique, il faut reconnaître que le capitalisme moderne a eu un impact significatif. Il a permis de créer « des richesses sans précédent dans notre vie, et on a vu qu'il pouvait sortir les gens de la pauvreté et distiller une culture de l'émulation[6] ». Il a aussi été qualifié de « moteur économique le plus productif jamais inventé[7] ». Depuis le début du XXe siècle, ce modèle c'est répandu à beaucoup de pays : propriété et organisation des entreprises, opérations à grande échelle fondées sur des techniques de production de masse, ouverture des marchés, structures organisationnelles formelles possédant une hiérarchie et de multiples divisions, et gestion collective de la main-d'œuvre. Les entreprises de nombreux pays ont suivi ce modèle. Notre système économique est cependant loin d'être parfait, ainsi que le montrent les revers actuels.

Selon les experts, les événements prendront un nouveau tournant une fois que les économies des pays industrialisés seront sorties de la crise. Une « nouvelle normalité » se mettra en place. Ainsi que l'a déclaré Timothy Geithner, le ministre américain de l'Économie et des Finances, « le capitalisme sera différent »[8]. Les méthodes employées par les dirigeants et la manière dont les entreprises fonctionnent ne seront plus les mêmes. La principale différence sera sans doute liée au rôle joué par le gouvernement, notamment sur les marchés financiers et dans la protection des consommateurs. Depuis le début de la crise financière, le gouvernement américain, par example, est devenu le plus gros créancier du pays : il a garanti plus de 3 trillions de dollars en fonds de placements et en actifs, repris et restructuré deux entreprises du secteur automobile, constitué une participation au capital de 600 banques, prêté plus de 300 milliards de dollars à des grandes entreprises, soutenu le secteur des assurances vie, et joué le rôle d'organisme de crédit pour les consommateurs souhaitant acheter des biens[9]. Le soutien financier du gouvernement n'avait d'ailleurs pas atteint un tel niveau depuis la Seconde Guerre mondiale. L'augmentation des interventions de la part de l'État signifie sans doute qu'un plus grand nombre de régulations sera mis en place, ou du moins que la mise en application et la surveillance des régulations déjà existantes devraient s'intensifier. Certains pensent pourtant que faire intervenir le gouvernement n'est pas la bonne solution. Le chercheur en sciences sociales, Amitai Etzioni, a par exemple déclaré que « des milliards de transactions s'opèrent chaque jour dans l'économie mondiale. Il ne pourra jamais y avoir suffisamment de contrôleurs, de comptables, de douaniers et de policiers pour garantir que l'ensemble ou même qu'une partie des transactions soit effectué de manière conforme. De plus, les personnes chargées de faire appliquer les régulations ne sont elles-mêmes pas immunisées contre la corruption, elles doivent donc également faire l'objet d'une surveillance et rendre des comptes à d'autres personnes qui doivent à leur tour être surveillées. Au final, les régulations ne peuvent pas constituer le pilier de nos tentatives de réforme économique. Il faut un concept d'une portée beaucoup plus importante pour que les gens intériorisent les nouveaux comportements qu'il faudrait adopter et qu'ils agissent ainsi de leur propre chef, parce que cela leur semble être la meilleure chose à faire »[10]. Nous avons aussi observé une certaine évolution au sein de l'opinion publique. De plus en plus de gens se montrent préoccupés par le déficit croissant du budget et par l'augmentation des interventions de l'État au niveau économique. Dans un sondage publié par le Wall Street Journal, environ 49 % des personnes interrogées ont déclaré qu'elles étaient très soucieuses du rôle croissant que l'État joue dans les secteurs de l'économie et des affaires[11]. En quoi cette « nouvelle normalité » est-elle donc susceptible d'impacter les entreprises et les dirigeants ?

1.3. En quoi la nouvelle économie affecte-t-elle les entreprises ?

Comme nous avons essayé de le démontrer, il ne sera pas question d'un « retour à la normal » pour les entreprises ou les dirigeants. Ces derniers vont devoir prendre des décisions difficiles quant à leur manière de gérer les activités et les ressources humaines de l'entreprise.

Ces décisions pourront suffire à déterminer comment intervenir sur les marchés mondiaux, comment répondre aux attentes de l'opinion publique, qui exige une attitude responsable et éthique, comment se comporter avec la main-d'œuvre, et comment gérer les consommateurs sceptiques et exigeants.

Un grand nombre de ces changements seront sans doute de grande envergure. Il est difficile de les expliquer en quelques lignes, le reste du chapitre sera donc consacré à leur étude. La nouvelle économie a modifié l'environnement de gestion et il est très important de comprendre en quoi cela va affecter votre expérience organisationnelle et managériale.

Le manager et la technologie

Changer et améliorer la manière dont les responsables gèrent leurs équipes

Les immenses possibilités liées aux avancées technologiques représentent l'un des aspects positifs de cette nouvelle économie[12]. La *technologie* désigne l'ensemble des équipements, outils ou méthodes opérationnelles conçus pour augmenter l'efficacité du travail. Elle a eu un impact tout particulier sur les processus destinés à mettre en œuvre des moyens (main-d'œuvre, matières premières, etc.) en vue de générer une production (biens et services à vendre). Au cours des dernières années, ce processus de transformation s'effectuait généralement grâce à la main-d'œuvre humaine. L'arrivée de la technologie a cependant modifié l'ordre des choses, et les ressources humaines ont progressivement été remplacées par des équipements électroniques et informatiques. Robots sur les chaînes d'assemblage, systèmes de banque en ligne, réseaux sociaux favorisant l'interaction entre les employés et les clients : la technologie a permis de rendre la production et la livraison des biens et des services plus efficientes et plus efficaces.

La technologie a également eu un impact majeur dans le domaine de l'information. Les technologies de l'information (IT) ont éliminé l'obligation de se trouver dans un environnement de travail spécifique. Grâce aux notebooks, aux ordinateurs portables, aux fax, aux smartphones, aux intranets des entreprises et à d'autres outils encore, les membres de l'entreprise occupant un poste en lien avec le domaine de l'information peuvent travailler partout et à tout moment.

Ajoutons pour finir que la technologie permet aussi de faire évoluer la manière dont les responsables gèrent leurs équipes, notamment en termes d'interaction avec les employés amenés à travailler partout et à tout moment. Les responsables doivent donc faire face à de nouveaux défis : communiquer efficacement avec les collaborateurs éloignés et s'assurer que les performances et les objectifs sont atteints. La suite de cet ouvrage s'intéressera aux méthodes choisies par les responsables pour la planification, l'organisation, la direction et le contrôle dans le but de relever ces défis.

2. Comment la mondialisation affecte-t-elle les organisations ?

La mondialisation des échanges constitue l'une des évolutions de l'environnement à laquelle les managers ont dû apprendre à faire face. Car le management n'est plus limité par le cadre des frontières. Les entreprises textiles françaises, tout comme certaines sociétés informatiques, sous-traitent une partie croissante de leur activité dans les pays du Maghreb, en Europe de l'Est ou en Chine. Le producteur automobile allemand BMW fabrique des voitures en Caroline du Sud et MacDonald's vend des hamburgers au Japon. Exxon, une compagnie pétrolière prétendument américaine, doit plus de 75 % de ses bénéfices aux ventes à l'étranger. Toyota fabrique des véhicules dans le Kentucky, General Motors au Brésil et Mercedes en Alabama pour les modèles de sport[8] ou en Turquie pour les véhicules industriels. Les pièces détachées du modèle Crown Victoria de Ford viennent du monde entier : Mexique (sièges, pare-brise et réservoir d'essence), Japon (amortisseurs), Espagne (commandes électroniques du moteur), Allemagne (systèmes de freinage antiblocage) et Angleterre (arbre à cames). Enfin, la Chine, passant devant l'Allemagne, sera certes en 2008 le premier exportateur mondial… mais 65 % de ses exportations resteront le fait d'entreprises occidentales installées en Chine. Le monde est donc devenu un véritable **village mondial**, ou plutôt un ensemble de villages interconnectés à l'échelle mondiale, dénués de frontières et dans lesquels les managers doivent s'adapter à des cultures, des systèmes et des techniques étrangers aux leurs.

Village mondial — Concept d'un monde sans frontières de production et de commercialisation de biens et de services à travers la planète.

2.1. Quels sont les différents types de firmes multinationales

Les entreprises à dimension internationale ne sont pas pour autant un phénomène récent : Siemens, Remington et Singer, pour ne citer qu'elles, vendaient déjà leurs produits dans de nombreux pays au XIXe siècle. Dans les années 1920, certaines entreprises, telles que Renault, Fiat, Unilever et Royal Dutch/Shell ont pris une envergure internationale. Il a cependant fallu attendre le milieu des années 1960 pour que le concept **de firmes multinationales** (FMN) devienne monnaie courante. Ces entreprises opèrent simultanément dans plusieurs pays.

Firmes multinationales (FMN) — Entreprises opérant simultanément dans plusieurs pays.

Les recherches en management international distinguent différents types de firmes multinationales. Les **firmes multidomestiques** localisent les fonctions de management et de prise de décision au niveau de chacun des pays dans lesquels elles sont présentes. Ces entreprises ne cherchent pas à reproduire leur succès à l'étranger en gérant à distance les opérations, mais prennent au contraire des décisions au niveau local. Des nationaux sont engagés pour se charger de l'activité dans chaque pays concerné et les produits et les stratégies marketing sont par conséquent adaptés à la culture locale. Par exemple, Nestlé est une firme transnationale type. La firme d'origine suisse a beau gérer des opérations dans presque tous les pays du globe et être le numéro un de l'industrie alimentaire, ses managers adaptent les produits à la clientèle. Dans certains pays européens, le groupe vend des produits introuvables aux États-Unis et en Amérique latine, ou dont le goût et la consistance en Angleterre ou en Suisse n'ont rien à voir avec ce que connaissent les consommateurs asiatiques ou africains.

Firmes multidomestiques — Entreprises opérant simultanément dans plusieurs pays et décentralisant la prise de décision pour chaque opération en local.

Les **firmes globales** constituent un autre type de FMN qui centralisent les fonctions de direction et de prise de décision dans leur pays d'origine. Ces entreprises s'adressent à un marché mondial relativement homogène et cherchent à mettre en place des processus efficaces au niveau de l'entreprise dans son ensemble. Malgré des activités et des investissements internationaux importants, les décisions concernant l'entreprise dans son ensemble sont prises au siège. Sony, Volkswagen ou Areva constituent des exemples de ce type d'entreprise.

Firmes globales — Entreprises qui centralisent la prise de décision dans leur pays d'origine.

Enfin, nombre de grandes entreprises cherchent à abandonner des structures internes qui dressent des barrières géographiques artificielles. Un exemple de ces **firmes transnationales** est IBM qui a su réorganiser sa structure par pays en groupes industriels mondiaux. Ford a pour sa part fusionné ses opérations européennes et nord-américaines, pourtant si distinctes, et envisage de regrouper ses divisions d'Amérique latine et d'Asie. Et Technicolor, une société française, opère à travers huit grandes implantations à travers le monde. Comme le souligne son P.-D.G. : « La société n'est pas basée à un endroit précis »[13]. Ce passage à un management sans frontières vise un gain d'efficacité et de performances sur un marché mondial où la concurrence est élevée[14].

Firmes transnationales — Structure de management dans laquelle les organisations internes imposant des barrières géographiques artificielles sont abandonnées.

2.2. Quelles sont les étapes de la mondialisation ?

Lorsqu'une entreprise décide de se positionner à un niveau international, elle passe fréquemment par plusieurs étapes (voir document 3.1). Souvent, on cherche à entrer sur un marché mondial en minimisant son investissement. À ce stade, beaucoup d'entreprises débutent avec une stratégie d'**achats internationaux** (*global sourcing*) qui implique l'achat de biens ou de services à l'international, le plus souvent avec un objectif de réduction des coûts. Au-delà des coûts, d'autres critères, comme la sécurité d'approvisionnement, la rapidité et l'impact écologique des transports ainsi que les conditions de travail et la situation sociale chez le fournisseur, entrent en jeu pour prendre la décision de savoir où s'approvisionner.

Document 3.1 – Étapes de mondialisation.

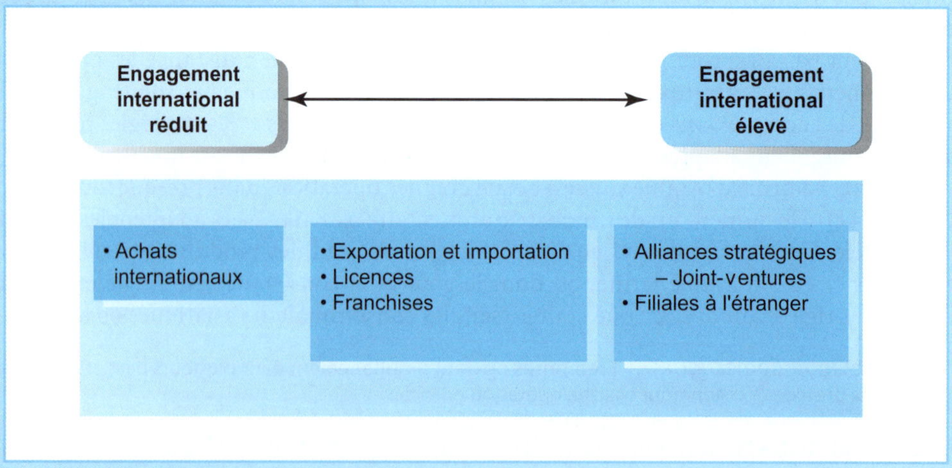

La deuxième étape implique **l'exportation** de ses propres produits à l'étranger. Par ailleurs, une entreprise peut également **importer** des produits venant de l'étranger afin de les vendre dans son pays d'origine. Ces deux approches comportent un risque relativement bas, et beaucoup d'entreprises de taille petite ou moyenne utilisent l'exportation et l'importation afin de se positionner sur des marchés mondiaux. Elles peuvent également utiliser des **licences** ou **franchises**, situations dans lesquelles une entreprise donne à une autre, contre une rémunération forfaitaire et/ou proportionnelle au chiffre d'affaires, le droit d'utiliser une marque, une technologie ou des spécifications de produits. Tandis que des licences sont surtout utilisées dans le domaine de l'industrie, les franchises sont utilisées dans le domaine des services. Coca-Cola, par exemple, donne à des sociétés nationales une licence pour utiliser sa marque et sa recette, tandis que la plupart des restaurants McDonald's sont des franchises.

Lorsqu'une entreprise a acquis de l'expérience sur les marchés internationaux, ses managers peuvent prendre la décision d'investir plus directement dans une stratégie d'internationalisation. Les **alliances stratégiques internationales** constituent une possibilité : il s'agit de partenariats impliquant le partage de ressources et de connaissances avec un ou plusieurs partenaires internationaux, souvent dans le domaine de la recherche et du développement, ou dans la construction de nouveaux sites de production. Sur la seule période 2006-2007, Samsung a successivement passé des alliances stratégiques avec Intel et Microsoft, IBM, Sony, Alcatel et Nokia. Les **joint-ventures** constituent une forme particulière d'alliance stratégique qui implique la création d'une nouvelle entité indépendante dont les partenaires partagent la propriété. Hewlett-Packard, par exemple, a créé de multiples joint-ventures avec des fournisseurs afin de développer des composants pour ses ordinateurs.

Alliance stratégique internationale — Un partenariat impliquant le partage de ressources et de connaissances avec un ou plusieurs partenaires internationaux.

Joint-venture — Une forme particulière d'alliance stratégique qui implique la création d'une nouvelle entité indépendante et dont les partenaires partagent la propriété.

Une dernière forme d'internationalisation est l'investissement direct dans un pays étranger dans le but de créer une **filiale à l'étranger**. Cette dernière peut être gérée selon une logique multidomestique (contrôle local) ou globale (contrôle centralisé). La création d'une filiale à l'étranger implique un investissement important et comporte le plus de risques, mais elle constitue souvent la seule solution permettant un développement autonome et dans la durée.

2.3. Quelles sont les connaissances nécessaires pour opérer dans un contexte mondialisé ?

Un monde sans frontières suppose donc de nouveaux défis pour les dirigeants, qui doivent alors exercer dans des pays de culture parfois fort différente[15]. Toute la difficulté consiste à accepter ces différences et à trouver comment rendre les interactions positives.

Chaque pays possède des valeurs, des principes, des coutumes, un système politique et économique et des lois qui lui sont propres. Les approches traditionnelles dans l'étude des entreprises internationales ont cherché à mettre en avant chacun de ces aspects afin de tenter d'expliquer les réussites, mais aussi parfois les échecs. Pourtant, ces tentatives de compréhension ne peuvent être envisagées que dans un contexte socio-économique global. La réussite d'une entreprise peut s'expliquer par une série de pratiques de management, provenant chacune d'un environnement des affaires distinct. Par exemple, le statut des responsables ne peut pas être considéré de la même façon d'un pays à l'autre. En France, il est souvent le résultat de facteurs clés pour l'organisation, tels que l'ancienneté ou les qualifications ; on parle alors de *position assignée*. Il en est en partie de même au Japon, où la puissance relative à une position liée à l'ancienneté sera encore plus forte. Aux États-Unis en revanche, le statut des managers correspond davantage aux résultats que les individus ont obtenus ; on parle alors de *position conquise*. Les dirigeants doivent désormais comprendre les problématiques sociétales (telles que le statut), car ces facteurs sont susceptibles d'influencer fortement la conduite des opérations à l'étranger. Par ailleurs, à chaque pays ses lois : en France comme aux États-Unis, quoique sur des bases différentes, la législation empêche l'employeur de prendre des mesures contre son personnel sur la seule base de l'âge, ce qui n'est pas le cas partout ailleurs. Les organisations ne peuvent donc plus aborder l'environnement global des affaires d'un point de vue unique, mais elles sont tenues d'accepter les dimensions culturelles de chaque pays, voire de capitaliser sur celles-ci.

L'étude de Hofstede

Sur le sujet des différentes cultures nationales, la célèbre étude menée par Geert Hofstede dans les années 1970 et 1980 apparaît fort révélatrice[16]. Son analyse porte sur les valeurs liées au travail de plus de 116 000 employés d'IBM dans 40 pays ; elle révèle que les managers comme les employés se distinguent selon cinq indicateurs de culture nationale :

1. **Distance hiérarchique.** Dans quelle mesure une nation accepte-t-elle la répartition inégale du pouvoir au sein des institutions et des organisations ? Cette valeur s'étend d'une égalité relative (faible distance) à une inégalité absolue (distance élevée par rapport au pouvoir).

2. **Individualisme/collectivisme.** Dans quelle mesure les personnes préfèrent-elles agir en tant qu'individus (primauté des valeurs individuelles) ou comme membres d'un groupe (primauté des valeurs collectives) ? Selon cet indicateur, le collectivisme revient à un individualisme faible.

3. **Masculinité/féminité.** Quelle est l'importance accordée aux valeurs telles que l'affirmation de soi, le gain d'argent, l'acquisition de biens matériels et la compétition (masculinité) ? Ou la place attribuée aux relations humaines, à la sensibilité et à l'intérêt pour le bien-être d'autrui (féminité) ?

4. **Aversion pour l'incertitude.** Dans quelle mesure une nation préfère-t-elle les situations structurées aux situations incertaines ou chaotiques ? Dans les pays où cet indicateur est élevé, les individus témoignent d'un niveau d'anxiété important, entraînant nervosité, stress et agressivité.

5. **Orientation temporelle.** Les nations préférant une orientation temporelle sur le long terme sont tournées vers l'avenir et privilégient économies et persistance. Une orientation temporelle sur le court terme se caractérise par le privilège accordé au passé ou au présent et prône le respect des traditions et des obligations sociales.

Quelles conclusions Hofstede tire-t-il de son étude ? La Chine et l'Afrique occidentale ont par exemple un indicateur élevé de distance hiérarchique, contrairement aux États-Unis et aux Pays-Bas. Les pays asiatiques apparaissent en revanche plus collectivistes qu'individualistes, les États-Unis se plaçant au premier rang en termes d'individualisme. L'Allemagne et Hong Kong privilégient la qualité de vie, alors que la Russie et les Pays-Bas lui accordent peu de place. En matière d'aversion pour l'incertitude, la France et la Russie affichent des indicateurs élevés, contrairement à Hong Kong et aux États-Unis qui expriment des valeurs faibles. Enfin, la Chine et Hong Kong sont plutôt orientées sur le long terme, la France et les États-Unis sur le court terme, etc.

L'étude GLOBE

Bien que le travail de Hofstede fournisse le cadre fondamental permettant de différencier les cultures nationales, les données utilisées datent aujourd'hui de près de trente ans. Les choses ont bien entendu considérablement évolué au cours des décennies passées. L'Union soviétique s'est effondrée, la Chine communiste tente de créer un nouveau modèle d'économie socialiste de marché, les deux Allemagne ont été réunifiées, l'apartheid a été aboli en Afrique du Sud et la Communauté européenne comprend désormais 27 États membres. L'étude GLOBE apporte, en termes de dimensions culturelles, une mise à jour essentielle[17].

Lancé en 1993, le programme de recherche **Global Leadership and Organizational Behavior Effectiveness (GLOBE)** consiste en une étude interculturelle à long terme du leadership et des cultures nationales. Exploitant des données issues de 825 organisations situées dans 62 pays, l'équipe GLOBE a identifié les neuf dimensions suivantes, sur lesquelles les différentes cultures nationales sont susceptibles de se distinguer (voir document 3.2 pour le classement des pays).

Global Leadership and Organizational Behavior Effectiveness (GLOBE) — Programme de recherche lancé en 1993, consistant en une étude interculturelle à long terme du leadership et des cultures nationales.

- ***Affirmation.*** Dans quelle mesure une société encourage les individus à faire preuve de dureté, à chercher la confrontation, à jouer de leur autorité et à développer un esprit de compétition, plutôt qu'à se montrer modestes et arrangeants.
- ***Orientation vers l'avenir.*** Dans quelle mesure une société encourage et récompense les comportements orientés vers l'avenir – planifier, investir à longue échéance ou retarder les satisfactions, par exemple.
- ***Différenciation sexuelle.*** Dans quelle mesure une société attribue des rôles distincts en fonction du sexe.
- ***Aversion pour l'incertitude.*** Comme dans l'étude de référence, cette dimension de l'étude GLOBE traduit le recours à des normes et à des procédures sociales qui permettent d'atténuer l'imprévisibilité des événements futurs.
- ***Distance hiérarchique.*** À l'instar de l'étude originelle, l'équipe GLOBE a défini la distance hiérarchique comme la mesure de l'inégalité à laquelle les membres d'une société s'attendent en termes de répartition du pouvoir.
- ***Individualisme/collectivisme.*** Ce terme reprend là encore une définition de l'étude d'origine, et signale dans quelle mesure les institutions sociétales encouragent les individus à intégrer des groupes, au sein d'organisations comme dans la société en général.
- ***Collectivisme intragroupe.*** Au lieu de se focaliser sur les institutions sociétales, cette dimension évalue dans quelle mesure les membres d'une société s'enorgueillissent

d'appartenir à de petits groupes restreints – famille, cercle d'amis proches – et aux organisations qui les emploient.

- ***Orientation vers la performance.*** Cette dimension indique dans quelle mesure une société encourage et récompense les membres d'un groupe en fonction de l'excellence de leur travail et de l'amélioration de leurs performances.
- ***Orientation vers la bienveillance.*** Cet aspect culturel précise dans quelle mesure une société encourage et récompense les individus pour leur équité, leur altruisme, leur générosité, leur gentillesse et l'attention qu'ils portent aux autres.

Document 3.2 – Principaux résultats de l'étude GLOBE.

Dimension	Score faible	Score moyen	Score élevé
Autoritarisme	Suède Nouvelle-Zélande Suisse	Égypte Irlande Philippines	Espagne États-Unis Grèce
Orientation vers l'avenir	Russie Argentine Pologne	Slovénie Égypte Irlande	Danemark Canada Pays-Bas
Différenciation sexuelle	Suède Danemark Slovénie	Italie Brésil Argentine	Corée du Sud Égypte Maroc
Aversion pour l'incertitude	Russie Hongrie Bolivie	Israël États-Unis Mexique	Autriche Danemark Allemagne
Distance hiérarchique	Danemark Pays-Bas Afrique du Sud	Angleterre France Brésil	Russie Espagne Thaïlande
Individualisme/ collectivisme*	Danemark Singapour Japon	Hong Kong États-Unis Égypte	Grèce Hongrie Allemagne
Collectivisme intragroupe	Danemark Suède Nouvelle-Zélande	Japon Israël Qatar	Égypte Chine Maroc
Orientation vers la performance	Russie Argentine Grèce	Suède Israël Espagne	États-Unis Taïwan Nouvelle-Zélande
Orientation vers la bienveillance	Allemagne Espagne France	Hong Kong Suède Taïwan	Indonésie Égypte Malaisie

* Un score faible indique une orientation vers le collectivisme.

Source : M. Javidan et R. J. House, « Cultural Acumen for the Global Manager: Lessons from Project GLOBE », *Organizational Dynamics*, printemps 2001, p. 289-305.

Une comparaison entre les dimensions GLOBE et celles de l'étude de référence laisse apparaître que les premières visent à prolonger plutôt qu'à supplanter les travaux de recherche précédemment menés. L'étude GLOBE confirme que les dimensions d'origine restent aujourd'hui valides, mais elle en propose aussi de nouvelles qui fournissent une mesure actualisée des différences culturelles entre les pays. Ainsi, alors que les États-Unis menaient le bal en termes d'individualisme tout au long des années 1970, ils se situent à présent dans la moyenne. On peut prévoir que les futures études interculturelles sur le comportement humain et les pratiques organisationnelles exploiteront de plus en plus les dimensions GLOBE pour évaluer les différences entre les pays[18].

3. Qu'attend la société des organisations et des managers ?

La notion de responsabilité sociale des entreprises a fait son apparition dans les années 1960, alors qu'un mouvement activiste commençait à remettre en cause l'objectif exclusivement économique des affaires. Par exemple, la responsabilité des grandes firmes était-elle engagée si celles-ci faisaient preuve de discrimination envers les femmes et les minorités – qui ont été longtemps et demeurent encore souvent les grands absents des comités de direction ? Une entreprise américaine telle que Dow Corning ignorait-elle sa responsabilité sociale en commercialisant des prothèses mammaires alors que des rapports dénonçaient les risques liés aux fuites de silicone ? L'industrie mondiale du tabac ne connaît-elle pas les conséquences sur la santé de la nicotine et de la dépendance qu'elle crée ? Comment des entreprises comme Enron et les conseillers comptables d'Arthur Andersen ont-ils pu échouer de telle manière dans la protection des intérêts financiers de leurs actionnaires ?[19] Avant les années 1960, rares étaient ceux posant ce genre de questions. Et aujourd'hui encore, des arguments valables sont présentés pour et contre (voir document 3.3).

Document 3.3 – Les pour et les contre de la responsabilité sociale des entreprises.

Voici les principaux arguments en faveur d'une prise de responsabilité sociale des entreprises :

1. **Attente du public.** Les attentes sociales envers les entreprises ont considérablement augmenté depuis les années 1960. L'opinion publique en faveur d'objectifs sociaux en plus des enjeux économiques se fait clairement entendre.
2. **Bénéfices à long terme.** Les entreprises socialement responsables ont plus de garanties de bénéfices à long terme. Les raisons en sont de meilleures relations avec la communauté et une meilleure image de marque.
3. **Obligations éthiques.** Une entreprise peut et doit avoir une conscience. Elle doit prouver une responsabilité sociale pour son propre bien.
4. **Image de marque.** Les entreprises tentent d'améliorer leur image de marque afin d'attirer plus de clients et de meilleurs employés, d'accéder aux marchés financiers, etc. Sachant que l'opinion publique valorise les causes sociales, l'entreprise peut redorer son blason en se fixant des objectifs de cet ordre.
5. **Meilleur environnement.** L'implication des entreprises peut permettre de résoudre des problèmes sociaux complexes et, par-là même, améliorer la qualité de vie et l'attrait de la communauté pour retenir des talents.

6. **Blocage de décisions publiques.** Les réglementations publiques ajoutent un coût économique et limitent la marge de décision des managers. En devenant socialement responsables, les entreprises peuvent freiner l'apparition de nouvelles réglementations contraignantes.
7. **Équilibre entre responsabilité et pouvoir.** Les entreprises possèdent un pouvoir important au sein de la société ; elles doivent développer un niveau de responsabilité élevé pour trouver un équilibre. Lorsque le pouvoir l'emporte, le déséquilibre est source de comportement irresponsable allant à l'encontre du bien public.
8. **Intérêts des actionnaires.** La responsabilité sociale améliore à long terme le cours des actions. La Bourse considère les entreprises impliquées au niveau social comme moins risquées et moins sujettes aux attaques publiques. Elle récompense donc leur action par un rapport cours/gains supérieur.
9. **Détention de ressources.** Les entreprises possèdent des ressources financières, disposent d'experts techniques et de talents en management pour mener à bien des projets publics et des œuvres de charité.
10. **Prévenir plutôt que guérir.** Il faut parfois régler des problèmes sociaux et les entreprises doivent s'y intéresser avant que la solution ne devienne trop complexe et coûteuse. Pour cela, les efforts doivent momentanément être déviés de la production de biens et de services.

Voici les principaux arguments contre une prise de responsabilité sociale des entreprises :

1. **Non-respect de l'optimisation des bénéfices.** C'est là le point d'orgue de la théorie classique : les entreprises montrent une responsabilité sociale bien plus grande si elles servent uniquement des intérêts économiques et laissent d'autres institutions se charger du reste.
2. **Dilution des objectifs.** Servir des buts sociaux fait perdre de vue l'objectif premier des organisations qui est la productivité économique. La société sortira perdante si les objectifs tant économiques que sociaux ne sont pas entièrement satisfaits.
3. **Coûts.** Nombre d'entreprises socialement responsables n'assurent pas tous les coûts engendrés et quelqu'un doit finalement payer à leur place. Si l'organisation n'assume pas ces frais, elle les répercute dans le prix de vente des produits ou des biens.
4. **Excès de pouvoir.** Les entreprises constituent déjà une grande concentration de pouvoir dans la société. Si elles poursuivent des buts sociaux, leur pouvoir se trouve encore accru.
5. **Manque de compétences.** Le regard et les capacités des dirigeants sont surtout tournés vers l'économie. Les hommes d'affaires savent peu de chose des questions sociales.
6. **Manque de responsabilité.** Les représentants politiques poursuivent des buts sociaux et sont tenus comme responsables de leurs actions, ce qui n'est pas le cas des hommes d'affaires. Il n'existe pas de lien direct de responsabilité sociale entre les entreprises et le public.
7. **Manque de soutien public.** La société ne demande pas unanimement aux entreprises de s'impliquer dans les thèmes sociaux, car les avis sont partagés. En fait, ce sujet suscite toujours des discussions enflammées et toute action entreprise dans ce contexte est plutôt vouée à l'échec.

Sources : Adaptation de R. J. Monsen Jr., « The Social Attitudes of Management », dans J. M. McGuire, éd. *Contemporary Management: Issues and Views*, Upper Saddle River, Prentice Hall, 1974, p. 616 et K. Davis et W. Frederick, *Business and Society: Management, Public Policy, Ethics*, 5e éd., New York, McGraw-Hill, 1984, p. 28-41.

Quoi que l'on pense de ces divers arguments, les temps ont changé et les managers sont désormais régulièrement confrontés à des décisions comprenant une dimension de responsabilité sociale : actions caritatives, fixation des prix, relations entre employés, protection des ressources, qualité des produits et opérations dans des pays politiquement oppressés s'inscrivent parmi les facteurs les plus flagrants. Et pour répondre à ces situations, les dirigeants révisent les formes d'emballage, travaillent sur le recyclage de produits, élaborent des pratiques de sécurité environnementale, etc. Le principe de « penser vert » influence tous les aspects de l'organisation, depuis la conception des produits et services jusqu'à leur usage et à leur abandon par les clients[20]. Dans un monde où la concurrence fait rage, peu d'entreprises – en particulier dans le secteur privé – peuvent se permettre une mauvaise presse ou d'éventuelles ramifications économiques supposant une irresponsabilité sociale[21].

3.1. Comment les organisations montrent-elles leur responsabilité sociale ?

La responsabilité sociale fait partie de ces termes pour lesquels il existe un grand nombre de définitions. On l'entend généralement au sens d'optimisation des bénéfices ou de façon d'aller au-delà du seul profit économique et financier, qu'il s'agisse d'activités bénévoles, d'intérêt pour le système social dans son ensemble ou de sensibilité sociale[22]. Le cœur du débat est alimenté par les deux extrêmes. D'un côté, la vision classique (ou purement économique) défend comme seule responsabilité sociale l'optimisation des bénéfices[23], de l'autre, une position socioéconomique pour laquelle la responsabilité des managers va au-delà de la quête de gains et inclut la protection et l'amélioration du bien-être social[24].

La **responsabilité sociale** est l'obligation des entreprises, en plus de celles imposées par la loi et le système économique, de poursuivre des objectifs à long terme servant le bien de la société. Selon cette définition, il est acquis que les organisations respectent les lois et obéissent à un intérêt économique, mais au-delà, elle érige les entreprises en acteurs moraux : dans leur quête du bien social, elles devraient, selon certains, différencier le bien du mal, le juste de l'injuste.

Pour mieux comprendre la responsabilité sociale, il convient de la distinguer des deux concepts proches que sont l'obligation sociale et la sensibilité sociale[25]. L'**obligation sociale** sert de base à l'implication sociale d'une entreprise. Elle est remplie si l'organisation se contente d'assumer ses responsabilités économiques et juridiques (en tant que minimum imposé par la loi). Dans ce cas, l'entreprise ne poursuit donc des buts sociaux que si ces derniers servent une visée économique. À l'inverse, la responsabilité et la sensibilité sociales vont au-delà : l'entreprise recherche par exemple le respect de la communauté dans laquelle elle évolue, traite équitablement tous les employés, respecte l'environnement, encourage les plans de carrière et les besoins professionnels de toutes les catégories d'employés ou refuse de s'installer dans des pays où les droits de l'homme sont ouvertement bafoués.

La responsabilité sociale implique également l'obligation éthique de contribuer au bien de la société et d'interdire ce qui peut lui nuire. La **sensibilité sociale** désigne cette capacité à s'adapter aux changements du contexte social[26]. Être socialement responsable suppose de déterminer ce qui est bien et mal, juste ou injuste, approprié ou inapproprié, dès lors que l'on veut respecter un certain nombre de valeurs fondamentales. La sensibilité est nourrie par les normes sociales, lesquelles peuvent jouer un rôle capital lors de la prise de décision des managers[27].

3.2. Comment les managers deviennent-ils socialement responsables ?

L'éthique correspond habituellement, dans le monde anglo-saxon, à un ensemble de règles et de principes distinguant une bonne d'une mauvaise conduite[28], principes se rapprochant de notre concept de déontologie. Il est généralement admis qu'une action illégale va également à l'encontre de l'éthique. Mais que dire des zones légales, mais douteuses, de l'action économique ? Les références ne manquent pas, dans les années récentes, avec les pratiques de firmes telles que WorldCom, Enron, voire Elf, MétalEurop ou Parmalat. Certes le comportement de certains de leurs managers ou dirigeants a été jugé critiquable, parfois illégal. Mais quelles ont été les conséquences de ces actions ? Le contrecoup de ces différents scandales a été dans tous les cas une perte de confiance dans le management[35], les clients, salariés et partenaires de l'entreprise se demandant comment de telles pratiques immorales auraient pu passer inaperçues avec les moyens de contrôle appropriés.

Éthique — Ensemble de règles et de principes distinguant une bonne d'une mauvaise conduite.

Bien cerner ce qu'est l'éthique peut être difficile en fonction de la vision choisie. Le document 3.4 en présente trois, même si la moralité du comportement est fonction de divers facteurs : principes de l'individu, valeurs, personnalité, expériences, culture de l'organisation et problème à résoudre[29]. Par exemple, une récente étude révèle que 82 % des cadres interrogés aux États-Unis reconnaissent tricher au golf et 72 % assimilent l'attitude dans ce sport à celle des affaires[30]. Toutefois, les personnes n'ayant guère de morale risquent moins de mal agir si elles sont entourées de règles, descriptions de postes ou standards culturels décourageant un comportement peu éthique. Imaginez la situation suivante : vous appartenez à une grande organisation publique et l'un de vos collègues a subtilisé les sujets d'un concours administratif interne, dont il vend les copies pour 50 euros. Atteignant la limite d'âge, vous devez réussir ce concours coûte que coûte lors de cette session ; comme certains ont dû acheter une copie des sujets, vous pensez que l'examen risque d'être finalement modifié par l'administration. Que faire ? Vous procurez-vous une copie par crainte d'être défavorisé, refusez-vous de céder à l'achat et tentez-vous quand même votre chance ou informez-vous l'administration de la supercherie ?

L'exemple du concours reflète bien toute l'ambiguïté d'un comportement éthique pour un manager. Pour réduire cette ambiguïté, les **codes d'éthique** (ou *codes de déontologie*) sont de plus en plus utilisés[31] : il s'agit de documents officiels répertoriant les valeurs fondamentales d'une entreprise ainsi que les règles d'éthique que les managers et les employés doivent respecter. L'idéal serait que ces codes soient suffisamment spécifiques pour orienter les membres de l'organisation dans leur mission tout en restant assez souples pour laisser une liberté de jugement. Parmi les entreprises figurant au classement *Fortune 1000*, 90 % des sociétés américaines possèdent un code d'éthique[39], contre moins de 50 % des sociétés européennes. La proportion la plus faible parmi les grands pays européens est constatée en France (30 %), contre 41 % en Grande-Bretagne et 51 % en Allemagne[40].

Codes d'éthique (ou codes de déontologie) — Documents officiels répertoriant les valeurs fondamentales d'une entreprise ainsi que les règles d'éthique que les managers et les employés doivent respecter dans le cadre de leur travail.

Document 3.4 – Trois visions de l'éthique.

Utilitarisme. Situation dans laquelle les décisions sont uniquement prises en fonction des résultats ou des conséquences. Le but est de fournir le plus de biens au maximum de personnes. D'une part sont privilégiées efficacité et productivité, allant de pair avec la recherche d'optimisation des bénéfices ; de l'autre néanmoins, l'attribution des ressources peut s'en trouver faussée, notamment lorsqu'elles manquent de représentation ou de moyen de se manifester.

Défense des droits. Situation dans laquelle les personnes sont concernées par le respect et la protection des libertés et des droits individuels, dont le droit à la vie privée, la liberté de penser, la liberté de parole, etc. L'avantage de cette vision est qu'elle protège les libertés et l'intimité des individus. Pour les organisations, en revanche, le problème est qu'elle met un frein à la productivité et à l'efficacité en créant un cadre trop juridique.

Théorie de justice. Situation dans laquelle une personne impose des règles de façon équitable et impartiale. Un manager applique cette théorie s'il rémunère un nouveau venu 2 euros de plus par heure que le salaire minimum parce qu'il considère que ce dernier ne permet pas au personnel de vivre correctement. Ces normes de justice protègent également les actionnaires en manque de représentation ou de pouvoir ; cependant, elles impliquent un sens du droit qui réduit la prise de risques, l'innovation et la productivité.

Source : G. F. Cavanaugh, D. J. Moberg et M. Valasquez, « The Ethics of Organizational Politics », *Academy of Management Journal*, juin 1981, p. 363-374.

En soi, les codes de déontologie ne sont guère plus que des vitrines : la preuve, Enron aussi en avait un. L'efficacité de ces codes dépend donc surtout de la volonté de la direction à les faire respecter, à les intégrer à la culture d'entreprise et à sanctionner les personnes en faute[32]. Si les dirigeants jugent un code important, défendent régulièrement son contenu, sont les premiers à le respecter et condamnent publiquement les écarts, ce code peut servir de base de travail pour élaborer un programme d'éthique[33].

Comment développer vos compétences en éthique ?

Faire des choix éthiques peut parfois se révéler difficile pour les managers. Il est bien sûr obligatoire d'obéir à la loi, mais avoir un comportement éthique se situe en dehors de cette évidence. Cela signifie agir de manière responsable dans les zones de flou, quand il est plus difficile de délimiter le bien du mal. Que faire pour agir de manière plus éthique dans l'exercice de vos fonctions managériales ? Voici quelques conseils.

Points de repère

1. **Connaître la politique de votre entreprise en matière d'éthique.** Cette politique, lorsqu'elle existe, doit décrire ce qui constitue pour l'entreprise un comportement éthique et ce que l'on attend de vous à ce sujet. Cette politique vous aidera à clarifier ce qui est autorisé et quelle est votre marge de manœuvre en tant que manager. Cela doit devenir VOTRE code de déontologie.
2. **Comprendre la politique de votre entreprise en matière d'éthique.** Connaître cette politique ne suffit pas à garantir son application. Il faut pour cela la comprendre entièrement. On peut difficilement schématiser ce qu'est un comportement

éthique, mais la politique de l'entreprise peut servir de guide et fournir un point d'appui à partir duquel agir. Même s'il n'existe pas de politique officielle à ce sujet, vous pouvez toujours procéder par étapes quand vous êtes confronté à une situation délicate d'un point de vue éthique.

3. **Réfléchir avant d'agir.** Posez-vous certaines questions : « Pourquoi est-ce que je vais faire cela ? Comment en est-on arrivé là ? Quelles sont mes intentions réelles ? Mes raisons sont-elles valables ? Est-ce que j'agis à cause de motifs cachés, comme l'envie de montrer ma loyauté envers l'entreprise ? Mes actes risquent-ils de nuire à quelqu'un ? Puis-je parler avec mon responsable ou avec ma famille de ce que je m'apprête à faire ? » Il faut garder en tête le fait qu'il s'agit de votre comportement et de vos actions. Vous devez être sûr que vous ne faites rien qui puisse menacer votre poste de manager, votre entreprise ou votre réputation.
4. **Faire des hypothèses.** Si vous vous interrogez sur les motifs de votre décision, vous devez aussi vous demander ce qui est susceptible de se produire. Les questions qui suivent peuvent par exemple vous aider à orienter vos actions : « Que se passera-t-il si jamais je prends une mauvaise décision ? Que m'arrivera-t-il ? Qu'arrivera-t-il à mon poste ? Et si les actions que j'ai entreprises étaient décrites en détail à la télévision ou dans le journal, cela pourrait-il gêner ou embarrasser mon entourage ou moi-même ? Que se passera-t-il si l'on apprend que j'ai fait quoi que ce soit de contraire à l'éthique ? Suis-je prêt à en assumer les conséquences ? »
5. **Demander aux autres quelle est leur opinion.** Si vous devez prendre une décision grave et que vous éprouvez des doutes, demandez conseil à d'autres managers. Peut-être qu'ils se sont retrouvés dans une situation similaire par le passé et qu'ils peuvent partager leur expérience avec vous. Ils peuvent aussi vous écouter et vous donner des conseils, tout simplement.
6. **Agir avec la volonté de bien faire.** Vous avez une conscience et vous êtes maître de votre comportement. Si, quoi que vous fassiez, vous pensez que c'est la meilleure solution, alors vous pouvez ignorer ce que les autres en disent ou les commentaires qui arrivent après la bataille. Soyez fidèle à vos propres valeurs. Posez-vous la question suivante : « Est-ce que je vais pouvoir vivre avec cela ? »

Mise en pratique

Trouvez un exemplaire du code de conduite de votre école ou du code d'éthique de l'entreprise pour laquelle vous travaillez. Vous pouvez aussi chercher celui d'une entreprise dans laquelle vous aimeriez travailler après avoir fini vos études. Évaluez les dispositions prises et la politique en vigueur d'après ce code. Êtes-vous mal à l'aise avec certains aspects ? Pourquoi ? Certains points du code sont-ils enfreints au quotidien ? Selon vous, pourquoi est-ce le cas ? En général, quelles sont les conséquences de ce non-respect du code ? Pensez-vous que cela soit approprié ? Si vous avez eu des difficultés à obtenir ce code de conduite, essayez de comprendre pourquoi. Dans quelles circonstances est-il en principe distribué, envoyé ou mis à disposition des membres ?

4. Quelles sont les caractéristiques du travail aujourd'hui ?

À quoi ressemble la main-d'œuvre actuelle et en quoi a-t-elle un impact sur la manière dont les entreprises sont gérées ?

Les entreprises d'aujourd'hui doivent faire face à un défi important : s'adapter à une main-d'œuvre diversifiée. Par diversité, on entend les points communs et les différences existant entre les différentes personnes qui composent la main-d'œuvre (sexe, âge, origine, orientation sexuelle, milieu culturel, capacités physiques et handicaps.)

Jusqu'à récemment, les entreprises envisageaient la diversité comme une sorte de « melting-pot ». On s'attendait à ce que les différences se fondent petit à petit dans la masse. Les managers se rendent cependant compte aujourd'hui que les employés n'abandonnent pas leurs valeurs culturelles ni leur mode de vie une fois au travail. Le challenge consiste donc pour les managers à rendre les entreprises plus accueillantes pour tous ces différents groupes en s'adaptant au mode de vie, au contexte familial et aux méthodes de travail de chacun. Le concept de melting-pot a disparu et l'on préfère reconnaître et valoriser les différences.

4.1. À quoi ressemble la main-d'œuvre actuelle ?

La plupart des changements observés dans la main-d'œuvre des 50 dernières années peuvent être attribués aux changements démographiques, à la participation croissante des femmes au marché de travail, ainsi qu'à développement des situations de travail précaires. Deux éléments sont à noter parmi les caractéristiques de la main-d'œuvre de cette première moitié du XXIe siècle : (2) le vieillissement des baby-boomers et (2) la cohorte de plus en plus importante de travailleurs de la génération Y. On constate que la masse salariale vieillit. Le groupe des 55 ans et plus, qui représente actuellement 13 % des travailleurs, passera à 20 % d'ici à 2014. Les analystes qui avaient prédit un départ en retraite massif des baby-boomers revoient toutefois leurs prévisions à la baisse car un nombre important de travailleurs de cette génération a subi une perte de ses ressources financières lorsque la Bourse et l'économie se sont effondrées. Ils sont donc nombreux à retarder le moment de leur départ en retraite, jusqu'à ce que cela soit financièrement plus avantageux. La *Génération Y* a eu, elle aussi, un impact significatif sur la composition de la main-d'œuvre actuelle. Ce groupe se compose des personnes nées entre 1978 et 1994. Cette génération est le segment ayant connu la plus forte croissance, passant de 14 % à plus de 24 % de la main-d'œuvre. Depuis l'arrivée de la génération Y sur le marché du travail, les analystes dénombrent en tout quatre générations qui travaillent ensemble[34] :

- les travailleurs plus anciens et plus expérimentés (nés avant 1946) qui représentent 6 % de la main-d'œuvre ;
- les baby-boomers (nés entre 1946 et 1964) qui représentent 41,5 % de la main-d'œuvre ;
- la génération X (née entre 1965 et 1977) qui représente environ 29 % de la main-d'œuvre ;
- la génération Y (née entre 1978 et 1994) qui représente environ 24 % de la main-d'œuvre.

Aux Etats-Unis on discute également des changements de composition ethnique de la main d'oeuvre : la part des travailleurs hispaniques passera en 2050 de 13 % à 24 %, celle des Afro-Américains de 12 % à 14 %, et celle des Asiatiques de 5 % à 11 %.

4.2. De quelle manière les entreprises et les managers s'adaptent-ils à l'évolution de la main-d'œuvre ?

Les entreprises ne pourraient pas exercer leurs activités sans leurs employés. Les managers doivent donc s'adapter aux changements observés dans la main-d'œuvre. C'est dans ce sens qu'ils proposent des programmes respectueux de l'équilibre vie professionnelle/vie privée, des emplois conjoncturels et la reconnaissance des différences générationnelles.

Programmes respectueux de l'équilibre vie professionnelle/vie privée

L'employé type des années 1960 ou 1970 travaillait du lundi au vendredi et faisait des journées de 8 ou 9 heures. Le lieu et les horaires de travail étaient clairement spécifiés. Cela n'est plus le cas aujourd'hui pour une grande partie de la main-d'œuvre. Les employés se plaignent d'ailleurs souvent que la frontière entre vie professionnelle et vie privée soit de plus en plus floue, ce qui génère des conflits personnels et du stress[35]. Plusieurs facteurs ont contribué à créer ce flou entre vie professionnelle et vie privée. Le premier d'entre eux est que dans une économie mondialisée, le travail ne s'arrête jamais. Quelles que soient par exemple la date et l'heure de la journée, des milliers d'employés de Caterpillar sont en train de travailler sur un des sites de l'entreprise. Le besoin de communiquer avec des collègues ou avec des clients répartis sur 8 ou 10 fuseaux horaires différents oblige les employés à être disponibles 24h/24. Un des autres facteurs concerne les technologies de communication : elles permettent maintenant aux employés de travailler à domicile, en voiture, ou dans une maison de vacances. Ces outils permettent effectivement aux professionnels et aux techniciens de pouvoir travailler partout et à tout moment, mais cela signifie par ailleurs que l'on ne peut plus échapper au travail. Autre facteur d'importance : la crise économique a contraint les entreprises à licencier des employés. Ceux ayant échappé au licenciement ont dû faire plus d'heures. Il n'est pas inhabituel d'en voir certains travailler plus de 45 heures par semaine, voire plus de 50 heures. Il existe enfin très peu de foyers aujourd'hui qui se contentent d'un seul revenu.

Les couples et familles sont souvent tiraillés entre leurs vies professionnelles et leur vie de couple et de famille. Il est difficile de concilier le travail avec la maison, le conjoint, les enfants, les parents et les amis[36].

Les employés admettent de plus en plus souvent que leur travail empiète sur leur vie privée, et ils n'en sont pas satisfaits. Les entreprises les plus progressistes doivent répondre aux différents besoins qu'exprime cette main-d'œuvre variée. Plusieurs sociétés proposent des *avantages axés sur la vie de famille*, offrent par exemple aux employés une plus grande souplesse au niveau des horaires et répondent ainsi à leurs besoins en termes d'équilibre vie professionnelle/vie privée.

Plusieurs programmes ont ainsi été présentés, parmi lesquels les colonies de vacances et les crèches d'entreprise, les horaires flexibles, le travail partagé, les congés spécifiques pour les enfants scolarisés, le télétravail et le travail à temps partiel. Ce sont surtout les jeunes qui donnent la priorité à leur vie de famille plutôt qu'à leur travail, et qui recherchent donc des entreprises leur accordant une certaine flexibilité[37].

Emplois atypiques

« Les entreprises veulent de la main-d'œuvre qui soit disponible en fonction des besoins[38]. » Bien que cela puisse paraître choquant, c'est la vérité : la main-d'œuvre actuelle a déjà entamé la transition des emplois à plein-temps traditionnels vers les *emplois atypiques* (temps partiel, travail intérimaire et contrats à durée déterminée) qui permettent d'embaucher la main-d'œuvre en fonction des besoins. Dans le contexte économique actuel, de nombreuses entreprises ont supprimé des CDI à plein-temps pour des emplois atypiques. On annonce que d'ici la fin de la prochaine décennie, le nombre de travailleurs conjoncturels va augmenter jusqu'à représenter 40 % de la main-d'œuvre (contre 30 % aujourd'hui)[39]. En fait, un spécialiste des avantages et des indemnités explique que « de plus en plus de travailleurs vont devoir construire leur carrière en fonction de ce modèle »[40]. Il est possible que vous soyez concerné !

Qu'est-ce que cela signifie pour les managers et les entreprises ? Étant donné que les travailleurs atypiques ne sont pas « employés » au sens traditionnel du terme, la gestion de ce type de personnel représente des défis et des attentes particulières. Les managers doivent reconnaître que comme ces travailleurs ne disposent pas de la stabilité et de la sécurité offertes aux travailleurs permanents, il est possible qu'ils ne s'identifient pas à l'entreprise et que leur engagement ou leur motivation ne soient moindres. Les managers devront peut-être traiter ces employés différemment, en mettant en place des pratiques et des stratégies spécifiques. Une bonne communication et un bon leadership devraient toutefois se révéler utiles pour faire des travailleurs atypiques des ressources aussi précieuses pour l'entreprise que les employés permanents. Les managers actuels doivent admettre qu'il est de leur responsabilité de motiver l'ensemble de la main-d'œuvre et de s'assurer de leur engagement envers l'entreprise, qu'il s'agisse de salariés à temps-plein ou de travailleurs conjoncturels !

Différences générationnelles

Gérer les écarts entre générations pose de nouveaux défis, tout particulièrement pour les baby-boomers et la génération Y. Des conflits et du ressentiment peuvent émerger sur des questions aussi diverses que la tenue, les technologies ou le style de management appropriés.

Quelle est la tenue appropriée au bureau ? La réponse dépend certes de la personne à qui l'on pose la question, mais elle est surtout fonction du type de travail effectué et de la taille de l'entreprise. Pour aplanir les différences ente générations et mettre tout le monde d'accord sur ce qui convient, il faut avant tout faire preuve de souplesse. On peut par exemple décréter que lorsqu'un employé n'est pas en contact avec des personnes extérieures à l'entreprise, une tenue plus décontractée est acceptable (toutes proportions gardées bien entendu).

Parlons maintenant des nouvelles technologies. La génération Y a grandi avec internet, les téléphones portables, les emails, les SMS, et les ordinateurs portables. Quand ils ont besoin d'une information, il leur suffit de taper sur un clavier pour l'obtenir. Ils sont ravis de discuter de manière virtuelle pour résoudre les problèmes, tandis que les baby-boomers préfèrent que les questions sérieuses se discutent en face à face. Ils reprochent aux jeunes de la génération Y d'être incapables de se concentrer sur une seule chose à la fois, tandis que ces derniers ne voient pas en quoi être polyvalent pose problème. Là encore, souplesse et compréhension mutuelles sont des éléments clés pour réussir à travailler ensemble de manière efficace et efficiente.

Pour finir, que dire du style de management ? Les employés de la génération Y veulent des patrons ouverts d'esprit, experts dans leur domaine même s'ils ne sont pas des spécialistes des nouvelles technologies, organisés, pédagogues, et qui soient aussi des coachs et des mentors. Ils ne veulent pas d'un employeur autoritaire ou paternaliste. Ils veulent que l'on respecte leur génération, que l'on comprenne leur besoin d'équilibre entre vie professionnelle et vie privée, qu'on leur donne en permanence du feed-back, que l'on communique de manière vivante et attractive et qu'on leur propose des expériences nouvelles et motivantes[41].

Comme les employés de la génération Y ont beaucoup à offrir aux entreprises en termes de connaissances, de passion et de savoir-faire, les managers doivent apprendre à reconnaître et comprendre les comportements caractéristiques de ce groupe afin de créer un environnement de travail efficient, efficace et exempt de conflits perturbateurs.

Manager la diversité

Le paradoxe de la diversité

Une situation paradoxale émerge quand les entreprises embauchent des personnes différentes et les font entrer dans leur propre culture[42]. Les managers souhaitent que les nouveaux employés adhèrent aux principales valeurs culturelles de l'entreprise afin qu'ils n'aient pas de mal à s'intégrer ou à se faire accepter des autres. En même temps, ils veulent reconnaître, adopter et soutenir ouvertement les diverses perspectives et idées que ces nouveaux employés apportent sur le lieu de travail.

Lorsqu'il existe une forte culture d'entreprise, les employés sont contraints de s'y conformer, et l'ensemble des valeurs et des comportements jugés acceptables est limité, d'où le paradoxe. Les entreprises emploient des personnes différentes en raison de leur profil singulier qui représente un atout, pourtant ces forces et ces comportements particuliers risquent de disparaître en raison des efforts faits par les employés pour se fondre dans l'entreprise. Le défi consiste pour le manager à trouver un équilibre entre deux objectifs opposés : encourager les employés à adhérer aux principales valeurs de l'entreprise, et aussi à accepter les différences. L'environnement extérieur évolue et génère des changements dans les entreprises : les managers doivent avant tout se souvenir qu'il est important d'entretenir la diversité.

5. Comment le client devient-il le centre du processus de management ?

Les managers actuels comprennent que la réussite à long terme tient essentiellement à la satisfaction du client, car c'est ce dernier qui, en définitive, paie les factures et les salaires. Dans un monde des affaires toujours plus concurrentiel, les clients ont l'embarras du choix et sont donc plus exigeants ; ils demandent un service plus rapide, de meilleure qualité et moins cher. Personnalisation de masse, assistance par téléphone gratuite, croissance du commerce électronique, soldeurs, managers obsédés par la qualité, sont autant d'applications du principe que la qualité est ce que le client détermine en tant que telle. Pour mettre en pratique cette théorie, les organisations et leurs dirigeants se sont lancés dans plusieurs activités cruciales, telles que la création d'une culture orientée client, des améliorations continues de la qualité et des changements radicaux de production.

5.1. Les entreprises peuvent-elles améliorer le service à la clientèle ?

Dans les pays développés, la majorité des employés travaillent dans le secteur tertiaire. Par exemple, 75 % de l'ensemble des postes du privé aux États-Unis et au Canada concernent des services. En France, le chiffre est de 60 % et au Royaume-Uni, en Allemagne et au Japon, il atteint respectivement 69 %, 68 % et 65 %. Ces travailleurs sont techniciens de maintenance, caissiers dans la restauration rapide, vendeurs, professeurs, serveurs, consultants, conseillers financiers, hôtesses de l'air, etc. Leur seul point commun réside dans une interaction importante avec la clientèle. Sachant qu'une organisation n'est rien sans ses clients (tant une grande entreprise qu'un cabinet d'avocats, un musée, une école ou une administration), les managers doivent veiller à ce que le personnel fasse tout pour les satisfaire.

Dans le domaine des services, les entreprises doivent également prêter attention aux besoins et aux exigences de la clientèle au moment d'évaluer leurs performances, car leur activité suppose un enchaînement de cause à effet. De l'attitude et du comportement du personnel dépendent ceux des clients, lesquels agissent sur les bénéfices de l'entreprise. De fait, la chaîne de grands magasins Sears a analysé ce processus en détail et il en ressort qu'une amélioration de 5 % dans l'attitude des employés fait grimper la satisfaction des clients de 1,3 %, laquelle entraîne une hausse de 0,5 % des bénéfices. Concrètement, les responsables de la marque ont compris qu'en formant leurs effectifs à mieux interagir avec la clientèle, ils pouvaient compter sur une satisfaction accrue de la clientèle de 4 % sur une période de douze mois, soit un gain d'environ 150 millions d'euros[43].

Sauf intérêts isolés à satisfaire le client grâce à une amélioration de la qualité, les responsables ont le plus souvent tenu à l'écart cet acteur, le laissant aux soins des services marketing. Pourtant, la direction peut augmenter les performances d'une organisation en expliquant à ses managers en quoi le comportement du personnel est déterminant pour la satisfaction du client. Une entreprise peut faire faillite parce que les employés n'ont pas su satisfaire la clientèle. Les dirigeants doivent par conséquent instaurer une culture réellement orientée client : personnel aimable et poli, disponible, informé, réactif aux besoins exprimés et désireux de faire plaisir.

Quels sont les facteurs clés d'une culture orientée client ?

Le document 3.5 montre les ingrédients indispensables à la diffusion d'une culture orientée client, à commencer par le type d'employés[44]. Pour offrir un service apprécié, les organisations doivent embaucher des personnes ouvertes et aimables. De plus, ces individus doivent être libres de répondre à l'évolution des besoins ; toutes les règles et procédures rigides sont donc à bannir. Par ailleurs, ils doivent pouvoir disposer de marges de manœuvre importantes.

Avec l'**empowerment** (ou responsabilisation), il revient aux employés de décider comment satisfaire le client (ce concept est abordé plus en détail en fin de chapitre). Le personnel doit également faire preuve de bonnes capacités d'écoute et de compréhension envers ses interlocuteurs. Enfin, il doit afficher un comportement de citoyen responsable au sein de l'organisation, être consciencieux et avoir l'esprit d'initiative, même en dehors du cadre professionnel habituel, si la satisfaction du client est en jeu.

Document 3.5 – Élaboration d'une culture orientée client.

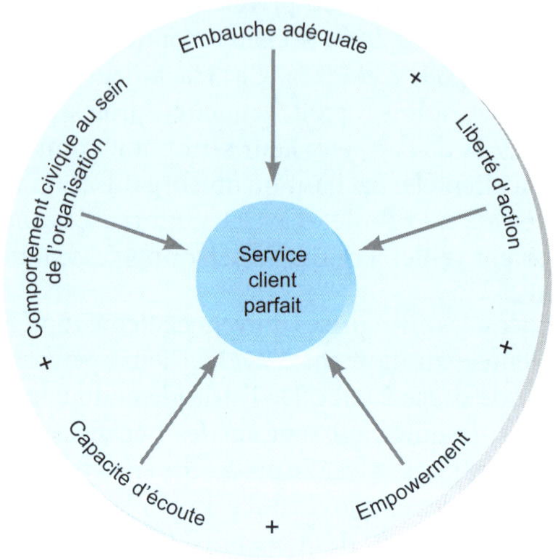

Empowerment — La participation et la responsabilisation des employés face aux prises de décisions.

En bref, une culture orientée vers la satisfaction du client est pratiquée par des organisations embauchant des personnes pouvant faire preuve d'une bonne écoute et disposées à dépasser les limites de leur métier pour faire plaisir à leur clientèle. Le rôle de ces employés s'en trouve clarifié et l'atténuation des règles leur procure une liberté de décision et d'action leur permettant de répondre de façon beaucoup plus autonome qu'auparavant aux besoins exprimés.

Quelles actions de management pour favoriser l'orientation client ?

Par rapport aux variables mentionnées, la direction peut entreprendre plusieurs actions afin de développer une culture d'entreprise davantage orientée vers le client. Le but est de doter les employés des compétences, aptitudes et motivations nécessaires pour résoudre les problèmes soumis par les clients.

- **La sélection.** Le point de départ est l'embauche de candidats dont la personnalité et le comportement vont totalement dans le sens d'une prestation de services. Southwest Air offre un exemple remarquable d'élimination des candidats ne renvoyant pas une image avenante. Les postulants sont soumis à des entretiens poussés et les employés déjà en poste aussi bien que les cadres donnent leur avis sur le degré d'ouverture et d'amabilité de chacun.
- **La formation.** Les organisations qui essayent de s'intéresser davantage à leurs clients ne peuvent pas toujours procéder à une refonte de leur personnel ; elles doivent alors trouver comment faire évoluer les mentalités. Dans ce cas, elles misent sur la formation plutôt que sur l'embauche et sont souvent confrontées au dilemme que représente pour les

cadres seniors le fait déplacer leur effort du produit vers le client. Parmi les entreprises de culture publique, France Telecom, La Poste ou la SNCF, pour ne citer que ces trois-là, en ont fait l'expérience au cours de la décennie précédente. Le contenu de ces programmes de formation est fort variable, même si la base reste la même : meilleure connaissance du produit, écoute active, démonstration de patience et expression des émotions. En outre, les nouvelles recrues doivent saisir les attentes de la direction en assimilant les objectifs et les valeurs de l'organisation. En dernier lieu, même les employés les plus exemplaires peuvent sortir des standards attendus ; l'idéal est donc de mener des formations régulières pour reformuler et renforcer les objectifs.

- **L'organisation.** Les entreprises doivent accorder plus de contrôle aux employés, en allégeant par exemple procédures et règlements. Rien de mieux en effet pour répondre aux attentes des clients que de pouvoir contrôler le face-à-face, c'est-à-dire d'adapter son comportement aux attentes et demandes formulées. Un client n'a pas envie de s'entendre dire « je ne peux rien faire pour vous, vous devez vous adresser à quelqu'un d'autre » ni « désolé, mais c'est contraire aux principes de l'entreprise ».
- **L'empowerment.** Il est indispensable de responsabiliser les employés afin qu'ils puissent prendre des décisions immédiates.
- **Le leadership.** Les dirigeants sont des vecteurs de la culture d'entreprise par leurs actes et leur discours. Dans le cas d'une culture tournée vers le client, les plus efficaces savent transmettre leur sens du service.
- **L'évaluation.** Les performances des employés doivent être évaluées en fonction de leur comportement ou de leurs actions (les critères sont alors les efforts déployés, l'esprit d'équipe, l'amabilité et la capacité de résoudre des problèmes) plutôt que des résultats obtenus.
- **Les récompenses.** Enfin, si les managers souhaitent que leur personnel offre un service de qualité, ils doivent le récompenser, notamment en exprimant leur reconnaissance à des employés ayant fait des efforts pour satisfaire le client et que ce dernier a remercié pour leur geste. Les récompenses doivent aussi être pécuniaires et promotionnelles pour les meilleures démonstrations.

5.2. En quoi les organisations montrent-elles un intérêt accru pour la qualité ?

Tant le secteur public que le secteur privé connaissent depuis quelques années une véritable révolution de la qualité, qualifiée de *gestion de la qualité* ou encore de démarche de **perfectionnement continu**. Le phénomène a été lancé par un petit groupe d'experts en qualité, des individus comme Joseph Juran ou Edwards Deming[59], dont le travail sert de base au développement suivant.

> *Perfectionnement continu* — Engagement de l'organisation à améliorer sans cesse la qualité d'un produit ou d'un service.

Comme Deming ne trouvait guère de managers américains intéressés par ses idées, il s'est rendu au Japon en 1950 afin de conseiller de nombreux hauts dirigeants sur la façon d'améliorer leur productivité. La base de ses méthodes de management consistait à analyser à l'aide de statistiques la variabilité des processus de production. Selon lui, une organisation bien gérée grâce au contrôle statistique voyait cette variabilité diminuer et s'assurait de ce fait une qualité homogène et une quantité prévisible de rendement. Il a ainsi élaboré un programme en quatorze points pour transformer les entreprises[45]. Aujourd'hui, ce programme amplifié correspond à une approche du management en fonction des besoins et des attentes des clients (voir document 3.6)[46]. La gestion de la qualité donne au terme client un sens qui va au-delà de la définition classique : celui-ci inclut en effet quiconque appartient, en interne comme en externe, à l'organisation (employés, fournisseurs, acheteurs des produits et services). L'objectif est de créer une organisation en quête de perfectionnement continu ou, en japonais, **kaizen**[47].

Kaizen — En japonais, l'engagement d'une organisation en quête de perfectionnement continu.

Document 3.6 – Composantes du perfectionnement continu.

1. **Priorité au client.** Le terme client inclut les personnes externes à l'entreprise qui achètent ses produits et services, mais aussi, en interne, les employés en contact et au service de la clientèle dans l'organisation (personnel d'expédition ou des achats, par exemple).
2. **Recherche de progrès permanent.** Le principe est de ne jamais être satisfait, car « très bon » n'est pas assez bon. La qualité peut toujours être améliorée.
3. **Amélioration de la qualité dans toutes les activités de l'organisation.** Le perfectionnement continu obéit à une définition très large de la qualité, laquelle concerne certes le produit fini, mais aussi les livraisons, la rapidité de réponse aux plaintes, la politesse au téléphone, etc.
4. **Évaluations précises.** Le perfectionnement continu s'appuie sur des techniques statistiques pour mesurer chaque variable essentielle au fonctionnement de l'organisation. Les résultats sont comparés à des références pour détecter les problèmes, en identifier la cause et l'éliminer.
5. **Empowerment.** Le perfectionnement continu implique les personnes sur le terrain dans le processus d'amélioration. Le travail en équipe est généralement exploité comme vecteur de responsabilisation dans la recherche et la résolution des problèmes.

La gestion de la qualité prend sa source dans les théories antérieures de management, qui défendaient les coûts réduits comme seul moyen d'augmenter la productivité. Par exemple, on cite souvent l'exemple de l'industrie automobile américaine pour illustrer quel peut être l'inconvénient à chercher uniquement à maîtriser les coûts. À la fin des années 1970, General Motors, Ford et Chrysler ont commercialisé des produits massivement rejetés. En cumulant les coûts de retour, de réparation des articles mal finis, de rappel de produits et d'identification des causes, les fabricants américains se révélaient moins productifs que leurs concurrents étrangers. *A contrario*, les Japonais ont par exemple prouvé qu'il était possible de concilier qualité optimale et coûts réduits. C'est à partir de ce moment que les managers, tant dans le secteur automobile que dans d'autres domaines, ont compris l'importance de la gestion de la qualité et ont commencé à l'appliquer. Ainsi, en suivant un programme de perfectionnement continu s'appuyant principalement sur le feed-back des clients, Daimler-Chrysler a modifié les suspensions du modèle Jeep Liberty après avoir reçu nombre de commentaires négatifs[63].

À l'heure actuelle, le concept de gestion de la qualité n'est plus aussi populaire que dans les années 1980. En effet, les nouvelles pratiques managériales se trouvent souvent banalisées par l'irruption de nouvelles modes, devenant ainsi des sortes de clichés, des idées dépassées.

Néanmoins – si l'on oublie un instant le poids des mots et de la terminologie – le concept, les buts et les outils de la gestion de la qualité (et du perfectionnement continu) demeurent des éléments fondamentaux permettant aux entreprises de réaliser une production efficace et soignée[64].

5.3. À quel moment les managers doivent-ils penser en termes de changements radicaux et non plus en termes de perfectionnement continu ?

Les méthodes de perfectionnement continu ont beau être des innovations souhaitables, elles impliquent généralement un changement progressif, un effort constant vers le mieux. Pourtant, même si cette démarche est en soi honorable, il ne faut pas oublier que nombre d'entreprises opèrent désormais dans un environnement dynamique et évolutif. Une approche sur la durée peut donc signifier un retard d'adaptation.

De plus, cette vision peut procurer un sentiment erroné de sécurité ; les managers pensent agir dans le bon sens, ce qui est en partie vrai, mais ils perdent de vue que l'entreprise peut avoir besoin d'une avancée, d'un changement radical, d'une rupture[48]. Avec le perfectionnement continu, les managers savent qu'une action est en cours, mais aussi qu'ils s'épargnent ainsi la mise en œuvre de changements de fond, les plus inquiétants pour les membres de l'organisation.

Au terme de cet exposé, la gestion de la qualité peut sembler source de contradictions. Pourtant, tout se tient. Et même si le perfectionnement continu est souvent synonyme d'améliorations organisationnelles, il ne représente pas toujours le premier outil à mettre en œuvre. Tel est le cas lorsqu'un produit obsolète doit être remplacé par une version améliorée ; un remaniement total est éventuellement préférable, le perfectionnement continu n'intervenant que par la suite.

Prenons l'exemple d'un manager chargé d'instaurer des changements de conception pour un agenda électronique. En suivant l'approche du perfectionnement continu, il va travailler sur le mode de recherche par nom et adresse, le calendrier des tâches, la mise en œuvre d'un clavier aux fonctions étendues, etc. De cette façon, le programme d'amélioration supposera des innovations telles qu'une mémoire accrue, d'importantes capacités de stockage ou une batterie de longue durée. Il est clair que ce nouvel agenda sera plus performant que le précédent… Mais cela suffit-il ? Que donnerait la comparaison avec le produit d'un concurrent ayant préféré repenser tout le processus de conception ? Le manager en charge du projet s'est d'abord posé la question suivante : comment concevoir un agenda électronique plus commode et évolutif tout en offrant plus de mobilité ? En partant de zéro, sans être limité par un processus de production, il a conçu un produit qu'il a appelé un assistant personnel sans fil. Faute de présenter de meilleures fonctionnalités, le premier produit peut rapidement devenir obsolète face à cette nouvelle technologie.

Dans cet exemple, les deux entreprises enregistrent une avancée. Mais selon vous, laquelle progresse le plus par rapport à l'environnement dynamique qui les entoure ? Vous comprenez ainsi pourquoi des entreprises telles que Thermos, Sony ou Casio misent sur des changements radicaux plutôt que progressifs. Le contexte commercial du moment oblige les managers à considérer cette approche pour leur organisation. Une approche qui peut faire sortir l'entreprise gagnante en termes de coûts, de service ou de temps et la préparer aux défis posés par les progrès technologiques[49].

Résumé

1. **Décrire la nouvelle donne économique et son impact sur les organisations.**

   La crise financière mondiale a constitué le principal événement des dernières années. Les faillites d'entreprises, la récession, une dette publique croissante, ainsi que les conséquences sociales du chômage ont profondément marqué les économies des pays industrialisés. La crise a contribué à une érosion de la confiance accordée aux décideurs politiques, ainsi qu'aux dirigeants d'entreprise. Selon les experts, elle va changer le rôle des gouvernements dans le contrôle des marchés et dans la protection des consommateurs. La nouvelle situation économique va avoir un impact sur les organisations, leurs activités, ainsi qu'au niveau des attentes sociétales – notamment en termes de responsabilité et d'éthique, de gestion sociale et environnementale – auxquelles elles doivent faire face.

2. **Expliquer la mondialisation et ses conséquences pour les organisations.**

   On parle de mondialisation lorsque les organisations échangent des biens et des services avec des acteurs économiques dans d'autres pays, lorsqu'elles emploient des compétences managériales et techniques internationales ou lorsqu'elles font appel à des ressources financières en dehors de leurs pays d'origine. Une firme multinationale peut prendre différentes formes : multidomestique, globale, transnationale. Pour internationaliser son activité, une organisation commence souvent par des achats internationaux, passe ensuite par l'exportation ou l'importation de biens ou de services et utilise des licences ou des franchises avant de créer une alliance stratégique internationale ou une filiale étrangère. Pour réussir dans un contexte international, les managers doivent tenir compte de diverses situations légales, politiques et économiques. De plus, la différence entre cultures nationales pose un défi important. Les recherches de Hofstede ainsi que le modèle GLOBE constituent des cadres de référence pour comprendre les cultures nationales.

3. **Examiner l'influence des attentes sociales par rapport aux entreprises.**

   La société attend des organisations et des managers de se comporter de façon responsable. Les organisations peuvent répondre à ces attentes dans une logique d'obligation, de sensibilité ou de responsabilité sociales. Cette dernière correspond à l'obligation d'une organisation non seulement de suivre les règles imposées par la loi et le système économique, mais aussi de poursuivre des objectifs à long terme servant le bien de la société. Le comportement éthique d'un manager dépend de plusieurs facteurs, y compris de ses valeurs personnelles, de sa personnalité et de ses expériences, de la culture d'organisation, des règles, incitations et sanctions en place, ainsi que des caractéristiques de la situation. Beaucoup d'organisations mettent en place des codes de déontologie afin de réduire l'ambiguïté concernant les comportements à adopter. Au-delà de ces règles formelles, le rôle des managers, à travers leurs paroles et leurs actes, peut servir de modèles.

4. **Décrire l'évolution de la population active et son impact sur le management des organisations.**
Une tendance majeure est l'augmentation de la diversité de la population active. La démographie des collaborateurs en entreprise va changer avec l'internationalisation et la présence de collaborateurs d'origines ethniques diverses, le vieillissement des populations dans les pays industrialisés et l'arrivée de la génération Y en entreprise. Face à ces changements, les organisations mettent en place des programmes visant à équilibrer vie professionnelle et vie privée, des emplois flexibles et des programmes de sensibilisation intergénérationnelle.

5. **Expliquer le rôle des managers dans l'orientation client.**
L'orientation client est aujourd'hui indispensable afin de fidéliser des clients de plus en plus informés, exigeants et critiques. Afin de pouvoir se différencier au niveau des clients, les organisations déploient de nombreuses activités comme, par exemple, le développement d'une culture orientée client, l'amélioration continue de la qualité et la réorganisation des processus de travail.

Pour en savoir plus

ARTUS P., BETBÈZE, J.-P., DE BOISSIEU, C., CAPPELLE-BLANCARD P., *De la Crise des subprimes à la crise mondiale*, Paris, La Documentation française, 2010.

BALLET J., DE BRY F., *L'Entreprise et l'éthique*, Paris, Points-Économie, Éditions du Seuil, 2001.

BOUCHET M.-H., *La Globalisation : introduction à l'économie du nouveau monde*, Paris, Pearson Education, 2005.

BRILMAN J., HÉRARD J., *Management : Concepts et meilleures pratiques*, Paris, Éditions d'Organisation, 2011, 6e éd.

CADIX A. (dir.), *Le Management à l'épreuve des changements technologiques*, Paris, Éditions d'Organisation, 2002.

ESCP-EAP, BAIN & COMPANY, *L'Art de la croissance*, Paris, Village Mondial, 2007.

KALIKA M., *Management européen et mondialisation*, Paris, Dunod, 2005.

POUGET J., *Intégrer et manager la génération Y.*, Paris, Vuibert, 2010.

REYNAUD E., DEPOERS F., GAUTHIER C., GOND J.-P., SCHNEIDER-MANOURY, G., *Le Développement durable au cœur de l'entreprise*, Paris, Dunod, 2011, 2e éd.

Activités

Questions de compréhension

1. Quelles sont les implications des changements économiques pour les managers et les entreprises ? Cherchez des exemples concrets dans la presse économique et examinez-les.
2. Décrivez les principaux changements de la population active. Quelles en sont les implications pour le management ?
3. Quelles sont les implications des recherches de Hofstede et du programme GLOBE sur les pratiques des managers ?
4. Comment les managers peuvent-ils aider leurs collaborateurs en termes d'équilibre entre vie professionnelle et vie privée ?
5. Qu'est-ce que le terme *responsabilité sociale* signifie pour vous personnellement ? Pensez-vous que les entreprises devraient être socialement responsables ? Expliquez votre position.
6. Décrivez les traits de caractère et le comportement d'une personne que vous considérez responsable. Comment pourrait-on favoriser ces types de comportements dans l'entreprise ?
7. « Le capitalisme – solution pour ou cause de nos problèmes actuels ? ». Développez.
8. Quelles sont les conséquences de l'embauche de collaborateurs temporaires, tant pour l'organisation que pour ces collaborateurs eux-mêmes ?

Autoévaluation

Suis-je fait pour une carrière de manager international ?

Dans l'économie mondialisée actuelle, être un manager signifie généralement être un manager global. Mais tous les managers ne sont malheureusement pas capables de transférer leurs compétences d'un environnement local vers un environnement mondial. Remplissez le questionnaire d'autoévaluation suivant pour vous aider à déterminer si vous avez les compétences requises pour réussir une carrière de manager global.

Questionnaire

Répondez aux 14 affirmations suivantes en indiquant votre degré d'accord ou de désaccord en utilisant l'échelle ci-dessous :

1 = en désaccord complet

2 = en désaccord modéré

3 = en désaccord léger

4 = ni en accord, ni en désaccord

5 = en accord léger

6 = en accord modéré

7 = en accord complet

1. Quand je travaille avec des personnes provenant d'autres cultures, je fais beaucoup d'efforts pour comprendre leurs points de vue.	1	2	3	4	5	6	7
2. J'ai une grande connaissance des produits et des services que propose mon entreprise.	1	2	3	4	5	6	7
3. J'ai envie de faire connaître ma position sur des problèmes.	1	2	3	4	5	6	7
4. J'ai un certain talent pour traiter avec les gens.	1	2	3	4	5	6	7
5. On peut compter sur moi pour dire la vérité sans me préoccuper des circonstances.	1	2	3	4	5	6	7
6. J'ai une facilité pour identifier l'élément le plus important dans un problème complexe.	1	2	3	4	5	6	7
7. Je montre clairement mon engagement pour la réussite de l'entreprise.	1	2	3	4	5	6	7
8. Je prends des risques autant dans ma vie privée que dans ma vie professionnelle.	1	2	3	4	5	6	7
9. Les remarques des autres m'ont fait changer.	1	2	3	4	5	6	7
10. Je relève le défi d'aller travailler dans d'autres pays que le mien.	1	2	3	4	5	6	7
11. Je me sers de toutes les occasions qui me font faire de nouvelles choses.	1	2	3	4	5	6	7
12. Je trouve les critiques difficiles à supporter.	1	2	3	4	5	6	7
13. Je recherche les avis des autres, même quand ils n'osent pas les exprimer.	1	2	3	4	5	6	7
14. Je ne m'investis pas dans ce que je ne peux pas changer si quelque chose ne fonctionne pas.	1	2	3	4	5	6	7

Calculez votre résultat

Pour calculer votre résultat, additionner toutes vos réponses, sauf pour la question n° 12 qu'il faut inverser.

Analyse et interprétation

Ce questionnaire a été conçu pour calculer vos atouts pour devenir un directeur global. Ceux-ci comprennent l'intelligence, la connaissance des affaires, les compétences relationnelles, l'engagement, le courage, les aptitudes interculturelles et la capacité d'apprendre par l'expérience.

Les résultats s'échelonnent entre 14 et 98. Plus votre résultat est élevé, plus vous avez la capacité de devenir un manager global. Comme les auteurs de ce questionnaire ne donnent pas de divisions spécifiques, il paraît raisonnable de dire que si votre résultat est supérieur ou égal à 70, vous avez un potentiel relativement fort de réussir dans le management global.

Source : Adapté de G. M. Spreitzer, M. W. McCall Jr. et J. D. Mahoney, « Early Identification of International Executive Potential », *Journal of Applied Psychology*, février 1997, p. 6-29.

Dilemme éthique

Steve Jobs

« Le patron d'Apple prend un congé maladie, après avoir nié pendant des mois la dégradation de son état de santé ; parce qu'il se trouve si étroitement lié à la vision créative de l'entreprise, beaucoup estiment qu'il faudrait obliger Steve Jobs à divulguer davantage d'informations sur sa situation médicale. » Qu'en pensez-vous ? Les dirigeants d'entreprises cotées en Bourse ont-ils droit au respect du secret médical ? Quels sont les problèmes éthiques susceptibles de se poser dans ce genre de situation ?[50]

Pour action

Ecogest Développement Durable

À : Françoise Burki, directrice opérationnelle

De : Jacques Delanois, directeur général

Objet : Développement international

Françoise,

Comme nous en avons longuement discuté la semaine passée, il me semble important que EDD commence à étudier sérieusement ses possibilités d'expansion à l'échelle mondiale. Ici, en France, nous avons acquis une excellente réputation pour la fourniture de services de conseil et de conception dans le domaine de l'environnement, et je suis convaincu, au vu de notre expérience, que nous avons beaucoup à apporter sur les marchés voisins, en Suisse et en Grande-Bretagne en particulier.

J'aimerais que vous vous documentiez par rapport aux problèmes que nous pourrions rencontrer pour pénétrer ces deux marchés. Je souhaiterais notamment que vous examiniez : (1) les différences culturelles dont il nous faudrait tenir compte, (2) le taux de change actuel et son évolution au cours des trois dernières années et (3) toutes conjonctures juridiques ou politiques dont nous devrions être avisés. Comme il ne s'agit là que d'une analyse préliminaire, merci de limiter votre rapport à deux pages maximum.

Cette entreprise et ce message fictifs ont été imaginés dans un but exclusivement pédagogique. Il n'est aucunement question ici d'évoquer, ni en bien, ni en mal, les pratiques managériales d'une entreprise réelle qui porterait le même nom.

Cas d'entreprise

Prise d'otages chez 3M

Otage et *dirigeant*, voilà deux mots que l'on n'aurait pas pensé pouvoir entendre dans la même phrase. Au cours des premiers mois de l'année 2009, des ouvriers de plusieurs usines françaises de 3M, Sony Corporation et Caterpillar Inc. ont pourtant pris leur directeur en otage dans le but de négocier de meilleures indemnités de départ et d'autres avantages pour les employés licenciés.

Les ouvriers français justifient leurs réactions radicales par ce qu'ils considèrent être un traitement injuste. Un cadre explique : « Les manifestations sont inscrites dans les gènes de la culture française. Dans le passé, les paysans se rebellaient contre leur seigneur. Aujourd'hui, la différence est que les seigneurs sont des P.-D.G. ». Les manifestants sont connus pour brûler des pneus dans les rues des villes ou pour ralentir la circulation avec des tracteurs. Une fois, des camionneurs en grève ont bloqué les autoroutes pour promouvoir leur campagne pour une retraite à 55 ans. La prise en otage du patron a aussi été utilisée auparavant. Par exemple, en 1997, des travailleurs du Crédit Foncier de France, une banque publique, ont séquestré leur directeur pendant cinq jours pour essayer d'empêcher la fermeture de la banque, même si celle-ci perdait de l'argent. Kidnapper un patron est illégal, mais un sociologue français a mené, en 2004, une étude sur 3 000 sociétés et a découvert que 18 d'entre elles avaient connu une « séquestration de directeur » au cours des trois dernières années.

Ces actions menées par les ouvriers, qui ont toujours été pacifiques et plutôt symboliques, sont une réaction à la baisse continue de l'économie. Bien que la France ne soit pas dans une plus mauvaise forme que les autres pays industrialisés, la « grande tradition d'égalitarisme du pays déclenche des réactions fortes quand les gens croient qu'ils sont lésés ou quand les plus riches semblent exhiber leur richesse à une époque de difficultés généralisées ». À l'usine Caterpillar près de Grenoble, les ouvriers en colère se sont d'abord mis en grève un jour. Le jour suivant, ils ont retenu cinq membres de la direction pendant environ 24 heures. Ceux-ci n'ont été libérés que quand la compagnie a accepté de reprendre les discussions avec les syndicats et un médiateur du gouvernement sur « l'amélioration des compensations pour les ouvriers licenciés ». L'incident de Caterpillar a fait suite à ceux de Sony et 3M, où les dirigeants ont aussi été séquestrés par des ouvriers furieux d'être licenciés. Bien que toutes les prises d'otages aient été résolues dans le calme, quelques analystes se demandent si des actions plus violentes peuvent couver, surtout si les ouvriers estiment qu'ils n'ont plus rien à perdre.

Questions

1. Quelle est votre réaction à propos de ces événements ? Croyez-vous qu'elle est influencée par la culture, les valeurs et les traditions du pays dans lequel vous vous trouvez ? Expliquez.
2. Regardez ce que Hofstede et les conclusions de GLOBE disent de la France. En prenant en compte ces conclusions, comment expliqueriez-vous l'action des ouvriers ?
3. Nous avons dit tout au long dans ce chapitre qu'il est important pour les managers d'analyser l'environnement externe. Quelle est votre opinion à la lumière de ces événements ?

4. Qu'est-ce que les dirigeants auraient pu faire différemment dans cette situation, surtout avant le moment où les ouvriers ont estimé qu'ils allaient marquer un point en les prenant en otage ? Expliquez.

5. Croyez-vous que ce type d'événement pourrait arriver en Allemagne ? Étayez votre réponse.

Chapitre 4

La prise de décision

Objectifs

1. Décrire les étapes du processus décisionnel.
2. Expliquer les trois approches de prise de décision.
3. Décrire les différents types et contextes de décision.
4. Discuter de la prise de décision en groupe.
5. Identifier les questions actuelles concernant la prise de décision.

Les managers sont amenés à prendre beaucoup de décisions aux conséquences variables et dont la qualité globale est déterminante pour les résultats de leur organisation. Le présent chapitre se penche donc sur les bases de la prise de décisions.

1. Le processus décisionnel

D'une manière simpliste, la démarche décisionnelle peut être résumée par le fait de choisir, d'arbitrer entre différentes options. Pourtant, plus qu'un acte à mettre en œuvre face à un problème à régler et/ou une opportunité à saisir, il s'agit d'un véritable processus. Le **processus de prise de décision** comprenant huit étapes successives, et allant de l'identification du problème au choix d'une solution et à l'évaluation de son efficacité (voir document 4.1), il s'applique à toutes sortes de décisions individuelles et collectives.

Processus décisionnel — Série de huit étapes successives, allant de l'identification du problème au choix d'une solution et à l'évaluation de son efficacité.

Document 4.1 – Processus décisionnel.

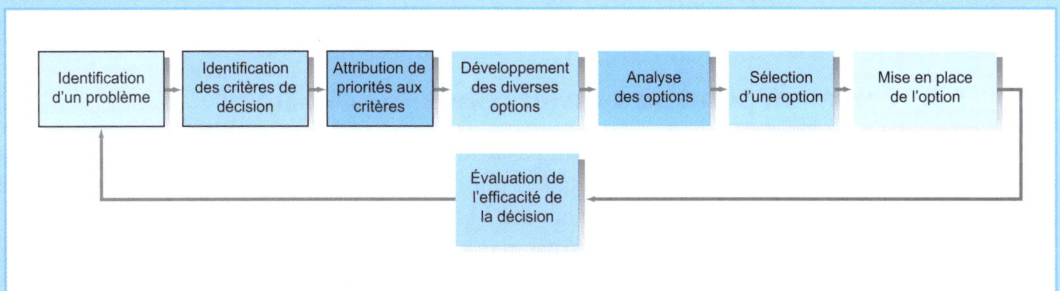

1.1. Qu'est-ce qu'un problème de décision ?

Le processus décisionnel débute par l'identification d'un **problème** (étape 1) ou, plus précisément, d'une divergence entre un état des choses existant et un état des choses souhaité[1]. Pour faire simple, prenez comme exemple l'achat d'un véhicule par un manager. Celui-ci a, en quelques années, déjà dépensé près de 3 000 euros en réparations pour son véhicule, dont le moteur vient maintenant de rendre l'âme. Selon le devis établi, ce n'est pas rentable de réparer la pièce, mais le manager ne peut pas non plus compter sur les transports publics pour se déplacer.

Problème — Divergence entre un état des choses existant et celui souhaité.

D'où tout le problème : il y a un fossé entre son besoin d'un véhicule qui fonctionne et le fait que le sien ne fonctionne plus. Malheureusement, cet exemple n'indique pas vraiment comment ce même manager va identifier les problèmes dans le contexte spécifique de l'entreprise. En effet, dans la pratique, la plupart des difficultés ne se présentent pas à nous de façon aussi flagrante (un moteur qui lâche étant un indicateur observable évident…). En outre, le manager qui règle par erreur le problème inadéquat marque aussi peu de points que celui passant à côté du vrai problème et qui ne fait donc rien. La phase d'identification est par conséquent cruciale dans le processus décisionnel[2]. Pour bien faire, il va donc falloir comparer l'état actuel des choses à une situation standard : performances passées, objectifs définis auparavant (une voiture qui marche), résultats d'une unité – dans cette organisation ou ailleurs –, historique des relations, etc.

1.2. Quels sont les points clés du processus décisionnel ?

Une fois un problème identifié, le manager doit énumérer les **critères de décision** qui interviennent dans la résolution dudit problème (étape 2).

Pour reprendre l'exemple de l'achat d'un véhicule, le manager doit évaluer les facteurs pesant dans la balance, tels que le prix, le modèle (deux ou quatre portes), la taille (compact ou intermédiaire), le fabricant (français, allemand, américain), l'équipement en option (boîte automatique, airbags latéraux, intérieur cuir) et la fréquence des réparations. Tous ces critères reflètent les points considérés importants par la personne pour se décider. Formulés ou non, ils régissent les choix effectués et ce qui n'est pas relevé est tout aussi important que le reste. En effet, si le type de carburant n'est pas mentionné, il sera sans incidence au moment de choisir un véhicule. De façon générique, tout aspect non identifié comme facteur essentiel à cette étape est par la suite ignoré.

Critères de décision — Ensemble des facteurs pesant dans une décision.

1.3. Comment pondère-t-on les critères de décision ?

Tous les critères de décision ne revêtant pas la même importance[3], il est nécessaire de classer par priorité les éléments retenus à l'étape 2 pour savoir dans quel ordre les aborder (étape 3). Le plus simple est encore d'accorder la note 10 au critère considéré comme prioritaire, n° 1, et d'évaluer les autres en fonction. Ainsi, par rapport à un critère recevant un 5, le facteur essentiel à la décision doit être deux fois plus important à vos yeux. L'idée est de suivre vos préférences personnelles pour classer les critères et d'accorder à chacun une note indiquant son poids dans la balance. Le document 4.2 montre le résultat de cette approche pour le responsable et son projet de changer de voiture : le prix arrive en première position, les performances et l'entretien en fin de liste.

Document 4.2 – Critères et notes pour la décision d'acheter une voiture (échelle de 1 à 10).

Critère	Notes
Prix	10
Confort intérieur	8
Solidité	5
Fréquence des réparations	5
Performances	3
Entretien	1

Ensuite, il est question de répertorier les différentes solutions possibles au problème (étape 4) sans chercher à les évaluer[4]. Imaginez pour l'exemple que douze modèles ont été retenus : Jeep Cherokee, Peugeot 406, Mercedes C230, Pontiac Grand Am, Mazda Tribute, Renault Scénic, Volvo S60, Isuzu Axiom, BMW 325, Audi A6, Toyota Camry et Volkswagen Passat.

À ce stade, chaque option doit être analysée dans le détail (étape 5) et ses forces et faiblesses identifiées par comparaison avec les critères fixés aux étapes 2 et 3.

Comme le montre le document 4.3, chaque possibilité est évaluée pour chaque facteur, en l'occurrence après que les véhicules retenus ont été testés. Ce tableau présente évidemment des évaluations propres à l'acheteur et sur une échelle de 1 à 10. Certaines évaluations peuvent sembler assez objectives : le prix d'achat correspond à celui meilleur marché obtenu auprès des concessionnaires et la fréquence des réparations s'apprend des témoignages de consommateurs dans des revues spécialisées. À l'inverse, l'évaluation de l'entretien, par exemple, obéit à un jugement totalement personnel. D'ailleurs, la plupart des décisions incluent des jugements reflétés par les critères choisis à l'étape 2, les notes attribuées et l'évaluation des options. C'est pourquoi deux acheteurs disposant du même budget peuvent rechercher des caractéristiques distinctes ou bien identiques, mais notées différemment.

Le document 4.3 se limite à l'évaluation de douze options par rapport aux critères de décision, sans pour autant dévoiler les notes accordées à l'étape 3. Si une option remporte un 10 pour chaque critère, inutile de s'attarder sur la note de chacun. De la même façon, si tous les critères pèsent autant dans la balance, vous pouvez les évaluer individuellement en faisant la somme des valeurs des lignes correspondantes dans le tableau. Par exemple, le modèle Grand Am totalise 38 points et le Toyota Camry 43. En multipliant chaque total par le poids du critère, vous obtenez les résultats figurant dans le document 4.4. Ainsi, le modèle Isuzu Axiom cumule 40 points en solidité, à savoir le poids accordé à ce critère (5) multiplié par l'évaluation de l'acheteur (8). La somme de ces résultats donne une idée de chaque option par rapport aux critères et notes fixés auparavant. Vous remarquez au passage que la notation d'un critère modifie le classement des possibilités : le modèle Mazda Tribute passe ainsi de la première à la troisième place, en raison du prix initial et du confort intérieur.

Document 4.3 – Évaluation des modèles possibles.

Modèles	Prix initial	Confort intérieur	Solidité	Fréquence des réparations	Performances	Entretien	TOTAL
Jeep Cherokee	2	10	8	7	5	5	37
Peugeot 406	9	6	5	6	8	6	40
Mercedes C230	8	5	6	6	4	6	35
Pontiac Grand Am	9	5	6	7	6	5	38
Mazda Tribute	5	6	9	10	7	7	44
Renault Scénic	10	5	6	4	3	3	31
Volvo S60	4	8	7	6	8	9	42
Isuzu Axiom	7	6	8	6	5	6	38
BMW 325	9	7	6	4	4	7	37
Audi A6	5	8	5	4	10	10	42
Toyota Camry	6	5	10	10	6	6	43
Volkswagen Passat	8	6	8	5	7	8	40

Document 4.4 – Estimation des véhicules (*critères d'évaluation × poids des critères*).

Modèles	Prix initial [10]		Confort intérieur [8]		Solidité [5]		Fréquence des réparations [5]		Performances [3]		Entretien [1]		TOTAL
Jeep Cherokee	2	**20**	10	**80**	8	**40**	7	**35**	5	**15**	5	**5**	**195**
Peugeot 406	9	**90**	6	**48**	5	**25**	6	**30**	8	**24**	6	**6**	**223**
Mercedes C230	8	**80**	5	**40**	6	**30**	6	**30**	4	**12**	6	**6**	**198**
Pontiac Grand Am	9	**90**	5	**40**	6	**30**	7	**35**	6	**18**	5	**5**	**218**
Mazda Tribute	5	**50**	6	**48**	9	**45**	10	**50**	7	**21**	7	**7**	**221**
Renault Scénic	10	**100**	5	**40**	6	**30**	4	**20**	3	**9**	3	**3**	**202**
Volvo S60	4	**40**	8	**64**	7	**35**	6	**30**	8	**24**	9	**9**	**202**
Isuzu Axiom	7	**70**	6	**48**	8	**40**	6	**30**	5	**15**	6	**6**	**209**
BMW 325	9	**90**	7	**56**	6	**30**	4	**20**	4	**12**	7	**7**	**215**
Audi A6	5	**50**	8	**64**	5	**25**	4	**20**	10	**30**	10	**10**	**199**
Toyota Camry	6	**60**	5	**40**	10	**50**	10	**50**	6	**18**	6	**6**	**224**
Volkswagen Passat	8	**80**	6	**48**	8	**30**	5	**25**	7	**21**	8	**8**	**212**

1.4. Comment choisir ?

L'étape 6 symbolise tout l'art de choisir la meilleure option parmi celles relevées et évaluées. Sachant que tous les facteurs pertinents ont été énumérés et classés, il ne reste plus qu'à choisir l'option viable remportant le plus de points à l'étape 5. Pour l'exemple du véhicule, le document 4.4 démarque le modèle Toyota Camry avec un total de 224 par rapport aux critères, à leur note et à l'évaluation point par point de l'acheteur.

1.5. Et la mise en œuvre de la décision ?

Mais le choix a beau être fait à l'étape antérieure, la décision peut encore échouer sans application correcte (étape 7). La **mise en œuvre** suppose la communication de la décision aux personnes concernées et l'obtention de leur engagement en retour[5]. Comme nous le verrons plus loin dans ce chapitre, des groupes ou des comités peuvent aider le manager à obtenir cet engagement. En effet, les personnes chargées de mener à bien la décision accepteront plus volontiers les résultats si elles participent activement au processus décisionnel.

Mise en œuvre d'une décision — Application pratique supposant la communication de la décision aux personnes concernées et l'obtention de leur engagement en retour.

1.6. Quelle est la dernière étape du processus décisionnel ?

La huitième et ultime étape consiste à évaluer les résultats obtenus afin de voir si la décision prise a bien permis de régler le problème de départ. L'option retenue à l'étape 6 et mise en œuvre à l'étape 7 a-t-elle porté ses fruits ? L'évaluation des résultats sera exposée en détail ultérieurement, au chapitre 14, lorsque nous aborderons la fonction de contrôle.

1.7. Quelles sont les erreurs décisionnelles les plus courantes ?

Lorsque les responsables prennent des décisions, ils ne s'appuient pas uniquement sur leur propre expérience, mais ont recours à certains principes fondamentaux ou heuristiques censés faciliter la prise de décision[6]. Ces principes de base peuvent se révéler utiles car ils permettent parfois de comprendre certaines informations complexes, incertaines ou ambiguës. Les responsables ont donc effectivement recours à certains principes fondamentaux, toutefois la fiabilité de ces derniers n'est pas garantie. Pourquoi cela ? Parce qu'ils peuvent mener à des erreurs ou renforcer des idées reçues lors du traitement et de l'évaluation des informations. Le document 4.5 relève 12 erreurs ou biais comportementaux courants que nous allons étudier de plus près[7].

Les décideurs font preuve d'un *excès de confiance* quand ils croient en savoir plus que ce n'est le cas en réalité ou qu'ils surévaluent leur jugement positif. La *gratification immédiate* s'applique aux décideurs ayant tendance à rechercher une récompense immédiate et à rogner sur les dépenses. Pour eux, les choix décisionnels qui présentent des bénéfices à court terme sont plus intéressants que ceux qui offrent un potentiel d'avenir. L'*ancrage mental* décrit ce qui se passe quand les décideurs s'attachent dès le départ aux informations initiales qu'ils ont reçues et ne parviennent pas à s'ajuster de manière adéquate quand ils reçoivent des informations complémentaires par la suite. Les premières impressions, les idées, les prix et les estimations pèsent de manière injustifiée sur les informations qui arrivent ensuite. On appelle *perception sélective* le fait que les décideurs sélectionnent et interprètent les événements en fonction de la conception qu'ils en ont. Cela influence le type d'information qu'ils vont prendre en compte, les problèmes qu'ils vont identifier et les solutions qu'ils vont mettre en place. Dans le *biais de confirmation d'hypothèse*, les décideurs vont rechercher des informations qui confortent leurs choix et tenter par ailleurs de discréditer ce qui contredit leurs jugements antérieurs. Ces personnes acceptent telles quelles les informations qui vont dans le sens de leurs idées préconçues et se montrent critiques et sceptiques vis-à-vis des informations allant à leur encontre.

Document 4.5 – Erreurs et biais courants dans la prise de décision.

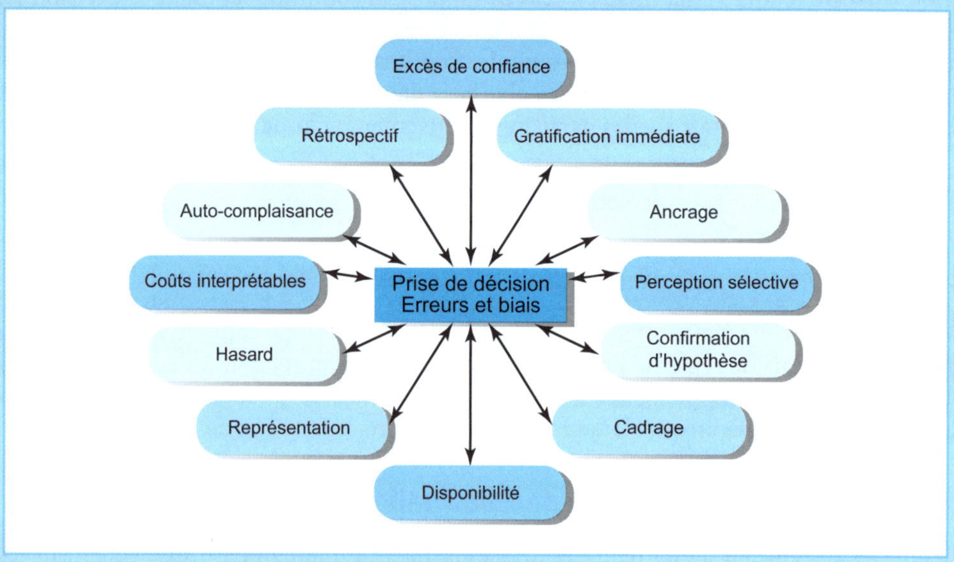

On parle de cadrage quand le décideur sélectionne et met en avant certains aspects d'une situation tout en en excluant d'autres. Attirer l'attention sur certains points spécifiques d'une situation que l'on met en valeur tout en minimisant ou en omettant d'autres éléments a pour effet de déformer la réalité et de créer des points de référence erronés. Le biais de disponibilité fait référence aux décideurs ayant tendance à ne se souvenir que des événements les plus récents et encore frais dans leur mémoire. Le résultat est le suivant : cela empêche de considérer les événements de manière objective et peut provoquer des erreurs de jugement ou une estimation inexacte des probabilités. Le biais de représentativité consiste pour les décideurs à s'appuyer sur une ressemblance entre deux événements ou séries d'événements pour mesurer la probabilité qu'un autre événement se produise. Dans ce cas, les responsables croient déceler des analogies et des similarités entre des situations pourtant différentes. L'illusion des séries décrit ce qui se passe quand les décideurs tentent de donner un sens à des événements qui sont en réalité le fruit du hasard. Cela s'explique par le fait que de nombreux responsables éprouvent des difficultés à accepter ce phénomène bien que les coïncidences arrivent à tout le monde et qu'elles soient impossibles à prévoir. On parle des coûts irrécupérables quand les décideurs oublient que les choix actuels ne pourront pas corriger les erreurs commises par le passé. Ils sont obnubilés par l'argent, le temps ou l'énergie dépensés par le passé et c'est cela qui guide leur décision, au lieu des conséquences à long terme. Ils ne parviennent pas à faire abstraction de ces coûts irrécupérables. Le biais d'autocomplaisance s'applique aux décideurs qui attribuent sans hésiter les succès à leurs talents et les échecs à des facteurs extérieurs. Pour finir, le biais rétrospectif concerne les décideurs croyant à tort qu'ils auraient pu prédire certains résultats une fois que ceux-ci sont connus.

Les responsables peuvent échapper aux effets négatifs liés à ces erreurs de décisions et à ces différents biais en prenant conscience de leur existence et en s'efforçant de les éviter par la suite ! Ils devraient par ailleurs se montrer particulièrement attentifs à la manière dont ils prennent leurs décisions en essayant d'identifier quelles sont les méthodes heuristiques le plus souvent utilisées pour pouvoir les évaluer de façon objective. Enfin, les responsables devraient demander à leurs collaborateurs de les aider à identifier les points faibles de leur style décisionnel afin d'essayer d'y remédier.

2. Les trois approches de prise de décision

La prise de décision concerne l'ensemble du processus de management décrit dans le chapitre 2. Le document 4.6 propose des exemples typiques de décisions qui doivent être prises dans une entreprise et montre pour quelle raison on présente souvent la prise de décision comme l'activité située au cœur du management[8]. Souvenez-vous que l'on parle aussi des managers en termes de « décideurs ». Or, le fait que pratiquement toute activité managériale nécessite des prises de décision ne signifie pas que toutes ces décisions sont complexes et difficiles à prendre. La plupart d'entre elles se font de façon routinière, au point que l'on a tendance à oublier qu'il s'agit de décisions. En entreprise, ces décisions de routine concernent par exemple la planification opérationnelle du travail, la rédaction d'un devis ou la réponse à la réclamation d'un client. Il est cependant important de garder à l'esprit que toutes ces activités quotidiennes représentent des décisions qui peuvent être analysées selon trois perspectives : le modèle rationnel, la rationalité limitée et l'intuition.

Document 4.6 – Exemple de décisions en entreprise.

Planification

- Quels sont les objectifs à long terme de l'organisation ?
- Quelles stratégies permettront le mieux d'atteindre ces objectifs ?
- Quels doivent être les objectifs à court terme de l'organisation ?
- Quel doit être le degré de difficulté des objectifs individuels ?

Organisation

- Combien de subordonnés directs un manager devrait-il avoir ?
- Quel est le bon degré de centralisation pour l'organisation ?
- Comment répartir le travail et définir les différents postes ?
- À quel moment faut-il modifier la structure de l'organisation ?

Direction

- Comment motiver les collaborateurs peu performants ?
- Quel style de leadership adopter dans une situation donnée ?
- Comment mettre en place un processus de changement qui maintient la productivité ?
- À quel moment une équipe a-t-elle besoin d'être stimulée par le conflit ?

Contrôle

- Quelles sont les activités qui nécessitent un contrôle ?
- Comment effectuer le contrôle ?
- À partir de quel moment un écart est-il significatif ?
- Quel type de système d'information faut-il mettre en place ?

2.1. Le modèle rationnel

La prise de décisions – en particulier au sein d'une organisation – est censée être rationnelle, en ce sens que les managers effectuent des choix cohérents et maximisent leur utilité dans la limite des contraintes données[9]. Cette section se penche sur ces hypothèses sous-jacentes de la rationalité.

Prise de décision rationnelle — Se dit d'un choix cohérent et maximisant l'utilité dans la limite des contraintes données.

Au moment de prendre une décision, une rationalité absolue suppose objectivité et logique. La personne détermine avec soin le problème et obéit à un objectif clair et concis. De plus, chaque étape du processus décisionnel amène à retenir l'option collant le plus à cet objectif. Ces hypothèses s'appliquent à toutes sortes de décisions personnelles autant que managériales. En entreprise, en revanche, il existe une hypothèse complémentaire : les décisions prises par les managers sont dans l'intérêt de l'entreprise. Il faut cependant être conscient que ces hypothèses ne sont pas très réalistes et que la plupart des décisions en entreprise s'expliquent plus facilement avec le prochain modèle, la rationalité limitée.

2.2. Qu'est-ce que la rationalité limitée ?

Malgré une réalité du terrain souvent en conflit avec les hypothèses du modèle rationnel, les managers sont censéss agir de façon rationnelle. Face à cette attente en matière de rationalité, ils mettent en place des processus d'identification de problèmes, de collecte d'informations, d'analyse d'alternatives et de choix afin de se montrer compétents et de légitimer ainsi les décisions prises. La **rationalité limitée** représente un modèle plus réaliste de la prise de décision. Selon ce modèle, les managers cherchent à prendre des décisions rationnelles tout en étant limités par leur capacité à gérer l'information[10]. Les managers s'arrêtent au premier choix qu'ils jugent **satisfaisant** car ils ne peuvent pas analyser toutes les informations disponibles sur toutes les alternatives possibles. Autrement dit, ils retiennent des solutions « acceptables », même si celles-ci ne sont pas optimales. Ils se comportent ainsi de façon rationnelle, mais dans les limites de leurs capacités de gestion de l'information.

Rationalité limitée — Prise de décision rationnelle limitée par la capacité de gestion de l'information.

Choix d'alternative satisfaisante (satisficing) — Processus décisionnel s'arrêtant au premier choix jugé satisfaisant.

Imaginez-vous par exemple avoir en poche un double diplôme en finances et e-business et rechercher un emploi dans une entreprise technologique. L'idée est de décrocher un poste dans un rayon maximum de 120 kilomètres autour de votre domicile, avec un salaire annuel de départ compris entre 40 000 et 50 000 euros. Vous acceptez finalement un poste de responsable de trésorerie dans une entreprise de taille moyenne, à près de 80 kilomètres de chez vous et pour un salaire de départ de 44 500 euros. Une recherche d'emploi plus complète vous aurait sans doute permis d'obtenir le même poste dans une entreprise plus prestigieuse, située à peine à 40 kilomètres de distance et pour une rémunération initiale de 48 000 euros. Tel est l'exemple d'une approche rationnelle limitée : la première offre d'emploi était satisfaisante (ou assez bonne) et vous l'avez acceptée, sans chercher toutes les offres possibles, mais pourtant en vertu des principes considérés par vous comme « rationnels ».

La plupart des décisions que les managers doivent prendre ne correspondent pas aux critères du choix rationnel et ils optent donc pour une des alternatives jugées satisfaisantes. De plus, le processus décisionnel est influencé par la culture d'organisation, les processus politiques, les enjeux de pouvoir, ainsi que par le phénomène d'**escalade d'engagement**, un engagement renforcé en dépit d'informations négatives ou de résultats non satisfaisants[11].

Le manager et la technologie

Prendre de meilleures décisions grâce à la technologie

Les technologies de l'information fournissent aux dirigeants un ensemble d'outils qui les aideront dans leurs prises de décision. Ce sont, par exemple, les systèmes experts, les réseaux neuronaux, les logiciels de collectique et les logiciels spécifiques de résolution de problèmes. Les systèmes experts utilisent des programmes qui encodent l'expérience passée d'un expert et permettent à un système d'agir comme ce dernier en analysant et résolvant des problèmes non structurés. Le principe des systèmes experts est :

- qu'ils utilisent des connaissances particulières sur un problème donné plutôt qu'une connaissance générale qui s'appliquerait à tous les problèmes ;
- qu'ils utilisent le raisonnement qualitatif plutôt que les calculs numériques ;
- qu'ils évoluent à un niveau de compétence plus élevé que celui d'un humain non spécialisé.

Ils guident l'utilisateur à travers les problèmes en lui posant un ensemble de questions séquentielles concernant la situation et ils tirent des conclusions fondées sur ses réponses et sur des règles qui reprennent le raisonnement d'experts qui ont été confrontés précédemment à des problèmes semblables. Une fois en place, ces systèmes permettent aux employés et aux responsables subalternes de prendre des décisions de haute qualité qui pouvaient auparavant uniquement être prises par des cadres supérieurs.

Les réseaux neuronaux représentent le niveau au-dessus des systèmes experts. Ils utilisent un logiciel pour imiter la structure cellulaire du cerveau et ses milliards de connexions. L'intelligence de la robotique sophistiquée se sert de tels réseaux neuronaux car ils sont capables de distinguer des motifs et des tendances trop subtiles ou complexes pour les êtres humains. Les hommes ne peuvent par exemple pas assimiler

Le manager et la technologie (suite)

facilement plus de deux ou trois variables, alors que les réseaux neuronaux, au contraire, perçoivent des corrélations parmi des centaines de variables. Par conséquent, ils peuvent exécuter plusieurs opérations simultanément, reconnaître des motifs, faire des associations, régler des problèmes auxquels ils viennent juste d'être confrontés et apprendre par l'expérience. De nos jours, la plupart des banques utilisent, par exemple, des réseaux neuronaux pour signaler une fraude potentielle sur une carte de crédit. Dans le passé, elles se fiaient aux systèmes experts pour pister des millions de transactions, mais ces systèmes plus primaires ne pouvaient analyser que quelques facteurs, comme l'importance d'une transaction. Ainsi, des milliers d'incidents potentiellement frauduleux étaient signalés, mais la plupart se révélaient inexacts. Aujourd'hui, avec les réseaux neuronaux, le nombre de cas identifiés comme problématiques a baissé de façon significative, et il est plus que probable maintenant que la majorité de ces cas soient réellement frauduleux. En outre, avec les réseaux neuronaux, des activités frauduleuses sur une carte de crédit peuvent être repérées en quelques heures, plutôt qu'en deux ou trois jours comme c'était le cas avant leur mise en œuvre. Il s'agit là d'un simple exemple de la capacité des technologies de l'information dans l'amélioration des prises de décision.

Escalade d'engagement — Renforcement d'engagement envers une décision antérieure en dépit de résultats non satisfaisants.

L'accident de la navette spatiale *Challenger* en janvier 1986 est souvent cité comme un exemple d'escalade d'engagement. Les responsables de la NASA avaient décidé de lancer la navette malgré une remise en question de cette décision par plusieurs instances. Pourquoi cet engagement renforcé envers une décision qui apparaît mauvaise ? Principalement parce qu'il est difficile d'admettre que la décision initiale était mauvaise. Au lieu de tout remettre à plat et de chercher d'autres solutions, on a tendance à renforcer notre engagement envers la solution initiale.

2.3. Quel est le rôle de l'intuition dans la prise de décision ?

Très souvent, les managers font appel à l'intuition lorsqu'il s'agit de prendre des décisions. Qu'est-ce que la **prise de décision intuitive** ? Il s'agit d'un processus décisionnel qui se fonde sur les expériences, les sentiments et le jugement. Certains auteurs l'ont décrite comme une sorte de « raisonnement inconscient »[12]. Les recherches portant sur l'utilisation de l'intuition dans la prise de décision managériale ont permis d'identifier cinq aspects différents de l'intuition (voir document 4.7)[13]. Les décisions intuitives sont-elles fréquentes ? Une enquête montre que près de la moitié des dirigeants interrogés « font plus souvent appel à leur intuition qu'aux processus d'analyse formelle lorsqu'ils prennent des décisions concernant leur entreprise »[14].

Prise de décision intuitive — Processus décisionnel fondé sur les expériences, les sentiments et le jugement.

La prise de décision intuitive peut autant compléter la rationalité limitée que si elle est rationnelle[15]. Un manager qui a auparavant connu un problème ou une situation similaire peut souvent agir rapidement avec ce qui ressemble à des informations limitées. Par ailleurs, une étude récente a montré que les personnes qui ont connu des émotions intenses en prenant des décisions ont vraiment accompli le plus haut niveau dans la prise de décision, surtout quand ils ont compris leurs sentiments à ce moment-là. La vieille croyance selon laquelle les managers devraient ignorer leurs émotions en prenant des décisions n'est donc plus d'actualité[16].

Document 4.7 – Cinq aspects de l'intuition.

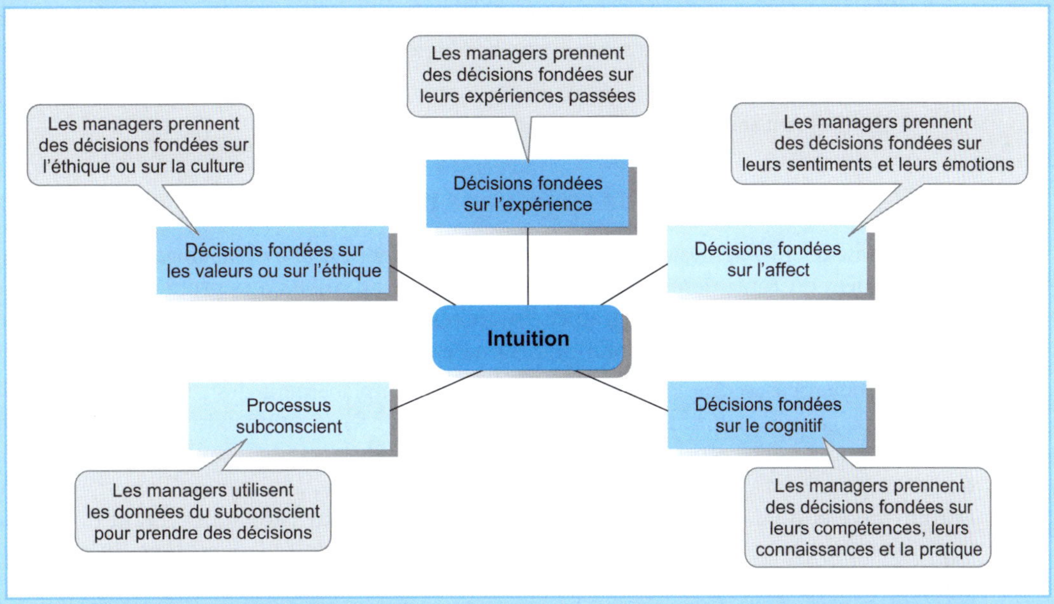

Sources : Se fonde sur « Exploring Intuition and Its Role in Managerial Decision Making », *Academy of Management Review*, janvier 2007, p. 33-54 ; M.H. Bazerman et D. Chugh, « Decisions Without Blinders », *Harvard Business Review*, janvier 2006, p. 88-97 ; C.C. Miller et R.D. Ireland, « Intuition in Strategic Decision Making: Friend or Foe in the Fast-Paced 21st Century », *Academy of Management Executive*, février 2005, p. 19-30 ; E. Sadler-Smith et E. Shefy, « The Intuitive Executive: Understanding and Applying "Gut Feel" in Decision-Making », *Academy of Management Executive*, novembre 2004, p. 76-91 ; L.A. Burke et J.K. Miller, « Taking the Mystery Out of Intuitive Decision Making », *Academy of Management Executive*, octobre 1999, p. 91-99 ; et W.H. Agor, « The Logic of Intuition: How Top Executives Make Important Decisions », *Organizational Dynamics*, hiver 1986, p. 5-18.

3. Quels sont les différents types et contextes de décision ?

Le type de problème rencontré au moment de prendre une décision détermine souvent la façon d'aborder celle-ci. Cette section offre un schéma de catégorisation des problèmes et décisions et explique comment une décision reflète souvent les caractéristiques du problème qui l'a fait naître.

3.1. Les différents types de problèmes

Certains problèmes sont simples, les objectifs sans équivoque, la situation familière et les informations concises et complètes : un fournisseur n'est pas ponctuel pour une livraison importante, un consommateur souhaite retourner un produit acheté sur Internet, un journal télévisé doit annoncer un événement imprévu de dernière minute ou une université doit gérer le dossier de bourse d'un étudiant. Tous ces exemples dénotent des **problèmes structurés**, en parfaite harmonie avec les hypothèses de rationalité absolue.

Problèmes structurés — Problèmes connus et simples, familiers et faciles à cerner.

Les managers sont cependant souvent confrontés à des **problèmes non structurés**, inédits ou inhabituels, pour lesquels les informations disponibles sont ambiguës ou incomplètes. Il s'agit par exemple de pénétrer un nouveau segment de marché, d'embaucher un architecte pour concevoir de nouvelles installations ou de fusionner deux organisations. Il peut alors être décidé d'investir dans une nouvelle technologie.

Problèmes non structurés — Problèmes nouveaux ou inhabituels pour lesquels les informations disponibles sont ambiguës ou incomplètes.

3.2. Comment prendre des décisions programmées ?

Tout comme les problèmes, les décisions se répartissent en deux catégories. Les décisions programmées ou routinières permettent de répondre au mieux aux problèmes bien structurés, alors que celles non programmées correspondent davantage aux problèmes plus chaotiques afin de trouver une solution originale, souvent unique.

Un mécanicien casse une jante en alliage lors du remplacement des pneus d'un véhicule très haut de gamme. Comment son manager réagit-il ? Sans doute existe-t-il une méthode standard pour gérer ce type de problème, par exemple en remplaçant la jante aux frais de l'entreprise. Il s'agit alors d'une **décision programmée**, à savoir qu'elle est répétitive et routinière et qu'une approche spécifique a été suivie pour l'appliquer. Étant donné que le problème est bien structuré, le manager n'a pas besoin de se lancer dans un processus décisionnel. La prise de décision programmée est relativement simple et s'appuie essentiellement sur des solutions déjà appliquées. La phase de développement des options est alors peu considérée, voire pas du tout. En effet, une fois le problème structuré défini, sa solution coule généralement de source ou ne dépend que de quelques possibilités connues et déjà éprouvées. Bien souvent, la prise de décision programmée devient une prise de décision par précédent et les managers se contentent de répéter des actions entreprises par le passé. Une jante endommagée n'oblige pas le responsable d'atelier à rechercher et ordonner des critères de choix, pas plus qu'à établir une liste de solutions viables. Il n'a qu'à suivre une procédure systématique, se conformer à une règle ou s'aligner sur une politique d'entreprise connue.

Décision programmée — Décision répétitive pouvant être gérée par une approche routinière.

Les procédures

Une **procédure** comprend une série d'étapes séquentielles – liées entre elles – qu'un manager peut suivre pour régler un problème structuré, la seule difficulté étant de bien identifier ce dernier. S'il y parvient, la procédure s'impose d'elle-même. Par exemple, un responsable des achats reçoit une demande de licences de la part du service informatique afin d'installer 16 copies du logiciel Norton AntiVirus. Il sait qu'une procédure bien spécifique existe pour ce type de décision. La requête est-elle correctement formulée et approuvée ? Dans la négative, elle peut être renvoyée à l'expéditeur avec une note expliquant les éléments manquants. Si elle est en revanche complète, les coûts approximatifs sont évalués : au-delà de

8 000 euros, trois devis sont requis ; au-dessous de ce chiffre, un seul fournisseur suffit et la commande est passée. Le processus de prise de décision se réduit donc à l'exécution d'une série d'étapes consécutives.

Procédure — Série d'étapes séquentielles liées entre elles et utilisées pour répondre à un problème structuré.

Les règles

Une **règle** correspond à une affirmation explicite indiquant au manager ce qu'il doit ou ne doit pas faire. Le recours à des règles se fait notamment pour des problèmes bien structurés. Ces règles se caractérisent généralement par leur simplicité d'exécution et leur garantie de cohérence. Dans l'exemple précédent, la règle du seuil de 8 000 euros simplifie de façon évidente la décision de recourir ou non à plusieurs offres.

Règle — Affirmation explicite indiquant au manager ce qu'il doit ou ne doit pas faire dans une circonstance donnée.

Les lignes de conduite (*policies*)

Une **ligne de conduite** forme une troisième orientation possible pour prendre des décisions programmées. Les instructions qui composent une ligne de conduite ont un caractère d'orientation et de cadrage ; elles canalisent la réflexion du manager. La formulation « chaque fois que possible, le recrutement se fait à l'interne » est un exemple de ligne de conduite. Comparée à une règle, une ligne de conduite fixe des paramètres pour le décideur au lieu d'énoncer exactement les actions conseillées et interdites. À ce stade entrent en jeu les valeurs et normes éthiques des individus. Une ligne de conduite demande toujours jugement et interprétation de la part de celui qui va l'appliquer, dimensions *a priori* inutiles dans le cas de l'application de règles.

Ligne de conduite (policy) — Orientation générale de cadrage pour les décideurs.

3.3. Les décisions non programmées, quelles caractéristiques ?

La décision d'acquérir une entreprise ou de vendre une division non rentable, le choix de se diversifier sur des marchés nouveaux présentant un plus grand potentiel, ou encore l'instauration d'un changement organisationnel radical pour gagner en efficacité sont autant d'exemples de **décisions non programmées**. Elles sont en cela d'application unique et concernent des problèmes non structurés, que seule une solution personnalisée peut résoudre.

Décisions non programmées — Décisions spécifiques visant à résoudre des problèmes uniques et non récurrents.

L'élaboration d'une nouvelle stratégie organisationnelle est par nature une décision non programmée et se distingue des autres car le problème est nouveau : les facteurs environnementaux et les conditions ne sont plus les mêmes. Par exemple, la stratégie de « grossir rapidement » suivie par Jeff Bezos a contribué à la formidable croissance d'Amazon.com, mais avec des pertes financières continues en contrepartie. Pour dégager des bénéfices,

Bezos a alors fait des choix en termes de « tri des commandes, anticipation de la demande, efficacité accrue des envois, partenariats à l'étranger et lancement d'un marché permettant à d'autres vendeurs de proposer leurs livres sur Amazon ». Pour la première fois depuis sa naissance, l'entreprise a enregistré un bénéfice de plus de 59 millions de dollars en 2001. Au quatrième trimestre 2007, ce bénéfice a atteint les 207 millions de dollars, pour un chiffre d'affaires de 5,7 milliards de dollars[17].

3.4. Quel lien entre problèmes, décisions et niveaux de prise de décision ?

Le document 4.8 présente la relation entre les types de problèmes rencontrés, les types de décisions à prendre, ainsi que le niveau occupé dans l'entreprise par le manager concerné. Aux problèmes bien structurés correspondent donc plutôt des décisions programmées et à ceux non structurés des décisions non programmées. Les managers situés aux niveaux les plus opérationnels sont le plus souvent confrontés à des situations familières et fréquentes et ont en cela surtout recours à des solutions programmées telles que des procédures standard. Plus les managers occupent une position élevée dans la hiérarchie de leur organisation et plus les problèmes qu'ils doivent traiter vont présenter un caractère non structuré. Il s'agit de situations complexes ou uniques en provenance des niveaux subalternes, alors qu'eux-mêmes passent à leurs collaborateurs des décisions routinières afin de se décharger et de concentrer leur énergie sur les points les plus sensibles de l'activité et sur la création de valeur.

Document 4.8 – Types de problèmes, types de décisions et niveau occupé dans l'organisation.

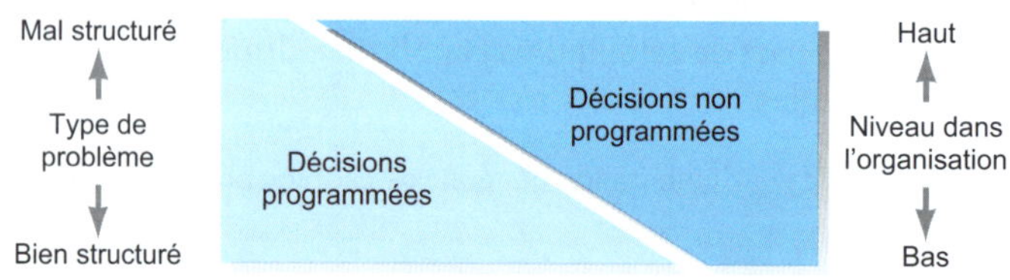

En pratique, rares sont les décisions présentant un aspect extrême, à savoir qu'elles sont totalement programmées ou pas du tout, la plupart constituant des cas intermédiaires. Peu de décisions programmées visent à éliminer toute trace de jugement individuel et même la situation la plus inhabituelle peut être résolue par une décision programmée. Par ailleurs, la prise de décision programmée contribue à l'efficacité de l'organisation, d'où sa grande popularité parmi les dirigeants qui s'y prêtent chaque fois que possible. Il va de soi que cette approche n'est pas très réaliste dans les plus hautes sphères dirigeantes car la majorité des problèmes qui y sont traités sont de nature exceptionnelle. Des nécessités économiques de poids poussent toutefois les dirigeants à la création de politiques, de procédures opérationnelles standard ainsi que de règles de conduite précises à destination des autres managers.

Les décisions programmées diminuent le besoin de trancher et permettent par là même d'effectuer des économies. En effet, plus un dirigeant est amené à prendre des décisions non programmées et plus il doit faire appel à son jugement personnel. Tout le monde n'étant pas capable de développer une réflexion pertinente sur l'ensemble des sujets, il est donc plus coûteux d'acquérir les services et compétences des managers possédant ces qualités de jugement.

3.5. Quels sont les contextes de la prise de décision ?

Lorsqu'ils prennent des décisions, les managers peuvent se trouver face à trois types de contextes différents : certitude, risque et incertitude.

Le contexte idéal pour prendre des décisions est celui de la **certitude**. La certitude signifie qu'un manager peut prendre la bonne décision car il connaît d'avance le résultat de chaque option. Le plus souvent, en revanche, le manager se trouve dans une situation de **risque**, contexte dans lequel il reste possible d'estimer les probabilités des différentes conséquences possibles. Dans une situation de risque, les managers disposent de données historiques, d'expériences personnelles ou d'autres types d'informations qui leur permettent d'estimer les probabilités associées aux résultats des différentes options. Lorsque le problème n'est pas complètement cerné et qu'il est impossible d'estimer les probabilités, on se trouve dans un contexte d'**incertitude**. Dans ce type de contexte, que l'on rencontre régulièrement en entreprise, le processus décisionnel est influencé par l'information disponible et l'orientation psychologique des décideurs.

Certitude — Contexte dans lequel un décideur connaît le résultat de chaque option possible.

Risque — Contexte dans lequel un décideur est capable d'estimer la probabilité de certains résultats.

Incertitude — Contexte dans lequel un décideur ne peut estimer ni les résultats, ni les probabilités.

4. Décider en groupe ?

S'il est une certitude dans l'entreprise d'aujourd'hui, c'est que les managers y prennent beaucoup de décisions en groupe, notamment celles ayant des conséquences à long terme sur les activités et le personnel de l'organisation. Dans la plupart des organisations, même de taille moyenne, pullulent comités, groupes de travail, commissions de contrôle, équipes de projets ou autres, tous ayant pour dessein de réaliser des choix collectifs. La raison est simple : les membres de ces groupes étant en principe directement concernés par les décisions, ils sont les mieux placés pour choisir.

Des études de terrain réalisées en entreprise démontrent que les managers consacrent une bonne partie de leur temps utile à des réunions diverses, dont le but est de les aider à définir les problèmes rencontrés, trouver des solutions et établir leur mise en œuvre. En fait, les groupes peuvent se voir charger de n'importe laquelle des huit étapes du processus décisionnel présenté précédemment.

4.1. Quels sont les avantages des décisions collectives ?

Par rapport aux décisions individuelles, adaptées dans certains cas, les décisions collectives ont leurs propres avantages, aucune n'étant évidemment la réponse parfaite à tous les cas de figure.

Prises en groupe, les décisions véhiculent tout d'abord des informations plus complètes, deux cerveaux valant souvent mieux qu'un. Chaque membre fait part de ses expériences et de ses points de vue[18]. En cela, les groupes mettent davantage d'options sur la table grâce à la quantité et à la diversité de données mises en commun, d'autant plus si les participants viennent de spécialisations différentes. De plus, les décisions collectives facilitent l'acceptation d'une solution une fois le choix finalement fait[19] ; les personnes y contribuant sont celles concernées par sa teneur et son application et elles auront plutôt tendance à accepter la décision et à pousser les autres à en faire autant. Enfin, l'approche en groupe favorise la légitimité car le processus respecte les idéaux démocratiques. À l'inverse, un décideur unique qui concentre tous les pouvoirs et ne consulte personne renvoie à la communauté organisationnelle une image autocratique et arbitraire.

Manager la diversité

L'intérêt de la diversité dans la prise de décision

Avez-vous décidé quelle va être votre matière principale ? Comment avez-vous pris votre décision ? Estimez-vous que le choix que vous avez fait est le bon ? Auriez-vous pu faire quoi que ce soit différemment pour vous assurer que votre décision était la meilleure ?

Prendre de bonnes décisions est difficile ! Et c'est le rôle d'un dirigeant : par exemple, décider de développer de nouveaux produits, établir des objectifs hebdomadaires ou mensuels, monter une campagne publicitaire, déplacer un employé vers un groupe de travail différent, s'occuper de la plainte d'un client ou acheter de nouveaux ordinateurs portables pour les commerciaux. Pour prendre les meilleures décisions, vous pouvez par exemple miser sur la diversité du groupe de travail car cela peut se révéler appréciable lors de la prise de décision. En effet, les employés ont certainement des interprétations et des points de vue différents sur certaines questions et peuvent être mieux disposés à essayer de nouvelles idées. Ils peuvent être plus créatifs, penser à d'autres alternatives et être plus flexibles dans la résolution des problèmes. Enfin, recueillir différentes contributions augmente la probabilité d'arriver à des solutions créatives et uniques.

Même si la diversité dans la prise de décision peut être un plus, il existe quand même des désavantages. L'absence de perspective commune signifie que l'on passera plus de temps à discuter de certains points. La communication peut aussi être un problème, particulièrement avec la barrière de la langue. De plus, le fait de multiplier les opinions peut rendre le processus de prise de décision plus complexe, déconcertant et équivoque. Avec tous ces points de vue différents, il sera alors plus difficile de trouver un accord simple sur des actions spécifiques. Bien que ces désavantages soient bien réels, la diversité dans la prise de décision l'emporte tout de même sur les inconvénients potentiels.

Revenons maintenant sur votre décision à propos de la matière principale que vous devez choisir. Avez-vous demandé l'opinion d'autres personnes ? Avez-vous recherché le conseil de professeurs, de membres de votre famille, d'amis ou de collègues ? Connaître différents points de vue concernant une décision importante comme celle-là pourrait vous aider ! Tout comme les managers qui devraient plus souvent comprendre l'intérêt de la diversité dans leur prise de décision.

4.2. Quels sont les inconvénients des décisions collectives ?

Si les groupes sont si irréprochables, comment expliquer la phrase de W. Churchill : « Un chameau est un cheval de course dessiné par un comité » ? Justement, parce qu'ils ne sont pas irréprochables. Tout d'abord, rassembler plusieurs personnes *demande du temps* et les interactions initiales sont souvent inefficaces ; les groupes tardent donc plus qu'un individu isolé à arriver à une solution. De plus, les groupes peuvent entraîner un phénomène de *domination de la minorité*, sachant que les membres ne sont jamais totalement à égalité (place dans la hiérarchie, expérience, connaissance du problème, influence sur d'autres membres, facilité d'expression, assurance, etc.)[20]. Un tel déséquilibre donne l'occasion à certains d'en dominer d'autres et cette minorité exerce souvent une influence excessive sur la décision finale.

L'autre aspect négatif des groupes est la *pression de conformité* qui peut s'y manifester. N'avez-vous jamais été entouré de personnes parlant d'un sujet, sans oser intervenir vous-même pour dire que votre opinion était contraire à l'avis général ? N'avez-vous pas été surpris d'apprendre par la suite que d'autres pensaient comme vous et ont également gardé le silence ? Cette expérience est qualifiée par Irving Janis de **pensée de groupe**, une sorte de pensée unique symbolisant une conformité pour laquelle les membres d'un groupe dissimulent des opinions divergentes, minoritaires ou impopulaires afin de simuler un accord[21]. Malheureusement, la pensée de groupe sape toute réflexion critique et finit par nuire à la qualité de la décision finale. Le dernier inconvénient est la *responsabilité ambiguë* qui y règne. La responsabilité est partagée, mais qui assume vraiment le choix final[22] ? Au sein d'un groupe, la responsabilité de chaque membre est moins claire.

> *Pensée de groupe* — Dans un groupe à forte cohésion, tendance des membres à dissimuler les opinions divergentes afin de sembler en accord.

La pensée de groupe répond à une situation démontrant une incapacité à évaluer objectivement les options possibles et à parvenir à une solution adéquate. Pourtant, la quête de conformité décourage souvent les membres de considérer des idées alternatives, minoritaires ou impopulaires, d'où une détérioration progressive des mécanismes mentaux des individus, en particulier de leur appréciation de la réalité et de leur jugement moral. La pensée de groupe est flagrante dans les cas suivants :

- Les membres du groupe neutralisent toute résistance à leurs suggestions en la justifiant ou en la rationalisant.
- Ils exercent des pressions directes sur ceux émettant des doutes sur l'une des idées partagées ou remettant en cause la validité des arguments avancés par la majorité.
- Les membres qui ont des doutes ou possèdent un point de vue autre évitent de se positionner en marge du consensus.
- Il y a une illusion d'unanimité et tout silence est considéré comme une approbation.

La pensée de groupe constitue-t-elle un véritable obstacle à la prise de décision ? Plusieurs études montrent que les symptômes de pensée unique vont de pair avec des décisions médiocres, conformistes ou à faible valeur ajoutée. Il est toutefois possible de limiter cette tendance si le groupe présente une forte cohésion, s'il est ouvert à la discussion et compte un meneur impartial recherchant systématiquement la participation de tous les membres[23].

4.3. Quand est-ce que la décision de groupe est efficace ?

L'efficacité des groupes par rapport aux individus est fonction des critères employés pour la mesurer, tels que la précision, la rapidité, la créativité et l'approbation. En général, les décisions collectives sont plus précises et de meilleure qualité que les décisions individuelles, même s'il faut prendre garde à la pensée de groupe[24]. Si l'efficacité est plutôt évaluée par rapport à la rapidité d'action, une personne isolée marque davantage de points. En termes de créativité, la balle repasse dans le camp du groupe, tout comme pour le degré d'acceptation de la solution finale.

L'efficacité dépend également de la taille du groupe. Globalement, plus les membres sont nombreux, plus l'ensemble est hétérogène et demande un effort accru de coordination et un temps plus long afin que tous participent. Par conséquent, il est inutile que le groupe soit trop important. Le mieux est de demeurer dans une fourchette entre cinq et quinze personnes, les groupes de cinq à sept membres paraissant les plus efficaces (le chiffre impair empêche de finir dans une impasse). En outre, l'efficacité est indissociable du rendement obtenu, les groupes arrivant ici en seconde place derrière le décideur isolé. Exceptions mises à part, un groupe suppose en effet davantage d'heures de concertation. Au moment de choisir si vous devez recourir à une décision collective, demandez-vous toujours si le gain d'efficacité attendu saura compenser la perte de rentabilité.

4.4. Comment améliorer les décisions collectives ?

Lorsque les membres d'un groupe se retrouvent autour d'une table, ils créent un terrain propice à la pensée unique, à l'autocensure et à l'influence d'autres pour arriver à un accord. Pour une approche plus créative, il est possible d'instaurer des séances de *remue-méninges* (traduction aujourd'hui couramment acceptée du terme anglo-saxon « brainstorming ») d'appliquer la technique du *groupe nominal* ou d'organiser des *réunions virtuelles* par téléphone ou *via* Internet.

Qu'est-ce que le remue-méninges (*brainstorming*) ?

La technique de **remue-méninges** (*brainstorming*) permet de dépasser facilement les pressions de conformité retardant la formulation d'options créatives[25]. Elle suit un processus de génération d'idées encourageant tous les types de propositions tout en mettant de côté les critiques éventuelles. Lors d'une séance classique, cinq ou dix personnes s'assoient autour d'une table. L'animateur de la séance énonce clairement le problème pour que tous les participants le comprennent et produisent alors autant d'idées que possible dans un temps imparti. Aucune critique ou censure n'est autorisée, la quantité d'idées produites est privilégiée par rapport à la qualité, la fantaisie est acceptée et chacun a le droit de rebondir sur les idées des autres. Toutes les propositions ainsi élaborées sont enregistrées en vue d'un débat et d'une analyse ultérieurs[26]. Le but de cette technique se limite à produire un maximum d'idées, les plus créatives et innovantes possible. La méthode suivante, celle du groupe nominal, vient la compléter en permettant, quant à elle, de parvenir à une solution[27].

> *Remue-méninges (*brainstorming*)* — Processus de génération d'idées par un groupe, encourageant la formulation de propositions tout en mettant de côté les critiques éventuelles.

Qu'est-ce qu'un groupe nominal ?

La technique du **groupe nominal** limite la discussion et donc la durée du processus de décision. Cette approche est plus particulièrement adaptée aux situations conflictuelles ou lorsque la trop grande taille du groupe interdit des échanges structurés. Il est demandé aux membres d'être présents, comme pour une réunion classique, mais de travailler tout d'abord individuellement. À partir d'une question précise proposée par l'animateur, chacun rédige alors une liste de points problématiques ou de solutions potentielles. Les réponses sont ensuite présentées au groupe et consignées dans leur intégralité, l'idée étant de ne pas les censurer ou les critiquer mais de demander s'il le faut une clarification à leur auteur. Enfin, les idées consignées peuvent faire l'objet d'un vote final, permettant de pondérer leur acceptation par les membres du groupe. L'intérêt premier est que le groupe se rencontre sans mettre un frein à la réflexion individuelle, contrairement à ce qui se produit lors d'interactions traditionnelles[28].

> *Technique du groupe nominal* — Technique de prise de décision avec laquelle les membres du groupe sont physiquement présents mais agissent de façon individuelle, à partir d'une réflexion écrite.

Quel est l'apport des réunions électroniques ?

Entre cyber-réunions et remue-méninges virtuel, la tendance est désormais à la combinaison de la technique du groupe nominal avec des technologies sophistiquées, donnant ainsi naissance à une nouvelle catégorie de processus de prise de décision : la **réunion électronique**.

> *Réunion électronique* — Type de technique proche du groupe nominal, mais dans laquelle les participants sont connectés par ordinateur.

Une fois la salle de réunions équipée, le concept est simple : des personnes se retrouvent autour d'une table sur laquelle sont installés des ordinateurs. Les problèmes sont soumis aux participants qui tapent leurs réponses dans un programme. Les commentaires individuels et les votes collectifs sont affichés sur l'écran de projection de la salle.

Les avantages clés de ce type de prise de décision collective sont l'anonymat, l'honnêteté qui en découle et la rapidité d'action[29]. Les participants peuvent envoyer de façon anonyme le message qu'ils souhaitent et le voir apparaître aux yeux de tous. Libérés d'une éventuelle sanction, ils sont totalement francs et le procédé va très vite : pas de bavardages, de digressions ou d'interruptions.

Comparées aux traditionnels face-à-face, les réunions électroniques font gagner temps et argent aux entreprises[30]. Nestlé y a presque toujours recours, notamment pour les réunions aux enjeux globaux[31]. Cependant, ces confrontations présentent aussi des inconvénients. La vitesse de frappe peut par exemple devenir un facteur discriminatoire. De même, les meilleures idées n'apportent pas de récompenses à leurs auteurs. Enfin, toute la richesse de la communication orale est perdue. Malgré cela, les progrès technologiques ont toutes les chances de démocratiser les réunions électroniques de ce type, en particulier dans le contexte de la prise de décisions collectives[32].

La vidéoconférence est une variante des réunions électroniques. Elle place « face-à-face » des personnes géographiquement éloignées, même à des milliers de kilomètres. Grâce à des moyens multimédias de ce type, les entreprises améliorent de plus en plus le feed-back, réduisent le temps passé en voyages d'affaires et économisent des sommes considérables. Les réunions s'en trouvent plus productives et les décisions plus efficaces[33].

5. Quelles sont les questions qui se posent aujourd'hui concernant la prise de décision ?

Dans le monde économique d'aujourd'hui, les décideurs sont très régulièrement placés dans un contexte de risque où les informations sont incomplètes et où les décisions doivent être prises sous contrainte de temps. La plupart des managers sont obligés de prendre chaque jour un grand nombre de décisions, avec des enjeux de plus en plus grands. Nous allons aborder ici des questions importantes : l'influence des cultures nationales ainsi que la question de la créativité.

5.1. Quelle est l'influence des cultures nationales sur la prise de décision ?

Nombre d'études ont aujourd'hui démontré que, dans une certaine mesure, les pratiques de prise de décisions diffèrent d'un pays à l'autre[34]. Parmi les variables propres à un environnement culturel donné se trouvent le mode de décision suivi (en groupe, par les membres d'équipes, de façon participative ou bien autocratique par un dirigeant) ainsi que le degré de risque assumé par le décideur. En Inde par exemple, la distance hiérarchique et l'aversion pour l'incertitude (voir chapitre 3) sont élevées : seuls les hauts responsables prennent des décisions, généralement sûres. À l'opposé, dans un pays comme la Suède, caractérisée par un niveau très faible de ces deux mêmes facteurs, les managers n'hésitent pas à prendre des risques et à encourager la participation de leurs subalternes face aux choix qui les concernent. Par ailleurs, dans des pays comme l'Égypte où il existe peu de contraintes temporelles, les dirigeants prennent davantage leur temps pour mûrir leurs décisions que leurs homologues américains. Enfin, en Italie ou en France, où l'histoire et les traditions pèsent lourd, les managers adoptent souvent des solutions déjà testées.

Au Japon, la prise de décision est plus fréquemment collective qu'en France, car les Japonais accordent la priorité à la conformité et à la coopération[35]. Avant de trancher, les dirigeants rassemblent quantité d'informations servant à déboucher sur des décisions consensuelles de groupe appelées **Ringisei**. La sécurité de l'emploi étant élevée dans les grandes entreprises nippones, les décisions offrent une projection à long terme au lieu de privilégier les bénéfices immédiats, comme c'est parfois le cas en France ou aux États-Unis.

Ringisei — Terme japonais désignant les décisions consensuelles de groupe.

En France et en Allemagne, les hauts dirigeants adaptent également leurs styles décisionnels à leurs cultures respectives. Dans l'Hexagone par exemple, l'approche autocratique est monnaie courante et les risques souvent soigneusement tenus à l'écart. Sur le territoire allemand, les styles de management sont aussi à l'image de la culture nationale, c'est-à-dire marqués par un souci constant de structure et d'ordre ; d'où l'existence de règles et réglementations extensives au sein des organisations. Les managers y ont des responsabilités bien déterminées et acceptent le fait que les décisions doivent suivre certains canaux.

À l'heure du « village mondial », les dirigeants seront de plus en plus amenés à commander des employés de cultures variées ; ils devront dès lors apprendre à reconnaître le comportement décisionnel communément admis avant de leur demander de prendre eux-mêmes des décisions. Certes, certaines personnes ne seront pas à l'aise à l'idée d'être si impliquées dans ce processus décisionnel ou ne souhaiteront pas faire l'expérience d'une activité de prise de décisions aussi radicalement nouvelle. Néanmoins, les managers qui intègrent ce facteur de diversité culturelle dans les philosophies et pratiques de prise de décisions peuvent s'attendre à être récompensés de leur initiative, à condition toutefois de savoir capter les perspectives et les forces offertes par un personnel hétérogène.

5.2. La créativité est-elle importante dans la décision ?

Une personne suivant le modèle rationnel de prise de décision a besoin de **créativité**. En d'autres termes, elle doit être capable – face aux situations ou aux problèmes rencontrés – de développer des idées inédites et utiles. Celles-ci doivent donc se distinguer des trouvailles déjà exploitées, tout en répondant au problème ou en permettant de mieux affronter la situation qui se présente. La créativité est donc essentielle pour mieux évaluer et comprendre un problème, voire pour détecter des problèmes ignorés par les autres. Son intérêt premier est toutefois d'aider à identifier les options viables[36] (voir l'encadré « Comment être créatif »).

Créativité — Capacité à développer des idées inédites, originales et utiles.

La plupart des individus possèdent un potentiel créatif auquel ils peuvent recourir face à un problème. Pour stimuler ce potentiel, il faut néanmoins savoir sortir des ornières psychologiques et apprendre à penser autrement.

Comment être créatif ?

La créativité est un état d'esprit, la volonté de s'ouvrir à de nouvelles idées. Quiconque peut être créatif, sauf que nombre de personnes n'essayent pas d'exploiter cette capacité, ce qui peut leur porter préjudice dans les organisations modernes. Les environnements dynamiques et le chaos en management obligent en effet les dirigeants à rechercher des façons inédites d'atteindre leurs objectifs et ceux de l'organisation.

Points de repère

1. **Se considérer et s'affirmer clairement comme une personne créative.** Même s'il ne s'agit que d'une simulation, des études montrent que se trouver peu créatif empêche justement de l'être. Commencez par croire en vous et en votre potentiel créatif.
2. **Suivre votre intuition.** Le subconscient est toujours très actif et des réponses vous viennent parfois alors que vous les attendez le moins. Par exemple, au moment d'aller vous coucher, votre esprit est détendu et vous dévoile la solution à un problème. Écoutez cette voix ! La plupart des personnes créatives ont d'ailleurs toujours un bloc de papier près de leur lit pour y annoter les idées qui leur viennent et ne pas les oublier.
3. **S'éloigner de sa zone de confort.** Tout le monde possède une zone de confort remplie de certitudes. Créativité et monde connu font toutefois rarement bon ménage. Pour être créatif, vous devez prendre de la distance avec l'ordre établi et vous concentrer sur un élément nouveau.

4. **S'engager dans des activités qui font quitter sa zone de confort.** Non seulement vous devez penser différemment, mais aussi faire les choses autrement et donc vous lancer des défis. Apprendre à jouer d'un instrument ou une langue étrangère met votre esprit à l'épreuve.
5. **Imaginer un changement de décor.** L'être humain s'alimente généralement d'habitudes. Les personnes créatives se forcent quant à elles à abandonner leurs habitudes en changeant de décor : par exemple, allez dans un endroit calme et paisible pour être seul et réfléchir.
6. **Chercher plusieurs bonnes réponses.** Dans l'exposé de la rationalité limitée, nous avons expliqué que les personnes cherchent des solutions satisfaisantes. Être créatif signifie poursuivre la recherche d'autres solutions, même si le problème semble déjà résolu. Une solution encore plus originale peut naître.
7. **Se faire l'avocat du diable.** Obligez-vous à défendre vos solutions pour gagner de la confiance dans vos efforts créatifs. Anticiper vos réactions peut également vous aider à être plus créatif.
8. **Croire en une solution efficace.** De la même façon qu'il est important de croire en vous, il vous faut aussi croire en vos idées. Si vous pensez que vous ne trouverez pas de solution, il est probable qu'aucune ne vous viendra à l'esprit.
9. **Faire des séances de *brainstorming*.** La créativité n'est pas une activité solitaire. L'échange d'idées avec d'autres a un effet synergique.
10. **Mettre ses idées créatives en pratique.** Une fois l'idée trouvée, vous n'êtes qu'à la moitié du chemin car vous devez encore l'appliquer. Rien ne sert de garder vos trouvailles dans votre tête ou sur une feuille que personne ne lira.

Mise en pratique

Trouvez en dix minutes un maximum d'utilisations possibles du manuel *Management, l'essentiel des concepts et des pratiques*.

Commençons par l'évidence : chaque personne possède une créativité propre. Einstein, Edison, Picasso et Mozart jouissaient tous d'une créativité exceptionnelle, une denrée rare somme toute. Selon une étude sur la créativité menée auprès de 461 hommes et femmes, moins de 1 % étaient exceptionnellement créatifs ; 10 % toutefois étaient très créatifs et environ 60 % assez créatifs. Le potentiel existe donc chez de nombreux individus. Encore faut-il savoir l'exploiter.

Partant de l'idée que quiconque peut faire preuve de créativité, comment les organisations et les managers peuvent-ils stimuler celle des collaborateurs de l'entreprise ? La clé est le modèle à trois composantes, élaboré à partir de recherches poussées dans ce domaine. Selon ce modèle, la créativité individuelle repose essentiellement sur l'expertise, sur l'ingéniosité, ainsi que sur une motivation intrinsèque liée à la tâche effectuée (voir document 4.9). D'autres études confirment que la créativité est proportionnelle à l'intensité de ces composantes.

Document 4.9 – Trois éléments de créativité.

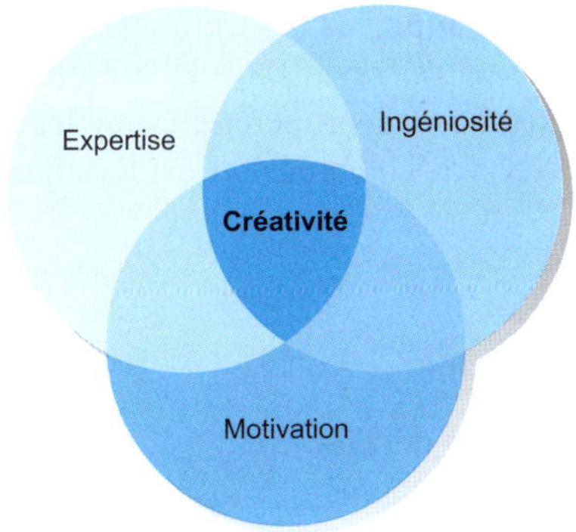

Source : T. M. Amabile, « Motivating Creativity in Organizations », *California Management Review*, automne 1997, p. 43, copyright © 1997, par les membres du conseil de l'université de Californie, réimprimé avec leur autorisation.

L'*expertise* constitue donc le point de départ de tout travail créatif. Ainsi, la technique picturale de Picasso ou le savoir scientifique d'Einstein en physique étaient indispensables à leur apport créatif dans leurs domaines respectifs. De la même façon, vous n'attendez pas qu'une personne possédant des connaissances élémentaires en programmation soit aussi créative qu'un ingénieur informatique. Le potentiel de créativité augmente donc sensiblement lorsque les individus sont dotés des capacités, connaissances, compétences ou de l'expertise dans leur domaine d'activité.

La deuxième composante, l'*ingéniosité*, englobe tous les aspects de la personnalité associés à la créativité. Entrent dans cette catégorie la capacité à employer des analogies ainsi que le don de voir le connu sous un nouveau jour, de « sortir des sentiers battus ». Les traits liés au développement d'idées créatives sont l'intelligence, l'indépendance, la confiance en soi, la prise de risque, le contrôle intérieur, la tolérance à l'ambiguïté, ainsi que la persévérance face aux frustrations. De plus, l'usage savant d'analogies permet d'appliquer une idée à plusieurs contextes. L'un des exemples les plus célèbres d'analogies ayant conduit à une découverte majeure vient d'Alexander Graham Bell, qui avait observé que des concepts propres à l'oreille pouvaient être empruntés et appliqués à sa propre « boîte parlante ». Il avait en effet remarqué que le cartilage de l'oreille s'articule à l'aide d'une fine membrane : pourquoi une membrane plus résistante ne pourrait-elle pas alors faire bouger une pièce métallique ? C'est de cette analogie qu'est né le téléphone. En parallèle, certains excellent dans l'approche inédite de problèmes, en rendant le familier étrange et l'étrange familier. Le plus souvent, les poules sont envisagées comme des animaux pondant des œufs ; mais pourquoi ne pas les voir simplement comme une variante d'œufs en produisant d'autres ?

La *motivation intrinsèque* représente la dernière composante. Elle correspond au souhait de travailler sur une tâche parce qu'elle suscite un intérêt, suppose une implication, apporte une satisfaction ou constitue un défi personnel. Cette touche de motivation transforme le *potentiel* de créativité en idées créatives bien *réelles*. Elle détermine la mesure dans laquelle des personnes investissent totalement leur expertise et leurs capacités créatives. Ainsi, les plus créatifs aiment souvent excessivement leur travail, au point de paraître obsédés par leur tâche. Tant l'environnement de travail que la culture de l'organisation (thème abordé au chapitre suivant) ne doivent être négligés en matière de motivation. Plus précisément, cinq facteurs organisationnels peuvent apporter un frein à la créativité : (1) l'évaluation attendue (priorité à l'appréciation de votre travail), (2) la surveillance (contrôle visuel de votre travail), (3) les motivations externes (récompenses tangibles externes), (4) la concurrence (situations gagnant/perdant avec vos collègues) et (5) les choix forcés (limites d'exécution de votre travail).

Résumé

1. **Décrire les étapes du processus décisionnel.**
   Il s'agit d'un processus en huit étapes : (1) identification du problème, (2) identification des critères de décision, (3) attribution de priorités aux critères, (4) recherche des options possibles, (5) analyse de ces options, (6) sélection d'une option, (7) mise en place de l'option et (8) évaluation de l'efficacité de la décision. Lorsqu'ils prennent des décisions, les managers font appel à des heuristiques qui simplifient le processus, mais qui peuvent induire des erreurs et des biais. Les 12 erreurs et biais les plus répandus sont l'excès de confiance, la gratification immédiate, l'ancrage, la perception sélective, la confirmation d'hypothèse, le cadrage, le biais de disponibilité, la représentation, le hasard, les coûts irrécupérables, l'auto-complaisance ainsi que le biais rétrospectif.

2. **Expliquer les trois approches de prise de décision.**
   La première approche est *le modèle rationnel*. La rationalité suppose un problème déterminé et un objectif clair et concis, des options et leurs conséquences connues, ainsi qu'un choix final qui maximise le résultat. La deuxième approche, *la rationalité limitée*, suppose que les managers cherchent à prendre des décisions rationnelles tout en étant contraints par leur capacité limitée de gestion de l'information. Dans cette approche, les managers choisissent des solutions satisfaisantes, c'est-à-dire qu'ils s'arrêtent aux premières alternatives jugées satisfaisantes. La troisième approche, *la prise de décision intuitive*, implique un processus décisionnel fondé sur les expériences, les sentiments et le jugement.

3. **Décrire les différents types et contextes de décision.**
   Les décisions programmées sont des décisions répétitives qui peuvent être gérées par un processus routinier et qui s'appliquent aux problèmes familiers, bien définis et structurés. Les décisions non programmées sont des décisions uniques qui requièrent une solution spécifique et qui s'appliquent aux problèmes nouveaux ou inhabituels qui sont caractérisés par des informations ambiguës et incomplètes. On parle de certitude lorsqu'un manager connaît précisément les résultats de chaque alternative. Le risque nécessite d'estimer la probabilité de certains résultats. L'incertitude est un contexte dans lequel le manager ne connaît ni les résultats, ni leur probabilité.

4. **Discuter la prise de décision en groupe.**
   Les groupes présentent certains avantages : informations plus complètes, nombre supérieur d'options, meilleure acceptation d'une solution et légitimité accrue. En revanche, ils obligent aussi à consacrer plus de temps à la tâche et peuvent être dominés par une

minorité, générer des pressions de conformité et brouiller les responsabilités. La prise de décision en groupe peut être améliorée à l'aide de trois techniques : le remue-méninges ou *brainstorming* (processus de génération d'idées) encourage la formulation de suggestions en écartant toute critique ; la technique du groupe nominal limite la discussion lors du processus de prise de décision ; la réunion électronique ou travail de groupe assisté par ordinateur est l'approche la plus récente, qui associe la technique du groupe nominal aux possibilités offertes par l'informatique en réseau.

5. **Identifier les questions actuelles concernant la prise de décision.**
   Lorsque les managers se retrouvent face à des collaborateurs issus de cultures différentes, ils doivent connaître les spécificités de prise de décision liées aux différents contextes culturels. Certaines personnes ne souhaiteront pas être impliquées dans la prise de décision ou ne seront pas à l'aise face à une demande d'innovation radicale. De plus, les managers se doivent d'être créatifs lors de la prise de décision parce que la créativité permet de cerner les problèmes de façon plus complète et de discerner ainsi des aspects du problème que les autres ne voient pas.

Pour en savoir plus

Berthoz A., *La Décision*, Paris, Odile Jacob, 2003.

Falque L., Bougon B., Lamy P., *Pratiques de la décision : développer ses pratiques de discernement*, Paris, Dunod, 2009, 2e éd.

Getz I. (dir.), *Créativité organisationnelle*, Paris, Vuibert, 2002.

Guntern G., *Les Sept Règles d'or de la créativité*, Paris, Village Mondial, 2001.

Harvard Business Review, *La Prise de décision*, Paris, Éditions d'Organisation, 2002.

Jarrosson B., *Décider ou ne pas décider*, Paris, Maxima, 1999.

Kast R., *La Théorie de la décision*, Paris, Collection Repères, La Découverte, 2002.

Pastor P., *Décider oui, mais comment ?*, Paris, Liaisons, 2006.

Robbins S., *Prenez la bonne décision*, Paris, Village Mondial, 2003.

Robinson A., Getz I., *Vos idées changent tout !*, Paris, Éditions d'Organisation, 2003.

Simon H., *Administration et processus de décision*, Paris, Economica, 1983.

Vidaillet B., Estaintot V., Abecassis P., *La Décision, une approche pluridisciplinaire des processus de choix*, Bruxelles, De Boeck, 2005.

Activités

Questions de compréhension

1. Pourquoi considère-t-on que la prise de décision se trouve au cœur du processus de management ?
2. Toute décision est sujette à des erreurs et des biais. Quelles peuvent être les conséquences de ces biais ? Est-ce qu'ils présentent également des avantages ? Donnez des exemples.
3. « De plus en plus de managers utilisent des outils informatiques. De ce fait, ils pourront prendre des décisions de plus en plus rationnelles. » Que pensez-vous de cette affirmation ? Pourquoi ?
4. Existe-t-il une différence entre une décision erronée et une mauvaise décision ? Pourquoi est-ce que de bons managers prennent parfois des décisions erronées ? Et de mauvaises décisions ? Comment les managers peuvent-ils améliorer leur capacité de prise de décision ?
5. Décrivez une décision que vous avez prise et qui vous semble obéir aux critères de la rationalité parfaite. Comparez-la avec le processus vous ayant conduit à travailler dans l'entreprise ou à étudier dans l'université où vous vous trouvez actuellement. Existe-t-il un décalage avec le modèle rationnel dans cette seconde décision ?
6. Expliquez comment un manager peut prendre des décisions en contexte d'incertitude extrême.
7. Selon vous, pourquoi les organisations font-elles autant appel aux techniques de groupe pour prendre des décisions ? Dans quelles circonstances recommanderiez-vous plus particulièrement à une entreprise d'utiliser une technique de groupe pour prendre une décision ?
8. Trouvez des exemples concrets de procédures, règles et lignes de conduites (deux de chaque) et partagez-les.

Autoévaluation

Suis-je un décideur mesuré ?

Les gens sont tous différents dans leur façon de prendre des décisions. Certains préfèrent rassembler des informations, peser prudemment le pour et le contre et choisir la meilleure option. D'autres prennent les décisions plus rapidement. Ce questionnaire d'autoévaluation vous permet de déterminer votre niveau de modération dans la prise de décision.

Questionnaire

Indiquez dans quelle mesure vous êtes en accord avec les affirmations suivantes en vous servant de l'échelle ci-dessous.

1 = en désaccord complet

2 = en désaccord léger

3 = ni en accord, ni en désaccord

4 = en accord léger

5 = en accord complet

1.	Je m'engage toujours sans réfléchir.	**1 2 3 4 5**
2.	Je prends des décisions très rapidement.	**1 2 3 4 5**
3.	J'aime agir sur un coup de tête.	**1 2 3 4 5**
4.	Je fais toujours tout en vitesse.	**1 2 3 4 5**
5.	Je ne sais pas pourquoi je fais certaines choses.	**1 2 3 4 5**
6.	J'agis rapidement sans réfléchir.	**1 2 3 4 5**
7.	Je choisis mes mots avec attention	**1 2 3 4 5**

Calculez votre résultat

Pour calculer votre résultat, inversez d'abord les résultats des affirmations 1, 2, 3, 4, 5 et 6 pour que 1 = 5, 2 = 4, 3 = 3, 4 = 2, 5 = 1. Additionnez ensuite toutes vos réponses. Votre résultat se trouvera entre 7 et 35.

Analyse et interprétation

Si vous obtenez un résultat supérieur ou égal à 28, vous êtes plutôt mesuré. Si votre résultat est inférieur ou égal à 14, vous êtes plus rapide pour prendre vos décisions. Les résultats entre 15 et 27 révèlent un style plus complexe.

Comment prendre des décisions ? Le modèle le plus rationnel affirme que les personnes doivent identifier le problème, définir les critères qui sont importants lors de la prise de décision et les peser selon leur importance, développer des alternatives, et finalement évaluer et choisir la meilleure d'entre elles. Même si cela apparaît comme un processus compliqué, les recherches ont montré que ce modèle rationnel donne les meilleurs résultats.

Si vous avez l'habitude de prendre des décisions sur un coup de tête, vous devriez être spécialement attentif dans les ventes aux enchères, comme celles que l'on trouve sur eBay. La pression du temps que cela implique, conjointement à l'excitation des enchères, peut amener à la « fièvre des ventes aux enchères » et a des décisions qui ne seraient pas optimales. Pour le dire plus simplement, si vous prenez des décisions impulsives, vous pourriez payer plus que vous ne devriez. Et ce n'est pas seulement vrai dans le cas d'eBay, mais aussi dans d'autres situations.

Source : Basé sur L.R. Goldberg, J.A. Johnson, H.W. Eber, R. Hogan, M.C. Ashton, C.R. Cloninger et H.G. Gough, « The International Personality Item Pool and the Future of Public-Domain Personality Measures », *Journal of Research in Personality*, n° 40, 2006, p. 84-96.

Dilemme éthique

Atomic Games

Les 75 employés d'Atomic Games ont travaillé près de quatre années pour concevoir un jeu vidéo réaliste intitulé *Six Days in Fallujah* (« Six Jours à Falloujah »), « incorporant de véritables images de guerre et des interviews de *marines* ayant combattu là-bas »[37]. Après la publication du jeu, les parents de soldats disparus expriment leur colère. « En transformant cette bataille en divertissement, ils la banalisent », affirme une mère dont le fils fut abattu par un *sniper* dans les rues de Falloujah. Peter Tamte, président d'Atomic Games, a pris conseil auprès d'un certain nombre d'anciens combattants de Falloujah, et parle de ce jeu comme d'une « reconstitution, à la manière d'un documentaire, qui reproduira si fidèlement la bataille originelle que les joueurs pourront quasiment ressentir ce que c'était que de combattre à Falloujah en novembre 2004 ». En 2009, l'éditeur du jeu a décidé de ne pas le publier. Qu'en pensez-vous ? Quels sont les problèmes éthiques que vous entrevoyez ici ? L'entreprise devrait-elle maintenir la sortie du jeu ou l'annuler ? Pourquoi ?

Pour action

Magic Carpet Software

À : Rajiv Dutta, directeur de la recherche

De : Amanda Schrenk, directrice adjointe en charge de l'exploitation

Objet : Décisions en matière de conception logicielle

Rajiv,

Depuis quelque temps, j'ai pris conscience d'un problème au sein de notre unité de conception logicielle. Nous possédons des concepteurs extrêmement talentueux et qualifiés, constituant une équipe diversifiée qui représente l'un des atouts majeurs de notre entreprise. Je m'inquiète cependant que leur attachement émotionnel vis-à-vis des logiciels qu'ils ont créés ne vienne éclipser d'autres facteurs dont il faudrait tenir compte pour décider ou non d'entreprendre la conception de nouveaux produits. À ce stade, je ne suis pas tout à fait sûre de savoir comment aborder cette question. Je ne veux surtout pas étouffer leur créativité. Mais si nous n'établissons pas rapidement un plan d'action approprié, je crains que le problème ne s'aggrave.

Pourriez-vous, s'il vous plaît, vous renseigner sur le rôle des émotions dans la prise de décision ? Qu'en disent les « experts » ? S'agit-il même d'une problématique dont nous devrions nous préoccuper ? Quelle est la meilleure manière de l'affronter ? Ayez l'amabilité de me fournir une liste d'une page maximum, énumérant les points essentiels que vous aurez retirés de vos recherches. Assurez-vous également de citer vos sources, au cas où j'aurais besoin d'un complément d'information.

Cette entreprise et ce message fictifs ont été imaginés dans un but exclusivement pédagogique. Il n'est aucunement question ici d'évoquer, ni en bien, ni en mal, les pratiques managériales d'une entreprise réelle qui porterait le même nom.

Exercice pratique

Décider, entre individuel et collectif

Objectif : comparer les décisions prises individuellement à celles élaborées en groupe.

Temps : quinze minutes.

Étape 1

Vous avez cinq minutes pour lire l'histoire qui suit puis répondre de façon individuelle à chacune des 11 affirmations proposées par vrai, faux ou inconnu.

Situation

Un vendeur vient d'éteindre les lumières du magasin lorsqu'un homme apparaît et lui demande de l'argent. Le propriétaire ouvre la caisse. Son contenu est vidé et l'homme s'enfuit en courant. Un agent de police est immédiatement appelé.

Affirmations

1. Un homme arrive après que le propriétaire du magasin a éteint les lumières. Vrai, faux ou inconnu ?
2. Le voleur est un homme. Vrai, faux ou inconnu ?
3. L'homme ne demande pas d'argent. Vrai, faux ou inconnu ?
4. L'homme qui ouvre la caisse est le propriétaire. Vrai, faux ou inconnu ?
5. Le propriétaire du magasin vide la caisse et s'enfuit. Vrai, faux ou inconnu ?
6. Quelqu'un ouvre la caisse. Vrai, faux ou inconnu ?
7. Après que l'homme ayant demandé de l'argent a vidé la caisse, il s'enfuit. Vrai, faux ou inconnu ?
8. La caisse contenait de l'argent, mais l'histoire ne dit pas quelle somme. Vrai, faux ou inconnu ?
9. Le voleur demande de l'argent au propriétaire. Vrai, faux ou inconnu ?
10. L'histoire porte sur une série d'événements impliquant uniquement trois personnes : le propriétaire du magasin, l'homme qui demande de l'argent et un agent de police. Vrai, faux ou inconnu ?
11. Les faits suivants ont lieu dans l'histoire : quelqu'un demande de l'argent, la caisse est ouverte, son contenu est vidé, un homme sort en courant du magasin. Vrai, faux ou inconnu ?

Étape 2

Après avoir répondu aux 11 questions de façon individuelle, formez des groupes de quatre ou cinq personnes. Chaque groupe a dix minutes pour commenter les réponses et arriver à un accord pour les 11 questions.

Étape 3

L'animateur vous fournit les réponses correctes. Combien en aviez-vous trouvé à l'étape 1 ? Combien en avez-vous finalement totalisé en groupe à l'issue de l'étape 2 ? La mise en commun a-t-elle permis de faire mieux que la moyenne individuelle ? Et que le meilleur résultat individuel ? Commentez les implications de ces résultats.

Mise en situation

Empêtrés dans le projet Balthazar

Objet : Cette étude de cas se propose d'évoquer les difficultés liées aux décisions à prendre lorsqu'une situation tourne mal.

Il y a cinq ans, vous avez pris la tête d'un important projet de recherche et développement, portant sur un nouveau produit destiné à améliorer les systèmes de navigation embarqués dans les voitures. Cette amélioration permettrait des économies substantielles et trouverait facilement des débouchés dans l'industrie. Depuis cinq ans, votre entreprise a engagé des sommes considérables dans ce projet. En réalité, les 25 millions d'euros investis jusqu'à présent représentent plus que tous ses autres projets de recherche réunis. Les ingénieurs estiment aujourd'hui que le produit devrait être prêt d'ici à un an, à condition que les financements suivent. Vous leur avez donc alloué 5 millions d'euros supplémentaires pour l'année à venir.

Le mois dernier, vous avez eu vent de certaines informations pour le moins gênantes. L'un de vos concurrents directs travaillait en secret sur un dispositif similaire, et a annoncé plusieurs avancées majeures concernant son produit. Cette société risque fort de vous prendre de vitesse, avec un procédé supérieur et moins coûteux que le vôtre. Depuis son annonce, une enquête plus approfondie a confirmé la nouvelle. Le problème est qu'elle affecte désormais la répartition des 10 millions d'euros que votre entreprise avait prévu d'investir dans trois projets de recherche différents. La somme allouée au projet Balthazar était de 5 millions d'euros. En doublant l'investissement, vos ingénieurs considèrent que vous auriez bien plus de chances d'atteindre l'étape de la commercialisation en même temps que vos rivaux. Quelles que soient les sommes investies, ils précisent néanmoins que la technologie du concurrent lui permettra de proposer un produit moins coûteux et de meilleure qualité.

Deux autres projets ont été lancés, mais n'en sont encore qu'au stade des balbutiements. Le projet Melchior, relatif à un nouveau procédé de poinçonnage, a débuté l'an dernier. Si son retour sur investissement demeure potentiellement modeste, la concurrence s'avère quant à elle quasi inexistante – l'un de ses éléments fait en effet l'objet d'un brevet, ce qui préservera sa valeur pendant de longues années. L'évaluation générale du projet Melchior a montré qu'il n'y avait pas grand risque à le poursuivre, mais que l'entreprise n'en retirerait *a priori* qu'un bénéfice limité. L'intérêt de monter un projet différent a été rapidement mis en évidence après le lancement du projet Melchior. Le projet Gaspard exploiterait le même brevet, dans le cadre d'une application distincte portant cette fois sur le fonctionnement même des poinçonneuses. Plusieurs de vos ingénieurs ont exploré cet axe de recherche. En cas de succès, le produit serait susceptible de générer d'importants revenus. Mais il existe de nombreux risques. En premier lieu, il faudra à tout prix retenir les têtes pensantes du projet dans l'entreprise. Depuis peu, des organisations semblables à la vôtre se livrent en effet une concurrence féroce pour débaucher les meilleurs talents. Par ailleurs, les ingénieurs reconnaissent eux-mêmes le caractère plutôt risqué de l'option envisagée. D'un côté, la taille du marché permettrait de couvrir très largement la totalité des dépenses de recherche consenties sur l'ensemble des projets engagés ces dernières années. De l'autre, la poursuite du projet Gaspard provoquera une surenchère pour le recrutement de nouveaux ingénieurs, et exposera les personnes en place aux tentatives de débauchage des autres firmes, ce qui pourrait s'avérer coûteux pour l'entreprise. En conséquence, malgré les bénéfices considérables auxquels on pourrait s'attendre, les risques potentiels se révèlent au bout du compte tout aussi importants.

Instructions pour le groupe : Votre tâche consiste à débattre de vos différents projets de recherche. Vous disposez au total d'une somme de 10 millions d'euros à répartir entre les trois projets. Vous pouvez distribuer les fonds à votre convenance, mais il faut investir un minimum de 2 millions d'euros sur chacun pour en assurer la continuation. Un financement inférieur ne serait que pur gâchis, car le projet en question devrait alors s'interrompre en cours d'année. Tout effort supérieur à 5 millions pour le projet Balthazar et à 2,5 millions pour le projet Melchior et le projet Gaspard permettrait d'accélérer leur achèvement et d'accroître d'autant les probabilités d'amélioration du produit final.

Une fois que vous aurez décidé des sommes allouées aux différents projets, rédigez un bref rapport dans lequel vous détaillerez et justifierez vos choix. Ce rapport sera ensuite remis aux principaux actionnaires de votre entreprise.

Cas d'entreprise

Essilor

Les 5 000 cadres et cadres retraités d'Essilor, leader mondial des verres correcteurs (30 000 collaborateurs et 3,26 milliards d'euros de chiffre d'affaires en 2009), représentent le premier actionnaire de l'entreprise, et détiennent 6,2 % du capital et 13 % des droits de vote. Les salariés et retraités actionnaires se sont organisés dans une association, Valpotec, qui joue un rôle important dans les décisions stratégiques de l'entreprise. Grâce à son passé de coopérative ouvrière, Essilor est l'entreprise française qui est allée le plus loin dans le principe de la participation des salariés à la gestion stratégique de l'entreprise. Les cadres actionnaires occupent trois sièges au conseil d'administration, trois sièges au comité stratégique et un siège au comité d'audit du groupe, et ils participent ainsi activement au choix des dirigeants, aux décisions de diversification et au développement international. La direction de l'entreprise s'appuie volontiers sur ce groupe d'actionnaires. Ainsi, des hauts dirigeants participent régulièrement aux réunions du conseil d'administration de Valpotec, et le directeur général intervient lors de l'assemblée générale de l'association. Hubert Sagnières fut élu candidat au poste de directeur général lors de l'assemblée générale de Valpotec en avril 2008, à l'issue d'un vote par l'intermédiaire de boîtiers électroniques, de 600 cadres du groupe. L'association des salariés actionnaires ne joue pas uniquement un rôle important dans la stratégie du groupe. Elle fonctionne également comme un relais d'information important au sein de l'organisation. Disposant d'un réseau de représentants dans 40 pays, l'association est en fait très proche de la réalité du terrain dans l'ensemble du groupe. Comme le confirme sa présidente, « notre structure complète le dispositif hiérarchique et l'action des représentants du personnel. Il est parfois plus facile de contacter un collègue représentant Valpotec ». Pour les responsables d'Essilor, leur modèle unique est difficile à copier, relevant davantage de la culture d'entreprise que d'un ensemble de règles et de procédures internes, culture d'entreprise qui a intégré ce modèle gouvernance depuis la création de la société en 1849.

Questions

1. Qu'est-ce que vous pensez du modèle de consensus qui caractérise la gouvernance et la prise de décision au sein d'Essilor ? Quels sont ses avantages et ses inconvénients ?
2. Quelles sont les qualités requises d'un dirigeant à la tête d'un groupe qui possède un actionnariat salarié fort et uni ?
3. Êtes-vous d'accord avec l'idée que la cogestion et le consensus sont plus une question de culture d'entreprise qu'une affaire de règles et de procédures ? Pourquoi ?
4. Renseignez-vous sur le principe de gouvernance dans les grands groupes allemands et comparez-le avec le modèle français. Comment expliquez-vous les différences entre ces deux pays en matière de gouvernance ?

Source : Se fonde sur G. Silly, « Chez Essilor, ce sont les cadres qui choisissent le patron », *Management*, mars 2010, p. 56-57.

Chapitre 5

La planification stratégique

> **Objectifs**
>
> 1. Identifier les caractéristiques et les objectifs de la planification.
> 2. Expliquer le processus de management stratégique.
> 3. Comparer différentes approches de définition d'objectifs et de planification.
> 4. Examiner les enjeux actuels de la planification stratégique.

Stratégie de différenciation, sens du risque, planification de l'action, création d'un avantage durable, voilà quelques éléments qui se trouvent à l'origine du succès de nombreuses entreprises. Afin de mieux faire comprendre les clés de la réussite managériale et entrepreneuriale, le présent chapitre expose les fondements de la planification stratégique : en quoi son aspect peut être formel ou informel, quelles sont les motivations des managers pour s'y prêter, quelle est la variété de plans possibles. La planification présente en effet une portée stratégique et les organisations – PME ou grands groupes – disposent de diverses techniques pour dégager et maintenir dans le temps un avantage concurrentiel.

1. Qu'est-ce que la planification ?

Comme expliqué au chapitre 2, la planification passe par la définition des objectifs de l'organisation, l'élaboration d'une stratégie globale pour les atteindre et la création d'une hiérarchie complète de plans pour intégrer et coordonner des activités. Elle concerne donc tout autant les fins (ce qu'il faut faire) que les moyens (la façon de procéder).

La planification peut également être envisagée du point de vue de sa plus ou moins grande *formalisation*. Tous les managers planifient, même s'ils s'en tiennent à une tournure informelle de la chose, c'est-à-dire en ne mettant que peu d'idées sur papier ; seules quelques personnes connaissent les objectifs à atteindre, lesquels ne sont d'ailleurs que rarement verbalisés. Cette approche de la planification est surtout propre aux petites structures où le manager/propriétaire possède une vision personnelle de l'horizon visé et du moyen d'y parvenir. La planification y est donc générique, sans continuité. Évidemment, des organisations de petite taille peuvent à l'inverse obéir à des plans stricts et de grandes structures suivre un modèle plus informel.

Dans le cadre de cet ouvrage toutefois, le terme planification sous-entendra toujours une opération à caractère formel, dans laquelle les objectifs sont rédigés et diffusés aux membres de l'organisation et où le management trace clairement la route à prendre afin de les atteindre.

1.1. Pourquoi une planification formelle ?

Les principales raisons sont au nombre de quatre : avoir une orientation, réduire l'impact des changements, limiter les pertes et les actions superflues et établir des normes facilitant le contrôle (voir document 5.1).

Document 5.1 – Des raisons de planifier.

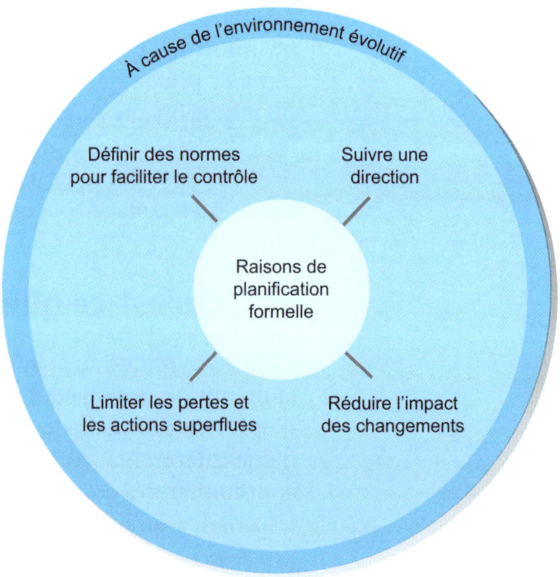

La planification permet en premier lieu de mettre des efforts en commun en indiquant à l'ensemble des membres de l'organisation la direction à suivre. C'est en connaissant en effet la cible et la façon de l'atteindre qu'ils sont motivés à coordonner leurs activités, donc à coopérer et à travailler en équipe. À l'inverse, le manque de planification peut faire que des employés ou des unités travaillent aux détriments d'autres et engendrer ainsi une perte d'efficacité.

En obligeant les managers à regarder droit devant, à anticiper les changements et à en évaluer les conséquences pour formuler des réponses adéquates, la planification réduit le facteur d'incertitude, sans le supprimer pour autant. Elle annonce également l'impact des décisions prises en fonction des changements qui se produisent, ce qui est parfaitement adapté aux environnements chaotiques.

Par ailleurs, planifier revient à éliminer les activités redondantes et superflues grâce à une coordination avant toute action. Une fois les fins et les moyens identifiés, l'inutile devient flagrant.

En dernier lieu, la planification fixe des objectifs ou des normes pour permettre d'exercer un contrôle. Si le but poursuivi n'est pas clair pour les membres de l'organisation, comment sauront-ils s'ils l'ont atteint ? Avec des objectifs détaillés, les performances peuvent être évaluées et en cas d'écart, une correction devient possible. Mais aucun contrôle ne sera réellement efficace sans planification préalable.

1.2. Quels sont les inconvénients de la planification formelle ?

On devine intuitivement l'intérêt d'une planification formelle, dès lors que toute organisation a besoin de suivre une direction. D'ailleurs, comme le chat de Cheshire le dit si bien à Alice, le chemin à emprunter « dépend principalement d'où l'on souhaite arriver ». Néanmoins, des critiques se font sentir sur les hypothèses sous-jacentes à la planification formelle[1].

La planification peut être source de rigidité

Les efforts de planification formelle peuvent enfermer une organisation dans un cadre strict d'objectifs et de dates spécifiques. Au moment de fixer ces objectifs, l'idée était peut-être que la situation ne changerait pas d'ici à leur réalisation. Au cas où l'hypothèse se révèle inexacte, les managers se retrouvent en difficulté s'ils ne savent pas faire preuve de souplesse, voire s'écarter totalement du plan initial. Il est en effet risqué de vouloir suivre à tout prix un chemin tracé si le paysage change. Chacun sait que la plupart des organisations sont aujourd'hui confrontées à des changements dynamiques. S'il est faux de penser que l'environnement restera le même, comment établir des plans ? Le caractère aléatoire et imprévisible des affaires rend indispensables deux qualités : savoir gérer le chaos et transformer les problèmes en opportunités, d'où le besoin de flexibilité que des plans stricts n'offrent pas.

Les plans formels ne peuvent remplacer l'intuition et la créativité

Une organisation qui fonctionne le doit généralement à la vision d'une personne. Le fait est qu'avec le temps, cette vision prend une allure officielle et les efforts de planification répondent à une méthodologie : rechercher les capacités et possibilités de l'organisation et les analyser de façon mécanique, ce qui réduit la vision initiale à une routine programmée. Prenez l'exemple d'Apple Computer, si prospère à la fin des années 1970 et dans les années 1980, en partie grâce à la créativité et la position antisystème de Steve Jobs, l'un de ses cofondateurs. Lorsque l'entreprise a grandi, ce même Jobs s'est tourné vers un management plus formel ; il a nommé un P.-D.G., lequel l'a quelque temps après tout bonnement évincé de sa propre compagnie. Suite à ce départ forcé, la structure gagna en rigidité, ce que Jobs considérait justement comme un frein à la créativité. Il fallut attendre 1997 pour que

Steve Jobs revienne en force, et surtout 2000 où il fut à nouveau nommé président-directeur général de plein droit.

La planification accorde la priorité à la concurrence d'aujourd'hui et non à la survie de demain

La tendance est de planifier pour exploiter au maximum les possibilités du moment, ce qui laisse peu de marge pour créer ou réinventer un secteur d'activité. Les plans élaborés peuvent donc conduire à des impairs et à des dépenses pour compenser un retard alors que les autres ont plusieurs longueurs d'avance. Parfois, certaines entreprises ont réussi en se jetant à l'eau et en mettant sur pied des activités au fil de leur progression, sans cadre d'action précis.

La planification formelle renforce la réussite, mais peut faire baisser la vigilance

Dans la tradition nord-américaine, la théorie veut qu'un succès en amène un autre : en gros, si quelque chose fonctionne bien, il est essentiel de ne surtout pas y toucher. Pourtant, la pratique ne donne pas toujours raison à cette idée et une réussite initiale peut conduire à un échec final, dès lors que l'on se situe dans un environnement aléatoire. Certes, il est difficile de modifier ou d'abandonner ce qui fonctionne, c'est-à-dire de perdre cette tranquillité et d'affronter l'inconnu. Toutefois, les plans qui marchent procurent parfois un sentiment erroné de sécurité et une confiance exagérée. Dans ce cas, la porte sur l'inconnu n'est ouverte qu'une fois au pied du mur. Il est peut-être alors trop tard.

1.3. La planification rend-elle les organisations plus performantes ?

Établir des plans revient-il à marquer davantage de points ou à gérer davantage de problèmes ?

En dépit des critiques formulées à l'égard de la planification, il ressort que les organisations doivent se prêter à ce jeu, sans pour autant y voir une garantie de performances accrues.

Nombre d'études se sont penchées sur le lien entre planification et performances[3]. Les conclusions sont les suivantes : oui, planification rime généralement avec augmentation des bénéfices, meilleure rentabilité et autres avantages financiers. De plus, la qualité et la mise en œuvre des plans jouent plus sur les performances que leur portée. S'il n'y a pas gain de performances enfin, seul l'environnement est responsable (par exemple, lois ou contraintes qui réduisent la marge de manœuvre).

2. Le management stratégique

McDonald's prévoit d'ouvrir 40 restaurants supplémentaires en Inde, Starbucks propose une nouvelle gamme de produits sains et Tata Motors Ltd. introduit les marques automobiles Jaguar et Land Rover sur le marché indien afin de concurrencer BMW, Audi et Daimler[2]. Voici quelques actualités économiques parues en l'espace d'une seule semaine, qui traitent toutes de la stratégie d'entreprise et qui montrent que le management stratégique fait désormais partie du travail quotidien des managers.

2.1. Qu'est-ce que le management stratégique ?

Le **management stratégique** concerne l'ensemble des activités qui permettent de développer la **stratégie** d'une organisation. Qu'est-ce que la stratégie d'une organisation ? Il s'agit d'un ensemble de plans définissant comment l'entreprise cherche à atteindre ses objectifs, les sources de ses avantages concurrentiels ainsi que sa façon d'attirer et de satisfaire ses clients.

Management stratégique — Ensemble des activités qui permettent de développer la stratégie d'une organisation.

Stratégie — Ensemble de plans définissant comment l'entreprise cherche à atteindre ses objectifs, les sources de ses avantages concurrentiels ainsi que sa façon d'attirer et de satisfaire ses clients.

2.2. Quelle est l'importance du management stratégique ?

Le management stratégique constitue l'une des raisons qui expliquent la différence de performance entre entreprises qui évoluent dans le même environnement. De nombreuses études ont démontré un lien positif entre planification stratégique et performance[3]. En général, les entreprises qui planifient leur stratégie ont des performances financières supérieures à celles qui n'ont pas mis en place de plans stratégiques.

La deuxième raison est liée au fait que les managers de tout type d'organisation font aujourd'hui face à des environnements en permanente mutation (voir chapitre 3). Le processus de management stratégique peut les aider à faire face à cette incertitude en analysant de façon rigoureuse les facteurs pertinents dans un processus de planification.

Finalement, le management stratégique joue un rôle important face à la complexité et à l'hétérogénéité des organisations contemporaines. Les différentes parties doivent collaborer afin d'atteindre les objectifs de l'organisation, et le management stratégique peut permettre de faciliter la coordination en identifiant des objectifs et des priorités pour l'entreprise dans son ensemble.

Le management stratégique ne s'applique pas uniquement aux entreprises à but lucratif. Toute organisation, y compris l'administration, les hôpitaux, les établissements d'enseignement supérieur et les services sociaux, a besoin de se positionner face à son environnement, de connaître ses objectifs à moyen terme, et de savoir de quelle façon ses objectifs devraient être atteints.

2.3. Quelles sont les étapes du processus de management stratégique ?

Le **processus de management stratégique** (voir le document 5.2) est un processus en six étapes qui comprend la planification, la mise en œuvre et l'évaluation de la stratégie. Bien que les quatre premières étapes font partie de la planification, il ne faut pas laisser de côté la mise en œuvre et l'évaluation. Elles sont aussi importantes ! Même les meilleures stratégies peuvent échouer si la direction ne les exécute ou ne les évalue pas correctement.

Document 5.2 – Le processus de management stratégique.

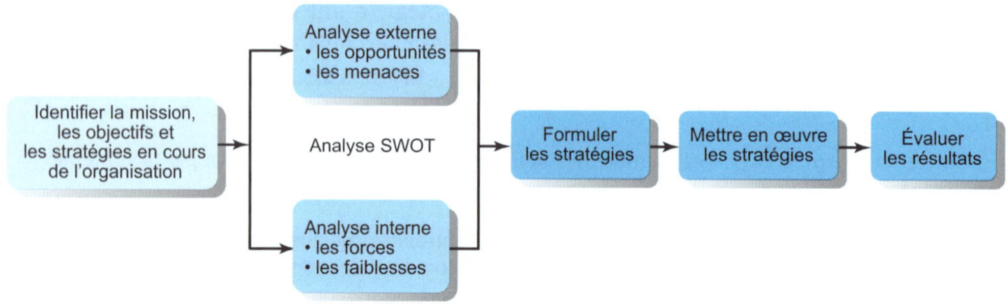

Processus de management stratégique — Processus en six étapes, dont la planification, la mise en œuvre et l'évaluation.

Étape 1 : Identifier la mission, les objectifs et les stratégies existantes de l'organisation

Chaque organisation a besoin d'une mission, c'est-à-dire d'une déclaration de sa raison d'être. Le fait de définir la mission oblige le manager à identifier ce qui doit être fait. Par exemple, la mission d'Avon est « d'être la compagnie qui comprend et satisfait le mieux le besoin des femmes en produits, services et épanouissement de soi au niveau mondial ». La mission de Facebook est d'être « un utilitaire social qui vous connecte aux personnes de votre entourage ». La mission de la Fondation nationale du Cœur en Australie est « de réduire les souffrances et les décès dus aux maladies du cœur et des vaisseaux sanguins en Australie ».. Ces déclarations fournissent des indications sur les objectifs des organisations. Le document 5.3 décrit quelques composantes typiques d'une bonne mission stratégique.

Document 5.3 – Aspects d'une mission stratégique.

Les clients : Qui sont les clients de l'organisation ?
Les marchés : Dans quelles régions du monde l'organisation est-elle en concurrence ?
L'intérêt pour la survie, l'accroissement et la rentabilité : Est-ce que l'organisation s'est engagée dans l'accroissement et la stabilité financière ?
La philosophie : Quelles sont les croyances premières, les valeurs et les priorités éthiques de l'organisation ?
L'intérêt pour l'image publique : L'organisation s'intéresse-t-elle aux problèmes sociétaux et environnementaux ?
Les produits ou les services : Quels sont les principaux produits ou services proposés par l'organisation ?
Les technologies : L'organisation est-elle à la pointe de la technologie ?
L'autoévaluation : Quels sont les principaux avantages compétitifs et les compétences clés de l'organisation ?
L'intérêt pour les employés : Les employés représentent-ils un atout précieux pour l'organisation ?
Source : Fondé sur F. David, *Strategic Management*, Upper Saddle River, NJ : Prentice Hall, 2007, p. 70, 11e éd.

Mission stratégique — Définition de la raison d'être d'une organisation.

Il est par ailleurs important pour le manager de pouvoir identifier les objectifs et les stratégies actuels afin d'avoir un point d'appui pour évaluer si ceux-ci doivent être changés.

Étape 2 : L'analyse externe

Nous avons parlé de l'environnement externe dans le chapitre 2. Analyser cet environnement constitue une étape importante dans le processus de management stratégique. Le manager fait une analyse externe pour connaître, par exemple, comment se porte la compétition, quelle nouvelle législation pourrait affecter l'organisation, ou quelle est la main-d'œuvre disponible dans les endroits où l'organisation est implantée. Dans une analyse externe, le manager doit examiner l'environnement spécifique et général pour comprendre les tendances et les changements.

Dès qu'il a analysé l'environnement, le manager doit déterminer les opportunités que l'organisation peut exploiter et les menaces contre lesquelles elle doit se prémunir. Dans l'environnement externe, les **opportunités** sont des tendances positives tandis que les **menaces** sont des tendances négatives.

Opportunités — Tendances positives dans l'environnement externe.

Menaces — Tendances négatives dans l'environnement externe.

Étape 3 : L'analyse interne

L'analyse interne fournit des renseignements importants sur les ressources spécifiques et les capacités d'une organisation. Les **ressources** d'une organisation sont les moyens (financiers, physiques, humains et immatériels) qu'elle emploie pour développer, fabriquer et livrer des produits à ses clients. Il s'agit de ce que possède l'organisation. Ses **capacités** sont les compétences et le savoir-faire dont dispose l'organisation pour accomplir son travail. Les capacités principales créant de la valeur ajoutée sont appelées **compétences clés**[4]. Les ressources et les compétences clés déterminent la position concurrentielle de l'organisation.

Après avoir accompli l'analyse interne, un manager devrait être capable d'identifier les forces et les faiblesses de l'organisation. Toutes les activités que l'organisation fait bien ou toutes les ressources uniques qu'elle possède s'appellent **forces**. Les **faiblesses** sont les activités qu'elle ne fait pas bien ou les ressources dont elle a besoin et qu'elle ne possède pas.

La combinaison d'analyse externe et interne s'appelle **analyse SWOT** parce qu'elle représente les forces (*strengths*), les faiblesses (*weaknesses*), les opportunités (*opportunities*) et les menaces (*threats*) de l'organisation. Après avoir accompli l'analyse SWOT, le manager est prêt à formuler des stratégies appropriées, c'est-à-dire des stratégies qui (1) exploitent les forces et les opportunités externes d'une organisation, (2) protègent celle-ci des menaces externes ou (3) corrigent les faiblesses trop importantes.

Ressources — Les moyens qu'une organisation emploie pour développer, fabriquer et livrer des produits à ses clients.

Capacités — Les compétences et le savoir-faire dont dispose l'organisation pour accomplir son travail

Compétences clés — Les capacités principales créant de la valeur ajoutée pour une organisation.

Forces — Toutes les activités que l'organisation fait bien et toutes les ressources uniques qu'elle possède.

Faiblesses — Les activités que l'entreprise ne fait pas bien et les ressources dont elle a besoin et qu'elle ne possède pas.

Analyse SWOT — Combinaison des analyses internes et externes.

Étape 4 : Formuler des stratégies

À ce stade, le manager doit considérer les réalités de l'environnement externe ainsi que les ressources et les capacités disponibles, puis préparer des stratégies qui aideront l'organisation à atteindre ses objectifs. Il existe trois principaux types de stratégie que le manager pourra formuler : stratégie d'entreprise (*corporate strategy*), stratégie concurrentielle (*competitive strategy*) et stratégie fonctionnelle (*functional strategy*). Nous décrirons chacune d'elles plus loin.

Étape 5 : Mettre en œuvre les stratégies

Dès que les stratégies sont formulées, elles doivent être mises en œuvre. Peu importe si l'organisation a planifié ses stratégies de façon efficace ou non, les performances ne seront pas bonnes si ces stratégies ne sont pas correctement exécutées.

Étape 6 : Évaluer les résultats

C'est l'étape finale du processus de management stratégique. Elle permet de voir si les stratégies ont permis à l'organisation d'atteindre ses objectifs et si des ajustements sont nécessaires. Par exemple, quand Anne Mulcahy, l'ancienne directrice générale de Xerox, a été nommée à ce poste, elle a évalué le résultat des stratégies précédentes et compris que des changements étaient nécessaires. Elle a effectué des ajustements stratégiques (vente d'actifs et réorganisation du management) pour récupérer des parts de marché et améliorer le résultat net de l'entreprise.

2.4. Quels sont les principaux types de stratégies ?

L'organisation a besoin de formuler des stratégies à tous les niveaux : stratégie d'entreprise, stratégie concurrentielle et stratégie fonctionnelle (voir document 5.4).

Document 5.4 – Niveaux de stratégies.

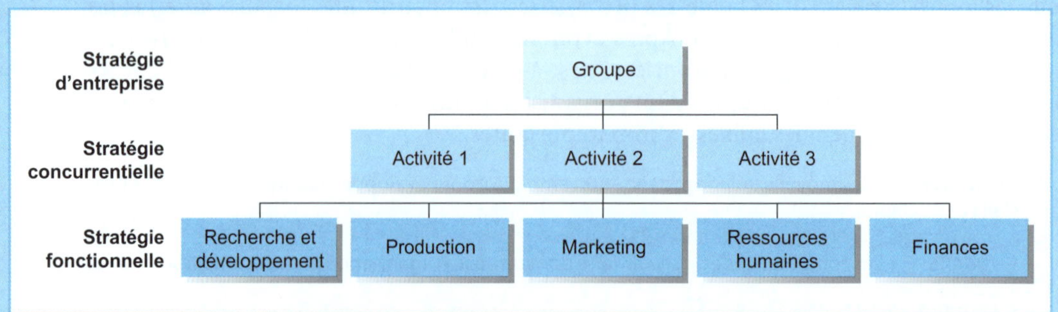

La stratégie d'entreprise

La **stratégie d'entreprise** (*corporate strategy*) définit les domaines d'activité actuels et futurs d'une organisation, ainsi que le développement de ses activités. Elle se fonde sur la mission et les objectifs de l'organisation, ainsi que sur le rôle que chacune de ses activités joue pour l'organisation dans son ensemble. L'exemple de PepsiCo permet d'illustrer ces deux aspects : de sa mission – être leader mondial dans le domaine de l'alimentation et des boissons de consommation courante – découle sa stratégie d'entreprise d'investissement dans une multitude d'activités y compris les boissons sans alcool, les snacks et les céréales. La stratégie d'entreprise implique ensuite une décision concernant la trajectoire de ces activités autour de trois orientations principales : stratégie de croissance, stratégie de stabilité et stratégie de renouvellement.

Stratégie de croissance

On parle de **stratégie de croissance** lorsqu'une entreprise cherche à élargir le nombre de marchés ou de produits proposés à travers ses activités existantes ou en développant de nouvelles activités. La stratégie de croissance vise une augmentation du chiffre d'affaires, ou du nombre de collaborateurs ou de parts de marché. Elle s'appuie sur la concentration, l'intégration verticale, l'intégration horizontale ou la diversification.

> *Stratégie de croissance* — Stratégie dans laquelle l'organisation cherche à élargir le nombre de marchés ou de produits proposés à travers ses activités existantes ou en développant de nouvelles activités.

Une organisation dont la croissance s'appuie sur le processus de concentration poursuit ses activités dans son domaine principal tout en augmentant la quantité de produits disponibles ou de marchés desservis.

Prenons l'exemple de Beckman Coulter Inc. une entreprise implantée à Fullerton en Californie. Ses revenus annuels atteignent près de 3,1 milliards de dollars. C'est grâce à la concentration qu'elle est devenue l'une des plus grandes entreprises mondiales dans le domaine médical (diagnostics et équipement de recherche).

Une compagnie peut choisir de procéder par *intégration verticale*, que ce soit en amont, en aval ou dans les deux sens. Dans le cadre d'une intégration de ce type en amont, l'organisation devient son propre fournisseur et peut donc contrôler ses entrées. C'est par exemple le cas eBay qui détient une entreprise de paiement en ligne, ce qui lui permet de proposer des transactions sécurisées et de contrôler l'une des étapes les plus importantes de son activité.

Dans l'intégration verticale en aval, l'organisation devient son propre distributeur et peut ainsi contrôler ses sorties. Apple possède par exemple 260 magasins destinés à distribuer ses produits.

Intéressons-nous également à l'*intégration horizontale* qui permet à une entreprise de croître en s'associant à ses concurrents. L'Oréal, le géant français des cosmétiques, a par exemple racheté The Body Shop. L'intégration horizontale a été utilisée dans un grand nombre de secteurs ces dernières années : services financiers, biens de consommation, compagnies aériennes, grands magasins et logiciels entre autres. Aux États-Unis, la *Federal Trade Commission* est chargée de surveiller de près ces intégrations afin de garantir que la baisse de la concurrence ne nuit pas aux consommateurs. Il existe d'autres systèmes de surveillance dans d'autres pays. Les responsables d'Oracle Corporation ont par exemple dû obtenir une autorisation de la Commission européenne (le « chien de garde » de l'Union européenne) avant de pouvoir acheter un de leurs concurrents, le fabricant de logiciels d'entreprise PeopleSoft.

Ajoutons pour conclure qu'une organisation peut également doper sa croissance grâce à une stratégie de *diversification*, qu'elle soit interne ou externe. La diversification interne concerne l'acquisition d'entreprises de secteurs différents, mais toutefois liés. Par exemple, *American Standard Companies* possède tout un ensemble d'entreprises allant de l'équipement de salle de bains à l'air conditionné en passant par les chaudières, la plomberie et les freins pneumatiques pour poids lourds. Même si toutes ces activités semblent n'avoir aucun rapport les unes avec les autres, elles sont en adéquation avec la stratégie de l'entreprise : privilégier des techniques de fabrication efficaces qui ont été développées autour de l'activité principale (l'équipement de salle de bains) avant d'être transférées aux autres activités. On parle de diversification externe quand une entreprise s'associe à d'autres entreprises de secteurs différents qui n'ont aucun lien avec les activités de départ. En Inde, par exemple, Tata Group possède des entreprises implantées dans tous les secteurs suivants : produits chimiques, télécommunications et informatique, biens de consommation, énergie, ingénierie, matériaux et services. Là encore, ce mélange paraît hétéroclite, mais dans ce cas précis il ne s'agit pas d'une alliance stratégique entre les entreprises.

La stratégie de stabilité.

Dans les périodes d'instabilité économique, nombreuses sont les entreprises qui préfèrent maintenir un *statu quo*. On appelle cela la **stratégie de stabilité**. Il s'agit d'une stratégie d'entreprise qui consiste à préserver les activités existantes. Voici quelques exemples d'application de cette stratégie : continuer de servir les mêmes clients en proposant les mêmes produits ou services, conserver ses parts de marché, poursuivre les activités actuelles. L'entreprise ne va pas croître, mais elle ne va pas décliner non plus.

La stratégie de renouvellement.

En 2008, General Motors a perdu près de 31 milliards de dollars après une première perte de 38,7 milliards en 2007. Sprint-Nextel a perdu près de 2,8 milliards, et de nombreuses entreprises implantées dans les secteurs de la finance et de l'immobilier ont rencontré de graves difficultés économiques. Quand une entreprise est en danger, il faut réagir. Les responsables ont besoin de stratégies qui vont leur permettre de remédier à la baisse des performances. On appelle cela des **stratégies de renouvellement**, et elles se divisent en deux types principaux. La *stratégie de retrait* est une stratégie à court terme à laquelle on peut avoir recours pour régler des problèmes de performance mineurs. Cela permet de stabiliser les activités, de revitaliser les ressources et les compétences organisationnelles, et de se préparer à affronter de nouveau la concurrence. En cas de problèmes plus sérieux, l'entreprise peut s'orienter vers une *stratégie de restructuration* pour prendre des mesures drastiques. Ces deux stratégies de renouvellement permettent aux responsables d'entreprendre deux actions : réduire les coûts et restructurer les activités de l'entreprise. Dans une stratégie de restructuration, ces mesures vont cependant plus loin que dans une stratégie de retrait.

Stratégie de stabilité — Stratégie avec laquelle l'organisation cherche à maintenir ses activités.

Stratégie de renouvellement — Stratégie avec laquelle l'entreprise cherche à faire face à une perte de performance.

La stratégie concurrentielle

La stratégie concurrentielle (*competitive strategy*) définit comment une organisation positionne ses activités au sein de leurs environnements concurrentiels respectifs. La stratégie concurrentielle d'une petite organisation peu diversifiée décrira comment cette entreprise se positionnera sur son marché principal. Lorsqu'une entreprise poursuit de multiples activités, chaque d'entre elles suivra sa propre stratégie concurrentielle qui définira les fondements de son avantage concurrentiel, les produits ou services proposés, les clients ciblés, etc. Le groupe LVMH a par exemple défini des stratégies concurrentielles différentes pour ses multiples activités qui incluent, entre autres, les accessoires en cuir Louis Vuitton, le parfumeur Guerlain, les montres TAG Heuer et le champagne Dom Perignon. Ces activités relativement indépendantes qui suivent leur propre stratégie concurrentielle sont souvent appelées unités d'activités stratégiques (*strategic business units, SBUs*).

L'importance de l'avantage concurrentiel

Michelin se distingue par sa parfaite maîtrise du processus, technologiquement complexe, de production de pneumatiques haut de gamme. Coca-Cola s'est appuyé sur ses compétences de marketing pour créer une marque mondialement connue. Les hôtels Ritz-Carlton se différencient par leur capacité à fournir un service de qualité exceptionnelle. Chacune de ces entreprises a réussi à créer un avantage concurrentiel.

Le développement d'une stratégie concurrentielle efficace nécessite l'identification d'un **avantage concurrentiel** qui permet à l'entreprise de se distinguer, de se différencier de ses concurrents. La capacité de différenciation repose sur les compétences clés de l'organisation, autrement dit sur sa capacité à faire quelque chose que les autres ne savent pas faire ou de le faire mieux que les autres. La compagnie aérienne EasyJet, par exemple, s'est initialement distinguée par sa capacité à répondre à la demande de clients qui recherchent des vols pratiques et à faible coût. Pour d'autres entreprises, l'avantage concurrentiel peut être lié à ses ressources – des ressources dont dispose l'entreprise et que ses concurrents n'ont pas. Dans la grande distribution, par exemple, l'existence d'un système d'information qui permet de suivre en temps réel les stocks et les approvisionnements en cours, et de gérer ainsi de façon plus efficace les relations avec les fournisseurs, peut constituer un avantage important en matière de coûts et de réactivité.

> *Avantage concurrentiel* — Ce qui permet à l'entreprise de se distinguer, de se différencier de ses concurrents.

Comment choisir une stratégie concurrentielle ?

Parmi les grands experts en formulation de stratégies se distingue Michael Porter, de la Harvard Business School[5]. Sa théorie laisse aux managers le choix entre trois stratégies concurrentielles génériques, l'idée étant qu'aucune entreprise ne peut excéder un niveau moyen de rentabilité en essayant d'être présente sur tous les fronts[6]. Au lieu de cela, l'organisation doit adopter une stratégie concurrentielle qui lui offre un avantage différent, en exploitant ses forces et celles du secteur. Selon Porter, le choix peut se faire entre la domination par les coûts, la différenciation et la focalisation.

La **stratégie de domination par les coûts** consiste à se positionner comme le fabricant ou le distributeur le moins cher d'un secteur. La réussite est liée au fait d'être meilleur marché, tout en offrant un produit ou un service comparable à la concurrence (ou du moins acceptable). Pour s'assurer cet avantage, le secret est un fonctionnement efficace, des économies d'échelle, l'innovation technologique, une main-d'œuvre bon marché ou un accès privilégié à des matières premières. Exemples d'entreprises ayant appliqué cette stratégie : Tati, Leader Price, Easy Jet, Bic, Lada.

Stratégie de domination par les coûts — Stratégie concurrentielle fondée sur un avantage de coûts.

En revanche, l'entreprise cherchant à se distinguer des autres aux yeux des clients suit quant à elle une **stratégie de différenciation**, avec une priorité pour la qualité de premier ordre, un service irréprochable, un design innovant, des capacités technologiques ou une image de marque inhabituelle. L'attribut choisi doit être différent de ceux des concurrents et suffisamment convaincant pour justifier un prix dépassant le coût de la différenciation. Les entreprises ayant trouvé au moins un attribut les démarquant des autres ne manquent pas : Appel (design), Mercedes (fiabilité), Canal Plus (offre) et Best Western Hotels (service).

Stratégie de différenciation — Stratégie concurrentielle fondée sur des produits ou services uniques et appréciés par les clients.

Les deux premières stratégies visent un avantage concurrentiel dans une large gamme de segments de marché. Pour sa part, la **stratégie de focalisation** donne la priorité au coût ou à la différenciation dans un segment réduit : le management choisit un segment ou un groupe de segments dans un secteur d'activité (par exemple, variété des produits, type d'acheteur final, canal de distribution ou emplacement géographique de la clientèle) et adapte la stratégie de façon à tout miser sur ce ou ces segments. Le but est d'exploiter un segment de marché étroit ; toutefois, la viabilité de cette stratégie dépend de la taille du segment en question et du fait que l'organisation puisse assumer les coûts extra engendrés. Par exemple, l'entreprise Doublet S.A. a appliqué une stratégie de focalisation en devenant le leader mondial de la fabrication de drapeaux. De même, le fabricant de plats cuisinés Stouffer a utilisé une stratégie de focalisation sur les coûts pour sa ligne Lean Cuisine, afin d'attirer des clients mangeant allégé et souhaitant allier qualité élevée et commodité.

Stratégie de focalisation — Stratégie suivie pour dégager un avantage dans un segment de marché réduit.

Qu'advient-il alors d'une organisation qui ne peut adopter aucune de ces stratégies ? Pour Porter, ce cas de figure est typique des entreprises s'enlisant dans la *voie médiane* et pour lesquelles la réussite à long terme est difficile à concrétiser.

Maintenir son avantage concurrentiel

Chaque organisation dispose de ressources et de capacités. Comment se fait-il alors que certaines organisations ont plus de succès que d'autres ? Pourquoi certaines équipes de rugby se trouvent-elles régulièrement sur le podium ? Comment certaines entreprises ont-elles réussi à mettre en place des dynamiques de croissance profitable ? Et pourquoi certaines écoles semblent toujours sortir du lot ? Voici l'une des réponses à ces questions : beaucoup d'organisations sont incapables d'utiliser leurs ressources de façon efficace et de développer les compétences clés sur lesquelles elles pourraient fonder un avantage concurrentiel. De plus, il ne suffit pas d'établir un avantage concurrentiel. L'organisation doit également être capable de le maintenir, autrement dit de le défendre et de le renouveler face aux activités des concurrents et par rapport à un environnement externe en évolution. Des crises économiques, des innovations technologiques et d'autres défis peuvent menacer l'effort de créer un avantage concurrentiel durable. Dans ce contexte, le management stratégique aide les managers à mieux positionner leurs organisations et à développer un avantage concurrentiel durable.

La stratégie fonctionnelle

Les **stratégies fonctionnelles** représentent le dernier type de stratégies utilisées et concernent les départements fonctionnels de l'organisation comme, par exemple, recherche et développement, systèmes d'information ou gestion des ressources humaines. Elles orientent les décisions dans ces domaines et permettent ainsi de soutenir les deux autres niveaux de la stratégie. Lorsque l'entreprise Starbucks s'est par exemple trouvée face à une concurrence de plus en plus forte de la part de McDonald's, elle a cherché à garder son avance à travers ses stratégies de marketing, de développement de produits, et de service clients. Nous n'allons pas approfondir ici ces stratégies fonctionnelles car elles font l'objet d'enseignements spécialisés dans les différentes disciplines des sciences de gestion.

2.5. Quels moyens stratégiques les entreprises peuvent-elles déployer ?

Pour se différencier de leurs concurrents, les entreprises emploient de multiples moyens, y compris le service clients, la formation et la fidélisation des collaborateurs, l'innovation et la qualité. Nous avons déjà abordé la question du service clients, et nous parlerons des collaborateurs dans les chapitres suivants. Pour la question de l'innovation, nous vous conseillons de voir l'encadré ci-dessous, « Le manager et la technologie ». Il nous reste donc à aborder la question de la qualité.

La qualité en tant que moyen stratégique

Le nombre d'organisations suivant les préceptes de la qualité pour dégager un avantage concurrentiel va augmentant[7]. Proportionnellement à sa capacité à répondre aux besoins de qualité de sa clientèle, une entreprise peut donc se démarquer de ses rivaux et fidéliser durablement ses clients. De plus, l'amélioration constante de la qualité et de la fiabilité des produits et services offerts finit par rendre intouchable l'avantage concurrentiel ainsi forgé. Par exemple, les innovations de produits ont peu de chance de permettre de conserver un avantage concurrentiel, car elles peuvent généralement être rapidement copiées. À l'inverse, l'amélioration graduelle peut s'inscrire comme un élément totalement intégré dans le processus opérationnel d'une organisation et générer ainsi, de façon cumulative, un avantage véritablement distinctif.

En quoi le benchmarking permet-il d'améliorer la qualité ?

Le **benchmarking** (ou étude comparative) implique la recherche systématique et ciblée des meilleures pratiques que des entreprises – concurrentes ou non – utilisent pour accroître leurs performances[8]. Pour améliorer la qualité qu'il offre, le management analyse puis copie les méthodes des leaders d'un domaine, ce qui fait de cette démarche une forme bien précise d'analyse de l'environnement.

Benchmarking (étude comparative) — Recherche des meilleures pratiques que des entreprises concurrentes ou non utilisent pour accroître leurs performances.

En 1979, Xerox entreprend aux États-Unis ce qui est unanimement considéré comme le premier benchmarking de référence. Jusqu'alors, les Japonais ont imité les recettes gagnantes des autres en voyageant par le monde, en observant ce qui s'y faisait et en revenant dans leur pays enrichis d'un nouveau savoir-faire pour améliorer leurs produits et processus. En face, les managers de Xerox ne comprennent pas comment les fabricants nippons peuvent vendre sur le marché américain des photocopieurs moitiés moins volumineux et à un coût de production bien inférieur au leur. Les responsables de la production envoient donc une équipe au Japon pour mener une étude détaillée des coûts et processus de leurs homologues. La plupart des informations sont obtenues *via* le propre joint-venture de Xerox, Fuji-Xerox, bien au fait de la concurrence. Et quelle n'est pas la surprise de l'équipe Xerox de découvrir que leurs concurrents japonais ont des années-lumière d'avance sur eux en termes d'efficacité. Grâce à des comparaisons point par point de leurs meilleures pratiques, Xerox a pu revenir dans la course sur le marché du photocopieur. De nombreuses organisations font appel au benchmarking aujourd'hui. Lorsque Carlos Goshn était P.-D.G. de Nissan, il avait entrepris un benchmarking des pratiques d'achat, de transport et de logistique de Wal-Mart. L'entreprise Southwest Airlines, quant à elle, a étudié des équipes de mécaniciens de Formule 1 pour trouver des façons d'accélérer la préparation de leurs avions[9].

Le manager et la technologie

Le lien entre technologie et stratégie

Quelle importance les technologies de l'information ont-elles pour la stratégie de l'entreprise[10] ? Elles sont très importantes, comme vont le montrer les deux exemples qui suivent ! Caesars Entertainment Corporation, la plus grande entreprise mondiale dédiée au jeu, est à juste titre obnubilée par le service clients. Les recherches menées par la société ont montré que les clients qui étaient satisfaits des services proposés dans les casinos Caesars augmentaient leurs dépenses de 10 % et, pour ceux qui étaient extrêmement satisfaits, ce chiffre grimpait même jusqu'à 24 %. Cette découverte capitale concernant le lien entre le service clients et les dépenses a pu être établie grâce à un système d'information très sophistiqué. Les outils informatiques des entreprises ne permettent cependant pas toujours d'obtenir des retombées aussi favorables, ainsi que le montre l'exemple suivant ! Dans le plus grand magasin Prada de Manhattan, les concepteurs de la boutique espéraient créer une « expérience shopping totalement nouvelle » associant « architecture de pointe et service clients digne du XXIe siècle ». C'était donc la stratégie initiale. Prada a investi près d'un quart du budget de cette nouvelle boutique dans l'informatique, et notamment dans des réseaux sans fil reliés à une base de données inventaire. L'idée, c'était que les vendeurs pourraient parcourir la boutique armés de PDA pour pouvoir vérifier si les articles étaient en stock. Les cabines d'essayage étaient elles aussi censées être équipées d'écrans tactiles pour que les clients puissent faire de même. Les événements ne se sont pourtant pas déroulés comme prévu. L'équipement n'a pas fonctionné correctement et les vendeurs ont été submergés par les clients et les problèmes techniques. Sans surprise, cet investissement de plusieurs millions ne s'est pas révélé concluant sur le plan stratégique. Des outils informatiques performants peuvent pourtant constituer des outils très puissants en termes de stratégie pour une entreprise !

3. Comment définir des objectifs et développer des plans ?

La planification comprend deux éléments importants : les objectifs et les plans. Les **objectifs** désignent des résultats attendus. Ils orientent les décisions des managers et servent de critères pour mesurer la performance. Les **plans** sont des documents qui décrivent comment on souhaite atteindre les objectifs : y figurent normalement l'allocation de ressources, les budgets, la planification des tâches et toute autre activité qui est nécessaire pour atteindre les objectifs. Lorsqu'un manager planifie, il développe à la fois des objectifs et des plans.

3.1. Quels types d'objectifs les entreprises ont-elles et comment sont-ils établis ?

On peut avoir l'impression que les entreprises ne se fixent qu'un seul objectif : générer du profit pour les entreprises commerciales, et répondre aux besoins des groupes constitutifs pour les organisations à but non lucratif. Mais pour réussir, une entreprise doit en fait avoir des objectifs multiples et c'est d'ailleurs le cas de la plupart d'entre elles. Elles peuvent par exemple avoir pour objectif d'augmenter leurs parts de marché, d'entretenir la motivation des employés ou de mettre en place des pratiques plus respectueuses de l'environnement. On peut comparer cela aux lieux de culte qui accueillent les fidèles tout en aidant financièrement les membres les plus défavorisés de la communauté et en offrant un lieu d'échange social au sein de la congrégation.

Types d'objectifs

Les objectifs de la plupart des entreprises peuvent être répartis en deux catégories : stratégiques ou financiers. Les objectifs financiers sont bien sûr liés aux performances financières de l'entreprise, tandis que les objectifs stratégiques sont liés à ses performances dans tous les autres domaines. Prenons l'exemple de McDonald's : l'objectif financier consiste à faire passer la moyenne des ventes et du revenu annuel de 3 % à 5 % et les revenus d'exploitation de 6 % à 7 %, et à obtenir un retour élevé sur le capital investi[11]. La demande suivante du P.-D.G. de Nissan constitue un autre exemple d'objectif stratégique : la GT-R Supercar doit égaler ou dépasser les performances de la Porsche 911 Turbo[12]. Il s'agit des **objectifs déclarés**, à savoir des déclarations que fait l'entreprise en ce qui concerne ses objectifs officiels, adressées notamment aux parties prenantes. Ces objectifs déclarés (qui sont repris dans la charte, le rapport annuel et les annonces destinées au public) sont pourtant souvent contradictoires et en général influencés par l'opinion des diverses parties prenantes vis-à-vis de la direction que devrait prendre l'entreprise. Ces déclarations sont parfois vagues et servent sans doute davantage à démontrer les talents de la direction en matière de gestion des relations publiques plutôt qu'à guider l'entreprise dans ses ambitions. Il n'est donc pas surprenant de constater que les objectifs déclarés d'une entreprise ne sont souvent pas en adéquation avec les actions entreprises par cette dernière[13].

Si l'on veut savoir quels sont les **objectifs réels** (ceux que la société cherche effectivement à atteindre), il faut observer les actions entreprises par les différents membres. Ce sont elles qui définissent les priorités. Savoir qu'il peut exister un décalage entre les objectifs réels et les objectifs déclarés est important si l'on veut comprendre ce qui pourrait dans le cas contraire sembler incohérent.

Objectifs — Cibles ou résultats souhaités.

Plans — Documents indiquant la marche à suivre pour atteindre les objectifs.

Objectifs déclarés — Documents officiels dans lesquels l'entreprise déclare quels sont ses objectifs à l'intention des parties prenantes.

Établir les objectifs

Comme cela a été dit plus tôt, les objectifs indiquent l'orientation suivie par la direction pour l'ensemble des décisions et actions proposées, ainsi que les critères qui seront pris en compte pour mesurer les performances. Tous les membres de l'organisation doivent s'efforcer d'atteindre les objectifs. Ces derniers peuvent être établis par le biais de méthodes traditionnelles ou en s'appuyant sur des techniques de MBO (*management by objectives*).

Méthode de définition traditionnelle des objectifs

Quand on a recours à une **définition traditionnelle des objectifs**, ces derniers sont fixés par les dirigeants et transmis à l'ensemble de l'organisation où ils deviennent des sous-objectifs pour chaque domaine organisationnel (voir document 5.5). Avec cette méthode plutôt classique, on sous-entend que ce sont les dirigeants qui savent ce qu'il y a de mieux à faire grâce à leur vision d'ensemble. Les objectifs transmis aux niveaux inférieurs permettent de guider les employés dans leur travail afin de les aider à atteindre les objectifs établis. Dans le secteur industriel par exemple, le président informe le responsable de la production de ses attentes en ce qui concerne les coûts de fabrication pour l'année à venir, puis il indique au responsable marketing quel est le niveau des ventes à atteindre au cours de l'année. Ces objectifs sont ensuite transmis aux autres niveaux organisationnels et rédigés de manière à refléter les responsabilités de chacun à son niveau, et ainsi de suite. Les performances seront ensuite évaluées afin de déterminer si les objectifs établis ont été atteints. C'est la manière dont les étapes sont censées se dérouler, mais en réalité cela ne se passe pas toujours comme prévu.

Document 5.5 – Méthode de définition traditionnelle des objectifs.

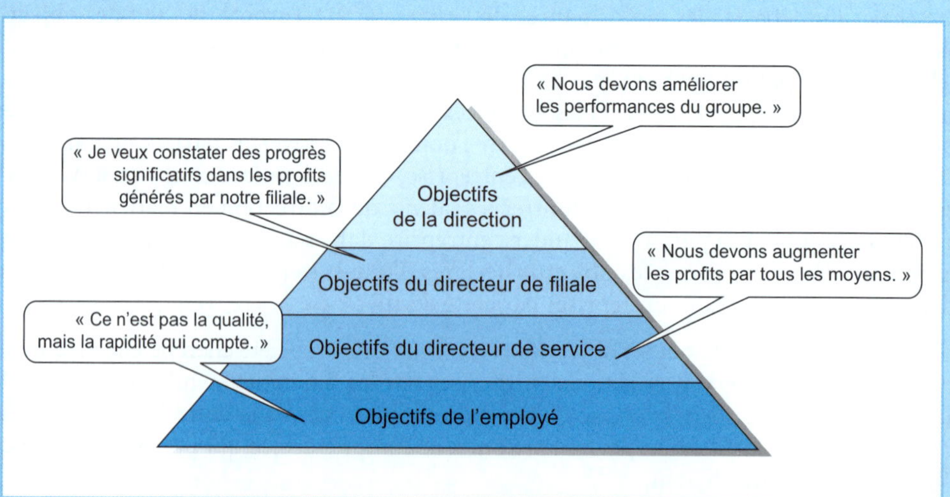

Transmettre des objectifs généraux à chaque service, à chaque équipe et à chaque employé est un processus qui peut se révéler difficile et frustrant.

Un autre problème peut survenir quand les objectifs sont fixés de manière traditionnelle : les dirigeants définissent les objectifs de manière générale (par exemple : générer des profits satisfaisants ou affirmer sa position en tant que leader sur le marché) et ces derniers doivent être spécifiés au fur et à mesure qu'ils sont transmis à l'ensemble de l'organisation. Les responsables de chaque service doivent les redéfinir et ils vont les interpréter et y apporter leurs propres idées afin qu'ils correspondent à la spécificité de leurs propres activités. On perd donc souvent en clarté au fur et à mesure que les objectifs sont transmis du sommet de l'organisation aux niveaux inférieurs. Cela n'est pourtant pas une fatalité.

Prenons l'exemple de l'entreprise mexicaine DJ Orthopedics, implantée à Tijuana. Les équipes peuvent constater quel est l'impact de leur travail quotidien par rapport aux objectifs de la société. Le responsable des ressources humaines affirme que « quand les gens perçoivent clairement l'impact de leur travail et qu'ils savent jour après jour ce qu'ils sont censés faire et de quelle manière ils peuvent atteindre les objectifs, cela renforce le lien entre l'entreprise et les tâches à accomplir[14]. »

Une fois que les priorités sont bien établies entre les divers objectifs de l'entreprise, comme c'est le cas chez DJ Orthopedics, on obtient un réseau d'objectifs intégrés, c'est-à-dire une **chaîne moyens-fins**. Les objectifs de niveau inférieur sont liés aux objectifs de niveau supérieur qu'ils vont aider à atteindre. En d'autres termes, les objectifs de niveau inférieur deviennent des moyens de répondre à ceux de niveau supérieur qui sont la finalité. Les objectifs sont ainsi atteints en remontant l'ordre de priorité à chaque niveau organisationnel de l'entreprise. C'est en théorie ainsi que fonctionne la méthode de définition traditionnelle des objectifs.

Management par objectifs

Plutôt que d'utiliser les méthodes traditionnelles de définition des objectifs, un certain nombre d'entreprises préfèrent avoir recours au **management par objectifs (ou MBO, *management by objectives*)**. Ce processus consiste à établir, d'un commun accord, les objectifs à atteindre et à s'appuyer sur ces derniers pour évaluer les performances des employés. Les responsables souhaitant privilégier cette approche devront discuter avec chacun des membres de leur équipe afin d'établir des objectifs ponctuels et de mesurer régulièrement les performances mises en œuvre pour les atteindre.

Les programmes de MBO comportent quatre éléments : spécificité des objectifs, prise de décision participative, durée limitée dans le temps et retour sur les performances[15]. Au lieu de s'appuyer sur les objectifs pour s'assurer que les employés font ce que l'on attend d'eux, le MBO se sert des objectifs pour les motiver. Ce qui rend cette méthode particulièrement attractive, c'est que les employés travaillent en vue d'atteindre des objectifs qu'ils ont aidé à établir.

Des études portant sur les programmes MBO existants ont révélé qu'ils peuvent améliorer les performances des employés ainsi que la productivité de l'entreprise. Une de ces analyses a par exemple permis d'affirmer que la quasi-totalité d'entre eux permettait d'augmenter la productivité[16]. Cela étant dit, le MBO a-t-il sa place dans les entreprises actuelles ? S'il est envisagé en tant que moyen d'établir les objectifs, alors la réponse est oui, puisque des études ont démontré que le fait de fixer des objectifs peut constituer une approche efficace pour motiver les employés[17].

Objectifs réels — Objectifs poursuivis par une entreprise tels que l'indiquent les actions entreprises par ses différents membres.

Méthode de définition traditionnelle des objectifs — Objectifs fixés par les dirigeants et transmis à l'ensemble de l'entreprise où ils deviennent des sous-objectifs pour chaque secteur organisationnel.

Chaîne moyens-fins — Système dans lequel les objectifs de niveau inférieur sont liés aux objectifs de niveau supérieur afin d'aider à les atteindre.

Management par objectifs (MBO) — Processus qui consiste à établir d'un commun accord les objectifs à atteindre et à s'appuyer sur ces derniers pour évaluer les performances des employés.

Caractéristiques des objectifs bien rédigés

Quelle que soit l'approche utilisée, les objectifs doivent être mis par écrit. Il est vrai que l'on décèle plus facilement quels sont les résultats attendus pour certains que pour d'autres et c'est pour cette raison que les responsables doivent clairement rédiger les objectifs. Le document 5.6 indique quelles sont les éléments à prendre en compte au moment de la rédaction[18]. Une fois ces éléments assimilés, les responsables pourront établir les objectifs pour de bon.

Document 5.6 – Objectifs bien rédigés.

- Rédigés en mentionnant les résultats escomptés plutôt que les actions à entreprendre
- Mesurables et quantifiables
- Ponctuels
- Représentant un défi tout en étant réalisables
- Mis par écrit
- Communiqués à tous les membres de l'organisation devant en être informés

Étapes à suivre pour fixer les objectifs

Il est conseillé aux responsables de suivre les six étapes suivantes au moment de fixer les objectifs.

1. *Revoir quelle est la mission de l'entreprise et les tâches clés que l'employé doit accomplir.* L'énoncé de mission d'une entreprise offre un aperçu général de ce que ses membres considèrent comme important. Les responsables doivent se remettre cette mission en tête avant de rédiger les objectifs puisque ces derniers sont censés la refléter. Il est en outre important de définir ce que l'on souhaite voir les employés accomplir dans leur travail quotidien.
2. *Évaluer les ressources disponibles.* À quoi bon définir des objectifs qui seront impossibles à tenir faute de ressources ? Même s'ils doivent représenter un défi, les objectifs sont tenus de rester réalistes. En effet, si les ressources disponibles ne permettent pas

d'atteindre un objectif quels que soient le nombre de tentatives effectuées ou la quantité d'efforts fournis, l'objectif ne devrait tout simplement pas être mis en place. Cela reviendrait à demander à quelqu'un qui gagnerait 50 000 euros par an et ne disposerait d'aucune autre source de revenus d'investir dans un portefeuille d'investissement qui devrait rapporter 1 million d'euros en trois ans. Peu importent les efforts déployés, ce n'est tout simplement pas possible.

3. *Déterminer les objectifs de manière individuelle ou en tenant compte des commentaires.* Les objectifs sont le reflet des résultats escomptés et devraient être conformes à la mission de l'entreprise et aux objectifs des autres secteurs organisationnels. Ces objectifs doivent être mesurables, précis et ponctuels.
4. *S'assurer que les objectifs sont bien rédigés et les communiquer à tous ceux devant en être informés.* Rédiger et communiquer les objectifs obligent à y réfléchir. Le fait de rédiger les objectifs permet par ailleurs d'apporter des preuves tangibles de l'importance du travail dans un but précis.
5. *Mettre en place des mécanismes de feed-back pour évaluer les progrès.* Si les objectifs ne sont pas atteints, il faut les revoir de manière appropriée.
6. *Attribuer des récompenses en cas d'objectifs atteints.* Il est tout à fait normal que les employés se demandent ce qu'ils ont à y gagner. Le fait de promettre des récompenses en cas d'objectifs atteints permet de répondre à cette question.

Une fois que les objectifs ont été définis, mis par écrit et communiqués aux équipes, les responsables sont en mesure d'élaborer des plans d'action pour les atteindre.

3.2. Quels types de plans et comment les développer ?

Les managers établissent des plans afin de clarifier et de spécifier comment les objectifs de l'organisation seront atteints.

Types de plans

Pour décrire les différents types de plans, le mieux est de les distinguer en fonction de leur *portée* (stratégique ou opérationnelle), leur *durée* (court ou long terme), leur *spécificité* (s'ils sont directionnels ou spécifiques) et leur *fréquence d'application* (s'ils sont ponctuels ou permanents). Comme le montre le document 5.7, ces différentes dimensions ne sont pas indépendantes. Les plans stratégiques, par exemple, sont le plus souvent à long terme, directionnels et ponctuels. Nous allons ci-dessous passer chacune de ces dimensions en revue.

Document 5.7 – Types de plans.

Portée	Durée	Spécificité	Fréquence d'application
Stratégique	Long terme	Directionnels	Ponctuels
Opérationnelle	Court terme	Spécifiques	Permanents

Portée : stratégique ou opérationnelle ?

Les **plans stratégiques** s'adressent à l'organisation dans son ensemble, fixent des objectifs globaux et cherchent à positionner l'entreprise par rapport à son environnement. Les **plans opérationnels** (ou tactiques) exposent en détail comment parvenir aux objectifs généraux.

Plan stratégique — Plan s'adressant à l'organisation dans son ensemble, la positionnant par rapport à son environnement et lui fixant des objectifs globaux.

Plan opérationnel — Plan tactique exposant en détail comment parvenir aux objectifs généraux de l'organisation.

Durée : long terme ou court terme ?

La durée qualifiée de long terme s'est considérablement réduite avec l'augmentation de l'incertitude environnementale. Traditionnellement, on considérait comme long terme des plans qui allaient au-delà d'une période de sept ans. Aujourd'hui, de plus en plus d'entreprises ont du mal à planifier si loin dans le temps et considèrent donc toute planification au-delà de trois ans comme **plan à long terme**. Les **plans à court terme** se situent souvent dans un horizon de temps d'un an ou moins.

Plan à long terme — Plan couvrant une période supérieure à trois ans.

Plan à court terme — Plan couvrant une période inférieure à un an.

Spécificité : plans directionnels ou spécifiques ?

De prime abord, les **plans spécifiques** sont préférables aux plans directionnels, en ce sens qu'ils énoncent des objectifs concis, sans ambiguïté ou risque de malentendus. Par exemple, un dirigeant cherchant à accroître les ventes de 10 % sur un an peut décider d'une procédure spécifique, des affectations budgétaires et d'un calendrier.

Les plans spécifiques présentent cependant des inconvénients par leur besoin de prévisibilité. En cas d'incertitude majeure requérant une grande souplesse d'action, les **plans directionnels** semblent donc plus appropriés. Prenons l'exemple de Sylvia Rhone, présidente du mythique label de disques Motown Records : elle avait un objectif simple pour son organisation, à savoir « découvrir de nouveaux artistes majeurs »[19]. Elle aurait pu définir un plan spécifique, par exemple de produire dix nouveaux albums avec des nouveaux artistes par an, ou, au contraire, développer un plan directionnel en faisant appel à un réseau de personnes la mettant en contact avec de jeunes artistes prometteurs. Tout manager doit trouver un équilibre entre la flexibilité des plans directionnels et la clarté des plans spécifiques.

Plan spécifique — Plan énonçant des objectifs concis et sans ambiguïté.

Plan directionnel — Plan flexible définissant les grandes lignes.

Fréquence d'application : plans ponctuels ou permanents ?

Certains plans sont conçus pour une application unique, alors que d'autres impliquent plusieurs applications. Un **plan ponctuel** répond à une situation unique : par exemple, lorsque Dell a décidé de se lancer sur le marché des PC ultraportables, les dirigeants ont élaboré des plans de ce type. À l'inverse, les **plans permanents** concernent des actions qui se répètent dans l'organisation. Par exemple, l'enregistrement des renouvellements de commande pour le trimestre suivant obéit à un plan permanent du service commercial ou de l'unité de production. Les dates changent, mais le processus reste le même et peut donc être anticipé.

Plan ponctuel — Plan répondant à une situation unique, peu susceptible de se reproduire.

Plan permanent — Plan concernant les activités récurrentes.

Comment élaborer un business plan ?

L'une des premières étapes pour lancer une entreprise consiste à élaborer un business plan (parfois appelé plan de développement ou plan d'affaires). Ce dernier aide non seulement à organiser les actions à entreprendre et à préciser la façon de procéder, mais aussi à partir d'une base solide permettant d'obtenir un financement et des ressources pour l'organisation. Un business plan réalisé dans les règles pourra donc être soumis à une banque ou un organisme de financement pour solliciter un prêt.

Points de repère

1. **Décrire le point de départ et l'intention de l'organisation.** Fournissez l'historique de l'entreprise. Décrivez sommairement son histoire et le caractère unique de ce qu'elle offre. Décrivez le produit ou service qui sera offert, expliquez comment vous comptez le commercialiser et ce dont vous avez besoin pour la mise sur le marché.
2. **Identifier les objectifs à court et à long terme.** Quelle est l'intention de l'organisation ? Pour une nouvelle entreprise, trois objectifs génériques sont essentiels : la création, la survie et la rentabilité. Les objectifs spécifiques peuvent, quant à eux, relever des ventes, de la part de marché, de la qualité des produits, du moral des employés ou de la responsabilité sociale. Réfléchissez comment atteindre chaque objectif, comment savoir si vous y êtes parvenu et quelle est l'échéance à respecter (par exemple, court ou long terme).
3. **Effectuer une analyse rigoureuse du marché.** Vous devez convaincre les lecteurs du business plan que vous avez compris ce que vous faites, à quel marché vous vous adressez et quelles sont les pressions de la concurrence que vous devez affronter. Dans cette analyse, vous devez décrire les tendances globales, le segment spécifique à exploiter et l'identité de vos concurrents. Il s'agit principalement de réaliser une analyse SWOT.
4. **Décrire l'importance du développement et de la production.** Expliquez comment vous comptez fabriquer votre produit ou offrir votre service. Calculez le temps total nécessaire du début à la fin du processus. Décrivez les difficultés pouvant se présenter à cette étape et évaluez le coût approximatif des activités. Détaillez les décisions (par exemple, acheter ou vendre) que vous devrez prendre, ainsi que vos intentions.
5. **Décrire la commercialisation du produit ou service.** Quelle est votre stratégie de vente ? Comment envisagez-vous d'atteindre vos clients ? Dans cette section, décrivez votre produit ou service en termes d'avantage concurrentiel et expliquez comment vous allez tirer parti des faiblesses de vos concurrents. Outre l'analyse du marché, apportez des prévisions de vente concernant la taille du marché, la partie qui peut, de façon réaliste, vous revenir et la manière de fixer les prix.

6. **Exposer votre état financier.** Quel est votre résultat net ? Les investisseurs sont intéressés par ces chiffres. Vous devez fournir votre prévision de compte de résultats (profits et pertes) sur environ trois à cinq ans, ainsi qu'une analyse de l'encaisse et des bilans prévisionnels. N'oubliez pas de préciser les coûts de démarrage et élaborez une stratégie financière (utilisation des fonds reçus d'une institution, mode de contrôle des résultats).

7. **Fournir une présentation générale de l'organisation et de son management.** Identifiez les dirigeants clés, résumez leur formation, leur expérience et toute qualification offrant un intérêt. Indiquez leur place dans l'organisation et les rôles qui leur reviennent, ainsi que le salaire qu'ils pensent toucher dans les premiers temps. Identifiez les autres éléments liés au management (par exemple, avocats, comptables, comité de direction). Cette section doit également inclure, le cas échéant, un passage sur les relations avec les employés. Par exemple, comment seront-ils rémunérés ? Quels sont les avantages qui leur seront offerts ? Comment leurs performances seront-elles évaluées ?

8. **Décrire la forme légale de l'organisation.** Par exemple, s'agit-il d'une société unipersonnelle, d'une EURL, d'une SARL, d'une SA ? En fonction de la constitution légale, vous devez éventuellement apporter des informations sur la participation, l'émission de titres, etc.

9. **Identifier les risques et aléas majeurs auxquels l'organisation doit faire face.** Vous devez expliquer ce que vous ferez si des problèmes surviennent. Par exemple, si les prévisions de ventes ne se réalisent pas, quelles mesures prendrez-vous ? Entre autres thèmes, vous devrez aussi gérer les problèmes avec les fournisseurs, l'incapacité de recruter des employés qualifiés, la qualité médiocre des produits. Les lecteurs veulent voir si vous avez anticipé des difficultés potentielles et établi des plans d'intervention (questions de type « et si… »).

10. **Élaborer le business plan.** Grâce aux informations rassemblées au cours des neuf étapes précédentes, vous pouvez passer à l'élaboration concrète du business plan dans un document structuré. Celui-ci doit se composer d'une page de garde indiquant le nom, l'adresse de l'entreprise, la personne de contact et les numéros de téléphone utiles, ainsi que la date du plan et, s'il existe, le logo de l'entreprise. La page suivante correspond à la table des matières répertoriant les principales sections et sous-sections du plan (pensez à employer des styles visuellement parlants). Vient ensuite la présentation sommaire des dirigeants, première section offerte aux lecteurs et qui constitue l'un des éléments clés pour donner l'envie de continuer. Soulignez, en deux ou trois pages, les données propres à l'entreprise, à son management, à son marché et à sa concurrence, les fonds requis et leur utilisation, l'historique financier (s'il est disponible), les prévisions financières et la date à laquelle les investisseurs doivent récupérer leur argent. Ensuite viennent les sections principales du business plan, à savoir les informations rassemblées dans les neuf premières étapes. Concluez par une section synthétisant les points clés abordés. En dernier lieu, vous pouvez intégrer des graphiques, des illustrations, des photographies ou des tableaux, ainsi qu'une annexe. Dans ce cas, pensez à inclure des références croisées à ces éléments dans les sections appropriées.

Mise en pratique

Vous devez constituer un business plan à destination de votre banque. Si vous ne disposez pas encore d'un projet réel, choisissez l'un des produits ou services ci-après et ébauchez la partie du plan exposant comment fixer son prix et le commercialiser (voir étape 5).

1. Coupes de cheveux par visites à domicile.
2. Fauteuil de dentiste ergonomique.
3. Alarme de maison à commande vocale.
4. Chaussures de course personnalisées.

Faites à présent un autre choix de produit ou service dans cette même liste et identifiez cette fois les risques et aléas majeurs qu'il représente (voir étape 9).

Développer des plans

Le processus de mise en place des plans est influencé par trois facteurs de contingence et il dépend également de l'approche adoptée.

Facteurs de contingence liés à la planification

Trois facteurs de contingence vont influencer sa décision : le niveau organisationnel, le degré d'incertitude de l'environnement et la durée des futurs engagements[20]. La figure 5.8 montre les corrélations entre le niveau du responsable dans l'organisation et le type de planification effectué. Dans la plupart des cas, les cadres secondaires gèrent la planification opérationnelle (ou tactique) tandis que les cadres supérieurs prennent en charge la planification stratégique.

Le deuxième facteur de contingence est l'incertitude de l'environnement. Quand le niveau d'incertitude est élevé, des plans précis mais modulables sont recommandés. Les responsables doivent être prêts à modifier ou corriger les plans au fur et à mesure de leur mise en œuvre. Prenons l'exemple de Continental Airlines. Pour aider l'entreprise à être plus compétitive dans un secteur aussi instable que celui du transport aérien, l'ancien P.-D.G. et son équipe dirigeante ont établi un objectif spécifique centré sur ce que les clients désirent le plus : des vols à l'heure. Étant donné les incertitudes qui les entourent, l'équipe dirigeante a identifié la nécessité de mettre en avant « une destination, mais pas un plan de vol», et a modifié les plans afin d'être en mesure d'atteindre cet objectif de ponctualité.

Le dernier facteur de contingence est lui aussi lié à la durée des plans. Selon le **concept d'engagement**, les plans doivent avoir une envergure suffisante pour répondre aux engagements pris lors de leur mise en place. Une planification trop longue ou trop courte manquera d'efficacité et d'efficience. Les plans mis en place par les entreprises pour augmenter leurs compétences en informatique permettent par exemple de saisir l'importance du concept d'engagement. Dans les centres qui abritent les données informatique des entreprises, nombreux sont ceux qui ont constaté que leurs ordinateurs étaient très gourmands en énergie et généraient énormément de chaleur, ce qui a eu pour conséquence de faire exploser la facture l'électricité en raison des besoins en air conditionné[21]. En quoi cela illustre-t-il le concept d'engagement ? C'est simple : plus les entreprises renforcent leurs technologies informatiques, plus elles « s'engagent » à payer les coûts futurs générés par ce type de planification. Elles doivent vivre avec le plan choisi et avec ses conséquences.

Concept d'engagement — Notion selon laquelle les plans doivent avoir une envergure suffisante pour répondre aux engagements pris lors de leur mise en place.

Document 5.8 – Planification et niveaux organisationnels.

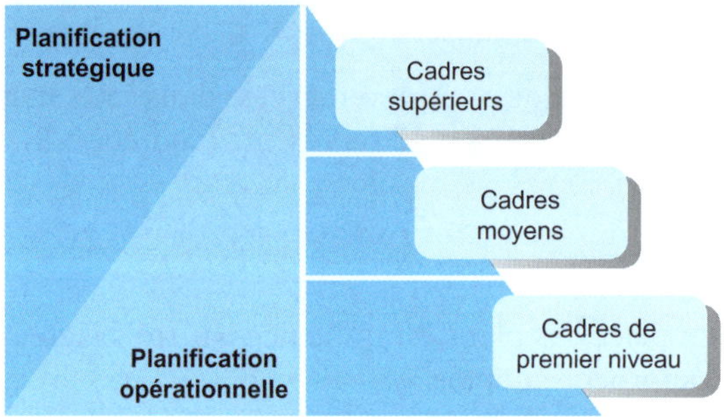

Différentes approches de la planification

Aux États-Unis, les autorités travaillent ensemble au niveau fédéral, national et local afin d'augmenter la population des saumons sauvages dans le nord-ouest du pays. Les responsables de l'entreprise Global Fleet Graphics, filiale du groupe 3M, sont en train de mettre au point des plans détaillés visant à satisfaire des clients de plus en plus exigeants tout en faisant face à des concurrents agressifs. Emilio Azcárraga Jean, P.-D.G. de Grupo Televisa, recueille l'avis d'un grand nombre de personnes avant de fixer les objectifs, puis délègue ensuite à d'autres responsables les questions de planification qui permettront de les atteindre. La planification se déroule donc de manière différente dans chacune de ces situations.

Pour comprendre *comment* une entreprise gère les plans, il faut observer *qui* est responsable de la planification.

Dans une approche traditionnelle, la planification est sous l'entière responsabilité des cadres supérieurs qui sont souvent aidés par un **service de planification** (un groupe de spécialistes qui ont pour seule responsabilité de participer à la rédaction des différents plans organisationnels). Si c'est cette approche qui a été choisie, les plans développés par les cadres supérieurs seront transmis aux autres niveaux organisationnels, et ce processus ressemble donc à la méthode traditionnelle utilisée pour définir les objectifs. Les plans sont adaptés aux besoins particuliers de chaque service au fur et à mesure qu'ils naviguent entre les différents niveaux de l'organisation. Bien que cette approche permette d'organiser la planification de manière rigoureuse, systématique et coordonnée, l'accent est trop souvent mis sur le développement du « plan », un amas indigeste contenant des quantités d'informations superflues et qui finira par atterrir sur une étagère. Personne ne songera à s'en servir pour diriger ou coordonner les efforts. En fait, une étude réalisée dans le but d'évaluer les procédures de planification organisationnelle descendante révèle que plus de 75 % des managers interrogés ont déclaré que l'approche adoptée par leur entreprise en matière de planification n'était pas satisfaisante[22]. Le principal reproche évoqué est le suivant : « Les plans sont des documents préparés à l'intention des équipes chargées de la planification pour être ensuite mis de côté. » Même si cette approche descendante traditionnelle est encore utilisée dans de nombreuses entreprises, elle ne peut fonctionner que si les responsables comprennent à quel point il est important de créer des documents que les équipes de planification organisationnelle pourront réellement utiliser, et pas seulement des documents impressionnants du point de vue de la forme, mais qui ne serviront jamais à personne.

Une autre approche de la planification consiste à impliquer davantage de personnel dans le processus. Dans ce contexte, les plans ne sont plus transmis de manière descendante entre les différents niveaux de l'entreprise, mais ils sont développés par les membres de tous les niveaux organisationnels occupant tous types de postes, en fonction des besoins spécifiques de chacun. Chez Dell, les employés travaillant à la production ou à la gestion des stocks et de la distribution se réunissent chaque semaine pour préparer les plans qui seront mis en place en fonction de l'offre et de la demande des produits. Ce sont par ailleurs les équipes qui établissent elles-mêmes leur planning quotidien et suivent l'avancée des progrès par rapport à ce planning. Si une équipe prend du retard, ses membres mettent en place un « plan de sauvetage » afin de rattraper le temps perdu[23]. Quand les membres de l'entreprise sont tous impliqués de manière active dans la planification, ils comprennent que les plans ne sont pas que des mots, mais des outils destinés à diriger et coordonner les opérations.

4. Les enjeux actuels de la planification stratégique

Pour conclure ce chapitre, nous parlerons de deux thèmes actuels : la planification stratégique dans des environnements dynamiques et le rôle de la veille stratégique.

4.1. Comment les managers mettent-ils en place une planification efficace dans un environnement dynamique ?

Comme nous l'avons vu dans le chapitre précédent, l'environnement extérieur évolue en permanence. Le wi-fi a par exemple révolutionné toutes sortes de secteurs, des compagnies aériennes à l'automobile en passant par les grandes surfaces. Les sites de réseaux sociaux sont utilisés par les entreprises pour créer des liens avec leurs clients. On annonce une baisse des sorties au restaurant au profit des repas à domicile. Et, d'après les experts, la Chine et l'Inde sont en train de transformer l'économie mondiale du XXIe siècle.

Comment les managers peuvent-ils donc planifier les événements de manière efficace dans un environnement extérieur en permanente mutation ? Nous avons déjà abordé la question des environnements incertains en tant que facteur de contingence pouvant affecter les plans établis. Étant donné que les environnements dynamiques sont plus souvent la norme que l'exception, voyons de quelle manière il est possible d'y organiser la planification de manière efficace.

Dans un environnement incertain, les managers doivent développer des plans précis, mais modulables. Cela peut à première vue sembler contradictoire, pourtant ce n'est pas le cas. Pour être utiles, les plans doivent être conçus avec précision sans pour autant être gravés dans le marbre. Il est important que les managers envisagent la planification comme un processus qui se fait en continu. Les plans doivent servir de carte de route, même si la destination peut être revue en raison des évolutions du marché. Il faut être prêt à changer de cap si l'environnement l'exige. La notion de flexibilité est tout particulièrement importante au moment de la mise en œuvre des plans. Les managers doivent rester vigilants face aux évolutions de l'environnement susceptibles d'avoir un impact sur l'implémentation et ils doivent y répondre de manière appropriée. Il faut aussi garder à l'esprit le fait que même dans un environnement très incertain, il est important de maintenir une planification formelle afin de pouvoir constater ses effets éventuels au niveau des performances de l'entreprise. Une planification qui s'installe sur la durée contribue à améliorer les résultats de manière significative. Pourquoi ? Parce qu'il semblerait que comme pour la plupart des activités, les managers « apprennent à planifier » et que la qualité de leur planification s'améliore quand elle est pratiquée en continu[24]. Au final, organiser une planification efficace dans des environnements dynamiques revient à aplanir le système hiérarchique de l'entreprise. Cela signifie que les niveaux inférieurs peuvent formuler des objectifs et mettre en place des plans, puisque faire suivre les objectifs du haut vers le bas prend trop de temps. Les managers devraient indiquer à leurs employés de quelle manière ils peuvent atteindre les objectifs et comment développer un plan dans ce sens. Reste alors à leur faire confiance. Il suffit d'aller à Bangalore, en Inde, pour trouver une entreprise qui a compris cela. Il y a tout juste dix ans, Wipro Limited était un conglomérat anonyme qui vendait de l'huile de friture et des ordinateurs, principalement en Inde. Aujourd'hui, c'est une entreprise internationale qui pèse 4,9 milliards de dollars et dont la plupart des activités (environ 90 %) sont fondées sur les services liés aux technologies de l'information[25]. Accenture, EDS, IBM et les grands cabinets comptables américains ont conscience de la menace que représente Wipro. Non seulement ses employés coûtent moins cher, mais ils disposent d'un savoir-faire et de connaissances solides. Ils participent par ailleurs de manière active à la planification dans leur entreprise. Le secteur des technologies de l'information évoluant constamment, les employés doivent être capables d'analyser les situations et de définir l'ampleur et l'étendue des problèmes clients pour pouvoir proposer les meilleures solutions. Ces employés sont en première ligne face aux clients et c'est à eux de décider de ce qu'il faut faire ainsi que la manière de procéder. Grâce à cette approche, le succès de Wipro est garanti quelles que soient les évolutions du secteur.

4.2. Comment les managers peuvent-ils effectuer une analyse de l'environnement ?

Un manager peut procéder à une **analyse de l'environnement**. Il va pour cela devoir étudier un gros volume d'informations qui lui permettront de dégager les tendances principales. Parmi les différentes méthodes d'analyse disponibles, la **veille concurrentielle** remporte un franc succès. Il s'agit de recueillir des informations sur ses concurrents afin d'anticiper leurs actions au lieu de se contenter d'y répondre après coup[26]. On recherche des informations élémentaires sur les concurrents : Qui sont-ils ? Que font-ils ? De quelle manière cela peut-il nous affecter ?

Les chercheurs qui s'intéressent à la veille concurrentielle sont nombreux à souligner ce fait : parmi toutes les informations relatives à la concurrence dont les managers ont besoin pour prendre des décisions stratégiques, un grand nombre sont en fait accessibles au grand public[27]. En d'autres termes, la veille concurrentielle n'a rien à voir avec l'espionnage industriel. Campagnes publicitaires, matériel promotionnel, communiqués de presse, rapports remis aux agences gouvernementales, rapports annuels, offres d'emploi, articles de presse, informations sur Internet et études sectorielles sont autant de sources d'information facilement disponibles. On peut aussi obtenir des renseignements plus précis sur le secteur et les organisations associées en ayant recours aux bases de données informatiques. Les managers n'ont pour ainsi dire qu'à se servir dans la quantité d'informations disponibles sur la concurrence : il suffit pour cela de financer l'accès aux bases de données. Les salons professionnels et le débriefing de ses propres équipes commerciales peuvent également être de bonnes sources d'information sur la concurrence. De plus, de nombreuses entreprises achètent régulièrement des produits concurrents et demandent à leurs employés de les tester afin d'identifier les innovations techniques[28].

Dans un marché mondial en constante évolution, l'analyse de l'environnement et la veille concurrentielle peuvent se révéler complexes, tout particulièrement lorsque les informations doivent être recherchées à l'échelle internationale. Les managers peuvent toutefois faire appel à des prestataires qui envoient un compte-rendu des journaux et magazines du monde entier aux entreprises clientes.

Les managers doivent, quoi qu'il en soit, être attentifs à la manière dont les informations sont recueillies afin de ne pas se heurter à des problèmes éthiques ou juridiques (c'est particulièrement vrai pour la veille concurrentielle). Starwood Hotels a par exemple poursuivi les hôtels Hilton en justice. Deux de leurs anciens employés auraient divulgué des secrets industriels et ainsi aidé Hilton à développer une nouvelle ligne d'hôtels de luxe très tendance, conçus pour attirer un public plus jeune[29]. Ainsi qu'il a été déclaré au cours du procès : « Dans cette affaire, les faits suivants semblent clairement avérés : espionnage industriel, vol de secrets commerciaux, concurrence déloyale et fraude informatique. » La veille concurrentielle tourne à l'espionnage industriel, ce qui est illégal, dès lors que l'on constate le vol d'éléments qui sont la seule propriété de l'entreprise ou encore le viol du secret commercial. Aux États-Unis, l'espionnage industriel est puni par la loi et il est donc interdit tout comme le vol de secrets commerciaux[30].

La veille concurrentielle amène parfois à prendre des décisions difficiles car la frontière peut être très mince entre ce qui est considéré comme *légal et déontologique* et ce qui est *légal mais contraire à la déontologie.*

Même si, comme l'affirme l'un des cadres supérieurs d'une entreprise spécialisée dans la veille concurrentielle, 99,9 % des informations recueillies le sont de manière légale, il va sans dire que certaines personnes et certaines entreprises seraient prêtes à employer tous les moyens, même les plus discutables sur le plan déontologique, pour obtenir des informations sur leurs concurrents[31].

Résumé

1. **Identifier les caractéristiques et les objectifs de la planification.**

   La planification sert de point de départ à la plupart des activités de management. La planification formelle, objet de ce chapitre, implique la définition d'objectifs spécifiques pour une période de temps donnée, et le développement de plans explicites afin de garantir que les objectifs soient atteints. Il existe quatre raisons pour planifier : (1) la planification coordonne les efforts des membres d'une organisation ; (2) elle réduit l'incertitude ; (3) elle réduit le nombre d'activités non nécessaires ; et (4) elle établit les objectifs et standards qui permettront de contrôler le travail. Malgré de nombreuses critiques formulées à l'adresse de la planification formelle, elle semble, en général, bénéfique pour l'entreprise.

2. **Expliquer le processus de management stratégique.**

   La stratégie d'une organisation représente le résultat d'un processus en six étapes qui comprend la planification, la mise en œuvre et l'évaluation de la stratégie. Voici les six étapes du processus : (1) identifier la mission, les objectifs et les stratégies existantes de l'organisation ; (2) effectuer l'analyse externe; (3) effectuer l'analyse interne – la combinaison des étapes 2 et 3 s'appelle l'analyse SWOT ; (4) formuler des stratégies ; (5) mettre en œuvre les stratégies ; et (6) évaluer les résultats. Ce processus permet de définir des stratégies d'entreprise, des stratégies concurrentielles, ainsi que des stratégies fonctionnelles.

3. **Comparer différentes approches de définition d'objectifs et de planification.**

   La plupart des objectifs d'une entreprise sont soit stratégiques, soit financiers. De plus, ils peuvent être de nature déclarative ou réelle. Selon la logique traditionnelle, ils sont définis par les dirigeants et déclinés en sous-objectifs à travers les différentes unités de l'organisation. Cette dernière peut également faire appel à la direction par objectifs, c'est-à-dire à la définition conjointe d'objectifs et à l'utilisation de ceux-ci comme critères de performance. Les plans sont définis par leur portée, leur durée, leur degré de spécificité et leur fréquence d'application. Ils peuvent être développés par un département formel de planification ou en impliquant un nombre plus élevé de membres issus de différentes unités de l'entreprise.

4. **Examiner les enjeux actuels de la planification stratégique.**

   Un premier défi actuel est lié à la nécessité d'élaborer des plans dans des environnements dynamiques qui demandent des plans à la fois spécifiques et flexibles. Même si l'environnement est marqué par un degré d'incertitude élevé, la planification reste importante. Les situations d'incertitude laissent peu de temps pour diffuser et concrétiser les objectifs et plans à travers les organisations. Il semble donc important de fortement impliquer les collaborateurs dans la définition des objectifs et le développement des plans. Le second thème abordé concerne la veille stratégique afin de développer une meilleure compréhension de l'environnement externe. Cela inclut les méthodes d'intelligence économique qui peuvent aider à mieux connaître les choix des concurrents.

Pour en savoir plus

Davenport T., harris J., *L'Analytique, un nouvel outil stratégique*, Paris, Village Mondial, 2008.

Garrette B., Dussauge P., Durand R., *Strategor : toute la stratégie d'entreprise*, Paris, Dunod, 2009, 5e éd.

Harvard Business Review, *Les Stratégies de l'incertain*, Paris, Éditions d'Organisation, 2000.

Johnson G., Scholes H., Whittington R., Fréry F., *Stratégique*, Paris, Pearson Education, 2008, 8e éd.

Mintzberg H., Ahlstrand B., Lampel J., *Safari en pays stratégie*, Paris, Village Mondial, 2009, 2e éd.

Mintzberg H., *Grandeur et décadence de la planification stratégique*, Paris, Dunod, 2004.

Porter M., *L'Avantage concurrentiel,* Paris, Dunod, 2003.

Treille J.-M., *Le Pilotage opérationnel de l'entreprise*, Paris, Éditions d'Organisation, 2004.

Activités

Questions de compréhension

1. Quelles sont les différences essentielles entre planification formelle et planification informelle ? Pourquoi la planification est-elle importante ?
2. Décrivez en détail les six étapes du processus de management stratégique.
3. Qu'est-ce qu'une analyse SWOT et quelle est sa finalité ?
4. « Les entreprises qui échouent dans leur planification sont en train de planifier leur échec. » Que pensez-vous de cette affirmation ? Expliquez votre position.
5. Dans quelles circonstances concrètes la direction par objectifs est-elle le plus utile ? Examinez les différents points de vue possibles.
6. En utilisant le modèle des stratégies génériques développé par Michael Porter, décrivez les choix effectués par les entreprises suivantes pour développer un avantage concurrentiel sur leur marché : Les Galeries Lafayette, EasyJet, Léon de Bruxelles, Sephora.
7. « Le meilleur moyen pour une entreprise de maintenir son avantage concurrentiel consiste à s'adapter plus rapidement à l'environnement que ne le font ses concurrents. » Que pensez-vous de cette affirmation ?
8. Ces dernières années ont été marquées par plusieurs crises sanitaires internationales (grippe aviaire, virus de la grippe H1N1, etc.). Comment les entreprises peuvent-elles se préparer à une telle crise ? Quel type de planning serait nécessaire ? Prenez l'exemple d'une organisation réelle (par exemple votre employeur ou votre école ou université) et identifiez les domaines qui seraient potentiellement touchés ainsi que les plans à développer pour être capable de faire face à la crise.

Autoévaluation

Quels sont les objectifs que je poursuis dans mes études ?

Questionnaire

En vous servant de l'échelle indiquée ci-dessous, donnez à chacune des 12 phrases qui suivent la note qui exprime le mieux les raisons pour lesquelles vous étudiez.

1 = Jamais

2 = Rarement

3 = Parfois

4 = Souvent

5 = Toujours

J'étudie parce que :

1.	Je veux être félicité par mes professeurs et mes parents.	1	2	3	4	5
2.	Je veux me faire remarquer par mes amis.	1	2	3	4	5
3.	Je ne veux pas que les autres élèves se moquent de moi.	1	2	3	4	5
4.	Je veux être apprécié par un professeur.	1	2	3	4	5
5.	Je veux que les gens perçoivent mon intelligence.	1	2	3	4	5
6.	J'aimerais avoir de meilleures notes que les autres.	1	2	3	4	5
7.	Je veux avoir de bonnes notes.	1	2	3	4	5
8.	Je veux être fier d'obtenir de bonnes notes.	1	2	3	4	5
9.	Je ne veux pas rater mes examens.	1	2	3	4	5
10.	Je veux faire des études supérieures.	1	2	3	4	5
11.	Je veux avoir un bon travail plus tard.	1	2	3	4	5
12.	Je vise un certain statut pour mon avenir.	1	2	3	4	5

Sources : Basé sur l'ouvrage de T. Hayamizu et B. Weiner, « A Test of Dweck's Model of Achievement Goals as Related to Perceptions of Ability », *Journal of Experimental Education*, 59, 1991, p. 226-234. Revu par C. Dupeyrat et E.V. Smith Jr., « Toward Establishing a Unified Metric for Performance and Learning Goal Orientations », *Journal of Applied Measurement*, 2(4), 2001, p. 312-336.

Calculez votre résultat

Comptez le nombre de questions qui ont obtenu la note 4 ou 5. Ce chiffre devrait se situer entre zéro et 12.

Analyse et interprétation

Qu'est-ce qui vous pousse à étudier ? Quels objectifs cherchez-vous à atteindre ? Ce questionnaire mesure l'orientation des objectifs par rapport au travail fourni. Il n'existe pas de « bons » objectifs. Toutefois, poursuivre des objectifs clairs peut vous aider à mieux comprendre votre attitude par rapport à vos études. Si aucune question n'a obtenu la note de 4 ou 5, vos performances risquent de s'en ressentir car cela signifie que vous n'avez pas un facteur de motivation important. Cela devrait vous inciter à réévaluer vos objectifs et à réfléchir aux raisons pour lesquelles vous travaillez vos cours. Si plusieurs questions ont obtenu la note de 4 ou 5, cela signifie que vous avez déterminé des objectifs spécifiques qui vont vous pousser à travailler et à obtenir de bons résultats.

Dilemme éthique

RealAge

C'est l'un des « tests » les plus prisés d'Internet, et pour cause : il promet de vous aider à rajeunir de plusieurs années[32]. Bien entendu, l'affiliation avec le « Dr. Oz » d'Oprah Winfrey, animatrice d'une émission de télévision très populaire aux États-Unis, ne lui a certainement pas nui ! Plus de 27 millions de personnes ont passé le test RealAge, qui pose quelque

150 questions relatives au mode de vie et aux antécédents familiaux, et vous annonce ensuite votre « âge biologique, celui – plus ou moins élevé – que vos habitudes vous donnent ». Le dilemme vient de ce que RealAge permet aux laboratoires pharmaceutiques d'envoyer des messages par courriel fondés sur les résultats de ce test. Même si l'entreprise ne leur transmet aucune information permettant d'identifier les personnes, que vous inspire cette pratique ? Est-elle conforme ou contraire à l'éthique ? Pourquoi ? RealAge devrait-elle y mettre fin ou continuer de l'appliquer ? Pourquoi ?

Pour action

People Power

À : membres de l'équipe Alpha

De : Éric Petitbois, chef de l'équipe Alpha

Objet : Objectifs pour l'élaboration d'un nouveau module de formation

À tous les membres de l'équipe Alpha : bien joué ! Nous avons été sélectionnés pour développer le nouveau module de formation Internet de People Power. L'objectif général consiste à proposer un module qui permette aux individus d'apprendre à chercher des informations sur Internet. Les commerciaux indiquent que nous avons d'ores et déjà reçu plusieurs requêtes pour ce type de programme de la part de nos entreprises clientes. Cela signifie que nous allons devoir adopter un calendrier de développement accéléré.

Je demande à chacun d'entre vous d'identifier deux ou trois objectifs spécifiques pour chacune des trois étapes du projet : (1) étude des besoins de nos clients, (2) documentation en ligne sur les sources d'information et les techniques spécifiques que nous prévoyons d'enseigner dans nos modules de formation, et (3) conception et réalisation des modules proprement dits. Merci de consigner tout cela par écrit d'ici à la semaine prochaine. Nous organiserons alors une réunion d'équipe pour partager nos idées et finaliser les objectifs spécifiques du projet. Ensuite… il sera temps de se mettre au travail !

Cette entreprise et ce message fictifs ont été imaginés dans un but exclusivement pédagogique. Il n'est aucunement question ici d'évoquer, ni en bien, ni en mal, les pratiques managériales d'une entreprise réelle qui porterait le même nom.

Exercice pratique

La mission de notre organisation

Peut-être ne prêtez-vous pas beaucoup attention aux objectifs de votre organisation ou de votre université car vous êtes trop pris par votre travail quotidien ou vos études. Entreprise ou université, votre organisation a pourtant dû trouver un créneau afin d'offrir des services de qualité à ses partenaires et clients et doit poursuivre le suivi de ses performances.

Pour cet exercice, répartissez-vous en sous-groupes. Chaque groupe doit répondre aux questions qui suivent et exposer ses idées à l'assemblée :

1. Quelle est la mission de notre entreprise/université ? De quelles ressources dispose-t-elle pour parvenir à ses fins ?
2. Comment décrire l'environnement de notre entreprise/université en termes de technologie et de réglementations ?
3. Quelles sont les principales forces et faiblesses de notre entreprise/université ?
4. Quelle est la principale stratégie suivie par notre entreprise/université ? Parmi les stratégies génériques énoncées par Porter, laquelle se démarque le plus ?
5. Quel semble être l'avantage concurrentiel de notre entreprise/université ? Quelle doit être la démarche pour le conserver ?

Mise en situation

Choisir un emplacement

Objectif : L'objectif essentiel de cette étude de cas est de présenter les décisions qu'une organisation se voit souvent contrainte de prendre à mesure qu'elle grandit. Vous étudierez les informations qui suivent afin de dégager un consensus quant à la localisation de votre nouvelle unité de production.

Vous faites partie de l'équipe de direction d'un équipementier automobile en activité depuis sept ans. Au fil du temps, vous avez développé des relations étroites avec deux grands constructeurs situés dans la région. La robustesse de ses produits a permis à votre entreprise d'acquérir une solide réputation ; elle est considérée comme l'un des fournisseurs les plus fiables du marché. L'an dernier, vous avez tenu une importante réunion relative à vos besoins de croissance. L'usine actuelle tournait bien au-delà de ses capacités, et le groupe estima qu'il serait impossible de répondre à la demande d'ici à deux ans. Vous devez à présent choisir le lieu où vous implanterez votre prochaine unité de production.

Les agents immobiliers ont identifié trois emplacements potentiels. Vous devez opter pour l'un d'entre eux et, compte tenu du contrat que vous venez de signer pour la fourniture de nouvelles pièces, vous n'aurez pas le loisir de changer d'avis une fois votre décision prise. Chaque site présente des points forts et des points faibles. Les principaux éléments exposés dans leurs dossiers d'information respectifs sont énumérés ci-dessous. Votre tâche consiste à étudier les différentes options et à dégager un consensus.

Site 1 (zone industrielle urbaine)

Pour : Le maire vous presse d'installer votre nouvelle unité au cœur même de l'agglomération. Il vous a promis une exonération des taxes communales pour les sept années à venir. En outre, vos agents immobiliers sont en train d'examiner la possibilité de bénéficier de certains avantages de la part de l'État. Les services locaux sont acceptables et l'endroit se révèle très pratique pour un grand nombre d'employés, étant donné sa position centrale et sa bonne desserte routière. Vous avez repéré une vieille usine désaffectée en plein centre de la zone, qui pourrait être rapidement réaménagée pour vous permettre d'accroître vos capacités de production. En comparaison des deux autres sites, cette option se révèle peu coûteuse et assez commode. De plus, au vu des possibilités de recrutement, les postes créés devraient être pourvus très rapidement.

Contre : Vous cultivez cependant de nombreux doutes par rapport à ce choix. D'une part, la valeur du terrain n'a cessé de décroître au cours des quatre dernières années. Une rapide enquête révèle que beaucoup de grandes entreprises ont quitté la région et que deux écoles primaires situées à quelques rues de l'usine ont été fermées. Le quartier semble tomber en décrépitude. Vous vous entendez relativement bien avec le maire, mais sa réélection s'annonce difficile et vous craignez que les allègements fiscaux ne soient annulés. Au surplus, bien que le recrutement de la main-d'œuvre nécessaire ne présente *a priori* aucune difficulté majeure, plusieurs cadres ont fait part de leurs réticences à venir travailler ici. Les managers sont conscients qu'un grand nombre d'entre eux devront être mutés, et vous avez surpris diverses remarques désobligeantes concernant cet endroit, devant la machine à café ou au travers de certains e-mails. S'ils sont transférés là-bas, quelques-uns de vos principaux collaborateurs vous ont d'ores et déjà annoncé qu'ils démissionneraient.

Site 2 (banlieue)

Pour : Au nord de la ville s'étend une banlieue en plein essor qui affichait voilà quelques années l'un des plus forts taux de croissance du pays. Les agents immobiliers ont découvert sur place un site parfaitement adapté à la production de pièces automobiles. Les taxes locales sont plutôt élevées, mais s'expliquent par la construction récente de larges routes à plusieurs voies et la réalisation de divers projets d'extension. Les terrains disponibles se font de plus en plus rares, et la région est actuellement considérée comme l'une des plus intéressantes pour qui cherche à s'implanter. Vos agents jugent le moment idéal pour investir dans les environs, la valeur de l'immobilier étant encore appelée à progresser au cours des années à venir. Ils soulignent également le prestige que l'entreprise pourrait retirer d'une telle adresse, et l'opportunité de séduire de nouveaux clients attirés par le développement des activités – surtout avec l'achèvement de la nouvelle autoroute d'ici deux ou trois ans. D'autres grandes entreprises convoitent elles aussi le même terrain, qui risque donc de vous échapper si vous ne vous décidez pas rapidement. Plusieurs cadres supérieurs habitent déjà à proximité, et la plupart de leurs collègues souhaiteraient vivement s'y installer, séduits par l'excellente réputation des établissements scolaires.

Contre : L'un des problèmes que vous entrevoyez est qu'il pourrait s'avérer difficile de recruter pour un coût similaire le même nombre d'employés que dans la zone industrielle. De fait, le département financier prévoit un coût du travail jusqu'à 25 % plus élevé. L'addition du loyer inquiète d'autant plus votre chef comptable. Elle souligne en effet que la structure des coûts, telle qu'elle se présente aujourd'hui, ne laisserait à cette usine qu'un bénéfice marginal par pièce inférieur de 70 % à celui du site actuel. Elle vous rappelle les rumeurs évoquées l'année précédente, selon lesquelles deux des principaux clients, confrontés à la concurrence tarifaire accrue des fabricants étrangers, obligeaient désormais leurs fournisseurs à comprimer leurs coûts. Si les clients venaient à réclamer une baisse du prix unitaire, l'usine risquerait de sombrer un certain temps dans le rouge et de ponctionner de précieuses ressources au détriment de l'organisation.

Site 3 (zone rurale)

Pour : Deux agents immobiliers, en collaboration avec l'un de vos directeurs généraux, ont déniché un troisième site possible. Votre plus gros client envisage de construire une vaste unité de production à l'ouest de la ville, dans une zone rurale et comparativement peu développée, située à trois heures de route environ. Votre collaborateur, ami proche des cadres dirigeants de cette firme, a été mis dans le secret. Si votre entreprise installait sa prochaine usine à proximité de celle de son client, vous en tireriez un avantage de taille pour la signature de futurs contrats. Le coût du terrain serait bien plus faible qu'en banlieue de l'agglomération, et la zone est considérée comme potentiellement attractive en termes de qualité de vie, avec plusieurs grands parcs, des lacs et des sentiers pédestres à proximité, sans oublier, au sud, la présence d'une petite ville en pleine expansion, à moins d'une demi-heure de route. Le coût du travail et les impôts locaux s'avèrent plus avantageux encore que dans la zone industrielle, mais il faut s'attendre à ce qu'ils augmentent rapidement dans les cinq ou sept années à venir, à mesure que la région se développera.

Contre : Le problème majeur soulevé par vos ingénieurs se rapporte au fait qu'il faudrait construire l'usine en partant de zéro, et que la distance géographique risque d'entraîner des difficultés de coordination supplémentaires. À l'inverse des deux premiers sites, l'entreprise subirait de ce fait des retards substantiels vis-à-vis de l'augmentation de ses capacités de production. Le service du personnel estime que la région dispose d'un gisement de main-d'œuvre suffisant, mais signale néanmoins que l'entreprise se trouverait vite en concurrence avec son client si les deux usines devaient être mises en route simultanément. Ce facteur pourrait devenir source de problèmes et de frictions, dans l'éventualité où le marché de l'emploi ne répondrait pas aux prévisions de croissance annoncées. Si vous décrochez plusieurs des contrats actuellement en négociation, il vous faudra sous-traiter auprès de nombreuses entreprises différentes réparties sur une multitude de sites. Votre chef de fabrication s'oppose résolument à cette idée, au motif que la qualité de vos produits constitue l'un de vos meilleurs arguments de vente et qu'elle préférerait ne pas mettre en péril un tel avantage.

Instructions pour le groupe : Votre tâche consiste à comparer les qualités des trois sites potentiels afin de choisir le lieu où vous allez implanter votre nouvelle unité de production. Pour parvenir à une décision collégiale, vous devez :

1. Débattre des points positifs et négatifs associés à chacun des trois sites.
2. Élaborer une mesure chiffrée afin de vous aider à évaluer les aspects considérés. Quel est par exemple l'aspect le plus critique de la décision à prendre ?
3. Développer une méthode permettant au groupe de trancher entre les différentes options possibles. En d'autres termes, allez-vous essayer de dégager un consensus ou laisserez-vous la majorité décider ?
4. Une fois votre décision arrêtée, comment allez-vous la défendre face à ceux qui auraient privilégié un autre choix ?

Cas d'entreprise

Walt Disney Company : organiser la magie

La magie a sa place dans l'endroit le plus merveilleux au monde. C'est du moins ce que les équipes de la Walt Disney Company (Disney) s'efforcent de nous faire croire. Le climat économique difficile survenu en 2008 et 2009 a pourtant forcé Disney à relever certains défis, tout comme d'autres entreprises bien gérées. Son P.-D.G., Bob Iger, travaille d'arrache-pied avec son équipe dirigeante pour faire revivre la magie, autrement dit pour mettre en place la meilleure stratégie afin de permettre à l'entreprise de prospérer malgré un environnement incertain.

Disney a connu de nombreux succès et la « touche Disney » est reconnaissable pour tous. Mais qu'est-ce que la « touche Disney » ? Elle se caractérise par « un contenu créatif et de grande qualité, renforcé par une stratégie évidente qui a été conçue pour optimiser la valeur de ce contenu sur les différents marchés et plates-formes de distribution ». Livres, jouets, jeux, contenu multimédia en ligne, bandes originales de films, DVD : Disney exploite son héritage gigantesque en proposant du contenu créatif de qualité et en entretenant son talent exceptionnel pour raconter des histoires. Parmi les produits de la marque, on trouve entre autres Le Roi Lion, Toy Story, Le Livre de la jungle, Cars, Disney-ABC Television, et la chaîne de télévision ESPN. Bien que Disney soit implantée aux États-Unis, elle exerce des activités dans le monde entier et possède d'ailleurs des bureaux en Amérique du Nord, en Europe, en Asie, dans la zone Pacifique et en Amérique latine. Sa dernière conquête en date est la Russie, un large marché encore inexploité pour lequel elle conçoit une nouvelle version de Disney Channel. Le président de Walt Disney International a déclaré à ce propos : « Nous pensons que ce marché peut générer une forte croissance en dépit de la crise économique encore proche. » L'entreprise finance aussi pour un montant de 452 millions de dollars l'extension du parc Disneyland de Hong Kong, dans l'espoir d'augmenter sa fréquentation jusqu'alors décevante. Parmi les nouvelles zones qui ouvriront dans le parc à thème, on trouvera Grizzly Trail, « un décor de Far West dans une petite ville de chercheurs d'or où l'on se retrouve dans un grand huit qui imite la folle cavale d'un train de mine lancé à toute vitesse ». En dépit de sa touche magique, Disney a cessé d'être l'endroit idéal il y a un petit nombre d'années.

À l'époque où Bob Iger est devenu P.-D.G. en 2005, les analystes jugeaient la marque dépassée. Il régnait cette conception selon laquelle Disney visait un public très jeune et que les produits ne pouvaient donc pas intéresser les enfants plus grands. Bob Iger, qui se considère au service de l'ensemble de la marque Disney, a immédiatement reconnu qu'il était primordial de mettre le contenu multimédia de la marque sur différentes plates-formes. Cette approche stratégique a bien fonctionné jusqu'au ralentissement de l'économie et à la baisse de la consommation mondiale qui ont encore davantage compliqué les choses. Aujourd'hui, Bob Iger et son équipe vont devoir déployer tous les outils stratégiques dont ils disposent pour guider l'entreprise et conserver la magie.

Questions

1. Qu'est-ce que la touche Disney, et en quoi a-t-elle un impact sur la stratégie de l'entreprise au niveau organisationnel, compétitif et fonctionnel ?
2. Selon vous, quels sont les défis que Disney va devoir relever en s'implantant en Russie ? Comment Bob Iger et son équipe dirigeante vont-ils organiser la planification afin de se préparer à ses défis ?
3. Quels seront les objectifs établis par l'entreprise suite à l'ouverture annoncée de Disneyland Hong Kong ? Quel type de planification devra être envisagé ?
4. Comment Bob Iger et son équipe dirigeante peuvent-ils appliquer le processus de gestion stratégique pour « conserver la magie » dans le contexte économique actuel ?

Sources : C. Yung et J. Ng, « In Asia, Disney's World Will Get Bigger », *Wall Street Journal*, 1er juillet 2009, p. B5 ; P. Sanders, « Disney Profit Falls Sharply but Clouds Are Parting », *Wall Street Journal*, 6 mai 2009, p. B1 ; R. Siklos, « Bob Iger Rocks Disney », *CNN Online,* http://www.cnnmoney.com, 5 janvier 2009 ; B. Barnes, « Disney Plans a Channel for Russian TV », *New York Times Online*, 17 décembre 2008 ; P. Sanders, « Disney Net Slips as Slump Hits Home », *Wall Street Journal*, 17 novembre 2008, p. B1 ; R. Siklos, « Q&A: The Iger Difference », *Fortune*, 28 avril 2008, p. 90-94 ; R. Grover, « A Star Is Born, Disney Style », *BusinessWeek,* 21 avril 2008, p. 50-51 ; *The Walt Disney Company 2007 Fact Book*, http://corporate.disney.go.com/investors/fact_books.html.

Chapitre 6

L'entrepreneuriat et les entrepreneurs

PHILIPPE GABILLIET

Objectifs

1. Définir l'entrepreneuriat et le rôle de l'entrepreneur.
2. Définir la nature et les objectifs de l'action entrepreneuriale.
3. Présenter les problèmes de direction spécifiques de l'activité entrepreneuriale
4. Présenter et débattre des problématiques de pilotage propres à l'entrepreneur.
5. Comprendre le style spécifique de leadership de l'entrepreneur.

Dans ce chapitre[1], nous allons étudier l'activité des entrepreneurs, c'est-à-dire des chefs d'entreprise créateurs et managers de leurs propres activités. Nous nous interrogerons tout d'abord sur le contexte de l'entrepreneuriat puis nous examinerons l'activité entrepreneuriale du point de vue de chacune des grandes fonctions managériales, en insistant particulièrement sur celles touchant au leadership de l'entrepreneur.

1. Qu'est-ce que l'entrepreneuriat ?

L'entrepreneuriat est le processus de création et de développement d'une nouvelle entreprise, généralement en réponse à des opportunités de marché ou d'affaires.

Beaucoup de gens croient qu'une activité entrepreneuriale et une PME sont une seule et même chose. Ce n'est pas tout à fait exact. En effet, une activité entrepreneuriale est une organisation qui recherche avant tout des opportunités. Elle se caractérise de même par des pratiques innovantes et se donne comme buts principaux la croissance et la rentabilité. Pour sa part, une PME est indépendante et compte moins de 500 employés. Elle ne s'intéresse pas forcément aux pratiques nouvelles ou innovantes et peut n'avoir qu'un impact très relatif dans son secteur d'activité. Ce n'est d'ailleurs pas nécessairement parce qu'elle est petite qu'une PME témoignera d'un esprit entrepreneurial. Ce dernier est essentiellement le fait d'entreprises innovantes qui sont à la recherche de nouvelles opportunités. Ainsi, une activité entrepreneuriale peut commencer petit, mais elle s'agrandira avec le temps. Quelques nouvelles PME pourront aussi s'agrandir, mais beaucoup resteront des PME, que ce soit par choix ou par défaut.

Entrepreneuriat — Processus consistant à lancer un projet à partir d'une opportunité d'affaires, à organiser les ressources nécessaires et à en assumer les risques autant que les bénéfices.

1.1. Qui entreprend ?

On peut les appeler chefs d'entreprise accidentels, chefs d'entreprise involontaires ou chefs d'entreprise forcés. Mais parce que le taux de chômage est passé à deux chiffres, beaucoup de ces « réfugiés » d'entreprises existantes tentent à leur tour de créer leur propre activité. Ceux-là se lancent dans l'entrepreneuriat non pas parce qu'ils ont senti de grandes opportunités mais parce qu'ils sont à la recherche d'un travail. En France, l'INSEE indique une légère croissance du nombre de nouvelles entreprises en 2010, avec un chiffre total de 622 000 créations. Sur l'ensemble, 163 000 l'ont été sous forme de sociétés, environ 100 000 sous forme d'entreprises individuelles et 359 000 sous forme d'autoentreprises, statut permettant d'entreprendre rapidement, grâce à des formalités réduites assorties d'un régime fiscal et social simplifié, mais dans des limites strictes de chiffre d'affaires (81 500 € pour des activités de fabrication et 32 600 € pour des prestations de services). Ces chiffres sur l'autoentrepreneuriat montrent sans doute que la création d'entreprise par « nécessité » a sans doute augmenté par rapport à celle par « opportunité ». Mais qu'il soit accidentel ou voulu, l'entrepreneuriat semble être appelé à rester une valeur en hausse.

Comme beaucoup de chefs d'entreprise (couronnés de succès ou non) l'affirment, être un entrepreneur n'est pas facile. Selon les enquêtes de l'INSEE, seulement deux tiers des nouvelles entreprises vivent au moins deux ans. Le taux de survie tombe à 44 % à quatre ans et à 31 % à sept ans. Certes, le secteur d'activité constitue un critère important. Ainsi, seulement 42 % des entreprises de restauration survivent à leurs cinq premières années d'exercice, alors que ce taux monte à 63 % pour les entreprises de transport. Mais ce qui est à retenir, c'est que le taux de survie des entreprises à haut potentiel reste toujours à peu près le même, que l'économie soit en expansion ou en récession.

1.2. Quel est le rôle d'un entrepreneur ?

Définir le rôle d'un entrepreneur n'est pas une tâche aisée tant il y a de différences entre les uns et les autres. D'une manière générale, l'entrepreneur crée quelque chose de nouveau, quelque chose de différent. Il recherche le changement, interagit avec lui et sait l'exploiter.

Au départ, un entrepreneur s'engage à déterminer les capacités de sa future activité entrepreneuriale puis il s'occupe de son lancement (voir document 6.1). En explorant le contexte, il rassemble des informations, identifie les opportunités et définit ses avantages concurrentiels. Ensuite, fort de ces informations, il étudie la faisabilité de son entreprise : il explore alors les affaires possibles, étudie les concurrents et découvre les options de financement les plus adaptées à son projet.

Après avoir reconnu les capacités de la future entreprise et déterminé la probabilité d'une existence pleine de succès, l'entrepreneur commence à la planifier. Cette étape comprend la définition d'une mission organisationnelle viable, la prise en considération des questions de culture d'entreprise et la création d'un *business plan* (ou *plan d'affaires*) en bonne et due forme. Ensuite, il doit s'occuper d'organiser l'entreprise, ce qui impose de choisir le statut juridique le mieux adapté, d'aborder les autres questions légales telles que les recherches sur les brevets, les licences ou les droits d'exploitation et de créer une structure organisationnelle appropriée, qui permettra de définir la façon dont les différentes tâches seront effectuées par la suite.

> *Plan d'affaires (ou business plan)* — Document de synthèse réalisé par l'entrepreneur à l'attention des parties prenantes (partenaires, investisseurs, banquiers) et dans lequel il décrit le modèle d'affaires, les étapes nécessaires au développement du projet entrepreneurial ainsi que les ressources nécessaires à sa réalisation.

Quand ces activités de planification sont accomplies, l'entrepreneur est réellement prêt à lancer son entreprise. Il doit alors définir les objectifs et les stratégies puis établir les modes opérationnels, les plans marketing, les systèmes d'information, les systèmes comptables ainsi que les systèmes de gestion de la trésorerie.

Une fois que l'activité est en marche, l'entrepreneur doit alors devenir un manager. Qu'entraîne véritablement le management d'une telle entreprise ? Il doit en premier lieu s'occuper de tous les processus propres à n'importe quelle autre entreprise : prendre des décisions, établir des plans d'action, analyser l'environnement interne autant qu'externe, mesurer et évaluer les performances et effectuer les changements requis. Par ailleurs, il doit s'attacher à la gestion du personnel : sélectionner et embaucher, évaluer et former, motiver, résoudre les conflits, déléguer les tâches et être un leader efficace. Enfin, il doit s'occuper de la croissance de son entreprise, ce qui inclut la planification et la mise en place de stratégies de développement, la gestion des crises, l'étude des différentes manières de financer cette croissance, l'évaluation de la valeur de l'entreprise et peut-être même de se préparer à en partir, en la cédant ou en la transmettant.

Document 6.1 – Les rôles de l'entrepreneur dans les différentes phases du projet entrepreneurial.

Exploration	Planification	Lancement	Management
Identifier les opportunités	Définir la mission organisationnelle	Définir les objectifs et les stratégies	Sélectionner et former le personnel
Définir les avantages concurrentiels	Développer le business plan	Etablir les plans d'action, modes opérationnels et plans marketing	Manager les équipes
Explorer les affaires possibles	Choisir le statut juridique	Concevoir les systèmes d'information, comptables et de gestion de trésorerie	Etablir les plans d'action
Analyser les concurrents	Rechercher brevets, licences, etc.		Evaluer la performance
Rechercher les options de financement	Concevoir la structure d'organisation		Développer l'activité et l'entreprise
	Tenir compte des aspects culturels		

2. Mettre en place le projet entrepreneurial

La planification est une étape importante dans la mise en place de tout projet entrepreneurial, en particulier pour les entreprises à haut potentiel. Une fois les études de faisabilité soigneusement réalisées, l'entrepreneur doit planifier son projet. La première étape consiste à créer ce que l'on appelle couramment un *business plan*, document écrit et structuré qui résume les opportunités commerciales et décrit les moyens de s'en emparer et de les exploiter. Celui-ci peut être très élémentaire ou, au contraire, très précis. Le type le plus simple comprendra seulement un *résumé opérationnel* (*executive summary*), c'est-à-dire une sorte de mini-business plan de deux pages environ. Le business plan *simplifié* est un peu plus fouillé. On pourrait le décrire comme un « résumé opérationnel vitaminé ». Outre le résumé opérationnel, il comprend une proposition commerciale qui explique les tenants et les aboutissants de l'entreprise aux éventuels investisseurs. Un business plan simplifié comprend un résumé opérationnel et quelques pages d'explication de chacune des composantes clés du plan. Le business plan complet est la version la plus traditionnelle. Il est décrit plus complètement ci-après. Enfin, le business plan opérationnel est le plan le plus détaillé (50 pages ou plus), utilisé par des entreprises qui existent et qui ont déjà défini leur stratégie. S'il est souvent employé pour organiser les activités, il peut aussi servir à dégager de nouveaux fonds ou à attirer des acquéreurs. C'est important pour un entrepreneur de savoir de quel type de business plan il a besoin pour arriver à ses fins.

2.1. Qu'est-ce qu'un business plan ?

Pour beaucoup d'entrepreneurs en devenir, développer et écrire un business plan apparaît comme une tâche ardue et intimidante. Toutefois, un bon plan présente beaucoup d'intérêt. C'est un document unique et cohérent qui reflète la vision complète de l'entrepreneur. Il requiert une certaine discipline et une pensée novatrice. Et s'il est bien tourné, il devient un document essentiel. Doté d'un fort pouvoir de conviction, il peut servir plusieurs buts et aller bien au-delà d'une simple étape du lancement. C'est à la fois un plan et une feuille de route, un document vivant qui va guider les décisions et les actions organisationnelles tout au long de la vie de l'entreprise.

Si l'entrepreneur a mené une étude complète de faisabilité, la plupart des informations qu'il a réunies deviennent la base de son business plan. Un bon plan contient six parties majeures : le résumé opérationnel (*executive summary*), l'analyse de l'opportunité, l'analyse contextuelle, la description de l'activité, les données financières et les projections et, enfin, les annexes.

Le résumé opérationnel (*executive summary*)

Il expose les objectifs et les stratégies de l'entreprise. Il peut inclure une brève mission stratégique, les buts principaux, une courte histoire de la société (éventuellement sous la forme d'un tableau chronologique), les personnes clés engagées, la nature des activités, des descriptions concises des produits ou des services, une courte explication du créneau qu'il compte occuper, des concurrents et des avantages concurrentiels, les stratégies proposées et quelques informations clés à propos du financement.

L'analyse de l'opportunité

Dans cette section, l'entrepreneur présente en détail l'opportunité, autrement dit l'idée d'affaires autour de laquelle se structure le projet entrepreneurial. Cela signifie essentiellement : 1) juger le marché recherché en décrivant les données démographiques du marché cible, 2) décrire et évaluer les tendances du secteur, et 3) identifier et évaluer les concurrents.

L'analyse contextuelle

Tandis que l'analyse de l'opportunité s'occupe des possibilités offertes par telle ou telle branche de l'industrie ou du marché, l'analyse contextuelle se place dans une perspective plus large. Ici, le chef d'entreprise décrit les principaux changements externes ainsi que les tendances des différents environnements qu'ils soient économiques, politico-juridiques, technologiques, globaux, etc.

La description de l'activité

L'entrepreneur explique comment l'activité entrepreneuriale sera organisée, lancée et managée. Cela comprend : 1) une description précise de la mission stratégique ; 2) une description de la culture d'entreprise souhaitée ; 3) les plans marketing (incluant une stratégie marketing d'ensemble, la détermination des prix, une explication des stratégies de vente, de la politique de garantie et des tactiques publicitaires) ; 4) les plans de développement des produits (incluant une explication du statut du développement, des tâches, des difficultés et des risques ainsi que de l'anticipation des coûts) ; 5) des plans opérationnels (incluant une description de la localisation géographique proposée, des installations et des améliorations, de l'équipement et du processus d'affaires [*workflow*]) ; 6) une organisation des ressources humaines (incluant une liste des directeurs, la composition du conseil d'administration avec un exposé des expériences et des compétences de ses membres, la définition des besoins en personnel actuels et futurs, les rémunérations et les bénéfices ainsi que les besoins de la formation) ; et, enfin, 7) un tableau chronologique d'ensemble des événements.

Les données financières et les projections

Tous les business plans efficaces contiennent des données financières et des projections. Même si les calculs et les interprétations peuvent être difficiles, ils sont pourtant cruciaux. Aucun business plan n'est complet sans informations financières. Un plan financier doit couvrir au moins trois ans et contenir des prévisions de bénéfices, une analyse *pro forma* du flux de trésorerie (mensuelle pour la première année, puis trimestrielle pour les deux années suivantes), des bilans *pro forma*, une analyse de la rentabilité et le contrôle des coûts. Si des équipements spéciaux ou d'autres besoins en capitaux sont attendus, ils devront être listés avec leurs coûts et les collatéraux disponibles. Toutes les projections et analyses financières doivent contenir des notes explicatives, surtout quand les données semblent contradictoires ou discutables.

Les documents annexes

C'est une composante importante d'un business plan efficace. Le chef d'entreprise doit en effet étayer ses descriptions par des tableaux, des graphiques, des photos et tous autres outils visuels. Par ailleurs, il peut avoir intérêt à inclure des informations (personnelles et professionnelles) sur les participants clés de l'entreprise.

L'idée d'une entreprise prend du temps pour germer, et c'est aussi le cas d'un bon business plan. Il est important pour le chef d'entreprise d'y exposer des concepts sérieusement réfléchis. Ce n'est pas une chose facile. Toutefois, le résultat sera très utile à tous les niveaux des efforts de planification.

> *Modèle d'affaires (ou business model)* — Partie du plan d'affaires expliquant précisément selon quels processus – en particulier de commercialisation – l'activité entrepreneuriale créera de la valeur économique et sera rentable.

2.2. Organiser le projet entrepreneurial

Une fois que l'entreprise est en marche, l'entrepreneur commence à l'organiser. À ce stade, il doit s'occuper de son statut juridique, de sa structure organisationnelle ainsi que de la gestion de ses ressources humaines.

Quels sont les différents statuts juridiques ?

Le choix du statut juridique est la première décision organisationnelle que l'entrepreneur doit prendre et elle est décisive. Les deux facteurs principaux qui affectent sa décision sont la fiscalité et les responsabilités légales. Un entrepreneur cherche toujours à minimiser l'impact de ces deux facteurs. Un choix judicieux lui permettra de se protéger de responsabilités trop pesantes et d'épargner sa trésorerie, autant à court terme qu'à long terme.

Il existe en France plusieurs statuts juridiques : l'autoentrepreneur (AE), la microentreprise ou entreprise individuelle (EI), la société à responsabilité limitée (SARL) et l'entreprise unipersonnelle à responsabilité limitée (EURL), cette dernière étant plutôt adaptée aux activités susceptibles de se développer. On peut aussi y ajouter, pour des projets d'envergure, la société anonyme (SA) ou la société par actions simplifiée (SAS). À noter enfin, depuis 2011, le statut d'entrepreneur individuel à responsabilité limitée (EIRL), qui permet la création d'un patrimoine professionnel séparé du patrimoine privé, sans création d'une personne morale. En optant pour telle ou telle sorte de statuts, il y a plusieurs choix possibles de structures légales, toutes présentant une fiscalité et des responsabilités particulières, des avantages et des inconvénients.

Bien sûr, le choix final d'un statut juridique reposera toujours sur plusieurs critères, tels que la nature de l'activité, l'envie de s'associer avec d'autres, l'organisation patrimoniale, les besoins financiers, le fonctionnement de l'entreprise, le régime social et fiscal de l'entrepreneur et bien sûr la crédibilité vis-à-vis des partenaires (banques, clients, fournisseurs, etc.). D'où la nécessité pour tout entrepreneur de réfléchir et de se faire conseiller en la matière ; car même si un changement ultérieur de statut juridique est toujours possible, ce n'est pas chose facile. Un chef d'entreprise doit donc réfléchir à ce qui est important pour sa société, notamment sa marge de manœuvre, la fiscalité et le niveau de ses responsabilités juridiques.

Quel type de structure organisationnelle choisir pour une activité entrepreneuriale ?

C'est là aussi un point important. À un moment ou à un autre, l'entrepreneur qui a réussi découvre qu'il ne peut pas tout faire. Il a besoin de personnel. Il doit alors décider de la structure la plus appropriée pour que son entreprise puisse arriver à ses fins. Sans une structure organisationnelle adéquate, l'activité entrepreneuriale se trouvera bientôt dans une situation chaotique.

Dans beaucoup de PME, cette structure réussit à évoluer sans que le chef d'entreprise s'en occupe vraiment. Pour la plupart, la structure peut être très simple : une seule personne fait ce qui doit être fait. Mais quand l'entreprise grandit, son chef découvre qu'il est de plus en plus difficile d'être seul à la manœuvre et il doit alors engager des employés pour occuper les fonctions qu'il ne peut plus assumer lui-même. Quand l'entreprise continue sa croissance, ces personnes occupent toujours les mêmes fonctions. Mais bientôt, chaque domaine nécessitera l'embauche de collaborateurs et de managers spécifiques.

Ainsi, plus l'entreprise évolue vers une structure bien précise, celle voulue par l'entrepreneur, plus ce dernier doit faire face à un ensemble de nouveaux challenges. Tout à coup, il doit partager la prise de décisions et les responsabilités opérationnelles. C'est souvent l'un des points les plus difficiles pour lui : laisser quelqu'un d'autre décider et ne pas s'en occuper. Il se dit : « Comment quelqu'un d'autre peut-il connaître l'entreprise mieux que moi ? » De plus, l'atmosphère détendue et décontractée qui régnait sans doute auparavant, quand l'entreprise était plus petite, risque de disparaître. Souvent, les entrepreneurs font un grand effort pour conserver cette atmosphère de PME, même si leur entreprise a évolué vers quelque chose de beaucoup plus structuré. Toutefois, une société mieux structurée ne signifie pas forcément qu'elle a abandonné la flexibilité, la capacité d'adaptation et la liberté. En fait, l'entrepreneur peut rendre la structure organisationnelle aussi fluide qu'il le désire tout en lui conservant une rigidité qui facilite l'efficacité.

L'organisation de l'activité entrepreneuriale doit prendre en compte les six éléments de la structure organisationnelle exposés au chapitre 7 : la spécialisation du travail, la départementalisation, la ligne hiérarchique, l'éventail de contrôle, l'équilibre entre centralisation et décentralisation et le taux de formalisation. Les choix qui seront faits par l'entrepreneur dans ces six domaines feront que la structure sera plutôt mécaniste ou plutôt organique. Une structure mécaniste sera préférable si l'accent est mis sur l'efficacité des coûts comme avantage compétitif, s'il y a un fort contrôle de l'activité des employés, si l'entreprise manufacture des produits standardisés d'une manière routinière et quand l'environnement externe est relativement stable et sûr. Une structure organique sera plus appropriée si l'innovation est décisive pour l'avantage concurrentiel de l'entreprise, dans une petite organisation où une division et une coordination des tâches ne sont pas obligatoires, si l'entreprise produit des objets personnalisés d'une manière flexible et quand l'environnement externe est dynamique, complexe et plus incertain.

Quels problèmes posent les ressources humaines ?

Plus une activité entrepreneuriale grandit, plus elle a besoin de personnel pour accomplir le surplus de travail. Il faut alors s'occuper de deux points : le recrutement et le maintien des employés.

Recruter du personnel est l'un des principaux défis auquel doit faire face un entrepreneur. De fait, la capacité des PME à engager les employés dont elles ont besoin est considérée comme l'un des facteurs les plus importants qui influera sur leur succès organisationnel.

L'entrepreneur recherche surtout des personnes à haut potentiel pouvant tenir plusieurs rôles au cours des différentes étapes de la croissance de la société. Il recherche des personnes qui conviennent parfaitement à la culture de l'entreprise et qui sont passionnées par leur travail. Contrairement au DRH des grosses compagnies dont le rôle est de trouver quelqu'un qui corresponde à une tâche, l'entrepreneur cherche plutôt des compétences déterminantes pour remplir des vides. Il recherche des gens exceptionnellement capables et très motivés, flexibles, touche-à-tout et qui peuvent participer à l'agrandissement de l'entreprise. Les DRH des grosses entreprises s'appuient sur les pratiques et les techniques traditionnelles des RH, l'entrepreneur, lui, cherche plutôt à faire concorder les caractéristiques d'une personne avec les valeurs et la culture de l'entreprise. Il cherche la correspondance entre la personne et l'organisation.

Mais engager des salariés compétents et qualifiés n'est que le premier pas dans la gestion des ressources humaines. Ensuite, il faut que l'entrepreneur les fidélise, c'est-à-dire les maintienne dans l'entreprise. La seule façon de les conserver s'appelle la compensation. Alors que les entreprises traditionnelles considèrent celle-ci comme une récompense essentiellement sonnante et trébuchante, c'est-à-dire monétaire (salaire, bénéfices et primes), les petites entreprises à haut potentiel la voient du point de vue d'une récompense globale. Pour elles, la compensation englobe ainsi – à côté des récompenses monétaires – les récompenses psychologiques, les occasions d'apprendre ainsi que la reconnaissance des capacités.

3. Diriger une activité entrepreneuriale

Diriger est une fonction importante de l'entrepreneuriat. Plus l'entreprise grandit, plus il y a de salariés et plus l'entrepreneur doit s'investir dans son nouveau rôle de dirigeant. Dans cette partie, nous allons étudier ce que recouvre cette fonction de dirigeant. D'abord, nous verrons les caractéristiques de la personnalitéde l'entrepreneur. Puis, nous verrons le rôle que joue celui-ci dans la motivation de ses employés grâce à la délégation des responsabilités ainsi que dans la direction de l'entreprise et des équipes de salariés.

3.1. Quelle est la personnalité de l'entrepreneur ?

Pensez à un chef d'entreprise. Ce peut être quelqu'un que vous connaissez personnellement ou quelqu'un comme Bill Gates de Microsoft ou en France Pierre Kosciusko-Morizet, cofondateur du site de vente en ligne PriceMinister. Maintenant, essayez de décrire ce que l'on peut observer ou deviner de sa personnalité. Vous êtes entré dans l'un des champs les plus étudiés de l'entrepreneuriat. En effet, les caractéristiques psychologiques que les chefs d'entreprise ont en commun ont intéressé de nombreux chercheurs depuis plusieurs décennies. Ainsi, existe-t-il des traits de personnalité qui permettent de distinguer un entrepreneur d'un non-entrepreneur ? Et quels sont les traits susceptibles de prédire une carrière entrepreneuriale pleine de succès ?

Cela revient à comprendre s'il existe ou non une « personnalité entrepreneuriale ». Certes, essayer de découvrir les caractéristiques spécifiques partagées par tous les entrepreneurs présente le même problème que de vouloir définir une théorie des traits du leadership. Cela signifie être capable d'identifier les traits spécifiques à tous les entrepreneurs. Mais cela n'a pas empêché les chercheurs de découvrir quelques traits communs. L'une de ces études énumère les caractéristiques suivantes : un haut niveau de motivation, une grande confiance en soi, une capacité de s'engager à long terme, une grande énergie, une volonté inaltérable de résoudre les problèmes, un degré élevé d'initiative, une capacité à définir des objectifs et une modération dans la prise de risques. Une autre liste des caractéristiques du profil entrepreneurial comprend : un haut niveau d'énergie, une grande persévérance, beaucoup de ressources, le désir et la capacité d'agir de façon autonome et un besoin relativement élevé d'indépendance.

D'autres chercheurs encore ont tenté de définir une échelle de la proactivité destinée à prédire si des individus étaient plus disposés que d'autres à s'engager dans une activité entrepreneuriale. Une personnalité proactive définit quelqu'un qui agit délibérément pour influencer son environnement. Évidemment, l'entrepreneur est plus à même d'être proactif quand il cherche des opportunités et cherche à s'en servir. Différents niveaux de l'échelle de la proactivité sont de bons indicateurs d'un penchant à devenir un entrepreneur : le genre, l'éducation, avoir déjà un parent dans le métier et posséder soi-même une personnalité proactive. Par ailleurs, les études ont montré que les entrepreneurs ont une plus grande tendance à prendre des risques que les managers salariés. Toutefois, cette tendance est modérée par les objectifs principaux que se fixent les entrepreneurs. Ainsi, la tendance à la prise de risque serait plus grande pour les chefs d'entreprise dont l'objectif principal est la croissance, contrairement à ceux qui se focalisent avant tout sur la sécurisation des revenus de la famille.

3.2. Comment les entrepreneurs peuvent-ils motiver leurs employés ?

Quand vous êtes motivé pour faire quelque chose, ne vous sentez-vous pas rempli d'énergie et volontaire pour travailler dur ? Et ne serait-il pas merveilleux si vos salariés étaient aussi remplis de la même énergie, excités et volontaires pour bien faire leur travail ? Avoir des employés motivés est toujours un objectif important pour un entrepreneur et la responsabilisation et un très bon outil de motivation.

Bien que ce ne soit pas facile à faire pour un entrepreneur, la responsabilisation (donner à des employés le pouvoir de prendre des décisions et d'agir par eux-mêmes) est une démarche motivationnelle importante. Car les aventures entrepreneuriales doivent être rapides et agiles, et ceux qui les vivent être prêts à saisir les opportunités et s'engager dans de nouvelles directions. La responsabilisation des salariés peut permettre cette agilité et cette rapidité. Car quand ceux-ci sont responsabilisés, ils montrent davantage de motivation, une meilleure qualité du travail ainsi qu'une plus grande satisfaction quand la tâche est achevée. Le turn-over est donc moindre.

La responsabilisation est un concept philosophique auquel les entrepreneurs doivent adhérer. Cela ne vient pas naturellement. C'est même une chose difficile pour eux. Leur vie est liée à leur entreprise, qu'ils ont construite *ex nihilo*. Mais s'ils veulent qu'elle continue à grandir, il leur faut tôt ou tard passer par un partage des responsabilités. Comment un entrepreneur peut-il responsabiliser ses employés ? Dans la plupart des cas, il va s'agir d'un processus graduel.

Un entrepreneur commence généralement par une prise de décisions réalisée sur un mode participatif. Bien sûr, ce n'est pas encore donner une entière responsabilité aux salariés, mais cela permet déjà de reconnaître l'éventail de leurs talents, de leurs compétences, ainsi que de leurs connaissances et de leurs capacités.

Une autre manière de responsabiliser les employés est la délégation, qui consiste à leur assigner certaines décisions ou des tâches spécifiques. De cette manière, l'entrepreneur délègue les responsabilités pour les faire exécuter.

Quand l'entrepreneur a finalement compris l'intérêt de la responsabilisation, une version pleine et entière de celle-ci peut avoir lieu. Cela signifie alors redéfinir les fonctions des salariés pour leur permettre de faire leur travail de façon efficace en utilisant leur créativité, leur imagination, leurs connaissances et leurs compétences.

Si l'entrepreneur a su donner de plus en plus de responsabilité à ses employés (c'est-à-dire en adéquation totale avec sa planification et après les avoir formés), les résultats peuvent être réellement impressionnants, à la fois pour l'entreprise pour les employés concernés. L'entreprise connaîtra plus de productivité, de qualité, des clients satisfaits, des employés bien motivés et une amélioration du moral des troupes. Par ailleurs, les salariés apprécieront l'occasion qui leur est donnée de réaliser des tâches plus variées, plus intéressantes et plus stimulantes.

3.3. Comment un entrepreneur devient-il un dirigeant ?

Le sujet que nous voulons étudier dans cette partie est le rôle de l'entrepreneur comme dirigeant. Il doit alors assumer deux responsabilités : diriger l'entreprise d'une part et les équipes de travail d'autre part.

Aujourd'hui, l'entrepreneur qui a réussi doit ressembler au leader d'un groupe de jazz qui aime l'improvisation, l'innovation et la créativité. Max DePree, l'ancien chef d'Herman Miller Inc., un fabricant de meubles de bureau connu pour ses méthodes de direction innovatrices, l'a bien exprimé dans son livre *Leadership Jazz* : « Les leaders de groupes de jazz doivent choisir la musique, trouver les bons musiciens et jouer en public. Mais l'effet d'ensemble dépend d'un grand nombre de paramètres (l'environnement, les musiciens, le désir de ceux-ci de jouer individuellement et en groupe, la dépendance absolue du chef envers les membres du groupe, le besoin pour les musiciens les moins bons de mieux jouer…). Le jazzman a ainsi une occasion inespérée de tirer le meilleur des autres musiciens. Nous avons beaucoup à apprendre d'eux, parce que le jazz, comme la direction, combine l'imprévisibilité de l'avenir avec ce que chaque personne a à offrir. »

La manière dont un entrepreneur mène l'entreprise devrait ressembler à celle du musicien de jazz : tirer le meilleur des autres individus, quelle que soit l'imprévisibilité de la situation. Cela passe bien sûr par la vision qu'il a imaginée pour l'organisation. En fait, la force motrice des premiers moments de l'activité entrepreneuriale tient souvent dans son leadership visionnaire. La capacité qu'il a d'articuler une vision cohérente et enthousiasmante de l'avenir est une façon de reconnaître ses compétences de dirigeant. Une étude qui comparait les compagnies visionnaires à d'autres « non-visionnaires » a montré que, sur les critères les plus communs de performance financière, les compagnies visionnaires font six fois mieux et leurs actions se négocient quinze fois mieux sur le marché général.

Beaucoup d'organisations – entrepreneuriales ou non – s'appuient sur des équipes d'employés pour exécuter des tâches organisationnelles, pour imaginer de nouvelles idées et pour résoudre les problèmes. Dans une activité entrepreneuriale, les trois types les plus communs d'équipes de travail sont les équipes responsabilisées (capables de planifier et d'exécuter les améliorations de processus), les équipes autonomes (responsables d'un grand nombre d'activités managériales) et les équipes transversales (composées de personnes issues de différents services qui collaborent sur diverses tâches).

Développer et mettre en œuvre des équipes est nécessaire parce que les technologies et la demande du marché obligent les activités entrepreneuriales à créer plus rapidement de meilleurs produits à un coût moindre. L'entrepreneur cherche alors des employés adéquats et les responsabilise pour qu'ils prennent des décisions. C'est peut-être là la meilleure façon de s'adapter aux changements. De plus, une culture d'équipe peut améliorer l'environnement du lieu de travail et le moral des salariés. Et, pour que les équipes donnent le meilleur d'elles-mêmes, les entrepreneurs doivent passer du style commander-et-contrôler traditionnel à un style coacher-et-collaborer.

4. Piloter l'activité entrepreneuriale

L'entrepreneur doit aussi faire attention à bien contrôler les opérations de son entreprise s'il veut que celle-ci survive et prospère autant à court terme qu'à long terme. Les opérations de contrôle qu'il doit mener sont la gestion de la croissance, celle du ralentissement de l'activité, son propre départ de l'entreprise, et la gestion des choix et des défis dans sa vie personnelle.

4.1. Comment gérer la croissance ?

La croissance est une conséquence naturelle et désirable dans une activité entrepreneuriale. C'est même ce qui la caractérise puisqu'elle la recherche. Une croissance douce peut être un signe de succès tout comme une croissance rapide.

En tout cas, une croissance pleine de succès n'est pas due au hasard ou à la chance. Pour y arriver, l'entrepreneur doit gérer tous les défis associés à la croissance. Cela englobe la planification, l'organisation et le contrôle.

4.2. Comment gérer un ralentissement de l'activité ?

Bien qu'une croissance organisationnelle soit un objectif désirable, que se passe-t-il si les choses ne se déroulent pas comme prévu, quand les stratégies de croissance n'aboutissent pas à ce qu'on avait espéré et, en fait, amènent plutôt à un ralentissement de l'activité ? Gérer cette situation constitue là aussi un défi entrepreneurial majeur.

Personne n'aime échouer, et surtout pas un entrepreneur. Toutefois, quand une activité entrepreneuriale entre dans une période troublée, il faut agir. En premier lieu, il faut reconnaître qu'une crise se prépare. Le chef d'entreprise doit comprendre rapidement les premiers signaux d'avertissement : une anomalie de trésorerie, un nombre trop élevé d'employés, des procédures administratives trop pesantes, un manque de mission ou d'objectifs clairs et une communication difficile dans l'organisation.

Même si l'entrepreneur espère ne jamais avoir affaire à un ralentissement d'activité, un déclin ou une crise, il y a toujours un moment où il faut quand même se poser des questions. Après tout, personne n'aime penser aux choses qui vont mal. Mais c'est exactement ce que l'entrepreneur doit faire, y penser avant que ça n'arrive. Il est alors important de tenir à jour un plan de couverture des risques. C'est un peu comme décider de matérialiser des issues de secours dans un lieu public avant que ne se déclenche un incendie. Un entrepreneur doit être prêt avant l'arrivée d'une urgence. Ce plan doit se concentrer sur certains détails pour contrôler les aspects fondamentaux de la bonne marche de l'entreprise : les flux de trésorerie, les créances, les coûts et les dettes. Au-delà du fait d'avoir un plan de contrôle des flux entrants et sortants, il doit aussi identifier des stratégies spécifiques qui permettront de réduire les coûts et restructurer l'entreprise.

4.3. Qu'implique le départ de l'entreprise ?

Quitter son activité entrepreneuriale peut sembler être une chose étrange pour un entrepreneur. Pourtant, il peut arriver un moment où celui-ci décide qu'il est temps de partir. Cette décision peut être prise s'il espère capitaliser sur son investissement dans l'entreprise et récolter le bénéfice de sa prise de risque initiale et de son travail. Cela peut aussi être dû au fait qu'il affronte de sérieux problèmes de performance et veut s'en aller, ou bien qu'il désire se concentrer sur d'autres objectifs (qu'ils soient personnels ou professionnels). Les questions qui se posent alors concernent le choix d'une méthode d'évaluation appropriée et la connaissance de ce qu'induit une telle vente.

Bien que la partie la plus difficile dans la préparation de sa sortie soit l'évaluation de l'entreprise, d'autres facteurs sont aussi importants. Il faut en effet décider qui vendra l'entreprise, considérer les conséquences au niveau fiscal, trouver des acheteurs potentiels et décider s'il faut faire l'annonce aux employés avant ou après la vente. Le processus de départ de l'activité entrepreneuriale devra être envisagé aussi soigneusement que le processus de lancement. Si l'entrepreneur vend l'entreprise sur une note positive, il cherchera à réaliser la valeur accumulée. Au contraire, s'il quitte l'activité parce qu'elle est en déclin, il voudra maximiser le retour sur investissement.

4.4. Pourquoi est-il important que l'entrepreneur pense aussi à sa vie personnelle ?

Être un entrepreneur est extrêmement excitant et épanouissant, mais aussi extrêmement exigeant. Cela se traduit souvent par des journées longues, une charge de travail importante, des choix de vie compliqués et beaucoup de stress. Toutefois, il y a aussi beaucoup de récompenses à la clé. Dans cette partie, nous allons étudier comment un chef d'entreprise peut s'y prendre pour être couronné de succès et en même temps équilibrer efficacement son travail et sa vie privée.

Les entrepreneurs, nous l'avons vu, sont une espèce à part. Ils sont concentrés, persévérants, travailleurs et intelligents. Parce qu'ils mettent une grande part d'eux-mêmes dans le lancement et la croissance de leur activité entrepreneuriale, beaucoup négligent leur vie personnelle. Les chefs d'entreprise doivent souvent faire des sacrifices afin de poursuivre leurs rêves entrepreneuriaux. Pourtant, ils peuvent y arriver, tout en trouvant un équilibre entre leur travail et leur vie privée. Mais comment ?

Une des choses les plus importantes qu'un entrepreneur peut faire est de devenir un bon manager de son propre temps. Donner la priorité à ce qui doit être fait. Utiliser un agenda (journalier, hebdomadaire, mensuel) pour aider à hiérarchiser les priorités. Certains entrepreneurs n'aiment pas prendre de temps pour planifier ou trouver les priorités, car ils croient que c'est un gaspillage de leur temps déjà si rare. Pourtant, le fait d'identifier les tâches importantes en les distinguant de celles qui le sont moins les rend toujours plus efficaces. En outre, être un bon manager de son propre temps passe aussi par la délégation aux employés de confiance des décisions et des actions dans lesquelles il ne veut pas (ou plus) être personnellement impliqué. Bien qu'il considère comme difficile de délaisser une partie des tâches qu'il a toujours réalisées, l'entrepreneur qui délègue efficacement verra augmenter son niveau personnel de productivité.

Une autre suggestion pour trouver un équilibre est de rechercher et d'accepter les conseils des professionnels dans les secteurs où le besoin s'en fait sentir. Bien qu'un entrepreneur puisse parfois rechigner à dépenser de l'argent, les problèmes de temps, d'énergie et de potentiel économisés à long terme valent bien l'investissement consenti. Les conseils professionnels compétents peuvent fournir à l'entrepreneur des informations qui l'aideront à prendre des décisions plus intelligentes. Par ailleurs, il est aussi important de s'occuper des tensions et conflits quand ils surviennent. Cela inclut autant les conflits dans l'entreprise que dans la vie personnelle et familiale. Si l'entrepreneur ne s'en occupe pas en temps voulu, des sentiments négatifs ne manqueront pas d'apparaître et causeront alors de gros problèmes de communication. Dans ce cas, les informations essentielles peuvent être perdues et les personnes (les employés et les membres de la famille) commenceront à penser au pire. Cela peut se transformer en un cauchemar qui ne fera que s'aggraver. La meilleure stratégie est de s'occuper des conflits dès qu'ils se présentent. Qu'il utilise la parole, la discussion ou la dispute si le faut, mais un entrepreneur ne devrait pas éviter le conflit ou prétendre qu'il n'existe pas.

Une autre suggestion pour arriver à équilibrer le travail et la vie personnelle et de développer un réseau d'amis et de collègues fidèles. Avoir plusieurs personnes avec qui discuter demeure l'une des meilleures manières pour un entrepreneur de bien réfléchir à tous ses problèmes. Le soutien et l'encouragement offerts par ces personnes peuvent être une source inestimable de force.

Enfin, sachez reconnaître quand votre niveau de stress est trop élevé. Les entrepreneurs sont des personnes qui réussissent. Ils aiment réaliser des choses. Un dur labeur leur réussit bien. Pourtant, trop de stress peut causer de graves problèmes physiques et moraux. L'entrepreneur doit apprendre à reconnaître quand le stress est trop écrasant et se prémunir au bon moment. Après tout, où est l'intérêt de créer et de faire croître une activité entrepreneuriale si vous ne pouvez pas en profiter ?

5. L'entrepreneur est-il un leader comme les autres ?

Nombre d'auteurs ont tenté de dégager les facteurs clés de succès qui – évidents ou discrets – peuvent expliquer la réussite des entrepreneurs. Opportunité porteuse, contexte favorable, plan d'affaires rigoureux ou parties prenantes impliquées sont autant d'éléments identifiables permettant de clarifier les ingrédients des scénarios de réussite de tel ou tel créateur ou repreneur. Mais au-delà de ces données contextuelles essentielles, comment ne pas être tenté de revenir à l'aspect le plus fondamental, celui lié à l'entrepreneur lui-même, à sa personne, à l'ensemble des attitudes et comportements mobilisés par un individu spécifique au cœur d'un projet entrepreneurial particulier ?

En effet, là comme ailleurs, et dès lors qu'une communauté doit faire face à la mise en commun d'énergies et de moyens au service d'un objectif de progrès, réapparaît une problématique centrale, celle de la conduite de l'action collective, celle de la création du sens, en un mot celle du « leadership », sous toutes ses formes et dans toutes ses expressions.

5.1. À la recherche du leadership entrepreneurial

Et s'il n'y avait pas réellement de « leadership » en tant que tel, mais uniquement des « preuves de leadership », preuves incarnées par les actions et réactions des hommes et des femmes entourant le leader ?

Dès lors, comment reconnaître un entrepreneur-leader, sinon à l'ensemble de ce qui se passe autour de lui, à la nature des interactions qu'il déclenche autant qu'à la qualité des résultats qu'il produit ? Dans toute organisation, un leader se reconnaît de la même façon. Il est celui qui se révèle plus que d'autres capable d'identifier les bons équipiers, de les convaincre de le rejoindre et surtout de les garder auprès de lui dans la durée. Ce même leader sait démontrer au quotidien – au-delà des tensions nées de sa forte personnalité – sa capacité à mobiliser durablement les membres d'une équipe autour d'un projet qui n'est pas nécessairement le leur. Il a souvent, de même, ce talent d'incarner un style d'entreprise de façon forte, tout en passant efficacement les caps de la croissance et des crises qui l'accompagnent. Attirer, faire adhérer, créer la confiance puis mettre en mouvement les équipes dans la durée, autant d'éléments qui structurent la position de leader de tout homme ou femme responsable au cœur d'une organisation.

Mais l'entrepreneur – en particulier lorsqu'on le compare au manager ou au dirigeant salarié – apparaît pourtant comme un type original de leader, et ce pour deux raisons essentielles :

- L'entrepreneur intervient tout d'abord dans un contexte et dispose, par nature, de leviers d'action propices à un leadership fort. La personnalité même de celui ou celle qui entreprend illustre souvent les caractéristiques fondamentales classiquement attribuées aux grands leaders, que l'on évoque ici l'imagination, l'enthousiasme, l'énergie, le courage, la force de persuasion, la vision, mais aussi l'adaptabilité, l'intégrité ou l'ambition. Plus encore, nombre de projets entrepreneuriaux sont, par définition, porteurs de mobilisation pour les acteurs. L'entrepreneur, symboliquement, crée toujours plus ou moins quelque chose là où il n'y avait rien. Tout projet entrepreneurial mobilisateur, quel qu'en soit l'objet, incarne une conquête, une création, une construction, doublée d'une aventure porteuse d'un potentiel de gain et d'évolution pour toutes celles et tous ceux qui en seront les protagonistes.
- Mais toute aventure entrepreneuriale comprend aussi, à l'inverse, de caractéristiques spécifiques pouvant potentiellement nuire à l'émergence puis à l'exercice de ce même leadership. En effet, certaines situations propres à la posture d'entrepreneur peuvent se révéler, sur la durée, porteuses de démobilisation, de perte de confiance, de mise en retrait ou d'inertie pour la communauté des équipiers ou des collaborateurs. Ainsi du poids psychologique du projet entrepreneurial, par définition motivant pour celui qui le porte, mais qui peut le conduire à négliger la communauté de celles et ceux censés l'aider à le réaliser. L'entrepreneur, trop centré sur son projet et insuffisamment sur ses

équipiers, en vient alors à les considérer comme des moyens, les cantonnant dans une posture d'instruments au service d'une fin qui leur échappe et qu'il est le seul à incarner. Par ailleurs, le contexte entrepreneurial proprement dit (création, reprise, succession, intrapreneuriat) se caractérise souvent par une limitation, voire une faiblesse des moyens disponibles, qu'ils soient de régulation ou d'action, qu'ils soient humains, matériels ou financiers. Et si l'inconfort des périodes entrepreneuriales peut constituer pour d'aucuns un aiguillon de la motivation, il peut aussi conduire à la lassitude et à la démoralisation.

Aussi faut-il, afin d'éclaircir ces différentes dimensions, tenter d'aller plus avant dans la compréhension des modalités concrètes de ce que l'on peut désormais appeler, faute de mieux, le leadership entrepreneurial.

Intrapreneur — Dans une entreprise, collaborateur salarié affichant un profil de chef d'entreprise à travers les projets qu'il met en œuvre et capable de mener à terme ces projets dans une logique d'autonomisation et d'essaimage, *via* le passage à un véritable entrepreneuriat.

5.2. Entrepreneurs en quête de leadership.

Parce que chaque entrepreneur a son histoire, et que chaque histoire est par définition unique, prenons le temps de nous arrêter sur trois de ces figures emblématiques, de ces types idéaux d'entrepreneurs en quête de leadership auprès des hommes et des femmes qui les entourent.

À tout seigneur tout honneur, il semble évident de démarrer cette galerie de portraits par le **créateur propriétaire**, celui qui – souvent plus que tout autre – incarne aux yeux de la communauté des affaires la figure emblématique de l'entrepreneur.

Plus qu'une exigence fonctionnelle, le leadership apparaît ici comme une nécessité vitale. Le créateur est par définition le père (ou la mère) du projet qu'il incarne. Dans ce contexte, aimer le projet, c'est aimer l'entrepreneur ; croire dans le projet, c'est croire en lui. En revanche, critiquer le projet, c'est agresser son géniteur. On ne peut qu'être frappé, au contact des créateurs, de l'exigence fusionnelle souvent manifestée vis-à-vis de leurs équipes, exigence marquée par l'attente d'un investissement maximal, par l'insatiable désir d'une implication de tous les instants. Le leadership est ici celui du chef de famille, de clan, de tribu. Il est celui des pionniers rassemblés autour d'un des leurs pour partager une aventure, voire réaliser un rêve (de liberté, de prospérité, de pouvoir, etc.). La création constitue d'ailleurs souvent pour l'entrepreneur l'expression d'un changement intérieur, d'une transition de vie, d'une mutation existentielle forte.

En matière de leadership, le risque devient dès lors celui de la mise en dépendance de la communauté par celui qui la dirige. L'**entrepreneur-créateur**, refusant d'abandonner une partie de son pouvoir, en vient à dénier à ses équipiers toute place autre que fonctionnelle dans le projet en devenir, oubliant ainsi le nécessaire processus de cocréation ayant permis de passer de l'idée au réel.

Une tout autre figure est celle de l'**héritier successeur**, souvent entrepreneur malgré lui, et pour qui la pression de la famille (souvent actionnaire) a pu tenir lieu, sous couvert de « devoir », d'aiguillon majeur de la motivation… Hériter du management d'une entreprise créée par un ascendant (ou plus rarement un collatéral), c'est endosser à la fois une responsabilité, un mode de relation et la réalisation implicite d'une promesse, celle de durer, de perdurer, de (se) transmettre. Cette situation pose à l'évidence nombre de problèmes de gouvernance ; celui du leadership, de la poursuite du processus de mobilisation des hommes, n'est pas le moindre. Car accepter de succéder, familialement parlant, c'est accepter d'être comparé à celui à qui l'on succède. Et c'est là qu'intervient sans coup férir le poids de l'histoire, en particulier celui de l'histoire des relations entre les différents acteurs, le prédécesseur (souvent créateur), le successeur et la communauté des collaborateurs, tiraillés entre espoirs et craintes, attentes et méfiances diverses. Car une entreprise familiale, plus que d'autres, est porteuse de dynamiques psychoaffectives fortes, toute succession s'insérant dans un réseau complexe de significations psychologiques et symboliques. Succéder, c'est d'abord succéder dans l'imaginaire, dans les représentations du corps social.

Voilà pourquoi un héritage entrepreneurial peut se révéler trop lourd à porter, insidieusement nourri par le stéréotype du dauphin dilapidant, ou tout simplement appauvrissant par son incompétence supposée le patrimoine créé par l'aîné. Sans doute est-ce aussi pourquoi le premier chantier auquel se doit de s'attaquer tout successeur « familial » est sans conteste celui de la création d'un style de leadership original, la différenciation constituant ici la clé essentielle de la « reconquête psychologique » des parties prenantes, qu'il s'agisse des collaborateurs, mais aussi des clients et des fournisseurs, pour ne pas parler des investisseurs…

Étonnant paradoxe enfin, que celui du **manager repreneur**, dont le double visage de sauveur d'une part et d'usurpateur d'autre part suffit souvent à créer une dynamique parfois difficile à maîtriser. Car le repreneur, même s'il travaillait auparavant dans l'entreprise ou le secteur, reste fondamentalement un « étranger », celui qui s'est emparé – fût-ce pour de bonnes raisons – d'un territoire entrepreneurial qui n'était pas initialement destiné à être le sien. Là réside d'ailleurs la difficulté en matière de mobilisation des équipes. Car si le repreneur peut souvent être considéré comme un sauveur, ses décisions managériales à venir – et dont le but est justement de sauver l'entreprise – peuvent aisément conduire la communauté des collaborateurs à des déceptions de toutes sortes, celles-ci pouvant finir par s'incarner en une sorte de suspicion d'illégitimité, nourrie par le doute sur les capacités, compétences ou intentions réelles du sauveur annoncé. Certes, que la reprise réussisse économiquement, même au prix de quelques dégâts sociaux, et la légitimité ne tardera pas à se reconstruire, offrant désormais à l'entrepreneur un statut de « re-créateur », statut en priorité affirmé par les survivants de l'ancien monde, celui d'avant. Mais que l'échec soit au rendez-vous et le repreneur ne tardera pas à endosser le rôle de l'usurpateur ou du charlatan, formes jumelées d'une même défroque organisationnelle, celle du bouc émissaire.

5.3. Entrepreneurs et leaders : réflexions pour demain

Que l'aventure entrepreneuriale soit technologique, industrielle ou commerciale, l'entrepreneur ne peut échapper, tôt ou tard, à la question de son leadership. À la tête d'une communauté d'hommes et de femmes, en grande partie choisis par lui, il aura toujours pour mission de les maintenir mobilisés, contre vents de la conjoncture et marées boursières, en direction d'un projet fort. Cette mobilisation se déploiera toujours dans un environnement spécifique, fait de ressources originales autant que de contraintes fortes. Car, en tant que figure essentielle de la croissance et du développement, tant dans les pays développés que dans les économies émergentes, l'entrepreneur est dès à présent et constituera d'autant plus demain l'alternative socio-économique majeure au manager technocrate de grande organisation mondialisée.

Dès lors, en matière de mobilisation des équipes, quatre enseignements majeurs pour l'avenir nous semblent pouvoir être retirés de l'observation de ces hommes et femmes ayant fait ce choix de vie que l'on appelle « entreprendre ».

1. Pour être reconnu par les autres comme un leader, celui qui entreprend doit d'abord en revendiquer l'identité.

En d'autres termes, les entrepreneurs qui réussiront demain à mobiliser autour d'eux les nécessaires forces vives de l'action et de la performance seront toujours celles et ceux qui assumeront pleinement leur mission, disons même leur devoir de leadership. Ils sauront que pour être acceptés comme meneurs dans l'aventure entrepreneuriale, ils devront en priorité s'affirmer comme tels. L'entrepreneur aura donc d'autant plus de capacité à mobiliser qu'il se posera clairement en leader, sans vanité mais aussi sans complexe. Il sera toujours celui qu'il faut suivre et qui donne aux autres de bonnes raisons de continuer à avancer pour que le projet aboutisse un jour. La valeur ajoutée distinctive de l'entrepreneur ne pourra donc plus être sa seule capacité à manager opérationnellement les ressources de son entreprise, même si ce savoir-faire conserve sa raison d'être, en particulier dans les temps d'incertitude. Mais il devra avant tout s'affirmer comme créateur de sens, créateur d'énergie collective *via* l'incarnation du sens et la communication de ce sens.

2. L'entrepreneur est d'autant plus leader, c'est-à-dire suivi par les autres, qu'il sait élaborer une architecture de performance cohérente avec l'ambition de son projet.

Si le leadership passe incontestablement par le développement d'une qualité de relation avec le corps social de l'entreprise, celui-ci ne saurait se déployer dans l'absolu. En d'autres termes, le leader n'est pas uniquement un communicateur, un motivateur ; c'est aussi un créateur de structures pérennes. L'exigence « architecturale » imposée à l'entrepreneur, plus encore à l'heure des organisations virtuelles, ne pourra que s'accroître dans les années qui viennent. La question fondamentale de l'architecture de performance renvoie d'ailleurs à la problématique d'autonomie en lien avec celle de développement de l'organisation. L'un des chantiers vitaux pour l'entrepreneur est en effet celui de l'élaboration d'une structure d'entreprise qui puisse à terme fonctionner sans lui. Cet enjeu architectural apparaît de façon évidente chez les créateurs en phase de croissance, à l'heure où l'organisation d'origine ne peut plus se contenter d'un leadership fusionnel nourri par le seul charisme de l'entrepreneur. Vient alors le temps où la création des justes structures, processus et règles du jeu, va marquer de façon indélébile le passage à l'âge managérial. Cette structuration, pour être essentielle, n'en est pas moins risquée, car porteuse, pour l'équipe originelle, d'un sentiment de perte de liberté, d'autonomie et de marge de manœuvre. D'où l'impérieuse nécessité de considérer en priorité la finalité de ce processus « architectural », l'essentiel pour l'entrepreneur étant moins de poser de nouvelles contraintes que de donner à voir longtemps à l'avance l'édifice final auquel il aspire.

3. De même, l'entrepreneur-leader demeure celui dont les équipes sont, envers et contre tout, fières de partager l'aventure.

Pour cela, il lui faut en permanence nourrir la relation de confiance avec ses équipes, seul ciment de la mobilisation durable. Or, la confiance ne se décrète pas. Dès lors, pourquoi une équipe a-t-elle ou non confiance en un créateur, un repreneur ou un successeur ? Parce qu'il a su gagner au moins trois batailles. La première est celle de l'image de compétence, car l'entrepreneur doit faire savoir qu'il sait où il va et comment il y va. La deuxième est celle de la détermination, car l'entrepreneur doit convaincre en permanence qu'il veut réellement réaliser le projet dont il est porteur. La troisième est celle de la fiabilité personnelle, car l'entrepreneur doit demeurer celui sur lequel ses troupes savent qu'elles pourront compter en cas de difficultés (et elles seront souvent nombreuses).

4. L'entrepreneur, en particulier dans les temps de turbulence et d'incertitude, doit enfin être le porteur privilégié d'une vision élargie du futur, non seulement pour son entreprise ou son secteur d'activité, mais aussi pour sa communauté, sinon pour la société tout entière.

Car si entreprendre consiste à créer de la valeur économique à travers la production de biens ou la prestation de services, c'est aussi créer des significations pour les parties prenantes (salariés, fournisseurs, clients, partenaires). Face à l'accélération du monde, au brouillage, voire à la perte des repères socio-économiques, malmenés par la complexité née de la globalisation des affaires, l'entrepreneur des années 2010 aura vocation à incarner une identité pérenne, dans le respect de principes économiques et gestionnaires, certes, mais pas uniquement. Car si l'entrepreneur est bien le porteur privilégié des valeurs fortes d'une époque, tant d'un point de vue éthique, que social ou écologique, il ne saurait être question qu'il incarne une vision technologique industrielle ou commerciale ambitieuse qui soit durablement déconnectée de ces mêmes valeurs.

En conclusion, la réussite d'une entreprise peut être *a posteriori* analysée sous de multiples angles, au travers d'une offre correspondant aux besoins du marché par exemple, ou d'un processus industriel performant voire d'une gestion financière sophistiquée. Mais le principal facteur de réussite à long terme (les investisseurs en savent quelque chose) demeurera demain intrinsèquement lié aux capacités de celui qui entreprend à mobiliser et développer les ressources et compétences nécessaires, et ce à toutes les phases de développement de son entreprise. Dès lors, si le besoin en leadership demeure au cœur de la problématique de toute organisation, le leadership de l'entrepreneur se déploiera demain à coup sûr autour de contraintes originales, dont certaines nous sont encore inconnues.

Résumé

1. **Définir l'entrepreneuriat et le rôle de l'entrepreneur.**

   L'entrepreneuriat est le processus par lequel se crée une nouvelle entreprise. L'activité entrepreneuriale se distingue de la gestion d'une PME par une recherche d'opportunités nourrie par un esprit d'innovation en vue d'une croissance et d'une rentabilité rapides.

   L'entrepreneur est celui qui va incarner le projet de création d'activité. À partir d'une idée de départ (opportunité innovante), l'entrepreneur doit déployer rapidement l'ensemble des fonctions de management que sont la planification, l'organisation, la direction et le contrôle.

2. **Définir la nature et les objectifs de l'action entrepreneuriale.**

   La planification occupe une place essentielle dans le processus entrepreneurial. Elle s'incarne au départ dans un business plan, document écrit résumant les opportunités identifiées par l'entrepreneur et décrivant les moyens de s'en emparer et de les exploiter.

Un business plan complet comprend un résumé opérationnel, une analyse des opportunités, une analyse du contexte, une description de l'activité envisagée, ainsi que des données commerciales et financières.

Lors du lancement d'une activité entrepreneuriale, le futur dirigeant doit apporter une attention toute particulière à la structure juridique de son activité, à la structure organisationnelle de celle-ci ainsi qu'au choix de ses premiers collaborateurs.

3. **Présenter les problèmes de direction spécifiques de l'activité entrepreneuriale.**

La direction de l'activité entrepreneuriale est très liée à la personnalité du créateur, qui se caractérise généralement par un haut niveau de proactivité et la prise de risque.

La motivation des employés exige un haut niveau de responsabilisation et de délégation, pratiques qui conduisent l'entrepreneur à donner à ses collaborateurs le pouvoir de prendre des décisions et d'agir par eux-mêmes dans un nombre croissant de domaines.

La façon de diriger de l'entrepreneur est proche de celle dont joue le jazzman : savoir improviser tout en tirant le meilleur parti de ce que les autres musiciens (en l'occurrence les collaborateurs) peuvent apporter chacun à leur niveau.

4. **Présenter et débattre des problématiques de pilotage propres à l'entrepreneur.**

L'activité entrepreneuriale exige d'être pilotée à tous les stades de son développement, tant en période de croissance que de ralentissement, mais aussi en prévision du départ du dirigeant.

En période de croissance, le pilotage de l'entreprise passe par le respect de grandes fonctions managériales de planification, d'organisation et de contrôle.

Face à des ralentissements d'activité, l'entrepreneur doit anticiper en prévoyant des plans alternatifs, en particulier au niveau vital que constituent les finances : flux de trésorerie, créances et suivi des coûts.

Le départ de l'entreprise exige lui aussi d'être piloté efficacement, afin de garantir la poursuite d'activité sous la responsabilité des nouveaux dirigeants. Mais dans tous les cas, l'entrepreneur cherchera à optimiser la valeur accumulée au fil du processus entrepreneurial.

5. **Comprendre le style spécifique de leadership de l'entrepreneur.**

L'entrepreneur apparaît comme un type spécifique de leader car il dispose à la fois de leviers d'action forts (sa personnalité, son projet) et de contraintes élevées (déficit initial de ressources et de moyens).

Il existe plusieurs types d'entrepreneurs pour lesquels le leadership présente un enjeu majeur face à leur environnement et leurs collaborateurs : les « créateurs propriétaires », les « héritiers successeurs » et les « managers repreneurs ».

Afin de développer son leadership, l'entrepreneur devra donc à la fois (1) en revendiquer l'identité, (2) élaborer une architecture de performance cohérente avec l'ambition de son projet, (3) créer chez les équipes la fierté de partager une aventure et (4) être porteur d'une vision élargie du futur.

Pour en savoir plus

BASSO O., *Le Manager-Entrepreneur*, Paris, Village Mondial, 2006.

BELLAHSEN D., GRANGER M., *Votre profil d'entrepreneur*, Paris, Éditions d'Organisation, 2011.

BELLONE N., COUROUBLE J., *Au bonheur d'entreprendre*, Paris, Publibook, 2007.

BOUCHIKHI H., *L'Art d'entreprendre : des idées pour agir*, Paris, Pearson Éducation, 2008.

BRUNET-MBAPPE A., FAYET M., *Agir pour entreprendre*, Paris, Éditions d'Organisation, 2011.

COSTER M., *Entrepreneuriat*, Paris, Pearson Éducation, 2009.

FONTANET X., BARRAUX J., BONOS G., *Si on faisait confiance aux entrepreneurs. Les entreprises françaises et la mondialisation*, Paris, Manitoba/Les Belles Lettres, 2010.

GATTAZ Y., *Les ETI, champions cachés de notre économie*, Paris, Bourin Éditeur, 2010.

MARGERIE (DE) V., LE LOARNE-LEMAIRE S., *La Boîte à outils du chef d'entreprise*, Paris, Dunod, 2011.

STUTELY R., *Business Plan. Concevoir un business plan efficace*, Paris, Pearson Éducation, 2008.

Activités

Questions de compréhension

1. Qu'est-ce que l'entrepreneuriat et quelles formes peut-il prendre ?
2. Quel rôle joue l'entrepreneur dans la création puis le management de son entreprise ?
3. Quels sont les critères de qualité et les rubriques d'un business plan ?
4. En quoi la personnalité de l'entrepreneur influence-t-elle le développement de son entreprise ?
5. En quoi les problèmes de contrôle se posent-ils de façon spécifique à l'entrepreneur ?
6. En quoi l'entrepreneur peut-il être considéré comme un leader spécifique, par rapport aux managers d'entreprise classiques ?
7. Dans quelle mesure la dimension « entrepreneuriale » va-t-elle aujourd'hui au-delà des seuls créateurs ou repreneurs d'entreprises ? En quoi un manager doit-il aujourd'hui être un « entrepreneur » ?

Autoévaluation

Suis-je fait pour être entrepreneur ?

Ce questionnaire calcule la personnalité proactive. C'est-à-dire qu'il permet d'identifier la volonté des personnes d'influer sur leur environnement. Une personne proactive sait reconnaître les opportunités et s'en servir. Elle fait montre d'initiatives, elle agit et persévère jusqu'à ce qu'elle ait obtenu un changement. Des recherches ont démontré que la personnalité proactive est positivement associée à l'entrepreneuriat.

Questionnaire

Répondez aux dix-sept affirmations en utilisant l'échelle suivante :

1 = désaccord complet
2 = désaccord modéré
3 = désaccord léger
4 = ni en accord, ni en désaccord
5 = accord léger
6 = accord modéré
7 = accord complet

1.	Je suis constamment à la recherche de nouveaux moyens pour améliorer ma vie.	**1**	**2**	**3**	**4**	**5**	**6**	**7**

2. J'essaie d'amener des changements autour de moi et peut-être dans le monde.	**1**	**2**	**3**	**4**	**5**	**6**	**7**
3. J'ai tendance à laisser aux autres l'initiative de nouveaux projets.	**1**	**2**	**3**	**4**	**5**	**6**	**7**
4. Où que je me trouve, j'ai toujours une grande force pour amener des changements constructifs.	**1**	**2**	**3**	**4**	**5**	**6**	**7**
5. J'apprécie de faire face aux obstacles et de les vaincre.	**1**	**2**	**3**	**4**	**5**	**6**	**7**
6. Il n'y a rien de plus excitant que de voir mes idées devenir réalité.	**1**	**2**	**3**	**4**	**5**	**6**	**7**
7. Si quelque chose ne me plaît pas, je le change.	**1**	**2**	**3**	**4**	**5**	**6**	**7**
8. Quoi qu'il advienne, si je crois en quelque chose, je ferai tout pour que cela devienne réalité.	**1**	**2**	**3**	**4**	**5**	**6**	**7**
9. J'aime défendre mes idées, même contre l'avis des autres.	**1**	**2**	**3**	**4**	**5**	**6**	**7**
10. J'excelle dans l'identification des opportunités.	**1**	**2**	**3**	**4**	**5**	**6**	**7**
11. Je recherche toujours les meilleurs moyens pour faire les choses.	**1**	**2**	**3**	**4**	**5**	**6**	**7**
12 Si je crois en mes idées, aucun obstacle ne m'empêchera de les faire devenir réalité.	**1**	**2**	**3**	**4**	**5**	**6**	**7**
13. J'aime défier un *statu quo*.	**1**	**2**	**3**	**4**	**5**	**6**	**7**
14. Quand j'ai un problème, je le prends à bras-le-corps.	**1**	**2**	**3**	**4**	**5**	**6**	**7**
15. J'ai le mérite de transformer les problèmes en opportunités.	**1**	**2**	**3**	**4**	**5**	**6**	**7**
16. Je peux reconnaître une opportunité bien avant tout le monde.	**1**	**2**	**3**	**4**	**5**	**6**	**7**
17. Si je vois quelqu'un avec un problème, je l'aide comme je le peux.	**1**	**2**	**3**	**4**	**5**	**6**	**7**

Calculez votre résultat

Pour calculer votre résultat, additionnez toutes vos réponses sauf pour l'affirmation 3, pour laquelle il faut inverser votre réponse.

Analyse et interprétation

Votre résultat se trouve entre 17 et 119. Plus il est élevé, plus votre personnalité est proactive. Par exemple, les résultats au-dessus de 85 indiquent une proactivité assez forte. Même si nombre de facteurs démontrent une capacité à devenir un entrepreneur, un résultat élevé à ce questionnaire suggère que vous êtes vraiment fait pour cela.

Sources : T. S. Bateman et J. M. Crant, « The Proactive Component of Organizational Behavior: A Measure and Correlates », *Journal of Organizational Behavior*, mars 1993, p. 103-118 ; J. M. Crant, « The Proactive Personality Scale as a Predictor of Entrepreneurial Intentions », *Journal of Small Business Management*, juillet 1996, p. 42-49.

Dilemme éthique

Jusqu'où l'entrepreneur doit-il être transparent avec ses collaborateurs face aux difficultés financières que rencontre la société, en particulier en phase de création ? Et de façon plus générale, dans quelle mesure les managers doivent-ils annoncer honnêtement à leurs employés la dégradation de la situation financière de leur entreprise[2] ? En leur révélant que la sienne ne se portait pas bien, le propriétaire d'un cabinet de services juridiques n'a réussi qu'à les affoler. « Certains ont fondu en larmes. L'un d'eux a remis sa démission et a quitté son poste pour aller travailler ailleurs. »

Qu'en pensez-vous ? Que peut-on gagner à leur dire la vérité sans savoir exactement de quoi demain sera fait ? En revanche, est-il éthiquement condamnable de la leur cacher ? Pourquoi ? En fait, quelle est la façon la plus « éthique » de procéder en la matière ?

Pour action

Répondre | Répondre à tous | Transférer

Centre de préparation à l'entrepreneuriat européen (CPEE)

À : Jacques Roulier

De : Paul Mauricet, directeur du CPEE

Objet : Compléments pour votre business plan

Bonjour Jacques,

J'ai bien reçu la note d'intention concernant votre projet de création d'une activité de formation destinée aux demandeurs d'emploi, et qui serait destinée à accroître leur capacité à dégager des opportunités d'emploi dans (et en dehors de) leur région d'origine, voire même à l'étranger pour ceux résidant dans des départements frontaliers.

Avant de décider de la validation de votre projet dans le cadre de votre cursus au sein du CPEE, il me faudrait deux informations complémentaires :

1. Pourriez-vous faire rapidement une recherche sur le Web afin de déterminer ce qui existe déjà en la matière sur le marché des formations pour demandeurs d'emploi ?
2. Par ailleurs, pourriez-vous, sur une page maximum, m'indiquer quelles sont – économiquement parlant – les options possibles de valorisation de cette activité ; en d'autres termes, quels sont les modèles d'affaires permettant d'envisager d'en faire à terme une activité rentable pour vous ?

Cette entreprise et ce message fictifs ont été imaginés dans un but exclusivement pédagogique. Il n'est aucunement question ici d'évoquer, ni en bien, ni en mal, les pratiques managériales d'une entreprise réelle qui porterait le même nom.

Mise en situation

Home Institut

Troquer son costume de P.-D.G. pour une blouse de travail, tel est le quotidien de Jean-Charles Cuellar. Dirigeant de l'entreprise Home Institut, qui fabrique des cosmétiques, il rejoint régulièrement l'unité de production pour participer à la préparation des commandes. Ce qui lui permet de réaliser des économies.

Le dirigeant a repris l'entreprise en 2007. À l'époque, elle sortait d'un plan de sauvegarde. Il faut dire que les produits de Home Institut, entreprise installée depuis vingt-cinq ans en Lorraine, sont en concurrence, dans les rayons de la grande distribution, avec L'Oréal et consorts. Lorsqu'il prend les commandes de la société, le dirigeant décide de relancer l'activité, de revoir l'organisation des filiales à l'étranger et de rationaliser la production. Mais les finances de l'entreprise ne sont pas à l'équilibre.

Tout commence au mois de juin 2009. Une panne mécanique empêche l'usine de tourner pendant plusieurs heures. Pourtant, une commande importante doit partir au plus vite. À la fin de la journée, devant le retard accumulé, Jean-Charles Cuellar, son frère, cogérant de l'entreprise, et deux autres cadres relèvent leurs manches. Ils assurent le remplissage des paniers cadeaux, les emballent et les stockent. Le lendemain, ce sont les salariés qui proposent spontanément de travailler avec eux. Chez Home Institut, on se serre les coudes. « *Cette entreprise est comme une grande famille. Quand il y a des soucis, chacun est solidaire* », assure Jean-Charles Cuellar. Grâce au travail des salariés du site, l'entreprise a pu faire en deux jours un travail prévu sur une semaine. Et la commande est partie à temps.

La formule ayant prouvé son efficacité, Home Institut la perpétue au fil des jours. Du président au comptable, en passant par la secrétaire, chacun retrousse ses manches quand il le faut. Les heures supplémentaires sont récupérées. Ce système coûte 30 % moins cher à l'entreprise que si elle avait dû faire appel à des intérimaires. « *Mais surtout, cette entraide a permis de revaloriser les postes de travail à la chaîne* », estime le dirigeant. Pendant sept mois, les salariés et les responsables parviennent, grâce à cette organisation, à boucler les commandes de fin d'année, qui représentent 45 % du résultat net de l'entreprise. Autre conséquence ? Les 87 salariés de Home Institut ont appris à mieux se connaître. « *Au début, certains ouvriers n'osaient pas nous reprendre sur notre manière de travailler*, se souvient Jean-Charles Cuellar. *Mais très vite, la barrière hiérarchique est tombée.* » Désormais, tous s'échangent leurs bonnes idées. Le travail de chacun évolue, les salariés communiquent davantage entre eux : l'entreprise n'a plus qu'à attendre le retour des beaux jours financiers.

Questions

1. Quels sont les comportements caractérisant le style « entrepreneurial » de J.-C. Cuellar ? Quels sont les avantages de ce comportement ? Peut-il aussi présenter des inconvénients ?
2. Comment décrire sa personnalité en tant qu'entrepreneur ?
3. En quoi le cas décrit-il une action de responsabilisation ?

4. L'entrepreneur « repreneur d'activité », tel que J.-C. Cuellar, doit-il affronter des problèmes spécifiques par rapport à ses équipes ?
5. Trouvez d'autres exemples dans lesquels des entrepreneurs s'impliquent de façon opérationnelle dans l'activité de leur entreprise.

Source : Céline Tridon, « Tantôt patron, tantôt ouvrier à la chaîne », *Chef d'entreprise magazine*, n° 48, mai 2010, p. 16.

Chapitre 7

De la structure à la culture d'organisation

Objectifs

1. Identifier les six éléments d'une structure d'organisation.
2. Connaître les facteurs de contingence liés aux structures mécanistes et organiques.
3. Comparer et contraster les structures classiques et contemporaines.
4. Comprendre les caractéristiques et le rôle de la culture d'organisation.

Le présent chapitre expose les bases de toute structure d'organisation, des plus classiques aux plus innovantes. Y sont abordés le concept de structure d'organisation et ses composantes clés, les différentes options possibles pour une entreprise, ainsi que les variables rendant certaines solutions plus efficaces que d'autres.

En effet, une fois les grandes décisions stratégiques arrêtées, les dirigeants de l'entreprise doivent mettre au point la structure la plus adaptée à la réalisation de leurs objectifs. Pour rappel, au chapitre 2 l'*organisation* était définie comme la fonction de management ayant pour raison d'être la **structuration organisationnelle**, terme qualifiant le processus par lequel les managers établissent ou modifient la structure de leur entreprise. Cela requiert tout à la fois de choisir la distribution des postes spécialisés, d'établir des règles de conduite pour le personnel et de fixer les niveaux auxquels les décisions doivent être prises. Même si les choix de structuration sont le plus souvent effectués par les hauts dirigeants, il reste pourtant essentiel d'assimiler ce processus car nous travaillons tous dans une structure. À ce titre, il nous faut tenter de comprendre pourquoi il s'agit de celle-ci plutôt que d'une autre. En outre, étant donné l'évolution de l'environnement et les efforts d'adaptation que les organisations doivent rapidement déployer, mieux vaut également savoir ce que les structures de demain nous réservent.

Gardons de même à l'esprit le fait que les idées de structuration présentées ici peuvent s'appliquer à n'importe quel type d'organisation, depuis l'entreprise privée en quête de bénéfices jusqu'à l'association à but non lucratif en passant par le service public.

1. Les six éléments clés d'une structure d'organisation

Peu de concepts liés au management ont aussi fortement évolué pendant ces dernières années que l'idée que nous nous faisons de l'organisation et de sa structure formelle. Les entreprises réévaluent les modèles traditionnels et explorent de nouvelles structures à la fois flexibles et efficaces afin de rester en phase avec les évolutions économiques, technologiques et sociétales.

Les concepts de base de la structuration remontent à des auteurs comme Max Weber et Henri Fayol au début du XXe siècle. Presque un siècle plus tard, en dépit du temps passé et des changements que la société a connus, beaucoup de ces principes sont toujours valables et apportent des orientations intéressantes au moment de structurer une organisation. Il est également clair qu'en parallèle sont apparues les limites de ces mêmes théories. Les sections ci-après détaillent les six éléments de base de toute structure organisationnelle : spécialisation du travail, départementalisation, autorité et responsabilité, éventail de contrôle, centralisation *versus* décentralisation et formalisation.

1.1. Qu'est-ce que la spécialisation du travail ?

Voilà des siècles que les pays industrialisés sont témoins de la spécialisation du travail. Déjà au XVIIIe siècle, dans son ouvrage *La Richesse des nations*, Adam Smith prônait la division du travail en sous-tâches. Ainsi, la **spécialisation du travail** découpe un métier en une série d'étapes, chacune étant réalisée par une seule personne. L'idée est que les travailleurs se spécialisent dans une partie d'une activité au lieu de maîtriser celle-ci dans son ensemble. Par exemple, sur une chaîne de montage – qu'elle soit électronique ou alimentaire –, la spécialisation consistera à installer uniquement des cartes mères et des disques durs dans des ordinateurs.

> *Spécialisation du travail* — Organisation du travail en tâches séparées, aussi appelée « division du travail ».

Grâce à la spécialisation du travail, la diversité de compétences existant au sein d'une communauté d'employés est exploitée de façon efficace. Dans la plupart des organisations, certaines tâches requièrent des capacités très avancées alors que d'autres sont à la portée d'individus aux compétences plus restreintes. Si tous les employés participaient à l'ensemble des étapes d'un processus de production par exemple, ils devraient être aptes à la fois pour les tâches sophistiquées et les tâches élémentaires, ce qui signifierait travailler parfois en dessous de leur niveau de compétence. De plus, les travailleurs qualifiés sont généralement mieux payés que les autres. Sachant que la rémunération reflète le niveau de qualification le plus élevé, tous les employés seraient dès lors surpayés pour effectuer des tâches aisées, ce processus conduisant inéluctablement à un usage peu rentable des ressources. C'est pourquoi il est rare qu'un chirurgien cardiaque s'occupe de recoudre un patient après une intervention ; les jeunes médecins se spécialisant – lors de leur internat – dans les opérations à cœur ouvert se chargent en général des points de suture une fois le pontage terminé par le chirurgien en titre.

Les premiers adeptes de la spécialisation du travail y voyaient une source de productivité accrue. Au début du XXe siècle, voire avant, la généralisation était acceptable. Comme la spécialisation était peu répandue, son instauration augmentait presque toujours la productivité.

Malheureusement, les bonnes choses prennent parfois une tournure excessive et il arrive un point où les coûts de coordination ainsi que les problèmes au niveau humain (ennui, fatigue, stress, faible productivité, qualité médiocre, augmentation de l'absentéisme et rotation fréquente du personnel) dépassent les avantages économiques obtenus (voir document 7.1).

Document 7.1 – Degré optimal de spécialisation du travail.

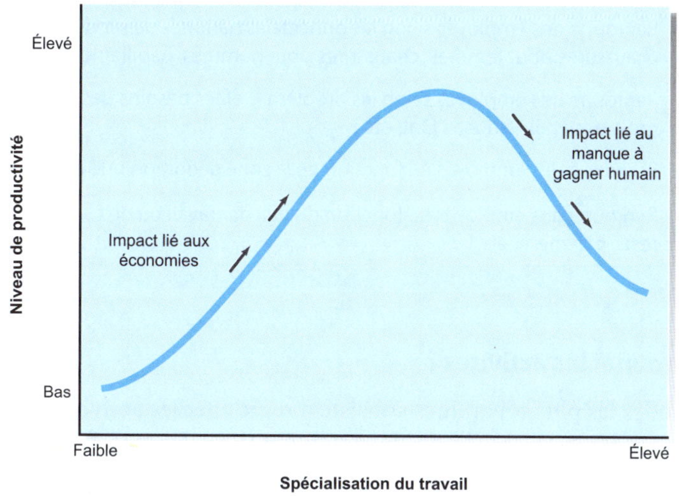

La spécialisation du travail aujourd'hui

Dès les années 1960, ce point limite a été atteint pour de nombreux emplois alors que, dans ce cas de figure, un gain de productivité tient à un élargissement, et non à un rétrécissement, de la portée des activités professionnelles[1]. Par exemple, parmi les différents efforts pour accroître la productivité, de multiples activités ont été confiées aux employés, leur permettant de fabriquer une pièce complète, et des équipes de travail ont été formées. Certes, cette idée va à l'encontre du concept de spécialisation. Néanmoins, celle-ci demeure encore aujourd'hui une réalité bien vivante au sein des organisations. Il faut savoir en reconnaître les avantages dans certains types d'emplois autant que les limitations dans d'autres domaines.

1.2. Qu'est-ce que la départementalisation ?

Les auteurs pionniers en management avançaient que les activités de l'organisation doivent être spécialisées et regroupées en départements. La spécialisation du travail donne naissance à des spécialistes qu'il est nécessaire de coordonner, c'est-à-dire de rassembler dans des départements sous la direction d'un responsable. Un département se caractérise par les fonctions qui y sont assumées, le produit ou service offert, le client ou consommateur cible, le territoire géographique couvert ou le processus employé pour transformer les ressources en production. À cette époque toutefois, aucune méthode n'était plus particulièrement défendue. Tout au plus celle suivie devait-elle refléter un regroupement participant le mieux à l'accomplissement des objectifs de l'organisation dans son ensemble ainsi que des unités individuelles la composant (voir document 7.2).

Document 7.2 – Critères de départementalisation.

Fonction	Regroupe des employés selon le travail qu'ils effectuent (par exemple, ingénierie, comptabilité, systèmes d'information, ressources humaines, etc.)
Produit	Regroupe des employés selon les principales gammes de produits (par exemple, chaussures pour femmes, chaussures pour hommes, habillement et accessoires, etc.)
Client	Regroupe des employés selon les problèmes et les besoins des clients (vente en gros, au détail, vente à l'État, etc.)
Géographie	Regroupe des employés en fonction de la zone géographique desservie
Processus	Regroupe des employés en fonction du flux de travail ou de clientèle (par exemple, tests, paiement, etc.)

Comment regrouper les activités ?

L'une des méthodes les plus répandues consiste à regrouper les activités selon les fonctions réalisées : il s'agit dans ce cas d'une **départementalisation par fonction**. Un manager peut ainsi diviser ses effectifs en départements sous les intitulés ingénierie, comptabilité, systèmes d'information, ressources humaines, achats, ventes, etc. Seules les fonctions changent, à l'image des objectifs et des opérations de l'organisation. L'avantage premier est la réalisation d'économies d'échelle, obtenues en plaçant des individus dotés de compétences et spécialisations communes dans la même unité.

Départementalisation par fonction — Regroupement d'activités selon les fonctions réalisées.

La **départementalisation par produit** accorde quant à elle la priorité aux grandes gammes de produits. Chaque produit se trouve sous la coupe d'un haut dirigeant spécialisé et responsable de tous les éléments liés à sa gamme. Les grands magasins (Printemps, Galeries Lafayette) utilisent par exemple ce type de départementalisation, leur structure s'appuyant sur les diverses gammes de produits offertes à la clientèle (habillement, parfumerie, bricolage, équipement de la maison, etc.). Si les activités d'une organisation portent sur des services, en revanche, chacun d'eux existerait de façon autonome. L'avantage du regroupement par produit est la responsabilité accrue des performances de celui-ci car toutes les activités liées à une même catégorie de produit sont gérées par un seul dirigeant.

Départementalisation par produit — Regroupement d'activités par types de produits ou de services.

Le type de client que l'organisation cherche à convaincre peut également déterminer le regroupement des employés en interne. Par exemple, les ventes d'un fabricant de mobilier de bureau peuvent être ventilées en trois départements : particuliers, grossistes ou collectivités. De la même façon, un grand cabinet juridique peut distribuer son personnel en fonction du type de clients (entreprises ou particuliers). La **départementalisation par client** renferme l'idée que les clients propres à chaque département expriment des problèmes et des besoins communs auxquels des spécialistes peuvent répondre.

Départementalisation par client — Regroupement d'activités selon les grandes catégories de clients.

L'organisation peut également être segmentée en fonction du territoire couvert, par une **départementalisation géographique**. Ainsi, les ventes peuvent-elles être réparties par rapport aux points cardinaux. Si la clientèle d'une entreprise est totalement dispersée, cette approche est utile. Par exemple, depuis le nouveau millénaire, la structure de Coca-Cola reflète les opérations dans deux grandes zones géographiques : l'Amérique du Nord et l'international (pays en bordure du Pacifique, Union européenne, Europe du Nord, Afrique et Amérique latine).

Départementalisation géographique — Regroupement d'activités par territoire.

Enfin, il peut s'agir d'une **départementalisation par processus**, qui regroupe les activités en fonction du flux de travail ou de clientèle. C'est le cas de la plupart des administrations publiques. Les unités sont organisées autour de compétences communes, nécessaires pour effectuer un processus donné. Si vous êtes déjà passé par les services de la Sécurité sociale, de Pôle Emploi ou de l'administration fiscale, vous avez fait l'expérience de cette méthode, où demandes d'information, traitement des dossiers et paiement des prestations sont la tâche de départements distincts. Comme chaque processus fait appel à un savoir différent, cette méthode offre une base pour la catégorisation homogène des activités.

Départementalisation par processus — Regroupement d'activités par flux de travail ou de clientèle.

La départementalisation aujourd'hui

La majorité des grandes organisations continuent à utiliser la plupart sinon tous les groupes départementaux suggérés par les premiers auteurs en management. Souvent, la départementalisation est mixte ou « hybride ». Chez L'Oréal, par exemple, coexistent des principes de départementalisation par fonction (recherche et innovation, opérations, ressources humaines), par produits (produits de luxe, cosmétique active), par groupes de clients (grand public, professionnels) et par zones géographiques. Ces structures mixtes mettent souvent en place des équipes transversales pour assurer la coordination à travers les frontières départementales traditionnelles.

L'environnement concurrentiel actuel a replacé l'attention du management sur la clientèle, ce qui a aussi poussé beaucoup d'entreprises à adopter une départementalisation par client. De cette façon, elles contrôlent mieux les besoins des clients et apportent une réponse plus satisfaisante à leurs changements. Par ailleurs, un nombre croissant d'équipes sert à atteindre des objectifs organisationnels. De fait, la quasi-totalité des grandes entreprises s'appuient aujourd'hui sur des fonctionnements par équipes, et en particulier par équipes transversales. Les tâches s'étant complexifiées, des compétences variées sont désormais nécessaires pour les accomplir, ce qui a obligé le management à recourir aux équipes et groupes de travail (voir chapitre 10).

1.3. Autorité et responsabilité

Pour comprendre les notions d'autorité et de responsabilité, il est important de connaître le concept de **chaîne hiérarchique** qui désigne la ligne d'autorité continue qui court des échelons les plus élevés de l'organisation aux échelons inférieurs, et qui clarifie les rapports de dépendance des uns envers les autres. Elle aide les employés à répondre aux questions du type « À qui dois-je m'adresser si je rencontre un problème ? » ou « À qui dois-je rendre des comptes ? »

Chaîne hiérarchique — Ligne d'autorité continue qui lie les échelons les plus élevés de l'organisation aux échelons inférieurs, et qui définit les rapports de subordination.

L'**autorité** désigne le droit inhérent à une position hiérarchique de donner des ordres et de les voir exécutés. Au tournant du siècle, il s'agissait là d'un principe clé, considéré comme le ciment de toute organisation[2]. L'idée était de déléguer l'autorité au long de la pyramide en accordant aux agents de maîtrise certains droits tout en posant des limites à leur marge de manœuvre. À chaque poste de cadre correspondent des droits propres que les titulaires obtiennent en vertu de leur rang ou de leur titre. Par conséquent, l'autorité est liée à la place occupée dans l'organisation et ne fait aucun cas des caractéristiques personnelles du manager. L'expression « Le roi est mort, vive le roi » résume parfaitement le concept : quiconque est roi exerce les droits propres à ce titre. Si un poste d'autorité se libère, la personne qui l'occupait perd tous les droits associés ; l'autorité appartient toujours au poste lui-même et donc à son nouvel occupant.

Autorité — Droit inhérent à une position hiérarchique de donner des ordres et de les voir exécutés.

Lorsqu'ils délèguent de l'autorité, les managers doivent par la même occasion accorder une **responsabilité** proportionnelle. L'octroi de droits oblige à assumer les obligations d'exécution qui vont avec et le détenteur de l'autorité doit être tenu responsable des résultats obtenus. Sinon, donner de l'autorité sans responsabilité laisse la porte ouverte aux abus et personne ne peut être accusé pour une chose sur laquelle aucune autorité n'est exercée.

Responsabilité — Obligation de réaliser des tâches assignées.

Existe-t-il différents types de relations d'autorité ?

Les premiers auteurs en management faisaient la distinction entre deux formes d'autorité : hiérarchique et fonctionnelle. L'**autorité hiérarchique** permet à un supérieur de diriger le travail d'un employé : cette relation employeur/employé se retrouve tout au long de la hiérarchie et suit la chaîne de commandement, comme le montre le document 7.3. Les dirigeants sont les maillons et exercent un pouvoir tel qu'ils peuvent prendre des décisions sans consulter d'autres membres. Bien évidemment, chaque responsable se trouve lui-même sous la coupe d'un autre supérieur.

Autorité hiérarchique — Autorité permettant à un supérieur de diriger le travail d'un employé.

L'autorité est qualifiée de *hiérarchique* (ou « de ligne ») par opposition à une autre forme plus *fonctionnelle*. La mission des dirigeants qui l'exercent concerne directement la réalisation d'objectifs organisationnels. Dans une usine par exemple, les supérieurs hiérarchiques occupent généralement des postes de production et de ventes, alors que les responsables en ressources humaines et la direction du personnel tombent dans la catégorie fonctionnelle. Cette classification dépend des objectifs de l'organisation.

Document 7.3 – Chaîne et autorité hiérarchiques.

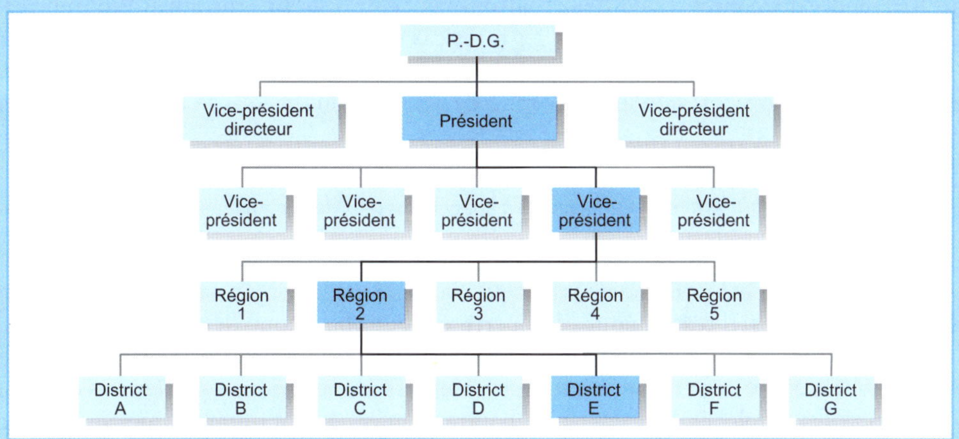

Lorsque les organisations prennent de l'ampleur et deviennent plus complexes, les supérieurs hiérarchiques manquent de temps, d'expertise ou de ressources pour bien faire leur travail. Pour compenser, ils instaurent alors une **autorité fonctionnelle** afin de se décharger, trouver de l'assistance et obtenir des conseils. L'administrateur d'un hôpital ne peut pas, par exemple, s'occuper des achats de matériel et fournitures dont l'établissement a besoin ; c'est pourquoi il crée un service des achats doté d'une autorité fonctionnelle et dont le chef possède une autorité hiérarchique sur les membres sous ses ordres. Si ce même administrateur a le sentiment d'être débordé dans les tâches qui lui reviennent, il peut également créer un poste d'assistant (fonctionnel). Le document 7.4 montre comment les deux types d'autorités peuvent cohabiter.

Autorité fonctionnelle — Autorité revenant à certains postes et devant permettre de décharger, d'assister et de conseiller les détenteurs d'autorité hiérarchique.

Document 7.4 – Autorité hiérarchique et autorité fonctionnelle.

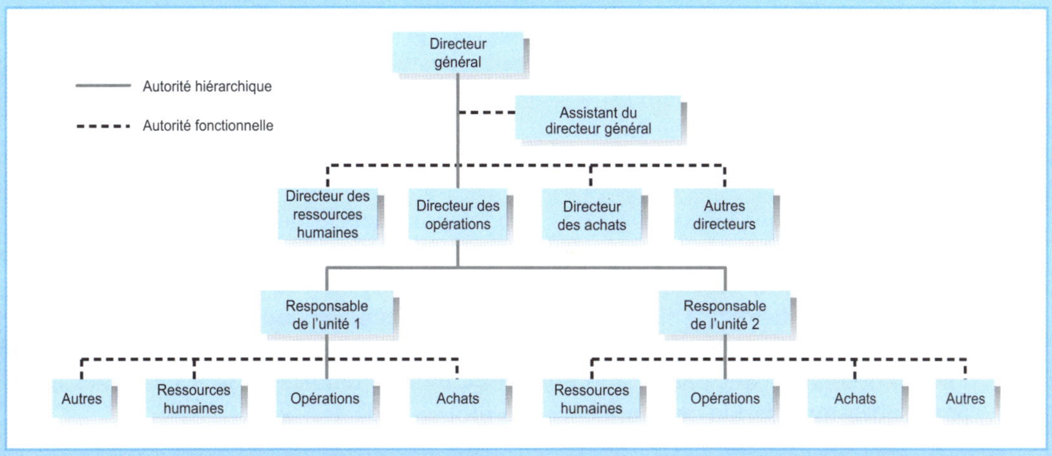

Qu'est-ce que l'unité de commandement ?

En effet, rendre des comptes à plusieurs patrons peut entraîner une incompatibilité entre les diverses demandes ou priorités[3]. Dans les rares cas où ce principe de l'**unité de commandement** ne pouvait être respecté, les premiers théoriciens du management préconisaient une nette séparation des activités, chacune devant se trouver sous le contrôle d'un seul responsable.

Unité de commandement — Principe de management selon lequel chaque employé doit se référer à un seul et unique supérieur.

Le concept d'unité de commandement se justifiait lorsque les organisations étaient encore relativement simples. Il reste aujourd'hui pertinent dans beaucoup de situations et nombre d'entreprises continuent à l'adopter. Mais, de nos jours, les progrès de la technologie permettent l'accès à des informations autrefois réservées aux échelons supérieurs. Grâce aux ordinateurs, les employés peuvent aussi communiquer avec n'importe quel membre de l'organisation sans être obligés de passer par la voie hiérarchique officielle. Vous verrez plus loin dans ce chapitre des exemples pour lesquels le fait de trop coller au principe de chaîne hiérarchique peut ainsi créer un manque de souplesse freinant les performances de l'organisation.

Autorité et responsabilité aujourd'hui

Les premiers théoriciens adoraient le concept d'autorité car ils voyaient dans l'existence de droits propres à une position officielle l'unique source d'influence et considéraient les managers comme tout-puissants. L'idée pouvait encore se défendre il y a soixante-dix ans avec des organisations plus simples, un personnel moindre et des dirigeants dépendant peu de spécialistes techniques. Dans de telles conditions, l'influence se confond avec l'autorité et est proportionnelle au rang occupé dans la pyramide. Aujourd'hui pourtant, les choses ont changé. Théoriciens et praticiens en management admettent désormais qu'il n'est pas indispensable d'être dirigeant pour avoir du pouvoir et que celui-ci n'est pas totalement corrélé avec tel ou tel niveau occupé dans l'organisation.

Le concept d'autorité est essentiel au sein des entreprises. Le transformer en priorité absolue génère toutefois une vision restreinte et peu réaliste de l'influence. Il s'inscrit maintenant parmi les autres éléments d'un principe beaucoup plus large, celui de pouvoir.

La différence entre autorité et pouvoir

Ces termes sont souvent employés de façon interchangeable alors qu'ils présentent des différences notables. L'*autorité* est un droit justifié par la position de son détenteur dans une hiérarchie. L'autorité accompagne donc le poste occupé. Pour sa part, le **pouvoir** désigne la capacité d'un individu à influencer des décisions et englobe donc, entre autres, le concept d'autorité qui constitue le moyen d'exercer cette influence. En d'autres termes, les droits formels accompagnant une position organisationnelle donnée ne sont qu'un des moyens par lesquels un individu peut influencer un processus de décision.

Pouvoir — Capacité d'un acteur à influencer des décisions.

Le document 7.5 illustre les principales différences séparant les notions *d'autorité* et de *pouvoir*. La partie A concerne l'autorité, laquelle s'applique dans les domaines définis horizontalement. Chaque assemblage horizontal correspond donc à une zone fonctionnelle et l'influence exercée est illustrée par la dimension verticale du graphique. En d'autres termes, plus l'individu se trouve vers le haut de l'organigramme, plus son autorité est importante.

Document 7.5 – Autorité et pouvoir.

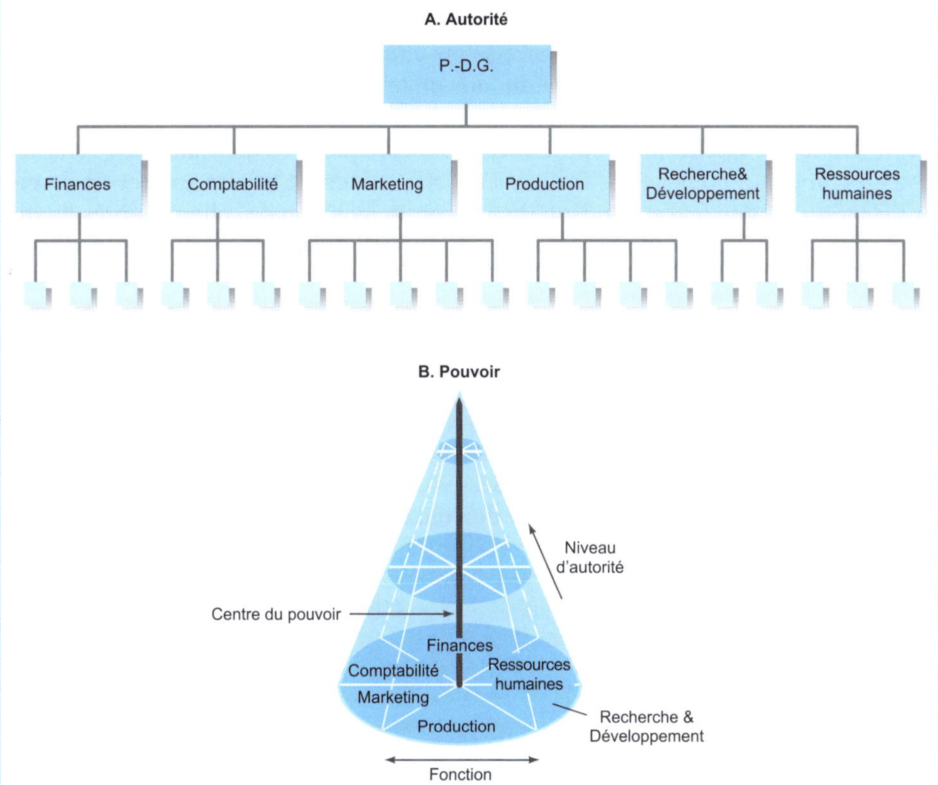

Le pouvoir est quant à lui un concept tridimensionnel (illustré par le cône de la partie B) car il inclut, outre les dimensions hiérarchique et fonctionnelle, une troisième dimension appelée *centralité*. Alors que l'autorité est définie par une position verticale, le pouvoir se compose d'une position verticale et de la distance séparant la personne du centre ou cœur de pouvoir de l'organisation.

Prenons le cône présenté dans le document 7.5. Son axe central correspond ici au cœur du pouvoir ; plus vous en êtes proche, plus vous avez d'influence sur les décisions qui se prennent. En fait, le cœur de pouvoir est le seul point divergent entre les parties A et B du graphique. Dans la première, la dimension hiérarchique verticale symbolise simplement le niveau de l'individu sur le bord externe du cône. La pointe du cône équivaut à la cime de la pyramide, le milieu à sa portion intermédiaire et le bas à sa base. De la même façon, les groupes fonctionnels dans le graphique A deviennent des tranches du cône, chacune représentant une zone fonctionnelle.

L'analogie du cône souligne deux faits de façon explicite : (1) plus la place occupée dans l'organisation est élevée (gain d'autorité), plus le centre de pouvoir est proche et (2) il est inutile de posséder une autorité pour avoir du pouvoir car il est possible de se déplacer horizontalement vers le centre de pouvoir sans mouvement vertical. Par exemple, avez-vous remarqué que les assistants administratifs ont un certain pouvoir au sein d'une entreprise même s'ils jouissent de peu d'autorité ? Souvent, tels des gardiens pour leur patron, ils exercent une grande influence sur le choix d'interlocuteurs de leur supérieur ainsi que sur le moment, voire l'ordre du jour de telle ou telle réunion. De plus, sachant qu'ils sont chargés de transmettre des informations à leur responsable, ils ont un certain contrôle sur ce que ces derniers apprennent. Il est fréquent qu'un manager opérationnel prenne des pincettes pour ne pas froisser l'assistante, dont le salaire annuel est deux fois moins élevé que le sien, et ce en raison du pouvoir de position de celle-ci auprès du directeur général. Malgré une autorité faible, cette personne peut se trouver à proximité du centre de pouvoir.

Les employés en bas de l'échelle mais avec des parents, amis ou collègues, à des échelons nettement supérieurs peuvent également être proches du centre de pouvoir, de même que le personnel doté de compétences rares et essentielles. Tel modeste ingénieur de production avec vingt ans d'ancienneté est peut-être le seul à connaître le fonctionnement de tout l'équipement d'origine de l'usine. Lorsque ces machines tombent en panne, lui seul sait les réparer, ce qui place son influence bien au-dessus de sa position dans la hiérarchie verticale. Qu'en est-il alors du pouvoir ? Il provient de domaines variés, comme le montre de façon synthétique le document 7.6[4].

Document 7.6 – Types de pouvoir.

Pouvoir de coercition	Fondé sur la peur
Pouvoir de récompense	Fondé sur la capacité d'apporter ce que d'autres attendent
Pouvoir hiérarchique	Fondé sur la position d'un individu dans la hiérarchie
Pouvoir d'expertise	Fondé sur l'expertise, un talent particulier ou le savoir d'un individu
Pouvoir de référence	Fondé sur l'identification à une personne qui possède les ressources ou les caractéristiques personnelles nécessaires

Comment développer votre pouvoir ?

L'un des aspects les plus délicats du pouvoir consister à le gagner. Pour certains, il s'acquiert naturellement alors que d'autres le voient comme une fonction du poste qu'ils occupent. Dès lors, comment faire pour le développer ? Sans doute en respectant autrui, en établissant un réseau de contacts, en effectuant des associations, en contrôlant les informations importantes, en accumulant de l'ancienneté, mais aussi et surtout en constituant son influence par étapes.

Points de repère

1. **Respecter autrui.** L'un des points comptant le plus pour gagner du pouvoir est de traiter autrui comme vous souhaitez l'être. Au-delà du cliché, l'approche est déterminante car, sans le respect des autres, votre pouvoir demeurera limité. Sans doute les autres acteurs feront-ils les choses que vous leur demanderez, mais uniquement en raison de l'autorité hiérarchique qui vous revient. Votre entourage doit savoir que vous êtes authentique et que vous respectez les personnes. Avec la diversité actuelle qui existe, vous devez être sensible aux besoins des autres pour éviter les problèmes. Vous pouvez compenser la majeure partie des difficultés qui surgissent en recherchant prioritairement les ressources et les potentiels des individus, sachant que la plupart font de leur mieux et souhaitent être compétents.
2. **Établir un réseau d'influence.** Les personnes qui ont du pouvoir établissent généralement des relations avec d'autres qui en sont également dotées. Qui se ressemble s'assemble et ce phénomène paraît naturel. Vous devez donc identifier ces personnes et adapter votre comportement, que ce soit en attirant leur regard ou en vous laissant observer dans diverses situations mettant en avant vos compétences et votre potentiel.
3. **Développer des alliances.** Comme vous l'avez vu, l'union fait la force. Dans les sphères du pouvoir, ce principe trouve également sa place. En vous alliant à d'autres personnes, vous intégrez un groupe dont l'énergie de tous les membres forme en elle-même un réseau d'influence. Souvent qualifiés de coalitions, ces groupes se constituent généralement pour influencer un événement ou une prise de décision.
4. **Contrôler les informations importantes.** Positionnez-vous de façon à accéder à des informations que les autres considèrent comme importantes. L'accès à l'information est crucial dans un monde où la vie de chacun dépend du traitement des données. L'un des moyens infaillibles pour y parvenir est l'apprentissage continu. Rechercher de nouvelles approches pour régler des problèmes passés ou mettre au point un processus particulier peut finir par vous conférer un niveau d'expertise que l'organisation jugera indispensable.
5. **Accumuler de l'ancienneté.** L'ancienneté a un lien avec le contrôle de l'information et le pouvoir s'acquiert parfois par le simple fait d'une forte antériorité, c'est-à-dire d'être là depuis longtemps. En général, les personnes compétentes ayant connu les hauts et les bas d'une organisation sont très respectées. Leur expérience leur offre une perspective ou des données que les nouveaux venus ne possèdent pas.

6. **Construire son influence par étapes.** En termes de pouvoir, personne ne passe de zéro à cent en un instant, mais suit au contraire des phases successives. Lors de la constitution de votre réseau d'influence, pensez que les débuts sont toujours lents. Des opportunités se présenteront tôt ou tard qui vous permettront de prouver que vous savez exercer un pouvoir. Si vous réussissez progressivement ces épreuves, votre dose de pouvoir a toutes les chances d'augmenter.

Mise en pratique

Françoise occupe un poste de responsable dans le service de ventes par Internet d'une grande marque de vêtements. Elle a clairement laissé entendre qu'elle est entièrement dévouée à l'entreprise et compte y faire carrière. Elle est travailleuse, fiable, se déclare toujours volontaire pour de nouveaux projets, a suivi des cours de formation en interne et fait partie d'un comité dont la mission est d'accroître la sécurité sur le lieu de travail. Par ailleurs, elle s'est chargée de rechercher du mobilier de bureau plus ergonomique à la demande du chef de département et a sauté plusieurs pauses déjeuner pour commenter son rapport avec le responsable des ressources humaines. Finalement, Françoise a rendu son rapport, certes avec retard mais avec l'excuse que son assistant avait perdu plusieurs pages de celui-ci, pages qu'elle a dû retaper pendant le week-end. Son rapport a reçu un accueil favorable et plusieurs de ses collègues estiment qu'elle mérite d'être promue lors du prochain comité carrière.

Commentez les compétences de Françoise pour gagner du pouvoir. Quelles actions lui ont-elles servi pour atteindre son objectif ? Aurait-elle dû agir différemment dans certains cas ?

1.4. Qu'est-ce que l'éventail de contrôle ?

Combien d'employés un manager peut-il diriger de manière efficace ? Les auteurs classiques se sont également penchés sur cette question de l'éventail de contrôle (ou de subordination), privilégiant une étendue réduite des pouvoirs (en fait un maximum de six travailleurs), cela afin de conserver une certaine proximité de supervision[5]. Toutefois, quelques-uns relèvent le niveau occupé dans l'organisation comme une variable contingente à prendre en considération : plus le responsable gravit les échelons, plus il doit résoudre des problèmes mal structurés et donc nécessite une portée plus courte que les managers intermédiaires, ces derniers assumant à leur tour une portée plus courte que les chefs sur le terrain. Malgré cela, des changements se sont produits au cours des dix dernières années quant aux théories sur l'éventail du contrôle.

> *Éventail de contrôle (ou de subordination)* — Nombre d'employés sous sa responsabilité directe qu'un manager peut diriger de manière efficace.

Nombreuses sont les organisations qui ont augmenté cet éventail. Il en a été de même pour le gouvernement fédéral aux États-Unis dont l'initiative visait, à travers ce changement structurel, une réduction du temps de prise de décision[6]. L'éventail de contrôle apparaît de plus en plus fixé en fonction de variables contingentes. Ainsi, il va de soi que plus les employés sont formés et expérimentés et moins le contrôle direct est nécessaire : les managers ayant ce type d'employés peuvent se contenter d'un éventail large. Parmi les autres variables comptent aussi la similitude entre les tâches effectuées, leur complexité, la proximité physique des employés, le degré d'application de procédures standardisées, la sophistication du système d'information en management, la force du système de valeurs ainsi que le style de direction adopté[7].

1.5. Centralisation ou décentralisation ?

Dans la fonction d'organisation, il est une question qui mérite une réponse précise : « À quel niveau les décisions sont-elles prises ? » La **centralisation** détermine dans quelle mesure les décisions sont prises à des niveaux élevés de l'organisation. La **décentralisation** reflète la mesure dans laquelle les niveaux inférieurs de l'organisation contribuent à la prise de décision ou en sont chargés. Toutefois, plus que d'une opposition absolue, il est question entre ces deux concepts de degré d'importance. Aucune organisation n'est en effet totalement centralisée ou décentralisée, ne serait-ce que par le manque d'efficacité que l'application radicale de l'un ou l'autre principe supposerait. Cela serait le cas si toutes les décisions étaient prises par un nombre réduit de personnes (centralisation), ou au contraire déléguées à ceux directement concernés par le problème (décentralisation). Il est en cela intéressant de se pencher sur les théories des premiers auteurs en management et de voir comment elles ont pu évoluer jusqu'à l'époque actuelle.

Centralisation — Mesure dans laquelle les décisions sont prises à des niveaux élevés de l'organisation.

Décentralisation — Mesure dans laquelle les niveaux inférieurs de l'organisation contribuent à la prise de décision ou en sont chargés.

Selon les premiers théoriciens, la centralisation dépendait de la situation[8], l'objectif étant l'usage optimal et efficace des effectifs. Les organisations traditionnelles étaient structurées sous forme de pyramide et concentraient à leur sommet la totalité du pouvoir et de l'autorité. L'histoire a montré que, dans ce cas, les décisions centralisées se démarquaient nettement. Aujourd'hui cependant, les organisations sont plus complexes et doivent réagir à l'évolution de leur environnement. C'est pourquoi nombre de managers pensent que seules les personnes directement concernées par un problème doivent faire des choix en conséquence, quelle que soit la place qu'elles occupent dans la hiérarchie. Au cours des dernières décennies et du moins en Europe et aux États-Unis, la tendance est donc de favoriser de plus en plus la décentralisation[9].

Centralisation et décentralisation aujourd'hui

Désormais, les dirigeants optent pour la dose de centralisation ou de décentralisation leur permettant le mieux d'appliquer leurs décisions et d'atteindre les objectifs organisationnels[10]. Toutefois, la recette gagnante pour une organisation ne le sera pas forcément pour une autre et le degré de décentralisation doit être pensé au cas par cas. Pour rappel aussi, le chapitre 3 évoquait déjà l'octroi de droits aux employés afin de leur conférer l'autorité de trancher sur les aspects leur travail et de modifier leur vision. C'est là toute l'idée de la décentralisation, même si elle ne prive pas les hauts dirigeants de cette responsabilité.

1.6. Qu'est-ce que la formalisation ?

Le degré de formalisation mesure le degré auquel le travail dans une organisation est standardisé et le comportement de ses membres déterminé par des règles et des procédures formelles. Une organisation hautement formalisée utilise des descriptions de poste ainsi qu'un nombre élevé de règles et de procédures de travail explicites. Les collaborateurs n'ont que très peu de marge de manœuvre concernant l'objet de leur travail ainsi que la façon de l'accomplir. Les organisations peu formalisées donnent beaucoup de latitude pour le processus de travail. Les auteurs fondateurs du management accentuaient la formalisation qui correspondait parfaitement à l'idéal d'une organisation de style bureaucratique.

Formalisation — Mesure dans laquelle le travail est standardisé et le comportement des membres de l'organisation est déterminé par des règles et des procédures formelles.

La formalisation aujourd'hui

La formalisation contribue à la cohérence de l'organisation et en facilite le contrôle. Néanmoins, beaucoup d'entreprises mettent moins l'accent sur des règles strictes et sur la standardisation dans leurs efforts d'orienter et de réguler le comportement de leurs collaborateurs. Reconnaissant qu'il y a des situations où un surcroît de règles peut être contre-productif, les organisations donnent plus de marge à leurs employés et leur permettent de prendre les décisions qu'ils jugent appropriées dans une situation donnée. Cela ne signifie pas pour autant qu'elles renoncent à toute discipline. Il restera toujours certaines règles que les employées devront de suivre, et il est important que les points essentiels soient connus et suivis par tous les membres de l'organisation. Pour ce qui concerne les règles non essentielles, par contre, il convient de donner plus de latitude[11].

2. Quelle structure choisir ? L'approche par les facteurs de contingence

La structure la plus adéquate est fonction de facteurs dits de contingence. La présente section expose deux structures organisationnelles génériques, puis les facteurs de contingence les plus souvent abordés dans la littérature organisationnelle : stratégie, taille, technologie et environnement.

2.1. Organisation mécaniste ou organique ?

Le document 7.7 présente deux formes organisationnelles fondamentales[12]. L'**organisation mécaniste** (ou bureaucratique) est le résultat naturel de l'association de six éléments structurels. En obéissant au principe de chaîne hiérarchique, on garantit l'existence d'une ligne formelle d'autorité, chaque personne étant contrôlée par un supérieur. Si on limite l'étendue du contrôle lorsqu'on monte dans la pyramide, on tend à obtenir de grandes structures impersonnelles. Sachant que la distance séparant la base du sommet augmente, les hauts dirigeants imposent de plus en plus leurs règles et réglementations. Et comme ils ne peuvent contrôler les activités à des niveaux inférieurs *via* l'observation directe et garantir ainsi le respect de pratiques standard, ils remplacent les lignes directrices établies. Les premiers auteurs en management défendaient un degré élevé de spécialisation du travail comme façon de créer des emplois simples, répétitifs et normalisés. L'augmentation de la spécialisation grâce à la départementalisation a généré non seulement la mise en place de structures impersonnelles mais aussi le besoin de disposer de plusieurs couches de management afin de coordonner les départements spécialisés.

Organisation mécaniste — Organisation bureaucratique affichant un niveau élevé de spécialisation, de formalisation et de centralisation.

Document 7.7 – Organisations mécanistes et organiques.

☐ Relations hiérarchiques strictes	☐ Collaboration (verticale et horizontale) et mode réseau
☐ Tâches stables et explicites	☐ Tâches flexibles, constamment redéfinies
☐ Nombreuses règles	☐ Peu de règles
☐ Communication formalisée et verticale	☐ Communication informelle et latérale
☐ Autorité de décision centralisée	☐ Autorité de décision décentralisée
☐ Structures plus étendues	☐ Structures plus plates

En comparaison, l'**organisation organique** est évolutive, aussi souple que la structure mécaniste est rigide et stable. Au lieu de s'articuler autour de postes normalisés et de réglementations, cette structure plus lâche permet de mettre en œuvre les changements rapides qui s'imposent. Le travail est certes divisé mais les tâches ne sont pas standardisées ou normalisées, ce qui tend à produire des professionnels techniquement compétents et formés à l'appréhension et à la gestion de divers types de problèmes. Grâce à leur formation, ils connaissent les normes de conduite professionnelle et ont donc besoin de peu de règles officielles et de contrôle direct. Par exemple, un avocat n'a pas nécessairement besoin de procédures formelles minutieuses pour préparer un dossier. Il peut régler la plupart des problèmes par lui-même ou après consultation de ses collègues, car ses décisions obéissent à des normes professionnelles. La structure organique supposant une centralisation faible, l'individu peut réagir rapidement aux situations, la direction n'étant pas censée posséder le savoir que requièrent de telles décisions.

Organisation organique — Organisation affichant un niveau faible de spécialisation, de formalisation et de centralisation.

Selon quels critères choisir entre ces deux modèles ? L'un est-il plus approprié que l'autre ? Le mieux est d'observer les variables contingentes pouvant affecter la structure organisationnelle.

2.2. L'impact de la stratégie

La structure n'est autre que le moyen pour la direction d'atteindre ses objectifs. Ceux-ci découlent de la stratégie globale de l'organisation, ce qui rend structure et stratégie indissociables. Par exemple, si l'organisation accorde la priorité à certains services (tels que la protection policière dans une commune), sa structure encourage les activités normalisées et efficaces. En revanche, si une entreprise tente de mettre au point une stratégie de croissance afin de pénétrer des marchés mondiaux, elle a besoin d'une structure flexible, fluide et évolutive à l'environnement. Aussi la structure doit-elle se calquer sur la stratégie suivie et ses éventuelles modifications.

L'étude historique d'Alfred Chandler portant sur près de cent grandes compagnies américaines symbolise les premières recherches sur la relation entre structure et stratégie[13]. Il a d'abord retracé leur développement sur cinquante années et rassemblé de nombreuses anecdotes d'entreprises telles que DuPont, General Motors, Standard Oil of New Jersey ou Sears. Ses conclusions montrent sans équivoque que les changements de stratégie précèdent et entraînent les changements structurels. Plus précisément, une organisation commence généralement avec un produit ou une gamme de produits, d'où une stratégie simple pouvant se contenter d'une structure elle-même peu complexe ou souple. Les décisions de ce type peuvent revenir exclusivement à un haut dirigeant, l'ensemble affichant peu de complexité ou de formalisation. Toutefois, en prenant de l'ampleur, les organisations voient leurs stratégies gagner en ambition et en sophistication. Cette relation est souvent décrite à l'aide de termes de stratégie mentionnés au chapitre 5[14]. Ainsi, la survie des organisations suivant une stratégie de différenciation dépend de leur capacité à innover et à rester unique afin de conserver leur avantage concurrentiel. Une organisation organique correspond davantage à cette stratégie en raison de sa flexibilité et de son adaptabilité. À l'inverse, une stratégie par les coûts implique stabilité et efficacité pour produire des biens et des services à moindre coût, ce qu'une organisation mécaniste permet le mieux.

2.3. L'impact de la taille de l'organisation

L'histoire montre que la taille d'une organisation a une incidence majeure sur sa structure[15]. Par exemple, les grandes organisations (soit des entreprises ou administrations de 2 000 employés ou plus) se caractérisent généralement par une dose supérieure de spécialisation du travail, de différenciation horizontale et verticale et de règles et procédures que leurs homologues de petite taille. Cependant, le rapport n'est pas linéaire et cette variable perd en influence au fur et à mesure que l'organisation grandit. La raison en est simple. À partir de 2 000 employés, une structure est déjà – tendanciellement – plutôt mécaniste et 500 collaborateurs de plus ne feront pas grande différence sur ce point ; en revanche, si une organisation qui emploie 300 personnes en embauche rapidement 500 autres, elle peut s'attendre à évoluer rapidement vers une structure plus mécaniste.

2.4. L'impact de la technologie

Toute organisation a recours à une certaine technologie pour transformer des ressources en production, de même qu'elle atteint ses objectifs à l'aide d'équipements, de machines, de savoir et d'effectifs qualifiés, rassemblés dans des modèles d'activités. Par exemple, le personnel de Whirlpool fabrique des machines à laver, des sèche-linge et autres appareils électroménagers le long d'une chaîne de montage normalisée. Les employés d'un copy shop effectuent quant à eux des services de reprographie personnalisée pour des particuliers et ceux d'Aventis-Pharma travaillent à une chaîne de production continue destinée à fabriquer des médicaments. À chaque organisation correspond donc une technologie propre.

Avec le temps, de nombreuses études sur l'impact de la technologie ont vu le jour[16]. Dans l'une d'elles, l'experte britannique Joan Woodward a identifié diverses relations unissant la taille des cycles de production à la structure des entreprises. Elle a également mis en lumière le lien entre efficacité et adéquation de la technologie à la structure[17]. Elle distingue trois catégories (chacune illustrant une technologie déterminée) qui présentent des niveaux différents de complexité et de sophistication, à commencer par la **production d'unités** (articles à l'unité ou en petits lots). Viennent ensuite la **production de masse** (volumes énormes) et la **production continue**, plus élaborée sur le plan technique et supposant un processus continu. Ces méthodes de production à partir de ressources diffèrent quant à la routine qu'elles impliquent. Ainsi, plus la technologie employée suppose une activité répétitive, plus l'organisation tendra à présenter un caractère normalisé et mécaniste. Au contraire, une technologie non routinière laissera plus volontiers la place à une organisation de type organique[18].

2.5. L'impact de l'environnement

Nous avons vu au chapitre 3 en quoi l'environnement constitue une contrainte pour les décisions de management. De même, la structure de l'entreprise n'est pas épargnée, l'approche mécaniste correspondant surtout à un environnement stable, alors que l'approche organique prend tout son sens dans un contexte dynamique et incertain.

L'existence d'une relation entre environnement et structure permet de comprendre pourquoi tant de managers ont restructuré leur organisation afin de la rendre efficace, rapide et flexible[19]. Concurrence mondiale, innovations en chaîne, gestion du savoir et demandes croissantes d'une qualité accrue et de livraison plus rapide de la part des clients sont autant de forces environnementales dynamiques[20]. Le plus souvent, les organisations mécanistes n'ont pas les ressources requises pour réagir rapidement aux changements, ce qui pousse leurs dirigeants à opter pour une structure plus organique[21].

3. Quelles sont les principales structures d'organisation ?

Quels sont les principaux types de structures dont les managers peuvent s'inspirer ? Quels modèles traditionnels ou plus contemporains se retrouvent dans les petites entreprises ou au contraire dans des grands groupes comme Nestlé, la Société Générale ou Amazon.com ?

3.1. Les structures d'organisation classiques

Lorsqu'il s'agit de déterminer la structure d'une organisation, les managers optent principalement pour une des trois formes traditionnelles – structure simple, structure par fonctions et structure multidivisionnelle –, lesquelles relèvent toutes d'une logique plutôt mécaniste (voir document 7.8 pour une comparaison de leurs avantages et inconvénients respectifs).

Document 7.8 – Structures d'organisation traditionnelles.

	Avantages	Inconvénients
Structure simple	Rapidité de prise de décision, flexibilité, faible coût, responsabilités claires	Inappropriée lorsque la taille de l'organisation augmente ; risque lié à la dépendance d'une seule personne
Structure par fonctions	Avantages liés à la spécialisation (économies d'échelle, peu de duplication de personnes et d'équipements) ; regroupement de collaborateurs effectuant des tâches similaires	La poursuite d'objectifs liés à une fonction peut entraîner une perte d'appréciation de l'organisation dans son ensemble ; isolement des spécialistes fonctionnels
Structure multidivisionnelle	Orientation vers le résultat ; les managers d'une division sont responsables pour la performance de leurs produits ou services	La duplication d'activités et de ressources augmente les coûts et réduit la performance

Qu'est-ce qu'une structure simple ?

La plupart des organisations qui débutent sous forme d'un projet entrepreneurial adoptent une **structure simple** caractérisée par une départementalisation faible, de larges éventails de subordination, une forte centralisation de l'autorité dans la personne du dirigeant et un faible degré de formalisation[22].

Structure simple — Structure d'organisation caractérisée par une départementalisation faible, de larges éventails de subordination, une forte centralisation de l'autorité et un faible degré de formalisation.

Les petites entreprises sont les plus à même d'être organisées sous forme de structures simples. Les avantages sont évidents : rapidité, flexibilité, fonctionnement à moindre coût et responsabilités bien définies. Toutefois, l'approche perd en efficacité dans les organisations de plus grande envergure car les règles rares pour gérer les opérations et la forte centralisation entraînent une surcharge d'informations en haut de la pyramide. Plus l'organisation est importante et plus la prise de décisions devient lente, jusqu'à arriver parfois à un point mort lorsque le responsable unique tente d'assumer tous les choix. Si la structure n'évolue pas avec la taille, l'entreprise risque de perdre du terrain, voire d'échouer. L'autre point faible de la structure simple est la prise de risque qu'elle implique car tout dépend d'une seule personne. Si le propriétaire/manager a un problème, le centre informatif et décisionnel disparaît avec lui.

Lorsqu'elles se trouvent sur une trajectoire de croissance, la plupart des organisations ne restent pas des structures simples, mais développent des structures plus spécialisées et formalisées. Elles mettent en place des règles formelles, des postes et des départements spécialisés, et davantage d'éléments bureaucratiques. Les deux formes les plus populaires, la structure par fonction et la structure multidivisionnelle, reflètent des logiques de spécialisation par fonctions et par produits.

Qu'est-ce qu'une structure par fonctions ?

La **structure par fonctions** regroupe des activités similaires et liées entre elles. L'entreprise est ainsi organisée autour des fonctions comme R&D, achats, opérations, marketing, finances, ressources humaines, etc. (voir document 7.9). La force de la structure fonctionnelle tient aux avantages obtenus du fait de la spécialisation du travail. En rassemblant des activités proches, on assure des économies d'échelle, on limite l'emploi redondant de personnel et d'équipements tout en satisfaisant les employés qui ont alors la chance de parler le même langage que leurs homologues. En contrepartie, cette structure a tendance à faire perdre de vue les intérêts premiers de l'organisation en faveur d'objectifs fonctionnels. Aucune fonction n'étant en soi directement responsable des résultats, les membres ayant des fonctions individuelles sont isolés et ne comprennent guère les activités mises en œuvre dans les autres fonctions.

Structure par fonctions — Organisation dans laquelle des activités similaires et liées entre elles sont regroupées.

Document 7.9 – Structure par fonctions.

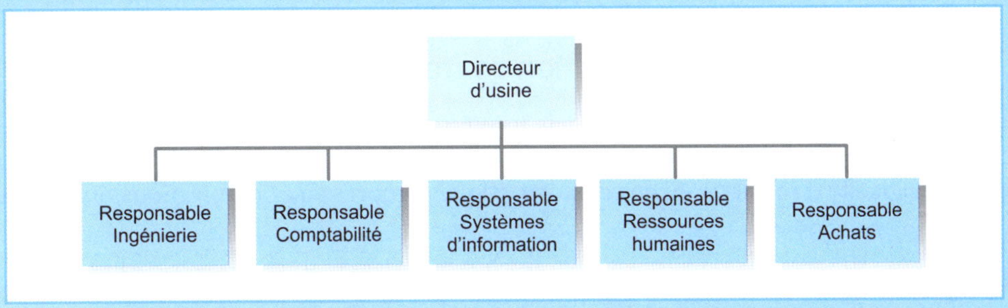

Qu'est-ce qu'une structure multidivisionnelle ?

La **structure multidivisionnelle** désigne une organisation composée d'unités ou de divisions indépendantes[23]. S'appuyant sur la départementalisation par produit, client ou géographie (voir document 7.2), chaque division opère généralement de façon autonome avec un responsable à sa tête pour gérer les performances et assumer les décisions stratégiques et opérationnelles. Le plus souvent, un siège central est là pour offrir un soutien (services financiers et légaux, par exemple) et se comporter comme un observateur externe, coordonnant et contrôlant l'ensemble des divisions. Celles-ci bénéficient par conséquent d'une autonomie selon des paramètres déterminés. Le principal avantage est la priorité accordée aux résultats : les responsables assument pleinement la réalisation d'un produit ou d'un service. Par ailleurs, la structure divisionnaire libère le personnel du siège des affaires quotidiennes, ce qui lui permet de se concentrer sur la planification stratégique et à long terme. Seule ombre au tableau, elle entraîne une redondance des activités et des ressources. Chaque division peut par exemple être dotée d'un département d'études en marketing, alors qu'une approche non compartimentée centraliserait cette fonction pour un coût nettement moindre. La répétition de fonctions augmente donc les coûts à supporter et réduit l'efficacité.

Structure multidivisionnelle — Organisation composée d'unités autonomes.

Document 7.10 – Structure multidivisionnelle.

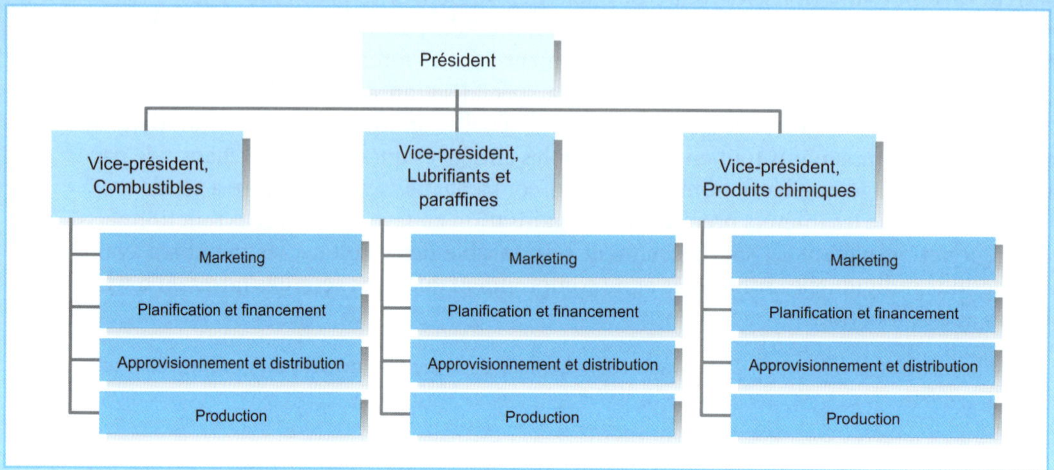

3.2. Les structures d'organisation contemporaines

Les structures traditionnelles ne sont pas toujours adaptées à l'environnement complexe et dynamique que rencontrent les entreprises aujourd'hui et qui demande plus de flexibilité et de capacité d'innovation, des caractéristiques propres aux organisations organiques.

Document 7.11 – Structures d'organisation contemporaines.

	Définition	Avantages	Inconvénients
Structure en équipes	L'organisation est entièrement composée d'équipes de travail	Implication et responsabilisation des collaborateurs ; réduction du cloisonnement fonctionnel	Chaîne hiérarchique floue ; pression de performance importante sur les équipes
Structures matricielles et structures par projets	L'organisation est caractérisée par une double chaîne hiérarchique combinant le plus souvent spécialisation fonctionnelle avec l'affectation à un projet ou un produit	Flexibilité et capacité d'adaptation élevées ; prise de décision rapide	Complexité au niveau de la gestion des ressources humaines ; nombreux conflits liés à la définition des tâches et aux différences de personnalité
Entreprise étendue (*boundaryless organization*)	L'organisation n'est pas définie (et délimitée) par une structure verticale et horizontale, ses frontières extérieures sont perméables ; comprend les organisations virtuelles et les entreprises en réseau	Très flexible et évolutif ; permet de valoriser l'ensemble des compétences présentes	Perte de contrôle ; problèmes de communication

Des formes contemporaines – structure en équipes, structure matricielle et structure par projets ainsi que l'entreprise étendue (*boundaryless organization*) – cherchent à relever ce défi[24] (voir document 7.11).

3.3. Qu'est-ce qu'une structure en équipes ?

Larry Page et Sergey Brin, les fondateurs de la société Google, ont mis en place une structure qui permet d'« aborder la plupart des grands projets au sein de petites équipes ayant des tâches très précises »[25]. Avec une **structure en équipes**, l'organisation se compose entièrement d'équipes de travail[26].

> *Structure en équipes* — Organisation entièrement composée d'équipes de travail.

La responsabilisation des collaborateurs joue un rôle primordial dans une telle structure car elle ne dispose pas de ligne hiérarchique unique et prédéfinie. Les collaborateurs qui forment les équipes sont libres de s'organiser de la meilleure façon, mais ils sont, en contrepartie, responsables de la performance de leur équipe. Dans les grandes organisations comme, par exemple, Amazon, Hewlett-Packard, LVMH ou Xerox, la structure en équipes intervient souvent en complément de structures par fonctions ou multidivisionnelles afin de combiner l'efficacité du fonctionnement bureaucratique avec la flexibilité d'une approche par équipes. Malgré les avantages de cette dernière, on ne peut pas simplement se contenter d'affecter des individus à des équipes. Leurs membres doivent apprendre à travailler ensemble, être formés au travail transversal et être rémunérés de façon adéquate. Ainsi, en l'absence d'un système de rémunération collectif correctement pensé et mis en œuvre, bon nombre des avantages d'une structure en équipes peuvent disparaître[27].

3.4. Qu'est-ce qu'une structure matricielle et une structure par projets ?

Les structures matricielles et par projets représentent une autre forme d'organisation contemporaine. La **structure matricielle** relie des spécialistes issus de différents départements fonctionnels au sein d'unités de produit ou de projet qui se trouvent sous la responsabilité d'un manager de produit ou de projet.

> *Structure matricielle* — Organisation caractérisée par une double chaîne hiérarchique combinant le plus souvent spécialisation fonctionnelle avec l'affectation à un projet ou un produit.

Lorsque leur contribution à cette équipe se termine, ils réintègrent leurs départements fonctionnels. Le trait tout à fait unique de cette matrice est la *double chaîne hiérarchique*, c'est-à-dire que les employés possèdent (au moins) deux supérieurs : le responsable du département et le chef de produit ou de projet. Ce dernier exerce une autorité sur les membres fonctionnels intégrés à l'équipe de travail, autorité partagée toutefois entre les deux supérieurs. (Voir l'exemple présenté dans le document 7.12) En général, le chef de projet dirige les employés liés aux objectifs spécifiques d'un projet ; en revanche, toutes les décisions portant sur la promotion, les salaires et les évaluations annuelles continuent d'appartenir au responsable fonctionnel. Pour garantir un travail efficace, les deux managers doivent communiquer régulièrement, coordonner leurs ordres et résoudre les conflits ensemble[28].

Document 7.12 – Exemple de structure matricielle.

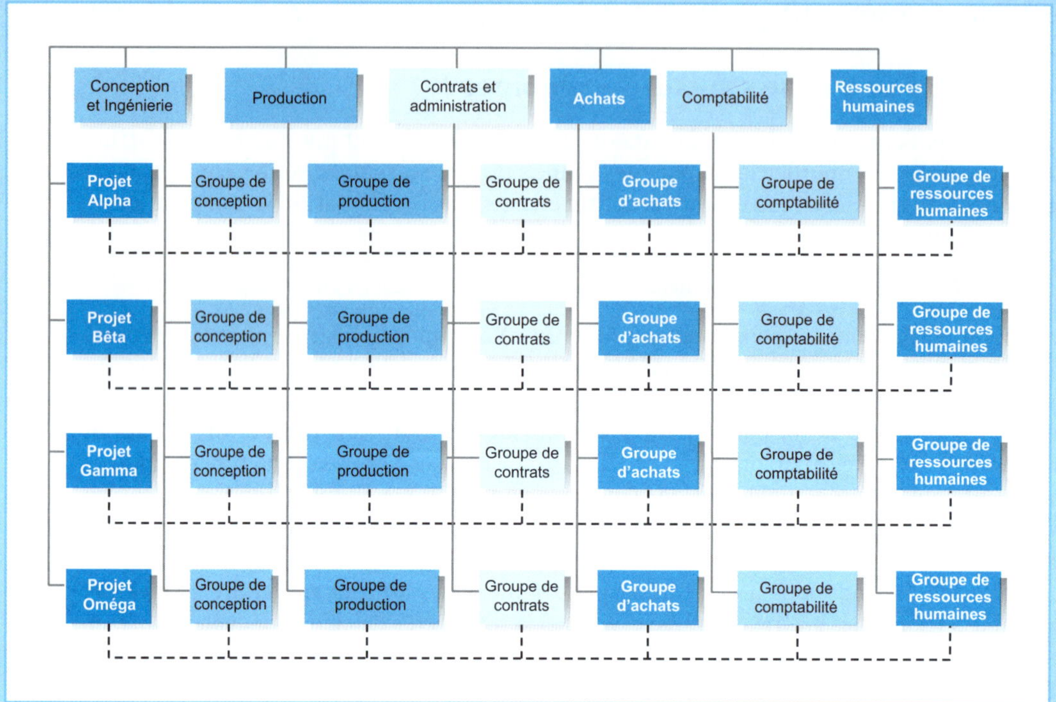

L'intérêt majeur d'une structure matricielle est de faciliter la coordination d'une multitude de projets interdépendants tout en conservant les économies obtenues en regroupant des spécialistes. En revanche, elle a pour inconvénient de semer la confusion et d'offrir un terrain particulièrement favorable aux luttes de pouvoir. En laissant de côté le principe de chaîne hiérarchique, la structure matricielle ouvre la porte à l'ambiguïté et à la confusion (qui dépend effectivement de qui ? et dans quelles circonstances ?), qui deviennent autant d'encouragements majeurs aux jeux d'influence et aux luttes de pouvoir.

Au lieu d'une structure matricielle, de nombreuses organisations font appel à une **structure par projets** au sein de laquelle les employés sont en permanence affectés à des projets. Dans ce cas, les collaborateurs n'ont pas d'affiliation stable à une unité à laquelle ils sont réintégrés à l'issue d'un projet, mais mettent, au contraire, leurs compétences et leur expérience immédiatement au profit d'un autre projet. Autrement dit, tout le travail au sein d'une telle organisation est effectué en mode projet. Dans la société de conception IDEO, par exemple, les équipes de projet sont constamment créées, dissoutes et recréées en fonction du travail à accomplir. Les collaborateurs rejoignent les équipes pour y apporter leurs compétences et savoir-faire. Et lorsqu'un projet est terminé, ils en intègrent un nouveau[29].

Structure par projets — Structure au sein de laquelle les employés sont en permanence affectés à des projets.

Les structures par projets sont très flexibles et permettent de répondre rapidement aux changements de l'environnement. Il n'y a pas de départements ou de structure hiérarchique rigide qui pourrait ralentir la prise de décision. Le rôle des managers dans ce type d'organisation est d'agir en tant que facilitateur, mentors et coach. Ils soutiennent les équipes en réduisant les obstacles organisationnels et mettent à disposition les ressources nécessaires pour accomplir le travail de façon performante. Les principaux inconvénients sont liés à la difficulté d'affecter les bonnes personnes aux bons projets et aux inévitables conflits liés à la définition des tâches et les différentes personnalités.

3.5. Qu'est-ce que l'entreprise étendue ?

Une autre notion contemporaine est l'entreprise étendue (*boundaryless organization*) dont l'organisation n'est pas définie (et délimitée) par une structure verticale et horizontale[30]. Jack Welch, ancien président de General Electric, avait inventé ce terme lorsqu'il cherchait à éliminer les frontières horizontales (entre services) et verticales (entre niveaux hiérarchiques) au sein de l'entreprise et les barrières entre elle et ses clients et fournisseurs. Bien que l'idée de « déstructurer » en quelque sorte l'organisation puisse surprendre, beaucoup d'entreprises découvrent qu'elles sont plus performantes si elles sont flexibles et relativement *dé*structurées : pour elles, la meilleure structure paraît être l'absence d'une structure rigide, cloisonnée et prédéfinie[31].

À quoi réfère le terme « frontières » ? À deux sortes d'éléments : (1) les frontières *internes* – horizontales, liées à la spécialisation du travail et la départementalisation, et verticales, liées aux différents niveaux hiérarchiques ; et (2) les frontières *externes* –entre l'organisation et ses clients, fournisseurs et autres parties prenantes. Afin de les éliminer, les managers peuvent faire appel aux principes d'organisation virtuelle ou d'organisation en réseau.

> *Entreprise étendue (*boundaryless organization*)* — Organisation qui n'est pas déterminée par des frontières liées à une structure prédéfinie.

L'**organisation virtuelle** est composée d'un petit noyau de collaborateurs permanents complété par des experts externes qui sont recrutés temporairement en fonction des projets en cours[32]. Un bon exemple est l'entreprise Strawberry Frog, une agence de publicité présente à travers le monde avec des filiales à Amsterdam, New York, Bombay et São Paulo. Elle travaille avec un nombre d'employés permanents très réduit mais repose sur un réseau mondial de collaborateurs indépendants qui interviennent sur les projets des clients. En travaillant avec des indépendants, la société profite d'un réseau de compétences sans souffrir de la lourdeur administrative et de la complexité structurelle liées à un nombre élevé de permanents[33].

> *Organisation virtuelle* — Organisation composée d'un petit noyau de collaborateurs permanents complété par des experts externes qui sont recrutés temporairement en fonction des projets en cours.

Une autre possibilité pour une entreprise qui cherche à réduire ou à éliminer des frontières organisationnelles est l'**organisation en réseau** qui s'appuie à la fois sur ses propres collaborateurs et sur un réseau de fournisseurs externes[34]. Lorsqu'il s'agit d'activités industrielles, on évoque plutôt une organisation « modulaire »[35]. Cette approche permet à une société de se concentrer sur ce qu'elle sait faire le mieux et de sous-traiter les autres activités à des entreprises spécialisées. La compagnie suédoise Ericsson, par exemple, sous-traite la production et même une partie de ses fonctions de recherche et de développement à des fournisseurs et prestataires à New Delhi, à Singapour, en Californie et dans d'autres endroits à travers le monde[36].

Organisation en réseau — Organisation qui se base à la fois sur ses propres collaborateurs et sur un réseau de fournisseurs externes.

3.6. Quelles questions se posent aujourd'hui autour des structures d'organisation ?

Les managers qui cherchent à mettre en place des structures d'organisation permettant aux collaborateurs de travailler de façon efficace rencontrent un certain nombre de défis : maintien de liens sociaux entre collaborateurs, gestion des organisations mondialisées, développement d'une organisation apprenante.

Comment maintenir des liens sociaux ?

Les structures d'organisation classiques se sont développées au cours du XXe siècle, à une époque où les façons de travailler étaient relativement stables et prévisibles. La plupart des postes se trouvaient alors à un endroit précis, sous contrôle d'un supérieur hiérarchique. Les postes étaient majoritairement à plein-temps et pourvus de collaborateurs en contrat de travail à durée indéterminée[37]. Aujourd'hui, la situation a changé, et la structure d'organisation doit répondre à la difficulté de maintenir un lien entre collaborateurs mobiles et souvent éloignés géographiquement et leur organisation. L'encadré « Le manager et la technologie » décrit quelques-unes des solutions mises en œuvre à l'aide des technologies de l'information.

Comment les différences entre pays affectent-elles les structures d'organisation ?

Les structures d'organisation dans différents pays sont-elles les mêmes ? Les entreprises américaines sont-elles structurées autrement que les entreprises françaises ? Et les entreprises allemandes, chinoises et mexicaines ? Étant donné le caractère mondialisé du contexte économique actuel, c'est une question à aborder. Des études montrent que, bien que les structures et les stratégies des entreprises aient tendance à se ressembler, ce sont les comportements à l'intérieur de ces structures qui reflètent les différences culturelles[38]. Quelles implications cela a-t-il pour la mise en place de structures d'organisation performantes ? Lorsqu'ils créent ou modifient la structure d'organisation, les managers doivent prendre conscience des retombées culturelles de certains paramètres. Dans un contexte culturel marqué par un haut degré d'aversion pour l'incertitude (voir les dimensions GLOBE présentées au chapitre 3), la formalisation, c'est-à-dire l'accent mis sur les règles et les mécanismes bureaucratiques, sera considérée comme essentielle. De même, l'importance d'une chaîne hiérarchique claire sera davantage mise en avant dans des contextes culturels dans lesquels la distance hiérarchique est capitale.

Comment créer une organisation apprenante ?

Le concept d'**organisation apprenante** signifie qu'une organisation a développé la capacité d'apprendre, de s'adapter et d'évoluer en permanence[39]. Il ne fait pas référence à une structure donnée, mais plutôt à un état d'esprit ou une philosophie déterminante pour les structures de l'organisation. Le personnel effectue une gestion du savoir en ne cessant d'acquérir et de partager de nouvelles connaissances, désireux de s'en servir pour faire des choix et mener à bien ses activités. Certains théoriciens de la structuration organisationnelle vont jusqu'à affirmer que seule cette capacité (apprendre et tirer des leçons sur le lieu de travail) constituera dans l'avenir une source durable d'avantage concurrentiel.

Organisation apprenante — Organisation ayant développé la capacité la capacité d'apprendre, de s'adapter et d'évoluer en permanence.

Le manager et la technologie

L'impact des technologies sur les structures d'organisation

Grâce aux nouvelles technologies, le monde du travail a énormément évolué ces dernières années. De nouvelles possibilités ont été offertes aux salariés de faire leur travail dans des endroits aussi éloignés que la Laponie ou en plein centre de Biarritz. Bien entendu, il y a toujours eu des employés qui se sont installés dans des succursales lointaines, ils devaient très souvent se rendre au téléphone public le plus proche ou attendre d'être « au bureau » pour voir quels problèmes étaient apparus. Depuis quelques années, l'informatique et la communication mobile ont donné aux organisations et aux employés la possibilité de rester connectés et ainsi d'être plus productifs. Voici quelques-unes des technologies qui ont transformé les manières de travailler :

- Les smartphones avec e-mails, agendas et contacts, peuvent être utilisés n'importe où il y a du réseau. Ils peuvent aussi servir à se connecter aux bases de données ou à l'intranet de l'entreprise.
- Les employés peuvent se rencontrer en vidéoconférence par le biais de webcams et de réseaux à haut débit.
- Beaucoup d'entreprises donnent à leurs employés des clés de sécurité avec des codes cryptés fréquemment renouvelés qui leur permettent de se connecter au réseau de l'entreprise. Ils ont alors la possibilité d'accéder à leurs e-mails et aux données internes depuis n'importe quel ordinateur relié à Internet.

Le principal problème qui se pose quand on veut travailler n'importe où et n'importe quand, c'est la sécurité. Les entreprises doivent toujours chercher de nouveaux moyens de protéger leurs renseignements sensibles. C'est pourquoi, chaque année, des logiciels et d'autres moyens de protection sont développés dans le but de minimiser considérablement ces problèmes de sécurité. Comme l'avoue le directeur général d'une société de technologie : « Les compagnies commencent maintenant à penser aux applications innovantes qu'ils peuvent créer et livrer à leurs salariés où qu'ils se trouvent. »

À quoi ressemble alors une organisation apprenante ? Pour le savoir, observons le document 7.13 qui présente ses principales caractéristiques articulées autour de la structure organisationnelle, du partage de l'information, de la direction et de la culture. Chacune de ces quatre catégories de facteurs mérite d'être détaillée.

Document 7.13 – Caractéristiques d'une organisation apprenante.

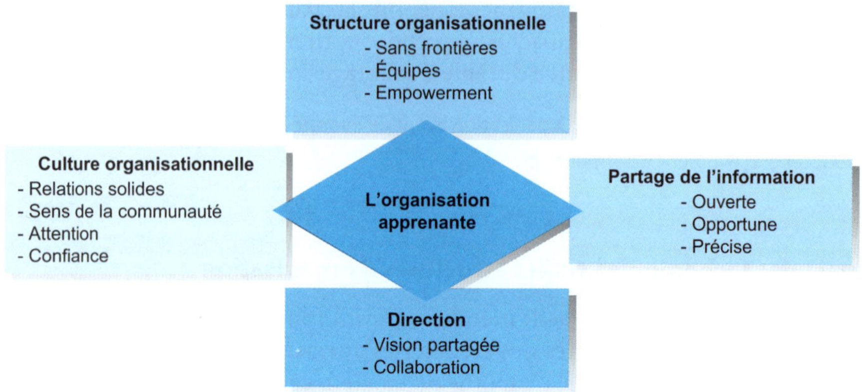

Sources : Inspiré de P. M. Senge, *The Fifth Discipline: The Art and Practice of Learning Organizations*, New York, Doubleday, 1990 ; R. M. Hodgetts, F. Luthans, S. M. Lee, « New Paradigm Organizations: From Total Quality to Learning to World Class », *Organizational Dynamics*, hiver 1994, p. 4-19.

Certains éléments de la **structure organisationnelle** sont essentiels pour qu'un apprentissage ait lieu. Entre spécialités fonctionnelles et à divers niveaux de l'organisation, les membres doivent absolument partager des informations et collaborer sur des projets. Pour cela, les frontières physiques et structurelles sont abolies, ce qui donne un environnement ouvert où les employés sont libres de coopérer, de faire de leur mieux et d'apprendre des autres. Un tel besoin de collaboration fait des équipes un point incontournable de l'organisation apprenante. Le personnel travaille en groupes pour tout ce qui doit être réalisé ; les équipes ont le pouvoir de trancher quant aux méthodes et à la résolution des problèmes. Grâce à l'octroi de responsabilités et de zones de pouvoir nouvelles, les dirigeants n'ont plus à se soucier du contrôle et jouent davantage les animateurs, supporters ou avocats de leurs équipes.

L'apprentissage est impensable sans **partage d'informations**, en particulier entre membres. Il faut mettre en place une gestion du savoir, c'est-à-dire partager les données de façon ouverte, opportune et aussi précise que possible. Sachant qu'il ne compte que peu de barrières structurelles et physiques, l'environnement favorise la communication ouverte et le partage extensif d'informations.

Lors d'un processus de mutation en organisation apprenante, le **leadership** joue un rôle majeur. L'une de ses fonctions clés va consister à promouvoir la création d'une vision commune de l'avenir, puis à s'assurer que tous les membres avancent dans cette direction. De plus, les dirigeants doivent favoriser l'environnement collaborateur si important pour l'apprentissage. Seule une direction solide et engagée peut permettre à une organisation de devenir apprenante.

Enfin, la **culture organisationnelle** occupe elle aussi une place déterminante. Celle d'une organisation apprenante réunit des personnes en accord avec une vision commune et acceptant les relations inhérentes entre les processus, les activités, les fonctions et l'environnement externe de l'organisation. Dans ce cas, il existe un sentiment profond de communauté, d'attention portée à autrui et de confiance. Le personnel d'une organisation apprenante peut communiquer ouvertement, partager, expérimenter et apprendre sans craindre la critique ou la sanction.

Quelle que soit la structure organisationnelle adoptée, les employés doivent y trouver la façon de faire leur travail de la manière la plus efficace et rentable. La structure doit non pas gêner ou entraver l'action mais bien au contraire aider les membres à mener à bien leur mission. Après tout, la structure n'est qu'un moyen d'atteindre un objectif et non une fin en soi.

4. Qu'est-ce que la culture d'organisation et pourquoi est-elle importante ?

Chaque individu possède ce que les psychologues nomment une « personnalité », c'est-à-dire un ensemble de caractéristiques cognitives, affectives et comportementales relativement constantes et stables. De la même façon, une organisation possède une personnalité, que nous appellerons sa culture d'organisation.

4.1. Qu'est-ce que la culture d'organisation ?

La **culture d'organisation** désigne les valeurs, principes, traditions et pratiques partagés au sein d'une organisation qui influencent le comportement de ses membres. Dans la plupart des cas, ces valeurs et ces pratiques partagées ont évolué dans le temps et conditionnent en grande partie « comment les choses se font ici »[40]. Cette définition se traduit par trois points : premièrement, la culture est *perçue* par les individus sur la base de leur vécu quotidien au sein d'une organisation. Deuxièmement, le concept est *descriptif* dans la mesure où il cherche à rendre compte de ces perceptions sans porter de jugement. Et troisièmement, le concept de culture nécessite que ces éléments soient *partagés* dans une organisation.

> *Culture d'organisation* — Valeurs, principes, traditions et pratiques partagés au sein d'une organisation qui influencent le comportement de ses membres.

Peut-on analyser la culture d'une organisation ?

Selon les chercheurs, on peut décrire la culture d'une organisation à travers sept dimensions[41], chacune d'elles représentant une échelle qui va de faible (l'aspect n'est que peu représenté dans l'organisation) à fort (l'aspect est typique pour l'organisation) [voir document 7.14]. L'analyse d'une entreprise à travers ces sept dimensions permet de dresser le portrait de sa culture. Dans beaucoup d'organisations, une des dimensions est plus accentuée que les autres et caractérise leur « personnalité » ainsi que la façon dont leurs membres effectuent leur travail.

Document 7.14 – Dimensions d'une culture d'organisation.

1. **Attention portée aux détails.** Mesure dans laquelle les membres valorisent la précision, l'analyse et l'attention aux détails.
2. **Intérêt pour le résultat.** Mesure dans laquelle les membres accordent la priorité aux résultats plutôt qu'aux techniques et processus utilisés pour les obtenir.
3. **Intérêt pour les personnes.** Mesure dans laquelle les conséquences des décisions sur les membres de l'organisation sont prises en compte.
4. **Intérêt pour le groupe.** Mesure dans laquelle les activités de travail sont organisées autour de groupes et d'équipes au lieu d'individus.
5. **Agressivité.** Mesure dans laquelle les membres de l'organisation partagent une attitude agressive et concurrentielle plutôt que coopérative.
6. **Stabilité.** Mesure dans laquelle les décisions et les actions au sein de l'organisation favorisent le maintien de la situation existante.
7. **Innovation et prise de risque.** Mesure dans laquelle les membres de l'organisation sont encouragés à faire preuve d'initiative, d'innovation et à prendre des risques

D'où vient la culture d'une organisation ?

La culture d'une organisation est bien souvent à l'image de la vision ou mission que ses fondateurs lui ont fixée. Mais plus qu'une idée initiale, ces personnes ont aussi des préférences quant à la façon de la mettre en pratique, libres de toutes traditions ou idéologies antérieures. La culture de départ est établie en projetant une image de ce que l'organisation doit devenir. En fait, la taille réduite des nouveaux projets d'entreprise permet souvent à leurs auteurs d'imposer facilement leur vision au reste des membres. Ainsi, la culture organisationnelle est le fruit de l'interaction entre (1) les orientations et hypothèses des fondateurs et (2) ce que les premiers employés tirent de leurs propres expériences. Par exemple, Thomas Watson, fondateur d'IBM, a mis au point une culture fondée sur la « poursuite de l'excellence en offrant aux clients le meilleur service possible et en respectant le personnel ». L'ironie a voulu que soixante-quinze ans plus tard, dans un effort pour revigorer l'entreprise qui périclitait, le P.-D.G. Louis Gerstner ait apporté un plus à la culture avec son « attention portée au client » ; il a en effet reconnu l'urgence que suppose le marché de répondre aux attentes de la clientèle[42]. Chez Southwest Airlines, l'ancien P.-D.G. Herb Kelleher a consolidé la « culture orientée sur les personnes » (*people culture*) de la compagnie en instaurant certaines pratiques, telles que des compensations et des primes excédant la moyenne du secteur, afin d'augmenter le niveau de satisfaction des employés[43].

Comment la culture est-elle transmise aux membres d'une organisation ?

Les membres « apprennent » les normes et les valeurs partagées qui constituent la culture d'une organisation de plusieurs façons, mais la plus importante réside dans les récits, les rituels, les symboles matériels et le langage.

Les *récits* (*stories*) d'une organisation évoquent des personnes et des événements importants, par exemple les fondateurs, des moments de violation de règles, la réaction face à des erreurs dans le passé, etc.[44]. Les managers de Nike, par exemple, sont convaincus que le passé de l'entreprise qui oriente sa trajectoire future. Régulièrement, les dirigeants se transforment en « conteurs d'entreprise » (*corporate storytellers*) pour mettre en lumière son histoire et ses personnages clés. Ils célèbrent l'esprit d'innovation de la société en relatant l'anecdote du cofondateur de Nike, Bill Bowerman, qui faisait fondre du caoutchouc dans le fer à gaufres de sa femme pour créer une meilleure chaussure de course[45]. Au sein de l'entreprise 3M, connue notamment pour son invention de notes et de rubans adhésifs, les récits d'innovation de produits sont légion. On y raconte, par exemple, l'histoire d'un chercheur qui verse accidentellement un produit chimique sur ces chaussures de tennis et découvre ainsi un traitement imperméabilisant, ou bien encore celle d'un autre chercheur de 3M, Art Fry, qui avait besoin d'un marque-page pour son livre de chants et inventa ainsi les notes Post-it. Ces histoires reflètent l'état d'esprit qui a permis à 3M de grandir et offert les conditions nécessaires pour poursuivre sa voie[46]. Les récits relient le présent avec le passé, donnent de la légitimité aux pratiques d'aujourd'hui et les expliquent. Ils mettent en avant ce qui est important pour l'organisation et créent des images fortes pour ses objectifs.

Les *rituels* correspondent à des séquences d'actions répétées qui expriment et renforcent les valeurs et les objectifs de l'organisation[47]. En font partie les « grands-messes » annuelles ou semestrielles que beaucoup d'entreprises organisent, les fêtes ou autres types de célébrations.

Lorsqu'on entre dans un bâtiment, on « sent » souvent, de façon immédiate, la nature de l'environnement de travail qu'il abrite. Cette observation montre le pouvoir des *symboles matériels* ou *artefacts*[48]. L'aménagement des espaces, les façons de s'habiller, ainsi que les attributs de statut comme des places de parking réservées sont des exemples de symboles matériels. On peut citer également le logo, la taille des bureaux, le type de mobilier, la manière dont se tiennent les réunions ainsi que les avantages sociaux octroyés aux collaborateurs. Les symboles matériels expriment un ordre de statut et de valeurs et transmettent les types de comportements attendus et appropriés au sein de l'organisation.

Dans beaucoup d'organisations, le *langage* identifie et relie les membres. En s'appropriant certaines expressions, ils montrent qu'ils font partie d'une culture et contribuent à la transmettre. Avec le temps, les organisations développent souvent une terminologie qui leur est propre pour décrire outils de travail, rôles importants, fournisseurs, clients, processus ou produits. Pour les nouveaux collaborateurs, les acronymes et le jargon sont souvent déstabilisants au début, mais ils font partie, après très peu de temps, de leur langage quotidien. Lorsque le langage spécifique d'une organisation a été appris, il fonctionne comme un marqueur d'appartenance constituant un lien entre ses membres.

4.2. La culture peut-elle influer sur la structure ?

En fonction de son intensité, la culture d'une organisation peut donc avoir un impact important sur sa structure et ses évolutions[49]. Une **culture forte**, c'est-à-dire une culture dont les principales valeurs sont fortement ancrées et partagées, aura plus d'influence qu'une culture faible. L'intensité dépend de l'acceptation des principales valeurs par les membres de l'organisation ainsi que de leur engagement envers elles. La plupart des entreprises ont des cultures d'une intensité moyenne à forte, autrement dit on y trouve une sorte de consensus autour de la question de ce qui est important, ce qui est le « bon » comportement à adopter dans une situation donnée, ce qu'il faut faire pour avancer, etc. Quand une culture devient plus forte, son influence sur les managers et leurs façons de planifier, organiser, diriger et contrôler augmente[50].

Une culture forte peut remplacer des règles formelles en créant un sens de prévisibilité et de cohérence. Ainsi, plus une culture est forte, moins les dirigeants doivent s'attacher à élaborer des directives. Celles-ci sont en effet intériorisées par les membres de l'organisation au moment où ils en acceptent la culture. En revanche, dans le cas d'une culture faible et sans valeurs communes spécifiques, l'incidence sur la structure apparaît comme moins évidente.

Résumé

1. **Identifier les six éléments d'une structure d'organisation.**
   Il s'agit de (1) la *spécialisation du travail* (chaque étape d'une activité est effectuée par un individu au lieu que la tâche entière soit confiée à une personne) ; (2) la *départementalisation* (regroupement d'activités par fonctions, produit, client, territoire ou processus) ; (3) l'*autorité* (droit inhérent à une position hiérarchique de donner des ordres et de les voir exécutés), la *responsabilité* (obligation de réaliser des tâches assignées) et le *pouvoir* (capacité d'influencer les décisions) ; (4) l'éventail de contrôle (nombre d'employés qu'un manager peut diriger de manière efficace) ; (5) la *centralisation* et la *décentralisation* (niveaux de prises de décision) ; et (6) la *formalisation* (standardisation des tâches et importance des règles et procédures).

2. **Connaître les facteurs de contingence liés aux structures mécanistes et organiques.**
   Une structure mécaniste est plutôt de nature bureaucratique tandis qu'une structure organique est plus fluide et flexible. Au plan de la *stratégie*, une entreprise aura tendance à passer d'un fonctionnement organique vers un fonctionnement plus mécaniste lorsqu'elle se diversifie. Quand une entreprise accroît sa *taille* , elle a besoin d'intégrer des éléments de la structure mécaniste. Une *technologie* non routinière, par contre, impose une structure plus organique. Finalement, un environnement *stable* préconise une structure mécaniste tandis que les structures organiques sont plus adaptées à un environnement dynamique.

3. **Comparer et contraster les structures classiques et contemporaines.**
   Les structures classiques se répartissent ainsi : simple, par fonctions et multidivisionnelle. La *structure simple* est caractérisée par une départementalisation faible, un éventail de coordination élevé, une centralisation de l'autorité en une seule personne, et un degré de formalisation faible. La *structure par fonctions* regroupe des spécialités similaires ou liées entre elles. La *structure multidivisionnelle* se compose d'unités ou divisions autonomes. Les structures contemporaines sont la *structure par équipes* (l'organisation entière est composée de groupes de travail) ; la *structure matricielle* ainsi que la *structure par projets* (dans lesquelles les collaborateurs ont une double subordination temporaire ou permanente) ; et l'*entreprise étendue* (qui cherche à abolir les frontières au sein et autour de l'organisation.

4. **Comprendre les caractéristiques et le rôle de la culture d'organisation.**
   La notion de culture d'organisation fait référence aux valeurs, normes, traditions et pratiques partagées qui influent sur les façons d'agir des membres d'une organisation. Une culture peut être décrite selon sept dimensions : attention portée aux détails, intérêt pour le résultat, intérêt pour les personnes, intérêt pour le groupe, agressivité, stabilité,

innovation et prise de risque. La culture est transmise à travers les récits, les rituels, les symboles matériels et le langage. Les cultures fortes dans lesquelles les principales valeurs sont fortement ancrées et partagées ont un impact important sur les structures d'organisation et sur les façons de travailler au sein de l'entreprise.

Pour en savoir plus

Barthélemy J., *Stratégies d'externalisation*, Paris, Dunod, 2007.

Bassetti A.-L., Groff A., *8 Clés pour une organisation performante*, Plaine-Saint-Denis, AFNOR, 2006.

Benchimol G., *E-Organisation, mode d'emploi,* Paris, Éditions d'Organisation, 2001.

Centre de perfectionnement aux affaires, *Modèles d'organisation. Accompagner les mutations de l'entreprise*, Paris, Village Mondial, 2002.

Boyer L., Equilbey N., *Organisation. Théories et applications*, Paris, Éditions d'Organisation, 2003.

Durand J.-P., *La Chaîne invisible. Travailler aujourd'hui : flux tendu et servitude volontaire*, Paris, Éditions du Seuil, 2004.

Fréry F., *Benetton ou l'entreprise virtuelle*, Paris, Vuibert, 2003, 2e éd.

Hérard J., *Manuel d'organisation appliquée. Reconcevoir les processus et coordonner les activités*, Paris, Dunod, 2003.

Liker L., *Le Modèle Toyota. 14 principes qui feront la réussite de votre entreprise*, Paris, Village Mondial, 2009, 2e éd.

Livian Y.-F., *Organisation : théories et pratiques*, Paris, Dunod, 2008, 4e éd.

Mintzberg H., *Structure et dynamique des organisations*, Paris, Éditions d'Organisation, 1998.

Tache P., *Organiser un service ou une unité*, Paris, Éditions d'Organisation, 2004.

Activités

Questions de compréhension

1. Que signifie concrètement le terme de *structuration organisationnelle* ?
2. Est-ce qu'on peut changer rapidement de structure d'organisation ? Si non, pourquoi ? Si oui, est-ce qu'il faudrait le faire rapidement ? Pourquoi (pas) ?
3. « Il est possible qu'une organisation puisse se passer de structure. » Que pensez-vous de cette affirmation ? Illustrez votre point de vue.
4. La structure d'organisation continue-t-elle à être un aspect central du management au moment où les technologies d'information permettent de travailler de façon distante et asynchrone ? Expliquez votre point de vue.
5. Des études montrent que la simplification des tâches a un impact négatif sur la performance des employés et des entreprises. Est-ce que vous êtes d'accord ? Pourquoi ?
6. Un groupe en formation développe sa propre culture. Décrivez celle du groupe auquel vous appartenez en vous servant du document 7.14. Comment cette culture influence-t-elle votre formateur ainsi que vous-même ?
7. Dessinez un organigramme d'une organisation que vous connaissez bien. Faites attention à correctement représenter les différents départements ainsi que la chaîne hiérarchique.
8. Choisissez deux organisations avec lesquelles vous avez des contacts fréquents (en tant que collaborateur ou client) et décrivez leur culture en vous appuyant sur les dimensions énoncées dans le document 7.14.

Autoévaluation

Quel type de structure je préfère ?

Dans quelle structure (mécaniste ou organique) serez-vous plus à votre aise pour travailler ? Une structure mécaniste est caractérisée par une départementalisation importante, une formalisation élevée, un réseau d'information limité et une centralisation. Au contraire, une structure organique est plate, elle utilise des équipes interhiérarchiques et interfonctionnelles, elle a une formalisation faible, elle possède un réseau d'information complet et se base sur une prise de décision participative.

Questionnaire

Réagissez à chacune des affirmations en utilisant l'échelle suivante :

1 = en désaccord complet

2 = en désaccord léger

3 = ni en accord, ni en désaccord

4 = en accord léger

5 = en accord complet

Je préfère travailler dans une organisation où :

1.	Les objectifs sont définis par les cadres supérieurs.	**1**	**2**	**3**	**4**	**5**
2.	Il existe des descriptions précises de chaque poste.	**1**	**2**	**3**	**4**	**5**
3.	Les hauts dirigeants prennent les décisions importantes.	**1**	**2**	**3**	**4**	**5**
4.	Les promotions et les hausses de salaire sont basées sur l'ancienneté et le rendement.	**1**	**2**	**3**	**4**	**5**
5.	L'autorité et les responsabilités sont bien définies.	**1**	**2**	**3**	**4**	**5**
6.	J'ai une carrière plutôt bien prédéfinie.	**1**	**2**	**3**	**4**	**5**
7.	Je bénéficie d'une certaine sécurité de l'emploi.	**1**	**2**	**3**	**4**	**5**
8.	Je peux me spécialiser.	**1**	**2**	**3**	**4**	**5**
9.	Mon patron est toujours disponible.	**1**	**2**	**3**	**4**	**5**
10.	Le règlement est bien défini.	**1**	**2**	**3**	**4**	**5**
11.	Les informations suivent correctement la chaîne hiérarchique.	**1**	**2**	**3**	**4**	**5**
12.	Il faut apprendre un nombre restreint de nouvelles tâches.	**1**	**2**	**3**	**4**	**5**
13.	Il y a peu de turnover dans les groupes de travail.	**1**	**2**	**3**	**4**	**5**
14.	Les employés acceptent l'autorité d'un leader.	**1**	**2**	**3**	**4**	**5**
15.	Je fais partie d'un groupe dont la formation et les compétences sont les mêmes que les miennes.	**1**	**2**	**3**	**4**	**5**

Calculez votre résultat

Pour calculer votre résultat, additionnez vos réponses aux 15 affirmations.

Analyse et interprétation

Un résultat supérieur à 60 indique que vous préférez une structure mécaniste. Un résultat inférieur à 45 indique votre préférence pour une structure organique. Un résultat entre 45 et 60 n'indique pas de préférence notable.

Puisque la tendance de ces dernières années penche vers une structuration organique, vous avez plus de chances de trouver une organisation à votre goût si vous avez un résultat faible. Mais, il existe peu de structures parfaitement organiques. Ainsi, un résultat faible veut aussi dire que vous vous sentirez peut-être frustré par ce que vous percevrez comme un règlement trop rigide et une direction trop centralisée. En tout cas, vous serez plus à votre aise dans une organisation plus petite, innovatrice, flexible, tournée vers le travail d'équipe.

À l'opposé, les résultats élevés indiquent une préférence pour une organisation stable, mieux régulée, plus bureaucratique.

Source : Basé sur J. F. Veiga et J. N. Yanouzas, *The Dynamics of Organization Theory: Gaining a Macro Perspective*, St. Paul, MN, West, 1979, p. 158-160.

Dilemme éthique

Le miracle de l'Hudson

On l'a surnommé « le miracle de l'Hudson »[51] : l'amerrissage forcé en janvier 2009 du vol US Airways 1549 sur le fleuve Hudson, peu après son décollage, en raison d'une panne de moteur. Mais aujourd'hui, les passagers ayant « subi des pertes et des préjudices réels » se voient refuser toute indemnisation, car « on estime généralement qu'ils ont été sauvés d'une mort soudaine et violente par l'héroïsme et la réactivité de leur équipage ». Si les bagages et les autres effets personnels récupérés sur les lieux ont bien été retournés aux passagers, l'assureur se montre en revanche intraitable concernant les objets non retrouvés, au motif que l'assurance responsabilité civile d'une compagnie aérienne cherche à mettre en évidence une négligence de sa part, et « qu'en l'absence de négligence, aucune responsabilité ne saurait alors être établie, et qu'il n'existerait par suite aucune obligation de dédommager les victimes ». Qu'en pensez-vous ? L'assureur agit dans le respect de la légalité, mais fait-il preuve d'un comportement éthique ? Existe-t-il d'autres manières d'agir qui le seraient davantage ?

Pour action

Megatec

À : Claude Fortier, assistant du directeur général

De : Jean-Michel Delarue, directeur général

Objet : Organisations apprenantes

Bonjour Claude,

Merci tout d'abord d'avoir avancé sur le rapport trimestriel pendant que je me trouvais à la réunion annuelle de l'Association européenne des équipementiers automobiles la semaine passée. La conférencière invitée à déjeuner le dernier jour nous a expliqué à quel point il était important que les organisations sachent répondre aux besoins des clients et du marché. Pour ce faire, l'une des approches qu'elle a évoquées consistait à devenir une organisation apprenante. Je suis sorti de ce déjeuner avec la conviction que l'avenir de notre entreprise pourrait effectivement dépendre de notre capacité à bien « apprendre ».

J'aimerais que vous recherchiez les dernières informations disponibles sur ce concept d'organisation apprenante. Même si je suis sûr que vous saurez trouver de nombreux articles sur le sujet, limitez votre rapport aux cinq sources d'information que vous estimerez faire partie des meilleures en la matière. Rédigez pour chacun de ces articles un résumé d'un paragraphe, en vous assurant de noter toutes les références bibliographiques, au cas où nous aurions besoin plus tard de les retrouver.

J'aimerais que notre équipe de direction se mette assez vite à travailler là-dessus, aussi je vous saurai gré de me remettre votre rapport d'ici la fin de la semaine.

Cette entreprise et ce message fictifs ont été imaginés dans un but exclusivement pédagogique. Il n'est aucunement question ici d'évoquer, ni en bien, ni en mal, les pratiques managériales d'une entreprise réelle qui porterait le même nom.

Exercice pratique

Comment votre organisation est-elle structurée ?

Chaque université ou entreprise possède une structure organisationnelle propre. Par exemple, si vous êtes un étudiant en gestion, vos cours se tiennent généralement dans un département d'université ou une école de commerce. Vous êtes-vous toutefois demandé pourquoi ? Trouvez-vous ce fait naturel ?

Au chapitre 5, vous avez pu évaluer les forces, les faiblesses ainsi que l'avantage concurrentiel de votre organisation d'appartenance (université ou entreprise), ainsi que le degré d'adéquation avec la stratégie suivie. Le présent chapitre vous a quant à lui exposé un cas où la structure obéit à la stratégie. À partir de votre analyse réalisée au chapitre 4 (si vous ne l'avez pas faite, reportez-vous à l'atelier de management correspondant), étudiez la structure globale de votre organisation en termes de formalisation, de centralisation et de complexité. Observez également les modèles de départementalisation existants. Votre organisation apparaît-elle plus organique ou plus mécaniste ? À présent, évaluez à quel point cette structure va de pair avec sa stratégie ; faites ensuite de même pour la taille, la technologie et l'environnement, à savoir la taille de la structure, le degré de routine technologique et l'incertitude environnementale. Selon vos observations, quel type de structure pouvez-vous envisager pour votre organisation d'appartenance ? Ce type est-il déjà en place ? Comparez vos résultats avec ceux des autres participants. Y a-t-il des points communs parmi les opinions de chacun ? Des différences ? À quoi sont dus selon vous ces résultats ?

Cas d'entreprise

Bang & Olufsen : une organisation hors du commun

La société danoise Bang & Olufsen (B&O) est connue pour ses équipements audio et vidéo haut de gamme. Plusieurs de ses produits incroyablement beaux et artistiques (dont la plupart sont fabriqués au Danemark) font partie de la collection du Museum of Modern Art de New York. Cela va sans dire, le design est vraiment important pour B&O. Mais, ce qui est encore plus important, c'est la conception particulière du design. Pour B&O, il est un élément stratégique essentiel. Kalle Hvidt Nielsen, le directeur général explique : « Notre mission est de rendre une technologie complexe facile à utiliser. »

À la différence des approches utilisées par la plupart des autres entreprises (dans lesquelles les employés du marketing mènent des recherches auprès des consommateurs puis décident de la direction à prendre), B&O utilise des designers free-lance pour créer ses produits. Et ces designers ont la possibilité de mettre un veto sur les produits qu'ils n'aiment pas. Le designer en chef, David Lewis, travaille en free-lance pour l'entreprise depuis le début des années 1960. Il passe seulement deux ou trois jours par mois au siège social à Struer et avoue que « C'est une façon très particulière de travailler… Je vois les choses d'une manière différente parce que je ne fais pas vraiment partie du système ici. » Lewis et son équipe de six designers, tous free-lance, ne se rencontrent jamais.

Le processus du design est vraiment un processus. Lewis explique que « Chaque fois que nous concevons un nouveau modèle, c'est comme si nous recommencions tout depuis le début. Les délais, la technologie et les exigences sont différents. » Toutefois, lui et son équipe ont une méthode. Ils ne font pas de dessins, ils modèlent le nouveau produit avec des morceaux de carton, du papier, un peu de plastique ou tout ce qui leur tombe sous la main. Comme un sculpteur, l'équipe crée le modèle. Ils se tiennent autour, en discutent et le modifient si besoin en est. Une fois que le prototype est arrêté, Lewis l'emmène au siège social où les cadres peuvent voir à quoi il ressemble. Devant le nouveau produit en trois dimensions, les décideurs au plus haut niveau sont capables de voir tous les détails et de vraiment « sentir » le design.

Donner ainsi autant de responsabilités à des personnes qui ne sont même pas salariées effraierait la majorité des dirigeants. Cependant, chez B&O, ça marche. Ce « modèle d'activité par le génie dépend de l'instinct d'une poignée de personnes excentriques et créatives et de la capacité des managers de les diriger ».

Questions

1. Décrivez et évaluez ce que fait B&O.
2. Quelles sont les implications structurelles – bonnes ou mauvaises – de cette approche ? (Pensez aux six éléments de la conception organisationnelle).
3. Pensez-vous que cette façon de travailler marcherait dans d'autres types d'organisations ? Étayez votre réponse.
4. L'approche du design chez B&O dépend de « la capacité des managers de diriger » les designers. De quelles compétences les managers ont-ils besoin pour diriger ce type de conception organisationnelle ?
5. À votre avis, quel rôle joue la structure organisationnelle dans les compétences stratégiques d'une organisation, spécialement dans les efforts de l'innovation ?

Sources : D. A. Keeps, « Out-of-the-Box Offices », *Fortune*, 19 janvier 2009, p. 45-50 ; D. Steinbom, « Talking About Design: An Interview with David Lewis », *Wall Street Journal*, 23 juin 2008, p. R6 ; D. Steinbom, « A Speaker That Was Decades in the Making », *Wall Street Journal*, 23 juin 2008, p. R6 ; J. Greene, « Where Designers Rule », *BusinessWeek*, 5 novembre 2007, p. 46-51.

Chapitre 8

Le changement et l'innovation

Objectifs

1. Comprendre le changement organisationnel ainsi que les différentes visions du processus de changement.
2. Expliquer et gérer la résistance au changement.
3. Décrire ce qu'un manager doit savoir sur le stress au travail.
4. Expliquer comment les organisations peuvent encourager l'innovation.

À l'heure actuelle, aucun type d'organisation (multinationales, petites entreprises, start-up, universités, gouvernements, mairies, hôpitaux, et même les armées) n'échappe au besoin de modifier sa façon de procéder. Certes, les changements ont toujours été partie intégrante du rôle de manager, mais ils sont en augmentation depuis quelques années. Le présent chapitre se penche sur les causes du phénomène et aussi sur la manière d'encourager l'innovation, d'accroître la faculté d'adaptation et aussi, parfois, de gérer le stress généré par tant de mouvements.

1. Qu'est-ce que le changement ?

Sans changement, le travail de manager serait simplifié, tout comme la planification, dans le contexte d'un lendemain identique au présent. La structuration se ferait sans peine grâce à un environnement dénué d'incertitude et n'exigeant pas d'adaptation particulière. Et rien ne serait plus simple que de prendre des décisions car tout résultat serait prévisible avec une grande exactitude. Ainsi, la vie du manager serait détendue si seulement les concurrents ne commercialisaient pas de nouveaux produits ou services, si les clients n'exprimaient pas de nouveaux besoins, si les lois demeuraient inchangées, s'il n'y avait plus de progrès technologiques ou si les besoins du personnel n'évoluaient pas…

Cependant, le changement est bien une réalité organisationnelle et sa gestion constitue une tâche à part entière pour les managers et dirigeants. Le **changement organisationnel** est une modification apportée à la structure, à la technologie ou au personnel d'une organisation (voir document 8.1).

Changement organisationnel — Modification portant sur la structure, sur la technologie ou sur le personnel d'une organisation.

Document 8.1 – Trois catégories de changement.

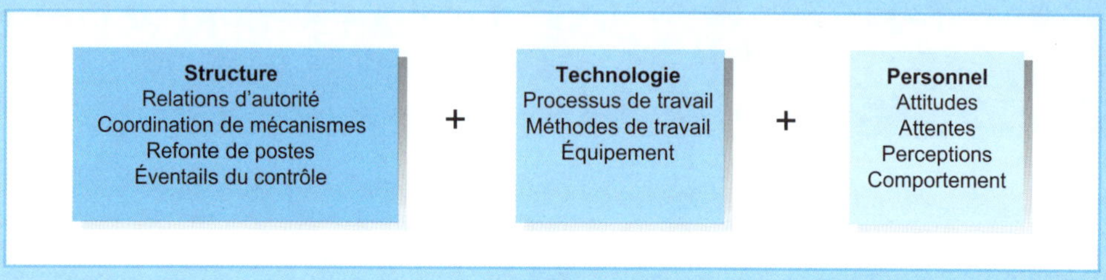

Le changement de la *structure d'organisation* induit une modification des relations hiérarchiques, des mécanismes de coordination, de l'équilibre entre centralisation et décentralisation, des définitions de postes, ou encore d'autres paramètres de l'organisation. Précédemment, nous avons montré que l'adoption d'une organisation par processus et une démarche de responsabilisation conduisent à une décentralisation, à des éventails de subordination plus larges, à moins de spécialisation et plus de travail en équipes car ce sont ces aspects structurels qui donnent aux collaborateurs l'autorité et les moyens nécessaires pour mettre en œuvre l'amélioration des processus. La création d'équipes transversales permet aux personnes concernées de résoudre conjointement un problème qui couvre plusieurs départements. De plus, en encourageant la collaboration, la formation d'équipes transverses contribue à réduire les comportements antagonistes entre unités. Tous ces systèmes demandent un changement de la structure d'organisation.

Le changement de la *technologie* entraîne la modification des méthodes et des outils utilisés pour accomplir le travail. Un domaine organisationnel qui suscite régulièrement des changements technologiques est celui où se mettent en place des initiatives d'amélioration continue pour développer des processus flexibles visant à améliorer la qualité au sein d'un atelier ou d'un service. Les collaborateurs engagés dans une approche d'amélioration continue sont constamment à la recherche de points à améliorer. Cela nécessite donc des processus de travail évolutifs qui puissent intégrer ces optimisations et ces changements permanents. Cette démarche repose également sur un engagement fort de l'entreprise sur le plan de la formation. Adopter une logique d'amélioration continue présuppose que les collaborateurs aient des compétences de résolution de problèmes, de prise de décisions, de négociation, d'analyse statistique et de travail en équipe, et qu'ils soient capables d'interpréter des données et d'agir en conséquence.

Un changement qui porte sur le *personnel* vise les attitudes, attentes, perceptions ou comportements. Il demande que les collaborateurs partagent un engagement pour la qualité et pour l'amélioration continue. Comme pour le cas de figure précédent, cela nécessite de la formation ainsi que des systèmes d'évaluation et de rétribution qui soutiennent et encouragent ces améliorations. Ainsi, des programmes efficaces incluent des objectifs de qualité dans la partie variable des rémunérations des dirigeants et dans les dispositifs de prime pour les collaborateurs.

1.1. Les forces du changement

Nous avons vu au chapitre 3 qu'il existe des forces internes et externes limitant l'action des managers. Il se trouve que ce sont ces mêmes forces qui appellent également au changement.

Quelles sont les principales forces externes ?

La provenance de ces forces de changement est variée. Dernièrement, l'*environnement de marché* a affecté des entreprises traditionnelles comme France Télécom et La Poste en affichant une nouvelle concurrence. Par exemple, France Télécom affronte de nombreux opérateurs proposant d'offrir un service téléphonique à moindre coût. De la même façon, La Poste doit désormais composer avec une foule de rivaux agressifs tels que DHL et UPS. En parallèle, les *lois et directives* passées par les gouvernements peuvent motiver le changement. Il y a une dizaine d'années, l'adoption aux États-Unis de l'American with Disabilities Act a obligé des milliers d'entreprises à élargir les portes, modifier les toilettes et installer des rampes d'accès pour les personnes en fauteuil roulant. Encore maintenant, des décisions en faveur de la population handicapée supposent des modifications. En France, à la fin des années 90, le passage aux 35 heures et les nouvelles lois sur l'aménagement du temps de travail ont conduit nombre d'entreprises à se réorganiser dans de nombreux domaines. De même, l'interdiction de fumer dans les lieux de convivialité (bars, restaurants, discothèques) depuis le 1er janvier 2008 pousse les dirigeants de ces établissements à inventer de nouvelles structures d'accueil respectant la loi tout en permettant aux fumeurs de profiter des lieux (grâce à l'installation de chauffage sur les terrasses, par exemple).

La *technologie* est une autre source de changement, comme l'ont été Internet et le commerce électronique dans la façon d'obtenir des informations et de vendre des produits. Des investissements massifs ont généré d'importantes économies d'échelle pour beaucoup d'organisations. Par exemple, la nouvelle technologie et la concurrence des sociétés de courtage au rabais ont incité plusieurs cabinets de courtage financier à permettre à leurs clients de réaliser des transactions sur Internet sans passer par un agent. Il en est de même pour les chaînes de montage dans de nombreux secteurs, en pleine mutation depuis que les employés sont remplacés par des robots ; de plus, les fluctuations du *marché du travail* obligent les employeurs à prendre des mesures (c'est le cas de la pénurie d'infirmières aux États-Unis ou en Suisse, qui a poussé les responsables d'hôpitaux à redéfinir le poste, à augmenter les primes et les avantages sociaux offerts et à se rapprocher des universités locales pour résoudre ce problème).

Il est évident que les changements économiques ont un impact sur l'ensemble des organisations. La chute vertigineuse des taux d'intérêt à laquelle nous assistons ces dernières années a donné un coup de fouet au marché de l'immobilier, occasionnant la création de davantage d'emplois ainsi qu'une hausse des ventes pour les entreprises liées à ce secteur. Par ailleurs, les changements qui se sont instaurés depuis le 11 septembre 2001 sont le vecteur de nouveaux modes de vie, à commencer par la diminution des voyages en avion. Étant donné les mesures inédites de sécurité et la baisse du trafic, les compagnies aériennes ont dû réduire leur personnel, modifier des routes et repenser presque tous les aspects de leur activité.

Et les forces internes ?

Outre les forces externes, des facteurs internes peuvent motiver un changement, notamment en raison des opérations de l'organisation ou de l'impact d'évolutions de l'extérieur. L'important est de se dire que ces changements sont un élément normal des cycles de vie organisationnels[1].

Les changements viennent souvent d'une redéfinition ou d'une modification de la *stratégie*. Lorsque Nokia, par exemple, cherche à lancer un nouveau produit ou service, cela crée du changement en interne. Des employés devront être formés, d'autres seront affectés à de nouvelles unités ou vont devoir collaborer avec de nouveaux collègues. Actuellement, beaucoup d'entreprises enregistrent un changement de *composition de la main-d'œuvre*, que ce soit en termes d'âge, d'études, de genre, de nationalité, etc. Dans une organisation stable, dont les dirigeants sont en poste depuis des années, les places devront éventuellement être redéfinies afin de retenir des employés plus ambitieux en leur offrant une certaine mobilité vers le haut. La rémunération et les avantages sociaux feront peut-être aussi l'objet d'une modification afin de refléter les besoins d'un personnel hétérogène et les forces du marché connaissant une offre insuffisante de certaines compétences. Enfin, les *attitudes des employés*, comme par exemple une insatisfaction croissante face à leur travail, peuvent provoquer absentéisme, démissions, grèves. Mais elles peuvent aussi permettre, tôt ou tard, l'adoption de nouvelles règles ou de nouveaux modes de fonctionnement par la direction.

1.2. Qui initie le changement organisationnel ?

Pour voir le jour, les changements ont besoin d'un catalyseur, à savoir d'un **agent de changement**, servant de déclencheur et assumant les responsabilités de gestion du processus de changement[2].

> *Agent de changement* — Individu ou groupe qui sert de déclencheur et assume les responsabilités de gestion du processus de changement.

Tout manager peut être agent du changement, comme il est admis implicitement dans ce chapitre, même si ce rôle peut être joué par une autre personne (spécialiste en interne, consultant externe expert en la matière). Pour instaurer des changements de grande ampleur, les entreprises font souvent appel à des intervenants externes afin d'obtenir des conseils, une assistance, mais aussi un point de vue objectif que les membres ne possèdent pas toujours. Attention toutefois, car qui dit consultant externe dit également possibilité de mauvaise interprétation de l'historique, de la culture, des procédures opérationnelles et du personnel. Les changements peuvent aussi se révéler plus radicaux (pour le meilleur ou pour le pire) car le consultant n'a pas ensuite à en subir les répercussions. À l'inverse, les responsables en interne qui jouent le rôle d'agents de changement seront plus posés (et certainement plus prudents) car ils seront ensuite là pour vivre les conséquences (voir l'encadré « Comment manager le changement ? »

Comment manager le changement ?

Les managers jouent un rôle important en matière de changement organisationnel. Ils font souvent office de catalyseurs. À ce titre, ils sont les premiers acteurs du changement. Mais ils peuvent néanmoins se heurter aux réticences des employés. Tout changement représente en effet une source d'ambiguïté et d'incertitude et compromet le *statu quo*. Comment gérer de manière efficace cette résistance ? Voici quelques suggestions concrètes[3].

Points de repère

1. **Évaluer le climat avant de lancer le projet.** Le succès ou l'échec du changement dépend pour une grande part de son acceptabilité. Il convient donc de déterminer si l'entreprise bénéficie d'un climat propice au changement, au travers d'une série de questions. Plus les réponses affirmatives seront nombreuses, plus le changement aura de chances d'être accepté. On pourra s'inspirer des exemples suivants :
   a. Le promoteur du changement occupe-t-il une position hiérarchique qui lui confère le pouvoir de vaincre les résistances ?
   b. La direction de l'entreprise soutient-elle et s'implique-t-elle dans le changement ?
   c. La nécessité du changement suscite-t-elle un fort sentiment d'urgence chez les dirigeants ? Ce sentiment est-il partagé par d'autres personnes au sein de l'entreprise ?
   d. Les managers ont-ils une vision claire des répercussions prévisibles du changement ?
   e. A-t-on mis en place des mesures objectives permettant d'évaluer l'effort de changement, et des systèmes de rétribution explicitement destinés à les renforcer ?
   f. L'effort de changement considéré est-il cohérent avec les autres changements en cours dans l'entreprise ?
   g. Les managers sont-ils prêts à sacrifier leurs intérêts personnels pour le bien de l'entreprise ?
   h. Les managers s'enorgueillissent-ils de surveiller étroitement les changements et les actions des concurrents ?
   i. Les managers et leurs collaborateurs sont-ils gratifiés lorsqu'ils prennent des risques, font preuve d'initiative et cherchent des solutions nouvelles et plus efficaces ?
   j. L'entreprise possède-t-elle une structure flexible ?
   k. La communication s'effectue-t-elle dans les deux sens ?
   l. L'entreprise a-t-elle déjà réussi à implémenter d'autres changements ?
   m. Les employés sont-ils globalement satisfaits de leur management ? Lui font-ils confiance ?
   n. Existe-t-il un haut niveau d'interaction et de coopération entre les différentes unités de l'entreprise ?
   o. Les décisions sont-elles prises rapidement ? Tiennent-elles compte d'une grande variété de suggestions ?

2. **Choisir une approche adaptée pour gérer la résistance au changement.** Six stratégies fondamentales permettent de réduire les résistances : éducation et communication, participation, facilitation et soutien, négociation, manipulation et cooptation, et enfin coercition. Le document 8.3 présente les avantages et les inconvénients de chacune, et les circonstances dans lesquelles leur mise en œuvre est la plus appropriée.
3. **Pendant et après la mise en œuvre du changement, ne jamais cesser de communiquer avec les employés afin de déterminer quel type de soutien pourrait leur être fourni.** Vos employés ont besoin de savoir que vous serez là pour les soutenir tout au long du changement en cours. Soyez prêt à leur offrir toute l'aide dont ils pourraient avoir besoin pour le mener à bien.

Mise en pratique

Lisez le scénario suivant. Prenez quelques notes sur la manière dont vous géreriez la situation décrite. Assurez-vous de faire référence aux trois points exposés ci-dessus : évaluation du climat, choix de l'approche appropriée, communication et soutien.

Infirmière en chef d'un grand hôpital public, vous dirigez deux équipes, l'une affectée aux urgences, l'autre aux soins courants. Au détour d'une lecture professionnelle, vous avez découvert le concept de formation croisée (chaque métier infirmier formant les autres à ses propres pratiques), dont on a pu prouver qu'elle améliorait – à travers la diversification des responsabilités – la qualité globale de la prise en charge des patients, tout en réduisant les coûts. Vous convoquez vos deux chefs d'équipe, Suzanne et Sarah, et vous leur faites part de votre intention d'adopter cette approche. À votre grand étonnement, elles s'y montrent toutes les deux hostiles. Suzanne explique que les infirmières urgentistes jouent un rôle vital dans l'hôpital. Elles ne comptent pas leurs heures, exécutent toutes sortes de tâches et travaillent souvent dans des conditions difficiles et stressantes. Elles estiment que leurs consœurs de l'équipe de soins sont plutôt bien payées pour ce qu'elles ont à faire. Sarah réplique que ses équipières possèdent une formation et une expérience dont ne disposent pas les urgentistes, et qu'elles assument les responsabilités les plus lourdes et les tâches les plus exigeantes. Assurant un contact permanent avec les patients et leurs familles, Sarah trouverait peu judicieux de devoir abandonner une mission qu'elle considère comme essentielle pour aller prêter main-forte aux urgences.

1.3. Comment se déroule le changement organisationnel ?

Deux métaphores servent à illustrer le processus de changement[4]. Celle des **eaux tranquilles** dépeint l'organisation comme un grand bateau traversant une mer d'huile. Le capitaine et son équipage savent exactement où ils vont pour avoir déjà fait tant de fois le voyage. Le changement se symbolise par une tempête occasionnelle qui vient – pour un instant seulement – perturber la route prévisible. En parallèle, la métaphore des **eaux vives** décrit l'organisation comme un petit radeau malmené par des rapides bouillonnants. À bord du radeau se trouvent une dizaine de personnes n'ayant jamais travaillé ensemble, ni descendu cette rivière, ne connaissant pas leur destination et, comme si le tableau n'était déjà pas assez sombre, le radeau navigue en pleine nuit noire. Dans cette métaphore, le changement est un état naturel et sa gestion correspond à un processus continu.

Selon l'image retenue, les méthodes pour comprendre et répondre au changement varient totalement.

Métaphore des eaux tranquilles — Description du changement organisationnel qui compare le changement à un grand bateau traversant une mer d'huile, la route est connue et une tempête se produit de façon occasionnelle.

Métaphore des eaux vives — Description du changement organisationnel qui compare le changement à un petit radeau descendant des rapides, en situation permanente d'incertitude, de perte des repères et d'aléatoire.

Changer en eaux tranquilles…

Encore récemment, cette métaphore dominait le raisonnement des managers et universitaires. La meilleure synthèse du modèle clé pour gérer ce type de changement est la description en trois étapes proposée par Kurt Lewin (voir document 8.2)[5].

Document 8.2 – Le processus de changement selon Lewin.

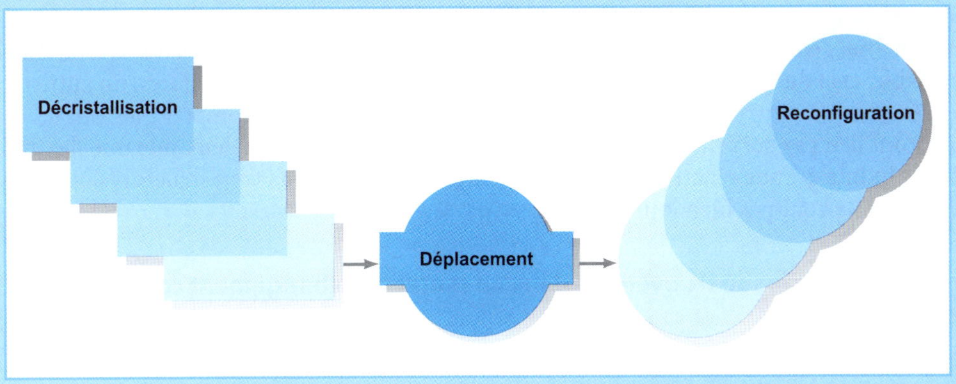

Selon Lewin, un changement aboutit si la situation est d'abord décristallisée, débloquée (littéralement *dégelée*), passe à un nouvel état pour peu à peu se stabiliser. Le *statu quo* correspond à un état d'équilibre entre forces motrices et forces antagonistes, et la phase de décristallisation, en fait de déblocage, est indispensable pour qui cet équilibre. Voici les trois chemins possibles :

- Les forces motrices favorables écartant le comportement du *statu quo* peuvent être intensifiées.
- Les forces antagonistes (ou de contention) empêchant tout éloignement de l'équilibre peuvent être réduites.
- Les deux approches peuvent être combinées.

Au terme de la décristallisation, le changement peut prendre place, même si son instauration ne garantit pas qu'il dure. La nouvelle situation ainsi reconfigurée doit par conséquent être figée à nouveau pour s'inscrire dans le temps. Si ce troisième pas est ignoré, le changement risque de ne pas durer, et les acteurs reviendront à l'état d'équilibre antérieur. L'objectif de reconfigurer, de *recongeler* le *statu quo* est de stabiliser la nouvelle donne en trouvant le point d'équilibre entre les forces motrices et de contention.

Le processus en trois étapes de Lewin envisage le changement comme une rupture de l'état d'équilibre d'une organisation : le *statu quo* est ébranlé et le changement doit permettre de trouver un nouvel équilibre[6]. Cette vision trouvait sa place et sa pertinence dans l'environnement relativement calme des années 50-60 jusqu'au début des années 70 ; cependant, elle est désormais de plus en plus obsolète pour décrire les mers sur lesquelles les managers et dirigeants actuels doivent naviguer.

… ou changer en eaux vives ?

Cette métaphore rend compte de plusieurs phénomènes : les environnements sont désormais à la fois pleins d'incertitude et résolument dynamiques, et ils sont de plus en plus marqués par une abondance d'informations, d'idées et de connaissances[7].

Pour vous faire une idée de ce que la gestion du changement suppose en eaux agitées, imaginez une grande école de management dans laquelle la durée des cours est variable ; lors de l'inscription, vous ne savez donc pas si le cours choisi s'étale sur deux semaines ou un an. Pire encore, l'enseignant peut arrêter le cours quand bon lui semble et sans avertissement préalable, et la durée des séances n'est jamais la même (un jour vingt minutes, un autre trois heures, chaque convocation se faisant d'un cours sur l'autre). Sans compter que tous les examens ont lieu par surprise. Décrocher un diplôme dans cette école demande une flexibilité infinie et une grande réactivité à chaque situation. Les étudiants trop structurés ou longs à la détente ne vont pas bien loin.

Tous les managers se trouvent-ils dans un monde de changement continu et chaotique ?

Tous les managers ne sont pas confrontés à un monde de changement permanent et chaotique, même si ceux qui sont épargnés se font de plus en plus rares. La stabilité et la prévisibilité suggérées par la métaphore des eaux calmes n'existent pas. Les bouleversements du *statu quo* ne sont ni occasionnels ni provisoires, et ils ne sont pas suivis par un retour en eaux calmes. De nombreux managers ont l'impression de ne plus s'échapper des rapides et font face à des forces externes *et* internes qui demandent un changement constant.

Doit-on voir dans la métaphore des eaux vives une exagération ? Loin de là, comme l'exemple de General Motors le prouve. La concurrence fait rage dans le secteur automobile, ce qui oblige les fabricants à se tenir prêts à toute éventualité : les véhicules standard sont dépassés par les modèles sportifs, les moteurs essence sont toujours le cheval de bataille des écologistes à la recherche d'un carburant plus vert, les réglementations publiques imposent une consommation chaque fois moindre, les clients attendent rapidement des modèles uniques. GM s'inscrit parmi les poids lourds du milieu, mais de nouveaux venus comme Hyundai et Kia grappillent chaque année des parts de marché. Pour rester en course, le groupe doit donc en permanence se renouveler et améliorer tout ce qu'il fait. Comme l'un des membres de l'équipe d'exploration de conceptions avancées de GM le dit si bien : « Le changement demande du courage, de l'imagination ; il suppose une implication. » Tous ces ingrédients sont effectivement indispensables pour affronter le monde chaotique des affaires.

Comment les organisations instaurent-elles des changements planifiés ?

La plupart des changements qui se produisent au sein d'une organisation ne sont pas le fruit du hasard mais plutôt de concertations en vue de modifier certains aspects. Toute évolution, qu'elle soit structurelle ou technologique, finit par affecter les membres. Le changement planifié au niveau des collaborateurs relève d'une approche qu'on appelle le **développement organisationnel** (DO).

> *Développement organisationnel* — Approche du changement planifié basée sur les membres de l'organisation et principalement orientée vers les attitudes et les valeurs.

Par la priorité donnée à l'évolution constructive des attitudes et valeurs des individus, le développement organisationnel rend possibles des changements qui concernent l'ensemble de l'organisation à long terme ; cette nouvelle approche permet de s'adapter plus vite et d'être plus efficaces par rapport à la direction prise[8]. Lorsque des efforts de développement organisationnel sont planifiés, les dirigeants tentent avant tout de modifier la culture de l'organisation[9]. Cependant, l'une des clés du développement organisationnel est qu'il s'appuie sur la participation du personnel, laquelle permet de créer un environnement favorable, qui deviendra le théâtre d'une communication ouverte porteuse d'une confiance renouvelée[10]. Les personnes impliquées dans le DO admettent néanmoins que le changement peut représenter une source de stress. C'est pourquoi des efforts sont faits pour impliquer des membres dans le processus de changement concernant leur travail et les interroger sur l'impact du changement (comme l'avait suggéré Lewin).

Toute activité organisationnelle participant à l'instauration d'un changement planifié peut être considérée comme une technique de DO. Toutefois, les efforts les plus courants se fondent amplement sur les interactions de groupes et la coopération, à grand renfort d'enquêtes de rétroaction, de consultations sur le fonctionnement du groupe, d'actions de cohésion d'équipe ou d'harmonisation intergroupe.

Les **enquêtes de rétroaction** ont pour but d'évaluer les attitudes et les perceptions des employés par rapport aux changements qui se présentent à eux. L'idée est de poser un ensemble de questions spécifiques portant sur des aspects de l'organisation tels que la prise de décision, la direction, l'efficacité de la communication, la satisfaction professionnelle, les collègues et le management[11]. Les données que l'agent de changement recueille servent à mettre en lumière des problèmes que le personnel doit affronter. En retour, on peut alors prendre des mesures correctives.

> *Enquête de rétroaction* — Méthode permettant d'évaluer les attitudes et les perceptions des employés par rapport aux changements.

Lors des actions de **consultation dynamique** (*process consultation*), des consultants externes aident les managers à détecter et à comprendre des événements liés aux processus sociaux et à y réagir[12]. Il peut par exemple s'agir du flux de travail, des relations informelles entre membres d'une unité ou des canaux officiels de communication. L'essentiel est de bien se dire que les consultants ne sont pas là pour régler des problèmes mais pour servir de révélateurs ou de facilitateurs et pour aider à cerner les processus interpersonnels demandant à être améliorés. Si cela ne suffit pas, les consultants conseillent souvent les dirigeants dans la recherche d'experts en la matière.

> *Consultation dynamique* (process consultation) — Recours à des consultants externes pour aider les agents du changement à évaluer des événements liés aux processus sociaux au sein de l'organisation.

Les organisations sont composées d'individus collaborant pour atteindre certains objectifs. Ce principe supposant souvent un besoin d'interaction entre les membres, l'une des idées clés du développement organisationnel consiste à favoriser la **cohésion d'équipe** (*team building*). Cette opération aide généralement les groupes de travail à fixer des objectifs, à établir des relations interpersonnelles positives et à clarifier les rôles et les responsabilités de chaque membre. Peut-être n'est-il pas nécessaire d'aborder tous les aspects s'il y a consensus et compréhension des attentes. La priorité de la constitution d'équipes est de renforcer la confiance des membres, l'écoute et l'échange[13].

> *Cohésion d'équipe* (team building) — Activité permettant aux groupes de travail de définir des objectifs, d'établir des relations interpersonnelles positives et de clarifier les rôles et responsabilités de chaque membre.

Alors que la technique précédente vise à apporter plus de cohésion et d'efficacité au sein d'un groupe de travail, l'**harmonisation intergroupe** (*intergroup development*) s'attache à obtenir le même résultat, mais entre plusieurs groupes : l'idée est de modifier les attitudes, stéréotypes et perceptions d'un groupe envers un autre. Cette démarche peut alors améliorer la coordination entre différentes équipes.

> *Harmonisation intergroupe* — Activité tentant d'accroître la cohésion et l'efficacité entre plusieurs groupes de travail.

2. Comment gérer la résistance au changement

Le changement organisationnel n'est facile nulle part. Il peut provoquer des sentiments de rupture et de la peur. Une organisation et ses membres peuvent produire une inertie les poussant à résister à tout changement, même s'il peut se révéler bénéfique. Cette section s'intéresse aux raisons de la résistance et aux moyens de l'atténuer.

2.1. Pourquoi résiste-t-on au changement ?

Il est manifeste qu'un changement ne supposant pas un gain matériel identifiable est généralement mal reçu et de nombreuses recherches peuvent en témoigner[14]. Les raisons suivantes motivent une résistance au changement : l'incertitude et la perte des repères, la routine, la peur d'une perte au niveau personnel et le sentiment que l'évolution n'est pas ce qu'il y a de mieux pour l'organisation[15].

Les changements effacent le connu pour laisser place à l'ambiguïté et à l'incertitude. Peu importe si beaucoup d'étudiants n'aiment pas toujours suivre leurs cours car ils connaissent au moins les ficelles et savent ce qu'on attend d'eux. Au terme de leurs études et à leur arrivée dans le monde du travail, quelle que soit leur envie de quitter les bancs de l'université, ils devront à ce moment passer du connu à l'inconnu. Les employés partagent souvent la même antipathie pour l'incertitude. Par exemple, l'instauration dans les usines de fabrication des processus Six Sigma les oblige à assimiler ces nouvelles méthodes. Chez ceux habitués à leur routine ou dénués de bases en mathématiques et en statistiques peut alors s'éveiller la crainte de ne pas être à la hauteur. Ils peuvent alors développer une attitude négative envers la méthodologie ou adopter un comportement inadéquat s'ils doivent suivre le processus.

Une deuxième cause de résistance est liée aux routines. Avec le temps, tout le monde prend l'habitude de répéter certaines façons de faire. En fait, l'être humain a besoin de ces routines qui lui permettent de concentrer son attention sur les choses importantes sans devoir à tout moment tenir compte des centaines de possibilités qui apparaissent. Or, c'est dans les situations de changement que cette capacité de réduire la complexité par la routine devient une source de résistance.

La troisième raison pour résister est la peur de perdre des acquis. En effet, tout changement menace ce qui a été gagné dans le *statu quo*. Plus les personnes ont investi dans le système actuel et plus elles opposeront une résistance par crainte de perdre leur place, leur argent, leur autorité, leurs amitiés, leur confort ou d'autres avantages. C'est pourquoi les employés ayant le plus d'ancienneté résistent souvent davantage que les nouvelles recrues ; ils ont investi plus et ont donc proportionnellement plus à perdre en acceptant un changement.

Enfin, la résistance est le fruit d'un sentiment d'incompatibilité entre le changement et les intérêts de l'organisation. Si un employé juge qu'une nouvelle procédure causera une perte de productivité ou de qualité produit, il a toutes les chances d'opposer une résistance à l'initiative de l'agent de changement. Exprimée de façon constructive, la résistance dans ce cas peut être bénéfique pour l'organisation.

2.2. Comment limiter la résistance au changement ?

Lorsque le management détecte une résistance au changement et la considère comme un obstacle au fonctionnement global, quels recours a-t-il ? Plusieurs stratégies ont été énoncées[16], dont l'éducation et la communication, la participation, l'aide et le soutien, la négociation, la manipulation et la cooptation ou encore la coercition. Le document 8.3 offre une synthèse de ces diverses approches.

Éducation et *communication* peuvent atténuer la résistance en aidant les employés à voir la logique du changement suggéré. Pour que cette technique fonctionne, la résistance doit évidemment surtout trouver sa source dans un manque d'informations et une formation ou une communication insuffisante. La *participation* suppose l'introduction des individus directement concernés par le changement au processus de prise de décisions : en participant, ils peuvent exprimer leurs sentiments, augmenter la qualité du processus et stimuler l'implication du personnel au choix final. *Facilitation* et *soutien* reviennent à permettre aux employés de mieux gérer la peur et l'anxiété associées au changement par le biais de conseils, de thérapies, de formations ou d'un court congé payé. La *négociation* équivaut à un marché conclu : des attentes sont satisfaites en échange de l'engagement de réduire la résistance. Si celle-ci est l'œuvre de sources de pouvoir, cette technique est des plus utiles. *Manipulation* et *cooptation* désignent les tentatives dissimulées pour exercer une influence, y compris en déformant des faits pour rendre le changement plus convaincant. Enfin, la *coercition* peut aussi servir à combattre la résistance en lançant des menaces directes ou en employant la force contre les éléments résistants.

Document 8.3 – Approches pour réduire la résistance au changement.

Approche	Utilisation	Avantage	Inconvénient
Éducation et communication	Lorsque la résistance est due à une désinformation	Efface les malentendus	Peu efficace en cas de manque de confiance et de crédibilité
Participation	Lorsque les résistants sont assez compétents pour apporter leur contribution	Accroît l'implication et l'acceptation	Prend beaucoup de temps et mène éventuellement à une solution médiocre
Facilitation et soutien	Lorsque les résistants sont victimes de craintes et d'angoisses	Peut faciliter certaines adaptations	Coûte cher et ne garantit pas une réussite
Négociation et entente	Lorsque la résistance est l'œuvre d'un groupe puissant	Peut permettre « d'acheter » des engagements	Peut coûter cher et offre à d'autres la possibilité d'exercer des pressions
Manipulation et cooptation	Lorsque l'appui d'un groupe puissant est nécessaire	Peu coûteuse, facilité de s'assurer un soutien	Risque d'échec et de perte de crédibilité de l'agent du changement
Coercition	Lorsque l'appui d'un groupe puissant est nécessaire	Peu coûteuse, facilité de s'assurer un soutien	Éventuellement illégale et peut nuire à la crédibilité de l'agent du changement

3. Comment les collaborateurs réagissent-ils au changement ?

Chez nombre d'employés s'installe un stress à la suite d'un changement. Un environnement dynamique et incertain marqué par des restructurations, des réductions des effectifs, des nouvelles responsabilités ainsi que des problèmes touchant à la vie personnelle, crée le sentiment d'être dépassé et incapable de faire face à la tension liée au changement. Cette section est consacrée à la compréhension du terme *stress*, son origine (les causes), les moyens de le détecter ainsi que les principales stratégies dont disposent les managers pour l'atténuer.

3.1. Qu'est-ce que le stress ?

Le **stress** est une tension au niveau individuel qui est liée à une pression excessive résultant de demandes, de contraintes ou de circonstances exceptionnelles[17]. Le stress n'est pas toujours négatif. Bien qu'il soit souvent traité sous cet angle, il peut se révéler positif, notamment lorsque la situation offre à l'individu une possibilité de gain. C'est le stress qui permet à un athlète, à un acteur ou à un négociateur d'atteindre un niveau de performance élevé.

Stress — Tension au niveau individuel qui est liée à une pression excessive résultant de demandes, de contraintes ou de circonstances exceptionnelles.

Le plus souvent, par contre, le stress est lié à des contraintes et des exigences. Les contraintes sont des obstacles empêchant de faire les choses comme on l'entend, et les exigences sont liées à un sentiment de perte de quelque chose. Chaque évaluation, par exemple, peut créer du stress en nous mettant dans une situation de contraintes et d'exigences.

Toutes les situations qui y sont propices ne créent pas nécessairement du stress. Deux conditions sont nécessaires pour que le stress *potentiel* se transforme en stress *réel*[18]. : l'incertitude et un enjeu important.

3.2. Quels sont les symptômes du stress ?

Le stress peut se manifester sous de nombreuses formes. Un collaborateur avec un degré de stress élevé peut faire une dépression, se mettre en situation de danger ou devenir irritable, il peut avoir des difficultés pour prendre des décisions apparemment simples, se laisser facilement distraire, etc. Comme le montre le document 8.4, les symptômes de stress appartiennent à trois grandes catégories : physiologique, psychologique ou comportementale. Tous sont susceptibles d'avoir un impact important sur la capacité de travail d'un individu.

Document 8.4 – Symptômes de stress.

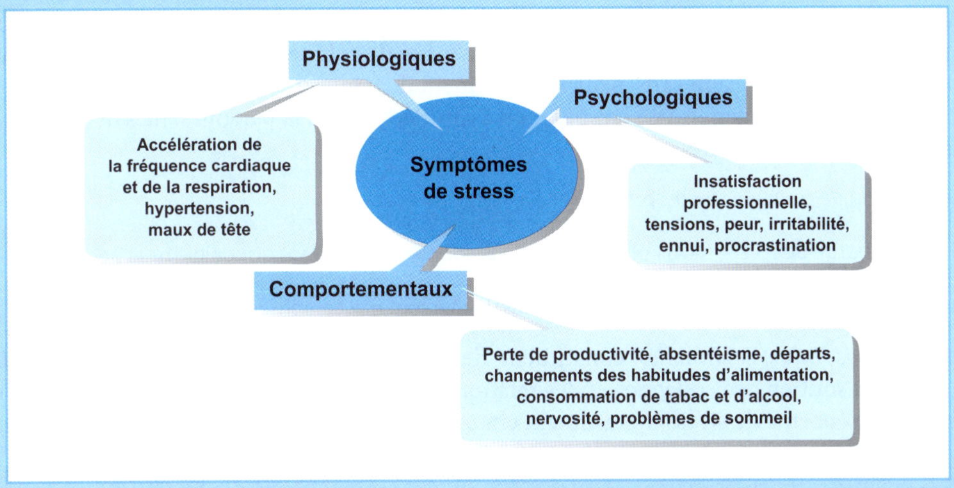

Les conséquences d'un stress élevé peuvent être dramatiques. Au Japon existe un concept lié au stress qui s'appelle **karoshi**, littéralement « la mort causée par une surcharge de travail » et qui est né à la fin des années 80 à la suite du décès brutal de plusieurs hauts dirigeants japonais apparemment en parfait état de santé[19]. Devant la sensibilisation grandissante du public, le ministère du Travail japonais a décidé de publier des statistiques de décès karoshi. De nombreux observateurs craignent que ce phénomène ne s'amplifie.

Karoshi — Terme japonais désignant une mort subite occasionnée par une surcharge de travail.

3.3. D'où vient le stress ?

Il existe manifestement plusieurs **facteurs de stress** pouvant être regroupés en deux catégories principales : organisationnels et personnels. Les deux types de facteurs ont un impact direct sur les employés et donc leur travail. Au sein de l'organisation, les facteurs de stress ne sont pas rares. Pressions pour éviter des erreurs ou réaliser une tâche en un temps imparti, supérieur exigeant, collègues peu aimables en sont autant d'exemples quotidiens. Les facteurs de stress peuvent néanmoins être regroupés en cinq grandes catégories : obligations de tâche, obligations de rôle, tensions interpersonnelles, structure organisationnelle et mode de direction.

Les *obligations de tâche* sont des facteurs liés au poste occupé, à savoir l'activité propre (autonomie, variété des tâches, degré d'automatisation), les conditions de travail et l'installation physique. À partir de là, des normes de performance jugés excessifs peuvent mettre la pression sur des employés tout comme l'interdépendance entre l'activité d'une personne et celle des autres. À l'inverse, l'*autonomie* a tendance à atténuer le stress. Pour ce qui est des conditions, un environnement où la température, le bruit ou d'autres éléments apparaissent dangereux ou gênants, peut générer une angoisse ; il en va de même dans des pièces bondées ou des espaces ouverts créant les conditions d'interruptions fréquentes.

Les *obligations de rôle* sont liées aux pressions exercées sur une personne en fonction du rôle qu'elle joue dans l'organisation. Les **conflits de rôle** créent des attentes qui peuvent être difficiles à concilier ou à satisfaire. La **surcharge de rôle** se produit lorsque la personne doit conduire une mission sans avoir suffisamment de temps pour cela. L'**ambiguïté de rôle** apparaît quand les attentes ne sont pas bien assimilées et que la personne ne sait plus exactement ce qu'elle doit faire.

Conflit de rôle — Attentes professionnelles difficiles à satisfaire.

Surcharge de rôle — Avoir plus de travail à accomplir que le temps disponible ne le permet.

Ambiguïté de rôle — Quand les définitions de rôle sont mal comprises.

Les *tensions interpersonnelles* constituent des pressions venant d'autres employés. Le manque de soutien des collègues et des relations interpersonnelles médiocres peuvent être une source énorme de stress, notamment chez les individus nécessitant une bonne dose de soutien social.

La *structure organisationnelle* peut également se montrer stressante, par exemple du fait d'un excès de règles et de procédures. Mais elle peut aussi l'être par le manque d'occasions ressenti par l'employé de participer aux décisions importantes le concernant.

Enfin, le *mode de direction* illustre le style de management des sphères dirigeantes de l'entreprise. Ainsi, certains patrons créent volontairement une culture caractérisée par la création de tensions et la mise en place d'un climat de crainte, voire d'anxiété permanente. L'idée est d'imposer des délais impossibles à respecter, des contrôles rigoureux et de renvoyer ceux qui ne sont pas à la hauteur. Ce style de direction se diffuse le long de la pyramide pour atteindre tout le monde.

Parmi les facteurs personnels à l'origine du stress se trouvent les problèmes familiaux, les soucis économiques et les traits de personnalité. Sachant que les employés ne laissent pas chez eux leurs ennuis personnels, bien comprendre leur stress passe aussi par l'analyse de ces facteurs. Il est également prouvé que le caractère rend l'individu plus ou moins sensible au stress.

La **personnalité de type A**, par exemple, se reconnaît à la sensation chronique d'urgence qu'elle éprouve, à un goût excessif pour la compétition sous toutes ses formes et à la difficulté d'accepter et de profiter du temps libre. À l'opposé, la **personnalité de type B** ignore l'urgence et l'impatience. Encore récemment, le type A paraissait le plus enclin à subir un stress au travail, comme en dehors de celui-ci. Toutefois, une observation plus fine permet d'aboutir à des conclusions plus nuancées. En fait, seules l'hostilité et la colère propres au comportement de type A ont un lien avec les effets négatifs du stress ; à ce titre, les personnes de type B n'échappent pas à ces éléments. L'important pour les managers est de savoir que les individus de type A sont plus susceptibles d'afficher des symptômes de stress même si les facteurs personnels et organisationnels sont peu actifs.

Personnalité de type A — Personnes ayant une sensation chronique d'urgence et un goût excessif pour la compétition.

Personnalité de type B — Personnes détendues qui acceptent facilement les changements.

3.4. Comment réduire le stress ?

Comme nous l'avons souligné, le stress n'est pas forcément nuisible et ne peut jamais être complètement éliminé. En matière de gestion du stress, il faut donc s'attaquer à ses aspects dysfonctionnels. Comment ? En contrôlant les facteurs organisationnels qui peuvent le provoquer au travail et en proposant de l'aide pour faire face au stress personnel.

Tout d'abord, les employés doivent correspondre parfaitement au poste qui leur est confié et comprendre l'étendue réelle de leur « autorité ». Si les personnes savent exactement ce qui est attendu d'elles, le conflit et l'ambiguïté de rôle ont tendance à s'estomper. Il est également possible de repenser des tâches afin d'atténuer les facteurs liés à la surcharge de travail. Enfin, les employés doivent avoir leur mot à dire sur les événements et processus qui les affectent le plus directement. Implication et participation active constituent ici de bonnes armes pour réduire le niveau de stress des personnes.

Cependant, quelle que soit la technique utilisée pour éliminer un stress organisationnel, certains employés seront toujours plus ou moins tendus dès lors que l'entreprise ne contrôle pas ou peu les facteurs personnels de ce stress. Reste à savoir jusqu'à quel point l'entreprise peut s'immiscer dans la vie privée des personnes. Pour tenter de régler ce problème, certaines entreprises ont mis au point des programmes d'aide et de bien-être afin d'apporter des conseils sur le plan financier, juridique, médical, sur la santé, le stress, etc.

Actuellement, les **programmes d'aide au personnel** mis en œuvre dans le monde sont une extension de ceux lancés aux États-Unis dans les années 40[20]. Des entreprises comme DuPont, Standard Oil ou Kodak avaient observé à l'époque qu'une partie de leurs employés souffraient d'alcoolisme. Des programmes officiels furent ainsi instaurés sur site afin d'expliquer les dangers de l'alcool et permettre de combattre la dépendance. Encore valable aujourd'hui, le principe de base est de remettre le plus rapidement possible sur pied les employés dans une mauvaise passe. En contrepartie, l'organisation peut enregistrer des bénéfices non négligeables, sachant qu'aux États-Unis par exemple, les entreprises dépensent près d'un milliard de dollars par an dans ce type de programme, mais elles économisent en parallèle entre 5 et 16 dollars par dollar investi[21]. Autant dire que l'opération, au-delà de ses aspects humains, apparaît comme plus que rentable.

Programmes d'aide au personnel — Programmes mis en place par les entreprises pour aider leurs employés à combattre des problèmes personnels et de santé.

En outre, nombre d'organisations proposent des **programmes de bien-être au travail** conçus pour que les employés restent en bonne santé[22]. Leur contenu est variable et peut se centrer sur la lutte contre le tabagisme, la perte de poids, la gestion du stress, la forme physique, la nutrition, le contrôle de la tension artérielle, la protection contre des agressions, la régulation des problèmes au sein de l'équipe de travail, etc. Ces programmes visent aussi, grâce à des mesures préventives, à réduire à terme les coûts d'assurance maladie de l'employeur ainsi que l'absentéisme et les départs[23].

Programmes de bien-être au travail — Programmes mis en place par les organisations pour aider leurs employés à prévenir des problèmes de santé.

Les programmes de ce type – contrairement à ce que l'on croit trop souvent – ne sont d'ailleurs pas réservés aux entreprises américaines. En France aussi, l'idée selon laquelle l'entreprise qui rend des services à ses salariés (pressing, nounou, lavage de voiture) dope aussi leur productivité. Total et IBM, grâce à un partenariat avec le groupe Accor, proposent à leurs salariés des services de conciergerie (comme dans les grands hôtels…), voire de conseils de vie pratique prodigués par téléphone. Bouygues Télécom s'intéresse de son côté à l'épanouissement personnel de ses collaborateurs en proposant ateliers artistiques, cours de langue ou séminaires de désaccoutumance au tabac. Télélangue, enfin, offre un soutien psychologique personnalisé en cas de situation relationnelle difficile, tant au bureau qu'à la maison[24].

4. Comment encourager l'innovation au sein de l'organisation ?

« L'innovation – technologique, stratégique, de modèles économiques – est la seule voie que nous ayons pour nous développer dans notre environnement[25]. » Tel était le message du P.-D.G. d'IBM, Sam Palmisano, pour un public de dirigeants lors d'une conférence sur le leadership de l'innovation. De plus en plus, le cri de ralliement des managers semble radical : tout succès passe par l'innovation. Le monde dynamique et la concurrence globale obligent les organisations à concevoir de nouveaux produits et services et à se mettre à la technologie dernière génération[26].

Lorsqu'on réfléchit à l'innovation en entreprise, on pense tout de suite à Sony qui a réussi à soutenir une très longue trajectoire d'innovation passant par les MiniDisk, la PlayStation, le petit robot AIBO, les appareils photo numériques et les caméras MiniDV. Ou à Toyota avec sa stratégie d'amélioration continue des produits et des processus de production. Quel est le secret de ces entreprises innovantes ? Que peuvent faire les managers pour rendre leur organisation plus innovante ? Nous allons tenter de donner une première série de réponses à ces interrogations.

4.1. Le lien entre créativité et innovation

De façon générique, la **créativité** désigne l'aptitude à combiner des idées de façon unique ou inhabituelle. Par exemple, lorsque Felix Hoffman a découvert une forme « pure et stable » d'acide acétylsalicylique, il a permis l'invention des analgésiques[27]. Chez Mattel, les responsables ont mis en place un département spécial appelé « Projet Ornithorynque » et rassemblant des personnes issues de toutes les disciplines (ingénierie, marketing, design, ventes). L'idée est de les amener à « sortir du cadre », à « penser hors des sentiers battus » afin de « comprendre la sociologie et la psychologie de chacun grâce à des modèles de jeux pour enfants ». Pour ce faire, les membres des équipes participent à des exercices d'imagination, à des séances de pleurs collectifs ou à des lancers de lapins en peluche[28].

Créativité — Capacité de combiner des idées de façon unique ou inhabituelle.

L'**innovation** correspond quant à elle au processus de transformation d'une idée créative en produit, service ou méthode, c'est-à-dire utile, utilisable… et utilisée. Une organisation innovante se distingue donc par sa capacité à convertir son pouvoir créatif en résultats pratiques. Lorsque des managers cherchent à rendre plus créative une entreprise, ils sous-entendent généralement un gain d'innovation.

Innovation — Processus de transformation d'une idée créative en produit, service ou méthode.

4.2. Quels sont les ingrédients de l'innovation ?

Certaines personnes pensent que la créativité est innée, d'autres qu'une bonne formation et un entraînement régulier peuvent permettre de l'acquérir. Dans le second cas, la créativité devient un processus en quatre temps, dans lequel vont se succéder la période de perception, celle de l'incubation, puis celle de l'inspiration, jusqu'à l'innovation proprement dite[29].

La *perception* correspond à la façon de voir les choses, laquelle est unique chez les personnes créatives qui trouvent parfois des solutions imperceptibles par d'autres. Cependant, le passage de la perception à la réalité ne se fait pas instantanément car les idées doivent suivre un processus d'*incubation*. Pendant cette phase (qui peut durer de quelques minutes à plusieurs années), les employés gardent leurs idées au chaud et s'attachent à rassembler une foule d'informations stockées, extraites, étudiées, modifiées et enfin transformées en quelque chose d'inédit. Souvenez-vous d'un jour où vous planchiez sur un problème technique complexe : rien à faire, votre mémoire flanchait, la réponse ne venait pas, jusqu'au moment où vous avez eu un éclair et l'avez trouvée. L'*inspiration* est comparable à cet instant, lorsque la somme de vos efforts porte ses fruits.

Même si l'inspiration déclenche une certaine euphorie, le travail créatif ne s'arrête pas là ; reste encore à faire un effort innovateur. L'*innovation* est une inspiration convertie en produit, service ou méthode appliqué, c'est-à-dire à la fois utile, utilisable et utilisé. Pour le célèbre inventeur Thomas Edison, la créativité se composait « de 1 % d'inspiration et de 99 % de transpiration ». Cette proportion de 99 % passe par des tests, des évaluations suivies d'autres tests de la trouvaille. En général, à cette étape un individu dévoile à son entourage le projet qu'il a en tête et cherche à impliquer d'autres personnes, ce qui est essentiel pour ne pas retarder, voire perdre l'invention par manque de partage.

4.3. Comment encourager l'innovation ?

Une entreprise qui cherche à innover, aussi bien dans ses produits que dans ses façons de travailler, a besoin de personnes et d'équipes créatives et d'un environnement permettant d'orienter cette créativité vers les résultats souhaités. Un environnement qui stimule l'innovation est caractérisé par trois groupes de variables : la structure de l'organisation, sa culture et ses pratiques en matière de ressources humaines (voir document 8.5).

Document 8.5 – Variables organisationnelles favorisant l'innovation.

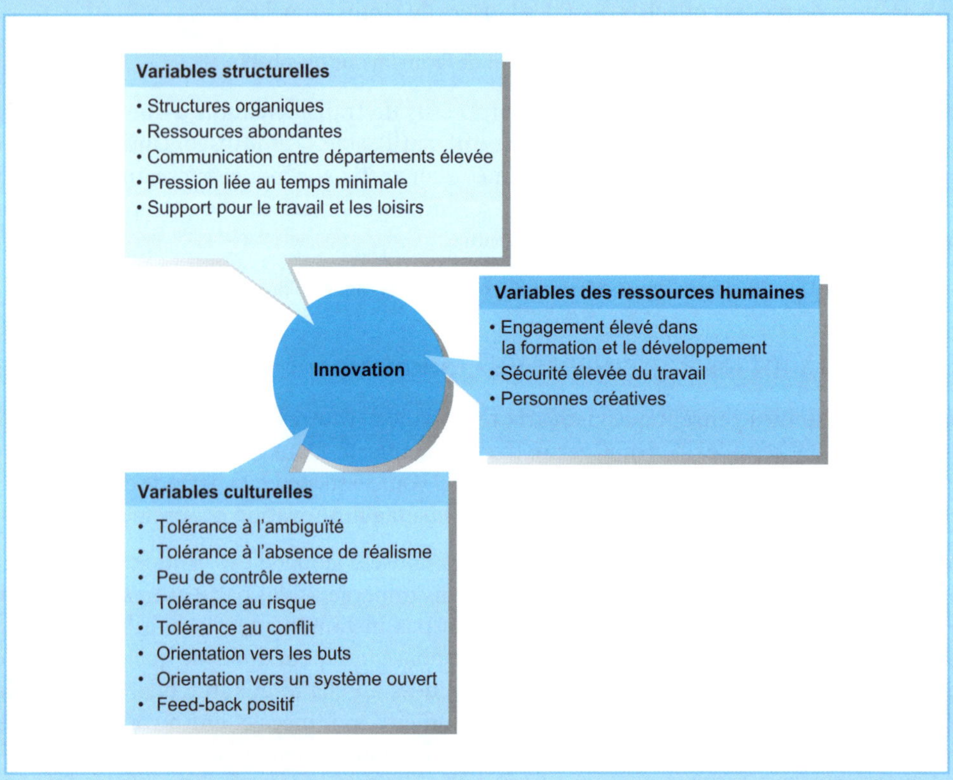

L'impact de la structure d'organisation

Cinq conclusions ressortent des recherches menées autour de ce sujet[30]. Tout d'abord, les structures organiques exercent une influence positive sur l'innovation. Leur faible degré de formalisation, centralisation et spécialisation, permet la flexibilité et un partage d'idées, facteurs primordiaux pour l'innovation. De plus, la disponibilité de ressources abondantes est également essentielle car elle permet au management de se procurer des innovations, d'assumer le coût de leur mise en place et d'amortir les échecs. Troisièmement, une communication fréquente entre unités de production fait sauter les éventuels obstacles à l'innovation grâce à une plus grande interaction entre départements[31]. Les équipes transverses et d'autres arrangements organisationnels qui facilitent l'interaction à travers les frontières entre départements sont fréquents dans les organisations innovantes. Quatrièmement, ces organisations évitent d'exposer leurs processus créatifs à une trop forte pression de temps. Car, même si celle-ci incite les collaborateurs à travailler plus intensément et peut ainsi créer un sentiment de créativité, des études montrent qu'en réalité elle diminue la créativité[32]. Enfin, les études révèlent aussi que la créativité d'un employé augmente lorsque la structure d'organisation la soutient explicitement. Ce rapport positif est créé par exemple à travers l'encouragement, une communication transparente, l'écoute et du feed-back constructif[33].

L'impact de la culture

Les organisations innovantes ont généralement une culture qui favorise les expériences, récompense les réussites autant que les échecs et fait honneur aux erreurs commises comme autant d'opportunités d'apprentissage[34]. Une culture innovante présente souvent les sept caractéristiques suivantes :

- **Acceptation de l'ambiguïté.** Une priorité trop grande accordée à l'objectivité et à la spécificité constitue en effet une entrave à la créativité.
- **Tolérance du manque de réalisme.** Les personnes qui apportent des réponses peu réalistes, voire ridicules aux questions ne sont pas systématiquement mises à l'écart. Les choses irréalistes au premier abord conduisent parfois à des solutions réellement innovantes.
- **Faibles contrôles externes.** L'application de règles, réglementations et autres contrôles du genre, demeure minimale.
- **Tolérance du risque.** Les employés sont encouragés à faire des expériences sans craindre les conséquences en cas d'échec. Les erreurs sont prises comme des occasions d'apprendre.
- **Tolérance du conflit.** La diversité d'opinions trouve toute sa place. L'harmonie et le consensus entre individus ou unités ne sont pas en eux-mêmes considérés comme des preuves de performances élevées.
- **Priorité à la fin plutôt qu'aux moyens.** Les objectifs sont clairement énoncés et les individus encouragés à chercher de nouveaux chemins pour les atteindre. En donnant la priorité à la fin visée, il est admis que plusieurs bonnes réponses peuvent exister à un problème précis.
- **Approche de systèmes ouverts.** L'organisation surveille de près l'environnement et réagit rapidement aux changements qui s'y produisent.
- **Feed-back positif.** Les managers donnent du feed-back positif. Ils encouragent et soutiennent les collaborateurs en leur signalant que leurs idées suscitent de l'intérêt.

L'impact de la gestion des ressources humaines

Il apparaît que les organisations innovantes encouragent activement la formation et le développement de leurs membres, dont les connaissances restent ainsi actualisées par rapport aux changements environnants. En outre, elles offrent à leur personnel une grande sécurité de l'emploi afin de diminuer la crainte de licenciement pour fautes. Elles poussent ainsi les individus les plus innovants à devenir des champions du changement. Une fois une nouvelle idée mise au point, ces derniers en font une promotion enthousiaste, recherchent un soutien, combattent les formes de résistance et s'assurent que l'innovation voit le jour. Des études montrent que des traits communs se retrouvent chez tous ces champions : grande confiance en soi, persévérance, énergie et tendance à prendre des risques, ainsi que des caractéristiques propres à un mode de direction dynamique. Ils inspirent et motivent leur entourage grâce à leur vision de potentiel d'innovation doublée d'une solide conviction quant à leur mission. Ils sont également doués pour gagner l'engagement d'autres à apporter leur soutien à l'initiative. Enfin, ces personnes tendent à occuper des postes leur offrant une importante marge de manœuvre au moment de prendre des décisions ; et l'on sait combien l'autonomie constitue un facteur tout à fait favorable à l'introduction et à l'implantation d'innovations de toutes natures[35].

Résumé

1. **Comprendre le changement organisationnel ainsi que les différentes visions du processus de changement.**
   Le changement organisationnel porte sur la structure, la technologie ou le personnel d'une organisation. La métaphore des « eaux tranquilles » présente le changement comme une rupture d'un état d'équilibre. Les organisations sont vues comme stables et prévisibles, leur fonctionnement n'étant perturbé que par des crises occasionnelles. Dans cette perspective, le changement peut être géré en suivant les trois étapes de Lewin. La métaphore des « eaux vives », en revanche, envisage le changement comme continu et imprévisible. Les managers doivent alors faire face à des évolutions permanentes et parfois chaotiques.

2. **Expliquer et gérer la résistance au changement.**
   La résistance s'explique par l'incertitude que le changement suppose, les habitudes, la peur d'une perte au niveau personnel ou la conviction qu'il ne sert pas les intérêts de l'organisation. Six stratégies ont été élaborées pour réduire la résistance au changement : éducation et communication (former les collaborateurs et leur expliquer la nécessité du changement), participation (impliquer les collaborateurs dans le processus de changement), aide et soutien (donner aux collaborateurs le soutien dont ils ont besoin pour mettre en œuvre le changement), négociation (proposer quelque chose qui a de la valeur pour les collaborateurs en contrepartie d'une réduction de la résistance), manipulation et cooptation (stratégies d'influence cachées), coercition (menaces et sanctions directes).

3. **Décrire ce qu'un manager doit savoir sur le stress au travail.**
   Le stress est une tension ressentie par un individu lorsqu'il se retrouve face à des circonstances, des contraintes ou des exigences perçues comme incertaines et importantes. Les symptômes peuvent être physiques, psychologiques ou comportementaux. Le stress peut être dû à des facteurs organisationnels ou personnels. Pour aider les collaborateurs à y faire face, les managers peuvent cibler les facteurs organisationnels en vérifiant que les collaborateurs disposent des ressources nécessaires, en améliorant la communication, en reconfigurant les postes, etc. Il est plus difficile de cibler des facteurs personnels, mais les managers peuvent proposer un suivi individualisé, des formations de gestion de temps ou des programmes de bien-être au travail.

4. Expliquer comment les organisations peuvent encourager l'innovation.
La créativité désigne l'aptitude à combiner des idées de façon unique ou inhabituelle. L'innovation correspond quant à elle au processus de transformation d'une idée créative en produit, service ou méthode. Un contexte favorable à l'innovation est caractérisé par trois groupes de variables : la structure de l'organisation, sa culture et ses pratiques en matière de ressources humaines. Une structure organique, des ressources suffisantes, une communication fréquente entre unités, peu de pression de temps et le soutien du management favorisent l'innovation. Au niveau de la culture, l'innovation est positivement liée aux facteurs suivants : acceptation de l'ambiguïté, tolérance du manque de réalisme, faibles contrôles externes, tolérance du risque, tolérance du conflit, priorité à la fin plutôt qu'aux moyens, une approche de systèmes ouverts, ainsi que du feed-back positif. Les variables de management des ressources humaines favorables à l'innovation sont la formation et l'avancement professionnel et personnel, la sécurité de l'emploi, ainsi que l'encouragement des individus à défendre leurs idées.

Pour en savoir plus

Balogun J., Hope Hailey V., Viardot É., *Stratégies du changement*, Paris, Pearson Éducation, 2005.

Carton G. D., Éloge du changement. Méthodes et outils pour réussir un changement individuel et professionnel, Paris, Village Mondial, 2011, 3e éd.

Chavel T., *La Conduite humaine du changement,* Paris, Éditions Démos, 2010.

Collerette P., Deslisle G., Perron R., *Changement organisationnel. Théorie et pratique*, Montréal, Presses universitaires du Québec, 2005.

Dumont A., *Innover dans les services. De l'évident à l'impensable*, Paris, Village Mondial, 2001.

Dupuy F., *Sociologie du changement*, Paris, Dunod, 2011.

Faurie C., *Conduire le changement*, Paris, L'Harmattan, 2008.

Gavriloff I., Jarrosson B., *Une fourmi de 18 mètres… ça n'existe pas. La créativité au service des organisations*, Paris, Dunod, 2011, 3e éd.

Harvard Business Review, *Le Changement*, Paris, Éditions d'Organisation, 2000.

Harvard Business Review, *L'Innovation*, Paris, Éditions d'Organisation, 2003.

Heath C. et D., *Ces idées qui collent. Pourquoi certaines idées survivent et d'autres meurent*, Paris, Village Mondial, 2007.

Malarewicz J.-A., *Systémique et entreprise*, Paris, Village Mondial, 2008, 2e éd.

Meier O., *Gestion du changement*, Paris, Dunod, 2007.

Stora J.-B., *Le Stress*, Paris, PUF, 2010, 8e éd.

Activités

Questions de compréhension

1. Pourquoi la prise en charge du changement fait-elle désormais partie intégrante du métier de manager ?
2. Décrivez les trois temps du changement selon K. Lewin. En quoi se différencient-ils des processus de changement selon la métaphore « eaux vives/eaux tranquilles » ?
3. En quoi les circonstances, les contraintes et les attentes contribuent-elles au stress professionnel ? Donnez des exemples.
4. La capité à changer de chaque organisation est limitée. Quels signaux vous indiquent que votre organisation a dépassé sa capacité de changement ?
5. Pourquoi qualifie-t-on le développement organisationnel comme une forme de changement planifié ? Expliquez dans quelle mesure le changement planifié reste important dans l'environnement dynamique d'aujourd'hui.
6. En quoi la créativité et l'innovation sont-elles différentes ? Donnez des exemples précis.
7. Comment augmenter sa créativité ? Menez une recherche et préparez une présentation.
8. En quoi une culture de l'innovation peut-elle rendre une organisation plus performante ? Pensez-vous en revanche qu'une culture de l'innovation puisse, dans certaines circonstances, limiter l'efficacité d'une organisation ? Illustrez les deux points de vue à partir d'exemples précis.
9. Chaque fois que vous vous trouvez dans une situation de stress dysfonctionnel, notez les causes de stress, les symptômes et vos stratégies pour y faire face. Notez ces informations dans un journal, évaluez vos stratégies et essayez de les améliorer. L'objectif est de reconnaître les signes du stress et de savoir prendre des mesures appropriées pour le surmonter.

Autoévaluation

Suis-je surmené ?

Le surmenage arrive quand vous atteignez un niveau extrême de stress. Cela peut amener à l'exténuation et diminuer votre intérêt pour toute activité, autant professionnelle que personnelle. Ce questionnaire vous donne des indices pour savoir si vous êtes surmené.

Questionnaire

Répondez à chacune de ces vingt et une affirmations en utilisant l'échelle suivante :

1 = Jamais

2 = Rarement

3 = Une fois de temps en temps

4 = Quelquefois

5 = Souvent

6 = Habituellement

7 = Toujours

Connaissez-vous les états suivants ?

1.	Fatigué	**1**	**2**	**3**	**4**	**5**	**6**	**7**
2.	Déprimé	**1**	**2**	**3**	**4**	**5**	**6**	**7**
3.	Dans un bon jour	**1**	**2**	**3**	**4**	**5**	**6**	**7**
4.	Physiquement exténué	**1**	**2**	**3**	**4**	**5**	**6**	**7**
5.	Émotionnellement exténué	**1**	**2**	**3**	**4**	**5**	**6**	**7**
6.	Heureux	**1**	**2**	**3**	**4**	**5**	**6**	**7**
7.	Lessivé	**1**	**2**	**3**	**4**	**5**	**6**	**7**
8.	Ne plus en pouvoir	**1**	**2**	**3**	**4**	**5**	**6**	**7**
9.	Mécontent	**1**	**2**	**3**	**4**	**5**	**6**	**7**
10.	À plat	**1**	**2**	**3**	**4**	**5**	**6**	**7**
11.	Piégé	**1**	**2**	**3**	**4**	**5**	**6**	**7**
12.	Inutile	**1**	**2**	**3**	**4**	**5**	**6**	**7**
13.	Lassé	**1**	**2**	**3**	**4**	**5**	**6**	**7**
14.	Troublé	**1**	**2**	**3**	**4**	**5**	**6**	**7**
15.	Désillusionné et plein de ressentiment	**1**	**2**	**3**	**4**	**5**	**6**	**7**
16.	Faible et sujet aux maladies	**1**	**2**	**3**	**4**	**5**	**6**	**7**
17.	Sans espoir	**1**	**2**	**3**	**4**	**5**	**6**	**7**
18.	Rejeté	**1**	**2**	**3**	**4**	**5**	**6**	**7**
19.	Optimiste	**1**	**2**	**3**	**4**	**5**	**6**	**7**
20.	Énergique	**1**	**2**	**3**	**4**	**5**	**6**	**7**
21.	Anxieux	**1**	**2**	**3**	**4**	**5**	**6**	**7**

Calculez votre résultat

Pour calculer votre résultat, additionnez les chiffres des affirmations 3, 6, 19 et 20. Ensuite, soustrayez ce total de 32. Puis, ajoutez les résultats des affirmations restantes à ce nouveau nombre. Enfin, divisez le tout par 21.

Analyse et interprétation

Votre résultat se situe entre 1 et 7. Plus il est élevé, plus vous êtes surmené. Les auteurs disent qu'un résultat en dessous de 3 indique que vous présentez peu de signes de surmenage.

Entre 3 et 4, vous devriez revoir votre vie professionnelle ainsi que vos priorités dans l'intention d'apporter des changements. Si votre résultat se situe au-dessus de 4, vous présentez un grand nombre de signes de surmenage. Vous devez agir pour contrer vos problèmes. Au-dessus de 5, vous êtes à un niveau aigu de surmenage qui requiert une attention immédiate.

Source : A. Pines et E. Aronson, « Why Managers Burn Out », *Sales & Marketing Management*, février 1989, p. 38.

Dilemme éthique

Gestion du stress

Une entreprise sur cinq aux États-Unis propose un programme de gestion du stress[36]. Pourtant, beaucoup d'employés choisissent de ne pas y participer. Ils hésitent parfois à demander de l'aide, en particulier quand la précarité de l'emploi représente l'une des principales sources de stress. Car celui-ci reste considéré comme une tare. Les employés ne veulent pas donner l'impression d'être incapables de répondre aux exigences de leur poste. Bien qu'ils puissent avoir besoin, aujourd'hui plus que jamais, de gérer leur stress, rares sont ceux qui acceptent de reconnaître qu'ils sont stressés. Que faire pour résoudre ce paradoxe ? Les organisations ont-elles pour responsabilité éthique d'aider leurs employés à affronter le stress ?

Pour action

Performance Plus

À : Hélène Sanchez, DRH

De : Claude Million, président

Objet : Programme de gestion du stress pour les employés

Ainsi donc, Tina, nous avons mené à bien les premières phases de notre plan de restructuration. Ces changements ont été éprouvants pour tout le monde. Mais il nous reste encore un long chemin à parcourir, et c'est là que j'aurais besoin de votre aide. Pour alléger au maximum les pressions que subissent nos équipes de développement logiciel et notre personnel de vente, je pense qu'il faudrait élaborer un programme de gestion du stress, qui puisse être mis en œuvre immédiatement. L'état de nos finances ne nous laissant guère de fonds disponibles pour l'achat d'un équipement de culture physique, vous allez devoir vous accommoder de cette contrainte. Pourriez-vous dresser un bref aperçu (pas plus d'une page) de ce qu'un tel programme devrait selon vous inclure ? Notez également les avantages que chacune de vos suggestions vous semble pouvoir apporter. Comme j'aimerais prendre le temps d'examiner vos propositions durant le week-end, merci de me remettre ce rapport le plus tôt possible.

Cette entreprise et ce message fictifs ont été imaginés dans un but exclusivement pédagogique. Il n'est aucunement question ici d'évoquer, ni en bien, ni en mal, les pratiques managériales d'une entreprise réelle qui porterait le même nom.

Mise en situation

AirSpatial SA

Cet exercice a pour objectif de vous amener à :

1. Montrer comment les forces de changement et de stabilité doivent être gérées au sein des entreprises.
2. Montrer les effets des techniques alternatives de changement sur l'intensité relative des forces de changement et de stabilité.

Situation

La division marketing de la compagnie AirSpatial SA a connu deux réorganisations majeures au cours des sept dernières années. La structure est d'abord passée d'une forme fonctionnelle à une forme matricielle, ce qui a suscité l'insatisfaction de certains managers fonctionnels sans pour autant apporter d'améliorations notables. Les managers se sont plaints que cette structure mélangeait les relations d'autorité et de responsabilité. En réponse à ces critiques, la direction générale a décidé de revenir à une forme fonctionnelle, en conservant des équipes de projets et de marketing gérées par des chefs de projets placés sous l'autorité de la direction générale. Aucun spécialiste fonctionnel n'était assigné à ces groupes. Après cette modification, certains problèmes sont apparus. Les chefs de projets ont indiqué qu'ils ne parvenaient pas à obtenir l'assistance des personnels fonctionnels. Ils perdaient donc beaucoup de temps et avaient du mal à établir des relations stables avec eux. Constatant que ces difficultés affectaient le service client, les chefs de projets ont réclamé une restructuration. La direction est en train d'y réfléchir. Elle vous a engagé comme consultant extérieur dans le but de l'aider à trouver une solution efficace – à savoir une organisation qui apporterait un peu de stabilité, résoudrait les problèmes et permettrait à l'entreprise d'atteindre ses objectifs stratégiques.

Déroulement

1. Répartissez-vous en groupes de cinq à sept personnes. Vous endosserez le rôle de consultants.
2. Chaque groupe identifiera les forces qui incitent au changement et les résistances qui s'y opposent au sein de l'entreprise.
3. Chaque groupe développera des stratégies permettant de réduire ces résistances, et précisera la manière de les implémenter.
4. La classe entière prendra connaissance des recommandations et des explications de chacun des groupes.
5. Après qu'un groupe aura présenté son travail, les autres groupes lui poseront des questions sur ses recommandations.

Cas d'entreprise

La Poste – Espace service clients

Entre le printemps 2009 et la fin 2011, La Poste aura transformé 2 000 de ses 10 000 bureaux en « espaces service clients » afin de préparer l'ouverture totale du courrier à la concurrence, intervenue en janvier 2011. La seule transformation des locaux lui a coûté environ 175 millions d'euros par an. Pour La Poste, la fin des guichets alignés s'accompagne d'une promesse de temps d'attente raccourci. Finie la blague de l'humoriste Dany Boon, « À la Poste, quand on ne fait pas la queue, c'est que c'est fermé ! » Les nouveaux espaces repensent entièrement le service au client. Chaque client est accueilli par un agent et orienté vers un conseiller adapté. Notamment les services bancaires gagnent en visibilité avec un nouveau type de guichet identifié par la couleur bleue. « Nous donnons enfin le sentiment d'être une vraie agence bancaire », se réjouit Jacques Rapoport, directeur général délégué. Dans les nouvelles agences, le libre-service a été renforcé, et les heures d'ouverture ont été repensées pour se rapprocher aux horaires des clients : dans quelques grandes villes, des bureaux seront ouverts jusqu'à 20 heures en semaine et parfois jusqu'à 16 h 30 le samedi. Un point très important pour renforcer l'image de service rendu au client : la réorganisation des filiales a cherché à rendre visible ce qui se passait autrefois dans les coulisses comme la recherche de colis ou de courriers recommandés. Selon les premiers sondages, la très grande majorité des clients apprécie les nouveaux locaux et l'évolution des pratiques. Les espaces libre-service, notamment, ont été très bien accueillis. Pour les collaborateurs, quitter l'espace protégé derrière le guichet et se trouver au contact direct avec le client constitue un changement majeur. À La Poste, ce changement a été accompagné par des formations à la relation commerciale de tous les conseillers et parfois par un accompagnement plus spécifique, par exemple concernant les populations fragiles. La direction avait demandé que les équipes soient fortement associées au changement, par exemple au niveau de l'agencement du mobilier et pour l'organisation de l'espace. Quelques oublis ont néanmoins été enregistrés : dans les premières nouvelles filiales, on avait oublié des sièges pour le personnel qui devait donc rester constamment debout aux différents îlots de service. Aujourd'hui, on installe des tabourets « assis-debout ». Et on pense plus loin pour développer davantage les services sur Internet dans un souci de désengorger encore plus les bureaux.

Questions

1. Comment peut-on caractériser le changement décrit dans ce cas ?
2. Pourquoi des employés pourraient-ils résister à ce type de changement ?
3. Simple changement d'aménagement de l'espace ou changement plus profond ? Argumentez.

Source : Adapté de L. Cailloce, « Attendre à La Poste, c'est presque fini ! », *Management*, septembre 2010, p. 24-25.

Chapitre 9

Le comportement individuel

Objectifs

1. Définir le domaine du comportement organisationnel.
2. Expliquer le lien entre attitudes et performance.
3. Décrire différentes théories de la personnalité.
4. Définir la perception et décrire les facteurs pouvant l'influencer.
5. Expliquer différentes théories de l'apprentissage et leur rôle pour le comportement.
6. Commenter les développements actuels en comportement organisationnel.

Le présent chapitre aborde quatre thèmes psychologiques (les attitudes, la personnalité, la perception et l'apprentissage) et tente de démontrer combien ils peuvent aider les managers à mieux comprendre le comportement de leurs collaborateurs.

1. Quel est le domaine du comportement organisationnel ?

Les informations apportées dans ce chapitre et les suivants s'appuient principalement sur les enseignements issus du domaine du **comportement organisationnel**, c'est-à-dire l'étude des actions des individus et des groupes en environnement professionnel.

S'il est parfois difficile de saisir le champ exact du comportement organisationnel, c'est, entre autres, parce qu'il traite de domaines ne semblant pas évidents en première analyse. Une grande partie est en effet enfouie (voir document 9.1), à l'instar d'un iceberg, alors que, dans les organisations, ne sont généralement visibles que les aspects les plus formels : stratégies, objectifs, règles et procédures, structure, technologie, autorité et chaînes de commandement. Pourtant, juste sous la surface se cachent des éléments non manifestes que les managers doivent aussi percevoir et comprendre. C'est là le champ d'études privilégié du comportement organisationnel.

Comportement organisationnel — L'étude des comportements des individus et des groupes en environnement professionnel.

Document 9.1 – L'iceberg organisationnel.

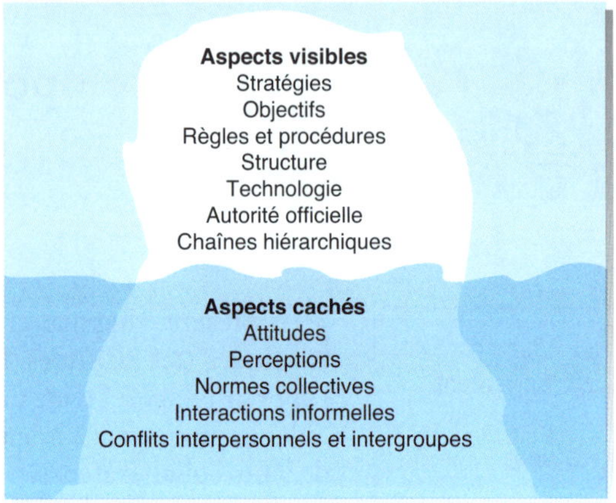

1.1. Quel est l'objet du comportement organisationnel ?

Le comportement organisationnel porte sur trois domaines essentiels. Le premier est le *comportement individuel* ; ce domaine, largement inspiré des travaux de psychologues, englobe entre autres la personnalité, l'apprentissage et la motivation. Le deuxième est le *comportement de groupe*, incluant des normes, des rôles, la constitution d'équipes et des conflits ; dans ce cas, les connaissances proviennent davantage d'études de sociologues et de psychologues sociaux. Et troisièmement, le comportement organisationnel considère des phénomènes *organisationnels* comme la structure et la culture. Nous avons parlé des aspects organisationnels au chapitre précédent. Celui-ci se concentre sur l'individu et le prochain s'intéressera au comportement de groupe.

1.2. À quoi sert le comportement organisationnel ?

L'objectif du comportement organisationnel est à la fois *d'expliquer*, de *prévoir* et de permettre *d'influencer* les comportements professionnels des individus et des groupes. Cette démarche est indispensable pour les managers, qui doivent être capables d'expliquer pourquoi leurs collaborateurs et eux-mêmes préfèrent certains comportements à d'autres, de prévoir comment les uns et les autres réagiront dans diverses situations, et de tenter d'influencer les comportements au sein de leurs équipes.

Quels sont ces comportements qu'on cherche à expliquer, prévoir et influencer ? Les plus importants au nombre de six sont les suivants : productivité, absentéisme, départs (ou turnover), esprit d'entreprise, satisfaction professionnelle et déviance professionnelle.

La **productivité** est une mesure de la quantité et de la qualité du rendement du travail. Les managers cherchent à connaître quels facteurs influencent l'efficience et l'efficacité des employés. **L'absentéisme** fait référence à l'absence d'un individu sur son lieu de travail. Une personne qui ne se présente pas au travail n'est évidemment pas productive. Des études menées aux États-Unis montrent que l'absentéisme coûte aux entreprises environ 660 $ par an et par employé[1]. Même s'il paraît impossible à éliminer complètement, l'absentéisme à des niveaux excessifs a un impact direct et immédiat sur le fonctionnement des organisations. Le **turn-over** correspond aux départs, volontaires et involontaires. Il est souvent associé à des coûts de recrutement, de sélection et de formation importants ainsi qu'à une rupture de la continuité du travail. Les managers ne pourront jamais éliminer les départs, mais ils cherchent à les réduire, notamment pour les collaborateurs les plus productifs. **L'esprit d'entreprise** (*organizational citizenship behavior*) couvre une forme d'implication qui va au-delà des attentes formelles et qui favorise le bon fonctionnement de l'organisation[2]. Par exemple, l'implication organisationnelle peut se traduire par aider les autres membres de l'équipe, se porter volontaire pour des tâches supplémentaires, éviter les conflits inutiles ou encore tenir un discours constructif sur le groupe de travail ou l'organisation dans son ensemble. Toutes les organisations ont besoin d'individus qui contribuent au-delà de leurs obligations professionnelles, et de nombreuses études montrent que celles dont les membres agissent ainsi sont plus performantes que leurs concurrentes[3]. Il faut toutefois rester vigilant car un excès d'implication peut provoquer des sentiments de surcharge, de stress et de conflits entre vie privée et vie professionnelle[4]. La **satisfaction professionnelle** renvoie à l'attitude générale d'un individu par rapport à son travail. Bien qu'il s'agisse d'une attitude plutôt que d'un comportement proprement dit, les managers s'y intéressent car un employé satisfait va être plus performant et fidèle à l'entreprise. La **déviance professionnelle** désigne tout comportement intentionnel visant à nuire à l'organisation ou à des individus en son sein. La déviance professionnelle se manifeste sous quatre formes : violation des règles, agressivité, comportements antisociaux et violence[5]. Les pages qui suivent démontrent comment la compréhension de quatre facteurs psychologiques – les attitudes, la personnalité, la perception et l'apprentissage – peut permettre de prévoir et d'expliquer ces comportements professionnels.

Esprit d'entreprise — Comportement d'engagement allant au-delà de la description officielle du poste occupé et manifestant un désir de contribuer globalement à la réussite de l'organisation à laquelle on appartient.

2. Quel est le lien entre attitudes et performance ?

Les **attitudes** sont des jugements de valeur, favorables ou non, portant sur des objets, personnes ou événements. Elles évoquent alors un sentiment ressenti. Si une personne dit qu'elle aime son travail, elle exprime une attitude par rapport à ce dernier.

Attitudes — Jugements de valeur, favorables ou non, sur des objets, personnes ou événements.

2.1. Les trois composantes d'une attitude

Pour mieux assimiler ce concept, il faut comprendre qu'une attitude est faite de trois composantes : la cognition, l'affect et le comportement[6]. La **composante cognitive** comprend les croyances, les opinions, les connaissances et les informations détenues par une personne. Par exemple, juste après les attentats du 11 septembre 2001, le Congrès américain a passé des semaines à débattre du bien-fondé du contrôle des bagages dans les aéroports par des agents fédéraux[7]. Le fait que des membres du Congrès pensent que des contrôleurs privés sont plus efficaces est un exemple de cognition. La **composante affective** se rapporte à la partie émotionnelle (sentiments). Par exemple, dire « je n'aime pas Pierre parce qu'il fume » illustre cette composante. Ensemble, cognition et affection entraînent des résultats comportementaux. La **composante comportementale** désigne l'intention de se comporter d'une certaine façon envers quelqu'un ou quelque chose. Pour poursuivre avec le même exemple, je vais choisir d'éviter Pierre en raison de mes sentiments envers lui. Envisager systématiquement les attitudes sous ces trois angles permet d'en découvrir toute la complexité. Pour y voir clair, il faut d'ailleurs reconnaître que le terme d'attitude, employé dans le langage courant, fait en général seulement référence à sa composante affective.

2.2. Quelles sont les attitudes professionnelles ?

Il va de soi que les managers ne vont pas se pencher sur la moindre attitude que chaque employé peut manifester. Ils doivent se concentrer prioritairement sur celles liées au travail. Les trois qui pèsent le plus sur les processus organisationnels et font l'objet de plus d'études sont la satisfaction professionnelle (*job satisfaction*), l'implication dans le travail (*job involvement*) et l'engagement organisationnel (*job commitment*)[8]. La **satisfaction professionnelle** correspond à l'attitude générale adoptée envers le poste occupé et à ce qui est sous-entendu au moment de parler d'attitudes des employés. **L'implication** est la mesure dans laquelle un individu s'identifie à son travail, y participe et considère ses performances comme importantes au niveau personnel. Enfin, **l'engagement organisationnel** représente l'orientation prise envers l'organisation en termes de loyauté, d'identification et d'implication.

Une forme d'engagement qui est actuellement évoquée dans les ouvrages anglo-saxons sous le terme *employee engagement* concerne un engagement particulièrement fort qui se traduit par un lien fort, de la satisfaction et de l'enthousiasme par rapport au travail[9]. Des collaborateurs fortement engagés se sentent passionnés et en forte connexion avec leur travail. Au contraire, des collaborateurs désengagés se sentent « déconnectés » et ont perdu leur intérêt pour leur travail. Ils sont présents mais ne ressentent ni énergie ni passion. Le document 9.2 présente les principaux facteurs liés à l'engagement, issus d'une étude internationale de plus de 12 000 employés.

Il est avantageux pour une entreprise d'avoir des collaborateurs fortement engagés car ils sont souvent très performants. De plus, les entreprises qui ont des employés engagés ont un moindre taux de départs et donc moins de dépenses pour le recrutement et la formation[10].

2.3. Attitude et comportement doivent-ils être cohérents ?

Avez-vous remarqué comment certaines personnes adaptent en permanence leur discours afin de ne pas contredire leurs actes ? Peut-être avez-vous un ami ayant toujours critiqué les voitures de fabrication italienne et juré qu'il n'en aurait jamais une. Pourtant, lorsque ses parents lui en ont offert une, dernier modèle, ses critiques ont été nettement moins véhémentes… De la même façon, un manager peut d'abord défendre l'idée de la nécessité, pour lui, d'adhérer à un club de réflexion très sélectif dans son recrutement ; s'il n'y est finalement pas admis, il pourra toujours dire : « Je trouve que ces clubs ne sont pas aussi formidables qu'on le prétend. »

Document 9.2 – Principaux facteurs d'engagement.

Internationalement, le respect est le principal facteur contribuant à l'engagement des collaborateurs.

	Moyenne internationale	Chine	France	Allemagne	Inde	Japon	Grande-Bretagne	États-Unis
Respect	125	121	133	129	104	90	144	122
Nature du travail	112	75	138	113	116	107	122	112
Équilibre vie privée-vie professionnelle	112	98	133	106	97	119	119	111
Qualité du service rendu au client	108	108	110	108	103	79	122	107
Salaire de base	108	113	110	105	103	140	117	114
Collègues de travail	107	96	105	131	98	107	120	104
Avantages salariaux	94	127	81	110	94	75	76	112
Opportunités de carrière à long terme	92	91	89	77	108	94	88	92
Apprentissage et développement personnel	91	83	67	80	98	86	85	82
Horaires de travail flexibles	87	85	77	92	80	88	83	88
Opportunités de promotion	85	92	79	83	113	92	68	80
Salaire variable et bonus	80	111	77	65	86	123	56	75

Remarque : Les résultats proches de 100 indiquent une importance moyenne, en dessous de 100, ils indiquent qu'un facteur est considéré comme moins important et, au-dessus de 100, qu'il est considéré comme plus important.

Source : Mercer, *IndustryWeek*, avril 2008, p. 24.

Les études sur ce sujet démontrent que la plupart des individus recherchent en permanence une cohérence entre leurs attitudes et le comportement qu'ils adoptent[11]. Les individus cherchent à mettre en cohérence des attitudes différentes et à aligner leurs attitudes et leurs comportements afin que ceux-ci apparaissent rationnels et cohérents. La correction du décalage peut se faire par rapport aux attitudes (en les changeant), par rapport au comportement (en le faisant évoluer) ou en trouvant une justification pour ce décalage.

2.4. Que nous apprend la théorie de la dissonance cognitive ?

Grâce au principe de cohérence, le comportement d'un individu est-il toujours prévisible dès lors que vous connaissez son opinion sur un sujet ? La réponse, comme souvent dans le domaine complexe du comportement organisationnel, est variable.

À la fin des années 50, le psychologue Leon Festinger a exposé sa théorie de la **dissonance cognitive** pour expliquer les relations entre attitudes et comportements[12]. Dans ce cas précis, la dissonance est prise comme incohérence et désigne une incompatibilité entre deux attitudes ou entre un comportement et une attitude. Selon Festinger, toute forme d'incohérence de ce type est vécue comme gênante du fait du malaise intérieur qu'elle engendre. Ainsi, les individus cherchent à réduire la dissonance, et donc l'incohérence ressentie, pour parvenir à un certain équilibre.

> *Dissonance cognitive* — Toute incompatibilité vécue par un individu entre deux attitudes ou entre son comportement et ses attitudes.

Certes, la dissonance n'est pas totalement évitable. On sait combien il est mal de tricher lors de sa déclaration d'impôts mais nombre de contribuables truquent tout de même un peu les chiffres chaque année en espérant ne jamais faire l'objet d'un contrôle. Nous insistons auprès de nos enfants pour qu'ils se brossent les dents après chaque repas alors qu'il nous arrive, en tant qu'adultes, de ne pas le faire. Comment jongler avec le tout ? Pour Festinger, la volonté de réduire la dissonance dépend de trois facteurs : (1) *l'importance* des éléments à l'origine de celle-ci, (2) du *degré d'influence* que la personne pense exercer sur ces éléments et (3) des *récompenses* éventuellement en jeu.

Voici quelques exemples. Imaginons que les facteurs source de dissonance n'aient que peu *d'importance* à nos yeux ; dans ce cas, la pression pour corriger le décalage sera faible. En revanche, prenons le cas d'un manager convaincu qu'aucune compagnie ne devrait jamais licencier son personnel. Sa position peut malheureusement l'amener à devoir choisir entre l'orientation stratégique de son entreprise et son principe. Que faire si la suppression de quelques postes s'impose après des restructurations et apparaît comme la meilleure solution économique ? Voilà ce manager face à un degré élevé de dissonance cognitive et la gravité du sujet ne lui laisse aucune chance de s'y soustraire. Pour résoudre le dilemme, plusieurs voies sont possibles : changer de comportement (licencier des employés), réduire la dissonance en concluant que le comportement responsable n'est pas si important et donc assumer ses responsabilités (en tant que manager, placer les intérêts de l'entreprise avant celui de ses employés) ou encore changer d'attitude (ne rien voir de mal à licencier des personnes). Comme dernier choix, le manager peut rechercher des éléments consonants l'emportant sur la dissonance initiale (par exemple l'idée selon laquelle les avantages à long terme pour les employés épargnés compensent amplement les coûts associés à l'effort de réduction).

Par ailleurs, le *degré d'influence* que les individus pensent avoir sur les éléments conditionne aussi leur réaction à la dissonance. Si celle-ci leur semble incontrôlable (une sorte de fatalité), ils n'envisagent certainement pas de modifier leur attitude. Par exemple, si le comportement générant la dissonance répond à une demande d'un supérieur, la pression pour réduire le déséquilibre est moindre qu'en cas de comportement volontaire ; dans ce cas, la personne tente de trouver une justification. C'est pourquoi les organisations actuelles doivent à tout prix instaurer une culture éthique, sans laquelle la réduction de dissonance pour des comportements éthiques perd de l'ampleur[13]. Enfin, les *récompenses* ont une incidence sur la motivation à réduire la dissonance. Si elles sont proportionnelles à cette dernière, les tensions propres à cette situation sont moindres. La récompense réduit la dissonance en ajoutant de la cohérence.

Ainsi, ces facteurs de modération montrent que, même en cas de dissonance, les personnes n'optent pas toujours pour un gain de cohérence. Si les problèmes sous-jacents à la dissonance sont dénués d'importance, si l'origine de la dissonance est attribuée à une contrainte externe ou si les récompenses suffisent à la compenser, la personne ne se sentira pas vraiment obligée de diminuer ce décalage[14].

2.5. Comprendre les attitudes rend-il les managers plus performants ?

Les managers doivent porter un intérêt aux attitudes de leurs collaborateurs car celles-ci influencent leur comportement. Rien de surprenant donc à ce que des individus engagés et satisfaits soient aussi ceux qui manquent le moins au travail et risquent le moins de démissionner. La plupart des managers veulent limiter le nombre de démissions et d'absences, notamment parmi les éléments les plus productifs ; il leur faut par conséquent agir de façon à susciter des attitudes positives.

Attention, toutefois, d'éviter l'amalgame entre employés satisfaits et employés productifs, sachant que le débat dure depuis près de huit décennies maintenant. À la suite des expériences de Hawthorne, on croyait en général que des travailleurs heureux étaient aussi plus productifs. Cependant, certains chercheurs en management questionnaient cette conclusion étant donné la difficulté d'établir une causalité claire – est-ce que la satisfaction génère de la productivité ou *vice versa* ? Aujourd'hui, ce que l'on peut dire avec certitude, c'est qu'il existe une forte corrélation entre satisfaction et productivité[15]. Des collaborateurs satisfaits sont plus productifs au travail. Les managers devraient donc se concentrer sur les facteurs dont on sait qu'ils créent un niveau de satisfaction au travail élevé : créer des emplois stimulants et intéressants, mettre en place des systèmes de rémunération équitables et créer un environnement de travail collégial dans lequel l'individu se sent soutenu[16]. Ce sont ces facteurs qui incitent les employés à être plus productifs.

Les managers ont intérêt à connaître les attitudes de leurs collaborateurs. Selon la conclusion d'une étude récente, « Une bonne mesure de l'attitude générale de ses collaborateurs par rapport au travail constitue une des informations les plus utiles pour une organisation[17]. »

Finalement, les managers devraient savoir que les collaborateurs, d'eux-mêmes, essaient de réduire la dissonance cognitive. Dans le cas d'employés affectés à des tâches leur paraissant incohérentes ou en désaccord avec leurs attitudes, leurs dirigeants ne doivent pas oublier que les besoins de réduire la dissonance sont moindres lorsque ces tâches sont perçues comme externes et incontrôlables. Ces besoins perdent également du poids si les récompenses suffisent à compenser la dissonance. Un manager soulignera donc le rôle de forces externes, comme les concurrents ou les clients, ou mettra en place une rétribution intéressante afin de montrer la nécessité d'accomplir une tâche qui crée une dissonance pour les individus.

3. La personnalité

La simple observation de ceux qui nous entourent montre que certaines personnes sont de tempérament plutôt calme et passif, tandis que d'autres apparaissent plus extraverties et directes. Tous les qualificatifs utilisés pour décrire des individus – *calme, passif, bruyant, agressif, ambitieux, extraverti, loyal, tendu, sociable...* – correspondent à des traits de personnalité. La **personnalité** d'un individu correspond à une combinaison unique d'émotions, de façons de penser et de schémas comportementaux qui influent sur sa manière de réagir face à une situation et d'interagir avec autrui. Le plus souvent, on la décrit en faisant référence à des dimensions mesurables. Nous nous intéressons à la personnalité parce que, comme les attitudes, elle influence le comportement des individus.

> *Personnalité* — Une combinaison unique d'émotions, de façons de penser et de schémas comportementaux qui influent sur la manière de réagir face à une situation et d'interagir avec autrui.

3.1. La personnalité permet-elle de prévoir le comportement ?

Des dizaines de traits peuvent décrire le comportement d'un individu. Au fil du temps, les chercheurs ont essayé de dégager les plus pertinents, c'est-à-dire ceux pouvant se situer à la source d'une personnalité donnée. Parmi ces travaux, deux ont obtenu une reconnaissance à l'échelle internationale, devenant des sortes de références incontournables en la matière : l'indicateur typologique de Myers-Briggs et le modèle des « Big Five ».

Que mesure l'indicateur typologique de Myers-Briggs ?

L'un des instruments les plus utilisés pour l'identification d'une personnalité est l'**indicateur typologique de Myers-Briggs** (**MBTI**®), outil se fondant sur quatre dimensions pour distinguer seize types différents selon les réponses à un questionnaire d'une centaine d'entrées. Tant en Europe qu'aux États-Unis, plusieurs millions de personnes se soumettent chaque année à ce test et des entreprises (telles qu'Apple, Honda, AT&T, Exxon, 3M), des hôpitaux, des administrations ou des écoles de commerce y ont fréquemment recours.

> *Indicateur typologique de Myers-Briggs (MBTI)* — Instrument d'identification des types de personnalités, élaboré dans les années 40 par Katharine Briggs et Isabel Myers à partir des travaux du psychanalyste C. G. Jung sur les types psychologiques (1921).

Les seize types de personnalité sont donc déterminés par quatre dimensions (voir document 9.3) : extraversion contre introversion (EI), sensation (usage des sens) contre intuition (SN), pensée contre sentiment (TF) et jugement contre perception (JP). La dimension EI mesure l'orientation préférentielle de l'énergie vers le monde interne des idées et des sentiments (I) ou vers le monde externe des personnes et des événements (E). La dimension SN renvoie aux modes de perception et dénote la confiance qu'une personne accorde plutôt aux informations factuelles et détaillées (S) ou à une intuition globale et immédiate (N). La dimension TF renvoie aux critères de décision et montre la préférence pour l'évaluation des informations de manière impersonnelle, objective, analytique (T) ou sur la base de valeurs personnelles et de croyances subjectives (F). Enfin, la dimension JP illustre, dans la relation avec le monde extérieur, un style de vie plutôt méthodique et organisé, orienté vers la réalisation de tâches (J) ou plutôt flexible et adaptable, orienté vers la recherche d'informations (P)[18].

Document 9.3 – Caractéristiques fréquemment associées aux types Myers-Briggs.

		Types sensation S		**Types intuition N**	
		Pensée T	*Sentiment F*	*Sentiment F*	*Pensée T*
Introversion I	*Perception P*	**ISTJ** Calme, sérieux, fiable, pratique, prosaïque, perfectionniste ; compétence, logique et rigueur ; valorise les traditions et la loyauté.	**ISFJ** Calme, amical, responsable, consciencieux, prévenant, minutieux ; effort pour créer ordre et harmonie, dans le souci du détail.	**INFJ** Recherche de signification et de connexion entre les idées, créativité, souci de l'harmonie des personnes ; vit mal les conflits ; organisé et décidé dans l'instauration d'une vision.	**INTJ** Originalité et dynamisme pour ses idées, qualités de concepteur et de visionnaire ; sceptique et indépendant ; ne reconnaît que l'autorité de compétence ; haut niveau d'exigence pour soi-même et les autres en termes de compétence.
Introversion I	*Jugement J*	**ISTP** Tolérant et flexible, sens du concret adapté à l'imprévu ; dirige par l'exemple, peu de contrôle, mais valorise l'efficacité.	**ISFP** Calme, amical, sensible ; goût pour l'espace personnel ; facilitant et encourageant pour les autres, coopératif ; rejet de la compétition, des désaccords et des conflits.	**INFP** Idéaliste, fidèle à ses idées ; effort pour comprendre autrui et l'aide à exploiter son potentiel ; difficulté à dire non ; plus intéressé par le sens que par la mise en pratique.	**INTP** Construction de modèles et recherche d'explications logiques ; théorique et abstrait par rapport aux interactions sociales ; sceptique, parfois critique ; esprit analytique qui aime travailler seul.
Extraversion E	*Jugement J*	**ESTP** Flexible et tolérant, bon négociateur ; priorité à ce qu'il se passe ici et maintenant ; goût pour le confort matériel ; indépendance et souplesse d'esprit ; apprentissage par la pratique ; cherche la meilleure efficacité.	**ESFP** Ouvert, amical ; goût pour les contacts humains et le travail en commun ; apprécie peu routines et procédures ; spontané ; capacité d'observation et d'apprentissage en interaction avec les autres personnes.	**ENFP** Enthousiaste, imaginatif ; besoin d'une bonne dose d'affirmation ; doué pour résoudre les problèmes relationnels ; goût pour l'anticipation ; confiance dans le pouvoir du verbe et bonne capacité d'improvisation.	**ENTP** Rapide, ingénieux, stimulant ; doué pour formuler des possibilités conceptuelles nouvelles et les analyser d'un point de vue stratégique ; allergique à la routine et au respect trop scrupuleux des règles ; bonne capacité d'improvisation.
Extraversion E	*Perception P*	**ESTJ** Pratique, réaliste, prosaïque, décidé ; priorité à l'efficacité et aux résultats ; énergique pour instaurer des plans ; aime contrôler dans les détails ; esprit logique et systématique.	**ESFJ** Affectueux, coopératif, sens du devoir ; goût pour le travail et les consignes claires ; recherche de l'appréciation de ce que la personne est et apporte ; sens du contact et de l'harmonie sociale.	**ENFJ** Chaleureux, affectueux ; adaptable aux besoins d'autrui, participatif ; social, accueillant, inspirant en matière de direction ; apprécie peu la routine ; évite les conflits.	**ENTJ** Franc, décidé, prêt à agir et à diriger ; goût pour la planification à long terme et la définition d'objectifs ; ouverture et innovation dans la conception, rigueur dans l'exécution ; énergique pour formuler des idées.

En quoi la matrice MBTI peut-elle aider les managers dans leur action quotidienne ? Ses partisans croient qu'il est important de connaître ces types de personnalités, dans la mesure où ils influencent à la fois les interactions interpersonnelles et le mode de règlement des problèmes. Par exemple, si votre patron est orienté « intuition » alors que vous êtes plutôt « sensation », vous aurez chacun une façon propre d'obtenir des informations. Pour une bonne collaboration, ne vous limitez pas à présenter des faits sur une situation : expliquez également ce que vous ressentez. La matrice MBTI est aussi utile pour analyser les orientations de croissance pour les types d'entreprises ainsi que les profils derrière l'intelligence émotionnelle[19].

Quel est l'apport du modèle des Big Five ?

L'autre façon d'envisager la personnalité retenue dans le cadre de cet ouvrage est celle issue du **modèle des Big Five**[20], modèle de synthèse élaboré dans les années 1990 et ramenant la personnalité à cinq grandes dimensions fondamentales, à savoir :

1. **L'extraversion** (*extroversion*). Dimension décrivant dans quelle mesure une personne est sociable, communicative et assurée.
2. **L'amabilité** (*agreeableness*). Dimension décrivant dans quelle mesure une personne est facile à vivre, accommodante, coopérative et confiante.
3. **L'application** (*conscientiousness*). Dimension décrivant dans quelle mesure une personne est responsable, fiable, persévérante et privilégie la réalisation.
4. **La stabilité émotionnelle** (*emotional stability*). Dimension décrivant dans quelle mesure une personne est calme, enthousiaste et tranquille (positive) ou au contraire tendue, découragée et inquiète (négative).
5. **L'ouverture à l'expérience** (*openness to experience*). Dimension décrivant dans quelle mesure une personne est imaginative, curieuse, large d'esprit, sensible à l'expression artistique et intellectuelle.

Ce modèle offre cependant bien plus qu'un simple découpage de personnalités. Des études ont montré que d'importantes relations unissent ces dimensions aux performances professionnelles[21]. L'une de ces recherches par exemple s'est penchée sur cinq catégories d'activités : professions libérales (ingénieurs, architectes, procureurs), police, managers, ventes et employés qualifiés et semi-qualifiés[22]. Les performances professionnelles ont été définies en termes d'évaluations d'employés, de compétences de formation et de données personnelles telles que le niveau de rémunération. Il en ressort alors que le facteur *application* conditionne les performances pour les cinq groupes[23]. Les prévisions pour les autres dimensions dépendent de la situation et du groupe. Par exemple, *l'extraversion* détermine les performances pour des postes de dirigeants et de ventes où il est nécessaire de gérer beaucoup d'interactions sociales[24]. *L'ouverture à l'expérience* occupe pour sa part une place de choix par rapport aux compétences de formation, et l'ironie veut que *la stabilité émotionnelle* ne joue pas de rôle positif en matière de réalisation de performances. En effet, et contre toute attente, les travailleurs calmes et stables ne sont pas forcément les plus performants. Peut-être faut-il expliquer ce résultat par la tendance de ces personnes à conserver généralement leur travail, alors que des individus plus instables sur le plan émotionnel en changent.

Sachant que tous les participants étaient employés au moment de l'étude, les variations de cette dimension sont probablement faibles.

Modèle des Big Five — Modèle de personnalité comprenant cinq facteurs : l'extraversion, l'amabilité, l'application, la stabilité émotionnelle et l'ouverture à l'expérience.

Qu'est-ce que l'intelligence émotionnelle ?

Les personnes qui arrivent à comprendre leurs propres émotions et à analyser celles des autres ont de même des chances d'être plus efficaces au travail. C'est là tout le sujet de fond des recherches portant sur l'intelligence émotionnelle[25].

L'**intelligence émotionnelle (IE)** désigne un ensemble de facultés, d'aptitudes et de compétences ayant un impact sur la façon de répondre aux besoins et aux pressions de l'environnement. Elle se compose de cinq dimensions :

- **Conscience de soi-même** (*self-awareness*). Avoir conscience de ses propres sentiments ; être apte à reconnaître ses propres états d'âme, émotions, motivations, ainsi que leurs effets sur les autres.
- **Maîtrise de soi** (*self-management*). Capacité à maîtriser, canaliser et gérer ses propres émotions et impulsions.
- **Motivation** (*self-motivation*). Capacité de persévérer après un revers ou un échec ; passion de l'action pour des raisons allant au-delà de l'argent ou du statut.
- **Empathie** (*empathy*). Capacité de sentir ce que ressent autrui ; aptitude à traiter avec les autres en fonction de leurs réactions et de leurs émotions.
- **Aptitude pour les relations sociales** (*social skills*). Capacité de gérer les relations avec les autres et à établir des liens ; aptitude à trouver des terrains d'entente et à construire des relations.

Selon plusieurs études, l'intelligence émotionnelle joue un rôle essentiel dans les performances professionnelles[26]. Par exemple, l'une de ces études s'est intéressée aux caractéristiques des ingénieurs les plus populaires de Bell Lab, considérés comme des « vedettes » par leurs propres collègues. La conclusion des chercheurs fut que s'ils brillaient tant par rapport à d'autres, c'était grâce à leur facilité à établir des relations. Ainsi, ce n'était pas leur QI mais bien leur intelligence émotionnelle qui les plaçait en tête de liste des employés performants. Une autre étude, réalisée auprès des recruteurs de l'U.S. Air Force, donne des résultats comparables ; les recruteurs les plus performants sont ceux dont le niveau d'intelligence émotionnelle est le plus élevé. Grâce à cette découverte, l'armée de l'air américaine a repensé ses critères de sélection et un suivi du processus a montré que les futures recrues possédant une grande IE étaient 2,6 fois plus efficaces que les autres. Des organisations, comme American Express, se sont aperçues que l'instauration de programmes d'intelligence émotionnelle leur a apporté un gain de rentabilité, d'autres que cela a amélioré la qualité du travail en équipe[27]. Selon certaines études réalisées en environnement de PME, l'intelligence émotionnelle compterait deux fois plus que « l'intellect et les compétences »[28]. Un groupe de responsables en ressources humaines a posé cette question à des managers : « À quel point est-ce important pour vos employés de faire preuve d'intelligence émotionnelle pour gravir les échelons ? » 40 % des responsables interrogés ont alors répondu « très important » et 16 % « moyennement important ». D'autres études montrent également que, dans le contexte des organisations actuelles, l'intelligence émotionnelle peut même conduire à une amélioration de la qualité[29].

Intelligence émotionnelle — La capacité à percevoir et à gérer des repères et des informations émotionnels.

Face à tout cela, il est évident que les managers doivent désormais inclure l'intelligence émotionnelle dans leurs critères de sélection, notamment lorsque le poste requiert une dose importante d'interactions sociales[30].

3.2. Les traits de caractère permettent-ils de prédire certains comportements professionnels ?

Dans une autre logique, cinq traits de personnalité ont été, au fil des recherches en la matière, identifiés comme les plus révélateurs pour expliquer le comportement individuel *dans les organisations*. Il s'agit du lieu de contrôle, du machiavélisme, de l'estime de soi, de l'autorégulation et de la propension au risque.

Qui contrôle le comportement d'un individu ? Certaines personnes pensent qu'elles maîtrisent leur destin, d'autres se voient davantage comme des pions sur un grand échiquier et attribuent ce qu'elles vivent aux circonstances extérieures, sinon au sort. Dans le premier cas, le **lieu de contrôle** (*locus of control*) est interne ; dans le second, il est externe, dépendant de forces extérieures qui dirigent la vie de chacun[31]. Un manager peut également s'attendre que des individus « externalisés » justifient le constat de performances médiocres par l'attitude d'un supérieur, des collègues ou par des événements incontrôlables s'étant produits, alors que des acteurs « internalisés » expliqueront la même évaluation par leurs propres actions.

Lieu de contrôle — Mesure dans laquelle un individu pense être maître de son destin.

Le deuxième trait est le **machiavélisme** (*Machiavellianism*), en référence à Nicolas Machiavel, homme d'État et historien italien du XVIe siècle, auteur du *Prince* (1513), ouvrage dans lequel il enseigne aux puissants de ce monde comment obtenir le pouvoir et le conserver, au besoin par la ruse et la manipulation. Un individu doté d'un indice de machiavélisme élevé est pragmatique, conserve une distance émotionnelle, pense que la fin peut justifier les moyens[32] et alimente des croyances peu éthiques[33]. La théorie « si une chose marche, utilise-la » colle parfaitement à une approche machiavélique. Ces personnes font-elles pour autant de bons employés ? Tout dépend du type de travail et si les implications éthiques sont prises en compte dans l'évaluation des performances. Pour des postes demandant des qualités de négociateur ou offrant d'importantes récompenses en cas de réussite, ce trait garantit une bonne productivité. Mais si, dans le cadre du poste occupé, la fin ne justifie pas les moyens ou s'il n'existe pas de normes absolues de performances, ce sera difficile de prévoir celles de ces personnes.

Machiavélisme — Mesure dans laquelle un individu est pragmatique, conserve une distance émotionnelle et croit que la fin justifie les moyens.

D'une personne à l'autre, le degré **d'estime de soi** (*self-esteem*)[34] peut aussi considérablement varier et les recherches apportent sur ce point certaines conclusions intéressantes. Par exemple, l'estime de soi semble directement liée aux attentes de réussite. Les personnes chez qui cette dimension se situe à un niveau élevé pensent posséder les capacités de réussir au travail, prennent ainsi davantage de risques au moment de la sélection et choisissent souvent des métiers originaux[35]. Comme point le plus marquant, les personnes ayant peu d'estime de soi sont plus sensibles aux influences externes que les autres ; elles dépendent des évaluations positives de leur entourage et ont tendance à rechercher une approbation et à adopter les valeurs et comportements de ceux qu'elles respectent. À des postes de direction, ces individus tenteront surtout de faire plaisir à autrui, prenant ainsi rarement des décisions impopulaires. On comprend donc pourquoi l'estime de soi est également, proportionnellement, liée à la satisfaction professionnelle.

> *Estime de soi* — Mesure dans laquelle un individu accepte ou au contraire dénigre sa propre personne.

Un autre trait de personnalité a récemment pris de l'importance, l'**autorégulation** (*self-monitoring*)[36]. Il s'agit ici de la faculté à adapter, parfois de façon très importante, son comportement à des facteurs situationnels externes[37]. Les personnes dotées d'une capacité élevée d'autorégulation sont très sensibles aux signes extérieurs et peuvent agir différemment selon le contexte, au point d'afficher parfois de fortes contradictions entre leur personnage public et leur approche en privé. À l'inverse, des individus faiblement autorégulés ne peuvent changer leur comportement, exposant clairement leur caractère et leurs attitudes quelle que soit la situation, d'où une grande cohérence entre ce qu'ils sont et ce qu'ils font. Il est ainsi prouvé qu'une autorégulation élevée pousse à porter plus d'attention au comportement d'autrui et offre une facilité d'adaptation[38]. Sans doute est-il possible d'avancer qu'elle est alors bienvenue dans le cadre de postes de direction qui demandent de jouer des rôles variés et parfois contradictoires.

> *Autorégulation* — Mesure dans laquelle un individu est capable d'adapter son comportement à des facteurs situationnels externes.

Enfin, le dernier trait influençant le comportement au travail correspond à la propension à la **prise de risques** (*risk-taking*). En fonction de l'orientation prise, les individus ont besoin de plus ou moins de temps et d'informations avant de se décider. Ainsi, dans le cadre d'une étude, soixante-dix-neuf managers ont dû se livrer à un exercice de simulation de gestion des ressources humaines les obligeant à prendre des décisions d'embauche[39]. Les plus ouverts au risque ont pris des décisions plus rapides et sur la base de moins d'informations que les autres, bien que, finalement, la justesse des choix fût néanmoins la même entre les groupes.

Il n'est pas faux d'affirmer que les managers sont généralement peu enclins à prendre des risques, notamment dans de grandes entreprises ou au sein de grandes administrations[40]. Toutefois, des différences individuelles demeurent[41] et méritent d'être reconnues ; il est également possible d'envisager un équilibrage entre propension à la prise de risques et offres d'emploi spécifiques. Par exemple, une prise de risques peut être profitable à un agent d'une maison de courtage car ce métier exige une rapidité de décision ; il en va de même pour les chefs d'entreprise[42]. Dans un autre registre, comme celui des activités d'audit, ce type de personnalité peut se révéler être un obstacle. Les comptables ne doivent-ils pas par nature être réticents à la prise de risques ?

3.3. Comment faire correspondre personnalité et poste occupé ?

Tout comme les personnalités diffèrent, les emplois aussi. En fonction de cette logique, certains ont tenté de faire correspondre les deux éléments ; les travaux classiques du psychologue John Holland demeurent, en la matière, les plus célèbres[43]. Selon sa théorie, la satisfaction professionnelle d'un employé et donc sa décision de conserver ou de quitter cet emploi dépendent du degré de correspondance entre sa personnalité et son environnement professionnel. C'est ainsi que Holland a identifié six types de base décrits au document 9.4.

Document 9.4 – Typologie personnalités/métiers selon Holland.

Type	Caractéristiques	Exemples de postes adaptés
Réaliste. Préfère les activités physiques demandant compétences, force et coordination.	Timide, sincère, persévérant, stable, conformiste, pratique	Mécanicien, opérateur de perceuse industrielle, opérateur sur chaîne de montage, agriculteur
Investigateur. Préfère les activités supposant une réflexion, de l'organisation et de la compréhension.	Analytique, original, curieux, indépendant	Biologiste, économiste, mathématicien, reporter, journaliste d'investigation
Social. Préfère les activités supposant aide et développement des autres.	Sociable, amical, coopératif, compréhensif	Assistante sociale, enseignant, conseiller, psychologue clinicien
Conventionnel. Préfère les activités régies par des règles, bien organisées et sans ambiguïté.	Conformiste, efficace, pratique, peu imaginatif, sans flexibilité	Comptable, directeur d'entreprise, employé de banque, employé de bureau
Entreprenant. Préfère les activités verbales où il est possible d'influencer les autres et d'acquérir un pouvoir.	Sûr de soi, ambitieux, autoritaire	Avocat, agent immobilier, spécialiste de relations publiques, directeur d'une PME
Artistique. Préfère les activités ambiguës et peu méthodiques laissant place à l'expression créative.	Imaginatif, désordonné, idéaliste, émotif, peu pratique	Peintre, musicien, écrivain, décorateur d'intérieur

Source : Reproduit par autorisation spéciale de l'éditeur, Psychological Assessment Resources, Inc., *Making Vocational Choices*, 3e édition, copyright 1973, 1985, 1992, 1997 par Psychological Assessment Resources, Inc., tous droits réservés.

Selon la théorie de Holland, la satisfaction est maximale et l'envie de départ la plus faible lorsque personnalité et poste occupé sont en harmonie (à individu social des activités sociales, à individu conventionnel des activités conventionnelles, etc.)[44]. Des individus « sociaux » devraient se tourner vers des métiers « sociaux », etc. Les points clés de cette théorie sont les suivants : (1) il existe des différences intrinsèques de personnalité entre les individus ; (2) il existe différents types d'emplois ; et (3) les personnes exerçant un métier en accord avec leur personnalité seront naturellement plus satisfaites de leur travail et auront moins envie de le quitter que les personnes vivant une incohérence entre ces deux dimensions.

3.4. Les attributs de personnalité varient-ils d'une culture à l'autre ?

Les modèles de personnalité, à l'instar de l'approche des Big Five, sont-ils valables d'une culture à l'autre ? Des dimensions comme le lieu de contrôle sont-elles pertinentes dans toutes les cultures ?

Voici quelques réponses. Les cinq facteurs de personnalité mis en avant dans le modèle des Big Five apparaissent dans pratiquement toutes les études interculturelles[45]. Celles-ci tiennent compte de pays avec des cultures aussi diverses que la Chine, Israël, l'Allemagne, le Japon, l'Espagne, le Nigeria, la Norvège, le Pakistan et les États-Unis. Les différences résultent du poids de chacune des dimensions. Les Chinois, par exemple, font plus souvent appel à la catégorie « application » et moins souvent à la catégorie « amabilité » que les Américains. On trouve cependant un degré de correspondance étonnamment élevé, en particulier entre individus issus de pays développés. Une synthèse d'études sur des individus issus de l'Union européenne démontrait que la dimension « application » était de façon significative associée avec la performance au travail, indépendamment du métier exercé[46]. Ce résultat correspond exactement à ceux des études menées aux États-Unis.

Dans aucun pays donné ne se démarque en théorie un type de personnalité dominant. Ainsi, les personnes ayant un goût marqué ou au contraire une aversion pour le risque se retrouvent partout à travers le globe. Néanmoins, il est vrai que la culture exerce une influence et peut déterminer collectivement les traits *dominants* au sein d'une population. L'exemple du lieu de contrôle est tout à fait illustratif sur ce point.

Les individus de cultures différentes peuvent ne pas percevoir de façon identique leur degré de contrôle sur l'environnement. En Amérique du Nord par exemple, la plupart des personnes pensent qu'elles peuvent diriger leur propre vie alors que dans les sociétés du Moyen-Orient, ces mêmes aspects de l'existence seront considérés comme prédéterminés. La comparaison avec le lieu de contrôle interne ou externe est claire : les entreprises basées sur le territoire américain comptent à coup sûr davantage d'employés culturellement « internalisés » que celles employant des personnels locaux dans le pays du Golfe ou en Iran, où les cultures sociales sont globalement plus « externalisées ».

Comme nous l'avons vu, les traits de personnalité modèlent et influencent le comportement des personnes sur leur lieu de travail. Pour les managers, il est donc d'autant plus important de saisir les divergences de personnalités que l'on se situe dans une perspective interculturelle.

3.5. Comprendre la personnalité rend-il les managers plus performants ?

C'est sans doute au moment de la sélection de candidats que la compréhension des différences entre personnalités compte le plus[47]. Car c'est en assignant à la personne un poste compatible avec son caractère que l'on crée les conditions de base (quoique non suffisantes) pour en faire un collaborateur performant et satisfait. De plus, il est important d'admettre que chacun possède une approche particulière pour résoudre des problèmes, prendre des décisions ou interagir avec des collègues. Le manager qui reconnaît ce point saura ainsi pourquoi tel employé n'est pas à l'aise lorsqu'il doit faire des choix dans l'urgence ou pourquoi tel autre insiste tant pour rassembler le plus d'informations possible avant de se pencher sur un problème. En outre, il faut s'attendre que les individus ayant un lieu de contrôle externe soient à la fois moins satisfaits au niveau professionnel et moins enclins à assumer la responsabilité de leurs actes.

4. La perception

La perception est le processus de sélection, d'organisation et d'interprétation des impressions sensorielles visant à donner une signification à l'environnement. Des études dans le domaine montrent de façon unanime que plusieurs personnes peuvent observer une même chose et la percevoir différemment. Par exemple, un manager peut interpréter comme signe de lenteur, de manque d'organisation et de peur, le fait que son assistante ait besoin de plusieurs jours pour prendre une décision importante. Pourtant, un autre manager travaillant avec la même assistante y verra peut-être la preuve de réflexion, de minutie et de délibération. Le premier fera donc une évaluation plutôt négative de l'assistante et le second une évaluation positive. Le principe est que personne ne voit vraiment la réalité : chacun interprète ce qu'il voit et s'y réfère comme réalité, puis agit en fonction de ses perceptions.

Perception — Processus de sélection, d'organisation et d'interprétation des impressions sensorielles en provenance de l'environnement et permettant à l'individu de construire des significations.

4.1. Quels sont les facteurs influençant nos perceptions ?

Comment expliquer le fait que Catherine, responsable marketing d'une importante entreprise de produits pétroliers, âgée de 45 ans, remarque le piercing au nez de Julien, auquel elle fait passer un entretien, alors que Jérôme, chargé de recrutement de 22 ans, n'y prête pas attention ? Plusieurs facteurs interviennent pour former et parfois déformer la perception. Ces facteurs résident tout à la fois chez l'observateur, dans l'objet cible observé ou dans le contexte situationnel.

Lorsqu'un individu regarde un objet cible (personne, événement, situation, etc.) et tente d'en tirer une interprétation, l'ensemble de ses caractéristiques personnelles – à savoir attitudes, personnalité, motivations, centres d'intérêt, expériences passées, attentes – influence grandement l'image retenue. De la même façon, les caractéristiques de l'objet cible peuvent être déterminantes ; au sein d'un groupe, les personnes parlant fort ou dégageant un attrait physique se font remarquer davantage que celles plus discrètes ou au physique plus fade. Mais les objets cibles de la perception ne sont pas observés de façon isolée et il est important de considérer aussi la relation avec l'arrière-plan (voir document 9.5) ainsi que la tendance à regrouper des éléments proches et semblables.

Enfin, le contexte d'observation joue lui aussi un rôle : l'heure, l'emplacement, l'éclairage, la température et tout autre facteur situationnel peuvent avoir leur importance.

Document 9.5 – Expériences visuelles : que voyez-vous ?

Une vieille femme ou une jeune femme ? — Deux visages de profil ou une urne ? — Un chevalier sur un cheval ?

4.2. Comment les managers jugent-ils leurs collaborateurs ?

Une part importante des études réalisées sur la perception porte sur des objets inanimés, alors que les managers ont surtout affaire à des êtres humains. La perception d'autrui diffère de celle d'objets, tels les ordinateurs, les robots ou bâtiments, en raison des déductions faites à partir des actions de l'entourage. Au moment où l'on observe des personnes, on élabore des justifications de leur comportement ; cet acte de perception et de jugement est par conséquent surtout fonction d'hypothèses faites sur l'état interne des autres. Nombre de ces hypothèses ont conduit les experts à formaliser un cadre de synthèse : la théorie de l'attribution.

Qu'est-ce que la théorie de l'attribution ?

La **théorie de l'attribution** a été énoncée pour expliquer comment le jugement peut varier selon la signification accordée à un comportement donné[48]. L'idée centrale est qu'en observant une personne, nous cherchons toujours à savoir si la cause de son comportement est interne ou externe. Si elle est interne, le contrôle du comportement revient à l'individu ; si elle est externe, en revanche, l'individu est vu comme obligé, contraint par la situation de mettre en œuvre ce comportement. Et pour trancher entre ces deux hypothèses, les théoriciens de l'attribution proposent de tenir compte de trois facteurs : le caractère distinctif, le consensus et la cohérence.

> *Théorie de l'attribution* — Théorie qui cherche comment nous jugeons autrui différemment en fonction de la signification accordée à un comportement donné.

Le *caractère distinctif* permet de déterminer si une personne adopte un même comportement dans plusieurs situations ou seulement dans un cas précis. L'employé qui arrive tard au travail aujourd'hui est-il aussi celui considéré comme un tire-au-flanc par ses collègues ? L'idée est de découvrir si ce comportement est inhabituel (distinctivité élevée), auquel cas l'attribution sera probablement externe. Si l'action n'est en revanche pas exceptionnelle (distinctivité faible), la cause sera plutôt vue comme interne.

Si tout le monde réagit de façon identique à une situation, le comportement répond à un *consensus*. Tel serait le cas pour l'employé retardataire si ses collègues avaient fait le même parcours que lui ce jour-là et étaient aussi arrivés en retard (consensus fort). Un consensus fort pousse à opter pour une attribution externe, liée aux événements ; mais si la personne est l'une des rares à ne pas se présenter à l'heure (consensus faible) en revanche, la cause sera plutôt considérée comme interne.

Enfin, un manager est en quête de *cohérence* dans les actions des employés. La personne adopte-t-elle des comportements de façon régulière et cohérente ? Donne-t-elle les mêmes réponses sur la durée ? Un retard de dix minutes n'est pas pris de la même manière selon s'il s'agit d'un fait isolé (la première fois en plusieurs mois) ou d'une routine installée (deux ou trois fois par semaine). Plus un comportement est cohérent, uniforme, plus l'observateur l'attribuera à des causes internes.

Le document 9.6 récapitule les éléments clés de la théorie d'attribution. Vous pouvez par exemple y voir que si les performances d'un employé ne varient pas entre son activité habituelle et d'autres tâches associées (caractère distinctif faible), si elles sont stables au fil du temps (cohérence élevée) et si ses collègues ont des résultats plus ou moins bons par rapport à son activité de base (faible consensus), son manager ou toute autre personne devant juger son travail le tiendra certainement responsable de son rendement (attribution interne).

Document 9.6 – Processus d'attribution.

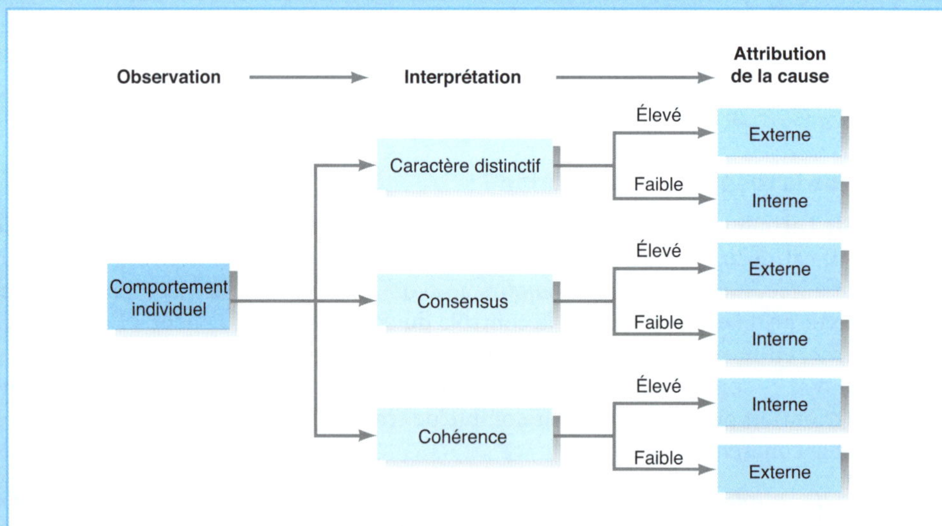

Les attributions peuvent-elles être erronées ?

La théorie de l'attribution apporte un éclairage intéressant sur un point : des erreurs ou des préjugés peuvent venir fausser des attributions. Par exemple, il est quasiment prouvé qu'à l'heure de juger le comportement d'autrui, nous avons tendance à sous-estimer l'influence de facteurs externes et à surestimer celle de facteurs internes ou personnels[49] : il s'agit de l'**erreur fondamentale d'attribution**. Elle explique par exemple pourquoi un responsable des ventes attribue les performances médiocres des vendeurs à leur apathie au lieu de rejeter la responsabilité sur le produit innovant qu'un concurrent vient de lancer. Les individus ont également tendance à attribuer leurs propres succès à des facteurs internes tels que leurs aptitudes ou leurs efforts et à justifier en revanche leurs échecs par des facteurs externes comme la malchance. Il s'agit de l'**effet de complaisance** (*self-serving bias*), responsable de la déformation des commentaires, qu'ils soient positifs ou négatifs, lors de l'évaluation de performances.

Erreur fondamentale d'attribution — Tendance à sous-estimer l'influence de facteurs externes et à surestimer celle de facteurs internes ou personnels au moment de juger le comportement d'autrui.

Effet de complaisance — Tendance à attribuer des succès à des facteurs internes et à justifier les échecs par des facteurs externes.

Nous utilisons tous des raccourcis pour évaluer autrui. Lorsqu'on travaille au sein d'équipes hétérogènes, ces raccourcis peuvent être particulièrement critiques, comme l'explique la section « Manager la diversité ».

Document 9.7 – Raccourcis et déformations du jugement.

Raccourci	Description	Déformation
Perception sélective	Des individus assimilent une partie de ce qu'ils observent en fonction de leurs centres d'intérêt, de leur éducation, de leurs expériences et de leurs attitudes.	Une analyse rapide d'autrui peut conduire à un portrait inexact
Similitude supposée	Des individus supposent que les autres sont comme eux.	Ne prend éventuellement pas en compte les différences individuelles, d'où des comparaisons erronées
Stéréotype	Des individus jugent les autres en fonction de la perception du groupe auquel ils appartiennent.	Débouche éventuellement sur des jugements inexacts car nombre de stéréotypes ne sont pas fondés
Effet de halo	Des individus se forgent une impression par rapport à un trait unique.	Ne prend pas en compte le profil complet d'une personne

Manager la diversité

Tout savoir sur les raccourcis

Percevoir et interpréter le comportement des gens demande beaucoup de temps. Nous utilisons donc des raccourcis pour le faire plus rapidement et plus facilement. Les raccourcis de la perception sont intéressants parce qu'ils nous fournissent des données valides pour faire des jugements. Pourtant, ils ne sont pas parfaits car ils peuvent facilement nous induire en erreur. (Voir le document 9.7 pour une description sommaire des raccourcis de la perception.)

Les individus ne peuvent pas assimiler tout ce qu'ils voient, il faut donc que leur perception soit sélective. Ils extraient par-ci par-là des parties de la réalité. Toutefois, ces parties ne sont pas choisies au hasard ; au contraire, elles sont sélectionnées selon les centres d'intérêt, l'éducation, l'expérience et l'attitude de l'observateur. La **perception sélective** nous permet d'analyser rapidement les autres personnes, non sans le risque, néanmoins, de s'en faire une image inexacte.

Il est facile de juger les autres si nous supposons qu'ils nous sont similaires. Avec la **similitude supposée**, la perception des autres est plutôt influencée par les propres caractéristiques de l'observateur que par celles de la personne observée. Par exemple, si vous recherchez des défis et des responsabilités dans votre travail, vous supposez que les autres veulent la même chose. Les personnes qui croient que les autres sont comme elles auront bien sûr peut-être raison, mais ce n'est pas toujours le cas.

Quand nous jugeons quelqu'un à partir de la perception du groupe dont il fait partie, nous utilisons un raccourci appelé **stéréotype**. Ainsi, si vous pensez que « les personnes mariées sont des employés plus stables que les célibataires » ou que « les salariés les plus anciens font plus souvent preuve d'absentéisme », vous utilisez des stéréotypes. Le degré auquel un stéréotype est en accord avec la réalité peut produire des jugements plus ou moins erronés. Cependant, la plupart des stéréotypes ne sont pas en accord avec la réalité et déforment notre jugement.

Lorsque nous percevons l'impression générale d'une personne en nous fondant sur une seule caractéristique, comme l'intelligence, la sociabilité ou l'apparence, nous sommes influencés par l'**effet de halo**. Ce dernier est par exemple fréquent chez des professionnels d'entreprise jugeant leurs formateurs, car ils isolent un trait unique et y cantonnent leur perception. Ainsi, un formateur peut être à la fois sûr de lui, bien informé et très qualifié ; s'il manque toutefois d'enthousiasme, il sera considéré de façon négative en dépit des autres caractéristiques.

Quand il s'occupe d'une main-d'œuvre diversifiée, le manager doit reconnaître le moment où il utilise un raccourci de la perception. Et il doit s'assurer que ce raccourci ne déforme pas ce qu'il perçoit et, par là, ce qu'il pense d'une personne ou d'une situation.

4.3. Comprendre les perceptions rend-il les managers plus efficaces ?

Les managers doivent accepter que leurs collaborateurs réagissent non pas à la réalité, mais à des perceptions. C'est pourquoi des évaluations objectives ou le fait que l'organisation offre les salaires les plus élevés du secteur comptent moins que le ressenti des employés. En effet, si leur perception est celle d'une évaluation subjective ou d'un niveau de salaire bas, ils se comporteront comme s'il s'agissait de conditions réelles. Les individus organisent et interprètent ce qu'ils voient et créent ainsi un potentiel de déformation. Le message est donc clair : il faut prendre garde à la façon dont des individus perçoivent leur travail ainsi que les pratiques de management qui les concernent. Pour rappel, le collaborateur performant qui démissionne en raison d'une perception inexacte signifie autant de pertes pour l'organisation que celui partant pour un motif fondé.

5. L'apprentissage

Le dernier comportement individuel abordé ici est l'apprentissage. Celui-ci a toute sa place dans nos développements car presque tout comportement complexe a d'abord fait l'objet d'un apprentissage. Aussi faut-il comprendre comment les individus apprennent pour pouvoir ensuite expliquer et prévoir leur comportement.

Qu'est-ce que l'apprentissage ? La définition d'un psychologue sera nettement plus large que celle proposée par le sens commun. Il faut savoir que tout le monde continue d'une certaine manière à aller à l'école. Le processus d'**apprentissage** se produit à toute heure, à partir d'expériences de toute nature, ce qui pousse à modifier sans cesse notre comportement en conséquence. Deux théories viennent expliquer comment nous acquérons nos modèles de comportement : le conditionnement opérant et l'apprentissage social.

> *Apprentissage* — Tout changement relativement permanent des connaissances, des attitudes et du comportement à la suite d'une expérience.

5.1. Qu'est-ce que le conditionnement opérant ?

Selon la théorie du **conditionnement opérant**, le comportement d'un individu dépend de ses conséquences. Les gens apprennent à se comporter tout comme à obtenir quelque chose qu'ils souhaitent ou éviter quelque chose qu'ils ne veulent pas. Le comportement opérant est volontaire ou bien appris, plutôt que réfléchi ou congénital. Sa tendance à se répéter dépend du renforcement ou non par ses propres conséquences. De ce fait, le renforcement conforte un comportement et augmente ses chances de répétition. Le manque de renforcement affaiblit un comportement et réduit sa probabilité de répétition.

> *Conditionnement opérant* — Théorie d'apprentissage selon laquelle le comportement dépend de ses conséquences.

À partir de travaux antérieurs, le psychologue a apporté de nouvelles conclusions sur le conditionnement opérant[50]. Même ses plus grands (et nombreux) détracteurs admettent que sa théorie tient la route et que le concept de comportement opérant peut fonctionner dans l'action.

L'idée originelle est que le comportement d'un individu est davantage déterminé par des *stimuli* externes (appris) qu'internes (réflexion). Selon Skinner, une forme de comportement ayant des conséquences agréables verra sa fréquence augmenter, les personnes étant davantage prêtes à suivre ce comportement si elles obtiennent un renforcement allant dans ce sens. Par exemple, les récompenses ont plus d'impact si elles surviennent juste après la réponse attendue. Inversement, un comportement non récompensé ou sanctionné a moins de chances de se répéter.

Les illustrations de conditionnement opérant ne manquent pas, à commencer par toute situation où il est explicitement annoncé ou implicitement suggéré que les renforcements dépendent d'une action précise de la part de l'individu concerné. Le professeur explique qu'il faut répondre correctement à l'examen pour avoir une bonne note ; un agent immobilier pense s'assurer un bon salaire s'il peut gérer un nombre important de résidences sur son territoire. Mais le mécanisme peut se dérégler et la relation de cause à effet *stimulus* > réponse peut conduire à des comportements allant à l'encontre des intérêts de l'organisation. Imaginez que votre manager vous promette une compensation à la prochaine évaluation de performances à condition que vous acceptiez de faire des heures supplémentaires pendant trois semaines d'activité intense. Imaginez aussi qu'au moment de cette évaluation vous n'obteniez aucune compensation (donc aucun renforcement) pour le temps supplémentaire passé au bureau. Si votre patron vous demande à nouveau de faire davantage d'heures, que ferez-vous ? Il est fort possible que vous refusiez. Votre réaction s'explique alors par le conditionnement opérant : comme votre comportement n'a pas été renforcé de façon positive, il perd ses chances de se reproduire.

5.2. Quel est l'apport de la théorie de l'apprentissage social ?

Mais le renforcement n'est pas la seule façon d'apprendre. Les individus apprennent également en observant les événements arrivant aux autres, en recueillant des informations ou en ayant des expériences directes. Ainsi, la plus grande partie de ce que nous avons appris provient de l'observation de modèles : parents, professeurs, collègues, acteurs, patrons, etc. Le principe qui veut que nous apprenions à la fois par observation et par expérience directe correspond à la **théorie de l'apprentissage social**[51].

> *Apprentissage social* — Théorie selon laquelle les individus peuvent apprendre *via* l'observation et l'expérience directe.

Dans une perspective d'apprentissage social, l'influence de modèles est essentielle. Quatre processus peuvent déterminer l'impact d'un modèle sur une personne :

1. **Processus d'attention.** La personne apprend à partir d'un modèle à condition d'en identifier les caractéristiques clés. Nous sommes généralement plus influencés par des modèles qui se réitèrent, que nous trouvons attirants, importants ou à notre mesure.
2. **Processus de rétention.** L'influence du modèle dépend de sa mémorisation, c'est-à-dire à quel point la personne se souvient de son action, même lorsque le modèle n'est plus présent ou disponible.
3. **Processus de reproduction.** Après avoir découvert un nouveau comportement par observation, la personne doit pouvoir à son tour passer à l'action. Ce processus prouve que l'individu est capable de réaliser les activités observées.
4. **Processus de renforcement.** Les personnes sont désireuses d'adopter le comportement observé s'il a des conséquences positives ou s'il apporte des récompenses. Les comportements renforcés retiennent davantage l'attention, sont mieux assimilés et reproduits plus souvent que les autres.

5.3. Les managers peuvent-ils modifier le comportement professionnel de leurs collaborateurs ?

Les managers ont tout intérêt à savoir comment influencer le comportement de leurs employés en faveur de l'organisation[52]. Pour cela, ils tentent souvent de façonner les individus à l'aide d'un apprentissage graduel. Ce processus est qualifié de **modification du comportement professionnel** (voir l'encadré « Comment modifier un comportement professionnel »).

> *Modification du comportement professionnel* — Orientation de l'apprentissage par des étapes successives basées sur un renforcement ou un manque de renforcement.

Comment modifier un comportement professionnel ?

Dans les environnements de travail dynamiques d'aujourd'hui, l'apprentissage est continu. Toutefois, il ne doit pas avoir lieu de façon isolée et sans orientation préalable. La plupart des employés doivent d'abord savoir ce qu'on attend d'eux. En tant que manager donc, vous devez inculquer à votre personnel les comportements clés pour leur réussite individuelle et, à terme, celle de l'organisation.

Points de repère

1. **Identifier les comportements clés jouant un rôle déterminant pour les performances des employés.** Tous les actes des employés ne comptent pas de la même façon en termes de performances. Quelques comportements clés conditionnent la majeure partie des résultats et doivent donc en cela être identifiés.
2. **Établir une base de performance.** Pour ce faire, calculez le nombre d'occurrences du comportement identifié dans les conditions de travail actuelles de la personne.
3. **Analyser les facteurs contribuant à la performance et leurs conséquences.** Plusieurs facteurs (normes, par exemple) peuvent contribuer aux performances de base. Identifiez-les ainsi que leur impact.
4. **Développer une stratégie de modification.** Le changement qui se produit altère certains aspects des performances (structure, processus, technologie, groupes, tâche). La stratégie a pour but de renforcer les comportements souhaités et de gommer les indésirables.
5. **Appliquer la stratégie adéquate.** Une fois la stratégie mise au point, elle doit être appliquée, d'où un besoin d'intervention.
6. **Mesurer le changement obtenu.** L'intervention doit produire les effets attendus en matière de performances. Calculez de nouveau le nombre d'occurrences des comportements identifiés et comparez-le à l'évaluation de l'étape 2.
7. **Renforcer les comportements souhaités.** Si l'intervention s'est soldée par un succès et que les nouveaux comportements donnent les résultats espérés, conservez-les grâce à des mécanismes de renforcement.

Mise en pratique

1. Imaginez que votre assistant soit la personne idéale sur tous les plans. Seule ombre au tableau : son incompétence à prendre des messages en votre absence. Or, vous êtes souvent en séance de formation, et les appels émanent de clients potentiels dont vous voulez à tout prix assurer le suivi. Vous savez donc à quel point la communication de ces messages est essentielle.
2. Concentrez-vous sur les étapes 3 et 4 et pensez à un moyen de modifier le comportement de votre assistant. Identifiez les facteurs pouvant l'empêcher de bien faire (surcharge de travail ou malentendu sur l'importance de cette tâche par exemple, mais en aucun cas insubordination). Mettez ensuite au point une stratégie en cherchant les points modifiables : technologie disponible, tâche à proprement parler, structure du poste ou autre aspect lié aux performances.
3. Planifiez à présent votre intervention, c'est-à-dire prévoyez un bref entretien avec votre assistant pour lui exposer le changement attendu. Demandez à un ami de jouer le rôle de l'interlocuteur pour vous entraîner. Pensez-vous bien faire dans une situation réelle ?

Prenons le cas banal dans lequel le comportement d'un employé est loin de répondre aux attentes de la direction. Si le management manifeste uniquement un encouragement lorsque cette personne donne les réponses comportementales souhaitées, l'effet de renforcement demeurera plutôt insignifiant.

On modifie donc le comportement (il est, en fait, « orienté » ou « modelé ») en renforçant systématiquement chaque pas rapprochant l'individu de la réponse attendue. Si un employé avait pour habitude d'arriver une demi-heure en retard et est passé à vingt minutes, il est possible de renforcer cette amélioration. Le renforcement augmente au fur et à mesure que la distance pour parvenir au comportement souhaité se réduit.

La modification du comportement professionnel peut s'effectuer de quatre manières : renforcement positif, renforcement négatif, punition ou extinction. Le *renforcement positif* intervient lorsqu'une réponse comportementale est suivie d'une remarque ou d'un acte agréable (le dirigeant félicite l'employé pour la qualité d'un travail). À l'inverse, si la contrepartie d'une réponse est la fin ou le retrait d'une chose plaisante, il s'agit de *renforcement négatif* (le dirigeant critique sans cesse ses employés sur la durée des pauses-café ; la seule façon de mettre fin aux remarques est de raccourcir les pauses). Pour sa part, la *punition* sanctionne un comportement indésirable : par exemple, un employé peut être renvoyé deux jours sans solde pour s'être présenté au travail en état d'ébriété. Enfin, l'*extinction* consiste à éliminer tout renforcement entretenant un comportement. Lorsqu'un comportement ne rencontre plus de renforcement, il finit par disparaître. Par exemple, les managers qui veulent décourager leur personnel de poser des questions gênantes ou déplacées au cours des réunions peuvent ignorer ces personnes lorsqu'elles lèvent la main pour prendre la parole. Bientôt, le comportement s'atténue.

Tant le renforcement positif que négatif conduit à un apprentissage en donnant du poids à la réponse souhaitée et en augmentant la rentabilité des répétitions. La punition et l'extinction mènent aussi à un apprentissage, sauf qu'elles affaiblissent le comportement et ont tendance à en réduire la fréquence.

5.4. La compréhension des mécanismes d'apprentissage rend-elle les managers plus efficaces ?

Les dirigeants peuvent choisir de laisser l'apprentissage se faire de façon aléatoire ou au contraire d'intervenir par le biais de récompenses et d'exemples. Si les employés peu efficaces bénéficient d'augmentations et de promotions, ils n'ont aucune raison de changer d'attitude. De plus, lorsque des collaborateurs performants se rendent compte qu'une organisation récompense des performances médiocres, ils risquent de modifier leur comportement. Si un manager désire un type de comportement mais qu'il en récompense un autre, c'est normal que les collaborateurs apprennent à suivre la deuxième voie. De même, les managers doivent s'attendre à être pris comme modèles : si eux-mêmes arrivent en retard, prennent deux heures de pause-déjeuner ou se servent des ressources de l'entreprise à des fins personnelles, rien d'étonnant à ce que leurs employés en fassent autant.

6. Développements actuels en comportement organisationnel

Pour conclure ce chapitre, nous abordons deux thèmes actuels qui jouent un rôle important dans le quotidien des managers : les différences de génération et les comportements négatifs.

6.1. Comment les différences de génération affectent-elles le lieu de travail ?

Ils sont jeunes, malins et fougueux. Ils portent des tongs ou écoutent leur iPod au bureau. Ils veulent travailler, mais ils ne veulent pas que le travail soit toute leur vie. C'est la génération Y. Ils sont environ 70 millions, dont beaucoup commencent leur carrière. Et ils prennent place dans un lieu de travail toujours plus multigénérationnel[53].

Mais quelle est cette génération Y ?

Tout le monde n'est pas d'accord mais la plupart des définitions disent qu'elle inclut des personnes nées entre 1982 et 1997, environ. Une chose est sûre, ces personnes apportent de nouvelles manières sur le lieu de travail. Les gens de la génération Y ont grandi dans un environnement étonnant d'expériences et d'opportunités. Et ils veulent que leur vie professionnelle en tienne compte, comme le montre le document 9.8. Par exemple, Stella Kenyi, qui s'intéresse avec passion au développement international, a été envoyée par son employeur – l'Association coopérative nationale d'électricité rurale – à Yai, au Soudan, pour étudier la consommation d'énergie[54]. Chez Best Buy, Beth Trippie, une spécialiste de la planification, estime que, tant que les résultats sont là, pourquoi se demander comment le travail est réalisé. Elle dit : « Je joue constamment aux jeux vidéo, on m'appelle au téléphone, et je me mets au travail. Et, il faut le dire, je le fais et je le fais bien[55]. » Et Katie Patterson, une assistante de chargé de compte, à Atlanta, dit : « Nous sommes volontaires et n'avons pas peur de remettre en cause le *statu quo*. Un environnement où la créativité et la réflexion indépendante sont considérées comme positives plaît aux personnes de mon âge. Nous sommes très indépendants et à la hauteur techniquement[56]. »

Document 9.8 – Caractéristiques des collaborateurs de la génération Y.

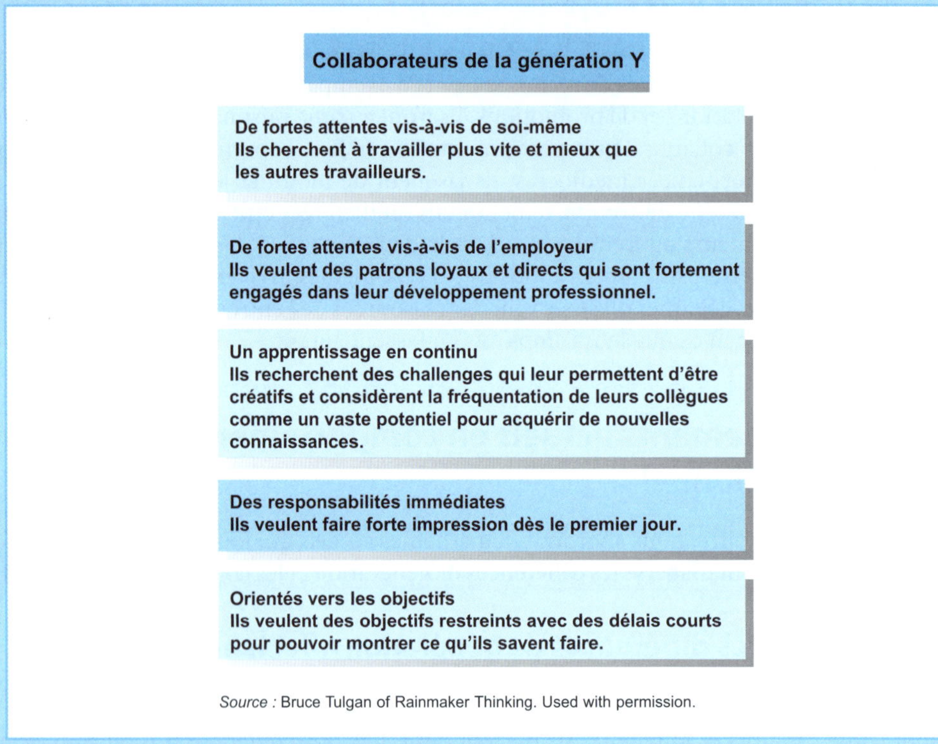

Source : Bruce Tulgan de Rainmaker Thinking Inc. Avec sa permission.

Les défis managériaux

Manager les travailleurs de la génération Y signifie faire face à de nouveaux défis. Du ressentiment et des conflits peuvent apparaître à propos de l'apparence, des technologies et du style de management.

À quel point une organisation doit-elle être flexible du point de vue de l'habillement ? Cela peut dépendre du type de travail à faire et de la taille de l'entreprise. Il y en a beaucoup où le jean, les tee-shirts et les tongs sont acceptés. Dans d'autres endroits, on attend des employés qu'ils s'habillent d'une manière plus conventionnelle. Mais même ce genre d'organisations peut être plus flexible en ce qui concerne des habits plus décontractés, dans la limite de l'acceptable, bien entendu. Par exemple, elle pourra autoriser le port de ce type de vêtements (avec peut-être quelques restrictions) quand la personne n'est pas en relation physique avec quelqu'un de l'extérieur.

Et qu'en est-il de la technologie ? C'est une génération qui a toujours connu les DVD, les téléphones portables, les e-mails, les distributeurs d'argent, les ordinateurs portables et Internet. Lorsque les jeunes de la génération Y n'ont pas le renseignement dont ils ont besoin, ils tapent simplement quelques mots sur leur clavier pour l'obtenir. Ayant grandi avec la technologie, ils n'ont aucun problème avec ces technologies. Ils sont contents de se rencontrer virtuellement pour résoudre leurs problèmes, alors que les baby-boomers déconcertés s'attendent à ce que les problèmes importants soient résolus en réunion. Ces derniers se plaignent d'ailleurs de l'incapacité des jeunes à se concentrer sur une tâche, alors que ces derniers ne considèrent pas la multiplication des tâches comme un mal. Encore une fois, la flexibilité des deux côtés peut être la clé de la réussite.

Finalement, qu'en est-il du management de cette génération Y ? Tout comme la vieille publicité américaine avait l'habitude de dire : « Ce n'est pas la voiture de votre père », nous pouvons dire que « Ce n'est pas la façon de manager de votre père. » Les employés de la génération Y veulent des patrons qui soient ouverts d'esprit ; experts dans leur domaine, même s'ils ne sont pas calés en technologie ; organisés ; en même temps enseignants, entraîneurs et mentors ; ni autoritaires ni paternalistes ; respectueux de leur génération ; compréhensifs de leur besoin d'un équilibre entre travail et vie privée ; établissant un feed-back continu ; communiquant de façon vivante et attrayante ; fournissant une stimulation et des expériences d'apprentissage originales[57].

Les employés de la génération Y ont beaucoup à offrir aux entreprises, autant du point de vue de leur connaissance que de leur passion et de leurs compétences. Les managers doivent alors reconnaître et comprendre leurs comportements pour créer un environnement dans lequel le travail peut être effectué efficacement et sans conflit perturbateur.

6.2. Comment gérer les comportements négatifs ?

Paul remarque que le niveau d'huile hydraulique dans son chariot élévateur est en baisse, mais il continue de s'en servir jusqu'à ce que son outil de travail surchauffe et devienne inutilisable. Après avoir subi onze mois de mauvais traitement et d'insultes répétées de la part de sa supérieure hiérarchique, Françoise décide de quitter son emploi. Une secrétaire frappe son clavier et hurle des insanités chaque fois que son ordinateur ne répond plus. Les grossièretés, l'hostilité, les agressions et beaucoup d'autres comportements négatifs sont devenus communs dans les entreprises d'aujourd'hui. Dans une enquête aux États-Unis, 10 % des employés interrogés ont dit être témoins d'impolitesses quotidiennes sur leur lieu de travail et 20 % être personnellement la cible d'incivilités au moins une fois par semaine. Dans une enquête canadienne, ces chiffres montent jusqu'à 25 % pour l'un et 50 % pour l'autre[58]. On a estimé à environ 300 milliards de dollars par an ce que coûtent les conduites négatives à l'économie américaine[59]. Que doit faire un manager pour éviter cela ?

La première chose est de reconnaître que ces conduites existent. Faire comme si de rien n'était ne fera que troubler les employés à propos des règles déontologiques de l'entreprise. Bien qu'il y ait des débats parmi les chercheurs pour savoir s'il vaut mieux des actions préventives ou des actions réactives, nous pensons qu'en réalité les deux sont nécessaires[60]. Prévenir les comportements négatifs en dépistant les traits de la personnalité des employés et réagir immédiatement et avec fermeté aux conduites inacceptables peut mener à une bonne gestion des conduites négatives sur le lieu de travail. Il est donc important de surveiller l'attitude des employés. En effet, comme nous l'avons dit précédemment, quand ils sont mécontents, ils le font savoir d'une manière ou d'une autre.

Résumé

1. **Définir le domaine du comportement organisationnel.**
   Le comportement organisationnel se centre sur trois domaines : le comportement individuel, le comportement de groupe et les aspects organisationnels. Son objectif est d'expliquer, de prévoir et d'influencer les comportements professionnels. Parmi ces comportements, on trouve : la productivité, qui est la mesure de la quantité et la qualité du travail rendu ; l'absentéisme en tant qu'absence du lieu de travail ; le turn-over, qui comprend les départs volontaires et involontaires ; l'esprit d'entreprise, qui dénote une forme d'implication qui va au-delà des attentes formelles et qui favorise le bon fonctionnement de l'organisation ; la satisfaction professionnelle, qui fait référence à l'attitude générale d'un individu par rapport à son travail ; la déviance professionnelle, qui regroupe les comportements intentionnels qui cherchent à nuire l'organisation ou des individus au sein de l'organisation.

2. **Expliquer le lien entre attitudes et performance.**
   Les attitudes sont des jugements de valeur portant sur des individus, des objets ou des événements. La composante *cognitive* englobe les croyances, les opinions, les connaissances et les informations détenues par la personne. La composante *affective* concerne l'aspect émotionnel ou sentimental de l'individu. Enfin, la composante *comportementale* correspond à l'intention de se comporter d'une certaine façon envers quelqu'un ou quelque chose.

   On distingue quatre attitudes professionnelles : la satisfaction professionnelle, l'implication, l'engagement organisationnel ainsi que la forme d'engagement particulièrement forte appelée en anglais « employee engagement ». La satisfaction professionnelle correspond à l'attitude générale adoptée envers le poste occupé. L'implication est la mesure dans laquelle un individu s'identifie à son travail, y participe et considère ses performances comme importantes au niveau personnel. L'engagement organisationnel représente l'orientation prise envers l'organisation en termes de loyauté, d'identification et d'implication. « Employee engagement » est caractérisé par l'existence d'un lien fort, de la satisfaction et de l'enthousiasme par rapport au travail.

   Selon la théorie de la dissonance cognitive, des individus cherchent à réconcilier les décalages entre attitudes et comportements en modifiant soit leurs attitudes, soit leur comportement, ou en rationalisant le décalage.

3. **Décrire différentes théories de la personnalité.**
   Le MBTI mesure quatre dimensions : l'interaction sociale, l'acquisition d'informations, les préférences par rapport à la prise de décision ainsi que le style de prise de décision. Le modèle des Big Five inclut cinq traits de personnalité : extraversion, amabilité, application, stabilité émotionnelle et ouverture à l'expérience. Une troisième façon d'appréhender la personnalité s'appuie sur cinq traits qui reflètent le comportement individuel en organisation : lieu de contrôle, machiavélisme, estime de soi, autorégulation et prise de risque.

   Les réponses émotionnelles ainsi que la façon de gérer ses émotions dépendent de la personnalité. Une personne à haute intelligence émotionnelle a la capacité de percevoir et de gérer des repères et des informations émotionnels.

4. **Définir la perception et décrire les facteurs pouvant l'influencer.**
La perception correspond au processus de sélection, d'organisation et d'interprétation d'impressions sensorielles dans le but de donner une signification à l'environnement.

La théorie d'attribution permet de comprendre le processus de jugement en fonction de trois facteurs : le caractère distinctif, qui considère la manière dont une personne réagit dans différentes situations. Le consensus décrit le cas où tout le monde réagit de façon identique à une situation. La cohérence réfère à un comportement régulier et cohérent. En fonction de ces trois facteurs, un observateur attribuera un comportement plutôt à une cause interne ou externe.

L'erreur fondamentale d'attribution est la tendance à sous-estimer l'influence de facteurs externes et de surestimer celle des facteurs internes. L'effet de complaisance est la tendance à attribuer les succès à des facteurs internes et à justifier les échecs par des facteurs externes. Les raccourcis et les déformations du jugement comprennent la perception sélective, la similitude supposée, le stéréotype ainsi que l'effet de halo.

5. **Expliquer différentes théories de l'apprentissage et leur rôle pour le comportement.**
D'après la théorie du conditionnement opérant, le comportement dépend de ses conséquences. Selon l'approche de l'apprentissage social, les individus apprennent en observant les événements arrivant aux autres et en ayant des expériences directes.

Les managers peuvent influencer le comportement en utilisant le renforcement positif (renforcement d'un comportement souhaité par une récompense positive), renforcement négatif (renforcement d'un comportement souhaité par la réduction d'un élément déplaisant), punition (élimination de comportements non souhaités par l'application de punitions) ou extinction (absence de renforcement afin d'éliminer un comportement).

6. **Commenter les développements actuels en comportement organisationnel.**
Avec l'arrivée de la génération Y, les managers font face à de nouvelles attitudes et attentes professionnelles. Les principaux défis touchent des domaines comme les codes vestimentaires, la technologie et les styles de management.

Pour gérer les comportements négatifs, il est important de les reconnaître, de détecter ces tendances auprès de collaborateurs potentiels et de rester attentif aux attitudes des collaborateurs, par exemple en conduisant des enquêtes de satisfaction professionnelle.

Pour en savoir plus

ALBERT E., BOURNOIS F., COLLECTIF, *Pourquoi j'irais travailler ?*, Paris, Éditions d'Organisation, 2006, 2e éd.

AUBREY B., *L'Entreprise de soi*, Paris, Flammarion, 2000.

BANDURA A., *Auto-efficacité. Le sentiment d'efficacité personnelle*, Bruxelles, De Boeck Université, 2007.

CARTER P., RUSSELL K., *Tests de personnalité* (2 tomes), Paris, Eyrolles, 2003.

DAGOT L., *100 petites expériences de psychologie en entreprise*, Paris, Dunod, 2006.

DECKER J.-F., *Mieux connaître sa personnalité*, Paris, Éditions d'Organisation, 2003, 3e éd.

FRADIN J., LE MOULLEC F., *Manager selon les personnalités*, Paris, Éditions d'Organisation, 2007.

GOLEMAN D., BOYATZYS R., MCKEE A., *L'Intelligence émotionnelle au travail*, Paris, Village Mondial, 2010.

GRUÈRE J.-P., ALEXANDRE-BAILLY F., BOURGEOIS D., *Comportements humains et management*, Paris, Pearson Éducation, 2006, 2e éd.

LAINÉ S., *Le Management de soi*, Paris, Éditions Démos, 2002.

LÉGERON P., *Le Stress au travail*, Paris, Odile Jacob, 2003.

MYERS D.-G., *Psychologie sociale pour managers*, Paris, Dunod, 2006.

ROBBINS S., JUDGE T., GABILLIET P., *Comportements organisationnels*, Paris, Pearson Éducation, 2006.

SAUNDER L., *L'Énergie des émotions*, Paris, Éditions d'Organisation, 2007.

SCHEMERHORN J.-R., HUNT J. G., OSBORN R. N., DE BILLY C., *Comportement humain et organisation*, Paris, ERPI, 2010, 4e éd.

Activités

Questions de compréhension

1. En quoi une organisation ressemble-t-elle à un iceberg ? Utilisez la métaphore de l'iceberg pour décrire les domaines du comportement organisationnel.
2. L'importance des connaissances en comportement organisationnel varie-t-elle en fonction du niveau hiérarchique d'un manager ? Si oui, pourquoi ? Si non, pourquoi pas ? Donnez des arguments précis.
3. Comment les individus s'y prennent-ils pour réduire les incohérences entre leurs attitudes et leurs comportements ?
4. Qu'entend-on précisément par les termes *d'intelligence émotionnelle* ? Donnez quelques exemples d'utilisation de ce concept dans le fonctionnement des organisations contemporaines.
5. « Au lieu de se soucier de la satisfaction professionnelle, les entreprises feraient mieux de créer des environnements propices à la performance. » Que veut dire cette affirmation ? Comment est-ce que vous y réagirez ? Êtes-vous d'accord ? Pourquoi ?
6. Comment un manager peut-il utiliser les traits de personnalité pour améliorer la qualité de ses recrutements dans son équipe ? Et l'intelligence émotionnelle ? Expliquez.
7. Décrivez les implications de la théorie de l'apprentissage social dans le management des personnes dans un contexte professionnel.
8. Un sondage mené au sein d'une organisation montre que pour la majorité des collaborateurs avoir un supérieur attentif à leurs besoins est plus important que les incitations financières. Comment les managers devraient-ils interpréter cette information ? Qu'est-ce qu'elle implique ?
9. Indiquez trois attitudes qui sont caractéristiques pour vous. Identifiez les composantes cognitives, affectives et comportementales de ces attitudes.

Autoévaluation

Quelle est ma personnalité ?

Le modèle des Big Five est un champ impressionnant de recherche qui énonce que la personnalité peut être définie selon cinq grandes dimensions fondamentales. Ce questionnaire d'autoévaluation vous donnera des indications vous permettant de mieux connaître votre personnalité au travers des Big Five.

Questionnaire

Quinze paires d'adjectifs sont listées ci-dessous. Pour chacune, sélectionnez le nombre qui vous décrit le mieux.

1. Tranquille	1	2	3	4	5	Communicatif
2. Tolérant	1	2	3	4	5	Critique
3. Désorganisé	1	2	3	4	5	Organisé
4. Tendu	1	2	3	4	5	Calme
5. Imaginatif	1	2	3	4	5	Conventionnel
6. Réservé	1	2	3	4	5	Extraverti
7. Non coopératif	1	2	3	4	5	Coopératif
8. Peu fiable	1	2	3	4	5	Fiable
9. Incertain	1	2	3	4	5	Sûr
10. Nouveau	1	2	3	4	5	Familier
11. Sociable	1	2	3	4	5	Solitaire
12. Méfiant	1	2	3	4	5	Confiant
13. Désordonné	1	2	3	4	5	Orienté vers les objectifs
14. Enthousiaste	1	2	3	4	5	Déprimé
15. Changement	1	2	3	4	5	*Statu quo*

Calculez votre résultat

Pour calculer votre résultat, ajoutez vos points comme suit (inverser les nombres pour les numéros marqués d'un astérisque) :

1, 6 et 11* :	C'est votre résultat pour l'extraversion.
2*, 7 et 12 :	C'est votre résultat pour l'amabilité.
3, 8 et 13 :	C'est votre résultat pour l'application.
4, 9 et 14* :	C'est votre résultat pour la stabilité émotionnelle.
5*, 10* et 15* :	C'est votre résultat pour l'ouverture à l'expérience.

Analyse et interprétation

Extraversion. Un résultat élevé indique que vous êtes extraverti. Un résultat bas indique que vous êtes introverti.

Amabilité. Un résultat élevé indique que vous recherchez l'harmonie. Un résultat bas indique que vous préférez avoir votre mot à dire ou votre propre avis sur les choses.

Application. Un résultat élevé indique que vous poursuivez à dessein moins d'objectifs. Un résultat bas indique que vous êtes facilement distrait, que vous poursuivez plusieurs objectifs et que vous êtes plus hédoniste.

Stabilité émotionnelle. Un résultat élevé indique une stabilité émotionnelle positive. Un résultat bas indique une stabilité émotionnelle négative.

Ouverture à l'expérience. Un résultat élevé indique que vous avez beaucoup d'intérêts différents et une fascination pour la nouveauté et l'innovation. Un résultat bas indique que vous êtes plus conventionnel et trouvez le confort dans ce qui vous est familier.

Que signifie votre résultat ? Il n'y a pas de division précise. Toutefois, nous pouvons avancer les dimensions suivantes : 12-15 points = élevé, 7-11 = modéré et 3-6 = bas.

Qu'indique votre résultat ? Des études à propos du modèle des Big Five suggèrent que les personnes qui sont fiables, minutieuses, organisées, capables de planifier et persévérantes (c'est-à-dire avec un résultat élevé pour l'application) tendent à être plus performantes, quel que soit leur travail. Un résultat élevé pour l'extraversion indique que vous serez à votre aise dans le management ou la vente. Par ailleurs, un résultat élevé pour l'ouverture à l'expérience est un bon indicateur de votre capacité à acquérir des avantages significatifs avec un effort d'entraînement.

Sources : Fondé sur O. P. John, « The "Big Five" Factor Taxonomy: Dimensions of Personality in the Natural Language and in Questionnaires », in L. A. Pervin (dir.), *Handbook of Personality Theory and Research*, New York, Guilford Press, 1990, p. 66-100 ; D. L. Formy-Duval, J. E. Williams, D. J. Patterson et E. E. Fogle, « A "Big Five" Scoring System for the Item Pool of the Adjective Check List », *Journal of Personality Assessment*, n° 65, 1995, p. 59-76.

Dilemme éthique

Gérer la peur d'un licenciement

Pour eux, il s'agit à tout prix de se faire bien voir. Les employés qui redoutent un licenciement veulent donner l'impression d'être irremplaçables. Alors ils font tout pour s'amender. Ceux qui ne faisaient guère attention à leur tenue se mettent à soigner leur apparence. Ceux qui se montraient insolents et qui discutaient les ordres se tiennent désormais tranquilles et font preuve d'une grande docilité. Ceux qui avaient l'habitude de « surveiller la pendule » sont à présent les derniers à partir. La peur est là, et elle est palpable. « Gérer cette peur peut être difficile », confirme un dirigeant. Quels sont les problèmes éthiques qui peuvent se poser ici, aussi bien pour les employés que pour les managers ? Comment les managers pourraient-ils aborder ces situations de manière éthique ?

Dilemme éthique basé sur M. Conlin, « Are People in Your Office Acting Oddly? », *BusinessWeek*, 13 avril 2009, p. 54 ; J. Hoffman, « Working Hard to Look Busy », *New York Times Online*, 25 janvier 2009.

Pour action

Répondre | Répondre à tous | Transférer

Recrutement chez AvanceDesign

À : Emmanuel Boulanger, DRH

De : Michelle Lombard, directrice générale

Objet : Recrutement

Emmanuel, comme nous en avons discuté vendredi dernier, nos activités de fabrication ont connu une telle croissance qu'on doit rapidement intégrer deux personnes supplémentaires au sein de notre équipe – un contrôleur de gestion et un directeur national des ventes. Le contrôleur sera chargé d'établir des normes opérationnelles et financières pour nos différentes unités de production (ce qui impliquera l'analyse des données financières ainsi que des statistiques de fabrication). Le directeur national des ventes aura pour mission de collaborer étroitement avec notre équipe commerciale pour continuer à développer des relations durables avec nos clients.

Je me souviens d'un cours de management où l'on nous avait appris que certains types de personnalités s'accordaient particulièrement bien avec certains types d'emplois. Pourriez-vous vous documenter sur ce sujet ? Rédigez s'il vous plaît un bref rapport (pas plus d'une page) décrivant le type de personnalité qui pourrait se révéler approprié pour chacun de ces nouveaux postes, et remettez-le-moi d'ici la fin de la semaine.

Cette entreprise et ce message fictifs ont été imaginés dans un but exclusivement pédagogique. Il n'est aucunement question ici d'évoquer, ni en bien, ni en mal, les pratiques managériales d'une entreprise réelle qui porterait le même nom.

Mise en situation

La demande d'augmentation

Cet exercice a pour objectif de vous amener à :

1. Illustrer comment les perceptions influencent les décisions.
2. Montrer l'effet des raccourcis utilisés pour porter un jugement sur autrui.

Situation

Le professeur ou le formateur vous remet un scénario portant sur une demande d'augmentation de salaire par un employé. Lisez-le et faites des commentaires positifs ou négatifs sur l'augmentation.

Déroulement

1. Constituez des sous-groupes de cinq à sept personnes et abordez la simulation du point de vue du manager devant prendre la décision.
2. Chaque sous-groupe doit identifier ses perceptions sur les habitudes de l'employé et d'autres facteurs appuyant sa demande.
3. Demandez l'attention de tout le groupe et écoutez les conseils et explications de chaque sous-groupe.

Cas d'entreprise

Je quitte ma boîte…

De plus en plus de salariés choisissent de se réorienter, à l'instar de Marc, ingénieur chez Hewlett-Packard, qui rêve d'emporter la mairie de sa commune, ou Thierry, agent de production sur une chaîne de cartonnage, qui a profité d'un plan social pour se réorienter vers le milieu médical. Les exemples de reconversion se multiplient. Un ingénieur en informatique se tourne vers la petite enfance, un autre devient professeur de technologie, un DRH reprend un commerce de vins et de fromages, un ingénieur expert du business development crée sa propre structure de conseil… Selon *Liaisons sociales magazine* qui a récemment consacré un article à ce phénomène, chez Schneider Electric, « les projets de création de maisons d'hôte ont fleuri à l'occasion d'un récent plan ».

Nouvel élan entrepreneurial ou ras-le-bol des cadres quadragénaires face aux conditions de travail au sein des grands groupes avec leurs impératifs de productivité en constante augmentation, accélération et intensification du travail au quotidien sur fond de pilotage par résultats trimestriels ? Revirement d'une génération qui n'a pas osé vivre la vie dont elle a rêvé ? Il est clair, et les journalistes font bien de le souligner, qu'il n'y a qu'une petite minorité des salariés qui peut aujourd'hui rêver de partir avec un généreux package. Or, ce rêve est bien réel pour certains et il peut constituer un véritable risque pour l'entreprise comme le confirme la confidence quelque peu paradoxale d'un cadre supérieur d'une grande société de microélectronique grenobloise : « J'aimerais bien partir, mais l'entreprise marche trop bien en ce moment, et il n'y a malheureusement pas de plan de départs volontaires en vue. » Selon un sondage Ipsos réalisé en avril 2009, la majorité des salariés envisageant la reconversion professionnelle ont l'espoir de gagner en conditions de travail (52 %) et en équilibre de vie (54 %).

Réaliser ses rêves de jeunesse et quitter le confort du salariat pour devenir maître de son destin et vivre en cohérence avec soi-même semblent les maîtres mots de cette nouvelle tendance. Et les entreprises ? Elles doivent se faire à l'idée que leurs salariés s'attendent à autre chose que la profitabilité financière et les stratégies à court terme, comme souligne Faouzi Bensebaa, chercheur en stratégie à l'université de Paris XII, dans *Liaisons sociales magazine*.

Questions

1. Dans quelle mesure le concept de l'attitude au travail permet-il d'expliquer la volonté de réorientation professionnelle présentée dans le cas ?
2. Avez-vous entendu parler de cas de réorientations professionnelles ? Quelles en étaient les raisons ? Confirment-ils la tendance décrite dans le cas ?
3. Pensez-vous qu'il s'agisse d'une tendance de fond ? Quelles en seraient les conséquences pour les entreprises ? Comment pourraient-elles réagir ?

Source : Basé sur S. Béchaux, A.-C. Geoffroy et S. Germain, « À chacun sa stratégie pour affronter la tempête », *Liaisons sociales magazine*, janvier 2010, p. 17-21, ainsi que sur des entretiens personnels.

Chapitre 10

Les groupes et les équipes de travail

Objectifs

1. Définir la notion de groupe et décrire les stades de développement d'un groupe.
2. Décrire les principaux concepts de comportement de groupe.
3. Expliquer le passage d'un groupe à une équipe performante.
4. Traiter des développements actuels en management d'équipes.

Le comportement des membres d'un groupe n'équivaut pas à la somme des comportements individuels. Les personnes agissent en effet différemment si elles sont entourées. C'est pourquoi il faut se pencher sur le fonctionnement des groupes et des équipes de travail.

1. Qu'est-ce qu'un groupe et comment se développe-t-il ?

Détentrice actuelle des titres olympique, mondial et européen, l'équipe de France de handball masculin est la seule équipe de l'histoire du handball à avoir remporté quatre grandes compétitions internationales d'affilée. Une telle performance inspire naturellement les managers à chercher les clés de succès du développement d'une équipe professionnelle. Le point de départ : comprendre ce qu'est un groupe et comment il se développe.

1.1. Qu'est-ce qu'un groupe ?

Il y a **groupe** lorsque deux individus ou plus en interaction mettent leurs efforts en commun pour atteindre un objectif spécifique, de façon formelle ou non. Les groupes *formels* sont des groupes ou équipes de travail (voir la section 3.1. pour la distinction entre groupes et équipes) constitués au sein de l'organisation et affectés à des tâches bien déterminées et en lien avec les objectifs organisationnels. Le document 10.1 en donne quelques exemples. À l'opposé, les groupes *informels* sont de nature sociale : ils se forment naturellement dans l'environnement de travail, en réponse à un besoin de contact social. Leur base est généralement l'amitié et les affinités ou intérêts communs. Dans ce sens, cinq collègues de différents services qui déjeunent régulièrement ensemble forment un groupe informel.

Groupe — Deux individus ou plus en interaction et mettant leurs efforts en commun pour atteindre des objectifs déterminés.

Document 10.1 – Exemples de groupes de travail formels.

Groupes fonctionnels. Définis par la structure formelle de l'organisation, ils sont composés de personnes qui dépendent du même manager.
Groupes de projet. Mis en place pour accomplir des tâches spécifiques. Ils sont souvent temporaires ; lorsque la tâche est terminée, le groupe est dissous.
Équipes transversales. Rassemblent les compétences d'individus issus de différents domaines de travail. Ce terme est aussi utilisé pour désigner les groupes dont les membres ont été formés pour accomplir l'ensemble des tâches.
Équipes autonomes. Fonctionnent de façon autonome et prennent en charge des responsabilités managériales comme, par exemple, le recrutement, la planification et l'évaluation de la performance de leurs membres, en plus de leurs tâches opérationnelles.

1.2. Comment se développe un groupe ?

La recherche sur les groupes montre que leur développement passe par cinq stades (voir document 10.2) : formation, agitation, stabilisation, action et dispersion[1].

Document 10.2 – Stades de développement d'un groupe.

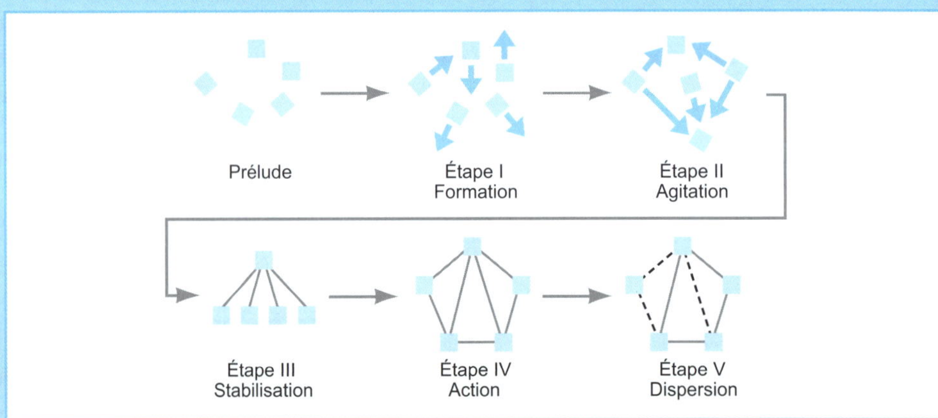

Le stade de **formation** (*forming*) est composé de deux phases. La première commence lorsque des individus rejoignent le groupe. Dans un groupe formel, elle est souvent liée à une décision managériale. Lorsque ces membres ont rejoint le groupe, la seconde phase commence. Elle concerne la définition du but, de la structure et du leadership du groupe. Elle se caractérise par un degré important d'incertitude ; les membres « testent » le terrain pour identifier les comportements acceptables. Cette phase s'achève dès lors que les membres ont pris conscience qu'ils sont partie intégrante d'un groupe.

Le stade d'**agitation** (*storming*) est celui des conflits au sein du groupe, qui peuvent porter sur le contrôle du groupe ainsi que sur ce que le groupe doit faire. Au terme de cette étape, la structure de leadership et la direction à prendre se dessinent de façon plus claire.

Formation — Premier stade du développement d'un groupe, caractérisé par l'incertitude concernant le but, la structure et les leaders du groupe.

Agitation — Deuxième stade du développement d'un groupe, marqué par les conflits.

Lors du troisième stade, la **stabilisation** (*norming*), des relations étroites s'établissent et les membres commencent à afficher une certaine cohésion, assortie d'un sens de l'identité et de camaraderie. Elle s'achève lorsque la structure de l'équipe s'est solidifiée et que les membres ont intégré une série d'attentes (ou de normes) quant au comportement professionnel approprié.

Le stade suivant est celui de l'**action** (*performing*), la structure étant désormais totalement opérationnelle et acceptée par les membres. L'énergie commune n'est plus dépensée à se connaître et à se comprendre mutuellement, mais plutôt à réaliser les tâches qui s'imposent. Dans le cas de groupes permanents, l'action représente le dernier stade de développement.

Pour les groupes *ad hoc* ou provisoires – prenant en charge une tâche limitée dans le temps – s'ajoute le stade de **dispersion** (*adjourning*). Les groupes se préparent alors à leur démantèlement et l'attention est plus portée sur la conclusion des activités que sur la réalisation des tâches. Les réactions de leurs membres sont variées. Certains peuvent être enthousiastes par rapport aux réalisations tandis que d'autres sont tristes de perdre la camaraderie et l'amitié qu'ils avaient trouvées.

Stabilisation — Troisième stade du développement d'un groupe, caractérisé par le développement de relations et d'une cohésion au sein du groupe.

Action — Quatrième stade du développement d'un groupe qui est alors totalement opérationnel et concentré sur la réalisation des tâches qui s'imposent.

Dispersion — Ultime stade du développement d'un groupe temporaire lors duquel il se prépare à être démantelé.

Connaissant le parcours des groupes dans leur processus de développement, une question évidente se pose : gagnent-ils en efficacité au fil des étapes ? Selon certains chercheurs, la réponse est oui, avec quelques réserves cependant[2]. On peut considérer que l'affirmation est juste, à condition de ne jamais oublier que l'efficacité d'un groupe constitue un processus complexe. Ainsi, et contre toute attente, dans certaines conditions, une ambiance très conflictuelle peut entraîner des niveaux élevés de performances[3]. C'est ce même phénomène qui aboutit parfois à des groupes plus efficaces au stade « formation » que d'autres aux étapes « stabilisation » ou « activité ». De même, les groupes n'enchaînent pas toujours les stades avec précision et il peut arriver que plusieurs stades se déroulent simultanément (« stabilisation » et « action », par exemple). Par conséquent, il serait excessif de considérer le développement d'un groupe comme un processus forcément linéaire et la phase « activité » comme la plus souhaitable. Les groupes demeurant des entités dynamiques, considérons plutôt le tout comme un cadre général d'action destiné à mieux comprendre les problèmes pouvant surgir.

2. Comprendre le comportement de groupe

Pour bien cerner le comportement de groupe, il faut se pencher sur ses concepts de base, à savoir les rôles, les normes et la conformité, les systèmes de statut et la cohésion de groupe.

2.1. L'importance des rôles

Vous avez découvert le principe des rôles au chapitre 2 avec la mission des managers. Sachez que le concept ne se limite pas à eux et concerne tous les collaborateurs de l'organisation ainsi que l'ensemble de leur vie sociale en dehors de l'organisation.

Un **rôle** correspond aux modèles de comportement attendus selon la place occupée dans une unité sociale. Ainsi, chaque personne joue plusieurs rôles, qu'elle adapte en fonction du groupe dans lequel elle se trouve à un moment donné. Dans une organisation, les employés tentent d'identifier les comportements qu'ils doivent adopter : ils se reportent à la description de poste, suivent les conseils de leurs supérieurs et observent l'attitude de leurs collègues. En cas d'attentes divergentes, il y a conflit de rôles, une situation fréquente à l'heure actuelle. Par exemple, le responsable du service crédits attend de son analyste le traitement d'au moins trois cents demandes par semaine, alors que le groupe de travail oblige les membres à se limiter à vingt dossiers hebdomadaires pour que tout le monde soit occupé et ne risque pas d'être licencié. Autre exemple de conflit de rôle : les collègues d'un professeur qui vient d'être engagé lui demandent de ne mettre des notes élevées qu'avec parcimonie pour conserver la réputation d'excellence de l'établissement, alors que les étudiants attendent justement le contraire pour remonter leur moyenne.

Rôle — Modèle de comportements attendus d'un individu qui occupe une place spécifique au sein d'une unité sociale.

2.2. Comment les normes et la conformité influencent-elles le comportement de groupe ?

Tous les groupes fonctionnent selon des **normes** établies et partagées par leurs membres. Ces normes déterminent, entre autres, le niveau de rendement, le taux d'absentéisme, la ponctualité ainsi que le degré de socialisation autorisé au travail. Par exemple, elles régissent le code vestimentaire des représentants du service client, alors que les employés qui ne se trouvent pas en contact avec la clientèle peuvent adopter un style plus décontracté. À l'occasion toutefois, il peut arriver qu'un nouvel arrivant se présente en costume cravate. Celui-ci fera rapidement l'objet de blagues et de pressions, jusqu'à ce qu'il s'habille conformément aux normes du groupe.

Normes — Standards ou attentes qui sont acceptés et partagés par les membres d'un groupe.

Même si à chaque groupe correspond une série de normes propres, certains critères se retrouvent dans la plupart des organisations. Il s'agit par exemple du code vestimentaire, de la loyauté, et surtout des normes concernant les *efforts* et les *performances*. Dans l'univers du travail, les groupes orientent leurs membres en termes d'efforts à déployer, de niveau de rendement, des moments où il faut paraître occupé et de ceux où il est permis de se laisser aller. Ces normes ont un impact considérable sur les performances, au point que le fait de les ignorer, ajouté aux aptitudes et au niveau de motivation, mène souvent à des prévisions erronées quant à la performance des individus.

Certaines organisations imposent un *code vestimentaire* strict qui va jusqu'à décrire ce qui est acceptable ou non dans un registre plus décontracté. Et en l'absence d'un code, il existe toujours des normes pour dicter le style à adopter pour se présenter au travail. Ainsi, au moment de passer des entretiens pour un concours d'entrée dans une grande école, les étudiants comprennent rapidement quelle est la norme : chaque printemps, sur les campus, il est facile de les repérer avec leur costume sombre, la tenue conforme attendue dans un cadre professionnel. Bien sûr, le code vestimentaire n'est pas toujours le même et peut changer radicalement entre une agence de communication, une banque d'affaires, un parc d'attractions ou les services d'action sociale d'une mairie de grande ville.

Rares sont les managers appréciant les employés qui tournent l'organisation en ridicule. De la même façon, que l'on soit employé qualifié ou membre de l'équipe de direction, on voit souvent d'un mauvais œil les collaborateurs de l'entreprise cherchant ostensiblement du travail ailleurs. Même les personnes insatisfaites de leur travail savent que leurs recherches d'emploi doivent rester secrètes. Ces quelques exemples illustrent combien les normes de *loyauté* sont très répandues dans les organisations, ce qui explique souvent pourquoi des personnes visant un poste de direction acceptent sans rechigner d'emporter du travail à la maison, de travailler le week-end et d'être mutées dans des villes qu'elles n'auraient jamais choisies d'elles-mêmes.

Dès lors que les individus veulent être acceptés par le groupe auquel ils appartiennent, ils peuvent être conduits à se plier aux pressions de *conformité*. Celles-ci influencent d'ailleurs grandement le jugement et les attitudes des individus, comme le montrent les études menées par Solomon Asch (voir l'encadré suivant)[4]. Les conclusions de ces travaux prouvent à quel point les normes collectives nous poussent à tomber dans la conformité. Dans la majorité des cas, nous cherchons à être acceptés dans le groupe et à ne pas nous faire remarquer. Ces remarques d'ailleurs sont applicables à plus grande échelle. Une personne émettant une opinion différente de celle des autres membres sur des données objectives subira des pressions l'incitant à s'aligner, comme nous l'avons vu au chapitre 4 sur la prise de décision avec le concept de pensée de groupe.

Théorie classique

Solomon Asch et la conformité de groupe

Le désir d'être accepté comme membre d'un groupe peut-il pousser à se conformer aux normes de celui-ci ? Le groupe exerce-t-il des pressions suffisamment importantes pour altérer l'attitude et le comportement d'un membre ? On peut répondre affirmativement dans les deux cas, comme le prouvent les travaux de Solomon Asch.

Son étude porte sur des groupes de sept ou huit personnes qui s'assoient dans une salle et doivent comparer deux cartes présentées par un chercheur[5]. L'une compte une seule ligne x, l'autre trois lignes a, b et c de longueur variable. Comme le montre le document 10.3, l'une des trois lignes est aussi longue que la ligne unique x représentée sur l'autre carte et la différence de longueur avec les deux autres est assez évidente.

Théorie classique (suite)

L'idée est de dire tout haut laquelle des trois lignes a, b ou c de la seconde carte est de même longueur que la ligne x de la première carte. Dans des conditions normales, le taux d'erreur n'est que de 1 %. Que se passe-t-il toutefois si tous les participants commencent à se tromper ? Sous la pression de la conformité, un sujet non initié change-t-il sa réponse pour coller à celles des autres ? C'est ce que Asch a cherché à savoir. Il a donc composé des groupes dont un seul membre n'est pas préparé à l'expérience et organisé les séances de façon que ce sujet réponde en dernier.

Document 10.3 – Exemples de cartes utilisées dans l'étude de Asch.

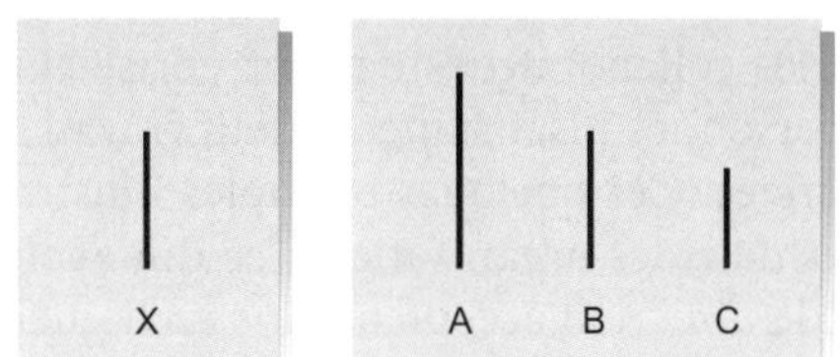

L'expérience a débuté avec deux séries d'exercices similaires. Tous les participants ont alors répondu de façon identique. À la troisième série pourtant, le premier a donné une réponse de toute évidence incorrecte (par exemple, la ligne c), le deuxième l'a copié et les suivants également. Son tour venu, le sujet non initié savait que b était de même longueur que x alors que tout le monde avait dit c. Son dilemme était donc le suivant : annoncer en public une perception différente de celle des autres ? Ou donner une réponse à l'évidence fausse pour ne pas dénoter ? Dans 35 % des cas étudiés, les sujets non initiés se conforment à la majorité.

Pour les managers, les travaux de Asch en disent long sur les comportements de groupe. Comme cela y est démontré, les individus ont une nette tendance à suivre le consensus. Pour limiter les effets négatifs de la conformité, ils doivent donc créer un cadre ouvert dans lequel les employés se sentent libres d'aborder des problèmes sans crainte de représailles.

2.3. En quoi le statut est-il un facteur essentiel ?

Le **statut** est une place ou un rang occupé au sein d'un groupe et conférant à celui qui le détient un certain prestige. Le terme désigne aussi l'ensemble des attributs liés à la position d'un individu au sein de son système culturel de référence ou dans un groupe donné. Aussi loin que les scientifiques aient pu remonter pour analyser les regroupements d'êtres humains, il semble que des hiérarchies de statuts sociaux aient existé : les chefs de tribus et les membres, les nobles et les paysans, les nantis et les démunis. Les systèmes de statut représentent des facteurs clés pour comprendre et prédire des comportements. Le statut apparaît en effet comme un puissant facteur de motivation et de conditionnement des attitudes et des comportements, en particulier lorsqu'il y a divergence entre leur perception par le détenteur du statut et celle de l'entourage.

Statut — Position ou rang occupé au sein d'un groupe.

Le statut s'obtient parfois de façon informelle grâce à l'éducation, l'âge, aux compétences ou à l'expérience. En fait, tout élément de statut compte à partir du moment où les autres acteurs y accordent une valeur. Le manque de formalisation d'un statut ne lui enlève d'ailleurs en rien son importance ou son bien-fondé. Les membres du groupe n'ont aucun problème à ranger les individus dans des catégories et tombent généralement d'accord sur la place qui leur revient dans la hiérarchie.

Il est important que les employés considèrent comme cohérent le système de statut formel de l'organisation. Il faut un équilibre entre la position occupée par les uns et les autres – en particulier au niveau managérial – et les symboles arborés. Par exemple, une incohérence de statut peut apparaître lorsqu'un responsable gagne moins que ses subalternes ou lorsqu'un poste prisé revient à une personne située en bas de l'organigramme. Dans de tels cas, l'ordre général est remis en cause et l'organisation perd en cohérence.

2.4. Quelle est l'influence de la taille du groupe ?

La taille du groupe est déterminante pour le comportement collectif, même si l'impact dépend des critères retenus[6].

Ainsi, il est prouvé que les groupes réduits réalisent plus vite des tâches que les groupes plus importants en taille ; en revanche, s'il est question de résoudre des problèmes, les groupes de grande taille l'emportent. Même s'il est délicat d'en tirer des conclusions strictes, certains paramètres semblent se démarquer. Le grand groupe (à partir d'une dizaine de personnes) est idéal pour recueillir une variété d'idées et suggestions, ce qui le place en meilleure position pour la recherche de solutions. Pour sa part, le petit groupe (cinq à sept membres) est surtout bien placé pour être productif à partir d'idées et généralement plus efficace dans l'action.

Le plus surprenant est de constater que plus les groupes sont importants et plus la participation individuelle tend à diminuer. Ainsi, la productivité d'un groupe de quatre est supérieure à celle d'un trio mais chaque membre est personnellement moins productif dans le premier cas ; le rendement du quatuor n'équivaut donc pas à quatre fois celui de chaque personne. La réduction de l'effort s'explique notamment par la dispersion des responsabilités, laquelle permet à chacun de se relâcher. Intervient alors un comportement que l'on pourrait qualifier de **paresse sociale** (*social loafing*)[7]. Lorsque les résultats du groupe ne peuvent être attribués à une seule personne, la relation entre la contribution de tous et ce qu'il en ressort est floue. Dans ce cas, les membres peuvent être tentés de se transformer en « parasites », réduisant notablement leur contribution individuelle et profitant des efforts collectifs. En d'autres termes, l'efficacité diminue lorsque des personnes pensent que leur participation n'est pas quantifiable. C'est pourquoi les managers doivent trouver la manière d'identifier clairement les efforts de chacun, en particulier dans un processus de groupe.

2.5. Quel est le lien entre cohésion et performance ?

À première vue, il semble logique que des groupes caractérisés par un désaccord interne et un manque de coopération soient moins efficaces que ceux affichant consensus, collaboration et bonne entente. Des recherches se sont donc intéressées à la **cohésion de groupe**, c'est-à-dire le degré auquel les membres ressentent un intérêt mutuel et partagent les objectifs collectifs. Plus ces deux propositions se vérifient et plus la cohésion est forte.

> *Cohésion de groupe* — Mesure dans laquelle les membres d'un groupe ressentent un intérêt mutuel à être ensemble et partagent les objectifs du groupe.

D'autres études corroborent le fait que l'efficacité va de pair avec le niveau de cohésion, même si la relation de cause à effet entre les deux dimensions demeure très complexe[8]. La mesure dans laquelle l'attitude du groupe colle à ses propres objectifs formels - ou à ceux, plus importants, de l'organisation tout entière - sert alors de variable de modération. Plus un groupe est soudé et plus ses membres en suivront les objectifs. En outre, si ces objectifs ont une incidence positive (par exemple, rendement élevé, travail de qualité, coopération avec des intervenants externes), la productivité du groupe uni est encore supérieure à celle d'un groupe peu uni. Néanmoins, une bonne cohésion s'accompagnant d'attitudes négatives face aux objectifs fait baisser la productivité, alors qu'une cohésion faible et des objectifs acceptés l'augmentent (mais moins qu'en cas de forte cohésion). Enfin, avec le manque de cohésion et le rejet d'objectifs, il n'y a aucune incidence sur la productivité. Toutes ces conclusions sont présentées dans le document 10.4.

Document 10.4 – Relation entre la cohésion du groupe et la productivité.

Adhésion du groupe aux objectifs organisationnels \ Cohésion	Élevée	Faible
Élevée	Forte hausse de la productivité	Hausse modérée de la productivité
Faible	Baisse de la productivité	Aucune incidence sur la productivité

3. Transformer les groupes en équipes performantes

Au début des années 70, lorsque des entreprises comme Toyota, Kraft Foods et Volvo ont introduit le principe du fonctionnement par équipes, l'initiative a fait d'autant plus de bruit qu'elle était totalement pionnière. Aujourd'hui, c'est tout le contraire : qu'une organisation n'ait *pas* recours à une certaine forme de travail en équipe et elle est immédiatement montrée du doigt. Si vous vous plongez dans n'importe quelle revue économique, vous découvrirez à quel point les équipes sont devenues un élément incontournable dans des compagnies comme Honeywell, General Electric, Saab, John Deere, Total, Air France, PSA, la SNCF ou La Poste. Ainsi, pour se limiter à l'exemple nord-américain, environ 80 % des entreprises classées au Fortune 500 comptent des équipes en leur sein[9].

Comment expliquer que les équipes soient devenues si populaires dans le monde du management ? Il est tout d'abord prouvé qu'en termes de performances, elles l'emportent sur les individus isolés dès lors que les tâches requièrent une variété de compétences, de perspectives et d'expériences[10]. Les organisations opérant des restructurations afin d'affronter la concurrence de façon plus efficace et plus rentable s'orientent naturellement vers le concept d'équipes afin de mieux exploiter les talents des employés[11]. De plus, il apparaît aux yeux du management que les équipes constituent des entités plus souples et plus réactives face à un environnement changeant, comparées aux traditionnels départements ou autres formes figées de regroupement[12]. Aussi, les équipes sont-elles rapidement constituées, déployées, recentrées et dispersées.

3.1. Groupe ou équipe ?

On peut légitimement, à ce stade, se demander si groupes et équipes ne constituent pas des concepts identiques. En fait, il n'en est rien et de nombreuses différences les séparent (voir document 10.5)[13].

Comme nous l'avons développé au chapitre précédent, un groupe naît de deux individus ou plus qui décident de s'associer afin d'atteindre des objectifs. Un groupe interagit donc principalement pour partager des informations et prendre des décisions qui aideront chaque membre à intervenir ensuite dans son domaine de responsabilité. Les groupes n'ont ni le besoin ni l'occasion d'effectuer un travail collectif demandant la réunion d'efforts. En revanche, l'équipe de travail génère bien cette synergie positive grâce à la coordination des efforts.

> *Équipe de travail* — Groupe dont les membres travaillent de façon intense afin d'atteindre des objectifs partagés. La performance des équipes se base sur une synergie positive, sur une responsabilité à la fois individuelle et collective envers les objectifs partagés ainsi que sur la complémentarité des compétences.

Document 10.5 – Différences entre groupes et équipes de travail.

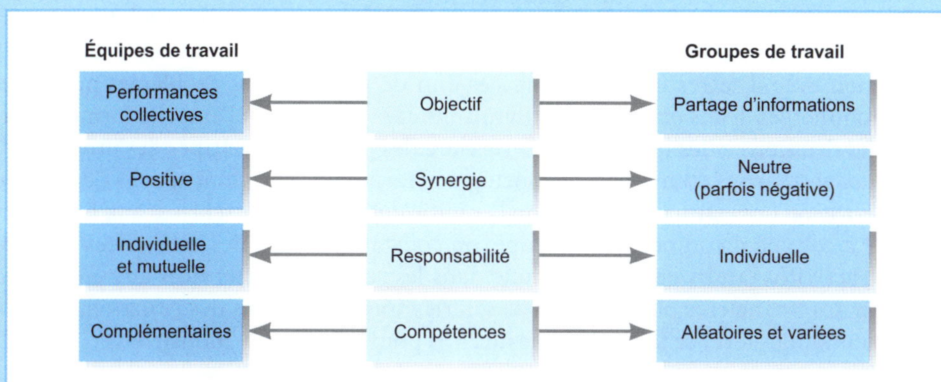

Ces descriptions peuvent nous aider à mieux comprendre pourquoi tant d'organisations ont procédé à la restructuration de leurs activités sous forme d'équipes. Le management recherche cette synergie positive permettant d'augmenter les performances[14], car le recours aux équipes offre un potentiel de rendement accru avec autant, voire moins, de ressources.

On gardera toutefois à l'esprit que ces résultats ne sont que potentiels. En effet, il n'existe pas de tour de magie permettant de faire que la synergie positive et l'accroissement de la productivité aient lieu à tout prix. De même, il ne suffit pas de qualifier un groupe d'équipe pour que ses performances augmentent dans le même temps[15]. Comme nous le verrons bientôt, les équipes les plus efficaces doivent présenter un certain nombre de caractéristiques communes afin que le management puisse en tirer parti.

3.2. Types d'équipes de travail

Il est possible de classer les équipes de travail en quatre types principaux, en fonction des objectifs qu'elles poursuivent : l'équipe de résolution de problèmes, l'équipe autonome, l'équipe transversale et l'équipe virtuelle.

Au début, l'intérêt des managers pour les équipes se portait essentiellement sur les **équipes de résolution de problèmes**. Leurs membres sont typiquement issus d'un même service et cherchent à améliorer les activités professionnelles ou à résoudre des problèmes spécifiques. Ils partagent des idées ou apportent des suggestions sur le moyen d'améliorer les processus et méthodes de travail. Mais ces équipes n'ont que très rarement le pouvoir et la responsabilité de mettre en œuvre les solutions qu'elles préconisent.

> *Équipe de résolution de problèmes* — Équipe composée de personnes issues du même service impliqué dans l'amélioration des activités professionnelles ou la solution de problèmes spécifiques.

Historiquement, les équipes de résolution de problèmes ont souvent été confrontées à un manque d'implication de leurs membres dans la prise de décision et la gestion des processus de travail. Ce constat a mené à la conception d'un autre type d'équipe, les **équipes autonomes**. Il s'agit d'un groupe formel d'employés fonctionnant sans manager et responsable d'un processus de travail ou d'un segment complet de production. Une équipe autonome est à la fois responsable de l'accomplissement du travail ainsi que de sa propre gestion. Celle-ci inclut normalement la planification du travail, le choix des attributions de missions, le contrôle du rythme du travail, les décisions opérationnelles ainsi que la résolution de problèmes. Souvent, ces équipes n'ont pas de responsable intermédiaire et travaillent en étroite collaboration avec d'autres unités ou services afin de résoudre des problèmes opérationnels, coordonner les délais ou assurer les livraisons. Ces équipes ont l'autorité formelle pour prendre des décisions et les mettre en œuvre, clore des projets et identifier des problèmes[16]. Des grandes entreprises comme Xerox, Boeing ou Hewlett Packard font appel à des équipes autonomes. Selon des estimations, environ la moitié des grandes entreprises aux États-Unis font appel à ce type d'équipe[17]. En Europe, on constate des grandes différences entre les secteurs d'activité. Tandis qu'on estime que dans les secteurs des services aux entreprises et des activités financières près de 60 % de salariés travaillent dans des situations avec un degré d'autonomie élevé, ce taux n'est que de 25 % pour les secteurs industriels[18].

> *Équipe autonome* — Équipe fonctionnant sans manager, responsable d'un processus ou d'un segment de travail complet.

Le manager et la technologie

Équipes et technologies de l'information

Les équipes ont besoin d'informations pour faire leur travail. Qu'il s'agisse d'équipes se trouvant à quelques pas ou sur d'autres continents, leurs membres doivent avoir de très bons moyens de communication et de collaboration. C'est là qu'interviennent les technologies de l'information. Celles-ci ont permis une meilleure communication en ligne et ont facilité la coopération à l'intérieur de toutes sortes d'équipes.

L'idée d'une collaboration technologiquement assistée trouve son origine dans les moteurs de recherche en ligne. Au départ, Internet lui-même était destiné à des groupes de scientifiques et de chercheurs pour partager des informations. Puis, comme de plus en plus de ces informations ont été mises « sur le Web », les utilisateurs ont compté sur une variété de moteurs de recherche pour les aider à les retrouver. Maintenant, il y a beaucoup d'exemples de technologies collaboratives comme les pages wiki, les blogs et même les jeux de réalité virtuelle à plusieurs joueurs.

Aujourd'hui, les instruments de collaboration en ligne ont donné aux équipes des moyens plus efficaces pour faire leur travail. Par exemple, les ingénieurs de Toyota utilisent des instruments de communication pour partager les améliorations et les innovations. Ils ont développé un « pool commun de connaissances très étendu qui transmet les innovations à une vitesse que peu d'autres systèmes d'entreprise peuvent atteindre ». Et aucune entreprise ne peut se comparer à Toyota sur ce point. Ainsi, les autres managers devraient prendre en compte le pouvoir des technologies de l'information pour aider les équipes de travail à améliorer leur productivité.

L'équipe transversale (que nous avons déjà brièvement introduite au chapitre 7) est la troisième forme d'équipe. Elle se compose de personnes issues de différents services et unités de l'organisation. Ces individus sont alors rassemblés pour réaliser une tâche ou un projet précis. Beaucoup d'entreprises font appel à des équipes transversales à l'instar d'ArcelorMittal, numéro un mondial de la sidérurgie, qui confie le suivi des innovations de produits à des équipes transversales composées de scientifiques, responsables de production et experts en marketing[19]. On rencontre ce type d'équipe régulièrement dans le secteur de santé, avec, par exemple, des équipes de soins intensifs qui sont composées d'un médecin spécialiste, d'un pharmacien, d'un nutritionniste, d'une infirmière spécialisée, d'un expert en thérapie respiratoire ainsi que d'un travailleur social qui se réunissent quotidiennement afin de déterminer l'évolution des soins prodigués. Selon des experts, cette approche collective réduit à la fois les erreurs et le temps que les patients passent en soins intensifs et améliore la communication entre les familles et l'équipe médicale[20].

Équipe transversale — Équipe composée d'employés issus de divers services de l'organisation.

L'équipe virtuelle utilise les technologies de la communication pour connecter des membres géographiquement distants dans le but d'atteindre un objectif en commun. À titre d'exemple, on peut citer la structure d'équipes virtuelles mise en place chez Heineken pour de nombreuses activités promotionnelles[21]. Afin de stimuler les ventes de bière, la société a réuni virtuellement des personnes venant « d'entreprises locales et internationales et dotées de compétences en vente, musique, design web et publicité ». Téléconférences, vidéoconférences ou courrier électronique servent dès lors à régler les problèmes entre les personnes éloignées, y compris celles ne partageant pas le même fuseau horaire[22]. Les processus de travail d'une équipe virtuelle ressemblent à ceux d'une équipe traditionnelle – partager de l'information, prendre des décisions, effectuer des tâches –, mais il lui manque l'échange spontané caractérisant des discussions en face à face. C'est entre autres pour cette raison que les équipes virtuelles ont tendance à être davantage centrées sur les tâches à accomplir (au lieu de favoriser l'aspect relationnel), surtout si leurs membres ne se sont jamais rencontrés.

Équipe virtuelle — Équipe qui utilise les technologies de la communication pour connecter des membres géographiquement distants dans le but d'atteindre un objectif en commun.

3.3. Qu'est-ce qui fait l'efficacité d'une équipe ?

Beaucoup de recherches ont été menées sur ce qui rend une équipe efficace[23]. Grâce à ces efforts, nous possédons maintenant un modèle qui identifient assez précisément les principales causes[24]. Le document 10.6 résume ce que nous savons actuellement sur ce qui rend une équipe efficace.

Document 10.6 – Modèle de performance d'équipe.

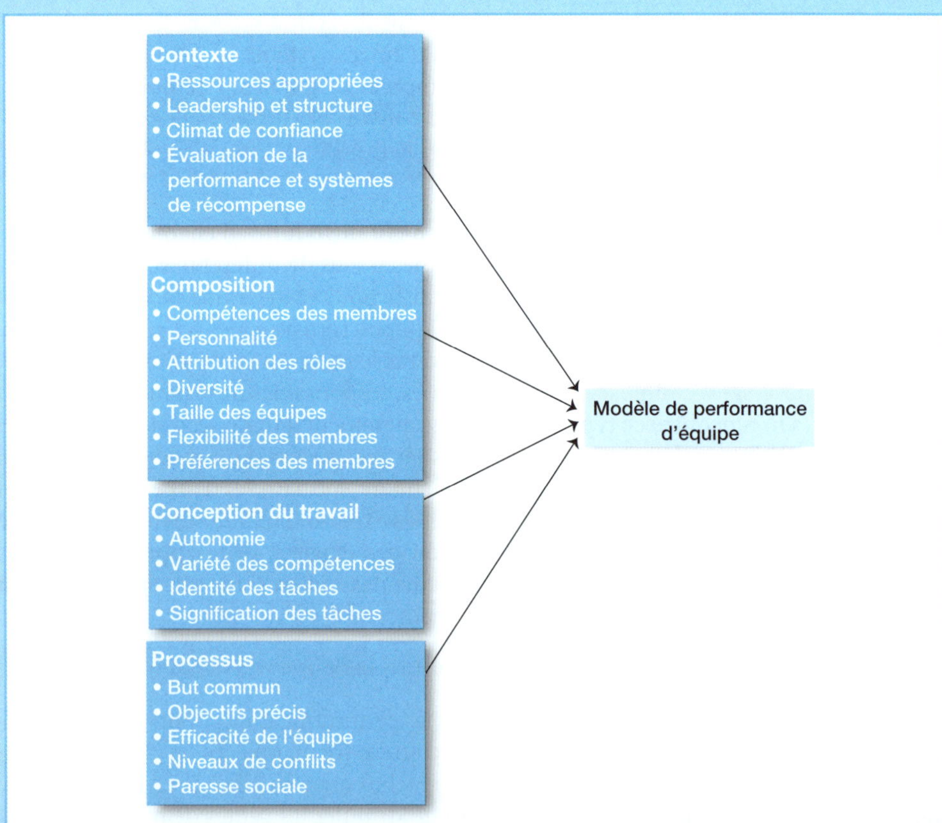

Source : S. P. Robbins et T.A. Judge, *Comportements organisationnels,* 13e ed. (Upper Saddle River, NJ : Pearson Prentice Hall, 2009), p. 328.

Il faut garder à l'esprit deux choses. D'abord, les équipes diffèrent dans leurs forme et structure. Ce modèle est une tentative de généralisation, il ne doit donc être utilisé que comme un guide[25]. Ensuite, le modèle suppose que les managers ont déjà décidé qu'un travail d'équipe est préférable à un travail individuel. Créer des équipes «efficaces» là où des individus isolés pourraient effectuer un meilleur travail serait un effort inutile.

Il est donc indispensable de commencer par préciser ce que nous entendons par efficacité d'une équipe, avant même de regarder ce modèle. En général, pour mesurer l'efficacité d'une équipe, on mesure sa productivité, les managers évaluent la performance de l'équipe et on prend en compte la satisfaction des membres de l'équipe. Le modèle propose quatre éléments clés caractéristiques des équipes efficaces : le contexte, la composition de l'équipe, la conception du travail, et des variables liées aux processus.

Quels sont les facteurs du contexte influant sur l'efficacité d'une équipe ?

Quatre facteurs contextuels semblent être les plus significativement liés à la performance d'une équipe. Ce sont : l'adéquation des ressources, le leadership et la structure, un climat de confiance, et l'évaluation des performances assortie de systèmes de récompense. Faisant partie d'une organisation plus grande, une équipe s'appuie sur des ressources hors de son groupe. Si elle ne dispose pas des ressources adéquates, la capacité de l'équipe pour effectuer son travail est effectivement réduite. Ce facteur semble être si important pour performance de l'équipe qu'une étude a conclu que « l'une des caractéristiques les plus importantes d'un groupe de travail efficace était sans doute le soutien que ce groupe recevait de l'organisation »[26] Les ressources peuvent inclure des informations en temps opportun, un équipement approprié, des encouragements, un personnel suffisant, et une assistance administrative. Si une équipe ne réussit pas à s'entendre sur qui doit faire quoi, ou faire en sorte que tous les membres contribuent de manière égale à la charge de travail, elle ne fonctionnera pas correctement. Pour s'entendre sur les détails du travail et sur la manière dont chacune des compétences des membres de l'équipe s'insère dans l'ensemble, il faut un leader et une structure, qui peuvent provenir de l'organisation ou de l'équipe elle-même. Même dans les équipes autogérées, le manager s'apparente davantage à un coach qui soutient les efforts de l'équipe et dirige l'équipe à l'extérieur plutôt qu'à l'intérieur (voir l'encadré « Comment développer vos compétences d'entraînement d'équipes » pour en savoir plus.) Les membres des équipes efficaces se font mutuellement confiance. Et ils font confiance aussi à leurs leaders[27]. Pourquoi la confiance est-elle importante? Elle facilite la coopération, réduit la nécessité de surveiller le comportement des uns et des autres, et rapproche les membres grâce à la certitude que les autres ne vont pas chercher à profiter d'eux. Faire confiance au chef d'équipe est également important car cela signifie que l'équipe est prête à accepter et à suivre les objectifs et décisions du leader. Le dernier facteur contextuel d'une équipe efficace est une évaluation de la performance et du système de récompense. Les membres d'une équipe doivent être responsables à la fois individuellement et collectivement. Ainsi, les managers ne doivent pas seulement récompenser les employés pour leur contribution individuelle, mais aussi prendre en compte les appréciations portées sur le groupe, sa participation aux bénéfices, et d'autres éléments qui renforcent le travail d'équipe et son engagement.

Quels facteurs dans la composition d'une équipe mènent-ils à son efficacité ?

Plusieurs facteurs dans la composition d'une équipe sont essentiels à son efficacité : les capacités des membres de l'équipe, leur personnalité, la répartition des rôles, la diversité, la taille des équipes, la souplesse des membres de l'équipe, et leurs préférences. En partie, la performance d'une équipe dépend des connaissances de ses membres, de leurs compétences et de leurs capacités[28]. La recherche a montré que, pour travailler efficacement, une équipe a besoin de trois différents types de compétences. Elle doit compter des individus possédant une expertise technique, des individus capables de résoudre des problèmes et de prendre des décisions, et enfin des individus doués d'une bonne capacité relationnelle. Une équipe ne peut pas atteindre sa pleine performance si elle ne dispose pas de toutes ces compétences ou ne peut pas les développer. Et la bonne combinaison de ces compétences est également cruciale. Trop de l'une au détriment d'une autre conduira à des performances inférieures. Cependant, une équipe n'a pas nécessairement besoin de toutes ces compétences immédiatement. Il n'est pas rare que les membres d'une équipe apprenne à maîtriser et à développer des compétences qui manquaient à leur équipe, réussissant ainsi à atteindre une performance maximale.

Comme nous l'avons vu dans le chapitre précédent, la personnalité influe considérablement sur le comportement individuel. Ceci est également vrai à propos du comportement de l'équipe. La recherche a montré que trois des cinq grandes dimensions des Big Five jouent un rôle dans l'efficacité d'une équipe[29]. Par exemple, un niveau élevé de conscience et d'ouverture a tendance à donner des performances supérieures de l'équipe. L'amabilité paraît également compter. Et les équipes affligées d'un ou de plusieurs membres très désagréables obtiennent de mauvais résultats.

Neuf rôles potentiels àl'intérieur d'une équipe ont été identifiés. (Voir le document 10.7.) Les équipes de travail particulièrement performante comptent des individus qui tiennent tous ces rôles et ont choisi ces individus pour remplir ces rôles en se fondant sur leurs compétences et préférences[30]. Dans de très nombreuses équipes, les individus jouent de multiples rôles. Il est important que les managers identifient les points forts de chacun et choisissent les membres de leur équipe en fonction de ces points forts et des rôles qui doivent être remplis.

La diversité de l'équipe est un autre facteur qui peut influencer l'efficacité des équipes. Bien que nombreux sont les optimistes qui veulent croire que la diversité est souhaitable, la recherche semble démontrer le contraire. Une compilation des études sur la diversité dans les équipes des 50 dernières années a montré que « les différences superficielles sociales et catégorielles telles que l'origine ethnique, le sexe et l'âge ont tendance à. . . avoir des effets négatifs" sur la performance des équipes[31]. Cependant, il existe des preuves montrant que les effets perturbateurs de la diversité s'estompent au fil du temps, bien qu'il existe peu de preuves que la diversité dans les équipes conduit à une meilleure performance. L'encadré « Manager la diversité » décrit certains des défis auxquels sont confrontés les managers qui dirigent des équipes diversifiées. De quelle taille doit être une équipe de travail pour être efficace? Chez Amazon.com, les équipes de travail ont une autonomie considérable pour innover et chercher des idées. Et le fondateur et P.-D.G Jeff Bezos utilise la philosophie des «deux-pizzas » : une équipe doit être assez petite pour pouvoir être alimentée avec deux pizzas. Cette philosophie des «deux-pizzas » limite généralement les groupes à cinq ou sept personnes, en fonction, bien sûr, des appétits des membres de l'équipe![32] De manière générale, les équipes les plus efficaces ont de cinq à neuf membres. Et les experts conseillent de toujours utiliser le plus petit nombre de personnes suffisant à la tâche.

Il faut prendre en considération les préférences des membres d'une équipe. Pourquoi ? Certaines personnes préfèrent ne pas travailler en équipe. S'ils ont le choix, de nombreux employés ne choisiront pas de faire partie d'une équipe. Lorsque les personnes qui préfèrent travailler seules sont obligées d'intégrer une équipe, cela menace directement le moral de l'équipe et la satisfaction individuelle des membres de l'équipe[33].

Comment la conception du travail affecte-t-elle l'efficacité de l'équipe ?

Les équipes efficaces travaillent ensemble et se sentent collectivement responsables de la bonne réalisation des tâches. Une équipe efficace n'en a pas seulement le nom[34].Des éléments importants dans la conception du travail sont l'autonomie, l'utilisation de compétences variées, la possibilité d'achever une tâche ou de réaliser un produit complets et identifiables et le travail sur une tâche ou un projet ayant un impact significatif sur les autres. La recherche indique que ces caractéristiques renforcent la motivation des membres de l'équipe et augmentent l'efficacité de l'équipe[35].

Quels sont les processus liés à l'efficacité de l'équipe ?

Il a été démontré que cinq variables peuvent influencer l'efficacité des équipes : le but commun, les objectifs spécifiques de l'équipe, l'efficacité de l'équipe, la gestion des conflits, et un minimum de paresse sociale. Une équipe efficace a un plan et un but communs. Ce but commun donne une direction, de l'élan et l'engagement aux membres de l'équipe[36]. Les membres d'équipes qui remportent des succès consacrent beaucoup de temps et d'efforts à débattre, définir et s'entendre sur un but qu'ils puissent s'approprier à la fois à titre individuel et en tant qu'équipe. Les équipes ont aussi besoin d'objectifs précis. De tels objectifs favorisent une communication claire et aident les équipes à poursuivre leurs efforts pour obtenir des résultats. L'efficacité de l'équipe augmente quand les équipes croient en elles et sont convaincues qu'elles peuvent réussir[37].

Document 10.7 – Rôles des membres d'équipe.

Les équipes efficaces ont confiance en elles et dans leurs membres. Les équipes efficaces ont besoin d'un conflit. Les conflits dans une équipe ne sont pas nécessairement mauvais et peuvent réellement améliorer son efficacité[38]. Mais le conflit doit être du bon type. Les conflits de relation, c'est-à-dire ceux fondés sur des incompatibilités personnelles, des tensions et des revendications d'autonomie envers les autres, sont presque toujours dysfonctionnels. Cependant, les conflits de travail, c'est-à-dire ceux fondés sur des désaccords sur le contenu des tâches, peuvent être bénéfiques, car ils peuvent stimuler le débat, promouvoir l'évaluation critique des problèmes et des options, et peuvent conduire à de meilleures décisions pour l'équipe. Enfin, les équipes de travail haut dans ce chapitre. Les équipes qui remportent des succès rendent leurs membres individuellement et conjointement responsables du but de l'équipe, de ses objectifs et de son approche[39].

Comment développer vos compétences d'entraînement d'équipe ?

La définition du manager efficace correspond de plus en plus souvent à celle d'un entraîneur d'équipe plutôt qu'à celle d'un chef. Comme dans le milieu sportif, sa mission consiste à instruire, guider et conseiller ses équipiers pour les aider à améliorer leurs performances.

Points de repère

1. **Analyser les moyens d'améliorer les performances et les capacités de l'équipe.** Un entraîneur doit offrir à ses équipiers la possibilité d'élargir leurs capacités et d'améliorer leurs performances. Observez jour après jour leur comportement. Poussez-les à s'interroger : pourquoi effectue-t-on cette tâche de cette manière-là ? Pourrait-on faire mieux ? Comment pourrait-on s'y prendre autrement ? Intéressez-vous à vos équipiers en tant qu'individus, et non pas seulement en tant qu'employés. Respectez et écoutez chacun d'entre eux.
2. **Instaurer un climat stimulant.** Il en va de la responsabilité de l'entraîneur coach de lever les obstacles au développement et de mettre en place un climat propice à l'amélioration des performances individuelles. Favorisez l'échange libre et ouvert des idées. Proposez aide et soutien. Répondez aux demandes de conseils. Encouragez vos équipiers. Soyez positif et optimiste. N'employez pas la menace. Posez-leur cette question : « Qu'avons-nous appris aujourd'hui qui puisse nous aider plus tard ? » Résorbez les obstacles. Montrez combien vous appréciez la contribution de chacun aux objectifs de l'équipe. Endossez l'entière responsabilité des résultats obtenus, en prenant garde toutefois à ne pas déresponsabiliser vos équipiers. En cas de réussite, saluez leurs efforts. En cas d'échec, soulignez leurs carences. Ne leur reprochez jamais la faiblesse des résultats.
3. **Inciter les équipiers à changer de comportement.** C'est par l'amélioration des performances des employés que se mesure au bout du compte l'efficacité de l'entraîneur. Vous devez encourager en permanence la croissance et le développement. Récompensez le moindre progrès et considérez l'entraînement comme un moyen d'amener les employés à s'améliorer sans cesse. Adoptez un style collaboratif en laissant vos équipiers participer à l'identification et à la sélection des options d'amélioration. Parcellisez les tâches difficiles. Personnifiez les qualités que vous attendez de vos employés. Si vous espérez franchise, dévouement, implication et responsabilité, vous devez vous-même donner l'exemple.

Mise en pratique

L'effort collectif donne de meilleurs résultats lorsque chacun des membres de l'équipe remplit un rôle ou une tâche spécifique en vue d'atteindre l'objectif fixé. Pour améliorer vos compétences en la matière, choisissez deux des activités suivantes et divisez-les en six ou huit tâches ou étapes distinctes. Prenez soin d'indiquer celles qui doivent être effectuées de façon séquentielle et celles qui peuvent être entreprises simultanément. Dans chaque cas, quelle sera selon vous la taille idéale de l'équipe ?

a. Faire une omelette.

b. Laver la voiture.

c. Programmer une liste de diffusion.

d. Concevoir une affiche publicitaire.

e. Planifier un séjour aux sports d'hiver.

f. Réapprovisionner un rayon de supermarché.

Manager la diversité

Le défi des équipes de travail hétérogènes

Manager des équipes composées de personnes semblables n'est pas toujours facile. Mais ajoutez de la variété parmi les membres et cela peut représenter un challenge encore plus important ! Pourtant, il y a de grands avantages à avoir des points de vue, des compétences et des capacités diversifiés. Quatre facteurs sont importants pour bien gérer une équipe de travail variée : la compréhension, l'empathie, la tolérance et la communication.

Vous savez que les gens ne sont pas tous pareils. Pourtant, ils doivent tous être traités d'une manière juste et équitable. Et ce, même si les différences (culturelles, physiques ou autres) peuvent faire que les gens se comportent différemment. Vous devez comprendre et accepter ces différences et encourager chaque membre de l'équipe à faire de même.

L'empathie est assez proche de la compréhension. En tant que chef d'équipe, vous devriez essayer de comprendre le point de vue des autres. Mettez-vous à leur place et encouragez les autres membres à le faire aussi. Par exemple, supposons qu'une femme d'origine asiatique rejoigne une équipe d'hommes européens et nord-africains. Ils peuvent lui permettre de se sentir bienvenue en se demandant ce qu'elle ressent. Est-elle enthousiaste ou déçue par son nouveau travail ? Quelles sont ses précédentes expériences professionnelles ? Comment peuvent-ils l'aider à se sentir bien ? Grâce à l'empathie, les membres de l'équipe peuvent collaborer comme un groupe efficace.

La tolérance est une aussi quelque chose d'important entre les personnes. Le fait que vous comprenez que les gens sont différents et que vous êtes en empathie avec eux ne veut pas dire qu'il est plus facile d'accepter les points de vue et les comportements différents. Il est donc important d'être tolérant et ouvert d'esprit en ce qui concerne les valeurs, les attitudes et les comportements différents.

Manager la diversité (suite)

Finalement, une communication ouverte et à deux sens est capitale pour manager une équipe variée. Les problèmes de diversité peuvent augmenter si les gens ont peur ou ne veulent pas discuter des questions qui les concernent. Si quelqu'un veut savoir si un certain comportement dérange quelqu'un d'autre, la meilleure chose à faire est de demander. De la même façon, si une personne est gênée par le comportement d'une autre personne, elle devrait expliquer ce qui ne va pas et lui demander d'arrêter. De tels exemples de communication peuvent être positifs s'ils sont faits d'une manière rassurante, discrète et amicale.

3.4. Comment un manager peut-il influencer les comportements d'équipe de ses collaborateurs ?

Plusieurs options s'offrent aux managers désireux de créer des équipes performantes y compris la sélection appropriée, la formation et la récompense des comportements appropriés.

Quel rôle la sélection joue-t-elle ?

Certaines personnes sont déjà dotées des qualités d'équipiers. Au moment de constituer une équipe, l'organisation doit vérifier que les candidats, outre les compétences techniques requises, sont à même de jouer plusieurs des rôles de base nécessaires à la bonne dynamique de l'équipe.

Comme mentionné auparavant, il arrive que des employés soient davantage habitués aux contributions individuelles et donc dépourvus de compétences d'équipiers. Dans ce cas, le manager dispose de plusieurs possibilités. La plus évidente, en cas d'absence de toutes capacités en la matière, est bien sûr d'éliminer le candidat, notamment lorsque les performances dépendent d'interactions. Si le candidat présente un minimum de compétences, il peut en revanche être embauché pour une période d'essai et soumis à une formation destinée à en faire un équipier. Si son attitude ne change pas, il faudra alors renoncer à l'intégrer dans l'équipe constituée.

Peut-on former au fonctionnement en équipe ?

Pour être un bon équipier, il faut adopter une série de comportements[40]. Comme évoqué au chapitre précédent, il est toujours possible d'acquérir de nouveaux comportements, même si la réalisation individuelle a jusqu'alors été privilégiée. Des spécialistes en formation peuvent ainsi proposer aux collaborateurs de l'entreprise des exercices soulignant la satisfaction que le travail en équipe procure. Les ateliers portent généralement sur des thèmes comme la résolution de problèmes, la communication, les négociations, le règlement de conflits et les caractéristiques du coach. Bien souvent, ces individus sont également amenés à passer par les cinq étapes du développement d'équipe présentées auparavant[41]. Les formateurs peuvent aussi insister sur le processus de constitution d'une équipe avant que celle-ci ne fonctionne. Sans oublier l'importance de la patience car les équipes peuvent demander plus de temps pour entreprendre des actions (prise de décisions par exemple) que des employés isolés.

Quel est le rôle des récompenses ?

En marge de la formation, le système de récompenses de l'organisation peut aussi encourager les efforts de coopération plutôt que de compétition. Par exemple, la compagnie aéronautique Lockheed Martin a organisé un effectif de plus de vingt mille employés en équipes. Les récompenses se traduisent par le versement d'un pourcentage de l'augmentation du résultat financier aux membres des équipes, en fonction de la réalisation des objectifs de performances de chacune d'elles.

Dans ce système d'incitation au travail en équipe, les promotions, les hausses de salaire et autres manifestations de reconnaissance seront de préférence offertes aux employés se montrant les équipiers les plus collaboratifs et efficaces. Dans ce cas, la contribution individuelle n'est pas ignorée, mais évaluée selon l'apport personnel à l'équipe. Parmi les comportements méritant récompense, on peut, par exemple, distinguer la formation de nouveaux venus, le partage d'informations avec les autres équipiers, la participation à la résolution de conflits et la maîtrise de compétences dont l'équipe manque[42]. Enfin, les managers n'ignorent pas les récompenses propres au travail en équipe que sont l'attitude amicale vis-à-vis des membres de l'équipe, la satisfaction d'appartenir à une équipe performante, l'occasion de parfaire son développement personnel et d'aider les autres à en faire autant[43].

4. Quels sont les développements actuels en management d'équipes ?

Peu de modes auront autant influencé la manière dont le travail est effectué dans les organisations que le recours au travail en équipe. Passer d'un travail en solitaire à un travail en équipe exige des employés qu'ils se mettent à coopérer avec les autres, à partager les informations, à débattre de leurs différences, et à soumettre leurs intérêts personnels à l'intérêt supérieur de l'équipe. Les managers peuvent construire des équipes efficaces s'ils comprennent ce qui influence leur performance et leur satisfaction. Cependant, les managers doivent relever aujourd'hui d'autres défis, comme ceux associés au management d'équipes internationales ou aux cas où le travail en équipe n'est pas une bonne réponse.

4.1. Qu'implique le management d'équipes internationales ?

Les organisations actuelles sont globales et le travail y est de plus en plus effectué par des équipes : voilà deux caractéristiques évidentes aujourd'hui. Ce qui signifie que tout manager aura vraisemblablement à diriger une équipe internationale. Or faire travailler une équipe internationale comporte des inconvénients et des avantages (voir document 10.8). Quels sont les difficultés rencontrées lors du management d'équipes internationales ?

Comment le facteur « composition de l'équipe » affecte-t-il le management d'une équipe internationale ?

Il est plus difficile comprendre la relation entre l'efficacité d'une équipe et sa composition dans les organisations globales en raison des caractéristiques culturelles uniques des membres de l'équipe. Outre la reconnaissance de leurs capacités, compétences, connaissances et personnalité, les managers doivent connaître et comprendre clairement les caractéristiques culturelles du groupe et des membres du groupe qu'il dirige[44]. Par exemple, l'équipe internationale est-elle issue d'une culture où le degré de tolérance à l'incertitude est peu élevé ? Dans ce cas, les membres de l'équipe ne seront pas à l'aise s'ils doivent effectuer des tâches imprévisibles et ambiguës. Par ailleurs, puisque les managers travaillent avec des équipes internationales, ils doivent être conscients du risque de stéréotyper, qui peut conduire à des problèmes.

Comment la structure de l'équipe affecte-t-elle le management d'une équipe internationale ?

La conformité, le statut, la paresse sociale et la cohésion sont certaines des dimensions de la structure qui présentent des différences lors du management d'équipes internationales.

Les découvertes sur la conformité sont-elles généralisables à travers les cultures ? La recherche suggère que les découvertes de Asch sont liées à la culture[45]. Par exemple, et comme on pouvait s'y attendre, la conformité aux normales sociales tend à être plus élevée dans les pays de culture collectiviste que dans ceux de culture individualiste. Cependant, la pensée de groupe pose moins de problèmes dans les équipes internationales parce que les individus se sentent moins obligés de se conformer aux idées, conclusions et décisions du groupe[46].

Autre exemple, l'importance du statut, qui varie entre cultures. Les Français par exemple accordent beaucoup d'attention au statut. Et les pays se différencient aussi sur les critères qui confèrent un statut. Par exemple, en Amérique latine et en Asie, le statut a tendance à dépendre de la position de la famille et des postes officiels qu'elle occupe dans des organisations. En revanche, et bien que le statut y soit également important, on a besoin de le « montrer » dans des pays comme les États-Unis et l'Australie, où il a tendance aussi à être attribué sur la base d'accomplissements personnels plutôt que sur des titres ou l'histoire de la famille. Les managers doivent comprendre qui et quoi détient le statut lorsqu'ils sont relation avec des personnes d'une culture différente à la leur. Un manager américain qui ne comprend pas que la taille du bureau ne mesure pas la position d'un dirigeant japonais ou qui ne saisit pas l'importance que les Britanniques accordent à la généalogie familiale et à la classe sociale blessera sans doute les autres et perdra de son efficacité.

La paresse sociale est un biais occidental. Il est cohérent avec les cultures individualistes, comme les Etats-Unis et le Canada, qui sont dominées par l'intérêt propre des individus. Elle n'est pas cohérente avec des sociétés collectivistes, dans lesquelles les individus sont motivés par les objectifs du groupe. Par exemple, dans des études comparant les employés des États-Unis avec ceux de la République de Chine et d'Israël (toutes deux sociétés collectivistes), les Chinois et les Israéliens ne montrèrent aucune propension à se laisser aller à la paresse sociale. Au contraire, ils réussirent mieux leur travail en groupe que leur travail individuel.

La cohésion est un autre élément structurel du groupe qui soulève des difficultés particulières. Dans un groupe soudé, les membres sont unifiés et agissent comme un seul. Il y a une forte camaraderie et l'identité du groupe est forte. Dans les équipes internationales, cependant, la cohésion est souvent plus difficile à obtenir à cause de niveaux plus élevés de méfiance, de mauvaise communication et de stress[47].

Comment les processus de l'équipe affectent-ils le management d'une équipe internationale ?

Les processus que les équipes internationales utiliser pour faire leur travail peuvent susciter des difficultés particulières pour le manager. En premier lieu, les problèmes de communication apparaissent souvent parce que certains membres d'une équipe peuvent ne pas parler couramment la langue de travail de l'équipe. Cela peut mener à des imprécisions, des malentendus, et un manque d'efficacité[48]. Cependant, la recherche a montré aussi qu'une équipe internationale multiculturelle est davantage capable de capitaliser sur la diversité des idées représentées si un large éventail d'information est utilisé[49].

Manager le conflit dans les équipes internationales n'est pas chose aisée en particulier lorsque ces équipes sont des équipes virtuelles. Le conflit peut interférer avec comment l'information est utilisée par l'équipe. Cependant, la recherche montre que dans les cultures collectivistes, un management de conflit de type collaboratif sera le plus efficace[50].

Document 10.8 – Équipes multinationales.

Inconvénients	Bénéfices
Les membres de l'équipe ne s'apprécient pas.	Plus grande diversité des idées
Méfiance entre les membres de l'équipe	Réflexion de groupe limitée
Recours à des stéréotypes	Effort plus important pour comprendre les idées et points de vue des autres
Problèmes de communication	
Stress et tension	

Source : Fondé sur N. Adler, *International Dimensions of Organizational Behavior,* 4e édition (Cincinnati, OH; Southwestern Cengage Publishing, 2002), pp. 141-147.

4.2. Quand le travail en équipes n'est-il pas le bon choix ?

Le travail en équipe prend plus de temps et souvent plus de ressources que le travail individuel. Les équipes demandent aux managers de communiquer davantage, de manager les conflits et de diriger des réunions. Par conséquent, les bénéfices d'avoir recours à une équipe doivent excéder les coûts. Et ce n'est pas toujours le cas ![51] Dans l'urgence de faire travailler des équipes, certains managers les ont placées dans des situations dans lesquelles il aurait mieux valu faire travailler des individus isolément. Donc, au lieu de se précipiter à mettre en place des équipes, juste parce que tout le monde en parle et qu'elles sont populaires, le manager doit soigneusement évaluer si le travail demande un effort collectif, ou peut y gagner quelque chose.

Comment pouvez-vous savoir si un travail est mieux réalisé individuellement ou en groupe ? Trois « tests » ont été suggérés[52]. D'abord, est-ce que le travail sera mieux effectué par plus d'une personne ? La complexité de la tâche sera un bon indicateur d'un besoin pour différentes perspectives. Des tâches simples qui ne demandent pas des apports variés sont probablement mieux réalisées par une seule personne. Ensuite, est-ce que le travail crée un but commun ou une série d'objectifs pour les personnes du groupe qui sont plus que la somme des buts individuels ? Par exemple, de nombreux marchands de voiture font appel à des équipes pour relier personnel de service client, mécaniciens, spécialistes de parties et représentants commerciaux. De telles équipes peuvent mieux atteindre le but de mieux satisfaire le client. Enfin, le dernier test à effectuer pour savoir si ce sont les équipes ou les individus qui sont le mieux préparés pour un travail donné est de considérer l'interdépendance entre les individus. Utiliser des équipes a un sens lorsque les tâches sont interdépendantes ; c'est-à-dire lorsque le succès de tous dépend du succès de chacun et que le succès de chacun dépend des autres. Par exemple, le football est un sport d'équipe par excellence. Le succès exige beaucoup de coordination entre les joueurs interdépendants. A l'autre extrême, les équipes de natation ne sont pas vraiment des équipes, excepté pour les courses de relais. Ce sont des groupes d'individus qui agissent à titre individuel : la performance finale de ces groupes est simplement la somme des performances individuelles.

Résumé

1. **Définir la notion de groupe et décrire les stades de développement d'un groupe.**
   Un groupe existe lorsque deux individus ou plus en interaction mettent leurs efforts en commun pour atteindre un objectif spécifique. Les groupes formels sont des groupes de travail constitués au sein de l'organisation et affectés à des tâches bien déterminées et en lien avec les objectifs organisationnels. Les groupes informels sont de nature sociale.

   On dénombre cinq stades dans la constitution d'un groupe. Le stade formation passe par deux phases : la première lorsque les individus rejoignent le groupe et la seconde qui concerne la définition du but, de la structure et du leadership du groupe. Le stade agitation est celui des conflits au sein du groupe portant sur le contrôle du groupe ainsi que sur ce que le groupe doit faire. Le stade stabilisation est caractérisé par la définition de normes collectives, ainsi que le développement de relations et d'une certaine cohésion entre les membres. Dans le stade action, les membres du groupe se concentrent sur la réalisation des tâches. On parle de stade de dispersion lorsque le groupe se prépare à son démantèlement.

2. **Décrire les principaux concepts de comportement de groupe.**
   Un rôle correspond aux modèles de comportement attendus selon la place occupée dans une unité sociale. Les individus adaptent leur comportement de rôle en fonction du groupe dans lequel ils se trouvent à un moment donné. Les normes sont partagées par les membres d'un groupe. Elles spécifient, de façon informelle, les comportements qui sont acceptables et ceux qui ne le sont pas. Le statut est un autre concept important qui joue un rôle de motivation et dans la nécessité de cohérence. La taille d'un groupe influe sur son fonctionnement de plusieurs façons : les plus petits sont, en général, plus rapides dans la réalisation d'une tâche donnée que les plus grands. Ces derniers, par contre, sont plus performants dans la résolution de problèmes parce qu'ils contiennent une plus grande variété de connaissances. Finalement, la cohésion de groupe est importante parce qu'elle a une forte influence sur sa performance.

3. **Expliquer le passage d'un groupe à une équipe performante.**
   Les équipes performantes partagent un certain nombre de caractéristiques. Elles disposent de ressources adéquates, d'un leadership efficace, d'un climat de confiance ainsi que d'un système d'évaluation de performance et de rétribution qui tient compte des contributions de l'équipe. Les membres ont des compétences diverses : expertise technique, mais aussi capacité de résolution de problèmes et de prise de décision, compétences interpersonnelles et traits de personnalité correspondants, notamment l'application et l'ouverture à l'expérience. Les équipes performantes comprennent souvent peu de personnes, lesquelles

de plus sont issues de contextes différents. Ces membres répondent aux besoins de rôle et ont une préférence pour le travail collectif. Leur travail est caractérisé par un important degré d'autonomie, par la possibilité d'utiliser des compétences variées, l'accomplissement de tâches entières et identifiables, ainsi que par un travail qui fait une différence pour autrui. Finalement, les membres d'une équipe performante croient en ses capacités et partagent un engagement fort par rapport à une finalité partagée, des objectifs propres à l'équipe, un niveau de conflit productif et un faible niveau de paresse sociale.

4. **Traiter des développements actuels en management d'équipes.**
   Les principaux défis des équipes multinationales sont dus à leur composition (différences culturelles), à leur structuration (conformité, statut, contribution et cohésion), aux processus au sein de l'équipe (communication, gestion des conflits) ainsi qu'à la responsabilité des managers dans le fonctionnement.

   En tant que manager, il est aussi important de savoir quelles sont les situations auxquelles les équipes ne se prêtent pas. Est-ce que le travail est mieux accompli à plusieurs ? Est-ce qu'il permet de donner du sens ainsi que des objectifs communs aux membres de l'équipe ? Et est-ce qu'il suppose une interdépendance élevée entre les membres de l'équipe ?

Pour en savoir plus

Allard-Poesi F., *Management d'équipe*, Paris, Dunod, 2006, 2e éd.

Bacal R., *Améliorer les performances de son équipe*, Paris, Maxima, 2004, 2e éd.

Barni M., *Manager une équipe à distance*, Paris, Éditions d'Organisation, 2003.

Bellenger L., *Piloter une équipe de projet : des outils pour anticiper l'action et le futur*, Paris, ESF Éditions, 2004.

Bournois F. (dir.), *Comités exécutifs. Voyage au cœur de la dirigeance*, Paris, Éditions d'Organisation, 2007.

Carlier F., *Réussir mon premier management d'équipe*, Paris, Studyrama, 2011.

Delmas J., Leccia F., Roche L., *Le Management à l'école du rugby*, Paris, Dunod, 2007.

Devillard O., *Dynamiques d'équipes*, Paris, Éditions d'Organisation, 2005, 3e éd.

Diridollou B., *Manager son équipe au quotidien*, Paris, Éditions d'Organisation, 2007, 4e éd.

Fiol M., Jordan H., Sulla E., *Renforcer la cohérence d'une équipe*, Paris, Dunod, 2004.

Maders H.-P., *Manager une équipe projet*, Paris, Éditions d'Organisation, 2002.

Ramond P., *Le Management opérationnel des équipes*, Paris, Maxima, 2004, 3e éd.

Renaud J., Ravignon L., *Votre équipe a du talent : libérez-le !*, Paris, Éditions d'Organisation, 2002.

Robbins S., *Bien diriger son équipe*, Paris, Village Mondial, 2009.

Activités

Questions de compréhension

1. Pensez à un groupe dont vous faites partie (ou dont vous avez fait partie). Analysez son développement à travers les stades de développement d'un groupe (document 10.2). Le développement de votre groupe a-t-il suivi le modèle ? De quelle façon ce modèle permet-il d'améliorer la performance d'un groupe ?
2. Expliquez les différences entre une équipe autonome et une équipe transversale, puis les différences entre une équipe virtuelle et une équipe qui travaille en face à face.
3. Comment expliquer le succès croissant du concept d'équipes de travail dans des pays tels que la France ou les États-Unis, pays dont les cultures nationales accordent une place importante à l'individualisme ?
4. « Toutes les équipes de travail sont des groupes, mais tous les groupes de travail ne sont pas pour autant des équipes. » Que pensez-vous de cette affirmation ?
5. À titre personnel, préférez-vous travailler plutôt seul ou en équipe ? Pourquoi ? Développez votre point de vue à partir des résultats de l'exercice d'autoévaluation suivant.
6. « Avant de pouvoir créer une équipe performante, il faut trouver un bon leader. » Êtes-vous d'accord avec cette affirmation ? Pourquoi ?
7. Quels sont les traits de personnalité d'un bon équipier ? Recherchez des éléments de réponse à cette question et préparez une synthèse de ces éléments.
8. Cherchez des informations concernant les équipes hétérogènes et la question de diversité au sein des équipes et préparez un rapport identifiant les avantages et les inconvénients des équipes hétérogènes.

Autoévaluation

Mon attitude par rapport au travail en équipe

De nos jours, une chose est certaine à propos des entreprises : de plus en plus de tâches sont effectuées en équipe. Il est donc à peu près sûr que, un jour ou l'autre, vous ferez partie d'une équipe, si ce n'est pas déjà le cas.

Les équipes comprenant des membres qui aiment faire partie d'un groupe peuvent être très efficaces. Toutefois, des recherches ont montré qu'une seule personne avec une attitude négative par rapport au travail en équipe peut amoindrir l'efficacité du groupe. En effet, ce genre de personnes amène souvent des conflits, met en danger la cohésion et les progrès de l'équipe. Le moral et la satisfaction de celle-ci sont alors affaiblis et sa productivité chute.

Questionnaire

En utilisant l'échelle suivante, indiquez votre assentiment ou votre désapprobation par rapport aux affirmations suivantes concernant le travail en équipe.

1 = En fort désaccord

2 = En désaccord

3 = Neutre

4 = En accord

5 = En parfait accord

1.	Je ne rate jamais les réunions ou les séances de travail du groupe.	**1**	**2**	**3**	**4**	**5**
2.	J'aime faire partie d'un groupe.	**1**	**2**	**3**	**4**	**5**
3.	J'encourage les autres membres du groupe ou de l'équipe.	**1**	**2**	**3**	**4**	**5**
4.	Je pense que je dois respecter les décisions prises par mon groupe.	**1**	**2**	**3**	**4**	**5**
5.	Je ne travaille pas bien en groupe.	**1**	**2**	**3**	**4**	**5**
6.	Je préfère tout faire tout seul.	**1**	**2**	**3**	**4**	**5**
7.	Je travaille mieux quand je suis seul.	**1**	**2**	**3**	**4**	**5**
8.	J'aime garder les choses pour moi.	**1**	**2**	**3**	**4**	**5**
9.	Je ne pense pas qu'il soit important d'être sociable.	**1**	**2**	**3**	**4**	**5**

Calculez votre résultat

Pour calculer votre résultat, renversez tout d'abord les résultats pour les affirmations 5, 6, 7, 8 et 9 de telle manière que 1 = 5, 2 = 4, 3 = 3, 4 = 2 et 5 = 1. Puis additionnez les neuf résultats. Votre total se situera entre 9 et 45.

Analyse et interprétation

Ce questionnaire vous permet de comprendre votre attitude par rapport au travail en équipe. Un résultat supérieur ou égal à 36 indique que vous appréciez le travail en équipe et que vous êtes un « bon coéquipier ». Un résultat inférieur ou égal à 18 indique le contraire, vous préférez travailler seul et n'aimez pas faire partie d'une équipe. Un résultat entre 18 et 36 n'indique aucun intérêt fort pour un côté comme l'autre.

Si votre résultat est faible et que vous fassiez partie d'une équipe, essayez de voir le bénéfice du travail d'équipe. Ce n'est pas seulement partager les tâches à tous les membres, c'est aussi faciliter un sentiment d'intégration et de camaraderie entre les personnes. En tout cas, pensez à être patient. Bien qu'une équipe surpasse les personnes travaillant seules (principalement quand il s'agit de tâches complexes qui requièrent des compétences et des expériences multiples), elles prennent assurément plus de temps pour prendre des décisions.

Source : L. R. Goldberg, J. A. Johnson, H. W. Eber, R. Hogan, M. C. Ashton, C. R. Cloninger et H. G. Gough, « The International Personality Item Pool and the Future of Public-Domain Personality Measures », *Journal of Research in Personality*, n° 40, 2006, p. 84-96.

Dilemme éthique

Vous avez été embauché pour un stage d'été au sein du service de planification des événements d'un cabinet de relations publiques installé à Strasbourg. Au bout d'un mois, vous en êtes arrivé à la conclusion qu'on y tolérait à peu près tout et n'importe quoi. Les employés savent pertinemment que leurs supérieurs ne leur diront rien s'ils ne respectent pas les différents règlements de l'entreprise. Le processus de remise des notes de frais s'apparente ainsi à une véritable plaisanterie. Personne ne fournit de reçus pour vérifier les montants remboursés, et jamais personne ne les réclame. Du reste, quand vous avez voulu les joindre à votre propre note de frais, on vous a indiqué que « personne d'autre ne le faisait, et que ce n'était d'ailleurs pas vraiment indispensable » Alors qu'on vous avait bien expliqué lors de votre arrivée dans l'entreprise qu'il était nécessaire de remettre ses reçus pour en obtenir remboursement, vous savez quant à vous qu'aucune note de frais n'a jamais été refusée sous prétexte que ces reçus n'avaient pas été présentés. Vos collègues utilisent par ailleurs les téléphones de l'entreprise pour leurs appels personnels, ce qui est également proscrit. Enfin, l'un des salariés permanents vous a invité à prendre autant de papier, de stylos et de crayons que vous en auriez besoin, non seulement pour le travail mais aussi pour chez vous. Quelles sont les normes en vigueur au sein de ce groupe ? Imaginez que vous dirigiez ce service. Comment vous y prendriez-vous pour modifier ces normes ?

Pour action

Fédération française des sports

À : Éric Girard, responsable des enquêtes sur les infractions aux règlements

De : Andrée Costa, directrice des services associatifs

Objet : Conflits au sein des équipes d'enquêtes

Éric, nous sommes confrontés à un problème qui risque de devenir très sérieux. J'ai reçu des plaintes signalant l'apparition de conflits parmi les membres des équipes que nous dépêchons au sein des clubs sportifs, afin d'enquêter sur les allégations d'infractions aux règlements. Étant donné que les cinq personnes qui composent chacune de ces équipes doivent travailler en étroite collaboration pour interroger les gens, interpréter les règlements et rédiger leurs rapports, je crains que de tels conflits ne nuisent à la qualité du processus d'enquête. Nous devons résoudre immédiatement ce problème, afin de préserver notre réputation d'impartialité et de discernement dans l'application des règles. Merci de me faire parvenir au plus vite une proposition (d'une page maximum) décrivant la façon dont vous entendez régler cette situation. Dès que j'aurai eu l'occasion de la parcourir, nous nous réunirons pour en discuter.

Cette entreprise et ce message fictifs ont été imaginés dans un but exclusivement pédagogique. Il n'est aucunement question ici d'évoquer, ni en bien, ni en mal, les pratiques managériales d'une entreprise réelle qui porterait le même nom.

Exercice pratique

Former des équipes de travail efficaces

Cet exercice doit vous permettre :

1. D'apprendre à travailler en équipe sur une tâche spécifique.
2. D'analyser cette expérience.

Durée

Les équipes disposeront de quatre-vingt-dix minutes pour effectuer les étapes 2 et 3. Quarante-cinq à soixante minutes seront ensuite consacrées à la critique et à l'évaluation de l'exercice.

Déroulement

1. Composer des groupes de 6 personnes.
2. Chaque équipe doit :
   - **a.** Choisir un nom.
   - **b.** Composer un chant de ralliement.
3. La chasse au trésor commence. Chacune des équipes doit trouver les objets suivants :
   - **a.** Une photo d'une équipe.
   - **b.** Un article de journal consacré à un groupe ou à une équipe.
   - **c.** Un vêtement portant le nom ou le logo de l'université ou de l'entreprise (ou autre thème à déterminer).
   - **d.** Une paille.
   - **e.** Un morceau de coton.
   - **f.** Une feuille de papier à en-tête de l'un des départements de l'université ou d'un des services de l'entreprise.
   - **g.** Un bloc de Post-it™.
   - **h.** Une clé USB.
   - **i.** Un gobelet McDonald's.
   - **j.** Une laisse.
   - **k.** Un roman de Simenon.
   - **l.** Une brochure publicitaire pour un véhicule de marque française (au choix).
   - **m.** Une éprouvette.
   - **n.** Un paquet de chewing-gums.
   - **o.** Un exemplaire du *Guide de l'étudiant* ou du *Guide du routard*.
4. Au bout de quatre-vingt-dix minutes, toutes les équipes doivent avoir regagné la salle. Les retardataires se verront infliger une pénalité définie par l'animateur. L'équipe qui

aura rassemblé le plus grand nombre d'objets sera déclarée vainqueur. Les participants et l'animateur détermineront si les objets collectés correspondent aux consignes.

5. Le débriefing de l'exercice commencera par l'autoévaluation de chaque équipe, qui devra répondre aux questions suivantes :
   a. Quelle a été la stratégie de l'équipe ?
   b. Quel rôle chacun de ses membres a-t-il joué ?
   c. Comment l'équipe évalue-t-elle son efficacité ?
   d. Comment aurait-elle pu s'y prendre pour être encore plus efficace ?
6. L'ensemble du groupe discutera des questions suivantes :
   a. En quoi l'équipe la plus efficace se distingue-t-elle de l'équipe la moins efficace ?
   b. Qu'avez-vous appris, au terme de cette expérience, sur la manière de former une équipe efficace ?

Source : Adapté de M. R. Manning et P. J. Schmidt, « Building Effective Work Teams: A Quick Exercise Based on a Scavenger Hunt », *Journal of Management Education*, août 1995, p. 392-398. © 1995. Reproduit avec l'autorisation de Sage Publications, Inc.

Mise en situation

Bâtir une équipe championne

Objet : Cette étude de cas se propose non seulement d'expliquer dans les grandes lignes comment et pourquoi l'on choisit de composer une équipe de telle ou telle façon, mais aussi d'exposer plus en détail les visées stratégiques qui sous-tendent nombre de décisions relatives au choix de ses membres.

Vous faites partie de la direction générale de la Fédération professionnelle de basket (FPB). Votre équipe nationale était classée 51-31 à la fin de la saison dernière, et le titre semblait à sa portée. Mais elle s'est inclinée 4 matches à 2 lors du deuxième tour des éliminatoires, battue dans une série difficile par un adversaire plus jeune et plus agressif. Cet échec s'expliquait en partie par le fait que votre joueur vedette, victime d'une douleur à la cheville durant toute la seconde moitié de la série, avait été contraint de rejoindre le banc pour l'ultime quart-temps décisif du cinquième match. Au moment d'entamer la nouvelle saison, vous devez prendre plusieurs décisions radicales quant à la composition de votre équipe. Elle affiche en général une moyenne d'âge légèrement supérieure à celle des équipes nationales concurrentes. À l'heure actuelle, les recruteurs et les experts de la FPB la classent troisième de la conférence et sixième de la ligue européenne. Mais, selon vos estimations, les trois équipes de pointe sont bien meilleures que la vôtre et un changement semble s'imposer pour espérer briller dans le championnat d'Europe. Durant l'intersaison, vous pouvez envisager deux stratégies possibles en prévision de l'année qui s'annonce. D'un côté, l'adjonction d'un nouveau joueur d'exception, ou le renforcement significatif de l'une de vos positions clés, vous permettrait de viser la victoire. De l'autre côté, les joueurs de qualité en votre possession suscitent l'intérêt des équipes adverses, qui vous ont adressé plusieurs offres de transferts. Adopter cette stratégie vous placerait sur la voie d'une véritable reconstruction de l'équipe, afin d'assurer son avenir. Deux options différentes s'offrent donc à vous, et vous devez choisir l'une des deux. Vous jugez qu'il est impossible d'entamer la saison sans avoir tranché cette question.

L'équipe : Votre équipe possède deux très bons joueurs professionnels qui évoluent en équipe nationale depuis de nombreuses années et sont aujourd'hui à l'apogée de leur carrière. Jérémy Aguire est un petit ailier de 31 ans, qui a obtenu l'an passé une moyenne de 15 points et 8 rebonds. Il n'a cessé d'étoffer son jeu au cours des dernières saisons, et tout semble indiquer qu'il va continuer de s'améliorer. Âgé de 32 ans, Adrien Malore est un excellent arrière et un défenseur hors pair. Il n'affiche qu'une moyenne de 8 points par match, mais ses qualités de tireur font toute sa réputation. Il regrette un peu de ne figurer souvent qu'en troisième ou quatrième place parmi les choix offensifs. C'est un bon équipier, très apprécié de ses camarades. La solidité sur l'avant représente la grande inconnue de la saison. Thierry Longuet, 23 ans, a été incorporé il y a deux ans, après que vous avez remporté un tirage au sort au détriment d'une équipe en difficulté financière. Il s'agissait du deuxième membre de votre effectif recruté de la sorte, et celui-ci semblait présenter à la sortie de l'université le potentiel d'une véritable superstar. Ses statistiques – 17,5 points et 7 rebonds par match – étaient tout à fait respectables. Ses aptitudes de passeur, meilleures qu'on ne vous les avait d'abord décrites, vous valurent une agréable surprise. La concurrence se trouva certains soirs passablement dominée, et Thierry témoigna d'une grande sûreté de jeu durant les matches éliminatoires. Le souci est qu'il reste parfois en retrait de l'attaque, et qu'il manque de constance sur le plan de la combativité. Il donne l'impression de ne pas être à son aise dans cette équipe, et se montre plutôt enclin à n'en faire qu'à sa tête. Les rumeurs affirment qu'il ne s'entend pas bien avec le meneur. Votre enquête interne a certes révélé quelques frictions entre les deux hommes, mais ils conservent bien entendu en public une attitude tout à fait professionnelle. Quoi qu'il en soit, Thierry reste un jeune joueur absolument passionnant, et vous persistez à voir en lui une future grande vedette du basket.

Âgé de 27 ans, le meneur, Vincent Roman, est un joueur extrêmement rapide et un passeur exceptionnel. Il est assez médiocre en défense, mais l'équipe n'en souffre pas vraiment. Au début de sa carrière, Roman a connu des difficultés liées à son attitude et à ses sorties nocturnes. Son comportement s'est néanmoins fortement bonifié depuis deux ans qu'il est entré dans l'équipe – sans doute en partie parce qu'il totalisait déjà trois transferts en l'espace de quatre années et qu'il s'agissait potentiellement de sa toute dernière chance. Bien qu'il se soit discipliné dans sa vie privée, sa conduite sur le terrain demande encore à progresser. Il préfère trop souvent faire le spectacle plutôt que d'assurer une passe. Il est actuellement classé parmi les dix meilleurs meneurs de la ligue et s'est considérablement amélioré depuis qu'il a rejoint le club. L'entraîneur adjoint l'apprécie beaucoup, et soutient qu'il devrait être au mieux d'ici à quelques années et compter en définitive parmi les cinq meilleurs meneurs de la FPB.

Avec ses 2,13 mètres, le pivot Richard Lambert, 35 ans, constitue depuis quatorze ans l'un des piliers de votre organisation. N'ayant jamais gagné le championnat, et terriblement contrarié par sa blessure à la cheville, il n'a pas caché sa déception de voir l'équipe échouer si près du but la saison passée. En dépit d'une moyenne toujours étonnante – 24 points et 15,5 rebonds par match –, son âge commence à peser. Selon toute vraisemblance, son jeu ne devrait pas tellement se dégrader cette année. Il reste dominateur sur le terrain et fait régner la discipline dans le club house. On considère d'ailleurs qu'il a exercé une influence positive sur Vincent Roman. Même si vous estimez qu'il a encore deux bonnes années à donner, et bien qu'il travaille dur pour se maintenir en forme, vous savez que la plupart des grands gabarits connaissent à partir de cet âge-là de sérieux problèmes physiques, en particulier au niveau des genoux.

Les propositions de transferts : Isaiah Dumango, 34 ans, s'est imposé depuis de longues années comme un meneur hors du commun. Classé à dix reprises parmi les plus grands joueurs du championnat, il est considéré comme l'un des meilleurs passeurs de l'histoire du basket professionnel. L'an dernier, les recruteurs ont noté qu'il avait perdu en vitesse et qu'il n'était plus aussi bon défenseur qu'autrefois. Il a joué six matches avec Richard Lambert, et les deux hommes sont devenus très proches en dehors du terrain. Vous n'éprouvez aucun doute quant à l'alchimie qu'ils pourraient créer dans votre équipe. Les épreuves de sélection en vue des jeux Olympiques ont réservé une surprise encore plus grande. Thierry et Isaiah se sont en effet immédiatement bien entendus, dans le jeu comme à l'extérieur – leurs excellents rapports étant en partie imputables au fait que Thierry était un fervent admirateur d'Isaiah dans son enfance. Les recruteurs se sont montrés on ne peut plus dithyrambiques quant aux potentiels combinés de ces deux joueurs.

Plusieurs experts renommés considèrent qu'une formation qui verrait Isaiah distribuer le jeu pour Richard et Thierry serait à peu près invincible et ferait office de favori pour le championnat. Vous êtes bien conscient qu'Isaiah et Richard sont aujourd'hui proches de la retraite, et qu'un tel choix n'est donc pas sans présenter quelques risques. Vous avez contacté le directeur général de l'équipe d'Isaiah qui vous a proposé en échange de laisser partir Vincent Roman, d'abandonner vos droits sur l'Italien Vito Casteleone (21 ans) et de lui céder vos deux meilleurs repêchages à venir. La demande concernant Vito a fait l'effet d'une bombe parmi vos recruteurs. Ils étaient très fiers d'avoir déniché ce svelte meneur de 19 ans, engagé au sein d'une équipe professionnelle italienne plutôt insignifiante. Au cours de l'année passée, son jeu s'est considérablement renforcé, et la plupart des recruteurs s'accordent à penser qu'il pourrait faire ses débuts dès cette saison dans la moitié des équipes de la FPB. C'est un incroyable tireur, doté d'un rayon d'action quasiment illimité. Vous n'êtes pas tout à fait certain de sa capacité à supporter la pression physique d'une saison complète, mais les rapports qui vous parviennent s'avèrent tous très positifs. Les deux prochains repêchages de premier tour porteront très certainement sur le bas du tableau et ne vous concernent donc pas. Vous débattiez de ce transfert depuis quelques jours à peine quand une nouvelle offre vous a été faite par téléphone.

L'une des équipes premières de la ligue souhaite intégrer Richard Lambert au sein d'un effectif déjà puissant. Cela leur garantirait presque à coup sûr d'emporter deux ou trois championnats d'affilée. Ils ne peuvent vous proposer aucun joueur digne d'intérêt en échange, mais émettent l'idée de vous céder la saison prochaine leur propre repêchage de premier tour ainsi que celui des Crotois'Tigers, la plus mauvaise équipe de FNB, acquis lors d'un transfert il y a plusieurs années. Si les projections affirmant que les Tigers devraient finir parmi les trois pires équipes se vérifient (ce qui est probable), vous serez assuré à 80 % de participer au tirage pour l'un des cinq premiers repêchages, et aurez 50 % de chances de décrocher l'un des deux premiers. Vos agents ont noté dans cette foire au recrutement cinq espoirs à ne surtout pas manquer, et peut-être un ou deux de plus selon l'ordre dans lequel chacun quittera l'université. Ils sont d'autant plus intéressés qu'ils ont repéré parmi les deux plus en vue un jeune centre de 19 ans, évoquant pour beaucoup une sorte de nouveau

Richard Lambert en plus grand et en plus rapide. Le second à sortir du lot est un petit ailier au jeu fluide et aérien, souvent comparé à Tony Parker tant sa domination athlétique paraît évidente.

Un autre aspect intéressant de cette transaction se rapporte au fait que, pour respecter l'égalité des échanges imposée par le bureau de la ligue au niveau des salaires, vous récupéreriez de surcroît deux joueurs de seconde zone nettement surpayés à l'heure actuelle, mais dont les contrats expirent en fin d'année. Une fois ces contrats caducs, votre équipe entamerait la saison suivante avec une confortable marge financière au-dessous du plafond, ce qui vous permettrait de faire librement votre choix parmi les joueurs disponibles. Les premières indications montrent que plusieurs talents très intéressants se trouveront alors sur le marché. Au sein de votre organisation, certains voient dans cet échange l'annonce potentielle d'un règne sans partage dans le monde du basket professionnel européen, comparable à celui des Lakers et des Celtics aux États-Unis dans les années 1980, ou des Chicago Bulls au cours de la décennie suivante.

Instructions pour le groupe : Votre tâche consiste à évaluer la composition actuelle de l'équipe, sa capacité à remporter le prochain championnat, et à opter pour l'une ou l'autre des transactions envisagées. Vous devrez être en mesure d'argumenter votre choix devant le propriétaire de l'équipe. Assurez-vous de pouvoir l'étayer de façon convaincante. Vous pouvez soit recruter Isaiah Dumango, soit vous séparer de Richard Lambert.

Cas d'entreprise

Orchestre national de Lille

L'Orchestre national de Lille a été créé en 1976 par son actuel chef d'orchestre, Jean-Claude Casadesus. Élève de Pierre Boulez et ardent défenseur de la musique contemporaine, Jean-Claude Casadesus commence sa carrière de chef d'orchestre à Paris avant de participer à la création de l'Orchestre des Pays de la Loire qu'il dirigera jusqu'en 1976, moment à partir duquel il se consacre au projet lillois en parallèle d'une carrière internationale. Dès ses débuts, l'orchestre s'est doté d'un projet artistique ambitieux en direction de tous les publics et fidèle au principe de son chef d'orchestre de « porter la musique partout où elle peut être reçue ».

Bien que beaucoup de textes de management fassent appel à l'image de chef d'orchestre en tant que métaphore pour le rôle du manager, ce qui se passe derrière les coulisses, et les véritables défis managériaux d'un orchestre sont beaucoup mois connus du grand public.

Les musiciens étudient leurs partitions séparément et les travaillent au sein des différents groupes d'instruments avant de se mettre à l'unisson et de se soumettre entièrement à l'interprétation de l'œuvre par le chef d'orchestre. Celui-ci doit respecter un équilibre délicat dans lequel il doit à la fois imposer sa vision de l'œuvre à une centaine de musiciens, diriger l'ensemble des différents groupes d'instruments et, en même temps, comme l'exprime Jean-Claude Casadesus, donner à chaque musicien « l'impression que je dirige pour lui seul ». Être chef d'orchestre demande de l'autorité, et « l'autorité vient d'abord de la compétence », mais « un chef obtient toujours plus en instaurant de la complicité qu'en se montrant hautain ».

Au niveau des relations sociales, la grande majorité des orchestres nationaux se caractérise par une grande stabilité de l'emploi, très souvent à vie, d'un très faible taux de départs, et des conventions collectives qui définissent un cadre très rigoureux pour l'activité des musiciens et surtout pour l'organisation du temps de travail organisé en durées de jeu ou « services ». Historiquement, cette organisation très codifiée s'explique par de nombreux abus jusqu'au début du XXe siècle. Les musiciens sont rémunérés sur la base d'un nombre défini de services effectués. Les services sont précisément minutés, chaque dépassement est rémunéré en heures supplémentaires, et toute situation particulière doit être négociée avec les représentants syndicaux.

Comment gérer dans ce contexte ? Selon Jean-Claude Casadesus, il faut rechercher le consensus et être prêt à « perdre du temps pour en gagner ultérieurement ». Il est indispensable de rester très attentivement à l'écoute des partenaires et de toujours tenir parole. Le résultat lillois est probant : l'orchestre s'est très bien développé depuis son premier concert joué avec 57 musiciens – devant à peine 50 auditeurs ! Et il n'y a eu aucune menace de grève en trente-cinq ans, un record dans cette profession et un point dont le chef d'orchestre est particulièrement fier.

La tension entre la nécessité artistique de renouveau d'un côté – « tout ce que nous connaissons par cœur est dangereux », met en garde Jean-Claude Casadesus – et un cadre de règles et de procédures très rigoureuses et stables se matérialise également au niveau du processus de recrutement des musiciens. Dans une première phase du concours, chaque candidat interprète des morceaux imposés. Les candidats se trouvent derrière un paravent et sont seulement identifiés par un numéro. Lors du deuxième tour, les candidats retenus jouent cette fois face au jury qui est composé du chef d'orchestre, du directeur artistique délégué, de quelques musiciens et du soliste de sa spécialité. La technique musicale et la virtuosité sont les seuls critères, aucun entretien de motivation n'est prévu pour cerner la personnalité des candidats ainsi que leur capacité d'intégration dans le groupe. « Je perçois assez vite le tempérament des gens », affirme Jean-Claude Casadesus qui a depuis 1987 lui-même recruté tous ses collaborateurs.

Questions

1. Quel type de groupe représente un orchestre classique ? Quelles sont ses principales caractéristiques ?
2. Quelles sont les compétences nécessaires pour gérer un tel ensemble ?
3. Est-ce qu'il faudrait inclure des entretiens de motivation au concours de recrutement ? Donnez des raisons précises pour votre réponse.

Source : Fondé sur Perroneau M. « L'orchestre national de Lille : un chef et 100 musiciens à l'unisson », *Management*, novembre 2010, p. 110-112 ; ainsi que sur le site internet de l'orchestre : www.onlille.com.

Chapitre 11

La motivation

Objectifs

1. Définir et expliquer la notion de motivation
2. Comparer et mettre en perspective les théories classiques de la motivation
3. Comparer et mettre en perspective les théories contemporaines de la motivation
4. Présenter et développer quelques problématiques actuelles de la motivation au travail.

Les managers les plus performants comprennent aisément que ce qui les motive personnellement peut n'avoir que peu ou pas d'impact sur la motivation des autres. Ainsi, si vous êtes motivé par le fait d'appartenir à une équipe très soudée et très engagée, ne partez pas du principe qu'il en est de même pour tout le monde. Et ce n'est pas parce que vous vous sentez impliqué dans votre travail que tout le monde l'est au même titre et avec la même intensité que vous. Les managers efficaces, ceux qui savent orienter les efforts de leurs collaborateurs dans la bonne direction, savent toujours ce qui les motive spécifiquement et font en sorte de mettre en œuvre des pratiques de management adaptées, correspondant aux attentes et aux besoins réels des collaborateurs à motiver. Savoir motiver et récompenser les employés constitue l'un des grands défis du management. Ce chapitre présente les principales approches de motivation visant à optimiser le comportement des employés.

1. Qu'est-ce que la motivation ?

Avant d'expliquer ce qu'est la motivation, il convient de préciser ce qu'elle n'est pas. Il est en effet courant, mais erroné, d'affirmer qu'il s'agit d'un trait de personnalité. Cela signifierait que certaines personnes en font preuve et d'autres pas. Dans la pratique, cette attitude correspond à celle d'un manager qui accuserait définitivement tel ou tel collaborateur de son équipe de n'avoir « aucune motivation ». Les connaissances actuelles dans ce domaine démontrent qu'il est impossible de cataloguer ainsi les gens. On sait que la motivation n'est pas une donnée ; elle résulte des interactions entre l'individu et la situation à laquelle il est confronté. Si chaque personne diffère par son dynamisme, il n'en demeure pas moins que la motivation d'un individu varie en fonction de chaque situation rencontrée. Pour bien analyser ce concept, rappelons que le niveau de motivation dépend à la fois de l'individu concerné et, pour chaque individu, du moment considéré.

La motivation professionnelle se définit comme la volonté de fournir un effort important afin d'atteindre les objectifs fixés par l'entreprise, volonté conditionnée par la capacité dudit effort à satisfaire un besoin personnel. Plus simplement, la motivation est fonction de trois éléments clés : l'effort, les objectifs de l'entreprise et les besoins. Bien que la notion de motivation puisse s'appliquer, dans son sens le plus général, à toutes sortes d'objectifs, l'attention particulière accordée ici aux comportements des individus dans le travail explique qu'on s'intéresse uniquement aux objectifs de l'entreprise.

Motivation professionnelle — Volonté de fournir un effort important afin d'atteindre les objectifs fixés par l'entreprise, conditionnée par la capacité dudit effort à satisfaire un besoin personnel.

L'idée d'« effort » correspond à une mesure d'intensité. Lorsqu'une personne se sent motivée, elle travaille plus dur, plus longtemps. Elle s'engage davantage dans sa tâche. Pour autant, ce surcroît d'effort a peu de chances de profiter à l'entreprise s'il n'est pas canalisé[1]. Par conséquent, il faut prendre en compte non seulement l'intensité des efforts, mais aussi leur qualité et privilégier ceux qui s'accordent avec les objectifs de l'entreprise et s'orientent vers leur réalisation. La motivation doit enfin être envisagée comme un processus de satisfaction des besoins (voir document 11.1).

Document 11.1 – Le processus de motivation.

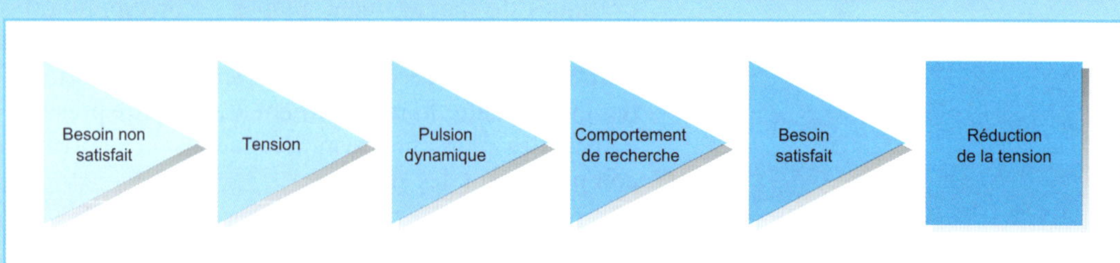

Le **besoin**, dans le cadre de notre définition, désigne un état interne qui éveille le désir d'atteindre un résultat donné. Un besoin non satisfait crée une tension qui va pousser l'individu dans une direction particulière. Cette pulsion génère un comportement de recherche visant à découvrir les objectifs particuliers qui, par leur réalisation, combleront le besoin et réduiront la tension.

Besoin — État interne dynamique qui éveille chez l'individu le désir d'atteindre un résultat donné.

On peut dire des employés motivés qu'ils se trouvent dans un état de tension. Pour soulager celle-ci, ils fournissent un effort proportionnel à son intensité. Si cet effort permet de combler leur besoin, il réduit alors simultanément la tension. Mais dans une optique professionnelle, cet effort tenso-réducteur doit correspondre en outre aux objectifs de l'entreprise. La définition de la motivation exposée précédemment induit donc nécessairement que les besoins individuels se montrent compatibles et cohérents avec les objectifs organisationnels.

S'ils ne le sont pas, les efforts fournis par les individus risquent de se retourner contre les intérêts de l'entreprise. Les situations de ce genre sont bien plus fréquentes qu'on ne le croit. Pour satisfaire leurs besoins sociaux, certains employés peuvent ainsi passer beaucoup de temps à discuter avec leurs collègues, consulter sur Internet leurs sites favoris ou jouer sur leur ordinateur. Ces activités exigent d'importants efforts mais demeurent, du point de vue de l'entreprise, totalement improductives.

2. Que nous apprennent les théories classiques de la motivation ?

Les années 1950 se sont révélées particulièrement propices au développement des concepts motivationnels. Attaquées de toutes parts et largement contestées aujourd'hui, les trois grandes théories formulées au cours de cette période expliquent sans doute mieux qu'aucune autre la notion de motivation des employés. Il s'agit respectivement de la théorie de la pyramide des besoins (Maslow), des théories X et Y (McGregor) et de la théorie des deux facteurs (Herzberg). Bien que de nouvelles approches, plus rationnelles, soient apparues depuis, il demeure important de se familiariser avec ces premières théories, et ce pour au moins deux raisons. D'une part, elles servent de base aux concepts actuels. Et d'autre part, les professionnels du management s'inspirent encore de leurs hypothèses et de leur terminologie afin d'expliquer la notion de motivation. Chacune mérite donc d'être exposée ici.

2.1. La motivation ressemble-t-elle à une pyramide (A. Maslow) ?

La plus célèbre théorie de la motivation reste probablement celle du psychologue Abraham Maslow, fondée sur la définition d'une **pyramide des besoins**[2]. Pour Maslow, l'être humain connaît cinq grands types de besoins, que l'on peut classer de manière hiérarchique.

> *Théorie de la pyramide des besoins* — Développée par Maslow, elle propose un classement hiérarchique des cinq besoins de l'être humain : besoins physiologiques, de sécurité, d'appartenance, d'estime et d'autoaccomplissement. Chacun ne s'exprime qu'à partir du moment où le précédent a été comblé.

Ce sont :

- **Les besoins physiologiques.** Nourriture, logement, sexualité et autres impératifs corporels.
- **Les besoins de sécurité.** Protection contre les douleurs physiques et morales.
- **Les besoins d'appartenance.** Affection, intégration au sein d'un groupe, acceptation et amitié.
- **Les besoins d'estime.** Sur le plan interne : respect de soi-même, indépendance, réussite ; sur le plan externe : statut social, considération, attention.
- **Les besoins d'autoaccomplissement.** Développement personnel, exploitation de son propre potentiel, envie de se réaliser.

Dès lors qu'un besoin se trouve globalement satisfait, il cède la place au suivant. Le document 11.2 montre clairement que l'individu est ainsi amené à gravir peu à peu la pyramide. La théorie affirme qu'un besoin suffisamment satisfait n'apporte plus aucune motivation, même s'il n'est jamais totalement comblé. Pour motiver quelqu'un, Maslow explique qu'il faut d'abord comprendre à quel niveau de la hiérarchie cette personne se situe, puis s'attacher à satisfaire les besoins correspondant à ce niveau, ou ceux du niveau immédiatement supérieur.

Document 11.2 – La pyramide des besoins de Maslow.

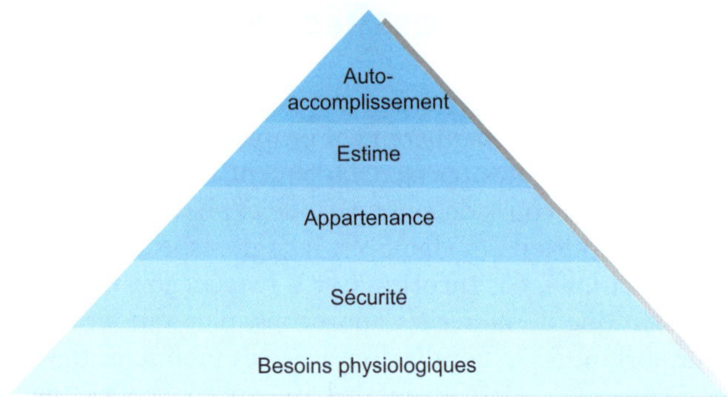

Source : A. H. Maslow, *Motivation and Personality*, 2e édition, 1970. Reproduit avec la permission de Prentice Hall, Inc., Upper Saddle River, New Jersey.

La théorie des besoins de Maslow a bénéficié d'une très large audience, en particulier auprès des professionnels du management[3]. Sa logique intuitive et sa facilité de compréhension expliquent sans doute son succès[4]. En règle générale, l'expérience n'en a malheureusement pas permis la validation. Maslow ne s'est d'ailleurs jamais soucié de prouver empiriquement sa théorie, et aucune des nombreuses études qui s'y sont employées n'a réellement convaincu[5].

2.2. Êtes-vous un manager X ou un manager Y (D. McGregor) ?

Douglas McGregor propose deux visions distinctes de la nature humaine : l'une fondamentalement négative, la **théorie X** ; l'autre fondamentalement positive, baptisée **théorie Y**[6]. Après avoir observé la façon dont les managers traitaient le personnel, McGregor en déduisit que leur vision de la nature humaine s'appuyait sur un ensemble de préjugés positifs ou négatifs (voir document 11.3) et qu'ils modelaient leur comportement vis-à-vis des employés en fonction de ces suppositions.

Théorie X — Chez McGregor, la théorie X renvoie aux préjugés selon lesquels l'employé n'aimerait pas travailler, se montrerait paresseux, esquiverait les responsabilités et serait performant uniquement sous la contrainte.

Théorie Y — Chez McGregor, la théorie Y renvoie aux préjugés selon lesquels l'employé se montrerait créatif, chercherait à prendre des responsabilités et serait capable de se discipliner.

Document 11.3 – Les prémisses des théories X et Y

Théorie X. Un manager qui adopte la vision (négative) de la théorie X considère :

1. Que les employés détestent par définition le travail et font tout pour y échapper.
2. Qu'il faut donc les contraindre ou les menacer de représailles pour atteindre les objectifs fixés.
3. Que les employés rechignent à prendre des responsabilités et préfèrent être surveillés de près.
4. Que la plupart des salariés placent la sécurité en tête de leurs préoccupations et n'ont aucune ambition.

Théorie Y. Un manager qui adopte la vision (positive) de la théorie Y considère :

1. Que le travail représente pour les employés une activité aussi innée que le jeu.
2. Que les employés sont capables de se gérer et de se discipliner, s'ils se sentent impliqués dans les objectifs.
3. Que l'individu moyen peut apprendre à assumer, et même à rechercher, les responsabilités.
4. Que la capacité à prendre de bonnes décisions se trouve largement répandue dans l'ensemble de la population et que les managers n'en détiennent pas nécessairement le monopole.

Que signifie l'analyse de McGregor en terme de motivation ? La réponse apparaît nettement si l'on se réfère au cadre théorique de Maslow. La théorie X suppose que les besoins physiologiques et de sécurité dominent l'individu. La théorie Y soutient, au contraire, que ce dernier est d'abord sensible aux besoins d'appartenance et d'estime. McGregor considérait lui-même que les hypothèses de la théorie Y possédaient une validité supérieure à celles de la théorie X. Il affirmait, par conséquent, que la participation de l'employé aux processus décisionnels, le fait de lui confier un travail stimulant et de lui donner des responsabilités, et l'établissement de bonnes relations au sein du groupe permettaient de maximiser son effort.

Rien ne prouve hélas qu'aucun de ces deux ensembles d'hypothèses soit fondé, ni que le fait d'adopter la théorie Y et de modifier en conséquence son comportement puisse augmenter la motivation des employés. Dans la réalité, il existe en effet des managers efficaces qui nourrissent pourtant les préjugés de la théorie X.

2.3. Facteurs d'hygiène ou facteurs moteurs (F. Herzberg) ?

C'est au psychologue Frederick Herzberg que nous devons la **théorie des deux facteurs**[7]. Considérant que l'attitude d'un individu à l'égard de son travail pouvait être déterminante en termes de réussite ou d'échec, Herzberg s'attacha à découvrir ce que les gens attendaient de leur activité professionnelle. Dans le cadre d'une grande enquête, il leur demanda de décrire en détail les situations dans lesquelles ils se sentaient particulièrement satisfaits ou insatisfaits de leur travail. Leurs réponses furent ensuite classées et organisées sous la forme d'un tableau (voir document 11.4).

> *Théorie des deux facteurs* — Théorie développée par Frederick Herzberg, selon laquelle la satisfaction et l'insatisfaction professionnelle seraient respectivement liées à des facteurs intrinsèques (*facteurs moteurs*) et extrinsèques (*facteurs d'hygiène*).

Document 11.4 – Théorie de la motivation et de l'hygiène de Herzberg.

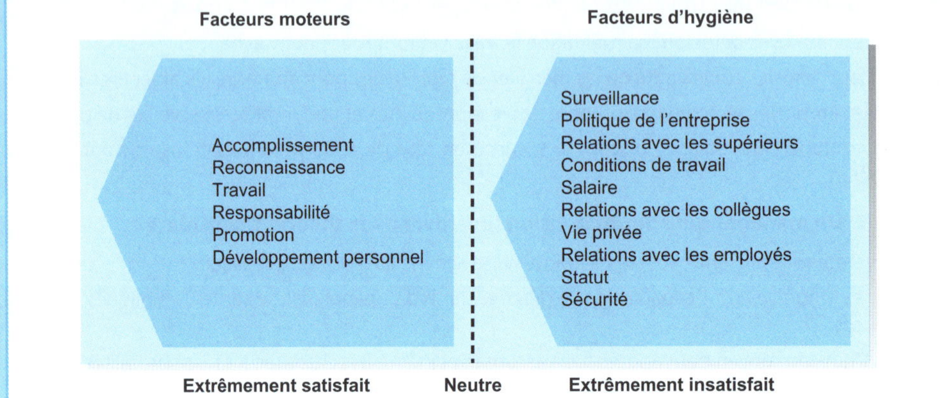

Après analyse, Herzberg se rendit compte que les personnes satisfaites de leur travail et celles qui n'y trouvaient au contraire aucun plaisir répondaient de manière très différente. Certaines caractéristiques, énumérées dans le document 11.4, étaient systématiquement liées à l'expression de la satisfaction professionnelle (côté gauche du schéma), d'autres à l'insatisfaction (côté droit). Les *facteurs intrinsèques* tels que l'accomplissement, la reconnaissance ou la responsabilité appartenaient à la première catégorie[8]. Quand les personnes interrogées se déclaraient satisfaites de leur travail, elles avaient tendance à s'attribuer ces caractéristiques. À l'inverse, les insatisfaits mentionnaient plus volontiers des facteurs extrinsèques : administration et politique de l'entreprise, surveillance, relations interpersonnelles, conditions de travail.

Les données récoltées semblaient indiquer, selon Herzberg, que la satisfaction n'était pas le contraire de l'insatisfaction, comme on le croyait généralement. L'élimination des facteurs d'insatisfaction d'un travail ne rendait pas nécessairement ce dernier satisfaisant. Herzberg suggéra donc (voir document 11.5) d'opposer « satisfaction » et « absence de satisfaction » d'une part, et « insatisfaction » et « absence d'insatisfaction » d'autre part.

Pour Herzberg, les facteurs responsables de la satisfaction et de l'insatisfaction professionnelles sont distincts et différents. Les managers qui cherchent à éliminer ces derniers peuvent donc certes faire naître l'apaisement, mais pas forcément la motivation : ils calment le personnel plus qu'ils ne le stimulent. Puisqu'ils ne motivent pas les employés (mais néanmoins « préviennent » la démotivation), les facteurs susceptibles d'éliminer l'insatisfaction professionnelle furent qualifiés par Herzberg de **facteurs d'hygiène**. Quand ces facteurs opèrent de manière adéquate, les gens ne ressentent plus aucune insatisfaction, mais n'en sont pas pour autant satisfaits ni motivés. Pour motiver les employés, Herzberg recommandait de mettre l'accent sur les **facteurs moteurs**, qui augmentent la satisfaction.

Facteurs d'hygiène — Dans la théorie d'Herzberg, ce terme désigne certains facteurs liés à l'environnement du travail, tels que les conditions de travail ou le salaire, susceptibles, lorsqu'ils opèrent de manière adéquate, d'éliminer l'insatisfaction professionnelle sans nécessairement accroître la satisfaction.

Document 11.5 – Deux conceptions opposées de la satisfaction et de l'insatisfaction.

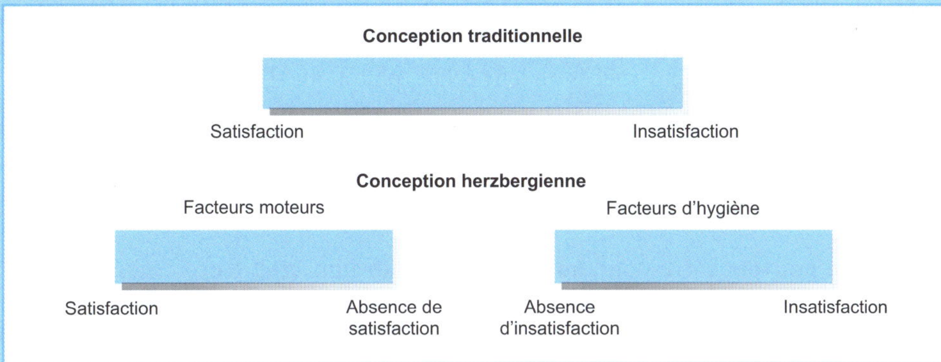

Facteurs moteurs — Dans la théorie d'Herzberg, ce terme désigne certains facteurs liés au contenu même du travail, tels que la reconnaissance ou le développement personnel, qui augmentent la satisfaction professionnelle.

La théorie des deux facteurs ne manque pas de détracteurs. On lui reproche notamment la méthode employée pour recueillir les informations et le fait qu'elle ne prenne pas en compte les variables situationnelles[9]. Malgré ces critiques, la théorie de Herzberg a connu une très large diffusion, et bien peu de managers ignorent encore ses préceptes. L'enthousiasme que suscite l'enrichissement du travail – l'idée de proposer des tâches plus stimulantes et d'accroître l'autonomie de l'employé – découle pour l'essentiel des découvertes et des recommandations de Herzberg.

2.4. Quels sont nos trois besoins essentiels (D. McClelland) ?

David McClelland et d'autres chercheurs ont élaboré la **théorie des trois besoins**, qui définit l'existence de trois moteurs ou besoins essentiels en matière d'activité professionnelle :

- **Le besoin d'accomplissement (ou de réussite).** L'envie de se surpasser, de s'accomplir au-delà des normes établies, de se battre pour réussir.
- **Le besoin de pouvoir.** Le besoin d'imposer aux autres un comportement qu'ils n'auraient pas adopté en temps normal.
- **Le besoin d'affiliation.** Le désir d'établir des relations interpersonnelles amicales et intimes[10].

Théorie des trois besoins — Théorie développée par McClelland, selon laquelle les besoins d'accomplissement, de pouvoir et d'affiliation, représentent des moteurs essentiels de l'activité professionnelle.

Certaines personnes sont animées d'une irrépressible envie de réussir, mais s'attachent plutôt à leur accomplissement personnel qu'au succès en tant que tel. Elles veulent travailler mieux et plus efficacement qu'on ne le faisait auparavant. Cette pulsion correspond au **besoin d'accomplissement (ou de réussite)**. S'appuyant sur ses recherches, McClelland affirma que les individus entreprenants se différenciaient par leur désir de mieux faire[11]. Ils recherchent les emplois qui (1) leur donnent l'occasion de résoudre des problèmes sous leur propre responsabilité ; (2) leur permettent d'obtenir une évaluation rapide et précise de leur performance, afin de savoir s'ils ont progressé ; (3) leur offrent la possibilité de se fixer des objectifs raisonnablement exigeants (c'est la théorie des trois besoins de McClelland). Ce ne sont pas des joueurs : ils n'aiment pas réussir par hasard. Ils préfèrent s'attaquer à un problème et assumer seul leur succès ou leur échec, plutôt que d'en abandonner la responsabilité à quelqu'un d'autre ou de laisser la chance s'en mêler. Point important, ils évitent de se lancer dans des tâches qu'ils perçoivent comme trop simples ou trop difficiles.

Besoin d'accomplissement (ou de réussite) — L'envie de se surpasser, de s'accomplir au-delà des normes établies, de se battre pour réussir.

Le **besoin de pouvoir** correspond au désir d'avoir un impact et d'exercer une influence sur les gens. Les individus qui présentent un besoin de pouvoir élevé aiment assumer la direction des événements et peser sur le comportement d'autrui. Ils privilégient les emplois concurrentiels et prestigieux. Dernier besoin identifié par McClelland, le **besoin d'affiliation**, qui se rapporte au désir d'être aimé et accepté. C'est celui auquel les chercheurs se sont le moins intéressés. Les individus qui témoignent d'un besoin d'affiliation élevé accordent beaucoup de prix à l'amitié, préfèrent le travail d'équipe à la compétition et cherchent à établir des relations reposant sur une profonde compréhension mutuelle.

Besoin de pouvoir — Le besoin d'imposer aux autres un comportement qu'ils n'auraient pas adopté en temps normal.

Besoin d'affiliation — Le désir d'établir des relations interpersonnelles amicales et intimes.

2.5. Que reste-t-il des premières théories de la motivation ?

On a souligné précédemment que ces théories occupaient une place de choix dans la littérature et l'esprit des professionnels du management. Elles paraissent d'autant plus sensées qu'elles semblent découler d'une logique particulièrement intuitive. Toutes définissent certains besoins d'ordre inférieur et d'autres d'ordre supérieur. Par exemple, les besoins physiologiques et de sécurité de Maslow, la théorie X de McGregor et les facteurs d'hygiène de Herzberg laissent ainsi apparaître d'importantes similitudes. Il en va de même des trois besoins supérieurs de Maslow, de la théorie Y et des facteurs moteurs ainsi que du besoin d'accomplissement de McClelland. Mais ces théories souffrent d'un défaut majeur : aucune d'elles, dans sa formulation originelle, n'a été confirmée par l'expérience.

Elles présentent d'un autre côté de très nettes différences. Différences qui, de manière assez ironique, se rapportent davantage au point de vue qu'au contexte. En effet, si elles s'intéressent toutes à la motivation des individus, elles le font selon des perspectives distinctes. Maslow et McClelland se focalisent ainsi sur les besoins individuels – autrement dit, sur l'individu lui-même –, tandis que McGregor se concentre sur la façon dont le manager perçoit l'employé, et Herzberg sur l'influence de l'entreprise. Trois angles d'attaque différents, pour arriver à des conclusions similaires !

3. Quels sont les apports des approches contemporaines de la motivation ?

Malgré leur popularité, les théories précédentes ont plutôt mal résisté à l'examen. Mais tout n'est pas perdu. Il existe aujourd'hui de nouvelles théories qui s'appuient sur une documentation raisonnablement solide et des études de terrain validées, offrant ainsi une vision à la fois complémentaire et contemporaine de la motivation des collaborateurs de l'entreprise.

3.1. Qu'est-ce que la théorie des buts ?

Peut-on imaginer, au moment de confier un projet important à quelqu'un, un manager ou un professeur disant simplement à ses collaborateurs « Essayez de faire au mieux » ? Que peut d'ailleurs signifier une injonction aussi vague que « Faites au mieux » ? La performance ne sera-t-elle pas meilleure si le manager demande que le rapport final lui soit remis sous trois semaines et inclue à la fois un diagnostic, des recommandations et une bibliographie actualisée ? Les recherches portant sur la fixation des buts ont exploré ces problématiques et les conclusions dégagées sont impressionnantes, en particulier sur l'impact que peuvent avoir la spécificité des objectifs, la perception de la difficulté et le feed-back (ou rétroaction) sur la performance finale[12]

Il existe un grand nombre de recherches autour de la **théorie des buts**, qui établissent que la fixation de buts spécifiques et précis accroît la performance. Elles montrent également que des buts difficiles, dès lors qu'ils sont acceptés, débouchent sur des performances plus élevées que les buts perçus comme aisés à atteindre. Que nous dit cette théorie ?

Spécificité. Tout d'abord, il apparaît que le fait de poursuivre un but constitue une source essentielle de la motivation au travail. Les études en la matière ont largement démontré que les buts spécifiques et ambitieux, porteurs de défis pour la personne concernée, constituent des forces de motivation exceptionnelles[13]. Ils produisent des résultats en moyenne beaucoup plus élevés que des objectifs très généraux de type « faites au mieux ». La spécificité du but lui-même agit comme un stimulant intérieur. Par exemple, lorsqu'un vendeur s'est engagé auprès de son responsable à appeler huit clients par jour, cette intention lui crée un objectif spécifique à atteindre.

Participation. Par ailleurs, peut-on dire que des employés ayant participé à la fixation de leur objectif seront plus enclins à faire les efforts pour les atteindre ? Pas toujours. Dans certains cas, la fixation participative des objectifs décuple la performance ; dans d'autres cas, les individus auront de meilleurs résultats si le manager fixe lui-même l'objectif de façon directive. Néanmoins, dès lors que les collaborateurs sont susceptibles de résister à l'acceptation de défis difficiles, la participation constitue sans doute la meilleure solution[14].

Feed-back. Enfin, nous savons maintenant que les individus réalisent de meilleures performances lorsqu'ils reçoivent un feed-back, une information en retour sur leur niveau de progression vers l'objectif final. Cela aide, en effet, à mieux identifier l'écart entre ce qu'ils ont fait et ce qu'ils veulent réaliser au final. Mais toutes les catégories de feed-back ne sont pas aussi efficaces les unes que les autres. Ainsi, le feed-back autogéré– lorsqu'un employé mesure lui-même où il en est par rapport à son objectif – s'est révélé être un facteur de motivation beaucoup plus puissant que lorsque le feed-back est donné par un tiers[15].

Mais au-delà du feed-back existent trois facteurs importants susceptibles d'influencer la relation entre le but et la performance : l'engagement vers le but, le sentiment d'efficacité et la culture nationale.

Tout d'abord, la théorie des buts fait l'hypothèse qu'un individu doit être psychologiquement « engagé » vis-à-vis du but poursuivi. Cet engagement est plus susceptible de se développer si les buts ont été fixés devant des tiers, si le collaborateur a un « lieu de contrôle » élevé (sentiment de maîtriser son devenir) et a pu fixer lui-même le but en question[16].

Mais il est un deuxième facteur, très important, le **sentiment d'efficacité personnelle** (SEP). Ce concept important dans la psychologie moderne renvoie à la croyance qu'a un individu dans sa capacité à accomplir une tâche donnée[17]. Plus votre sentiment d'efficacité est élevé, plus vous avez confiance en vos capacités à accomplir une tâche. Ainsi, dans des situations difficiles, les personnes dotées d'un faible sentiment d'efficacité seront plus susceptibles de réduire leur effort, voire d'abandonner ; au contraire des personnes dotées d'un sentiment d'efficacité élevé, qui feront davantage d'efforts afin de relever le défi[18]. Enfin, il semble que les personnes dotées d'un sentiment d'efficacité élevé réagissent au feed-back négatif par davantage d'effort et une motivation renforcée ; en revanche, ceux présentant un sentiment d'efficacité faible se décourageront beaucoup plus rapidement face à un retour négatif ou critique sur leur travail[19].

Enfin, la validité de la théorie des buts dépend beaucoup de la culture nationale. Ainsi, elle est très adaptée aux pays d'Amérique du Nord car en alignement avec les valeurs et croyances de leurs cultures. Elle fait l'hypothèse que des subordonnés sont relativement indépendants (score faible en distance hiérarchique), que les gens recherchent de préférence à relever des défis ambitieux (bonne tolérance à l'incertitude) et que la performance est considérée comme importante par le manager autant que par le collaborateur. En d'autres termes, la théorie des buts peut voir ses enseignements remis en question dans des pays ne partageant pas ces caractéristiques culturelles.

Le document 11.6 résume les relations existant entre les buts, la motivation et la performance. Notre conclusion générale sur ce point est que l'intention d'atteindre des buts difficiles et spécifiques est une force de motivation très puissante. Dès lors que les conditions sont rassemblées, cela peut mener à une performance plus élevée. Néanmoins, rien ne permet d'affirmer que ces objectifs élevés soient liés à un accroissement de la satisfaction au travail[20].

3.2. La structuration du travail influence-t-elle la motivation ?

À partir du moment où les managers veulent motiver leurs collaborateurs par rapport à leur travail, il est nécessaire de s'interroger sur la façon dont un travail devient motivant. Si vous regardez attentivement l'organisation à laquelle vous appartenez, vous noterez qu'elle compte des centaines de tâches. Ces tâches sont, à leur tour, rassemblées et agrégées en un certain nombre d'emplois (ou postes). On utilise le terme « structuration du travail » (job design) pour qualifier la façon dont des tâches s'articulent entre elles pour former un emploi dans le cadre d'un poste. Les managers doivent organiser des postes (emplois, missions, etc.) reflétant les exigences nées des changements dans l'environnement, de l'évolution des technologies, des mentalités, etc. Pourquoi un emploi est-il différent d'un autre emploi ?

Document 11.6 – La théorie des buts.

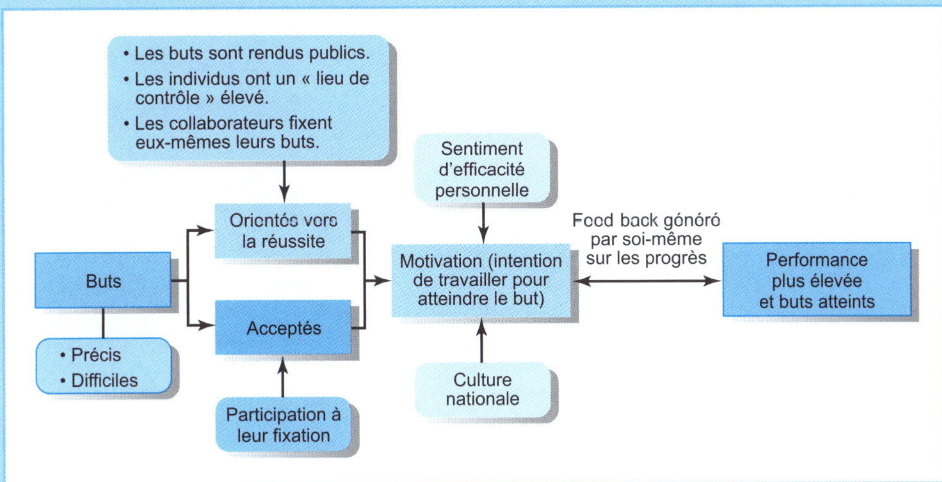

On sait que le travail d'un représentant de commerce n'a aucun rapport avec celui d'une infirmière urgentiste. On sait aussi que ces deux emplois ont peu d'éléments communs avec celui d'un rédacteur en chef ou d'un assembleur à la chaîne. Mais sur quoi reposent ces distinctions ? Le **modèle des caractéristiques de l'emploi** (MCE), développé par J. Richard Hackman et Greg R. Oldham, permet de répondre à cette question[21].

Pour Hackman et Oldham, tout emploi se définit en fonction de cinq dimensions centrales :

1. **Variété des compétences.** Le degré de diversité du travail, qui offre l'occasion d'exploiter des compétences et des talents multiples.
2. **Identité de la tâche.** L'obligation d'accomplir une tâche complète et définie.
3. **Importance de la tâche.** L'impact du travail sur la vie privée et professionnelle des autres.
4. **Autonomie.** Le degré de liberté et d'indépendance de l'employé quant à l'organisation de son emploi du temps et au choix de ses méthodes de travail.
5. **Feed-back.** La possibilité pour l'employé d'obtenir une information claire et immédiate sur l'efficacité du travail effectué.

Le document 11.7 propose une représentation graphique de ce modèle. Les trois premières dimensions – variété des compétences, identité de la tâche et importance de la tâche – déterminent collectivement l'intérêt du travail. Lorsqu'un emploi réunit ces trois caractéristiques, on peut raisonnablement s'attendre à ce que l'employé considère son travail comme important, profitable et utile. En outre, l'autonomie professionnelle éveille chez l'employé un sentiment de responsabilité par rapport aux résultats obtenus, et le feed-back lui permet de mesurer directement son efficacité.

Modèle des caractéristiques de l'emploi (MCE) — Modèle de description du travail mis au point par Hackman et Oldham, fondé sur la définition de cinq dimensions centrales : variété des compétences, identité de la tâche, importance de la tâche, autonomie et feed-back.

Document 11.7 – Le modèle des caractéristiques de l'emploi.

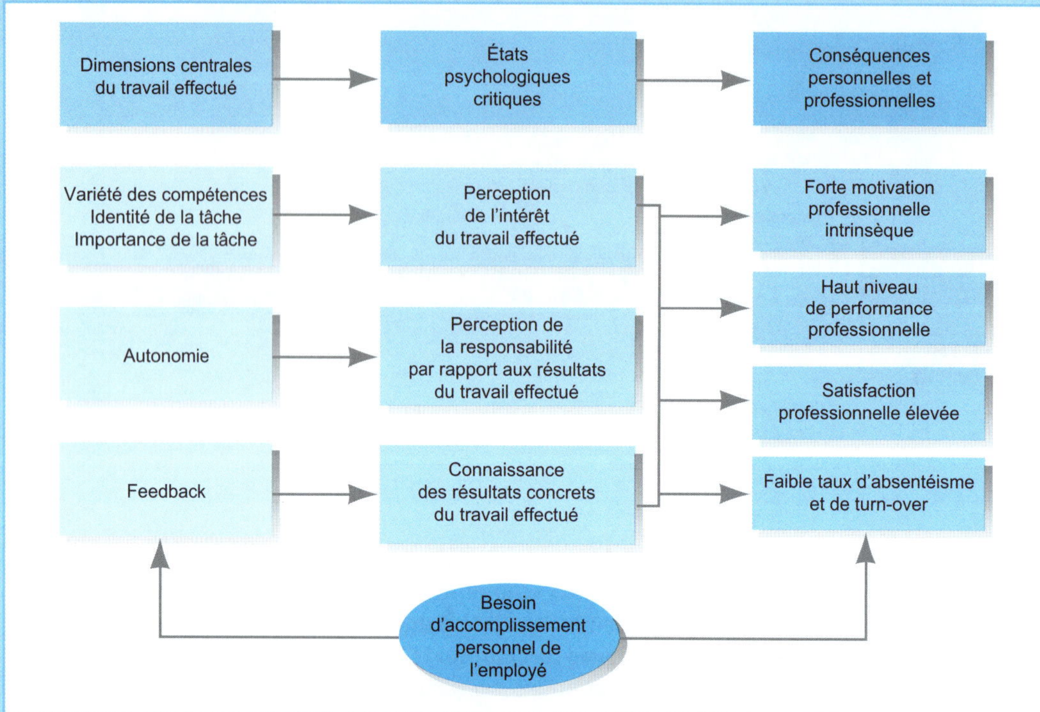

Source : J. R. Hackman, « Work Design », in J. R. Hackman et J. L. Suttle (dir.), *Improving Life at Work*, Glenview, Il., Scott, Foresman, 1977, p. 129.

Du point de vue de la motivation, le MCE souligne que les rétributions intrinsèques s'obtiennent lorsque l'individu *apprend* (connaissance des résultats par le biais du feed-back) qu'il a *personnellement* (perception de la responsabilité liée à l'autonomie) accompli de manière satisfaisante une tâche qu'il considère comme *importante* (perception de l'intérêt du travail liée à la variété des compétences, à l'identité et/ou à l'importance de la tâche). En proportion de leur poids, ces trois conditions augmentent d'autant la motivation, la performance et le sentiment de satisfaction, en réduisant dans le même temps le taux d'absentéisme et la probabilité de démission. On peut le voir sur le modèle, le rapport entre les dimensions du travail et leurs implications est modulé par l'intensité du besoin d'accomplissement personnel (estime de soi et autoaccomplissement). Cela signifie qu'un individu dont l'emploi incorpore les dimensions centrales du travail aura plus de chances de ressentir les états psychologiques critiques et d'y répondre positivement qu'un individu présentant un faible besoin d'accomplissement. On tient peut-être là l'explication des résultats mitigés obtenus par l'**enrichissement du travail** (expansion verticale du travail par adjonction des responsabilités de planification et d'évaluation). Chez les individus à faible besoin d'accomplissement, cet enrichissement n'entraîne en effet aucune augmentation des performances ou de la satisfaction.

Enrichissement du travail — Expansion verticale du travail par adjonction des responsabilités de planification et d'évaluation.

Le MCE offre aux managers un outil précieux pour la structuration du travail, applicable aux individus autant qu'aux équipes (voir document 11.8)[22]. Les recommandations du document 11.8, qui s'appuient sur le MCE, énumèrent les différentes mesures susceptibles d'influer le plus fortement sur chacune des cinq dimensions centrales du travail.

Document 11.8 – Recommandations pour la restructuration du travail.

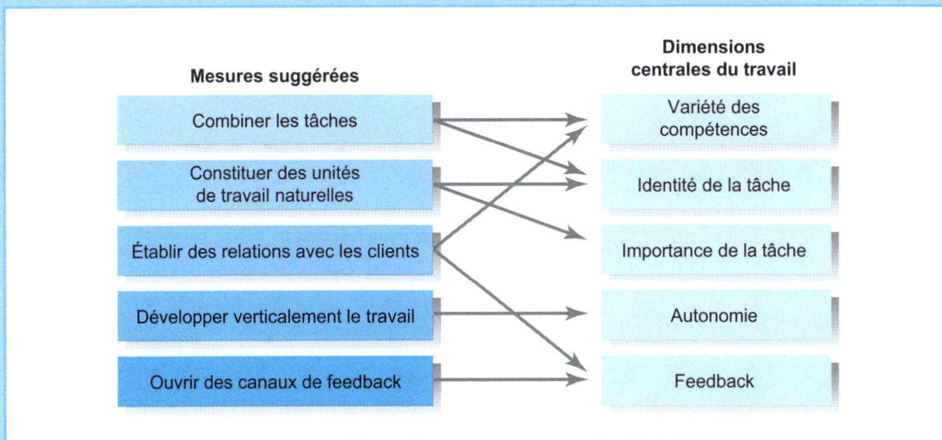

Source : J. R. Hackman et J. L. Suttle (dir.), *Improving Life at Work*, Glenview, Il, Scott, Foresman, 1977. Avec l'autorisation des auteurs.

3.3. Qu'est-ce que la théorie de l'équité ?

Les individus ne travaillent pas en vase clos. Ils établissent des comparaisons. Si l'on propose à un jeune diplômé un premier emploi payé 50 000 € par an, il acceptera sans doute avec enthousiasme et sera certainement ravi de gagner une telle somme. Mais comment réagira-t-il s'il découvre, un mois plus tard, que l'un de ses anciens camarades – du même âge, issu de la même université, ayant obtenu des résultats comparables – touche pour sa part 55 000 € par an ? Il sera probablement contrarié. Même si 50 000 € représentent dans l'absolu un salaire considérable pour un jeune diplômé (ce dont il est conscient), cela n'aura soudain plus la moindre importance. Il ne se focalisera plus que sur le niveau relatif de sa rémunération et sa conception de l'équité. De nombreuses observations confirment que les employés comparent entre eux le niveau de leurs contributions et de leurs rétributions, et que les inégalités perçues influent sur l'intensité et l'orientation des efforts fournis[23].

Développée par J. Stacey Adams, la **théorie de l'équité** soutient que les individus évaluent subjectivement ce qu'ils retirent de leur travail (rétributions) par rapport à ce qu'ils y investissent (contributions), pour comparer ce ratio avec celui d'un référent pertinent, celui-ci pouvant être un collègue de travail ou l'individu lui-même dans une période antérieure. Le document 11.9 illustre ces relations. Si l'individu juge son ratio équivalent à celui de son référent, il se sent en situation d'équité. Il estime être traité correctement et considère que la justice prévaut. Si les ratios ne sont pas équilibrés, le sentiment d'iniquité apparaît : les employés se sentent sous-payés (ou surpayés) et cherchent alors à corriger les inégalités.

Théorie de l'équité — Théorie développée par Adams, selon laquelle les employés évaluent subjectivement ce qu'ils retirent de leur travail (rétributions) par rapport à ce qu'ils y investissent (contributions). Ils comparent ensuite ce ratio mental avec celui d'un référent pertinent.

Document 11.9 – Relations de comparaison dans la théorie de l'équité.

Comparaison des ratios estimés*	Appréciation de l'employé
$\frac{\text{Rétributions A}}{\text{Contributions A}} < \frac{\text{Rétributions B}}{\text{Contributions B}}$	Iniquité (sous-payé)
$\frac{\text{Rétributions A}}{\text{Contributions A}} = \frac{\text{Rétributions B}}{\text{Contributions B}}$	Équité
$\frac{\text{Rétributions A}}{\text{Contributions A}} > \frac{\text{Rétributions B}}{\text{Contributions B}}$	Iniquité (surpayé)

* A représente l'employé, B un référent pertinent.

Le **référent** auquel les employés décident de se comparer représente une variable essentielle dans la théorie de l'équité[24]. Il peut appartenir à trois catégories mentales différentes, intitulées *Autrui*, *Système* et *Soi*. La catégorie *Autrui* rassemble les individus occupant un emploi similaire dans la même entreprise, voire les amis, les voisins et les confrères. Sur la base du bouche-à-oreille, des informations recueillies dans les journaux et des articles de magazine consacrés aux salaires des cadres ou à la signature d'une nouvelle convention collective, les employés comparent leur situation à celle des autres.

La catégorie *Système* se rapporte aux politiques et aux règles salariales de l'entreprise, ainsi qu'à l'administration de ce système. Elle englobe l'ensemble des méthodes de rémunération, implicites comme explicites. Les options de l'entreprise en termes de barèmes font aussi partie des déterminants essentiels de cette catégorie.

La catégorie *Soi* fait référence aux ratios rétributions/contributions propres à l'individu. Elle renvoie aux expériences personnelles ainsi qu'aux relations interpersonnelles. Cette catégorie est influencée par des critères aussi divers que les emplois antérieurs ou les obligations familiales de la personne concernée.

Le choix d'un ensemble particulier de référents dépend des informations disponibles à leur sujet et de leur pertinence présumée. Lorsqu'ils perçoivent l'existence d'une inégalité, les individus peuvent, en vertu de la théorie de l'équité, (1) distordre leurs propres contributions ou rétributions, ou celles des autres ; (2) amener l'autre à corriger ses contributions ou rétributions ; (3) corriger leurs propres contributions ou rétributions ; (4) choisir un nouveau référent ; et/ou (5) quitter leur emploi.

La théorie de l'équité souligne que les individus se préoccupent non seulement de ce qu'ils reçoivent, dans l'absolu, en récompense de leurs efforts, mais aussi du rapport entre ce qu'ils reçoivent et ce que les autres obtiennent[25]. Ils se forgent une opinion fondée sur la comparaison de leur ratio rétributions/contributions avec celui d'autrui. Ils évaluent les différents paramètres de leur contribution – efforts fournis, expérience, formation, compétence –, rapportés aux divers facteurs de rétribution – niveau de salaire, augmentations et reconnaissance, entre autres. Lorsque ce ratio leur paraît déséquilibré par rapport à celui de leurs référents, ils ressentent une tension. Moteur de la motivation, cette tension pousse les gens à se battre afin d'atteindre une situation qui sera perçue comme juste et équitable.

La théorie énonce quatre propositions relatives aux inégalités de rémunération, énumérées dans le document 11.10, qui le plus souvent se sont avérées[26]. L'expérience confirme régulièrement le bien-fondé de la thèse de l'équité : la motivation du personnel est considérablement influencée par le niveau, relatif autant qu'absolu, des rémunérations. Dès qu'ils perçoivent une iniquité, les employés font en sorte de corriger la situation[27]. Il peut en résulter une perte ou un gain de productivité, une amélioration ou une dégradation de la qualité du travail, une augmentation de l'absentéisme, ou des départs volontaires.

Pour autant, il faut se garder d'en conclure que la théorie de l'équité ne pose aucun problème. Elle laisse dans le flou certaines questions clés[28] : Comment les employés définissent-ils contributions et rétributions ? Comment les combinent-ils et quel poids leur donnent-ils dans leurs calculs ? Quand et comment les facteurs évoluent-ils au cours du temps ? En dépit de ses lacunes, la théorie de l'équité dispose d'une impressionnante crédibilité scientifique et fournit de précieux renseignements sur la motivation des employés.

Document 11.10 – Propositions découlant de la théorie de l'équité.

1. **S'ils sont rémunérés au temps, les employés surpayés produisent plus que des employés payés équitablement.** Les employés rémunérés à l'heure ou au mois améliorent quantitativement ou qualitativement la production pour augmenter le poids des contributions dans le calcul du ratio et rétablir ainsi l'équité.
2. **S'ils sont rémunérés en fonction du volume produit, les employés surpayés fournissent une production moins importante mais de meilleure qualité que des employés payés équitablement.** Les individus rémunérés à la pièce redoublent d'efforts pour parvenir à l'équité, ce qui peut donner lieu à une augmentation de la qualité ou de la quantité. Cependant, une augmentation de la quantité ne ferait qu'accentuer l'iniquité, puisque chaque unité supplémentaire engendrerait un nouveau surpaiement. L'effort s'oriente par conséquent vers une augmentation de la qualité plutôt que de la quantité.
3. **S'ils sont rémunérés au temps, les employés sous-payés fournissent une production moindre, ou de moins bonne qualité.** L'effort diminue, ce qui entraîne une baisse de la productivité ou de la qualité de la production, par rapport à des employés payés équitablement.
4. **S'ils sont rémunérés en fonction du volume produit, les employés sous-payés produisent un plus grand nombre d'unités de mauvaise qualité que les employés payés équitablement.** Les employés rémunérés à la pièce peuvent atteindre l'équité en faisant primer la quantité sur la qualité. Cela leur permet d'augmenter leur rémunération sans accroître leurs contributions.

3.4. La théorie des attentes, une théorie globale de la motivation ?

À ce jour, la théorie des attentes de Victor Vroom constitue, en termes de motivation, l'explication la plus exhaustive et la mieux établie[29]. Bien qu'elle ait suscité certaines critiques[30], la plupart des recherches de terrain en ont confirmé la validité[31].

La **théorie des attentes** émet comme hypothèse que l'individu agit dans l'attente d'un résultat donné et en fonction de l'intérêt qu'il attribue à ce dernier. Elle définit trois variables ou relations :

1. **Lien effort-performance.** La probabilité, aux yeux de l'individu, de réaliser une performance donnée en fournissant une certaine quantité d'effort.
2. **Lien performance-rétribution.** La possibilité, évaluée par l'individu, qu'un niveau de performance donné lui permette d'atteindre un résultat souhaité.
3. **Intérêt.** L'importance que l'individu accorde au résultat ou à la rétribution susceptible de découler de son travail. Cette variable prend en compte les objectifs et les besoins de l'individu[32].

Théorie des attentes — Théorie développée par Vroom, selon laquelle l'individu agit dans l'attente d'un résultat donné et en fonction de l'intérêt qu'il lui attribue.

Malgré son apparente complexité, cette théorie n'est pas si difficile à appréhender. Les questions qui suivent suffisent à la résumer : Quelle quantité de travail dois-je fournir pour atteindre un niveau de performance donné ? Suis-je effectivement capable d'atteindre ce niveau ? Quelle rétribution vais-je en retirer ? Quel intérêt cette rétribution présente-t-elle pour moi et va-t-elle m'aider à atteindre mes objectifs ? Le désir de produire dépend à chaque instant des objectifs particuliers de l'individu et de sa perception de l'utilité relative de sa performance en tant qu'instrument de la réalisation de ces objectifs.

Les attentes, comment ça marche ?

Le document 11.11 propose une représentation très simplifiée de la théorie des attentes, qui permet de visualiser les articulations essentielles de cette dernière. Le degré de motivation d'un individu (*effort*) dépend de son niveau de certitude quant à sa capacité à accomplir ce qu'il entreprend. S'il atteint son objectif (*performance*), l'entreprise le rétribuera-t-elle de manière adéquate ? Et le cas échéant, cette rétribution satisfera-t-elle ses objectifs individuels (*intérêt*) ? La théorie définit implicitement quatre étapes, détaillées ci-après, dont on étudiera plus loin l'application.

Document 11.11 – Représentation simplifiée de la théorie des attentes.

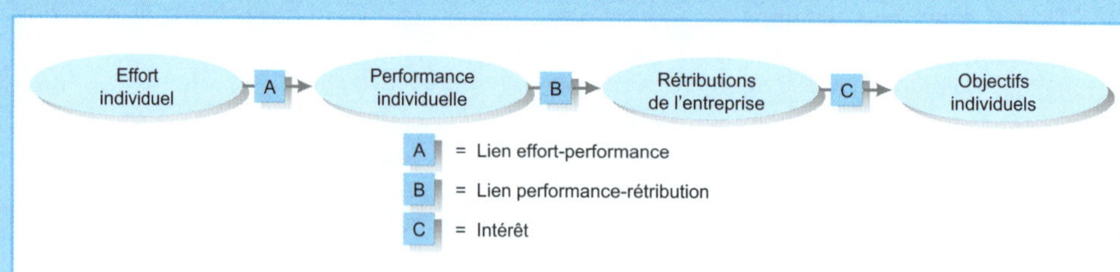

Premièrement, quelles rétributions l'employé associe-t-il à son travail ? Celles-ci peuvent être positives : salaire, sécurité, camaraderie, confiance, avantages, possibilité d'exploiter son talent et ses compétences, relations de travail agréables. Mais l'employé peut très bien envisager uniquement l'aspect négatif des choses : fatigue, ennui, frustration, anxiété, intransigeance du management ou menaces de licenciement. La réalité n'a rien à y voir : ce qui compte ici, c'est la perception de l'employé, qu'elle soit exacte ou erronée.

Deuxièmement, quel attrait ces rétributions revêtent-elles aux yeux de l'employé ? Leur attribue-t-il une valeur positive, négative ou neutre ? Il s'agit là très clairement d'un problème intrinsèque, dont l'issue dépend de l'attitude, de la personnalité et des besoins de chacun. Les individus qui trouvent telle ou telle rétribution attrayante – qui lui confèrent une valeur positive – feront plutôt en sorte de l'obtenir. D'autres, qui la jugent négativement, préféreront au contraire l'éviter. D'autres encore choisiront une position neutre.

Troisièmement, quel type de comportement l'employé doit-il adopter pour recevoir ces rétributions ? Il est en effet peu probable qu'elles influent d'une manière ou d'une autre sur ses performances tant qu'on ne lui aura pas indiqué clairement ce qu'il doit faire pour les obtenir[33] (voir l'encadré Dilemme éthique, plus loin). En termes d'évaluation, que signifie par exemple « faire du bon travail » ? Quels seront les critères utilisés pour juger des performances de l'employé ?

Enfin, quatrièmement, comment l'employé calcule-t-il ses chances d'accomplir ce qu'on lui demande ? Une fois qu'il a mesuré sa capacité à maîtriser les variables qui détermineront son succès, quelle probabilité de réussite s'attribue-t-il[34] ?

Comment s'applique la théorie des attentes ?

L'analogie universitaire permet d'illustrer l'explication du concept de motivation par le biais de la théorie des attentes.

La plupart des étudiants apprécient beaucoup qu'un professeur leur indique ce qu'il attend d'eux dans son cours. Ils veulent savoir quelles formes prendront les devoirs et les examens, leurs dates de remise ou de passage, et leurs coefficients respectifs. Ils se plaisent aussi à penser que les efforts qu'ils fourniront pour assister aux cours, prendre des notes et étudier, se répercuteront sur la note finale. Imaginez que vous vous (re)trouviez dans cet état d'esprit. Imaginez qu'on vous renvoie les résultats d'un examen, cinq semaines après le début d'un cours que vous aimez particulièrement, disons le cours *Introduction au management*. Vous aviez beaucoup révisé, autant que pour toutes vos autres matières, dans lesquelles vous n'avez obtenu jusqu'à présent que des A ou des B. Si vous travaillez si dur, c'est pour obtenir les meilleures notes possible, ce qui vous permettra, selon vous, de décrocher un bon stage en cours d'année et un emploi intéressant à votre sortie de l'université. En outre, bien que vous ne soyez pas encore fixé, vous pourriez être tenté d'intégrer une grande école, et vous estimez que vos bons résultats vous ouvriront alors les portes des meilleures d'entre elles.

Les résultats de ce premier examen sont enfin là. La moyenne est de 15/20. 10 % de vos camarades ont une note supérieure ou égale à 16 et obtiennent un A. Vous obtenez 11 ; pour être reçu, il fallait plus de 12. Vous êtes déçu et contrarié. Pire, vous ne comprenez pas ce qui arrive. Comment avez-vous pu échouer aussi lamentablement alors que vous finissez en général parmi les meilleurs dans les autres matières, en vous préparant de manière identique ?

Plusieurs éléments intéressants transparaissent immédiatement dans votre comportement. Soudain, vous n'avez plus envie de suivre aussi régulièrement ce cours d'introduction au management. Vous trouvez d'ailleurs de très bonnes raisons de ne pas étudier cette matière chez vous. Et lorsque vous vous décidez néanmoins à assister au cours, vous vous surprenez à rêvasser et découvrez que les pages de votre cahier restent vierges. On aurait sans doute raison d'affirmer que vous manquez de motivation pour le management… Pourquoi votre niveau de motivation a-t-il changé ? Tout le monde le sait, bien sûr, mais il peut être intéressant de l'expliquer en termes d'attentes.

Si l'on se réfère au document 11.11 pour tenter de comprendre la situation, on peut avancer ceci : l'étude régulière du cours *Introduction au management* (*effort*) est conditionnée par votre capacité à fournir des réponses correctes à l'examen (*performance*), qui permettent de recevoir une note élevée (*rétribution*) susceptible d'induire la sécurité, le prestige, et bien d'autres avantages liés à l'obtention d'un bon emploi (*objectif individuel*).

La rétribution (une bonne note) présente un intérêt considérable. Mais que dire du lien performance-rétribution ? Trouvez-vous que la note obtenue reflète réellement votre niveau de connaissance dans cette matière ? En d'autres termes, l'examen a-t-il permis d'évaluer honnêtement ce que vous saviez ? Si tel est le cas, la solidité du lien est établie. Sinon, votre baisse de motivation s'explique au moins en partie par le fait que la méthode d'évaluation des performances ne vous paraît pas juste. S'il s'agissait d'une dissertation, peut-être estimez-vous que le barème de l'enseignant manquait de rigueur. N'a-t-il pas attribué trop d'importance à une question qui ne vous semblait pas essentielle ? Peut-être aussi ne vous apprécie-t-il pas, ce qui pourrait biaiser son jugement ? Voilà quelques exemples d'idées qui exercent une influence directe sur le lien performance-rétribution et sur votre propre niveau de motivation.

Le lien effort-performance peut à son tour constituer une force démotivante. Si vous vous dites, à la sortie de la salle d'examen, que vous n'aviez aucune chance de réussir, même en étant parfaitement préparé, votre envie d'étudier risque de connaître une chute brutale. L'enseignant pensait sans doute que vos connaissances personnelles sur le sujet étaient beaucoup plus étendues. Le cours supposait peut-être certains savoirs préalables dont vous ignoriez l'existence, ou dont l'acquisition était trop ancienne. Le résultat est le même : vous attribuez une faible valeur aux efforts qui vous amèneraient à répondre correctement aux questions posées ; en conséquence, votre niveau de motivation chute, et vous réduisez encore vos efforts.

Est-il possible de relier cette analogie scolaire au monde du travail ? Qu'enseigne la théorie des attentes qui puisse aider un manager à motiver ses employés ? En premier lieu, elle souligne l'importance des récompenses et des incitations. Les managers doivent donc s'assurer que les rémunérations proposées correspondent aux souhaits des employés. En ce sens, il s'agit d'une théorie fondée sur l'intérêt personnel, dans laquelle chaque individu cherche à maximiser son potentiel de satisfaction. La théorie des attentes invite ensuite les managers à comprendre pourquoi les employés jugent certaines rétributions attrayantes et d'autres sans intérêt. Ils s'attacheront, dès lors, à offrir les bonnes récompenses aux bonnes personnes. Dans un troisième temps, la théorie soulève la question des attentes comportementales. Les individus savent-ils ce qu'on attend d'eux, et de quelle manière ils seront évalués ? Tant que les employés ne distinguent pas le lien entre performance et rétribution, les objectifs de l'entreprise risquent de ne pas être atteints. La théorie s'intéresse enfin aux perceptions. Les faits n'ont aucune importance. Ici, ce ne sont pas les rémunérations ou les incitations en tant que telles qui déterminent la quantité d'effort fournie par l'individu, mais la manière dont ce dernier perçoit les concepts de performance, de récompense et de réalisation des objectifs. Il convient, par conséquent, d'instaurer un feed-back permanent pour accorder ces perceptions à la réalité.

3.5. Peut-on synthétiser les théories de la motivation ?

On considère trop souvent les théories de la motivation indépendamment les unes des autres. Or, les idées qui les sous-tendent sont souvent complémentaires, et l'on comprend mieux comment motiver les gens lorsqu'on voit de quelle manière elles peuvent s'imbriquer[35].

Le document 11.12 tente de rassembler l'essentiel des connaissances disponibles aujourd'hui en matière de motivation. Le modèle simplifié de la théorie des attentes, exposé dans le document 11.11, en constitue l'épine dorsale. Détaillons à présent son fonctionnement, en partant de la gauche.

Une flèche pointe vers la case « effort individuel ». Elle a pour origine la case « objectifs individuels ». Cette boucle objectifs-effort souligne le fait que les objectifs régissent le comportement. La théorie des attentes prédit que l'employé travaillera d'autant plus qu'il percevra l'existence d'un lien solide entre l'effort et la performance, entre la performance et les rétributions, et entre les rétributions et la réalisation de ses objectifs personnels. Chacun de ces liens est à son tour influencé par certains facteurs. Pour que de tels efforts se traduisent concrètement en terme de performance, il faut d'une part que l'individu possède les capacités requises, et d'autre part que le système d'évaluation lui paraisse juste et objectif. Si l'on désire assurer le lien performance-rétributions, l'individu doit pouvoir se convaincre que ces rétributions dépendent effectivement du niveau de performance (plutôt que de l'ancienneté, des relations ou de tout autre critère). Dans ce cas, le système mis en place par le management l'incitera à poursuivre et à amplifier ses efforts. La théorie des attentes définit enfin un troisième lien, le lien rétributions-objectifs. C'est ici que les approches en termes de besoins entrent en jeu. La motivation de l'individu sera d'autant plus grande que les rétributions qu'il obtiendra pour prix de ses performances satisferont les besoins dominants correspondant à ses objectifs personnels.

Une étude plus approfondie du document 11.11 révèle également la prise en compte, dans ce modèle, du besoin d'accomplissement, de l'équité et du MCE. Les individus les plus entreprenants ne tirent leur motivation ni de l'appréciation de leurs performances par l'entreprise, ni des rétributions qu'elles leur procurent. D'où l'existence, pour ceux qui présentent un besoin d'accomplissement élevé, d'un rapport direct entre l'effort et les objectifs personnels. Ces personnes-là sont en effet intrinsèquement motivées dès lors qu'elles pratiquent une activité à responsabilités bénéficiant d'un bon feed-back et impliquant une prise de risque raisonnable. Les liens effort-performance, performance-rétributions et rétributions-objectifs ne les concernent en aucune façon. Les rétributions jouent en revanche un rôle central dans la théorie de l'équité. Les individus calculent ce que leurs contributions leur rapportent et comparent ce ratio avec celui de leurs référents ; en cas d'iniquité, l'effort peut s'en trouver altéré.

Le document 11.12 incorpore également les concepts du MCE. Les caractéristiques des tâches (structure du travail effectué) exercent une double influence sur la motivation. D'une part, les emplois à fort potentiel motivationnel, qui stimulent par eux-mêmes l'employé, sont susceptibles d'accroître les performances. Les tâches particulièrement complexes (donc motivantes) renforcent par conséquent le lien effort-performance. Ces emplois offrent en outre à leurs titulaires la possibilité de maîtriser un peu plus des aspects essentiels de leur activité. L'autonomie, le feed-back et les autres caractéristiques typiques des emplois complexes contribuent donc à satisfaire les objectifs individuels de ces employés.

Document 11.12 – Le modèle intégré de la motivation.

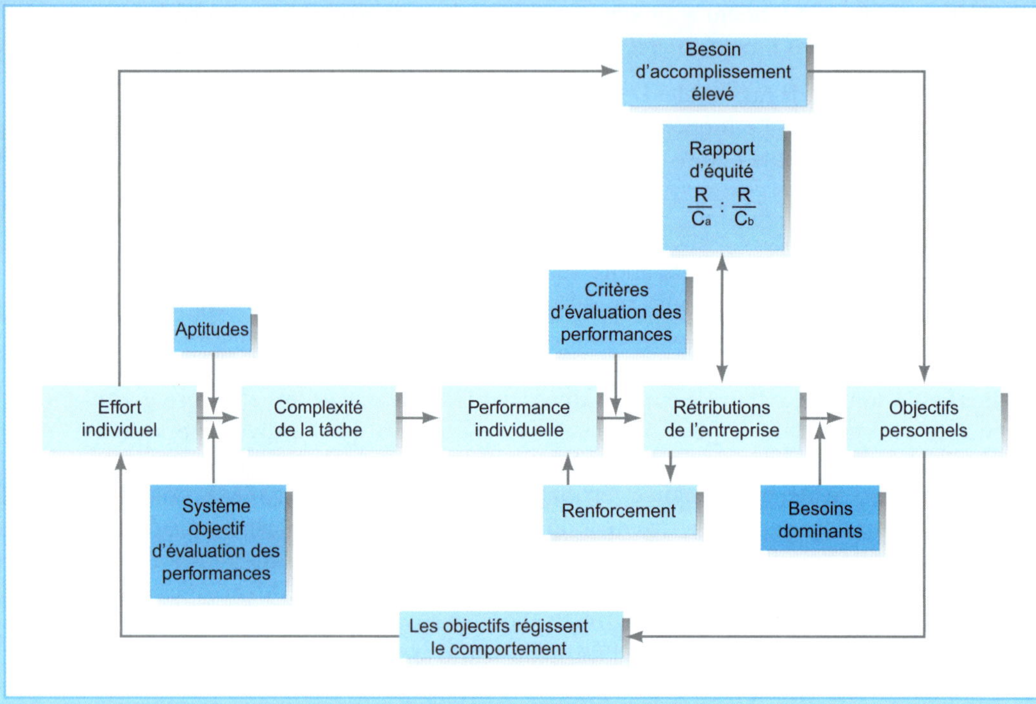

Si vous étiez un manager soucieux de motiver son personnel, quels conseils pratiques tireriez-vous de cette synthèse ? Bien qu'il soit impossible d'en extraire une liste universelle de recommandations, vous pourriez néanmoins vous appuyer sur les suggestions suivantes, qui s'inspirent des enseignements fondamentaux de chaque théorie.

4. Motiver dans les années 2015 : nouvelles perspectives

Comprendre et prédire l'évolution de la motivation des employés constitue l'un des domaines les plus riches de la recherche en management. Nous vous avons présenté ici plusieurs théories de la motivation. Néanmoins, les approches les plus récentes de cette question sont influencées par un certain nombre de problèmes actuels rencontrés sur le lieu de travail. La dernière partie de ce chapitre s'intéresse aux nouveaux problèmes que les managers peuvent rencontrer aujourd'hui en matière de motivation, qu'il s'agisse de gérer un effectif multiculturel et diversifié, de motiver les employés payés au salaire minimum, d'encadrer techniciens et professionnels ou de motiver des travailleurs temporaires. Il sera également question des différentes méthodes que les chefs d'entreprise les plus innovants utilisent pour motiver leurs employés.

Comment motiver ses employés ?

Bien qu'il soit impossible dans ce domaine de définir un ensemble simple et universel de recommandations, les suggestions qui suivent s'inspirent d'un certain nombre de connaissances fondamentales en matière de motivation.

Points de repère

1. **Tenir compte des différences individuelles.** La quasi-totalité des théories modernes de la motivation tient compte de l'homogénéité des employés. Ces derniers expriment des besoins variés, diffèrent en termes de comportement et de personnalité et se définissent en fonction d'une série de variables individuelles.
2. **Adapter l'emploi à l'employé.** De nombreuses études soulignent les avantages motivationnels d'une adaptation scrupuleuse des emplois aux salariés. Les individus qui ne possèdent pas les compétences nécessaires pour effectuer un travail efficace sont défavorisés.
3. **Miser sur les objectifs.** Il faut s'assurer que les employés se concentrent sur des objectifs spécifiques et ambitieux, et puissent mesurer leur degré d'accomplissement. Il est généralement souhaitable de les faire participer à la définition des objectifs.
4. **S'assurer que les objectifs paraissent réalisables.** Qu'ils puissent ou ne puissent être réellement atteints, il faut que les employés restent convaincus de la validité des objectifs. À défaut, ils seront tentés de réduire leurs efforts. On s'assurera donc que les employés continuent de croire qu'un travail soutenu leur permettra d'atteindre les objectifs de performance proposés.
5. **Individualiser les rétributions.** Compte tenu des besoins variés des employés, ce qui stimule l'un d'entre eux peut ne pas stimuler un autre employé. Exploitez vos connaissances dans ce domaine pour individualiser les rétributions que vous êtes en mesure de maîtriser. Le salaire, l'avancement, l'autonomie et l'implication dans les processus décisionnels font partie des plus évidentes.
6. **Subordonner les rétributions aux performances.** Vous devez faire en sorte que les rétributions soient liées aux performances. Valoriser d'autres facteurs ne peut qu'aboutir à accentuer leur importance. Les rétributions clés telles que les augmentations de salaire ou l'avancement doivent dépendre de la réalisation des objectifs fixés.
7. **Contrôler l'équité du système.** Les employés doivent penser que leurs rétributions correspondent à leurs contributions. Fondamentalement, les contributions telles que l'expérience, la compétence ou l'effort doivent justifier les différences de rétribution en matière de salaire ou de responsabilité.
8. **Ne pas négliger l'importance de l'argent.** À trop s'impliquer dans la définition des objectifs, dans la création d'emplois intéressants et le développement de la participation, on peut vite oublier que les gens travaillent avant tout pour gagner de l'argent. Primes de performance, bonus divers et actionnariat jouent à cet égard un rôle important dans la motivation des employés.

4.1. Comment motiver un effectif multiculturel et diversifié ?

Pour optimiser la motivation d'une main-d'œuvre de plus en plus diversifiée, les managers doivent penser en termes de *flexibilité*[36]. De récentes études nous enseignent par exemple que les hommes accordent beaucoup plus d'importance à l'autonomie professionnelle que les femmes. À l'inverse, les femmes se préoccupent davantage que les hommes des perspectives d'apprentissage, des horaires de travail et de la qualité des relations interpersonnelles[37]. Les managers doivent comprendre que les motivations d'une mère célibataire avec deux enfants à charge et qui désire travailler à trois cinquièmes de temps n'ont sans doute rien de commun avec celles d'un quinquagénaire qui veut profiter d'un aménagement du temps dans le cadre d'une préretraite, ou d'un jeune diplômé célibataire désireux de progresser rapidement dans l'entreprise. Les employés ont des besoins et des objectifs différents, qu'ils espèrent satisfaire grâce à leur travail. Si l'on veut pouvoir motiver un effectif aussi varié, il est nécessaire de disposer du plus large éventail de modes d'incitations possibles.

Motiver une main-d'œuvre diversifiée demande également que les managers se montrent suffisamment flexibles pour s'adapter aux différences culturelles. Les théories de la motivation étudiées dans ce chapitre ont été en majorité développées par des psychologues européens et américains, et corroborées par des recherches menées dans les pays industrialisés. Leur application à d'autres cultures nécessite un travail d'adaptation[38]. Prenons, par exemple, la hiérarchie des besoins de Maslow. Cette théorie s'insère parfaitement dans la culture occidentale contemporaine. Le concept d'intérêt personnel correspond à la logique du capitalisme, de même que la valorisation extrême de l'individu. Mais dans les pays qui mettent l'accent sur l'effort collectif et l'élimination des incertitudes (Japon, Grèce ou Mexique par exemple), les besoins de sécurité se retrouveraient au sommet de la hiérarchie, loin devant les besoins d'accomplissement. Étant donné que la quasi-totalité des théories de la motivation présentées ici s'appuient sur l'hypothèse du rôle moteur de l'intérêt personnel, elles doivent en revanche pouvoir s'appliquer dans d'autres pays tels que la Grande-Bretagne ou la France, qui revendiquent les valeurs du capitalisme mais surtout de l'individualisme. Au Danemark, en Suède, en Norvège, aux Pays-Bas ou en Finlande, où l'on accorde beaucoup de prix à la qualité de la vie, les besoins d'appartenance occuperaient le sommet de la pyramide.

La notion de besoin d'accomplissement présente elle aussi une orientation occidentale, voire nord-américaine, très prononcée. L'idée qu'un besoin d'accomplissement élevé puisse constituer un facteur intrinsèque de motivation présuppose l'existence de deux caractéristiques culturelles : l'acceptation volontaire d'un certain niveau de risque, et le souci de la performance. Ces caractéristiques excluent d'office les pays qui refusent l'incertitude et se préoccupent en premier lieu de la qualité de la vie. Parmi ceux qui restent, on retrouve logiquement la Nouvelle-Zélande, l'Afrique du Sud, l'Irlande, les États-Unis et le Canada, dont les populations sont très largement influencées par les normes culturelles britanniques et américaines.

Alors que la théorie de l'équité rassemble de nombreux partisans aux États-Unis, il semble qu'au sein des cultures collectivistes – tout particulièrement dans les anciennes républiques socialistes d'Europe de l'Est –, les employés s'attendent à ce que les rétributions reflètent autant leurs besoins individuels que leurs performances[39]. En outre, conformément à l'héritage du communisme et de l'économie planifiée, leur attitude traduit le sentiment d'un droit légitime. En d'autres termes, ils conçoivent mal que les rétributions puissent être inférieures aux contributions[40].

Les observations contenues dans les paragraphes précédents ne doivent pourtant pas laisser croire qu'il n'existe aucune constante interculturelle en matière de motivation. Plusieurs études menées en dehors des États-Unis montrent que certains aspects des théories de la motivation sont en effet directement exportables[41]. Les techniques motivationnelles présentées dans ce chapitre ont ainsi permis de modifier efficacement, en termes de performances, le comportement des ouvriers de l'industrie textile russe. Pour autant, ces concepts ne sont pas universellement applicables. Quel que soit l'environnement, les managers doivent comprendre que leur impératif sera d'adapter leurs méthodes de motivation aux particularités culturelles locales.

Manager la diversité

Développer le potentiel des employés : le facteur décisif de la diversité

Un des objectifs essentiels pour un manager est d'aider les employés à développer leur potentiel. C'est particulièrement important dans le management des employés d'origines diverses qui peuvent apporter des idées et des points de vue nouveaux mais estimer que l'environnement du lieu de travail n'est pas tout à fait prêt à les accepter. Par exemple, les managers des Laboratoires Bell ont travaillé d'arrache-pied pour développer un environnement dans lequel les idées de ces employés sont pleinement encouragées.

Que peuvent faire les managers pour garantir à ces employés la possibilité de développer leur potentiel ? Un point consiste à s'assurer que certaines de ces personnes soient en position de leader dans l'entreprise afin que les autres comprennent l'intérêt qu'elles ont de s'intégrer et d'aller de l'avant. Offrir ce genre de position à des employés motivés, doués et travailleurs, leur permettra de se surpasser dans leur rôle de décisionnaire. Et cela sera un puissant facteur moteur pour les autres qui se mettront à travailler durement pour développer leur propre potentiel. Un programme de mentoring, dans lequel on donne aux employés l'occasion de travailler de près avec les directeurs de l'organisation, peut aussi être un très bon outil. Chez Silicon Graphics, par exemple, de nouveaux employés font partie d'un groupe de mentoring appelé « Horizons », grâce auquel les employés d'origines diverses ont la possibilité d'observer et d'apprendre directement des décideurs clés de la compagnie.

Une autre façon pour les managers d'améliorer le potentiel de ces employés est de leur donner des missions de développement qui exigent une grande variété d'expériences dans les différents secteurs organisationnels. Les employés à qui on donne la possibilité d'apprendre de nouveaux processus et de nouvelles technologies sont alors plus susceptibles de se surpasser dans leur travail et resteront dans l'entreprise. Ce type de possibilités de développement est particulièrement important pour les employés d'origines diverses parce qu'il les familiarise avec des outils nécessaires pour le développement professionnel.

4.2. Comment motiver les bas salaires ?

Imaginez un instant qu'un premier emploi ou qu'un changement de poste ou d'entreprise vous amène à diriger une équipe composée d'employés payés au salaire minimum. Il est, pour des raisons organisationnelles, hors de question de les payer davantage dans le but d'améliorer leurs performances. L'entreprise ne peut se le permettre[42]. Quelles possibilités vous reste-t-il ? En matière de motivation, l'un des plus grands défis auxquels un manager doive aujourd'hui faire face consiste précisément à tirer le meilleur rendement d'une main-d'œuvre faiblement rémunérée.

Les managers font souvent l'erreur de penser que les employés ne sont motivés que par l'argent. Bien qu'il s'agisse d'un facteur important, les gens ne recherchent pas uniquement ce type de rétribution, et les managers peuvent en utiliser d'autres. Beaucoup d'entreprises mettent ainsi en place des programmes de valorisation, qui consistent par exemple à désigner l'employé du mois, à distinguer chaque trimestre le collaborateur le plus performant, et à saluer par toutes sortes de moyens l'investissement du personnel. De nombreuses chaînes de restauration rapide telles que McDonald's ou Quick réservent souvent un emplacement bien en vue pour accrocher la photo de « l'équipier du mois ». Les programmes de ce genre mettent en avant les employés dont les performances correspondent à ce que l'entreprise souhaite promouvoir. Les managers connaissent le pouvoir de l'éloge mais ils doivent s'assurer que leurs compliments sont absolument sincères et justifiés. À défaut, les employés risquent d'y voir – à juste titre – une tentative de manipulation.

Les théories de la motivation que nous avons présentées dans ce chapitre nous apprennent que les rétributions sont seulement l'un des facteurs de l'équation motivationnelle. Il faut tenir compte d'autres éléments, tels que l'autonomie ou les perspectives d'évolution professionnelle. La structuration du travail et la théorie des attentes nous en offrent l'occasion. Dans le secteur tertiaire – voyages, hôtellerie, vente au détail, garde d'enfants, maintenance... –, où les rémunérations de base dépassent rarement le niveau du salaire minimum, les entreprises les plus prospères sont celles qui offrent aux employés une plus grande autonomie dans leurs rapports avec les clients. Si l'on examine les choses à la lumière du MCE, on constate que ce genre de restructuration génère un potentiel motivationnel accru, consécutif au renforcement de la variété des compétences, de l'identité et de l'importance des tâches, de l'autonomie et du feed-back. Dans ce cadre-là, les employés expriment souvent le souhait de s'améliorer sur le plan professionnel. Ils ont besoin d'être guidés, assistés et formés. En les accompagnant de la sorte, vous préparez leur avenir et leur offrez l'espoir d'un meilleur salaire[43] !

4.3. En quoi la motivation des techniciens et des professionnels est-elle différente ?

Quel point commun existe-t-il entre un graphiste de l'agence de publicité Euro RSCG, un programmeur de chez Microsoft et un avocat d'un grand cabinet parisien ? Ce sont tous des techniciens ou des professionnels, profondément et durablement investis dans un domaine de compétence particulier. Leur dévouement s'exprime d'ailleurs davantage envers leur profession qu'envers leur employeur. Pour rester compétitifs, ils doivent constamment enrichir leurs connaissances. Il est donc assez rare de les voir définir leur semaine de travail comme une succession de cinq journées de sept heures[44].

Comment motiver ce type de collaborateurs ? L'argent et l'avancement ne font généralement pas partie de leurs priorités ; ils aiment leur travail et perçoivent la plupart du temps un salaire confortable. À l'inverse, les défis professionnels les stimulent énormément. Ils aiment s'attaquer à des problèmes et trouver des solutions. Ils prennent leur principale rétribution dans leur propre travail. Ils apprécient également de se sentir soutenus et cherchent souvent à convaincre autrui de l'importance de leur activité[45]. Ces caractéristiques font que les managers doivent leur proposer régulièrement de nouvelles missions et leur confier des projets toujours plus ambitieux. Il faut également les laisser suivre librement leurs intérêts et structurer leur travail de la manière qui leur semble la plus productive. De même, on peut les récompenser en leur offrant la possibilité d'un développement professionnel, par le biais de sessions de formation, de programmes d'ateliers, de cycles de conférences, cela afin de leur permettre de rester à niveau dans leur spécialité et d'entretenir le contact avec leurs pairs. On peut enfin leur manifester de l'intérêt et reconnaître la valeur de leur travail.

4.4. Comment motiver les travailleurs temporaires ?

À mesure que les travailleurs à plein-temps, ceux titulaires d'un CDI (contrat à durée indéterminée), étaient remis en question et menacés par la grande vague de restructuration des années 90 et 2000, le nombre de travailleurs temporaires (contrats à durée déterminée, contrats à temps partiel, vacataires, etc.) n'a cessé d'augmenter dans les entreprises. Les travailleurs temporaires (parfois appelés travailleurs « précaires ») ne bénéficient ni de la sécurité, ni de la stabilité des travailleurs permanents. Par ailleurs, il est évident que cette situation ne les pousse guère à manifester le même sentiment d'identification ou d'implication au travail que peuvent avoir leurs autres collègues.

Il n'existe pas de solution simple pour motiver ces employés. Pour le petit nombre d'entre eux ayant délibérément choisi cette voie, ceux pour qui la liberté constitue la première raison du choix de ce statut, le manque de stabilité n'est sans doute pas un problème. Par ailleurs, la dimension « temporaire » peut intéresser des scientifiques, médecins, ingénieurs ou financiers de haut niveau qui ne veulent pas se plier aux exigences organisationnelles liées à un travail à temps plein. Mais ces profils demeurent des exceptions. Pour la plupart d'entre eux, les employés temporaires ne le sont pas par choix, mais par nécessité.

Dès lors, qu'est-ce qui pourrait bien motiver des employés n'ayant pas choisi le statut de travailleur temporaire. Une réponse évidente est bien sûr **la possibilité d'être tôt ou tard embauché de façon permanente** ! Dans les cas où les futurs collaborateurs permanents sont identifiés et choisis dans le réservoir des temporaires, ces derniers travailleront souvent très dur dans l'espoir d'un changement de statut. Une réponse moins évidente est **l'occasion de se former et d'accroître son « employabilité »**. La capacité d'un travailleur temporaire à trouver un nouvel emploi dépend largement de ses compétences et de leur demande sur le marché du travail. Si un employé se rend compte que le travail qui lui est confié constitue une opportunité pour développer des compétences qui intéressent le marché, sa motivation peut s'en trouver accrue d'autant. À noter qu'en termes d'équité, le fait pour des travailleurs temporaires de se retrouver aux côtés de permanents, qui font le même travail qu'eux en étant mieux payés et en bénéficiant d'avantages qui leur sont refusés, peut aussi constituer un facteur puissant de démotivation. Dans ce type de cas de figure, il semblera judicieux de minimiser les contacts opérationnels entre eux, afin d'éviter les problèmes potentiels liés à cette légitime perception d'iniquité.

4.5. Comment les entreprises innovantes motivent-elles leurs employés ?

Cofondateurs de Sapient Corporation, société spécialisée dans la conception de solutions Internet et logicielles pour le commerce électronique et dans l'automatisation du back-office (facturation et gestion des stocks, notamment), Jerry Greenberg et J. Stuart Moore n'ont jamais oublié que la motivation du personnel conditionnait fortement la réussite d'une entreprise. Ils ont structuré leur organisation de manière que les employés soient réunis au sein d'une équipe spécialisée et puissent travailler tous ensemble sur la totalité d'un projet au lieu d'en traiter chacun une petite partie. Partant du principe que les gens s'avouaient souvent frustrés de n'accomplir que des tâches parcellaires et de ne jamais pouvoir envisager leur travail dans sa globalité, Greenberg et Moore ont estimé qu'ils seraient plus productifs s'ils avaient la possibilité de s'impliquer dans toutes les étapes successives d'un projet. Cette approche semble avoir porté ses fruits : à l'aube du nouveau millénaire, le magazine *Fortune* a désigné Sapient comme l'une des cent entreprises ayant enregistré la plus forte croissance en ce début de XXIe siècle[46].

Quand une chose vous motive, ne vous sentez-vous pas plein d'énergie, prêt à travailler dur pour la réaliser ? Ne serait-il pas fantastique que tous les employés d'une entreprise ressentent cette énergie, cette excitation, cette volonté de donner le maximum dans leur travail ? Tout chef d'entreprise rêve de disposer des employés les plus motivés, et l'autonomisation – fait de donner aux employés le pouvoir de décider par eux-mêmes – constitue, à cet égard, un outil essentiel. Elle présente un intérêt indéniable en termes de motivation. Pour espérer réussir, les entreprises doivent en effet se montrer très réactives, toujours prêtes à saisir une opportunité et à s'engager sur une nouvelle voie. Or, l'autonomisation des employés leur procure précisément flexibilité et vivacité. Lorsqu'ils sont autonomes, les employés se révèlent souvent plus motivés, travaillent mieux, expriment une plus grande satisfaction professionnelle et sont moins tentés de démissionner. Ceux de Butler International, Inc. (Montvale, New Jersey), société de conseil en technologie, travaillent directement chez le client. Ed Kopko, P.-D.G. de l'entreprise, a tout de suite compris que ses employés devaient disposer d'une certaine autonomie pour être efficaces. Les excellents résultats qui en ont découlé lui ont valu d'obtenir le prix Arthur Andersen, récompensant la meilleure politique en termes de motivation et de stabilité salariale[47].

Chez Stryker Instruments (Kalamazoo, Michigan), on a là aussi découvert les bienfaits de l'autonomisation en matière de motivation. Chacune des 40 unités de production de l'entreprise (composées de 40 employés) assume seule la gestion de son budget de fonctionnement, de ses objectifs de réduction des coûts, de son service clientèle, de ses stocks, de ses méthodes de formation, de la planification et de l'anticipation de sa production, de ses achats, de ses ressources humaines, de la sécurité et des problèmes internes. Lors du lancement de nouveaux produits, et dans le cadre des programmes d'amélioration continue, les membres de chaque unité collaborent par ailleurs étroitement avec les services du marketing, des ventes et de recherche et développement. Comme le souligne un agent de maîtrise : « Stryker me laisse faire ce que je sais faire le mieux et me paye pour bénéficier de ce privilège[48]. »

L'autonomisation est un concept philosophique que les entrepreneurs doivent apprendre à apprivoiser. Cela n'a rien de facile. Les managers ont consacré leur vie entière à leur entreprise. Ils l'ont bâtie de A à Z. Mais à mesure qu'elle croît, elle leur impose de confier de plus en plus de responsabilités aux employés. Comment peuvent-ils les rendre plus autonomes ? Pour nombre d'entre eux, il s'agit d'une évolution graduelle. Ils peuvent commencer par mettre en place des processus décisionnels participatifs, pour que les employés puissent avoir leur mot à dire. Si ce n'est qu'un début, cela permet de commencer à exploiter les talents, compétences, connaissances et aptitudes de l'ensemble de la collectivité.

Une autre voie consiste à déléguer, à confier directement certaines décisions ou fonctions aux employés. Le chef d'entreprise se décharge ainsi de la responsabilité d'en assurer l'exécution.

Lorsqu'il se sent enfin à l'aise avec le concept d'autonomisation des employés, la dernière étape consiste à restructurer le travail afin de leur laisser la liberté de l'effectuer comme ils l'entendent, et leur permettre ainsi d'exploiter leur créativité, leur imagination, leur savoir et leurs compétences dans un objectif d'efficacité accrue. Si le chef d'entreprise mène les choses correctement – avec une confiance absolue et en proposant une formation adéquate aux employés –, les résultats peuvent se révéler excellents, pour l'entreprise comme pour le personnel. L'employeur constatera ainsi des gains de productivité significatifs, une amélioration de la qualité et de la satisfaction des clients, une plus grande motivation et un meilleur moral des employés, qui bénéficient de leur côté d'un travail plus varié, plus intéressant et plus stimulant, et se trouvent incités à prendre des initiatives dans leur travail ainsi qu'en termes d'identification et de résolution de problèmes.

L'autonomisation est ainsi le credo de Jean-François Zobrist, directeur général de Favi, fonderie picarde située à Hallencourt (Somme) qui produit près de la moitié des fourchettes de boîtes de vitesses de l'industrie automobile en Europe. Pour ce manager non conformiste, les salariés méritent qu'on leur fasse confiance. L'entreprise, qui emploie 500 personnes, est en réalité une configuration d'une quinzaine de mini-usines autonomes. Chacune d'elles travaille pour un seul client (Citroën, Volkswagen, Volvo, etc.) et elle est responsable de la relation avec celui-ci. Au moindre problème, les membres de l'équipe se déplacent chez lui. Qu'il s'agisse d'achats de consommables, de salaires, de congés, tout est décidé et géré au niveau de chaque sous-unité. Dernier point, c'est sur le cash-flow qu'est fondé l'intéressement, distribué de façon égalitaire, chaque collaborateur de Favi touchant l'équivalent de 16 mois et demi de salaire[49]...

Résumé

1. **Définir et expliquer la notion de motivation.**

   La motivation se définit comme la volonté de fournir un effort important afin d'atteindre les objectifs de l'entreprise, conditionnée par la capacité de cet effort à satisfaire un besoin personnel. Le processus motivationnel débute par un besoin non satisfait. La tension née de ce besoin pousse l'individu à se fixer des objectifs, dont la réalisation permettra de combler le besoin et de réduire la tension.

   Les besoins sont des états internes qui éveillent le désir d'atteindre certains objectifs. Leur assouvissement n'étant pas automatique, les gens tentent d'entreprendre « quelque chose » pour les combler. Ce « quelque chose » désigne le comportement visant à satisfaire un besoin inassouvi.

2. **Comparer et mettre en perspective les théories classiques de la motivation.**

La théorie de la pyramide des besoins de Maslow définit cinq grands types de besoins : physiologiques (eau, nourriture, logement) ; sécurité (protection contre les douleurs physiques et morales) ; appartenance (affection, amitié, intégration au sein d'un groupe) ; estime (respect de soi-même, indépendance, réussite) ; autoaccomplissement (réalisation de son potentiel). Les individus s'attachent à satisfaire ces besoins les uns après les autres. Un besoin suffisamment comblé ne procure plus aucune motivation.

Selon la théorie X/Y (D. McGregor), les managers agissent vis-à-vis de leurs employés en fonction de deux théories implicites. La théorie X offre une vision fondamentalement négative de la nature humaine, affirmant que l'individu n'aime pas travailler, se montre paresseux, cherche à esquiver les responsabilités et ne peut se révéler performant que sous la contrainte. Un employé correspondant à la théorie X trouve sa motivation dans la peur de perdre son emploi. La théorie Y est au contraire fondamentalement positive. Elle soutient que l'individu témoigne d'une grande créativité, qu'il cherche à assumer des responsabilités et possède la capacité de se discipliner. Un employé correspondant à la théorie Y trouve sa motivation dans l'autonomie et le défi professionnel.

La théorie des deux facteurs, aussi appelée théorie de la motivation et de l'hygiène (F. Herzberg), énonce que tous les facteurs professionnels ne permettent pas de motiver les employés. La présence ou l'absence de certaines caractéristiques ou de certains facteurs d'hygiène apaise les employés, mais n'apporte ni satisfaction, ni motivation. Les facteurs considérés comme intrinsèquement gratifiants, tels que l'accomplissement, la reconnaissance, la responsabilité ou le développement personnel, possèdent un effet motivant et augmentent la satisfaction professionnelle.

La théorie des trois besoins (D. McClelland) propose trois besoins acquis qui constituent les motifs majeurs de l'action au travail : le besoin d'accomplissement (ou de réussite), le besoin d'affiliation et le besoin de pouvoir.

3. **Comparer et mettre en perspective les théories contemporaines de la motivation.**

La théorie des buts affirme que des objectifs spécifiques augmentent la performance et que des buts difficiles, dès lors qu'ils sont acceptés, débouchent sur des performances supérieures, plus que ne le feraient les buts faciles à atteindre. Un point important issu de cette théorie est que l'intention d'atteindre un but est l'une des sources essentielles de motivation au travail ; les objectifs spécifiques et difficiles permettent d'obtenir de meilleurs résultats que des objectifs généraux ; il est toujours préférable de faire participer les employés à la fixation des objectifs plutôt que de les imposer, mais pas toujours ; le feed-back (rétroaction) canalise et motive le comportement, en particulier le feed-back généré par le collaborateur lui-même ; et les variables de contingence qui affectent la fixation d'objectifs incluent le niveau d'engagement face au but, le sentiment personnel d'efficacité (*self-efficacy*) et la culture nationale.

Le modèle de la structuration du travail affirme qu'il existe cinq dimensions qui entrent dans l'élaboration d'un travail motivant : la variété des tâches, l'identité de la tâche, la signification de la tâche, l'autonomie et la rétroaction). La structuration du travail permet d'optimiser les performances des collaborateurs de l'entreprise. Les managers peuvent optimiser les performances des employés en combinant les tâches, en constituant des unités de travail naturelles, en favorisant les relations avec les clients, en procédant à l'expansion verticale du travail et en ouvrant des canaux de feed-back.

Dans la théorie de l'équité, les individus calculent le rapport entre leurs rétributions et leurs contributions, et comparent ce ratio avec celui d'un référent. S'ils s'estiment sous-payés, leur motivation décline. Ils peuvent alors choisir d'altérer quantitativement ou qualitativement leur travail, de quitter l'entreprise, ou de changer simplement de référent. S'ils s'estiment surpayés, ils chercheront souvent à travailler plus pour justifier leur salaire. Cela se traduit en général par une progression à la fois qualitative et quantitative du travail.

La théorie des attentes émet comme hypothèse que l'individu agit dans l'attente d'un résultat donné et en fonction de l'intérêt qu'il lui attribue. Les liens entre effort et performance, performance et rétribution, et rétribution et objectifs individuels définissent les concepts fondamentaux de cette théorie.

4. Présenter et développer quelques problématiques actuelles de la motivation au travail.

Dans les entreprises modernes, les managers doivent faire preuve de flexibilité pour améliorer la motivation. Ils doivent accepter que les individus expriment des besoins différents et qu'ils cherchent tous à réaliser leurs objectifs personnels à travers leur travail. Ils doivent également comprendre que les particularités culturelles puissent jouer un rôle. Il leur faut donc diversifier les rétributions, de manière à répondre aux besoins des employés, et développer par ailleurs les possibilités de formation et d'évolution professionnelle.

La plupart des théories de la motivation ont été développées aux États-Unis et présentent donc un biais culturel nord-américain. Certaines de ces théories (hiérarchie des besoins de Maslow, besoin d'accomplissement, théorie de l'équité) ne fonctionnent pas très bien dans d'autres cultures. Néanmoins, le désir de faire un travail intéressant semble important pour tous les travailleurs et les « motivateurs » de la théorie de Herzberg (motivation intrinsèque) sont sans doute universels.

Les managers affrontent des difficultés particulières du fait de la diversité des équipes. Un groupe d'employés diversifié a besoin de flexibilité. Les professionnels veulent des défis et du soutien et sont motivés par le travail lui-même. Les travailleurs temporaires veulent avoir la possibilité d'être embauchés à titre permanent ou de recevoir des formations développant leur « employabilité ».

L'autonomisation des employés représente un outil motivationnel de premier plan. Les chefs d'entreprise peuvent l'instaurer en mettant en place des processus décisionnels participatifs, ou en déléguant leur pouvoir. Ils permettent ainsi aux employés d'exploiter leur créativité, leur imagination, leur savoir et leurs compétences dans un objectif d'efficacité accrue. L'entreprise en tire une plus grande flexibilité, qui peut se traduire par une progression significative de la productivité, une amélioration de la qualité et de la satisfaction des clients, ainsi qu'une plus grande motivation et un meilleur moral des employés.

Pour en savoir plus

AGUILAR M., *L'Art de motiver*, Paris, Dunod, 2009.

AUBERT N. (dir.), *Diriger et motiver. Art et pratique du management*, Paris, Éditions d'Organisation, 2005, 2e éd.

BENOIT C., *Motiver par l'enthousiasme*, Paris, Éditions d'Organisation, 2004, 2e éd.

CAYATTE R., *Motiver... Oui mais comment ? Les leviers de la motivation*, Issy-les-Moulineaux, ESF Éditeur, 2009.

DELAVILLE S., *Savoir motiver son équipe*, Paris, Studyrama, 2011.

ESNAULT N., CARRÉ O., MULLER J.-L., *Motiver aujourd'hui, c'est possible*, Issy-les-Moulineaux, ESF Éditeur, 2008, 2e éd.

FENOUILLET F., CARRÉ PH., *Traité de psychologie de la motivation*, Paris, Dunod, 2008.

LÉVY-LEBOYER C., *La Motivation dans l'entreprise. Modèles et stratégies*, Paris, Éditions d'Organisation, 2006, 3e éd.

LÉVY-LEBOYER C. *Remotiver au travail. Développer l'implication de ses collaborateurs*, Paris, Eyrolles, 2007.

MONTSERRAT X., *Comment motiver. Viser la performance pour renforcer la motivation*, Paris, Éditions d'Organisation, 2004.

MUCCHIELLI A., *Les Motivations*, Paris, Que-sais-je ? nº 1949, PUF, 2001.

PASTOR P., BRÉARD R., *Motiver*, Paris, Éditions Liaisons, 2006.

THÉVENET M., *Le plaisir de travailler. Favoriser l'implication des personnes*, Paris, Éditions d'Organisation, 2004, 2e éd.

Activités

Questions de compréhension

1. La plupart d'entre nous doivent travailler pour vivre et le travail occupe une place centrale dans nos vies. Dès lors, pourquoi les managers doivent-ils tellement se préoccuper des questions de motivation ?
2. Quelles sont les différences essentielles entre les besoins inférieurs et les besoins supérieurs dans la hiérarchie des besoins de Maslow ?
3. Quel rôle l'argent joue-t-il dans (1) la théorie hiérarchique des besoins, (2) la théorie des deux facteurs, (3) la théorie de l'équité, (4) la théorie des attentes et par rapport à (5) la notion de « besoin d'accomplissement » dans la théorie de McClelland ?
4. Si un employé perçoit une iniquité, un déséquilibre entre son propre rapport contribution/rétribution et celui de ses collègues proches, quelles peuvent être les conséquences ?
5. Quels sont les avantages et les inconvénients des systèmes de rémunération au mérite ?
6. De nombreux experts ayant étudié les évolutions du monde du travail affirment que les gens font de leur mieux lorsqu'ils sont motivés par le sens de leur travail, plus que par la poursuite d'une récompense financière. Qu'en pensez-vous ? Expliquez votre positon. Quelles peuvent être les implications pour les managers ?
7. Comment peut-on utiliser certaines théories de la motivation pour encourager et soutenir les efforts de diversité sur le lieu de travail ?
8. Un individu peut-il être « trop » motivé ? Expliquez votre point de vue.
9. Tentez de répondre par écrit et de façon synthétique (2-3 pages) aux questions suivantes. Par quoi suis-je motivé ? Quel type de récompense proposée par un employeur serait susceptible de me pousser à faire des efforts supplémentaires ? Dans quel type d'environnement de motivation ai-je envie de travailler ? Me semble-t-il possible de trouver un jour ce genre d'organisation ?
10. Contactez au hasard entre 20 et 30 professionnels de votre entourage (parents, amis, parents d'amis, etc.). Demandez-leur d'identifier les trois facteurs qui leur semblent les plus motivants de la part d'un employeur. Conservez ces réponses et préparez une synthèse de deux ou trois pages présentant les résultats de votre investigation. Quelles sont les théories de la motivation qui vous semblent illustrer le mieux les réponses que vous avez obtenues ?

Autoévaluation

Quels sont mes principaux besoins ?

Ce questionnaire est conçu pour corriger les défauts des essais antérieurs de mesurer les besoins individuels : l'accomplissement, l'affiliation, l'autonomie et le pouvoir. Ils sont définis comme suit :

- L'accomplissement. Le désir de se surpasser et de s'améliorer à partir des expériences passées.
- L'affiliation. Le désir d'établir des relations sociales et d'être accepté par les autres.
- L'autonomie. Le désir de se diriger soi-même.
- Le pouvoir. Le désir de diriger et d'influer sur les autres.

Questionnaire

Ce questionnaire comprend vingt affirmations qui pourraient vous décrire ainsi que le genre de choses que vous pourriez aimer faire. Pour chacune d'elles, indiquez votre assentiment ou votre désapprobation en utilisant l'échelle suivante :

1 = En fort désaccord

2 = En désaccord

3 = Neutre

4 = En accord

5 = En parfait accord

1.	J'essaie de faire de mon mieux au travail.	**1**	**2**	**3**	**4**	**5**
2.	Je passe beaucoup de temps à parler avec les autres personnes.	**1**	**2**	**3**	**4**	**5**
3.	Je voudrais une carrière où il y aurait peu de supervision.	**1**	**2**	**3**	**4**	**5**
4.	J'aimerais être chargé d'un projet.	**1**	**2**	**3**	**4**	**5**
5.	Je travaille très dur.	**1**	**2**	**3**	**4**	**5**
6.	Je suis une personne « people ».	**1**	**2**	**3**	**4**	**5**
7.	Je voudrais un travail où je pourrais planifier mes tâches moi-même.	**1**	**2**	**3**	**4**	**5**
8.	Je préfère recevoir des ordres qu'en donner.	**1**	**2**	**3**	**4**	**5**
9.	C'est important pour moi de faire le meilleur travail possible.	**1**	**2**	**3**	**4**	**5**
10.	Si j'ai le choix, j'essaie de travailler en groupe plutôt que tout seul.	**1**	**2**	**3**	**4**	**5**
11.	Je voudrais être mon propre patron.	**1**	**2**	**3**	**4**	**5**
12.	Je recherche un rôle actif dans la direction d'un groupe.	**1**	**2**	**3**	**4**	**5**
13.	J'essaie de toujours donner tout ce que j'ai.	**1**	**2**	**3**	**4**	**5**
14.	Je préfère faire mon travail et laisser les autres faire le leur.	**1**	**2**	**3**	**4**	**5**
15.	J'aime travailler à la vitesse que je veux.	**1**	**2**	**3**	**4**	**5**

16. J'en suis arrivé à organiser et à diriger les activités des autres. 1 2 3 4 5

17. J'essaie à tout prix de m'améliorer grâce aux expériences professionnelles passées. 1 2 3 4 5

18. Je fais de mon mieux pour travailler tout seul sur une mission. 1 2 3 4 5

19. Dans mes projets professionnels, j'essaie d'être mon propre patron. 1 2 3 4 5

20. Je m'efforce d'être aux commandes quand je travaille dans un groupe. 1 2 3 4 5

Calculez votre résultat

Additionnez vos réponses aux affirmations 1, 5, 9, 13 et 17. Cela représente votre résultat pour l'accomplissement. Celui de l'affiliation sera le résultat de l'addition des affirmations 2, 6, 10, 14 et 18 (renverser les résultats des 14 et 18). L'autonomie est le résultat des 3, 7, 11, 15 et 19. Le pouvoir celui des 4 (qu'il faudra renverser), 8, 12, 16 et 20. Le résultat de chacun se situera entre 5 et 25.

Analyse et interprétation

Plus le score d'un besoin est élevé, plus il est prépondérant pour vous. Dans un but de comparaison, les chercheurs ont fait passer ce questionnaire à environ 350 diplômés d'université dont la moyenne d'âge était de 28 ans. Les moyennes s'élevaient à 22,6 pour l'accomplissement ; 16,1 pour l'affiliation ; 20 pour l'autonomie et 17,7 pour le pouvoir.

Source : T. M. Heckert, G. Cuneio, A. P. Hannah, P. J. Adams, H. E. Droste, M. A. Mueller, H. A. Wallis, C. M. Griffin et L. L. Roberts, « Creation of a New Needs Assessment Questionnaire », *Journal of Social Behavior and Personality*, mars 2000, p. 121-136.

Dilemme éthique

Récompenser un comportement adéquat

Vous venez d'être engagé comme conseiller commercial chez Voyages Prestiges, une agence haut de gamme de la place de Paris. Les clients vous appellent pour organiser leurs voyages. Vous recherchez les références des vols, les horaires et les tarifs sur votre ordinateur afin de les aider à choisir les formules qui leur conviendront le mieux. Vous vous chargez également de leur louer une voiture, de leur trouver un bon hôtel et de réserver les excursions et les croisières de leur choix.

Beaucoup de loueurs de voitures et de chaînes d'hôtels organisent régulièrement des concours destinés à récompenser les conseillers commerciaux des agences de voyages ayant enregistré le plus grand nombre de réservations sur leurs produits. Les sommes mises en jeu sont très attrayantes. Un de ces loueurs de voitures organise ainsi un tirage au sort mensuel : les commerciaux qui ont enregistré plus de 20 réservations sont susceptibles d'empocher une prime 1 000 € ; ceux qui en comptent 100 peuvent obtenir 5 000 € ; enfin, ceux qui ont dépassé les 200 réservations se voient offrir un voyage de quatre jours pour deux personnes en Tunisie, tous frais payés. Ces primes sont tellement intéressantes qu'elles vous incitent à « orienter » vos clients vers certains prestataires, même s'il ne s'agit pas de l'offre la plus adaptée ou la moins chère. Votre supérieur hiérarchique ne vous dissuade en aucune façon de participer à ce genre de programme. Et de votre côté, vous y voyez la possibilité d'être mieux récompensé pour vos efforts.

Pensez-vous qu'il soit malsain de travailler avec des loueurs de voitures ou des chaînes d'hôtels qui proposent ce genre de contrepartie ? Quels sont, dans ce cas, les problèmes déontologiques qui se posent (1) par rapport à vous-même et (2) par rapport à vos clients ? De quelle manière votre entreprise pourrait-elle mettre en place un système de prime au résultat qui vous inciterait à faire progresser le nombre de réservations, tout en sauvegardant la déontologie et la qualité du service au client ?

Pour action

Mexican BBQs

À : Line Boissières, directrice d'exploitation de la chaîne Mexican BBQs

De : Mathieu Perquin, responsable des équipes de salle Paris

Objet : Turn-over du personnel en salle

Au secours ! Nous avons actuellement de plus en plus de mal à conserver un tant soit peu les serveurs et serveuses que nous recrutons pour les restaurants de Paris et de la proche banlieue. J'ai à peine le temps de les former qu'ils nous quittent aussitôt. Or nous savons vous et moi qu'ils représentent un élément clé pour l'entreprise, eu égard à l'excellence du service que nous nous engageons à offrir. Nous aurons beau proposer la meilleure cuisine « latina » des environs (et c'est le cas !), les clients ne viendront plus déjeuner ou dîner chez nous si nos serveurs manquent à ce point de motivation et ne font pas l'effort de fournir une prestation de première qualité, que ce soit en terme d'accueil, de rapidité d'exécution ou de relation-client.

Ces postes de service en salle sont rémunérés au salaire minimum. Mais nous savons aussi qu'un serveur motivé peut toucher davantage (jusqu'à deux fois plus) grâce aux pourboires. Mais cela ne suffit visiblement pas pour les inciter à rester. Bref, quels conseils seriez-vous susceptible de me donner pour tenter de régler ce problème ? Pourriez-vous noter quelques idées qui permettraient de mieux motiver nos serveurs, et me les faire parvenir ? Merci !

Cette entreprise et ce message fictifs ont été imaginés dans un but exclusivement pédagogique. Il n'est aucunement question ici d'évoquer, ni en bien, ni en mal, les pratiques managériales d'une entreprise réelle qui porterait le même nom.

Exercice pratique

Motiver autrui

Cet exercice est destiné à vous faire prendre conscience de l'intérêt de motiver autrui et des méthodes à employer pour y parvenir. Il vous montre comment vous concentrer sur les besoins des personnes que vous cherchez à motiver.

Étape 1

Répartissez-vous en groupes de cinq à sept personnes, et suivez individuellement les instructions ci-après :

- **Situation 1.** Vous dirigez une entreprise de cinquante personnes. Votre objectif consiste à motiver vos employés pour qu'ils fournissent un maximum d'efforts.**Tâche 1.** Sur un morceau de papier, énumérez les facteurs sur lesquels vous pourriez agir pour motiver vos employés. Évitez les suggestions trop générales, comme « augmenter les salaires » ; soyez au contraire aussi précis que possible.
- **Tâche 2.** Classez (par ordre décroissant d'importance) les facteurs précédemment énumérés.
- **Situation 2.** Imaginez maintenant que vous soyez l'un de ces cinquante employés et que vous ayez réfléchi aux éléments qui vous motivent.
- **Tâche 3.** En tant qu'employé, énumérez les facteurs susceptibles de vous motiver le plus. Ici encore, soyez aussi précis que possible.
- **Tâche 4.** Classez (par ordre décroissant d'importance) les facteurs précédemment énumérés.

Étape 2

Comparez vos listes de priorités (issues des tâches 2 et 4) à celles des autres membres de votre groupe.

Étape 3

Après que chaque membre du groupe a présenté ses listes, répondez collectivement aux questions suivantes :

1. Les listes de chacun (tâches 2 et 4) sont-elles similaires ou dissemblables ? Que vous inspirent ces différences ou ces similitudes ?
2. Qu'avez-vous appris sur l'intérêt et la manière de motiver autrui ? Comment pourriez-vous l'appliquer concrètement ?

Mise en situation

Prospecter dans le monde entier

Objet. Cette étude de cas présente les différents moyens que les organisations peuvent utiliser pour rémunérer leurs employés sous forme de primes. L'exposé se concentrera sur les caractéristiques et les difficultés spécifiques associées à chaque système de bonifications.

Votre société de conseil est bien connue pour son aptitude à recommander les meilleures options de rémunération en fonction de l'organisation concernée. Vous avez été contacté par un homme d'affaires réputé, qui vient tout juste d'acquérir – aux États-Unis et à bas prix – un club sportif apparemment sans envergure, en fait une franchise moribonde de la National Hockey League (NHL). Cette organisation, issue du développement récent de la NHL, se démène tant bien que mal pour attirer de nouveaux supporters.

La pingrerie du propriétaire précédent fut violemment critiquée par la presse locale ainsi que par les magazines spécialisés dans le monde du hockey sur glace. Au cours des années précédentes, l'équipe a laissé partir plusieurs joueurs de haut niveau, ce qui explique sans doute la réputation du personnage. Une enquête menée auprès des autres entraîneurs engagés dans le championnat révèle que ses capacités de prospection et de recrutement sont très faibles. Plutôt que de courir après une poignée de vedettes susceptibles de remettre l'équipe sur pied, le nouveau propriétaire a décidé de se focaliser sur le développement et l'enrichissement de son effectif. Bien que le succès risque d'être plus long à venir, il est fermement convaincu que cette stratégie portera ses fruits sur le long terme.

L'équipe a été impressionnée par cette vision. Le nouveau propriétaire a entrepris de restructurer totalement le département Prospection – initialement centré sur le Canada et la Russie – en créant quatre divisions indépendantes chargées des États-Unis, du Canada, de l'Europe occidentale et des pays de l'Europe de l'Est (Russie comprise). Il a sollicité votre aide en vue de concevoir un programme permettant de maximiser la motivation de ses agents recruteurs et de récompenser convenablement leurs performances. Il s'est d'ores et déjà engagé à les rémunérer à hauteur des meilleurs salaires du championnat, et en a déjà débauché plusieurs venus d'autres équipes. Mais, pour obtenir des performances encore meilleures, il lui semble absolument nécessaire d'instaurer un système de primes bien étudié. Votre tâche consiste à l'informer des avantages et des problèmes liés aux trois propositions de bonifications soumises par son département Prospection. Il vous demande simplement de lui indiquer quelles sont celles qui peuvent ou ne peuvent pas fonctionner, et de lui expliquer pourquoi. Étant donné qu'il dirige une organisation structurée en équipe, on lui a conseillé de mettre en œuvre un système de rémunérations collectif.

Proposition 1. Les primes seront accordées à la région ayant découvert le joueur sélectionné par l'organisation au cours des trois premières tournées, avec des primes additionnelles pour une sélection dès la première tournée. Si celle-ci intervient par exemple au Canada, la division canadienne se verra récompensée.

Proposition 2. Les primes s'appuieront sur un rapport technique évaluant l'exactitude des projections annuelles réalisées par les agents, relatives aux meilleurs talents issus de leur région. Le classement des rapports produits par les différentes divisions s'effectuera en suivant chaque année l'évolution des joueurs pressentis par rapport aux performances prévues sur les trois à cinq années suivantes. Ainsi, l'évaluation des joueurs pour l'année 2008 sera comparée aux performances à venir pour l'année 2013.

Proposition 3. Le dernier système proposé repose exclusivement sur les performances de l'équipe. Plus elle gagne de matches, plus les différentes divisions partagent équitablement les bonifications.

Instructions pour le groupe. Votre tâche consiste à critiquer chacune de ces propositions en fonction de sa capacité à motiver les agents recruteurs. Quelles sont leurs forces propres ? Quelles faiblesses critiques présentent-elles ? Comment évaluer l'ensemble de ces propositions ? Si vous deviez concevoir un système de bonifications plus efficace, à quoi ressemblerait-il ? Si vous deviez en choisir un, lequel aurait votre préférence ?

Cas d'entreprise

Vous cherchez quelque chose ?

Chaque année, 777 000 candidats y envoient leur candidature. Et c'est ce n'est pas une surprise ! Avec la possibilité de se faire masser toutes les deux semaines, une blanchisserie, une piscine et un spa, de délicieux repas de gourmet « à volonté » et gratuits, qu'est-ce qu'un employé pourrait vouloir de plus ? Cela ressemble à un emploi idéal, n'est-ce pas ? Toutefois, chez Google, plusieurs personnes ont montré par leur décision de quitter l'entreprise que tous ces avantages (et ce ne sont que quelques exemples) ne sont pas suffisants pour qu'ils restent. Comme le dit un analyste : « Oui, Google fait beaucoup de bénéfices. Oui, il y a beaucoup de gens sympas. Oui, c'est un super-endroit pour travailler. Alors, pourquoi tant de personnes s'en vont-elles ? »

Pendant trois ans, Google a été dans le top 10 des « meilleures sociétés pour lesquelles travailler » du magazine *Fortune* et en a occupé deux fois la première place[50]. Mais il ne faut pas se tromper. Les patrons de Google ont décidé d'offrir tous ces merveilleux avantages pour différentes raisons : pour attirer toutes les personnes possédant les meilleures connaissances possible dans un marché intensément compétitif ; pour aider les salariés à travailler de longues heures et ne pas avoir à faire toutes les corvées personnelles qui prennent du temps ; pour montrer aux employés qu'ils sont appréciés ; et pour que ceux-ci restent des Googlers (le nom des employés de l'entreprise) pendant plusieurs années. Mais beaucoup de ces Googlers ont abandonné le navire et ses fantastiques avantages pour suivre une autre voie.

Sean et deux de ses collègues, par exemple, ont eu l'idée de s'occuper de vidéo sur le Web. Ils ont quitté Google, ou, comme le dit quelqu'un, ils se sont « expulsés eux-mêmes du paradis pour créer leur propre société ». Quand les trois ont prévenu qu'ils voulaient partir, Google a vraiment voulu les garder, eux et leur projet et, pour cela, leur a offert un chèque en blanc. Mais le trio a vite compris qu'ils auraient à faire tout le boulot et que c'est Google à la fin qui s'approprierait le produit. Ils sont donc partis pour expérimenter l'excitation d'une start-up.

Si cela avait été un fait isolé, personne n'y penserait plus. Mais ce n'est pas le cas. D'autres employés talentueux de Google ont fait un choix identique. D'ailleurs, ils sont désormais tellement nombreux qu'ils ont formé un club informel d'ex-Googlers devenus entrepreneurs.

Questions

1. Qu'est-ce que c'est réellement que de travailler chez Google ? (Allez, par exemple, sur le site web de Google et cliquez sur « À propos de Google ». Puis cliquez sur « Carrières chez Google ».) Quel est votre avis à propos de l'environnement de travail de l'entreprise ?
2. Google fait beaucoup pour ses salariés, mais apparemment pas assez pour retenir certains de ses plus talentueux employés. En utilisant ce que vous avez appris de l'étude des différentes théories de la motivation, qu'est-ce que cette situation vous suggère quant à la motivation des employés ?
3. Selon vous, quel est le plus grand défi de Google pour garder les salariés motivés ?
4. Si vous dirigiez une équipe chez Google, comment feriez-vous pour les maintenir motivés ?

Chapitre 12

Le leadership

Objectifs

1. Définir le leadership.
2. Comparer et mettre en perspective les théories classiques du leadership.
3. Présenter les quatre principales théories du leadership contingent.
4. Décrire la vision contemporaine du leadership et les problèmes actuels rencontrés par les leaders.
5. Démontrer le caractère essentiel de la confiance dans le processus de leadership.

Il est devenu essentiel, pour tout manager, d'être vu comme un leader. Pourquoi cette dimension est-elle si importante ? Sans doute parce que au sein d'une organisation, et dans des contextes parfois critiques ou dramatiques, les leaders demeurent ceux qui provoquent les choses et fédèrent les énergies autour d'eux, créant et entretenant au quotidien confiance et mobilisation. Mais l'approche de chacun d'eux peut être radicalement différente. Qu'est-ce qui différencie les leaders de ceux qui ne le sont pas ? Existe-t-il un style de leadership meilleur que les autres ? Qu'est-ce qui fait l'efficacité d'un leader ? Ce sont là quelques-uns des thèmes que nous développerons dans ce chapitre.

1. Qui sont les leaders et qu'est-ce que le leadership ?

Commençons par clarifier la distinction, pas toujours évidente à établir, entre *managers* et *leaders*. Bien que les deux termes soient souvent utilisés comme synonymes, ils ne signifient pas la même chose. Les managers sont nommés à un poste de responsabilité ; ils disposent d'un pouvoir légitime, lié à une position formelle dans une organisation, pouvoir qui leur donne le droit de récompenser ou de blâmer tel ou tel. Leur capacité d'influence se fonde sur l'autorité formelle inhérente à leur position. À l'inverse, les leaders peuvent aussi bien être nommés qu'émerger par eux-mêmes d'un groupe. Ils peuvent, de ce fait, entraîner les autres hors du cadre défini par l'autorité formelle.

Les managers doivent-ils tous être des leaders ? Et réciproquement, les leaders doivent-ils tous être des managers ? Puisque personne n'est encore parvenu à démontrer de manière scientifique ou logique que les capacités de leadership constituent un handicap pour un manager, nous pouvons affirmer que tous devraient effectivement, dans l'idéal, endosser le rôle de leader. En revanche, tous les leaders ne possèdent pas nécessairement les aptitudes requises pour exercer des fonctions de management, et tous ne devraient donc pas occuper ce genre de poste. Le fait qu'un individu puisse influencer d'autres personnes ne signifie pas qu'il soit également capable de planifier, d'organiser, de contrôler et de gérer. En admettant (ne serait-ce que dans une perspective idéale) que tous les managers devraient être des leaders, nous pouvons aborder le sujet sous l'angle du management. Par conséquent, dans le cadre de cet ouvrage, nous désignerons désormais sous le nom de **leaders** ceux qui, disposant de l'autorité formelle d'un manager, se montrent capables d'influencer autrui et de mobiliser une collectivité (groupe, équipe, entreprise).

> *Leader* — Personne disposant d'une autorité formelle de manager et se montrant capable d'influencer autrui et de mobiliser une collectivité (groupe, équipe, entreprise).

2. L'apport des théories classiques du leadership

Les hommes se sont sans doute intéressés au leadership depuis la nuit des temps, en fait depuis qu'ils ont cherché à se regrouper afin d'atteindre des objectifs. Néanmoins, ce n'est que dans la première moitié du XXe siècle que l'on a commencé à l'étudier systématiquement. La plupart de ces théories classiques se focalisèrent sur le leader en tant que tel (théories des traits de personnalité) et sur ses différentes façons d'interagir avec les membres de son équipe ou de son groupe (théories comportementales).

2.1. La théorie des traits de personnalité du leader

Demandez au premier venu les termes qu'il associe à la notion de leadership. Vous avez de bonnes chances d'obtenir une liste de qualités incluant l'intelligence, le charisme, la détermination, l'enthousiasme, la force, l'audace, l'intégrité et l'assurance[1]. Ces réponses constituent l'essence même de la **théorie des traits de personnalité du leader**. La recherche des traits de personnalité ou des caractéristiques permettant de différencier les leaders des non-leaders, même si elle fut menée à partir de méthodes bien plus sophistiquées que celle de notre petit sondage, a tenu une place prépondérante dans les premières études consacrées au concept de leadership.

> *Théorie des traits de personnalité du leader* — Théorie fondée sur l'identification des caractéristiques personnelles de toutes natures censées distinguer les leaders des non-leaders.

Est-il possible d'isoler, chez ceux que la majorité des gens reconnaissent comme des leaders – l'abbé Pierre, fondateur de la communauté Emmaüs, Barack Obama, président des États-Unis, Richard Branson, P.-D.G. de Virgin, Nelson Mandela, réformateur de l'Afrique du Sud –, un ou plusieurs traits de caractère particuliers dont les non-leaders seraient dépourvus ? Bien que tous ces individus répondent à la définition retenue du leader, chacun d'eux présente des caractéristiques qui lui sont propres. Pour valider la théorie des traits de personnalité, il faudrait que tous les leaders partagent certaines caractéristiques.

Les recherches visant à isoler ces fameux traits n'ont abouti qu'à une série d'impasses. Les tentatives d'identifier un ensemble de traits qui permettrait de distinguer à coup sûr les leaders des suiveurs et les leaders efficaces des leaders inefficaces ont toutes échoué. Peut-être était-il présomptueux de croire qu'un ensemble de traits de personnalité unique et déterminé pourrait s'appliquer à tous les bons leaders, quels que soient la taille de leur organisation, le contexte et les enjeux socio-économiques, l'époque, etc.

En revanche, l'identification des traits régulièrement associés à la notion de leadership a donné de bien meilleurs résultats. On a ainsi observé qu'il existait six traits permettant de différencier les leaders des non-leaders : le dynamisme (*drive*), le désir de diriger, l'honnêteté et l'intégrité, l'assurance, l'intelligence, la compétence professionnelle et l'extraversion[2]. Le document 12.1 en fournit une brève description.

Document 12.1 – Les sept traits différenciant les leaders.

1. **Dynamisme.** Les leaders affichent un haut niveau d'implication. Ils témoignent d'un désir d'accomplissement plus important que la moyenne. Ils sont ambitieux, ont beaucoup d'énergie, travaillent sans relâche et font preuve d'initiative.
2. **Désir de diriger.** Les leaders expriment un fort désir d'influencer et de diriger autrui. Ils aiment endosser des responsabilités.
3. **Honnêteté et intégrité.** Les leaders tissent des relations de confiance avec les suiveurs en se montrant honnêtes et droits, et en accordant le plus possible leurs actes avec leurs paroles.
4. **Assurance.** Les suiveurs recherchent chez les leaders l'absence de doute. Ces derniers doivent donc se montrer parfaitement sûrs d'eux s'ils veulent convaincre de la justesse de leurs objectifs et de leurs décisions.
5. **Intelligence.** Les leaders doivent être suffisamment intelligents pour collecter, synthétiser et interpréter de grandes quantités d'informations, et être capables de faire partager leur vision, d'aplanir les difficultés et de prendre les bonnes décisions.
6. **Compétence professionnelle.** Les leaders efficaces ont une connaissance approfondie des problèmes commerciaux, industriels et techniques, ce qui leur permet de prendre des décisions pertinentes et d'en comprendre les implications.
7. **Extraversion.** Les leaders sont énergiques et pleins de vitalité. Ils sont sociables, sûrs d'eux et restent rarement silencieux ou en retrait.

Source : Extrait de *Leadership: Do Traits Really Matter?*, S. A. Kirkpatrick et E. A. Locke, avec l'autorisation de Academy of Management Executive, mai 1991, p. 48-60. © 1991 Academy of Management Executive.

Pour autant, ces traits ne suffisent pas à expliciter la notion de leadership, car ils ne prennent pas en compte les facteurs situationnels. Si tel ou tel individu possède les traits adéquats, cela lui donne juste davantage de chances de devenir un leader efficace. Il lui reste à prendre les bonnes décisions. Or, si une décision particulière peut se révéler judicieuse dans une situation donnée, elle ne le sera pas forcément dans une autre. De ce fait, et bien qu'elle ait connu un certain renouveau au cours des deux dernières décennies, on a commencé à rejeter la théorie des traits de personnalité du leader dès les années 1940. En revanche, et jusqu'au milieu des années 1960, les recherches sur le leadership ont davantage souligné l'existence de certaines habitudes comportementales spécifiques des individus en position de leaders.

2.2. Les théories comportementales du leadership

Incapables d'expliquer la notion de leadership par le seul biais des traits de personnalité, les chercheurs se mirent à étudier le comportement de certains individus identifiés comme leaders. Ils cherchèrent à déterminer si le leader le plus efficace révélait quelque orientation spécifique, par exemple l'expression de tendances plus démocratiques ou plus autocratiques.

On espérait que ces **théories comportementales** permettraient de fournir une définition plus précise de la notion de leadership, mais qu'elle donnerait aussi lieu, le cas échéant, à des implications pratiques plus pertinentes que celles de l'approche par les traits personnels. Si la théorie des traits de personnalité avait prouvé sa validité, elle aurait en effet permis de sélectionner scientifiquement les personnes capables d'assumer au mieux des postes de responsabilité au sein des entreprises. À l'inverse, si les études comportementales révélaient l'existence de déterminants comportementaux propres à l'exercice du leadership, il devenait possible de former les gens et d'en faire des leaders plus efficaces. Les programmes de développement managériaux mis en place par les plus grandes entreprises se fondent précisément sur cette hypothèse.

> *Théories comportementales du leadership* — Ensemble de théories fondées sur l'identification des déterminants comportementaux qui distinguent les leaders efficaces des leaders inefficaces.

Les particularités comportementales ont fait l'objet d'un grand nombre d'études. Nous en évoquerons trois, qui figurent parmi les plus connues : celle de Kurt Lewin, de l'université de l'Iowa, celle de l'université d'Ohio State, ainsi que celle de l'université du Michigan. Nous verrons ensuite de quelle manière les concepts mis en évidence par ces études ont permis d'établir une grille d'évaluation des différents styles de leadership.

Existe-t-il des comportements de leadership identifiables ?

On doit à Kurt Lewin et à ses collègues de l'université de l'Iowa l'une des premières études sur le comportement des leaders[3]. Leurs travaux consistèrent à explorer trois types de comportement, ou styles de leadership : autocratique, démocratique et non interventionniste. Le **leader autocratique** présente une tendance caractéristique à centraliser l'autorité, à imposer ses méthodes de travail, à prendre des décisions unilatérales et à limiter la participation des employés. Le **leader démocratique** cherche au contraire à impliquer ses employés dans le processus décisionnel ; il tend à déléguer son autorité, à encourager la concertation dans l'élaboration des méthodes de travail et la définition des objectifs, et prend soin de motiver ses subordonnés en s'appuyant sur leurs réactions. Le style démocratique peut lui-même se subdiviser en deux catégories : *consultatif* et *participatif*. Le *leader démocratique consultatif* s'informe de l'opinion de ses employés, écoute leurs inquiétudes et leurs objections, mais prend seul la décision finale. Il encourage les contributions dans le but d'enrichir son information. Le *leader démocratique participatif* permet souvent à ses employés de participer au processus décisionnel. Ici, les décisions sont prises par le groupe dans son ensemble, et le leader apporte uniquement sa contribution personnelle. Enfin, le **leader non interventionniste** (*laisser-faire*) laisse en général ses employés libres de prendre les décisions qu'ils jugent pertinentes et d'accomplir leur travail de la manière qui leur paraît la mieux appropriée. Un leader non interventionniste peut se contenter de fournir les matériaux nécessaires et de répondre aux questions.

Leader autocratique — Le leader autocratique centralise l'autorité, impose ses méthodes de travail, prend des décisions unilatérales et limite la participation des employés.

Leader démocratique — Le leader démocratique implique ses employés dans le processus décisionnel, délègue son autorité, encourage la concertation dans l'élaboration des méthodes de travail et la définition des objectifs, et prend soin de motiver ses subordonnés en s'appuyant sur leurs réactions.

Leader non interventionniste — Le leader non interventionniste laisse ses employés libres de prendre les décisions qu'ils jugent pertinentes et d'accomplir leur travail comme ils l'entendent.

Lewin et ses collègues se demandaient lequel de ces trois styles de leadership présente la plus grande efficacité. En s'appuyant sur des enquêtes menées au sein de groupes de jeunes, ils établirent que le style non interventionniste est moins efficace, sur l'ensemble des critères de performance, que les styles autocratique et démocratique. Si les groupes démocratiques et autocratiques fournissent une quantité de travail équivalente, la qualité de ce travail et la satisfaction générale se révèlent bien meilleures au sein des groupes démocratiques. Ces observations semblent indiquer que le style démocratique favoriserait l'efficacité du travail, tant sur le plan quantitatif que qualitatif.

Certaines études ultérieures consacrées aux leaderships démocratique et autocratique aboutirent à des résultats plus contrastés. On s'aperçut ainsi que le style démocratique générait parfois une meilleure productivité que le style autocratique, sans que cela soit toujours le cas. Une méthode de mesure de la satisfaction des employés permit bientôt d'affiner ces observations.

Le niveau de satisfaction des membres d'un groupe apparaissait en règle générale plus élevé lorsque ces derniers étaient dirigés par un leader démocratique plutôt qu'autocratique[4]. Cela signifiait-il pour autant que les managers devaient faire en sorte de s'orienter vers ce style de leadership ? Deux chercheurs, Robert Tannenbaum et Warren Schmidt, vont s'employer à répondre à cette question[5].

Ils mettent au point un *continuum* comportemental des leaders (voir document 12.2). Ce *continuum* illustre l'existence d'un large éventail de comportements, qui vont d'un modèle centré sur le dirigeant (autocratique), à gauche du schéma, à un modèle centré sur l'employé (non interventionniste), à droite. Pour guider leurs choix comportementaux, Tannenbaum et Schmidt conseillent aux managers de prendre en compte leurs forces propres (déterminer notamment s'ils se sentaient à l'aise avec le style de leadership envisagé), celles de leurs employés (entre autres leur désir d'assumer des responsabilités) et celles de la situation présente (contraintes temporelles, par exemple). Ils soulignent en outre que les managers ont intérêt à s'orienter, à long terme, vers un style de plus en plus centré sur l'employé, style qui permettrait d'améliorer à la fois la motivation du personnel, la qualité des décisions, le travail d'équipe, le moral et la progression.

La dualité du comportement des leaders – autrement dit, le fait de concentrer leur attention d'une part sur le travail à effectuer et d'autre part sur les employés – constitue par ailleurs l'une des caractéristiques clés des études menées ultérieurement par les universités d'Ohio State et du Michigan.

Document 12.2 – Continuum comportemental des leaders.

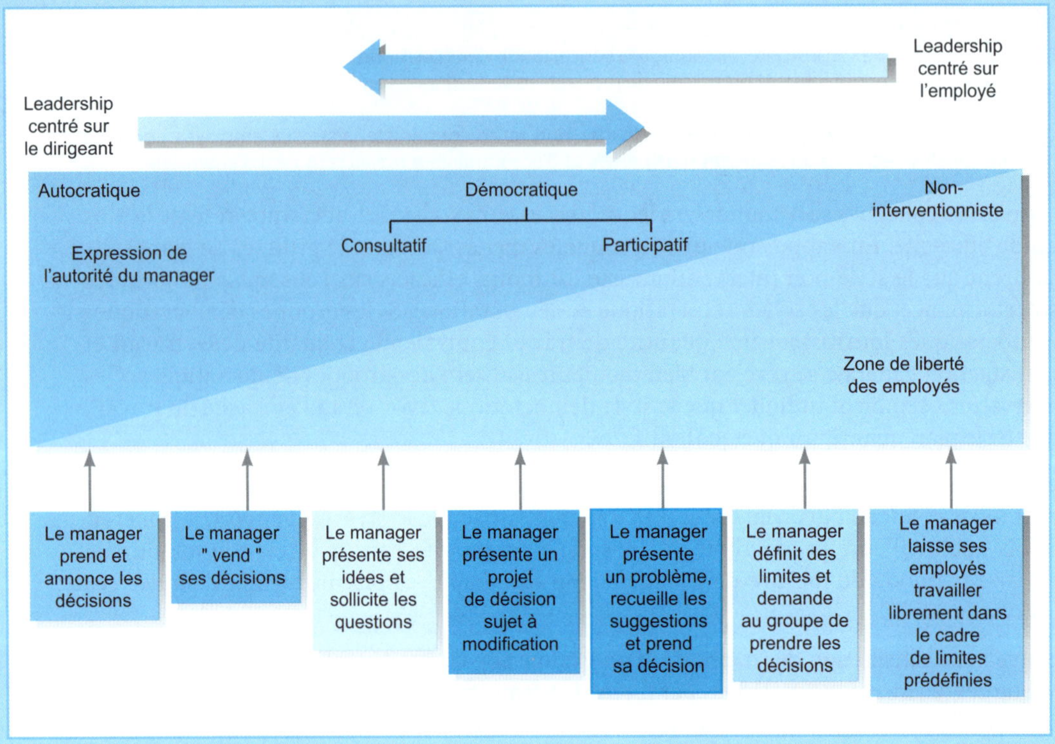

Source : Adapté et reproduit avec la permission de la *Harvard Business Review*. Illustration tirée de « How to Choose a Leadership Pattern », de R. Tannenbaum et W. Schmidt, mai-juin 1973. © 1973 The President and Fellows of Harvard College ; tous droits réservés.

Quel a été l'apport des études de l'université d'Ohio State ?

Les théories comportementales les plus complètes et les plus souvent citées résultent d'un travail de recherche entrepris par l'université d'Ohio à partir de la fin des années 1940[6]. Ces études visent à identifier les dimensions distinctes du comportement des leaders. Les chercheurs s'appuient au début sur une liste de plus de mille dimensions, qu'ils réduisent peu à peu jusqu'à définir deux grandes catégories susceptibles de rendre compte de la plupart des comportements de leaders décrits par les employés. Ils baptisent ces deux dimensions « structuration » et « considération ».

La **structuration** mesure la volonté d'un leader à définir et à structurer son rôle et celui de ses employés en vue d'atteindre un objectif. Elle englobe les comportements visant à organiser le travail, les relations professionnelles et les objectifs. Un leader présentant un comportement de structuration élevée confiera ainsi des tâches précises aux membres de son groupe, attendra de ses employés qu'ils maintiennent un certain niveau de performance et attachera une grande importance au respect des délais.

Structuration — La structuration mesure la volonté d'un leader à définir et à structurer son rôle et celui de ses employés en vue d'atteindre un objectif.

La **considération** se rapporte au fait qu'un leader entretient des relations de travail caractérisées par l'établissement d'une confiance réciproque et par le respect des idées et des sentiments des employés. Un leader présentant un comportement de considération élevée aidera ses subordonnés à résoudre leurs problèmes personnels, se montrera amical et accessible, et traitera tous ses employés sur un pied d'égalité. Il se montrera attentif à leur confort, à leur bien-être, à leur statut et à leur satisfaction.

Considération — La considération se rapporte au fait qu'un leader entretient des relations de travail caractérisées par l'établissement d'une confiance réciproque et par le respect des idées et des sentiments des employés.

Des recherches approfondies fondées sur ces définitions permettent alors d'établir qu'un leader présentant une structuration et une considération élevées (qualifié de *high-high* par les chercheurs d'Ohio) obtient plus souvent des performances et une satisfaction élevées de ses employés qu'un leader faiblement évalué sur l'un et/ou l'autre des deux critères. Pour autant, le style *high-high* ne donne pas toujours des résultats aussi positifs. Un comportement caractérisé par une forte structuration provoque par exemple un accroissement du ressentiment, de l'absentéisme et des démissions, et diminue la satisfaction professionnelle des employés affectés à des tâches routinières. D'autres études révèlent de même qu'une considération élevée peut avoir une influence négative sur l'appréciation des performances du leader par sa propre hiérarchie. En conclusion, si les recherches de l'université d'Ohio semblent indiquer que le style *high-high* donne en règle générale de bons résultats, de nombreuses exceptions viennent démontrer la nécessité d'intégrer à la théorie l'influence des facteurs de contexte et de situation.

Quel a été l'apport des recherches de l'université du Michigan ?

Les études sur le leadership menées au sein du Survey Research Center de l'université du Michigan, contemporaines de celles de l'Ohio State, visent des objectifs similaires : identifier chez les leaders des caractéristiques comportementales liées à l'efficacité. Là encore, les chercheurs mettent en évidence deux dimensions, assez proches conceptuellement de celles de considération et de structuration, qu'ils baptisent respectivement **orientation vers l'employé** et **orientation vers la production**[7]. Les leaders orientés vers l'employé mettent l'accent sur les relations interpersonnelles ; ils accordent un intérêt particulier aux besoins des employés et acceptent leurs différences individuelles. Les leaders orientés vers la production privilégient au contraire l'aspect technique ou productif du travail, se préoccupent essentiellement de l'accomplissement des tâches assignées au groupe dont ils considèrent les membres comme de simples vecteurs.

Orientation vers l'employé — Le leader orienté vers l'employé met l'accent sur les relations interpersonnelles, accorde un intérêt particulier aux besoins des employés et accepte leurs différences individuelles.

Orientation vers la production — Le leader orienté vers la production privilégie l'aspect technique ou productif du travail, se préoccupe essentiellement de l'accomplissement des tâches assignées au groupe et considère ses membres comme de simples vecteurs de cet accomplissement.

Les conclusions des chercheurs du Michigan se révèlent extrêmement favorables aux leaders orientés vers l'employé, susceptibles d'obtenir une productivité plus élevée et une satisfaction plus grande de leurs subordonnés. Inversement, les leaders orientés vers la production enregistrent des niveaux de productivité et de satisfaction professionnelle beaucoup plus faibles.

Qu'est-ce que la grille managériale ?

Œuvre de Robert Blake et Jane Mouton, la **grille managériale** offre une représentation bidimensionnelle des styles de leadership[8]. Elle s'articule autour de deux styles fondamentaux, « l'intérêt pour les personnes » et « l'intérêt pour la production », qui s'inspirent fortement des dimensions de considération et de structuration issues des études de l'Ohio State, ainsi que de l'orientation vers l'employé ou la production mise en évidence par les chercheurs du Michigan.

Grille managériale — Représentation bidimensionnelle des styles de leadership fondée sur l'opposition entre l'intérêt pour les personnes et l'intérêt pour la production.

La grille (voir document 12.3) définit sur chaque axe neuf valeurs possibles, soit un total de 81 styles de leadership différents. Elle n'évalue en aucun cas les résultats concrets d'un leader, mais seulement les facteurs dominants dans sa manière d'envisager l'obtention d'un résultat. Blake et Mouton en ont ensuite extrait cinq positions clés, qui correspondent aux quatre angles et au centre de la grille[9].

Document 12.3 – La grille managériale.

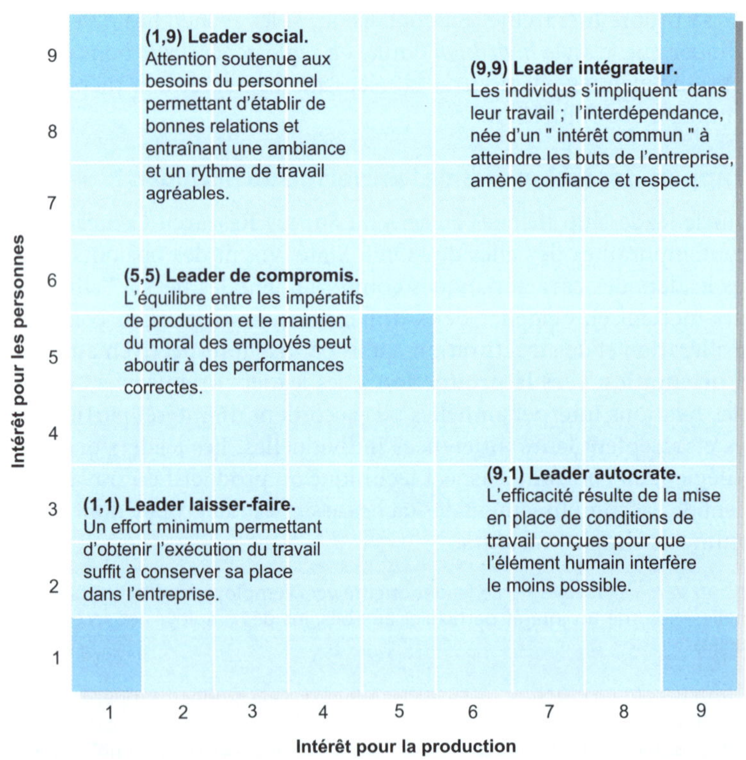

Source : Adapté et reproduit avec l'autorisation de la *Harvard Business Review*. Extrait de « Breakthrough in Organization Development », par R. R. Blake, J. A. Mouton, L. B. Barnes et L. E. Greine, novembre-décembre 1964, p. 136.

L'efficacité d'un manager atteint donc son maximum avec un style 9,9. La grille ne fournit malheureusement aucune définition de l'efficacité ; elle n'offre qu'une vision conceptuelle des styles de leadership. Au vu des données disponibles, il est d'ailleurs difficile d'affirmer que le style 9,9 soit, dans tous les cas, le plus efficace[10].

Que reste-t-il des théories comportementales du leadership ?

Il a été question ici des tentatives les plus connues et les plus importantes visant à expliquer le leadership en termes de comportements. D'autres s'y sont attaqués[11] mais ont rencontré les mêmes difficultés que leurs prédécesseurs : l'impossibilité quasi absolue d'établir un lien direct entre les schémas comportementaux et les performances des leaders. Les résultats dépendaient trop des circonstances pour tirer des conclusions définitives. Le problème venait du fait que l'on ne tenait pas compte des facteurs situationnels, qui peuvent fortement conditionner la réussite ou l'échec. Mère Teresa se serait-elle imposée comme la grande protectrice des pauvres si elle avait vécu au début du XXe siècle ? Ralph Nader, père historique du mouvement consumériste, aurait-il pris la tête d'une association de défense des consommateurs s'il était né en 1834 au Costa Rica plutôt qu'en 1934 dans le Connecticut ? C'est assez peu probable. Cependant, les approches comportementales mentionnées précédemment n'intègrent jamais ce genre de facteurs. Constatant l'irrégularité des résultats obtenus, les chercheurs essayèrent donc de mieux comprendre l'impact des paramètres situationnels sur l'efficacité des différents styles de leadership.

3. L'apport des théories de la contingence

Pour les chercheurs, il devenait évident que c'était impossible de prévoir le succès d'un style de leadership donné à partir d'un ensemble de caractéristiques ou de tendances comportementales. L'incohérence des résultats les incita à s'intéresser de plus près à l'influence de la situation. Le rapport entre les styles de leadership et l'efficacité suggérait que le style X pouvait convenir aux conditions a, tandis que le style Y était plus adapté aux conditions b, et le style Z aux conditions c. Mais que représentaient ces conditions a, b ou c ? Certes, le monde des organisations est rempli d'histoires dans lesquelles des leaders ont échoué faute d'avoir su comprendre le contexte dans lequel ils se trouvaient. Mais affirmer que l'efficacité du leadership dépend de la situation est une chose ; être capable d'en identifier les éléments en est une autre.

Certaines méthodes d'identification des variables situationnelles donnèrent de meilleurs résultats que d'autres et acquirent ainsi une plus grande popularité. Nous en détaillerons quatre, considérées aujourd'hui comme des références : (1) le modèle de Fiedler, (2) la théorie du leadership situationnel de Hersey et Blanchard, (3) le modèle du leadership participatif ainsi que (4) la théorie de l'objectif-trajectoire. Chacune de ces théories s'attache à comprendre les liens entre le style de leadership et la situation rencontrée, selon un modèle de contingence de type « si…, alors… » (à savoir, SI on rencontre tel ou tel type de situation, ALORS le meilleur style de leadership utilisable est celui-ci ou celui-là).

3.1. Qu'appelle-t-on le modèle du leadership contingent de Fiedler ?

C'est à Fred Fiedler que l'on doit le premier modèle de contingence complet en matière de leadership[12]. Ce modèle s'appuie sur l'hypothèse que l'efficacité d'un groupe dépend de l'adéquation entre, d'une part, les procédés d'interaction du leader avec ses subordonnés et, d'autre part, le degré d'influence et de contrôle que lui confère la situation.

Fiedler a mis au point un instrument, le **questionnaire du collaborateur le moins apprécié (CMA)**, qui sert à déterminer l'orientation comportementale du leader ; soit vers la tâche (leader fonctionnel), soit vers les relations humaines (leader affectif). Il a ensuite isolé trois critères situationnels – les relations leader-membres, la structure des tâches et le pouvoir hiérarchique – susceptibles d'être manipulés en vue d'une parfaite adéquation avec l'orientation comportementale du leader. Si l'on considère que le questionnaire CMA s'apparente en fait à un simple test psychologique, on peut estimer que le **modèle du leadership contingent de Fiedler** se situe, d'une certaine manière, dans la continuité de la théorie des traits de personnalité. Fiedler va néanmoins bien au-delà des approches classiques, qu'elles soient par les traits ou les comportements, dans le sens où il tente d'identifier des situations et confronte ensuite tests de personnalité et classification situationnelle, pour finalement prédire, en fonction des deux, l'efficacité d'un style de leadership. Cette description du modèle de Fiedler n'en reste pas moins quelque peu abstraite (voir l'encadré Théorie classique, plus loin).

Questionnaire du collaborateur le moins apprécié (CMA) — Questionnaire permettant d'établir si le leader concerné est plutôt orienté vers la tâche (fonctionnel) ou vers les relations humaines (affectif).

Modèle du leadership contingent de Fiedler — Théorie selon laquelle l'efficacité d'un groupe dépend de l'adéquation entre d'une part les procédés d'interaction du leader avec ses subordonnés, et d'autre part le degré d'influence et de contrôle que lui confère la situation.

Dans l'optique d'aboutir à une performance optimale, le modèle du leadership contingent de Fiedler propose de comparer les résultats du questionnaire CMA à l'évaluation de trois variables de contexte, les variables de contingence. Au terme d'une étude portant sur 1 200 groupes différents, au cours de laquelle il s'emploie à comparer leadership fonctionnel et leadership affectif pour chacune des huit catégories situationnelles, Fiedler constate que les leaders fonctionnels ont tendance à mieux réussir lorsque la situation leur est soit très favorable, soit très défavorable (voir document 12.4). Une situation de catégorie I, II, III, VII ou VIII leur permet donc *a priori* d'obtenir de bonnes performances. Les leaders affectifs se distinguent en revanche dans les situations modérément favorables, celles qui correspondent aux catégories IV à VI.

Dans la théorie de Fiedler, les individus sont incapables de changer de style de leadership. Il n'existe donc en définitive que deux solutions valables pour améliorer l'efficacité. On peut d'une part choisir un nouveau leader, plus adapté à la situation. Ainsi, si la situation lui est défavorable et qu'il appartienne à la catégorie des affectifs, les performances du groupe peuvent être améliorées en le remplaçant par un manager fonctionnel. L'autre possibilité consiste à adapter la situation au leader, en restructurant les tâches, ou en augmentant ou diminuant son emprise sur certains facteurs, tels que les augmentations de salaire, l'avancement ou les sanctions disciplinaires.

Document 12.4 – Conclusions du modèle de Fiedler.

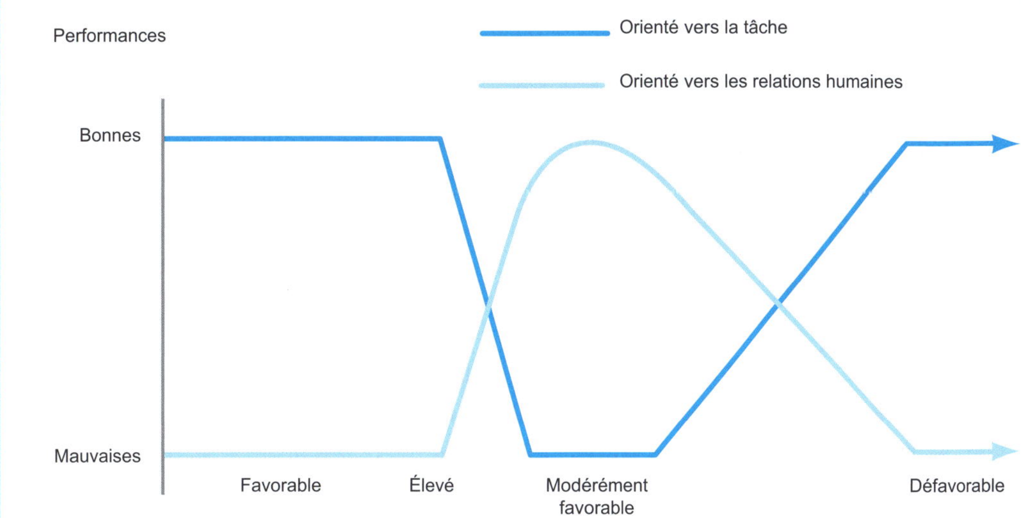

Catégorie	I	II	III	IV	V	VI	VII	VIII
Relations personnelles leader-membres	Bonnes	Bonnes	Bonnes	Bonnes	Mauvaises	Mauvaises	Mauvaises	Mauvaises
Structuration des tâches	Forte	Forte	Lâche	Lâche	Lâche	Forte	Lâche	Lâche
Pouvoir hiérarchique	Elevé	Faible	Elevé	Faible	Elevé	Faible	Elevé	Faible

Théorie classique

Le modèle du leadership contingent de Fiedler

Parce qu'il estime que le style de leadership d'un individu représente un facteur clé de son succès, Fred Fiedler s'attache d'abord à en déterminer la nature par le truchement du questionnaire CMA, bâti autour de seize oppositions adjectivales (telles que plaisant-déplaisant, efficace-inefficace, ouvert-méfiant, amical-hostile). Le leader sujet du test est invité à se remémorer tous les collaborateurs qu'il a pu côtoyer au cours de sa carrière, puis à décrire celui avec lequel il a le *moins apprécié* de travailler, en attribuant une note de 1 à 8 à chacune des seize paires d'adjectifs. Fiedler pense pouvoir déterminer ainsi, sur la base des réponses obtenues, le style de leadership fondamental du répondant. Il part de l'idée que ce que l'on dit d'un autre reflète davantage notre personnalité que celle de la personne dont on parle. Si le collaborateur le moins apprécié se trouve décrit en termes plutôt positifs (ce qui se traduit par un score élevé dans le questionnaire CMA), cela signifie que le leader en question se préoccupe en premier lieu d'établir de bonnes relations avec ses collaborateurs.

Théorie classique (suite)

Autrement dit, si le sujet trace un portrait globalement favorable de la personne avec laquelle il a eu le plus de mal à travailler, Fiedler diagnostique une orientation vers les relations humaines. Inversement, si la description du collaborateur le moins apprécié se révèle défavorable (score CMA faible), il en déduit que le répondant se concentre d'abord sur la productivité, donc qu'il est orienté vers la tâche. Fiedler considère le style de leadership d'un individu comme immuable ; soit orienté vers les relations humaines, soit vers la tâche. Ce dernier point est essentiel dans la théorie de Fiedler. Dans le cas d'une situation exigeant un leader orienté vers la tâche, il en découle en effet que la présence d'un leader orienté vers les relations humaines ne laisse d'autre choix, pour optimiser l'efficacité, que de modifier la situation ou de remplacer le leader. Fiedler a toujours affirmé le caractère inné du style de leadership ; il était impossible, selon lui, de changer de style en fonction de la situation.

Après que le style de leadership d'un individu a été déterminé par le biais du CMA, il faut confronter le leader en question avec la situation. Fiedler identifie trois facteurs situationnels, ou dimensions de contingence :

- les relations personnelles entre le leader et les membres du groupe, caractérisées par un niveau bon ou mauvais de confiance et de respect des employés envers leur leader ;
- la structure des tâches, forte ou lâche, caractérisée par un degré de programmation et de décomposition des tâches assignées aux employés ;
- le pouvoir lié à la position hiérarchique, caractérisé par l'influence élevée ou faible du leader sur certaines variables telles que le recrutement, le renvoi, la discipline, l'avancement et les augmentations de salaire.

L'étape suivante consiste donc à évaluer la situation en fonction de ces trois variables de contingence. Les relations personnelles leader-membres peuvent ainsi être bonnes ou mauvaises, la structure des tâches forte ou lâche, et le pouvoir hiérarchique élevé ou faible. Selon Fiedler, plus les relations personnelles leader-membres sont bonnes, la structure des tâches forte et le pouvoir hiérarchique élevé, plus l'autorité et l'influence du leader sont importantes. Une situation très favorable (qui confère au leader une autorité importante) peut ainsi correspondre à celle d'un directeur du personnel bénéficiant du respect et de la confiance de ses subordonnés (bonnes relations leader-membres), dans laquelle les tâches à accomplir – calcul des salaires, émission des chèques, édition des états – sont précisément définies (forte structuration des tâches), et qui lui procure une grande liberté d'action en termes de récompenses et de sanctions (pouvoir hiérarchique élevé). À l'inverse, le responsable antipathique d'une équipe de bénévoles chargés de collecter des fonds pour une association caritative rencontre l'exemple type d'une situation défavorable, qui ne lui octroie qu'une autorité très limitée. Au total, si l'on associe les trois variables de contingence, il existe potentiellement huit situations ou catégories dans lesquelles un leader est susceptible de se trouver. Selon les conclusions de Fiedler, les leaders orientés vers la tâche réussissent mieux lorsque la situation leur est soit très favorable, soit très défavorable, tandis qu'un style de leadership orienté vers les relations humaines permet, en revanche, de mieux gérer les situations modérément favorables.

Globalement, les principales études qui se sont attachées à mesurer la validité générale du modèle de Fiedler ont abouti à des conclusions positives. Cela revient à dire qu'il existe des preuves substantielles confirmant la crédibilité de ce modèle[13]. Même si Fiedler n'a pas identifié toutes les variables susceptibles d'influer sur le leadership, celles qu'il a mises en évidence permettent apparemment une bien meilleure compréhension des facteurs situationnels[14]. Pour autant, l'application pratique du modèle pose encore certains problèmes qui mériteraient d'être résolus. La logique sous-jacente du questionnaire du CMA reste par exemple assez difficile à maîtriser, et l'expérience a montré que les scores enregistrés manquaient de stabilité. La complexité des variables de contingence rend délicate, par ailleurs, leur manipulation. Il est souvent très ardu, dans la pratique, d'évaluer précisément la qualité des relations personnelles entre le leader et les membres du groupe, le niveau de structuration des tâches ou l'importance du pouvoir hiérarchique du leader.

3.2. Comment fonctionne le leadership situationnel ?

Le modèle développé par Paul Hersey et Kenneth Blanchard a conquis de nombreux spécialistes du développement managérial. Baptisé **leadership situationnel**, il montre comment un leader doit ajuster son style de leadership aux besoins de ses subordonnés[15]. Beaucoup, parmi les plus grosses entreprises mondiales, tant en Europe qu'aux États-Unis, ont intégré ce modèle à leurs programmes de formation, et des millions de managers issus des organisations les plus diverses en étudient chaque année les principes de base[16].

> *Théorie du leadership situationnel* — Modèle qui montre comment un leader doit ajuster son style de leadership afin de s'adapter au niveau de maturité/autonomie de ses subordonnés.

Le leadership situationnel est une théorie de la contingence centrée sur les subordonnés. Pour réussir, le leader doit choisir le bon style de leadership, lequel dépend, d'après Hersey et Blanchard, du niveau de maturité et donc d'autonomie, de son subordonné. Mais avant d'aller plus loin, il convient d'éclaircir ces deux points : Pourquoi se focaliser sur les subordonnés ? Et que signifie le terme de *maturité*[17], parfois traduit par le terme d'*autonomie* dans la littérature francophone sur le leadership ?

L'importance accordée aux subordonnés s'appuie sur une réalité tangible ; ce sont eux qui acceptent ou rejettent leur leader. Quoi que ce dernier fasse, leur activité conditionne son efficacité. La plupart des théories du leadership ont longtemps négligé ou sous-estimé cette dimension essentielle. La **maturité**, ou l'autonomie, telle que Hersey et Blanchard la définissent, fait référence à la compétence et à l'engagement d'un individu vis-à-vis d'une tâche donnée.

> *Maturité (autonomie)* — Dans le modèle du leadership situationnel, ce terme désigne la compétence et l'engagement d'un subordonné.

Hersey et Blanchard identifient quatre comportements distincts, de la directivité extrême à la délégation absolue (voir document 12.5). Le comportement le plus efficace dépend de la compétence et de la motivation du subordonné[18]. S'il s'agit d'un individu incompétent et désengagé, le modèle conseille au leader d'afficher à la fois une forte orientation vers la tâche afin de compenser ses lacunes, et une forte orientation vers les relations humaines afin de lui faire adopter les désirs du leader. À l'autre extrémité, si les subordonnés sont à la fois compétents et engagés, le leader n'a que peu de choses à faire.

Document 12.5 – Le modèle du leadership situationnel de Hersey et Blanchard.

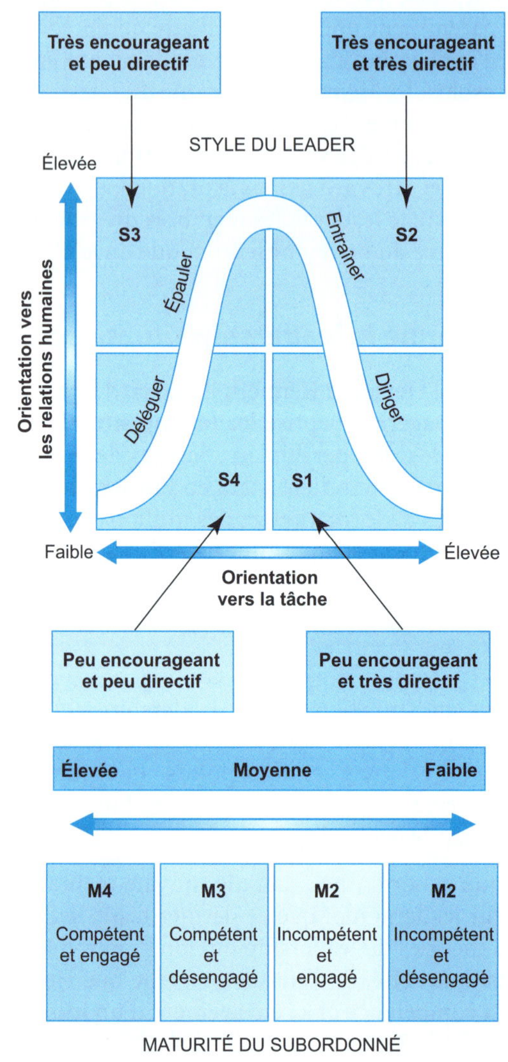

Source : Reproduit avec l'autorisation du Center for Leadership Studies. Leadership Situationnel® est une marque déposée du Center for Leadership Studies, Escondido, Californie. Tous droits réservés.

Le leadership situationnel présente un caractère extrêmement intuitif. Il reconnaît l'importance des subordonnés et défend l'idée que les leaders sont capables de compenser leur manque de compétence ou de motivation. Pour autant, la plupart des recherches visant à accréditer cette thèse n'ont donné lieu qu'à des conclusions mitigées[19]. Ces échecs pourraient s'expliquer par certaines ambiguïtés ou incohérences intrinsèques du modèle, à moins qu'ils ne soient la conséquence d'erreurs de méthodologie. À ce jour, en dépit de son aspect intuitif et de sa popularité, l'utilisation du leadership situationnel reste en tout cas sujette à caution.

3.3. Qu'est-ce que le modèle de la participation du leader ?

En 1973, Victor Vroom et Phillip Yetton développent le **modèle de la participation du leader**, qui trace un lien entre le comportement du leader et sa participation aux processus décisionnels[20]. Constatant que la structure des tâches fait appel, selon les cas, à des ensembles variés d'activités routinières et ponctuelles, ces deux chercheurs affirment que les leaders doivent adapter leur comportement en fonction des spécificités de la structure. Il s'agit d'un modèle normatif, fondé sur l'application séquentielle d'une série de règles qui permettent de déterminer la forme et l'ampleur de l'implication décisionnelle suivant le type de situation. Il se présente sous la forme d'un arbre proposant sept variables de contingence (dont on marque la pertinence par un choix positif ou négatif) et cinq styles de leadership.

> *Modèle de la participation du leader* — Théorie du leadership basé sur l'application séquentielle d'une série de règles permettant de déterminer la forme et l'ampleur adéquates de l'implication décisionnelle du leader suivant le type de situation.

Les travaux ultérieurs de Victor Vroom et Arthur Jago les conduisent à revisiter le modèle initial[21]. Sa nouvelle version conserve les cinq styles de leadership d'origine mais porte à douze le nombre de variables de contingence ; depuis la prise de décision autoritaire, sans consultation, jusqu'à l'étude collective du problème et l'élaboration d'une décision consensuelle. Le document 12.6 dresse la liste de ces variables.

Malgré de très encourageantes expériences[22], le modèle se révèle bien trop complexe pour être utilisé de manière régulière. Vroom et Jago ont d'ailleurs conçu un logiciel qui permet aux managers de mieux se repérer parmi les multiples embranchements de la seconde version. Bien que l'on puisse à bon droit considérer cette dernière excessivement sophistiquée, une telle théorie n'en fournit pas moins de solides informations sur le rôle clé de certaines variables de contingence. Le modèle de la participation du leader confirme en outre que les recherches en matière de leadership ont intérêt à s'intéresser plus à la situation qu'à la personne, et qu'il est sans doute préférable de parler de situations autocratiques ou participatives plutôt que d'appliquer ces adjectifs aux leaders eux-mêmes. Comme House avec la théorie de l'objectif-trajectoire, Vroom, Yetton et Jago réfutent la notion d'inflexibilité du comportement. Leur modèle repose, au contraire, sur la capacité du leader à adapter son style en fonction des situations[23].

Document 12.6 – Variables de contingence utilisées dans le modèle de la participation du leader.

IQ : Impératif de qualité	Quelle importance la qualité technique de cette décision revêt-elle ?
IA : Impératif d'adhésion	Quelle importance l'implication des employés revêt-elle ?
IL : Information du leader	Disposez-vous d'informations suffisantes pour garantir la qualité de votre décision ?
SP : Structure du problème	Le problème est-il correctement structuré ?
PA : Probabilité d'adhésion	Si vous deviez prendre seul cette décision, êtes-vous raisonnablement sûr que vos employés l'accepteraient ?
CO : Conformité de l'objectif	Les employés partagent-ils l'objectif que l'entreprise vise à atteindre par la résolution de ce problème ?
CP : Conflit entre personnes	Les employés sont-ils susceptibles d'entrer en conflit concernant le choix de la solution ?
IE : Information des employés	Les employés disposent-ils d'informations suffisantes pour garantir la qualité de leur décision ?
CT : Contrainte de temps	La possibilité d'impliquer les employés est-elle limitée par une contrainte de temps pressante ?
DG : Dispersion géographique	Le rassemblement d'employés géographiquement dispersés induit-il des coûts prohibitifs ?
TM : Temps de motivation	Vous paraît-il important d'écourter au maximum la prise de décision ?
MD : Motivation-développement	Quelle importance accordez-vous à l'élargissement des perspectives de développement des employés ?

Source : V. H. Vroom et A. G. Jago, *The New Leadership: Managing Participation in Organizations*, Upper Saddle River, NJ, Prentice Hall, 1988, p. 111-112. Reproduit avec l'autorisation de Prentice Hall, Inc., Upper Saddle River, New Jersey.

3.4. Comment fonctionne la théorie de l'objectif-trajectoire ?

En matière de leadership, l'une des approches les plus réputées porte le nom de **théorie de l'objectif-trajectoire** (*path-goal theory*), parfois nommée dans la littérature francophone de gestion *théorie du cheminement critique*[24]. Développé par Robert House, cet autre modèle de contingence s'appuie sur certains éléments clés issus des recherches de l'université d'Ohio State ainsi que sur la théorie des attentes de Vroom (voir chapitre 11)[25].

L'hypothèse première consiste à dire qu'il est du ressort du leader d'aider ses subordonnés à atteindre leurs objectifs, donc qu'il doit à la fois donner les instructions et offrir les soutiens nécessaires pour s'assurer que ces objectifs sont compatibles avec ceux du groupe ou de l'entreprise. Le terme « objectif-trajectoire » découle de l'idée que les leaders efficaces éclairent le chemin afin de permettre à leurs subordonnés de parvenir à l'accomplissement de leurs objectifs professionnels. Ils rendent le trajet plus facile en éliminant écueils et chausse-trappes.

Théorie de l'objectif-trajectoire (ou du cheminement critique) — Théorie selon laquelle il revient au leader d'aider ses subordonnés à atteindre leurs objectifs, en leur donnant les instructions et en leur offrant le soutien nécessaires.

Selon la théorie de l'objectif-trajectoire, le comportement d'un leader demeure acceptable tant que ses subordonnés y trouvent une source immédiate ou future de satisfaction. Il possède un effet motivant dans la mesure où il (1) pose l'efficacité comme condition de la satisfaction des besoins des employés et (2) procure l'encadrement, l'accompagnement, le soutien et les récompenses indispensables à son obtention. À l'appui de ces affirmations, House identifie quatre comportements :

- Le *leader directif* fait savoir à ses employés ce qu'il attend d'eux, organise la répartition du travail et donne des directives spécifiques en vue de son accomplissement.
- Le *leader bienveillant* adopte une attitude amicale et se préoccupe des besoins des employés. Ces deux premiers types de leadership s'apparentent respectivement aux dimensions de structuration et de considération des études de l'université d'Ohio.
- Le *leader participatif* (chez lequel on retrouve le style démocratique participatif défini par Lewin) consulte ses employés et tient compte de leurs suggestions avant de prendre une décision.
- Le *leader d'accomplissement* (*achievement-oriented*) fixe des objectifs ambitieux et s'attend à voir ses employés donner le meilleur d'eux-mêmes.

À l'inverse de Fiedler, House part du principe que les leaders sont flexibles. La théorie de l'objectif-trajectoire admet qu'un même leader puisse suivre l'un ou l'autre de ces styles, ou même plusieurs, en fonction de la situation[26].

Comme le montre le document 12.7, la théorie de l'objectif-trajectoire définit deux classes de variables situationnelles (ou variables de contingence), susceptibles de moduler la relation entre le comportement du leader et les résultats ; il s'agit d'une part des variables environnementales, sur lesquelles l'employé n'exerce aucun contrôle (structure des tâches, organisation formelle de l'autorité, configuration du groupe de travail), et d'autre part de celles se rapportant aux caractéristiques propres à l'individu (maîtrise, expérience, compétence estimée). Les facteurs environnementaux déterminent le type de leadership qui permettra d'optimiser les résultats des employés, tandis que les caractéristiques individuelles déterminent la façon dont les employés interpréteront l'environnement et le comportement du leader. La théorie prévoit que le comportement du leader se révélera inefficace s'il présente des redondances avec les facteurs structurels environnementaux, ou s'il manque de cohérence par rapport aux caractéristiques des subordonnés. Par exemple, la théorie de l'objectif-trajectoire prédit que :

- Le leadership directif conduit à davantage de satisfaction quand la tâche est ambiguë ou stressante, plutôt que structurée et bien épaulée. Les collaborateurs ne sont pas sûrs de ce qu'il leur fait faire, et le leader se doit de leur fournir une direction.
- Le leadership bienveillant donne de meilleurs résultats quand les collaborateurs réalisent une tâche très structurée. Dans ce cas, le leader n'est là que pour soutenir ses troupes, pas pour leur dire ce qu'il faut faire.
- Le leadership directif tend à être perçu comme encombrant par les collaborateurs se considérant comme particulièrement compétents ou expérimentés. Ils se sentent capables de faire sans que l'on doive leur expliquer les choses en détail.

- Plus les relations formelles d'autorité sont claires, plus les leaders doivent monter une attitude bienveillante et limiter leur directivité. Dès lors que l'organisation dispose de la structure adéquate, on attend essentiellement du leader qu'il soutienne les efforts.
- Le leadership directif crée d'autant plus de satisfaction qu'un groupe connaît des tensions et des conflits. Les collaborateurs ont alors besoin de quelqu'un qui prenne la situation en main.
- Les collaborateurs dotés d'un « lieu de contrôle » interne seront davantage satisfaits par un leadership participatif. Dès lors qu'ils pensent qu'ils contrôlent ce qui leur arrive, ils préfèrent toujours participer aux décisions.
- En revanche, ceux dotés d'un « lieu de contrôle » interne préféreront le style directif. Dès lors qu'ils croient à l'influence forte de l'environnement dans ce qui leur arrive, ils préfèrent travailler avec un leader qui leur dit clairement quoi faire.
- Le leadership d'accomplissement augmentera d'autant plus les attentes de réussite des subordonnés que les tâches seront structurées de façon ambiguë. Le fait d'avoir des buts ambitieux permet de mieux comprendre quelles sont les attentes réelles.

Document 12.7 – Théorie de l'objectif-trajectoire.

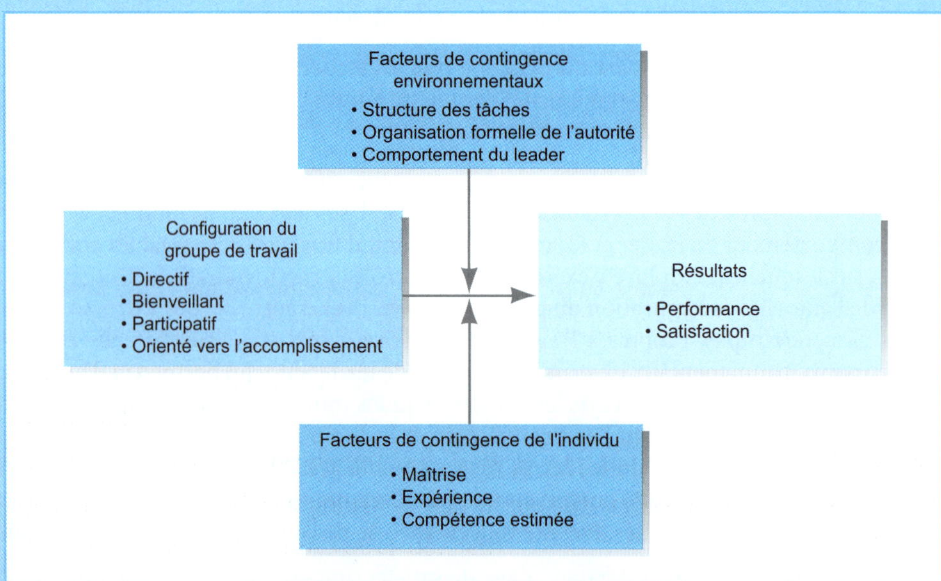

Les recherches visant à valider les hypothèses de la théorie de l'objectif-trajectoire ont donné des résultats globalement encourageants, malgré quelques expériences négatives[27]. La plupart des travaux en ont confirmé la logique sous-jacente. Plus précisément, il apparaît en effet que les performances et la satisfaction d'un employé sont susceptibles d'être favorablement influencées lorsque le leader compense les lacunes dudit employé ou de l'environnement de travail. En revanche, si ce même leader passe son temps à expliquer des tâches qui sont déjà parfaitement comprises ou que l'employé, au vu de ses compétences et de son expérience, se montre tout à fait capable d'accomplir seul, ce dernier risque de ressentir dans le comportement directif du leader une redondance, voire une insulte.

4. Quelles nouvelles approches du leadership aujourd'hui ?

Pour conclure ce tour d'horizon, mentionnons trois nouvelles approches théoriques du leadership : (1) l'opposition entre leadership transactionnel et leadership transformationnel, (2) le leadership visionnaire-charismatique et (3) le leadership d'équipe. Ces théories adoptent un point de vue plus pragmatique qu'aucune de leurs devancières (à l'exception, bien sûr, des théories des traits de personnalité).

Nous compléterons cette présentation par la mise en perspective d'un certain nombre de problématiques nouvelles auxquelles les leaders font face désormais.

4.1. Trois approches contemporaines du leadership

Leaders transactionnels ou leaders transformationnels ?

Il convient d'évoquer l'intérêt persistant que suscite la distinction entre leaders transactionnels et leaders transformationnels. Compte tenu du charisme qui caractérise les seconds, on ne s'étonnera pas du reste de noter quelques recoupements avec le leadership charismatique.

La plupart des théories du leadership présentées dans ce chapitre – qu'il s'agisse de celle d'Ohio, du modèle de Fiedler, de la théorie objectif-trajectoire ou du leadership situationnel de Hersey et Blanchard – concernent toutes la définition et la compréhension d'un certain type de leader, le **leader transactionnel**. Celui-ci oriente et stimule ses subordonnés en clarifiant les rôles et les tâches qui leur sont assignés, afin de les pousser à atteindre les objectifs fixés. Un autre type de leader, le **leader transformationnel**, incite ses subordonnés à transcender leurs intérêts personnels pour le bien de l'entreprise et il a la capacité d'exercer sur eux une influence durable et profonde.

> *Leader transactionnel* — Le leader transactionnel oriente et stimule ses subordonnés en clarifiant les rôles et les tâches qui leur sont assignés, afin de les pousser à atteindre les objectifs fixés.

> *Leader transformationnel* — Le leader transformationnel incite ses subordonnés à transcender leurs intérêts personnels pour le bien de l'entreprise, et possède la capacité d'exercer sur eux une influence durable et profonde.

Les leaders transformationnels prêtent attention aux préoccupations et aux besoins de développement de chacun de leurs subordonnés ; ils modifient leur manière d'aborder les problèmes en les aidant à poser un regard neuf sur leurs difficultés antérieures ; ils sont capables enfin de les motiver, de les galvaniser et de les amener ainsi à redoubler d'efforts pour atteindre les objectifs du groupe.

Ce serait une erreur d'opposer le leadership transactionnel au leadership transformationnel[28]. Le second s'appuie en effet sur le premier. Comparé à l'approche transactionnelle pure, il permet d'obtenir des employés un niveau d'effort et de performance bien plus élevé[29]. Il représente également beaucoup plus que le simple charisme. « Le leader purement charismatique attend de ses subordonnés qu'ils adoptent sa vision du monde, sans aller au-delà ; le leader transformationnel essaie au contraire de les habituer à mettre en doute les valeurs établies, y compris les siennes[30]. »

Les preuves de la supériorité du leadership transformationnel sur le leadership transactionnel sont impressionnantes. Une série d'études menées au sein des armées américaine, canadienne et allemande, a ainsi révélé que les leaders transformationnels, quel que soit leur niveau hiérarchique, étaient considérés comme plus efficaces que leurs homologues transactionnels[31]. Chez FedEx, les managers que leurs subordonnés assimilaient à des leaders transformationnels se voyaient attribuer, de la part de leurs supérieurs immédiats, les meilleures performances et les plus grandes chances d'avancement[32]. On a également découvert que le leadership transformationnel favorisait le développement d'un sentiment de confiance parmi les membres d'une organisation[33]. En résumé, les recherches montrent globalement que le leadership transformationnel, comparé au leadership transactionnel, présente une corrélation plus étroite avec la diminution des taux de turn-over, l'augmentation de la productivité et l'amélioration de la satisfaction des employés[34].

Leader charismatique ou visionnaire ?

Nous avons déjà évoqué précédemment, dans la partie concernant la perception, les principes de la théorie de l'attribution. La **théorie du leadership charismatique** en est un prolongement. Elle énonce que les subordonnés, face à certains comportements, attribuent au leader des compétences extraordinaires ou héroïques[35]. Les études qui y sont consacrées se sont attachées pour l'essentiel à identifier les comportements qui distinguent les leaders charismatiques de leurs homologues non charismatiques[36]. Parmi les individus fréquemment qualifiés de charismatiques, on trouve de grands personnages historiques comme Charles de Gaulle, Gandhi, Nelson Mandela, John F. Kennedy, Martin Luther King, ou des dirigeants d'entreprises, tels que Steve Jobs (Apple), Richard Branson (Virgin), Pierre Koscuisko-Morizet (PriceMinister), Christian Boiron (Laboratoires Boiron), Carlos Ghosn (Renault-Nissan), voire parfois des figures ambiguës comme Bernard Tapie ou contestées comme Vladimir Poutine ou Hugo Chavez.

Théorie du leadership charismatique — Théorie selon laquelle les subordonnés, face à certains comportements, attribuent au leader des compétences extraordinaires ou héroïques.

Quels sont les ingrédients du charisme ?

Plusieurs auteurs ont essayé de répertorier les caractéristiques spécifiques du leader charismatique. Robert House (inventeur de la théorie de l'objectif-trajectoire) en a dénombré trois : une confiance extrême, un tempérament dominant et de fortes convictions[37]. Après avoir étudié quatre-vingt-dix leaders parmi les plus efficaces des États-Unis, Warren Bennis a découvert qu'ils partageaient quatre qualités : ils développaient un dessein ou une vision séduisants ; ils savaient communiquer cette vision en termes clairs, que leurs subordonnés pouvaient aisément assimiler ; ils se montraient cohérents, tendus vers la réalisation de leur vision ; enfin, ils connaissaient leurs points forts et savaient en tirer parti[38]. L'analyse la plus exhaustive reste cependant celle de Jay Conger et Rabindra Kanungo, de l'université McGill[39]. Il ressort de leurs travaux que les leaders charismatiques cherchent à atteindre un objectif idéal auquel ils sont profondément attachés ; qu'ils sont perçus comme non conformistes, convaincants et sûrs d'eux-mêmes, acteurs d'un changement radical plutôt que gestionnaires du *statu quo*. Le document 12.8 résume les caractéristiques clés qui semblent différencier les leaders charismatiques des leaders non charismatiques.

Document 12.8 – Caractéristiques des leaders charismatiques.

1. **Assurance.** Les leaders charismatiques ont une confiance absolue en leur jugement et en leurs compétences.
2. **Vision.** Ils ont un objectif idéal qui promet un avenir meilleur que le *statu quo*. Plus l'écart entre les deux est important, plus il y a de chances que les subordonnés attribuent à leur leader des qualités de visionnaire.
3. **Capacité à formuler leur vision.** Ils sont capables d'exposer leur vision en termes clairs, compréhensibles par tous. Cette présentation montre qu'ils comprennent les besoins des subordonnés ; elle constitue donc un facteur motivant.
4. **Conviction.** Les leaders charismatiques donnent l'impression de s'investir énormément et semblent prêts à prendre de gros risques personnels, à dépenser beaucoup d'argent et à se sacrifier pour l'accomplissement de leur vision.
5. **Comportement non conformiste.** Ils adoptent un comportement perçu comme original, insolite et parfois contraire aux normes établies. En cas de succès, ce comportement suscite l'étonnement et l'admiration des subordonnés.
6. **Vecteur de changement.** Les leaders charismatiques apparaissent comme les acteurs d'un changement radical plutôt que comme les gestionnaires du *statu quo*.
7. **Sensibilité environnementale.** Ils sont capables d'évaluer avec précision les contraintes environnementales et les ressources nécessaires au changement.

Source : D'après J. A. Conger et R. N. Kanungo, « Behavioral Dimensions of Charismatic Leadership », in J. A. Conger et R. N. Kanungo, *Charismatic Leadership*, San Francisco, Jossey-Bass, 1988, p. 91.

Dans le monde des entreprises, comment les leaders charismatiques influencent-ils leurs subordonnés ? Diverses études mettent en évidence un processus en quatre étapes[40]. Tout commence par l'exposé d'une vision séduisante qui, en traçant un lien entre la situation présente et l'avenir radieux de l'entreprise, éveille chez les subordonnés un sentiment de communauté. Le leader dévoile alors ses ambitions et se déclare convaincu des chances de réussite de ses subordonnées. Ces derniers se sentent ainsi valorisés et plus sûrs d'eux-mêmes. Le leader commence ensuite à véhiculer, par la parole et les actes, un nouvel ensemble de valeurs[41] et s'impose, à travers son comportement, comme un exemple à suivre. Enfin, il ne recule devant aucun sacrifice et adopte une attitude non conformiste qui traduit son courage et sa détermination.

Les preuves d'une corrélation entre le leadership charismatique et l'augmentation des performances et de la satisfaction des subordonnés ne cessent de s'accumuler[42]. Le charisme du leader incite les individus à redoubler d'efforts, tandis que l'affection et le respect qu'ils lui témoignent augmentent d'autant leur satisfaction.

Si le charisme présente un tel intérêt, peut-on apprendre à devenir un leader charismatique ? Ou faut-il pour cela posséder des qualités innées ? Au niveau international, il faut admettre que le débat reste ouvert (et souvent passionné) entre les experts qui continuent de penser qu'il est impossible d'apprendre le charisme, et ceux estimant au contraire que tout manager peut recevoir la formation comportementale adéquate lui permettant de développer une étiquette de « leader charismatique »[43]. Néanmoins, le leadership charismatique n'est pas forcément indispensable s'il s'agit simplement d'obtenir les meilleures performances possibles de la part des employés. Le charisme apparaît en revanche particulièrement bénéfique lorsque les tâches des subordonnés intègrent une composante idéologique, ou lorsque l'environnement engendre un haut niveau de stress et d'incertitude[44]. Ce dernier point pourrait expliquer que les leaders charismatiques apparaissent surtout en politique, dans la sphère religieuse, en temps de guerre, ou lorsqu'une entreprise prend son envol ou traverse une crise qui pourrait se révéler fatale.

Qu'est-ce que le leadership visionnaire ?

Si le terme de *vision* est souvent lié au leadership charismatique, le leadership visionnaire permet d'aller bien au-delà du charisme. De récentes recherches en ont révélé toute l'importance.

Le **leadership visionnaire** désigne la capacité, pour un manager ou un dirigeant, de concevoir et d'énoncer une vision réaliste, crédible et attrayante du futur d'une entreprise ou d'une unité organisée, correspondant à une évolution positive de la situation présente[45]. Cette vision, à supposer qu'elle soit correctement définie et mise en œuvre, se révèle tellement stimulante qu'elle précipite littéralement le futur en concentrant les compétences, les talents et les ressources nécessaires à son avènement[46].

> *Leadership visionnaire* — Capacité de concevoir et d'énoncer une vision réaliste, crédible et attractive du futur correspondant à une évolution positive de la situation présente.

L'examen de ses diverses définitions permet d'établir que la vision se distingue par bien des aspects des autres formes d'orientation : elle compose une imagerie claire et séduisante qui suggère une démarche novatrice, tient compte et s'inspire des traditions et laisse entrevoir les actions à entreprendre pour actualiser le changement. Elle draine l'énergie et les émotions des individus. Convenablement présentée, elle suscite le même enthousiasme qu'un événement sportif, ou toute autre activité de loisirs, et transpose cette énergie et cette ferveur sur le lieu de travail[47].

Les propriétés essentielles d'une vision se résument à l'existence d'un potentiel d'inspiration centré sur la valeur, réalisable, et caractérisé par une imagerie et une articulation qualitativement supérieures[48]. Une vision doit être capable d'ouvrir des perspectives inspirantes, singulières, et de proposer un nouvel ordre susceptible d'induire une distinction organisationnelle. Elle a toutes les chances d'échouer si elle ne permet pas d'envisager un avenir qui soit clairement et manifestement meilleur pour l'entreprise et pour ses membres. Afin de séduire, la vision doit correspondre à l'époque et aux circonstances, et refléter la singularité de l'entreprise. Il faut en outre que les individus puissent croire en son accessibilité. Elle doit leur paraître ambitieuse, tout en restant à leur portée. Les visions qui présentent à la fois une articulation claire et une imagerie puissante sont d'autant plus simples à appréhender et à accepter.

Rupert Murdoch nourrissait une vision de l'industrie de la communication qui combinerait divertissement et médias. Au sein de News Corporation, il est parvenu à rassembler un réseau de diffusion, des chaînes de télévision, un studio de cinéma, des maisons d'édition, ainsi qu'un système de distribution globale par satellite. Quant à Michael Dell, il a conçu la vision d'un modèle industriel qui permet aujourd'hui à Dell Computer de vendre et de livrer un ordinateur complet au domicile du client en moins de huit jours.

Quelles compétences particulières les leaders visionnaires possèdent-ils ? Une fois leur vision identifiée, ils manifestent apparemment trois qualités différentes qui déterminent l'efficacité de leur rôle de visionnaire[49]. Premièrement, la capacité à expliquer leur vision aux autres. Le leader doit pouvoir exposer clairement, par oral comme par écrit, les buts poursuivis et les moyens à mettre en œuvre. Il doit être ensuite capable d'exprimer sa vision non seulement sous forme verbale, mais également par son comportement. Cela lui impose d'agir de manière à véhiculer et à souligner continuellement le sens de sa démarche. Enfin, le leader doit savoir adapter sa vision à différents contextes, sérier les activités, afin qu'elle puisse s'appliquer à toute une gamme de situations. Elle doit avoir autant de sens pour le service comptable que pour le service marketing, et autant pour les employés de Marseille que pour ceux de Londres.

Qu'est-ce que le leadership d'équipe ?

Le leadership s'inscrit de plus en plus dans un contexte d'équipe. La popularité grandissante de cette forme d'organisation accroît d'autant l'importance du leader[50]. Le rôle qui lui est dévolu n'a plus rien à voir avec celui d'un agent de maîtrise classique. Prenons l'exemple d'un contremaître au sein d'une usine de fabrication de produits électroniques. Il supervise jusque-là un effectif de quinze ouvriers chargés d'assembler des circuits imprimés. Un beau jour, on lui explique que l'entreprise a décidé d'adopter une organisation en équipes, et que son travail consistera désormais à en assurer l'animation. En d'autres termes, voici notre contremaître censé apprendre à ses subordonnés tout ce qu'il sait, puis les laisser libres de leurs décisions. On peut comprendre sans peine le désarroi de l'intéressé qui avoue ne pas vraiment savoir ce qu'on attend de lui ; devenir chef d'équipe représente en effet un véritable défi. Tentons à présent de détailler les rôles nouveaux que suppose cette fonction et proposons quelques conseils pour agir de manière efficace.

De nombreux leaders ne sont pas armés pour s'adapter au travail en équipe. Comme le confirme un grand consultant, « Même les managers les plus doués peuvent avoir du mal à supporter la transition car soudain, les fonctions de direction et de contrôle qu'on les encourageait à exercer perdent toute pertinence. Leurs compétences dans ces domaines n'ont plus aucune raison d'être[51]. » Ce même consultant estime qu'« environ 15 % des managers présentent une aptitude naturelle à la gestion d'équipes, et que 15 % autres ne s'y font jamais, car cela va à l'encontre de leur personnalité. (Ils sont incapables de sublimer leur attitude dominatrice pour le bien de l'équipe.) Entre les deux, il y a un nombre très important de gens pour qui le leadership d'équipe n'a rien de naturel, mais qui sont capables d'apprendre[52]. »

Pour la plupart des managers, le défi consiste donc à devenir un chef d'équipe efficace[53]. Il leur faut apprendre à partager l'information, à faire confiance aux autres, à déléguer leur autorité et à intervenir seulement aux moments opportuns[54]. Les leaders efficaces sont parvenus à maîtriser l'art difficile de l'équilibre. Ils savent quand ils doivent laisser leur équipe se débrouiller seule et quand c'est à eux d'agir. Les débutants peuvent avoir tendance à resserrer le contrôle quand leurs collaborateurs réclament plus d'autonomie, ou à les abandonner quand ils ont besoin d'aide et de soutien[55].

Une étude menée auprès d'une vingtaine d'entreprises réorganisées en équipes a mis en lumière un certain nombre de responsabilités communes à l'ensemble des leaders : animation, accompagnement, gestion des problèmes de discipline, évaluation des performances individuelles et collectives, formation et communication[56]. Plusieurs d'entre elles s'appliquent en réalité à n'importe quel type de manager. Pour mieux comprendre en quoi consiste le travail d'un chef d'équipe, il est préférable de se focaliser sur deux priorités essentielles : la gestion des frontières externes de l'équipe et l'accompagnement de son activité[57]. Ces priorités définissent à leur tour quatre rôles spécifiques (voir document 12.9).

Document 12.9 – Les rôles du chef d'équipe.

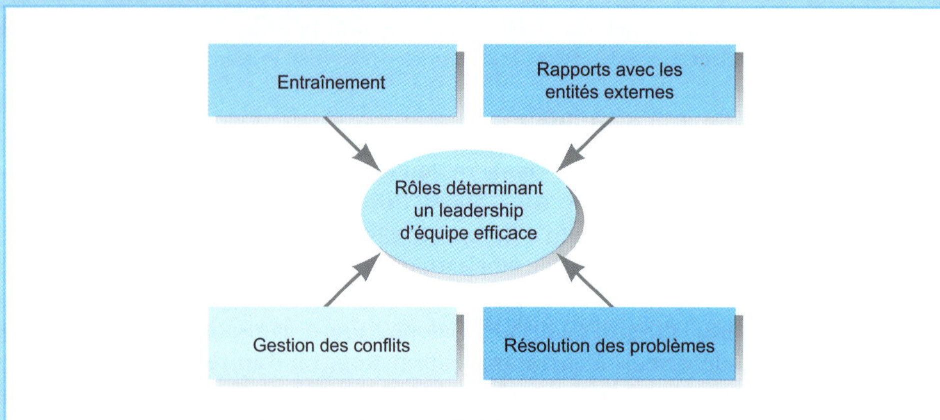

Les chefs d'équipe sont tout d'abord chargés des *rapports avec les entités externes*, parmi lesquelles on trouve notamment la direction générale, les autres équipes de l'entreprise, les clients et les fournisseurs. Le chef représente l'équipe auprès de ces entités, se fait préciser leurs attentes, capte les ressources nécessaires au fonctionnement de l'équipe, recueille des informations venues de l'extérieur et partage ces informations avec ses collaborateurs.

Les chefs d'équipe doivent ensuite *résoudre les problèmes*. Lorsque l'équipe rencontre des difficultés et réclame son aide, le chef doit assister aux réunions et contribuer à rétablir la situation. Il s'engage rarement sur les aspects techniques ou opérationnels, car les membres de l'équipe connaissent en général mieux leur travail que lui. Il se charge plutôt de poser des questions pertinentes, d'aider l'équipe à formuler ses problèmes, ou d'obtenir auprès des entités externes les ressources qui lui font défaut[58]. Par exemple, en cas de carence de personnel au sein d'une équipe, son chef va en référer à la direction pour obtenir son aval et entreprendre les démarches nécessaires pour engager de nouveaux employés.

En troisième lieu, le chef d'équipe s'occupe de *gérer les conflits*. Lorsqu'un désaccord survient, il procède à son analyse. Quelle en est l'origine ? Qui concerne-t-il ? Quel problème soulève-t-il ? Quelles solutions peut-on envisager ? Quels avantages et inconvénients présentent-elles ? En invitant les membres de son équipe à traiter ce genre de questions, le chef d'équipe minimise les perturbations internes.

Le chef d'équipe fait enfin office d'*animateur*. Il clarifie les objectifs et le rôle de chacun, transmet son savoir, offre son soutien, stimule ses collaborateurs et fait tout ce qui est en son pouvoir pour leur permettre d'améliorer leurs performances[59].

4.2. Le leadership aujourd'hui

L'exposé des multiples rôles, théories et modèles du leadership, aura sans doute permis de comprendre que la notion de leadership efficace ne cesse de s'affiner, à mesure que les chercheurs en approfondissent l'étude (voir l'encadré Dilemme éthique). Il convient donc à présent de s'arrêter sur quelques problématiques actuelles intéressant à la fois les experts du domaine et les chefs d'entreprise : (1) la responsabilisation (empowerment), (2) les liens entre leadership et culture nationale, ainsi que (3) l'intelligence émotionnelle du leader.

Pourquoi les leaders doivent-ils responsabiliser leurs employés ?

Comme nous l'avons vu par ailleurs tout au long de nos développements sur le leadership, les managers dirigent de plus en plus « sans diriger », c'est-à-dire en faisant appel à la responsabilisation (*empowerment* dans la littérature américaine) de leurs collaborateurs. La **responsabilisation** suppose d'accroître la compétence des employés en matière de prise de décision. Des millions d'employés et d'équipes de travail sont amenés à prendre les décisions essentielles affectant leur travail. Ils développent des budgets, planifient des charges de travail, contrôlent des inventaires, règlent des problèmes de qualité et se retrouvent ainsi de plus en plus concernés par des activités qui semblaient jusqu'alors du seul domaine de compétence du manager. Il est désormais banal qu'un employé ayant reçu une demande ou une réclamation d'un client s'en occupe lui-même de A jusqu'à Z. De plus en plus souvent, les entreprises recrutent des employés « leaders », c'est-à-dire capables de mener une action jadis du ressort de leur seul supérieur hiérarchique.

L'une des autres raisons ayant conduit à développer la responsabilisation est la nécessité de faire apporter des réponses rapides par ceux qui connaissent le mieux la réalité du terrain et qui se situent souvent aux niveaux d'exécution de l'organisation. Si les organisations veulent tenir leur place dans la compétition mondiale, leurs employés doivent être à même de décider et de mettre en œuvre les changements nécessaires le plus rapidement possible. Une autre raison est que les restructurations successives ont souvent laissé les managers avec un éventail de contrôle extrêmement large. Afin de faire face aux exigences croissantes du travail, les managers se doivent donc de responsabiliser leurs collaborateurs. Bien que la responsabilisation ne puisse être considérée comme une réponse universelle, elle apporte de nombreux bénéfices dès lors que les employés ont les connaissances, les outils et l'expérience nécessaires à la réalisation de leur tâche.

La technologie aussi a contribué au développement de cette tendance à la responsabilisation. Les managers affrontent aujourd'hui des défis nouveaux, en particulier face à des collaborateurs qui ne sont plus physiquement présents sur le lieu de travail. C'est d'ailleurs l'objet de l'encadré suivant.

Le manager et la technologie

Le leadership virtuel

Comment diriger des salariés qui ne sont pas physiquement présents et avec lesquels la communication passe essentiellement par e-mails. C'est le défi des leaders virtuels. Malheureusement, les recherches sur le leadership ont surtout porté sur les échanges verbaux et les situations de face-à-face. Mais nous ne pouvons pas ignorer qu'aujourd'hui les managers et leurs employés sont principalement en relation grâce à la technologie. Dans ce cas, quels conseils peut-on donner aux leaders qui doivent motiver leurs salariés disséminés à travers le monde ?

Avec des actions non verbales, il est facile d'adoucir des paroles un peu dures dans une communication en face à face. Un sourire ou un geste réconfortant peuvent avoir un gros effet s'ils accompagnent des mots et des expressions comme « déçu », « insatisfaction », « inadéquat » ou « ce n'est pas ce qu'on attendait ». Ce contenu non verbal n'existe pas dans les échanges en ligne, dans lesquels la structure des mots a autant le pouvoir de motiver que de démotiver le destinataire. Un message avec des phrases très courtes ou contenant des mots en lettres capitales aura un autre résultat qu'un message où les idées seront bien exposées et les phrases bien ponctuées.

Pour être un leader virtuel efficace, un manager doit reconnaître qu'il a le choix des mots et de la structure dans sa communication numérique. Il a besoin de soigneusement penser à l'action que son message veut encourager. Il doit être clair à propos de ce qu'il attend et le faire ressortir dans ses messages. Par ailleurs, le leader virtuel doit développer la capacité de lire entre les lignes du message qu'il reçoit et essayer de déchiffrer le contenu émotionnel aussi bien que le contenu écrit.

Pour un nombre grandissant de managers, de bonnes compétences interpersonnelles incluent la capacité de communiquer son leadership dans les messages et de comprendre l'état d'esprit de l'envoyeur. Dans notre « nouveau monde » de communications, les compétences rédactionnelles sont en passe de devenir le prolongement des compétences interpersonnelles.

La culture nationale influence-t-elle le leadership ?

On a vu dans ce chapitre que les leaders n'adoptaient jamais un style unique, mais qu'ils s'adaptaient à la situation. Bien qu'aucune des théories présentées n'en fasse explicitement mention, la culture nationale représente sans nul doute un facteur situationnel de première importance, qui détermine l'efficacité relative des différents styles de leadership[60]. On peut la considérer comme une variable de contingence supplémentaire. Rien ne permet de dire que ce qui fonctionne en Chine sera efficace en France ou au Canada. Ainsi, une étude des styles de leadership en Asie a révélé que les managers asiatiques avaient une préférence pour les leaders qui prenaient des décisions, étaient des communicants efficaces qui savaient soutenir leurs employés.

La culture nationale influence le style de leadership, dans la mesure où les leaders ne sont pas libres de leurs choix : ils sont tenus de respecter les normes culturelles auxquelles s'attendent leurs subordonnés. En Corée, on exige ainsi des leaders une attitude paternaliste[61].

À l'inverse, les leaders arabes qui se montrent spontanément aimables et généreux sont aussitôt accusés de faiblesse par leurs semblables[62]. De leur côté, les Japonais sont invités à faire preuve d'humilité et de discrétion[63]. Enfin, s'il leur prenait l'envie de citer en exemple l'un de leurs employés, les leaders scandinaves ou néerlandais auraient bien plus de chances de le plonger dans l'embarras que de le motiver[64].

En France (comme en Espagne) ou en Chine (comme au Japon), la position formelle d'autorité est importante. Le leader doit être puissant, voire craint. La distance hiérarchique y est une notion importante, liée aux attributs du pouvoir, très importants eux aussi. Paradoxalement, la culture de centralisation propre à l'histoire de la France – que l'on retrouve dans l'organisation de nombreuses entreprises – s'accompagne aussi d'une attitude permanente d'opposition et de résistance à l'autorité, marquée par l'esprit critique et l'ironie vis-à-vis des chefs. Dans la culture française, le primat du savoir et du concept sont de même évidents, en particulier dans la construction de la légitimité du leader. D'où un penchant typiquement français pour les chefs diplômés, le diplôme valant encore souvent compétence.

Pour ajuster à bon escient son style de leadership, il peut être utile de se reporter aux dimensions culturelles nationales évoquées dans le programme de recherche GLOBE (*Global Leadership and Organizational Behavior Effectiveness*), évoqué au chapitre 3[65]. Un style interventionniste ou autocratique s'accordera ainsi parfaitement avec une distance hiérarchique élevée, que l'on retrouve notamment dans les pays du Moyen-Orient, en Extrême-Orient et dans les pays latins. Cette donnée peut également constituer un bon indicateur des chances de succès du leadership participatif, dont l'efficacité se révélera potentiellement maximale dans les pays à faible distance hiérarchique, tels que la Norvège, la Finlande, le Danemark ou la Suède. Cela pourrait indirectement expliquer (1) pourquoi certaines théories (on pense en premier lieu aux études comportementales de l'université du Michigan et au modèle de la participation du leader) privilégient implicitement l'utilisation d'un style participatif ou orienté vers l'être humain, (2) l'émergence d'un comportement orienté vers le développement, mise en évidence par les chercheurs scandinaves, et (3) le récent engouement des Nord-Américains pour l'autonomisation.

Mais l'étude GLOBE a aussi mis en évidence – en matière de leadership – l'existence d'un certain nombre de dimensions universelles et totalement transculturelles[66]. Plus précisément, un certain nombre d'éléments généralement associés au leadership transformationnel semblent être partout considérés comme des éléments de leadership efficace, quel que soit le pays dans lequel le leader agit. Cela inclut la vision, l'anticipation, l'encouragement des efforts, la confiance, le dynamisme, l'attitude positive et la proactivité. Ces résultats ont conduit deux membres de l'équipe de recherche GLOBE à conclure ainsi leur réflexion : « Dans tous les pays, les subordonnés attendent de leur leader qu'il fournisse une vision puissante et proactive, qui permette de guider l'entreprise vers le futur, ainsi que de puissants outils de motivation poussant les employés à réaliser la vision, ainsi que des savoir-faire pointus en planification afin de permettre l'implémentation concrète de cette vision. »[67] Certains ont suggéré que le caractère universel de ces caractéristiques propres à tous les leaders transformationnels était dû à la pression créée par des technologies et des pratiques de management désormais identiques pour tout le monde, résultante commune du processus de globalisation et de l'influence des grandes entreprises multinationales.

Manager la diversité

Les hommes et les femmes dirigent-ils différemment ?

Y a-t-il des différences dans les styles de leadership ? Est-ce que les hommes sont des leaders plus efficaces, ou est-ce que cet honneur est réservé aux femmes ? Poser ces questions soulève inévitablement des réactions dans les deux camps.

- Les deux sexes sont plutôt semblables dans leur façon de diriger. La plupart des similitudes proviennent du fait que ces leaders agissent de la même manière pour influer sur les autres. C'est leur métier, et les deux sexes le font pareillement bien. Et cela est aussi vrai dans d'autres professions. Par exemple, même si le stéréotype de l'infirmière est une femme, les hommes sont tout aussi efficaces dans ce métier.
- Mais dire que les hommes et les femmes sont plutôt semblables signifie tout de même que les deux ne sont pas exactement les mêmes. La différence principale réside dans les styles de leadership. Les femmes tendent à utiliser un style plus démocratique. Elles encouragent la participation de leurs collaborateurs et sont plus enclines à partager leur pouvoir. De plus, elles savent mieux influer sur les autres grâce à leur capacité à utiliser leur charme. Les hommes, à l'inverse, tendent à se servir d'un leadership centré sur les tâches. Cette approche comprend la direction des collaborateurs et le pouvoir de contrôler les activités de l'organisation. Mais, de façon surprenante, même cette différence n'est pas aussi nette. En y regardant mieux, quand une femme est leader dans une position qui est traditionnellement celle d'un homme (celle d'officier de police, par exemple), elle a tendance à se concentrer sur les tâches.
- Les nouvelles donnes du leadership brouillent encore plus les vieilles certitudes. Avec la généralisation du travail en équipe, la plus grande implication des employés et l'accroissement des compétences interpersonnelles, les styles de leadership démocratique sont de plus en plus utilisés. Les leaders doivent être plus sensibles aux besoins de leurs collaborateurs et plus ouverts dans leur communication. Ils doivent instaurer plus de confiance dans les relations. Et la plupart de ces facteurs sont des comportements que les femmes ont plutôt tendance à développer.

Qu'en pensez-vous ? Existe-t-il à votre avis des différences entre les deux sexes en termes de leadership ? Qui des hommes ou des femmes font de meilleurs leaders ? Préféreriez-vous travailler avec une femme ou avec un homme ? Quelle est votre opinion ?

L'intelligence émotionnelle influence-t-elle le leadership ?

Le concept d'intelligence émotionnelle (IE) a été introduit au chapitre 9, dans la partie consacrée aux émotions. Il convient néanmoins d'y revenir ici, car de récentes études semblent démontrer que le quotient émotionnel – plus encore que le célèbre quotient intellectuel, l'expertise ou tout autre facteur – permettrait de prévoir, de la manière la plus fiable qui soit, l'émergence d'un leader[68].

Les recherches sur les traits de personnalité ont établi que les leaders devaient faire preuve d'intelligence et posséder des compétences professionnelles adéquates. Pourtant, le quotient intellectuel et la technicité ne représentent que des « aptitudes minimales ». Elles sont nécessaires à l'exercice du leadership mais non suffisantes. Et c'est en fait la présence des cinq composantes de l'IE – conscience de soi, maîtrise, motivation, empathie et sociabilité

– qui semble déterminer la capacité d'un individu à s'imposer comme une référence. Sans IE, le manager aura beau disposer d'une formation exceptionnelle, posséder un esprit d'analyse hors normes, une vision à long terme et une réserve inépuisable d'idées géniales, il n'en deviendra pas pour cela un grand leader. C'est d'autant plus vrai à mesure que l'on s'élève dans la hiérarchie ; plus la position formelle d'un responsable est importante, plus son niveau d'IE va contribuer à son efficacité. Concrètement, une comparaison des dirigeants les plus performants et la moyenne de leurs confrères a révélé que leur différence d'efficacité était imputable à près de 90 % aux facteurs émotionnels, plutôt qu'à leur simple intelligence rationnelle.

Certains auteurs ont remarqué que l'épanouissement de Rudolph Giuliani en tant que leader avait suivi de près le développement de son niveau d'IE. Pendant près de huit ans (1994-2001), Giuliani a dirigé d'une main de fer la mairie de New York. Il donnait de la voix, recherchait volontiers le conflit et exigeait des résultats. Au final, la ville était certes plus propre, plus sûre et mieux gérée, mais elle était aussi davantage divisée. Ses détracteurs le traitaient de tyran, l'accusant de ne pas écouter la population. Beaucoup trouvaient qu'il manquait une dimension importante à son leadership. Cette dimension émergea, de l'aveu même de ses adversaires, lors de l'effondrement du World Trade Center. On lui découvrit une compassion nouvelle : un mélange de détermination, d'empathie et d'inspiration qui devait réconforter des millions de personnes[69]. Il est par ailleurs probable que les capacités émotionnelles de Giuliani aient été stimulées par une série d'épreuves d'ordre privé – son cancer de la prostate et la débâcle fortement médiatisée de son couple –, survenues toutes deux moins d'un an avant l'attentat terroriste du World Trade Center[70].

Il a été prouvé que l'intelligence émotionnelle exerce, à tous les niveaux, une influence positive sur les performances professionnelles. Elle semble néanmoins particulièrement bénéfique dans les emplois qui supposent d'importantes interactions entre les personnes, ce qui correspond précisément à la définition du leadership. Les grands leaders manifestent leur IE se traduisant par ses cinq composantes clés : conscience de soi, maîtrise, motivation, empathie et sociabilité.

Au vu des recherches récentes, tout porte à croire que l'IE représente un élément essentiel de l'efficacité du leadership. Pour cette raison, il serait sans doute souhaitable de l'ajouter à la liste des traits de personnalité énumérés précédemment dans ce chapitre.

5. Bâtir la confiance : l'essence du leadership

La confiance ou l'absence de confiance revêtent une importance croissante pour les entreprises modernes[71]. Depuis une dizaine d'années, les agissements de certains grands patrons de la finance ou de l'industrie ont entraîné une formidable érosion de la confiance du public envers les grandes entreprises et ceux qui les dirigent. Aujourd'hui, beaucoup de gens ne voient plus en eux qu'une bande de « rapaces » opportunistes. Difficile, dans ces conditions, d'établir des relations saines !

La notion de confiance a été rapidement évoquée au chapitre 10, dans la partie consacrée aux équipes de travail performantes. Il s'agira ici d'en approfondir l'étude ; on définira notamment ce que recouvre ce terme de « confiance », avant de montrer à quel point elle constitue une composante vitale dans un leadership efficace[72].

5.1. Qu'est-ce que la confiance ?

La **confiance** est indissociable de la crédibilité ; et le principal ingrédient de cette dernière est l'honnêteté. Toutes les études montrent que l'honnêteté constitue la caractéristique n° 1 des leaders qui suscitent l'admiration. Qu'il s'agisse de suivre volontairement un leader, que ce soit pour aller au front ou affronter des actionnaires dans un conseil d'administration, on doit d'abord s'assurer que celui-ci est digne de confiance. Mais non content d'être honnêtes, les leaders crédibles sont aussi compétents et à même d'inspirer les actions de ceux qui les accompagnent. Ils sont personnellement capables de communiquer efficacement leur confiance et leur enthousiasme. Ainsi les subordonnés jugent-ils la crédibilité d'un leader à son honnêteté, sa compétence et sa capacité à inspirer les autres.

Quant à la confiance, elle désigne une attente positive vis-à-vis d'autrui, dans l'espoir que celui-ci ne tentera pas – par ses paroles, ses actes ou ses décisions – d'agir de manière opportuniste[73]. Elle met en jeu avant tout des notions d'intimité et de risque. L'expression « attente positive » suppose une connaissance de l'autre, et l'existence d'un degré d'intimité entre les deux parties. La confiance représente un processus historico-dépendant, fondé sur un échantillonnage pertinent mais restreint de l'expérience vécue[74]. Elle prend forme, se développe et s'affermit au fil du temps. La plupart d'entre nous considèrent qu'il est difficile, voire impossible, d'accorder spontanément sa confiance à quelqu'un dont on ne sait rien. Au mieux, il est possible de parier sur son comportement, mais pas de lui faire confiance[75]. L'assurance quant à la possibilité de concevoir une attente positive s'acquiert à mesure que l'on apprend à connaître l'individu et que la relation s'approfondit.

Confiance — Sentiment de fiabilité envers l'intégrité, le caractère et l'aptitude d'un leader.

La notion d'*opportunisme* se rapporte au risque et à la vulnérabilité que suppose par nature toute relation de confiance. La confiance implique de se rendre vulnérable, lorsqu'on dévoile par exemple des informations intimes ou que l'on se fie aux promesses d'autrui[76]. Elle comprend par définition l'éventualité d'une déception ou d'une tromperie[77]. Mais elle ne représente pas pour autant une prise de risque *en soi* ; elle constitue plutôt l'acceptation délibérée d'un risque potentiel[78]. Quand on fait confiance à quelqu'un, on espère que cette personne ne nous trompera pas. Toutes les situations qui mettent en jeu des relations de confiance reposent sur un pari semblable[79].

Quelles sont les dimensions clés qui sous-tendent le concept de confiance ? Les chercheurs en ont identifié cinq : l'intégrité, la compétence, la cohérence, la loyauté et l'ouverture[80] (voir document 12.10).

Document 12.10 – Les cinq dimensions de la confiance.

- **Intégrité.** Honnêteté et sincérité.
- **Compétence.** Connaissances et qualités techniques et interpersonnelles.
- **Cohérence.** Fiabilité, prévisibilité et sens du jugement.
- **Loyauté.** Désir de protéger l'autre et de ne pas lui faire perdre la face.
- **Ouverture.** Désir de partager librement idées et informations.

Source : Adapté de J. K. Butler Jr. et R. S. Cantrell, « A Behavioral Decision Theory Approach to Modeling Dyadic Trust in Superiors and Subordinates ». Reproduit avec l'autorisation de l'éditeur.

L'*intégrité* fait référence à l'honnêteté, à la conscience morale et à la sincérité[81]. Des cinq dimensions de la confiance, celle-ci semble la plus cruciale. « Sans perception du "caractère moral" et de l'"honnêteté fondamentale" d'autrui, les autres dimensions de la confiance perdent toute signification[82]. »

La *compétence* englobe les connaissances et les qualités techniques et interpersonnelles de l'individu. Cette personne sait-elle de quoi elle parle ? Il est peu probable que vous acceptiez de l'écouter ou de vous fier à elle si vous ne reconnaissez pas ses capacités. Vous avez besoin de vous convaincre qu'elle possède les qualités et les compétences requises pour accomplir ce qu'elle promet.

La *cohérence* se rattache à la fiabilité, à la prévisibilité et au sens du jugement de l'individu. L'apparition d'incohérences entre les mots et les actes diminue la confiance[83]. Cette dimension concerne particulièrement les managers. « Rien ne se remarque autant [...] que la contradiction entre ce que préconise le dirigeant et ce qu'il attend réellement de ses collaborateurs[84]. »

La *loyauté* représente le désir de protéger l'autre et de lui éviter de perdre la face. La confiance suppose que l'on puisse espérer d'autrui qu'il n'agisse pas de manière opportuniste.

L'*ouverture* constitue la dernière dimension de la confiance : pouvez-vous attendre de l'autre qu'il vous dise toute la vérité ?

5.2. Peut-il y avoir du leadership sans confiance ?

La confiance apparaît comme l'un des attributs fondamentaux du leader[85]. Si l'on se reporte, au début du présent chapitre, à l'exposé de ses traits caractéristiques, on constatera du reste que l'honnêteté et l'intégrité font partie des six traits qui lui sont le plus régulièrement associés.

Comme l'a noté un spécialiste : « L'une des fonctions du leader a toujours consisté, et consiste encore, à collaborer avec d'autres personnes afin d'identifier et de résoudre les problèmes. Cependant, sa capacité à accéder aux connaissances requises et à stimuler la réflexion dépend directement de la confiance qu'il inspire. Confiance et loyauté déterminent ses possibilités d'acquérir l'information et de s'assurer la coopération d'autrui[86]. » Quand les subordonnés font confiance au leader, ils acceptent de s'exposer aux conséquences de ses actes, persuadés que ni leurs droits ni leurs intérêts ne seront bafoués[87]. Si l'individu leur paraît malhonnête ou semble disposé à les tromper, c'est en revanche peu probable qu'ils s'en remettent à lui. L'honnêteté figure régulièrement en tête des caractéristiques qui fondent la réputation des grands leaders. « L'honnêteté est absolument essentielle en matière de leadership. Avant de suivre quelqu'un, que ce soit sur le champ de bataille ou dans une salle de réunion, les gens cherchent d'abord à s'assurer que cette personne mérite bien leur confiance[88]. »

Aujourd'hui plus que jamais, l'efficacité des leaders et des managers dépend de leur capacité à gagner la confiance de leurs subordonnés[89]. Dans beaucoup d'entreprises, la mise en place des journées continues, les réductions d'effectifs, la chute des cours de Bourse et le recours de plus en plus fréquent à l'intérim ont profondément dégradé les rapports entre les employés et leurs supérieurs. Parallèlement, les méthodes modernes de management, telles que l'autonomisation ou le travail en équipe, exigent de pouvoir s'appuyer sur des relations de confiance solides[90]. Lors d'un sondage mené auprès des employés d'une firme nord-américaine, 40 % d'entre eux se sont déclarés d'accord avec la proposition : « Il m'arrive souvent de ne pas croire ce que la direction raconte[91]. » Dans un monde instable et changeant, les gens cherchent à obtenir des réponses à leurs interrogations par le biais d'un rapport direct, dont la qualité dépend pour l'essentiel du niveau de confiance. Voilà pourquoi Robert Eckert, dès son arrivée à la tête de l'entreprise Mattel – qui traversait alors une très mauvaise passe –, s'est imposé de passer de nombreuses heures à la cafétéria, aux côtés de ses employés[92]. Ce fut aussi le cas de Bertrand Martin, arrivé aux commandes de Sulzer (moteurs diesel) dans une période critique : marché sinistré, carnet de commandes vides, fuite des cadres. L'acte de confiance a consisté – loin de toute solution miracle – à remettre entre les mains des employés eux-mêmes la réflexion sur l'avenir de la société et la décision des nouvelles bases de travail. La responsabilisation a été poussée au maximum car, comme le rappelle B. Martin, « dans un contexte de crise, c'est tout ou rien ; il faut se jeter dans le vide et la confiance appelle la confiance »[93].

5.3. Quels sont les trois types de confiance ?

Au sein de l'entreprise, les relations s'articulent autour de trois types de confiance, reposant respectivement sur la dissuasion, l'expérience et l'identification[94].

La confiance de dissuasion

Les relations les plus fragiles sont celles qui découlent d'une **confiance fondée sur la dissuasion**. Le moindre accroc, la moindre incohérence peuvent les faire voler en éclats. Cette forme de confiance repose sur la crainte de représailles en cas de violation. Les individus engagés dans ce type de rapports redoutent les conséquences qu'entraînerait un manquement à leurs obligations et agissent en fonction de cela. La dissuasion ne fonctionne qu'à partir du moment où la punition est envisageable, où les retombées sont claires et où la sanction est effectivement appliquée en cas de faute. Pour que la dissuasion se maintienne, il faut que la future perte potentielle d'interaction avec l'autre l'emporte sur les avantages qui pourraient résulter d'une violation des attentes. Il faut, en outre, que la partie potentiellement lésée se tienne prête à rendre la pareille (« Si vous trahissez ma confiance, je n'aurai aucun scrupule à dire du mal de vous. »)

Confiance de dissuasion — Confiance fondée sur la crainte de représailles en cas de violation.

La plupart des relations reposent, dans un premier temps, sur la dissuasion. Imaginez par exemple que vous soyez en train de vendre votre voiture à l'ami d'un ami. Vous ne connaissez pas l'acheteur. Vous pourriez être tenté de lui cacher certains défauts. Vous auriez ainsi plus de chances de conclure la vente et d'en retirer un meilleur prix. Pourtant, vous décidez de tout lui dire. Pourquoi ? Sans doute par peur des représailles. Si l'acheteur découvre un peu plus tard que vous l'avez trompé, il risque d'en parler à votre ami commun. Si vous étiez sûr qu'il n'en ferait rien, vous chercheriez peut-être à tirer profit de la situation. En revanche, s'il vous paraît évident que cette personne ira se plaindre auprès de votre ami et que vous risquez par la suite de perdre son estime, votre « honnêteté » s'explique en fait en termes de dissuasion à la malhonnêteté.

Les premiers stades d'une relation entre manager et subordonné constituent un autre exemple de confiance fondée sur la dissuasion. En tant qu'employé, il est probable que vous fassiez confiance à votre nouveau patron, même si vous ne savez pas grand-chose de cette personne. Le lien qui fonde cette confiance repose sur l'autorité du chef, et sur la sanction qu'il est susceptible de vous infliger si vous ne respectez pas vos obligations professionnelles.

La confiance d'expérience

Au sein d'une entreprise, la plupart des relations mettent en œuvre des rapports de **confiance fondée sur l'expérience**. Cette confiance repose, en d'autres termes, sur la prévisibilité comportementale qui résulte d'une longue période d'interaction. Elle apparaît lorsque la connaissance de l'autre permet de prédire de façon relativement fiable ses attitudes, son comportement, ses réactions.

> *Confiance d'expérience* — Confiance fondée sur la prévisibilité comportementale qui résulte d'une longue période d'interaction et de connaissance mutuelle.

Lorsqu'elle est fondée sur l'expérience – donc sur la connaissance préalable –, la confiance s'appuie sur l'information plutôt que sur la dissuasion. La connaissance d'autrui et la prévisibilité de son comportement se substituent aux contrats, sanctions et dispositions légales qui caractérisent typiquement les relations de confiance reposant sur la dissuasion. Cette connaissance se développe au fil du temps, essentiellement en fonction de l'expérience, ferment du sentiment de fiabilité et de prévisibilité. Plus on connaît quelqu'un, mieux on peut prévoir ce qu'il va faire. La prévisibilité accroît la confiance – y compris lorsqu'il est impossible de se fier à l'autre –, car elle permet d'anticiper sa trahison. Plus on communique avec autrui, plus cette forme de confiance se développe et se fiabilise.

À cet égard, notez qu'un comportement inadéquat n'entraîne pas nécessairement une perte de confiance. Si l'on estime être en mesure d'expliquer ou de comprendre l'apparente trahison de l'autre, on peut alors l'accepter, pardonner et poursuivre la relation. Dans le cas d'une confiance reposant sur la dissuasion, ce même comportement risque fort, en revanche, d'entraîner une rupture définitive.

Dans un contexte professionnel, les relations entre manager et collaborateur sont, la plupart du temps, fondées sur l'expérience et la connaissance réciproques. Les deux parties possèdent une expérience suffisante l'une de l'autre pour savoir à quoi s'attendre. Une longue histoire commune, marquée par un dialogue ouvert et honnête, aura peu de chances de se voir remise en cause au premier écart.

La confiance d'identification

On atteint le plus haut niveau de confiance lorsqu'un lien affectif, un lien émotionnel, s'établit entre les parties. Ce dernier permet d'agir dans l'intérêt de l'autre et de se mettre à sa place lors des échanges interpersonnels. On parle alors d'une **confiance d'identification**. La confiance s'installe quand chacune des deux parties se montre capable de comprendre les intentions de l'autre et de mesurer ses désirs ainsi que ses besoins. Cette compréhension mutuelle se développe tant et si bien que chacun finit littéralement par acquérir la faculté de suppléer l'autre. Les contrôles deviennent dès lors sans objet : l'existence d'une loyauté absolue entre les individus rend superflue toute forme de surveillance.

> *Confiance d'identification* — Confiance fondée sur l'existence d'un lien affectif et émotionnel entre les parties.

Le meilleur exemple d'une confiance fondée sur l'identification reste celui d'un mariage heureux et durable. Peu à peu, chacun des deux époux apprend à repérer ce qui est important pour son ou sa partenaire, et à devancer ses attentes. Instinctivement, l'autre adopte à son tour le même comportement. Au fil du temps, l'identification se développe et permet à chacun de penser comme l'autre, de ressentir les mêmes choses et de réagir de la même manière.

Dans l'entreprise, une confiance reposant sur l'identification peut éventuellement apparaître lorsque deux personnes travaillent ensemble depuis longtemps et ont fini par acquérir une connaissance intime l'une de l'autre. C'est ce même type de confiance que les managers cherchent à instaurer au sein de leurs équipes. Dans l'idéal, les équipiers doivent parvenir à un niveau d'entente tel qu'il leur permette d'anticiper ce que leurs collègues s'apprêtent à faire et les conduise à pallier volontairement l'absence de l'un d'eux. En réalité, compte tenu de l'évolution du monde du travail, la plupart des grandes entreprises se privent aujourd'hui des rapports d'identification qu'elles pourraient établir avec leurs employés les plus anciens. Les promesses non tenues ont entraîné la rupture d'un lien qui se fondait auparavant sur une indéfectible loyauté, auquel se sont sans doute substituées des relations de confiance fondées sur l'expérience et la connaissance.

Comment construire la confiance ?

Étant donné l'importance que la confiance revêt dans l'équation du leadership, les dirigeants actuels ont tout intérêt à établir des relations de confiance avec leurs subordonnés. Voici quelques suggestions quant aux moyens à mettre en œuvre pour y parvenir[95].

Points de repère

1. **Jouer la transparence.** La méfiance résulte autant de ce que les gens ignorent que de ce qu'ils savent. La franchise crée la confiance. Par conséquent, prenez soin d'informer régulièrement vos subordonnés, exposez clairement les critères sur lesquels se fondent vos décisions, expliquez la logique de votre politique, ne dissimulez pas les difficultés et transmettez dans leur intégralité les informations qui peuvent être utiles.
2. **Agir de façon équitable.** Avant de prendre une décision, pensez à la manière dont elle sera accueillie en termes d'objectivité et d'équité. Récompensez celui qui le mérite, évaluez les performances d'un œil impartial et prenez garde aux problèmes d'équité en matière de rétributions.
3. **Exprimer ses sentiments.** Les leaders qui se contentent de rapports factuels paraissent froids et distants. En dévoilant vos sentiments, vous révélerez aux autres vos qualités humaines. Ils sauront qui vous êtes et leur respect n'en sera que plus grand.
4. **Dire la vérité.** L'honnêteté est une composante cruciale de la crédibilité. Il est donc important que l'on puisse vous considérer comme honnête. Les subordonnés tolèrent mieux les mauvaises nouvelles que les mensonges de leurs leaders.
5. **Être cohérent.** Les gens n'aiment pas les surprises. Lorsqu'ils ne savent pas à quoi s'attendre, ils deviennent méfiants. Prenez le temps de bien définir vos valeurs et vos convictions. Par la suite, assurez-vous qu'elles sous-tendent systématiquement vos décisions. Fixez-vous un cap à suivre, dont vous ne dévierez plus : vous afficherez ainsi une cohérence qui vous vaudra la confiance de vos subordonnés.

6. **Tenir ses promesses.** Pour vous faire confiance, les gens doivent pouvoir compter sur vous. Respectez votre parole et gardez-vous de manquer à vos promesses.
7. **Protéger les confidences.** Vous faites confiance aux personnes dont vous pressentez la discrétion et sur lesquelles vous savez pouvoir compter. Si quelqu'un se rend vulnérable en vous confiant ses secrets, il a besoin d'être sûr que vous n'irez pas trahir ses confidences en les répétant à d'autres. S'il estime que vous n'êtes pas capable de garder un secret, il ne vous considérera pas comme une personne fiable.
8. **Afficher votre propre assurance.** Suscitez l'admiration et le respect d'autrui en démontrant vos aptitudes techniques et professionnelles. Développez avant tout vos qualités de communicant et de négociateur, ainsi que l'ensemble de vos compétences interpersonnelles.

Mise en pratique

Vous venez d'être nommé manager. Votre prédécesseur, qui jouissait d'une grande popularité et travaille toujours dans l'entreprise, n'a pas annoncé à l'équipe le retard considérable qu'elle avait accumulé par rapport à ses objectifs trimestriels. Vos collaborateurs attendent avec impatience le jour de congé qu'on leur a promis, mais ils ne peuvent à présent y prétendre et n'ont aucune chance de l'obtenir.

C'est à vous de leur annoncer la mauvaise nouvelle. Comment allez-vous vous y prendre ?

5.4. Épilogue : a-t-on toujours besoin de leadership dans une organisation ?

En droite ligne de la théorie de la contingence, la conclusion de ce chapitre prend le parti de réfuter l'idée qu'un style particulier de leadership puisse conserver la même efficacité *quelle que soit* la situation. De nombreuses études ont en effet démontré que le comportement du leader se révèle, dans beaucoup de cas, totalement indifférent. Certaines variables individuelles, professionnelles ou organisationnelles, sont susceptibles de se substituer au leadership, voire de neutraliser purement et simplement la capacité du leader à influencer ses subordonnés[96].

Les neutralisants désamorcent l'impact du comportement du leader quant aux résultats des employés. Ils inhibent son influence. Les substituts, eux, ne se contentent pas de l'inhiber : ils la rendent inutile. Ils la remplacent. Certaines caractéristiques des employés, telles que l'expérience, la formation, l'évolution professionnelle ou l'indifférence à l'égard de l'entreprise, peuvent ainsi suppléer ou neutraliser l'effet du leadership. L'expérience et la formation, notamment, sont à même de remplacer le leader dans sa capacité à structurer les tâches et à réduire leur ambiguïté. Les tâches routinières et par nature évidentes, ou qui sont intrinsèquement gratifiantes, peuvent entraîner une diminution des exigences en matière de leadership. Certaines caractéristiques organisationnelles – formalisation explicite des objectifs, rigidité des règles et des procédures, cohésion des équipes – peuvent même s'y substituer.

Si l'on constate donc que les leaders n'ont pas forcément d'influence sur les subordonnés, il n'y a pas lieu cependant de s'en inquiéter outre mesure. Nous avons déjà étudié en effet un certain nombre de variables (attitude, personnalité, compétence, normes collectives...), dont on a pu observer les effets sur les performances et la satisfaction des employés. Les défenseurs du concept de leadership n'en ont pas moins tendance à lui attribuer un poids excessif dans l'explication et la prédiction des comportements. Penser que les employés sont incapables de s'orienter vers l'accomplissement des objectifs autrement que sous l'impulsion d'un leader organisationnel constitue un point de vue simpliste. Il est donc important d'admettre que le leadership ne représente qu'une variable parmi d'autres dans l'équation de l'efficacité. Il peut parfois expliquer beaucoup de choses en matière de productivité, d'absentéisme, de turn-over, de loyauté et de satisfaction. Mais dans certains cas, son apport peut également se révéler très mince.

Résumé

1. **Définir le leadership.**
   Le leader possède la capacité d'influencer les autres et dispose d'une autorité managériale. Les managers sont nommés ; ils disposent d'un pouvoir légitime qui leur donne le droit de récompenser et de blâmer ; leur capacité d'influence se fonde sur l'autorité formelle inhérente à leur position. Les leaders peuvent aussi bien être nommés qu'émerger par eux-mêmes d'un groupe. Ils peuvent entraîner les autres hors du cadre défini par l'autorité formelle.

2. **Comparer et mettre en perspective les théories classiques du leadership.**
   La théorie des traits de personnalité du leader. Six traits de caractère distinguent les leaders des non-leaders : le dynamisme (l'énergie qu'ils déploient), le désir de diriger (la volonté d'influencer les autres et d'endosser des responsabilités), l'honnêteté et l'intégrité (la capacité à mettre leurs actes en accord avec leurs paroles), l'assurance (l'absence de doute), l'intelligence (la capacité de collecter, synthétiser et interpréter de grandes quantités d'informations), et la compétence professionnelle (la connaissance approfondie des problèmes commerciaux, industriels et techniques, qui leur permet de prendre des décisions pertinentes). Le fait de posséder ces traits de caractère ne garantit pas pour autant l'efficacité du leadership : il faut aussi tenir compte des facteurs situationnels.

   Les études de l'université d'Iowa ont exploré trois styles de leadership. La seule conclusion fut que les membres des groupes préféraient un management démocratique à un management autocratique.

   Les études de l'université d'Ohio identifièrent deux dimensions comportementales propres aux leaders : la structuration et la considération. Un leader présentant des scores élevés sur ces deux dimensions permet à son groupe de réaliser des performances élevées assorties d'un niveau de satisfaction élevé... mais pas toujours.

   Les études de l'université du Michigan distinguèrent entre les leaders « orientés-employés » et les leaders « orientés-production ». Les conclusions furent que les leaders « orientés-employés » parvenaient à obtenir davantage de productivité et de satisfaction de leurs employés.

   La grille managériale est un modèle conciliant l'intérêt pour les personnes avec l'intérêt pour la production. Cette approche a permis d'identifier cinq styles. Bien que les conclusions du modèle suggèrent qu'un leader présentant un score élevé sur les deux dimensions obtient de meilleurs résultats que les autres, aucune validation n'a jamais été faite sur ce point.

3. **Présenter les quatre principales théories du leadership contingent.**
Le modèle de contingence développé par Fiedler repose sur l'idée que le style de leadership fondamental d'un individu constitue un facteur déterminant de sa réussite. Le questionnaire du collaborateur le moins apprécié (CMA), bâti autour de seize oppositions d'adjectifs, permet d'en déterminer la nature. Le modèle de Fiedler identifie trois variables de situation : les relations entre le leader et les membres du groupe, la structure des tâches ainsi que le pouvoir hiérarchique. Les leaders fonctionnels (orientés vers la tâche) réussissent mieux lorsque la situation leur est très favorable ou très défavorable. À l'inverse, les leaders affectifs (orientés vers les relations humaines) se montrent plus efficaces dans les situations modérément favorables ou modérément défavorables.

La théorie du leadership situationnel, développée par Hersey et Blanchard, identifie quatre styles de leadership – diriger, entraîner, épauler et déléguer. Le choix du style dépend de la maturité (donc du niveau d'autonomie) des subordonnés, au croisement de leur compétence et de leur engagement professionnels. Lorsque cette maturité augmente, le leader réagit en réduisant son niveau de contrôle et d'investissement auprès des employés.

Le modèle participatif du leadership relie le comportement du leader avec la participation à la prise de décision. Il utilise un arbre de décision comprenant sept variables de contingence et permettant de décrire cinq types de leadership.

La théorie de l'objectif-trajectoire, développée par Robert House, définit deux classes de variables de contingence – celles qui concernent l'environnement, d'une part, et celles qui correspondent aux caractéristiques propres de l'individu d'autre part. Le leader adopte un certain type de comportement – directif, bienveillant, participatif, ou orienté vers l'accomplissement –, adapté aux impératifs environnementaux et aux caractéristiques du subordonné.

4. **Décrire la vision contemporaine du leadership et les problèmes actuels rencontrés par les leaders.**
Un leader transactionnel échange de la productivité contre des récompenses ; un leader transformationnel stimule et inspire ceux qui le suivent en direction d'un but à atteindre.

Les leaders charismatiques sont considérés par leurs collaborateurs comme confiants (sûrs de leurs actes), possédant une vision (un objectif idéal) permettant d'envisager un avenir meilleur. Leurs subordonnés les considèrent capables de formuler cette vision (de l'exposer en termes clairs, compréhensibles par tous), attachés à son accomplissement (prêts à prendre de gros risques personnels), et capables d'adopter des comportements non conformistes (novateurs et contraires aux normes établies). Les leaders charismatiques apparaissent comme les acteurs d'un changement radical (refusant le statu quo), et témoignent d'une importante sensibilité environnementale, du fait d'une capacité à évaluer de manière réaliste les contraintes et les ressources nécessaires à l'accomplissement de leur vision. Bien qu'elles ne leur garantissent pas cette qualité, plusieurs compétences particulières caractérisent fréquemment les leaders visionnaires. Ce sont

(1) la capacité à exposer clairement, par oral comme par écrit, le détail de leur vision, les buts poursuivis et les moyens à mettre en œuvre ; (2) la capacité à exprimer cette vision à travers leur comportement, de manière à en souligner l'importance aux yeux des autres ; et (3) la capacité à adapter leur vision à différents contextes, afin de s'assurer l'investissement et la compréhension de leurs collaborateurs, quels que soient le service ou l'endroit où ils travaillent.

Le leader d'équipe assume souvent des responsabilités très variées. Pour être efficace dans son travail, il lui faut endosser quatre rôles spécifiques. Il doit s'occuper des rapports avec les entités externes (représenter l'équipe auprès d'autres entités, à l'intérieur comme à l'extérieur de l'entreprise) ; résoudre les problèmes (assister aux réunions afin d'aider à aplanir les difficultés que rencontrent les membres de l'équipe) ; gérer les conflits (procéder à l'analyse des désaccords qui surviennent entre les équipiers) ; animer son équipe (clarifier les objectifs et les rôles de chacun, transmettre son savoir, stimuler ses collaborateurs et leur offrir son soutien).

Parmi les problèmes auxquels sont confrontés les leaders d'aujourd'hui, on notera la nécessité de responsabiliser les employés, de tenir compte des cultures nationales et d'intégrer une dimension d'intelligence émotionnelle dans leurs pratiques de direction. Plus les employés sont responsabilisés, moins le leader a à se positionner comme le guide du groupe. Dès lors que les leaders doivent ajuster leur style à la situation rencontrée, il apparaît que la culture nationale constitue aujourd'hui la caractéristique situationnelle la plus importante. Par ailleurs, un haut niveau d'intelligence émotionnelle (IE) est désormais considéré comme l'un des facteurs essentiels de l'efficacité du leader.

5. **Démontrer le caractère essentiel de la confiance dans le processus de leadership.** Les cinq dimensions de la confiance sont l'intégrité, la compétence, la cohérence, la loyauté et l'ouverture. L'intégrité fait référence à l'honnêteté et à la sincérité. La compétence englobe les connaissances et les qualités techniques et interpersonnelles de l'individu. La cohérence se rattache à la fiabilité, à la prévisibilité et au sens du jugement. La loyauté représente le désir de protéger l'autre et de lui éviter de perdre la face. L'ouverture traduit la possibilité d'espérer d'autrui une sincérité pleine et entière.

Pour en savoir plus

Balazs K., *Ils ont décroché les étoiles. Quand les grands chefs nous livrent leurs recettes de leadership*, Paris, Pearson / Village Mondial, 2009.

Boucher P., Lescure S., *Vous avez dit leadership !*, Paris, AFNOR, 2010.

Boyatzis R., McKee A., *Les Nouveaux Défis du leadership*, Paris, Village Mondial, 2006.

Cherret de la Boissière A., *Leadership au masculin et au féminin : le management aux valeurs mixtes*, Paris, Dunod, 2009.

Collins J., *De la performance à l'excellence*, Paris, Pearson / Village Mondial, 2009.

Covey S., *L'Étoffe des leaders*, Paris, First, 2006.

Cristol D., Laize C., Radu M., *Leadership et management. Être leader, ça s'apprend !*, Paris, De Boeck, 2011.

DOHERTY C., THOMPSON J., *Les Règles du leadership*, Paris, Larousse, 2008.

DULUC A., *Leadership et confiance*, Paris, Dunod, 2008, 2e éd.

GARCIA E.J., FRIEDBERG E., *Leadership : perspectives sur l'exercice du pouvoir dans les entreprises*, De Boeck, 2011.

HERVOUET D., *Mener des hommes pour la première fois*, Paris, Éditions d'Organisation, 2005.

KETS DE VRIES M., *La Face cachée du leadership*, Paris, Village mondial, 2010, 2e éd.

RADON B., *Guide du leadership*, Paris, Dunod, 2007.

RODACH G., *Développer son charisme et son leadership*, Paris, Éditions d'Organisation, 2008.

SAMPLE S., *Cultiver son leadership : liberté, finesse et courage*, Paris, Éditions d'Organisation, 2007, 2e éd.

WATTIER P., *Les 7 Clés du leadership*, Paris, L'Archipel, 2011.

Activités

Questions de compréhension

1. Détaillez les forces et les faiblesses de la théorie des traits de personnalité du leader.
2. Qu'est-ce que la grille managériale ? Comparez cette approche avec celles proposées précédemment par les universités de l'Ohio et du Michigan.
3. Que doit savoir un manager afin de pouvoir utiliser le modèle de contingence de Fiedler ? Répondez de la façon la plus précise et spécifique possible.
4. Peut-on trouver des points communs – si oui, lesquels – entre le modèle de Fiedler, l'approche objectif-trajectoire de House et le leadership situationnel de Hersey et Blanchard ?
5. Pensez-vous que dans la vraie vie la plupart des managers utilisent une approche contingente pour accroître leur efficacité ?
6. « Tous les managers devraient être des leaders, mais tous les leaders ne sauraient être des managers. » Que pensez-vous de cette affirmation ? Argumentez.
7. Pensez-vous que la création de la relation de confiance est plutôt le fait des caractéristiques d'une personne ou plutôt celui d'une situation spécifique ? Expliquez votre position.
8. « Le leadership charismatique est toujours une bonne chose pour une organisation. » Que pensez-vous de cette affirmation ? Est-elle globalement exacte ou doit-elle être relativisée. Argumentez votre position.
9. Dans quelles circonstances de la vie des entreprises le leadership peut-il se révéler inapproprié ?
10. Réfléchissez à une personne de votre entourage (parent, professeur, ami, collègue...) ayant (ou ayant eu) une grande influence sur vous au point que vous vous donniez à 110 % de vous-même. Décrivez cette personne. Choisissez ensuite l'une des théories contemporaines du leadership et démontrez comment cette personne en confirme les concepts.
11. Répondez en deux ou trois pages à la question suivante : quels types de comportements et d'activités, mis en œuvre par un manager nouvellement nommé, seraient de nature à le faire considérer rapidement comme un leader charismatique ?
12. Faites quelques recherches pour présenter une synthèse des ressemblances et des différences entre les styles de leadership masculin et féminin. Quel est le style le plus efficace selon vous et dans quelles circonstances ?

Autoévaluation

Les autres ont-ils confiance en moi ?

Les leaders efficaces ont instauré une relation de confiance avec les personnes qu'ils dirigent. Ce questionnaire vous donne des clés pour comprendre si vos collaborateurs ont plutôt tendance à avoir confiance en vous.

Questionnaire

Pour chacune de ces affirmations, répondez en choisissant une des propositions suivantes :

1 = En fort désaccord
2 = En désaccord
3 = En faible désaccord
4 = Ni en désaccord, ni en accord
5 = Un peu d'accord
6 = En accord
7 = En parfait accord

Je suis perçu comme quelqu'un qui :

1. est fiable.	**1**	**2**	**3**	**4**	**5**	**6**	**7**
2. est toujours honnête.	**1**	**2**	**3**	**4**	**5**	**6**	**7**
3. a réussi en marchant sur les autres.	**1**	**2**	**3**	**4**	**5**	**6**	**7**
4. essaie toujours d'avoir le dessus.	**1**	**2**	**3**	**4**	**5**	**6**	**7**
5. se sert des problèmes des autres.	**1**	**2**	**3**	**4**	**5**	**6**	**7**
6. tient sa parole.	**1**	**2**	**3**	**4**	**5**	**6**	**7**
7. n'induit pas les autres en erreur.	**1**	**2**	**3**	**4**	**5**	**6**	**7**
8. qui ne renie pas ses engagements.	**1**	**2**	**3**	**4**	**5**	**6**	**7**
9. se sert des personnes plus vulnérables.	**1**	**2**	**3**	**4**	**5**	**6**	**7**

Calculez votre résultat

Pour calculer votre résultat, additionnez les réponses aux affirmations 1, 2, 6 et 7. Pour les cinq autres, inversez les résultats (7 devient 1, 6 devient 2, etc.). Puis, additionnez le tout.

Analyse et interprétation

Le résultat total se trouvera entre 9 et 63. Plus il est élevé, plus vous êtes perçu comme quelqu'un en qui on peut avoir confiance. Un résultat supérieur ou égal à 45 suggère que vos collaborateurs ont tendance à vous considérer comme quelqu'un de confiance. Alors qu'un résultat inférieur à 27 suggère que les gens sont plutôt défiants à votre égard.

Si vous voulez instaurer une relation de confiance, regardez les comportements mesurés par ce questionnaire et pensez à la façon d'améliorer votre résultat pour chacun d'eux. Par exemple, être plus ouvert, parler de vos sentiments, exprimer plus souvent sa reconnaissance, dire la vérité, être impartial et constant, s'engager et respecter ses engagements et maintenir la confiance.

Source : Basé sur P. Bromiley et L. Cummings, « The Organizational Trust Inventory », dans R. M. Kramer et T. R. Tyler, *Trust in Organizations*, Thousand Oaks, CA, Sage, 1996, p. 328-329.

Dilemme éthique

Sur les sites de réseautage social tels que Facebook ou MySpace, la définition d'un « ami » est tellement large que de parfaits inconnus peuvent vous inviter à devenir le leur. Toutefois, lorsqu'une personne qui vous est étrangère vous sollicite de la sorte, cela n'a rien de dérangeant, car il n'en résulte aucun changement dans la vie réelle. Mais qu'en est-il en revanche si c'est votre patron, à peine plus âgé que vous, qui vous demande comme ami sur ce genre de sites ? Quelle décision prendre ? Si vous refusez sa proposition, quelles en seront les conséquences ? Si vous l'acceptez, qu'est-ce que cela implique ? Quels sont les problèmes éthiques qui peuvent alors se poser ? Que feriez-vous dans une telle situation ?

Pour action

Preferred Bank Card, Inc.

À : Pat Muenks, directeur des relations avec le personnel

De : Jan Plemmons, responsable du service client

Objet : Formation au leadership

Je rejoins totalement vos recommandations quant à la nécessité de nous doter d'un programme de formation au leadership à destination des chefs d'équipe du service client. Ces responsables s'efforcent, non sans peine, de maintenir leurs agents focalisés sur notre objectif, qui consiste à fournir une réponse rapide, précise et conviviale aux questions et aux réclamations des détenteurs de cartes bancaires. Pourriez-vous rédiger une proposition d'une page décrivant les sujets que vous estimez nécessaire de couvrir dans le cadre d'une telle formation et me soumettre par ailleurs quelques suggestions en vue d'une présentation attrayante ? Il nous faut avancer là-dessus immédiatement, aussi vous serais-je reconnaissant de me faire parvenir votre rapport dès le début de la semaine prochaine.

Cette entreprise et ce message fictifs ont été imaginés dans un but exclusivement pédagogique. Il n'est aucunement question ici d'évoquer, ni en bien, ni en mal, les pratiques managériales d'une entreprise réelle qui porterait le même nom.

Cas d'entreprise

Les employés d'abord !

Cela peut paraître bizarre de mettre en avant les employés dans un chapitre consacré au leadership. Cependant, dans l'entreprise indienne HCL Technologies, la philosophie « les employés d'abord » a permis à la compagnie d'être catapultée sous les feux de la rampe, sur la scène du marché ultracompétitif des technologies de l'information.

HCL Technologies a son siège social à Noida, en Inde, la plus grande démocratie au monde. Cela va donc de soi que cette entreprise ait tenté une expérience démocratique radicale dans ses locaux. Vineet Nayar, son P.-D.G., s'est attaché à créer un système dans lequel le travail des managers doit permettre aux salariés de trouver leur propre voie en s'appuyant sur leurs points forts. Ses objectifs, dans le cadre du programme « Les employés d'abord », incluent la création d'expériences uniques pour les employés, le renversement de l'organigramme de l'organisation et la recherche de la transparence. Les réformes nécessitent une meilleure communication avec le P.-D.G. et imposent un système de salaires qui augmente la sécurité de l'emploi des employés. En effet, à la différence de ce qui se pratique dans les autres entreprises de technologies de l'information (instaurer pour les ingénieurs une part variable de 30 % en fonction des performances réalisées), la compagnie a décidé de payer des salaires fixes plus élevés, mais qui comprennent tout ce qui aurait pu être inclus dans la part variable. La direction fait en effet confiance aux employés pour accomplir un travail qui mérite ce salaire. Ces changements ont permis à l'entreprise de grandir et, ce qui est le plus important, d'attirer et de retenir de plus en plus de talents (le taux de turn-over de la compagnie est descendu au-dessous de 15 %). En 2008, HCL a gagné un prix pour son approche managériale innovante du personnel.

Comment Nayar considère-t-il le leadership ? Même s'il pense qu'une manière très autoritaire de commander et de contrôler est sans doute le style le plus simple à mettre en œuvre, il croit que ce n'est pas pour autant la plus productive. Dans sa démocratie d'entreprise, les employés peuvent écrire un « billet de doléance » (*trouble ticket*) sur n'importe qui dans la compagnie. La personne concernée doit répondre comme si c'était un client qui avait un problème et avait besoin d'une réponse. Nayar croit aussi que les leaders doivent être ouverts aux critiques. Il a partagé avec tous les salariés qui le désiraient les informations concernant sa propre évaluation 360° et mesurant son image auprès des autres. Par ailleurs, une année, son équipe de 81 managers – qui le notait – ne lui a attribué que le score de 3,6 sur 5 pour sa gestion des projets en cours. C'était un de ses résultats les moins bons, et tout le personnel de HCL a pu en prendre connaissance. Les employés peuvent aussi voir le résultat de leur propre superviseur. Les résultats de Nayar, au même titre que ceux des vingt principaux dirigeants de l'entreprise, sont publiés sur l'intranet de la compagnie, sur lequel chaque employé peut les consulter. Chacun peut de même avoir accès aux évaluations de son propre superviseur. Même si beaucoup de monde a considéré qu'il était insensé de publier les notes des managers et de communiquer ses propres faiblesses, Nayar pense au contraire que c'est une bonne idée pour augmenter sa responsabilité de leader envers ses salariés. Un tel environnement demande en tout cas une grande confiance entre les leaders et les collaborateurs…

Questions

1. Quelles théories du leadership peuvent-elles aider à mieux comprendre le cas HCL Technologies ?
2. Quelles sont les variables de contingence nécessaires à la mise en place d'un tel système ?
3. En quoi la culture nationale est-elle un élément déterminant dans le cas présenté ? Une situation identique est-elle envisageable en France ?
4. Quels types de difficultés ce mode de leadership peut-il créer ?
5. Le management « transparent » a-t-il ses limites ? Si oui, lesquelles ?

Chapitre 13

La communication interpersonnelle

Objectifs

1. Identifier les connaissances nécessaires pour communiquer efficacement.
2. Comprendre l'influence des technologies sur la communication.
3. Connaître les principales compétences interpersonnelles.

Ce chapitre présente les concepts fondamentaux de la communication interpersonnelle, expose les processus et les méthodes qu'elle met en œuvre, et décrit les obstacles qui compromettent son efficacité ainsi que les moyens de les surmonter. Il détaille également les principales compétences interpersonnelles liées à la communication – écoute active, feed-back, délégation, gestion des conflits et négociation – que les managers doivent aujourd'hui maîtriser pour être en mesure de gérer efficacement.

1. Comment communiquer efficacement ?

On ne saurait trop insister sur l'importance de la communication dans le travail du manager. Et ce pour la bonne et simple raison qu'elle concerne l'ensemble de son activité. Non pas seulement *certains* de ses aspects, mais *tous* ! Un manager ne peut concevoir une stratégie ou prendre une décision s'il ne dispose pas des informations nécessaires. Ces informations doivent donc lui être communiquées. Une fois la décision prise, la communication intervient à nouveau, faute de quoi personne n'en saurait jamais rien. La meilleure des idées, la proposition la plus originale, le projet le plus subtil ne peuvent se concrétiser sans communication. Les managers doivent donc développer leurs compétences en la matière. Il n'est pas question, bien sûr, de suggérer qu'une bonne communication puisse à elle seule assurer la réussite d'un manager. On peut en revanche affirmer qu'une communication inefficace aura toutes les chances d'engendrer une suite interminable de problèmes, malentendus et autres dysfonctionnements relationnels.

1.1. Comment fonctionne le processus de communication ?

La communication peut être envisagée comme un processus, ou un flux. Les problèmes apparaissent lorsque ce flux se trouve dévié ou contrarié. Avant d'enclencher le processus de communication, il faut en définir l'objet, exprimé sous la forme d'un message. Ce message circule entre la source (l'émetteur) et le récepteur. Il est codé (converti en symboles) et envoyé par le biais d'un média (le canal) en direction du récepteur, qui retraduit (décode) le message initial de l'émetteur. On obtient au final un transfert de sens d'une personne à une autre[1].

Le document 13.1 illustre schématiquement le **processus de communication**. Ce modèle compte sept éléments : (1) l'émetteur, (2) le codage, (3) le message, (4) le canal, (5) le décodage, (6) le récepteur et (7) le feed-back.

Processus de communication — Le transfert et la compréhension d'une unité de sens dans le cadre d'une interaction entre deux ou plusieurs personnes.

Document 13.1 – Le processus de communication.

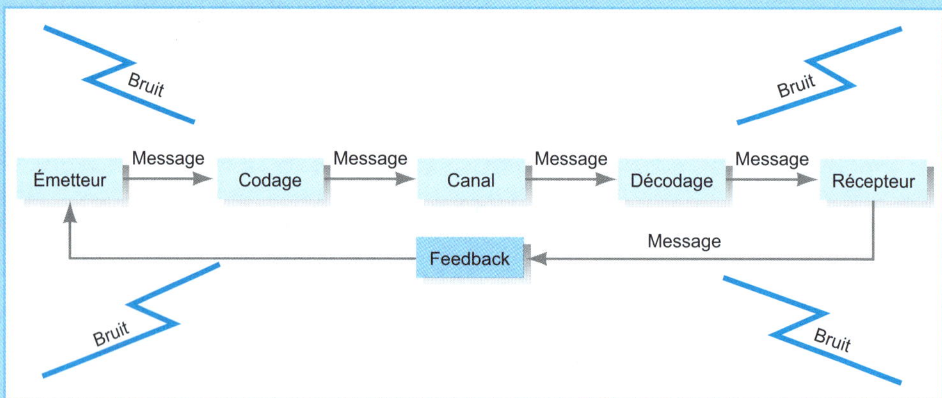

La source compose un message par **codage** d'une pensée. Quatre conditions affectent le message codé : la compétence de l'émetteur, son attitude, son savoir et son système socioculturel. À titre d'exemple, le message délivré par le présent ouvrage dépend des compétences de ses auteurs en matière d'écriture ; si les auteurs d'un livre de management ne savent pas rédiger correctement, leur message ne sera pas reçu comme ils le souhaitent. D'un point de vue général, les capacités d'élocution, de lecture, d'écoute et de raisonnement entrent également en ligne de compte. Comme on l'a vu précédemment (chapitre 9), l'attitude influence le comportement. Nous nourrissons sur de nombreux sujets tout un ensemble de préjugés qui orientent notre manière de communiquer. Nos possibilités de communication sont en outre limitées par l'étendue de notre savoir. Nous ne pouvons parler de ce que nous ne connaissons pas ; à l'inverse, si nous en savons trop, il peut également arriver que le récepteur ne comprenne pas (ou comprenne mal) notre message. En résumé, le niveau de connaissance du sujet affecte le message que la source cherche à transmettre. Enfin, à l'instar de nos attitudes, la place que nous occupons au sein de notre système socioculturel influence elle aussi notre comportement. En tant que source communicationnelle, les valeurs et les convictions de l'individu – qui font partie de sa culture – exercent une action non négligeable.

Codage — Conversion d'une pensée en un message sous une forme symbolique.

Le **message** désigne la production concrète qui émane de la source émettrice. Lorsqu'on parle, le discours constitue le message. Lorsqu'on écrit, lorsqu'on peint, lorsqu'on bouge, le propos, le tableau, les mouvements des bras et l'expression du visage constituent le message[2]. Le message est donc influencé par le code ou l'ensemble de symboles utilisé pour son transfert, par son contenu lui-même, ainsi que par les décisions de l'émetteur quant au choix et à l'organisation du code et du contenu[3].

Message — Ensemble d'informations porteuses de sens échangées entre émetteur et récepteur et qui constituent l'objet même de la communication.

Le **canal** désigne le média par lequel transite le message. La source choisit celui qui lui convient, en fonction de son caractère formel ou informel. Les canaux formels sont mis en place par l'organisation et sont adaptés à la transmission de messages relatifs à l'activité professionnelle des salariés. Ils sont en général calqués sur sa structure hiérarchique. Les autres types de messages, d'ordre personnel ou relationnel, sont transmis par l'intermédiaire des canaux informels de l'entreprise.

Canal — Voie de transmission par laquelle transite le message entre émetteur et récepteur.

Le récepteur représente la personne à qui le message s'adresse. Mais pour que la réception dudit message soit possible, les symboles dont il est constitué doivent tout d'abord être traduits sous une forme qui lui soit compréhensible. Cette étape correspond au **décodage** du message. Le récepteur, tout comme l'émetteur, se voit limité par ses compétences, ses attitudes, son savoir et son système socioculturel. Il faut donc que la source sache écrire ou parler correctement, que le récepteur sache lire ou écouter, et que tous deux soient capables de raisonner. Le savoir, les attitudes et les acquis culturels affectent tout autant la capacité de réception que la capacité d'émission.

Décodage — Processus de traduction du message de l'émetteur par le récepteur.

La boucle de feed-back représente l'étape finale du processus de communication. « Si la source communicationnelle décode le message qu'elle encode, si son message se trouve réinjecté dans son système, on parle là d'un effet de feed-back[4]. » Le **feed-back** (ou rétroaction) permet de vérifier que les messages ont été transmis comme on souhaitait qu'ils le soient et de savoir si l'on est parvenu à se faire comprendre. Étant donné la diversité culturelle qui caractérise aujourd'hui la main-d'œuvre des entreprises, on ne soulignera jamais assez l'importance cruciale du feed-back dans l'établissement d'une communication efficace[5].

Feed-back (rétroaction) — Le feed-back, ou rétroaction, illustre et mesure la possibilité pour l'émetteur d'obtenir une clarification immédiate sur l'efficacité de son message.

1.2. La communication écrite est-elle plus efficace que la communication verbale ?

La communication écrite peut s'effectuer par le biais de mémos, de lettres, de courriers électroniques, de publications internes, de panneaux d'information, ou de tout autre dispositif permettant de transmettre des mots ou des symboles sous forme graphique. Pourquoi choisit-on la communication écrite ? Parce qu'elle laisse une trace tangible, vérifiable, et beaucoup plus durable que la communication orale. En général, l'émetteur et le récepteur disposent tous deux d'une copie du message, qu'ils peuvent conserver indéfiniment. S'ils s'interrogent sur son contenu, rien ne les empêche de s'y référer plus tard. Cette caractéristique se révèle particulièrement utile dans le cas de messages longs ou complexes. Ainsi, lors du lancement d'un nouveau produit, le plan marketing prévoira probablement un certain nombre de tâches réparties sur plusieurs mois. En consignant ce plan par écrit, ceux qui sont chargés de son exécution pourront à tout moment se reporter au document correspondant. Le dernier avantage de la communication écrite découle du processus lui-même. À de rares exceptions près – discours officiels, notamment –, on porte plus d'attention à ce qu'on écrit qu'à ce qu'on dit. Le fait de devoir écrire oblige l'individu à formuler plus soigneusement sa pensée. La communication écrite est donc très souvent mieux construite, plus logique et plus claire.

Bien entendu, les messages écrits présentent également des inconvénients. L'écrit est certes plus précis, mais il est aussi beaucoup plus lent. Un examen oral d'une heure permet de dire beaucoup plus de choses qu'un examen écrit d'une durée équivalente. En fait, vous pourriez sans doute énoncer en moins d'un quart d'heure ce que vous mettriez une heure à écrire. L'autre grand inconvénient de la communication écrite concerne le feed-back. Ou plutôt l'absence de feed-back. La communication orale permet au récepteur de réagir très vite à ce qu'il croit entendre. La communication écrite n'intègre en revanche aucun mécanisme de ce genre. L'envoi d'un mémo ne garantit pas sa réception ; et s'il est effectivement reçu, rien ne dit que le récepteur lui donnera le sens voulu par l'émetteur. Ce dernier point concerne aussi la communication orale, mais il est plus facile dans ce cas de demander au récepteur de résumer vos paroles. Un résumé pertinent – feed-back positif – vous prouvera aussitôt que votre message a été reçu et bien compris.

1.3. La rumeur est-elle un bon moyen de communication ?

La **rumeur** désigne le circuit de communication non officiel (et le plus souvent non contrôlé par les acteurs) d'une entreprise. Pas plus reconnu qu'approuvé, il met surtout en œuvre la méthode du bouche-à-oreille, mais exploite aussi les moyens électroniques. D'une manière assez ironique, les bonnes informations circulent rapidement, et les mauvaises encore plus vite[6].

> *Rumeur* — Circuit de communication non officiel et non contrôlé, surgissant en l'absence d'informations précises sur un sujet important.

La rumeur pose le problème de l'exactitude des informations transmises. Les recherches menées sur ce sujet ont abouti à des résultats quelque peu mitigés. Au sein d'une entreprise réputée « ouverte », les rumeurs peuvent se révéler extrêmement fiables. Il n'en va pas forcément de même dans un environnement plus autoritaire. Pourtant, en dépit de ses inexactitudes, le flux informationnel conserve toujours une certaine part de vérité. Les rumeurs de plans sociaux ou de fermetures d'usines peuvent contenir des renseignements erronés sur les dates ou les individus visés : l'annonce de l'événement n'en reste pas moins probablement correcte

1.4. Les signaux non verbaux affectent-ils la communication ?

Certains des messages les plus signifiants ne passent ni par la parole, ni par l'écrit. Ce sont les messages non verbaux. Le hurlement d'une sirène ou le feu rouge allumé à l'approche d'un croisement transmettent une information sans recourir aux mots. Un conférencier n'a pas besoin qu'on lui explique que son auditoire s'ennuie : les regards mornes, ou le fait que quelqu'un se mette à lire le journal, le lui révèlent bien assez. De même, lorsqu'on entend le bruit des chaises que l'on déplace ou le claquement des blocs-notes qui se referment, le message est on ne peut plus clair : la conférence est bientôt finie. La taille d'un bureau et la tenue vestimentaire d'une personne véhiculent également un certain nombre de messages. Cela étant, le langage corporel et l'intonation représentent néanmoins les deux modes de communication non verbale les plus connus.

Le **langage corporel** regroupe les gestes, les mimiques faciales et tous les autres mouvements du corps[7]. Un rictus ne dit pas la même chose qu'un sourire. L'agitation des mains et l'expression du visage, entre autres, peuvent communiquer des émotions ou des attitudes telles que l'agressivité, la peur, la timidité, l'arrogance, la joie ou la colère[8].

> *Langage corporel* — Signaux de communication non verbaux, tels que l'expression du visage, les gestes, ou tout autre mouvement du corps.

L'**intonation** désigne l'effet d'insistance vocale que l'on donne à certains mots ou à certaines expressions. Pour bien comprendre de quelle manière elle modifie le sens du message, imaginez un participant qui vient de poser une question à un conférencier. Celui-ci lui répond : « Qu'est-ce que vous voulez dire ? » La réaction du participant va dépendre du ton de cette réponse. Un ton doux et amène n'induira pas le même sens qu'un ton agressif, caractérisé par une forte accentuation des premiers mots. La plupart d'entre nous percevraient dans le premier cas une demande sincère de clarification, tandis que le second nous semblerait dénoter une posture agressive ou défensive de la part de l'orateur. « L'important n'est pas ce que l'on dit, mais la façon dont on le dit » : voilà l'adage que les managers devraient toujours garder en mémoire lorsqu'ils communiquent.

> *Intonation* — Accentuation vocale signifiante de certains mots ou de certaines expressions.

On ne saurait trop insister sur le fait que toute communication orale véhicule aussi un message non verbal[9]. Pourquoi donc ? Tout simplement parce que cette composante non verbale a toutes les chances de produire l'essentiel de l'impact. Les recherches montrent que 65 à 90 % des messages échangés lors d'une conversation en tête à tête passent par le langage corporel. À défaut d'un accord parfait entre les paroles prononcées et les mouvements du corps, le récepteur aura tendance à lire dans ces derniers le « vrai sens » du message[10].

1.5. Quels sont les obstacles à une communication efficace ?

Un certain nombre d'obstacles interpersonnels et intrapersonnels permettent d'expliquer pourquoi le message décodé par le récepteur diffère souvent de celui que l'émetteur veut transmettre. Le document 13.2 énumère les plus importants d'entre eux, qui sont brièvement exposés ci-après, et l'encadré « Manager la diversité » ci-après approfondit la question des différences de communication entre hommes et femmes.

Document 13.2 – Les obstacles à la communication.

Obstacle	Description
Filtrage	Manipulation délibérée de l'information visant à lui assurer un accueil plus favorable de la part du récepteur.
Perception sélective	Réception sélective de l'information en fonction des besoins, des motivations, de l'expérience, ou d'autres caractéristiques personnelles de l'individu.
Surcharge d'informations	Apparaît lorsque la quantité d'informations reçues excède les capacités de traitement de l'individu.
Émotions	L'humeur du récepteur lorsqu'il reçoit un message.
Langage	Les mots possèdent un sens différent suivant les personnes. Le récepteur se fonde sur ses propres définitions pour décoder le message transmis.
Culture nationale	Les langues et cultures nationales variées des individus induisent de nombreuses différences en matière de communication.

Le filtrage

Le **filtrage** désigne le fait que l'émetteur manipule l'information pour qu'elle soit accueillie plus favorablement par le récepteur. Lorsqu'un manager annonce à son patron ce qu'il croit que ce dernier souhaite entendre, il filtre l'information. S'agit-il d'une pratique fréquente dans les entreprises ? Certes oui. Car le message transmis aux supérieurs doit être condensé et synthétisé par les subordonnés, de manière à éviter une surcharge d'informations. Les intérêts personnels des individus chargés de cette synthèse, leur façon de sélectionner ce qu'ils perçoivent comme important, détermineront l'aspect du filtrage.

Filtrage — Manipulation délibérée de l'information visant à lui assurer un accueil plus favorable de la part du récepteur.

L'intensité du filtrage tend à dépendre de la culture ainsi que du nombre d'échelons hiérarchiques de l'entreprise. Plus la hiérarchie est complexe, plus les occasions de filtrage se multiplient. À l'inverse, lorsqu'une entreprise allège le poids de sa hiérarchie pour adopter un fonctionnement plus collaboratif, le problème du filtrage ne se pose plus forcément avec autant d'acuité. L'utilisation croissante du courrier électronique, qui permet de contourner les intermédiaires et de communiquer directement, réduit encore son importance. Enfin, la culture de l'entreprise encourage ou décourage le filtrage selon le type de comportement qu'elle privilégie. Plus elle favorise le style et l'apparence, plus les managers sont tentés de filtrer la communication en leur faveur.

La perception sélective

Le deuxième obstacle découle de la **perception sélective**, déjà mentionnée dans cet ouvrage. Dans le cadre du processus de communication, les récepteurs sélectionnent ce qu'ils voient et entendent en fonction de leurs besoins, de leurs motivations, de leur expérience, de leurs origines, et de toutes leurs autres caractéristiques personnelles. Ils projettent également leurs intérêts et leurs attentes sur la communication, lors de l'étape de décodage. S'il est persuadé qu'une femme fait toujours passer sa vie de famille avant sa carrière, le recruteur détectera cette tendance chez toutes les candidates, indépendamment de leurs propres priorités. Le chapitre 9 a déjà évoqué ce point : nous ne voyons pas la réalité comme elle est ; nous interprétons ce que nous voyons, et c'est cette interprétation que nous nommons réalité.

Perception sélective — Réception sélective de l'information en fonction des besoins, des motivations, de l'expérience ou d'autres caractéristiques personnelles de l'individu.

La surcharge d'informations

Les individus possèdent une capacité de traitement de l'information limitée. Imaginez par exemple un responsable commercial parti en mission à l'étranger, qui, de retour chez lui, découvrirait six cents nouveaux e-mails dans sa boîte de réception. Impossible pour lui de lire et de répondre à tous sans se trouver confronté à une **surcharge d'informations**, syndrome typique dont se plaignent aujourd'hui la plupart des cadres[11]. E-mails, appels téléphoniques, télécopies, conférences et publications professionnelles se succèdent à un tel rythme que l'avalanche de données qu'ils engendrent devient pratiquement impossible à traiter et à assimiler. Que se passe-t-il lorsqu'un individu reçoit plus d'informations qu'il ne peut en absorber ? Il peut être tenté d'en mettre certaines de côté, de les survoler, de les ignorer, ou même de les éliminer. À moins qu'il ne préfère attendre la fin de la tempête pour reprendre le fil. Dans tous les cas, il en résulte une perte d'informations et une communication moins efficace.

Surcharge d'informations — Situation qui survient lorsque la quantité d'informations transmises excède les capacités de traitement du récepteur.

Les émotions

L'humeur du récepteur influence l'interprétation du message reçu. Suivant que l'on se sent heureux ou déprimé, maussade ou euphorique, on interprétera souvent le même message de deux façons différentes. Les très fortes émotions sont particulièrement susceptibles de compromettre l'efficacité de la communication. Dans ces cas-là, l'affectivité prend alors le pas sur la rationalité et l'objectivité. Il vaut donc mieux s'abstenir de répondre à un message lorsqu'on est contrarié, au risque de manquer de lucidité.

Le langage

Les mots possèdent un sens différent suivant les personnes. « Le sens des mots ne dépend pas d'eux, mais de nous-mêmes[12]. » L'âge, l'éducation et les origines culturelles font partie des variables qui influencent le plus nettement le langage d'une personne et le sens qu'elle donne aux mots. L'écrivain Jean d'Ormesson et la chanteuse Diam's parlent tous deux français. Pourtant, leurs langages respectifs présentent à l'évidence d'énormes différences…

Dans une entreprise, les employés sont généralement d'origines diverses et ne s'expriment donc pas tous de la même façon. En outre, leur répartition en différents services donne naissance à des spécialistes qui développent leur propre jargon[13]. Au sein des grands groupes, les gens sont également très souvent dispersés géographiquement – souvent dans différents pays – et utilisent suivant le lieu des termes et des expressions spécifiques[14]. Le système hiérarchique peut lui aussi poser des problèmes. Ainsi, le langage des cadres supérieurs risque fort de mystifier les ouvriers, peu familiarisés avec le jargon du management. Il faut garder à l'esprit que la pratique d'une langue commune n'implique pas l'utilisation d'un langage uniforme. L'émetteur d'un message aura tendance à s'imaginer que les mots utilisés signifient la même chose pour le récepteur. C'est une erreur, et cela ne peut que perturber la communication. La possibilité de savoir comment chacun de nous modèle la langue permettrait de minimiser ce genre de difficultés.

Les cultures nationales

On notera enfin que les différences en matière de communication peuvent également résulter des spécificités linguistiques et culturelles des individus[15]. Comparons par exemple deux pays dont l'un valorise l'individualisme (comme les États-Unis) et l'autre le collectivisme (par exemple le Japon)[16].

Aux États-Unis, les schémas de communication sont orientés le plus souvent vers l'individu, et clairement définis. Pour faire connaître leurs positions, les managers américains font un usage intensif de mémos, de notes de service, de circulaires et autres moyens formels de communication. Les managers intermédiaires accumulent ces informations afin d'être bien vus (filtrage) et de pouvoir convaincre leurs subordonnés d'accepter les décisions et les stratégies de l'entreprise. Enfin, les employés couvrent leurs arrières en adoptant à leur tour le même comportement.

Dans les pays à tendance plus collective, tels que le Japon, les interactions sont souvent désintéressées, et les contacts entre les personnes s'effectuent sur un mode beaucoup plus informel. À l'inverse de son homologue américain, le manager japonais consulte d'abord verbalement les employés, et ce n'est qu'au terme d'un long débat qu'il rédigera le document officialisant l'accord conclu. On sait combien les Japonais, par exemple, privilégient le consensus ; chez eux, la libre communication est partie intégrante du travail. Les entretiens en tête à tête sont également encouragés.

Les différences culturelles peuvent influencer les choix des managers en matière de communication[17]. Négligées, elles deviennent des obstacles.

Manager la diversité

Les styles de communication des hommes et des femmes

« Vous ne comprenez pas ce que je dis, d'ailleurs vous n'écoutez jamais ! » « Vous exagérez toujours tout ! » Avez-vous déjà dit ce genre de phrases à des amis du sexe opposé ? La plupart d'entre nous l'ont déjà certainement fait ! À l'instar de l'expérience personnelle, les recherches montrent que les hommes et les femmes communiquent différemment[18].

Deborah Tannen a étudié les manières de communiquer des hommes et des femmes et expose des différences intéressantes. Le cœur de ses recherches montre que les hommes utilisent la parole pour mettre en évidence le statut, alors que les femmes l'utilisent pour créer une relation. Elle indique que la communication entre les sexes est un équilibre continuel entre nos besoins conflictuels de vie en communauté (qui met en œuvre l'amitié et la congrégation) et l'indépendance (qui accentue la séparation et les différences). Ce n'est pas étonnant, alors, qu'il y ait des problèmes de communication ! Les femmes parlent et entendent une langue de relation et d'intimité quand les hommes entendent et parlent une langue de statut et d'indépendance. Pour beaucoup d'hommes, les conversations sont simplement une façon de préserver l'indépendance et de maintenir le statut dans un ordre social hiérarchique. Pour beaucoup de femmes, les conversations sont des négociations sur l'intimité et une façon de rechercher le soutien et la confirmation. Regardons quelques exemples décrits par Tannen.

Les hommes se plaignent souvent du fait que les femmes parlent sans cesse de leurs problèmes. De leur côté, les femmes critiquent les hommes parce qu'ils ne les écoutent pas. Il arrive alors que, quand un homme entend une femme parler d'un problème, il affirme souvent son désir d'indépendance et de contrôle en offrant des solutions. Beaucoup de femmes, par contraste, considèrent que parler d'un problème est une façon de promouvoir l'intimité. Les femmes parlent d'un problème pour trouver le soutien et la relation et non pas pour recevoir un conseil des hommes.

Voici un autre exemple : dans une conversation, les hommes sont souvent plus directs que les femmes. Quand un homme pourrait dire : « Je crois que vous vous trompez sur ce point », une femme dira plutôt : « Vous avez regardé le rapport du département marketing à ce propos ? » La femme énonce par là que le rapport montrera l'erreur. Les hommes considèrent souvent ce caractère indirect comme « voilé » ou « insidieux », mais les femmes ne sont pas aussi intéressées que les hommes par le statut et la surenchère que la franchise crée le plus souvent.

Enfin, les hommes critiquent souvent les femmes parce qu'elles semblent toujours s'excuser. Les hommes ont tendance à voir l'expression « je suis désolée » comme un signe de faiblesse parce qu'ils l'interprètent comme une façon d'exprimer l'acceptation des reproches, même quand ils peuvent reconnaître qu'elles n'ont rien à se reprocher. Les femmes savent aussi qu'elles ne sont pas en tort, pourtant elles disent « je suis désolée » pour exprimer le regret : « Je sais que vous vous en voulez à ce sujet et moi aussi. »

Comment peut-on gérer ces différences de communication ? Il faut les empêcher de devenir des barrières continuelles à une communication efficace et, pour cela, il faut rechercher l'acceptation, la compréhension et l'engagement à communiquer convenablement l'un avec l'autre. Les hommes comme les femmes doivent admettre qu'il y a des différences dans les styles de communication, qu'un style n'est pas meilleur que l'autre et qu'il faut faire de vrais efforts pour « parler » l'un avec l'autre avec succès.

1.6. Comment surmonter les obstacles à la communication ?

Étant donné les multiples perturbations auxquelles se heurtent leurs messages, quelles solutions les managers peuvent-ils envisager ? Les suggestions suivantes peuvent leur être utiles pour améliorer la qualité de leur communication (voir également le document 13.3).

Document 13.3 – Surmonter les obstacles à la communication.

Utiliser le feed-back	Vérifiez la conformité du message transmis – ou de ce que vous pensez avoir entendu.
Simplifier le langage	Utilisez des termes que le public visé puisse comprendre.
Écouter activement	Captez le sens complet du message en évitant de porter un jugement ou d'en faire une interprétation prématurés – ou de réfléchir à la réponse que vous allez donner.
Comprendre ses émotions	Sachez sentir quand vos émotions vous échappent, et abstenez-vous de communiquer tant que vous n'avez pas recouvré votre calme.
Mettre l'accent sur les signaux non verbaux	Gardez à l'esprit que vos gestes en disent plus que vos paroles. Faites en sorte d'harmoniser les deux.

Utiliser le feed-back

De nombreuses difficultés de communication découlent directement d'un malentendu ou d'une méprise. Ces problèmes ont beaucoup moins de chances de survenir si le manager met à profit la boucle de feed-back du processus de communication. Ce feed-back peut prendre, selon les cas, une forme verbale ou non verbale.

Le manager peut poser une série de questions afin de s'assurer que son message a bien été reçu tel qu'il le souhaitait. Mieux encore, il peut demander à son interlocuteur de reformuler le message à sa manière. Si ce qu'il entend correspond à ce qu'il voulait dire, la compréhension et l'exactitude s'en trouvent renforcées. Le feed-back peut également mettre en œuvre des méthodes plus subtiles que le questionnement direct ou le résumé du message.

Bien entendu, le feed-back ne passe pas nécessairement par la parole. Les actes sont parfois plus forts que les mots. Imaginons qu'un directeur commercial fasse parvenir à ses collaborateurs une note détaillant la nouvelle synthèse des ventes mensuelles qu'ils sont tous censés établir. Si certains d'entre eux ne le font pas, le manager saura, par le biais de ce feed-back, qu'il lui faut clarifier ses instructions ou que la relation entre ses commerciaux et lui est peut-être en train de se détériorer. De la même manière, lorsque vous vous adressez à un groupe de personnes, vous essayez de capter leurs regards et de percevoir d'autres signaux non verbaux susceptibles de vous indiquer s'ils reçoivent correctement votre message.

Simplifier le langage

Sachant que le langage peut constituer un obstacle, les managers doivent choisir leur vocabulaire et structurer leurs messages de manière à les rendre clairs et compréhensibles pour leurs interlocuteurs. Ils doivent prendre en compte les caractéristiques de leur public et utiliser un langage adapté. Il faut se souvenir en effet que la communication n'est efficace qu'à partir du moment où le message est à la fois reçu et compris. L'amélioration de la compréhension passe presque toujours par une simplification du langage. Par exemple, le directeur d'un hôpital doit toujours s'attacher à employer des termes clairs et faciles à comprendre, et changer de langage selon qu'il s'adresse au personnel médical, aux administratifs ou aux médias. Car s'il peut faciliter la compréhension lorsqu'on l'utilise au sein d'un groupe qui le comprend, le jargon peut aussi engendrer des difficultés s'il est employé en dehors de ce groupe.

Document 13.4 – Utiliser un langage simple ?

Source : DILBERT, reproduit avec l'autorisation de United Feature Syndicate, Inc.

Pratiquer l'écoute active

Quand quelqu'un parle, on entend ce qu'il dit. Mais trop souvent, on ne l'écoute pas. Écouter consiste à rechercher activement le sens, là où entendre ne dénote qu'une attitude passive. Lorsqu'il y a écoute, c'est le récepteur qui contribue activement au processus de communication.

Les bons écoutants sont rares. Pourquoi ? Parce qu'il est difficile d'écouter, et qu'il est en général plus satisfaisant d'être celui qui parle, c'est-à-dire celui ou celle que l'on écoute. En fait, écouter est souvent plus fatigant que de parler. C'est une activité qui demande un certain effort intellectuel. L'écoute active exige une totale concentration, ce qui n'est pas le cas lorsqu'on se contente d'entendre. On prononce en moyenne cent cinquante mots à la minute, alors que notre capacité de traitement auditif s'élève à quatre cents mots par minute environ[19]. Cet écart laisse notre cerveau souvent inoccupé, offrant à l'esprit de nombreuses occasions de divaguer.

Écoute active — Attitude attentive et réceptive à ce que l'autre exprime, caractérisée par la captation du sens complet d'un message, sans jugement ni interprétation prématurés.

L'écoute active se trouve favorisée lorsqu'on ressent de l'empathie envers l'émetteur – autrement dit, lorsqu'on se met à sa place. Compte tenu des spécificités de chacun en termes d'attitudes, d'intérêts, de besoins et d'attentes, l'empathie facilite la compréhension du contenu réel du message. L'écoutant empathique s'abstient de juger et écoute attentivement ce qui est dit. Il faut se fixer comme objectif d'améliorer son aptitude à capter le sens complet d'une communication, en évitant qu'il soit déformé par un jugement ou une interprétation prématurés. Les compétences spécifiques liées à l'écoute active sont présentées dans l'encadré « Comment développer une écoute active ».

Comment développer une écoute active ?

L'écoute active exige de se concentrer sur ce qui est dit. Il ne s'agit pas simplement d'entendre les mots, mais de fournir un effort complet pour comprendre et interpréter le message de l'orateur.

Points de repère

1. **Rechercher le contact visuel.** Que ressentez-vous lorsqu'un individu regarde ailleurs alors que vous êtes en train de lui parler ? Si vous réagissez comme la plupart des gens, vous risquez de penser qu'il exprime ainsi son indifférence ou son désintérêt. Le contact visuel vous permet de focaliser votre attention, réduit les probabilités de vous laisser distraire, et encourage l'orateur.
2. **Multiplier les hochements de tête approbateurs et contrôler l'expression adéquate du visage.** Un bon auditeur traduit son intérêt par des signaux non verbaux. Outre le contact visuel, des hochements de tête approbateurs, accompagnés d'une expression adéquate du visage, indiquent à l'orateur que vous êtes attentif à ce qu'il dit.
3. **Éviter les actes et les gestes susceptibles de distraire l'orateur et de trahir l'ennui.** En plus de témoigner de l'intérêt, vous devez éviter les comportements qui pourraient suggérer que vous êtes en train de penser à autre chose. Lorsque vous écoutez quelqu'un, abstenez-vous de regarder votre montre, de feuilleter vos documents ou de jouer avec votre stylo. L'orateur risque d'y voir un signe d'ennui ou de désintérêt, ou de s'apercevoir ainsi que vous n'êtes pas tout à fait attentif à ses paroles.
4. **Poser des questions.** L'auditeur critique analyse ce qu'il entend et pose des questions. Ce comportement permet de clarifier les idées, de vérifier la compréhension du message et montre à l'orateur que vous avez bien écouté ce qu'il disait.
5. **Reformuler à sa manière les propos de l'orateur.** Un bon auditeur utilisera des expressions telles que : « D'après ce que vous dites… » ou « Entendez-vous par là que… ? » Reformuler les propos de l'orateur représente un excellent moyen de vérifier la qualité de votre écoute et l'exactitude de ce que vous avez entendu.
6. **Éviter d'interrompre l'orateur.** Laissez l'orateur aller au bout de son raisonnement avant de réagir. N'essayez pas de deviner où il veut en venir. Vous le saurez quand il aura fini.
7. **Éviter de parler en même temps que l'orateur.** La plupart des gens préfèrent exprimer leurs propres idées qu'écouter celles des autres. Si le silence peut certes devenir désagréable, c'est néanmoins impossible de parler et d'écouter en même temps. Un bon auditeur en sera parfaitement conscient et évitera de superposer sa parole à celle de l'orateur.
8. **Opérer une transition fluide entre les rôles d'orateur et d'auditeur.** L'auditeur efficace opère une transition fluide d'orateur à auditeur puis d'auditeur à orateur. Du point de vue de l'écoute, il s'agit de se concentrer sur les paroles de l'orateur et de s'entraîner à ne pas élaborer une réponse aussitôt que l'occasion se présente.

Mise en pratique

Demandez à l'un de vos amis de vous raconter sa journée. Écoutez-le sans l'interrompre. Lorsqu'il aura fini de parler, posez-lui éventuellement deux ou trois questions pour clarifier certains points ou obtenir plus de détails. Écoutez attentivement ses réponses. Résumez ensuite sa journée en moins de cinq phrases.

Avez-vous réussi ? Laissez à votre ami le soin de vérifier l'exactitude de votre paraphrase (en essayant de ne pas l'interrompre).

Comprendre ses émotions

Il serait naïf de croire que les managers communiquent toujours de manière parfaitement rationnelle. On sait que les émotions peuvent perturber considérablement la transmission du sens. Un manager excessivement contrarié (ou enthousiaste) risque fort de mal interpréter les messages qu'il reçoit et d'être incapable de s'exprimer de façon claire et précise. Que peut-il faire ? La solution la plus simple consiste à s'abstenir de communiquer tant qu'il n'aura pas recouvré son calme.

Mettre l'accent sur les signaux non verbaux

Puisque les actes sont plus forts que les mots, il est important de s'assurer qu'ils sont en accord avec ce que l'on dit et qu'ils contribuent à en renforcer la signification. La personne soucieuse de l'efficacité de sa communication s'attachera donc à contrôler les signaux qu'elle émet, pour s'assurer là encore qu'ils véhiculent bien le message désiré.

2. La communication face aux technologies de l'information

Les technologies de l'information ont radicalement modifié les méthodes de communication dans l'entreprise. Elles améliorent de manière significative le suivi des performances, permettent aux employés d'être mieux renseignés et d'accélérer ainsi la prise de décisions, et favorisent la collaboration et l'échange d'informations au sein du personnel. Elles permettent en outre à chacun d'être accessible vingt-quatre heures sur vingt-quatre et sept jours sur sept, où qu'il se trouve. Les employés n'ont pas besoin d'être assis à leur bureau, ordinateur allumé, pour communiquer avec d'autres membres de l'entreprise. Les technologies de l'information ont connu trois développements qui semblent affecter plus particulièrement la communication managériale : les réseaux informatiques, les liaisons sans fil et les systèmes de management du savoir.

2.1. La communication en réseau

L'établissement d'un réseau informatique consiste, pour l'entreprise, à relier ses ordinateurs les uns aux autres par le biais d'une plate-forme matérielle et logicielle compatible. Dès lors, les employés peuvent communiquer entre eux et accéder aux informations qui les concernent depuis leur bureau, à l'autre bout de la ville, ou en n'importe quel point du globe. Bien que le fonctionnement intrinsèque des réseaux n'entre pas dans le cadre du présent ouvrage, leurs applications en matière de communication – e-mail, messagerie instantanée, boîtes vocales, fax, échange de données informatisées, intranets et extranets, et téléphonie par Internet – méritent d'être évoquées.

L'e-mail fait désormais partie de nos vies, tant au plan professionnel que personnel. Il désigne la transmission instantanée de messages par le biais d'un réseau d'ordinateurs. Les messages sont stockés sur la machine du destinataire, qui peut les consulter au moment qui lui convient. Les e-mails sont rapides et peu coûteux, et autorisent l'envoi d'un même message à plusieurs personnes en même temps. Ils peuvent aussi contenir des pièces jointes, ce qui offre la possibilité au récepteur d'obtenir la copie d'un document. Les collaborateurs d'une entreprise disposent là d'un moyen très pratique d'échanger des informations et de communiquer.

Certains d'entre eux, qui trouvent l'e-mail trop lent et trop lourd à gérer, préfèrent utiliser la messagerie instantanée. Il s'agit d'un moyen de communication interactif, en temps réel, qui met en rapport l'ensemble des utilisateurs connectés présentement au réseau. La messagerie instantanée a d'abord conquis les adolescents et préadolescents, désireux de communiquer en ligne avec leurs amis. Elle est en train de s'imposer sur le lieu de travail. Avec elle, on n'a plus besoin d'attendre qu'un collègue décide de lire un e-mail. L'information, de quelque nature qu'elle soit, peut lui être communiquée instantanément. Ce système présente néanmoins deux grands inconvénients : il oblige ses utilisateurs à se trouver connectés au réseau au même moment, et facilite les intrusions.

La boîte vocale permet de numériser un message oral, de le transférer par le réseau et de le stocker sur disque afin que le récepteur puisse en prendre connaissance ultérieurement[20]. Elle assure la transmission de l'information malgré l'absence physique du récepteur, lequel peut ensuite choisir de conserver le message, de l'effacer, ou de le faire suivre à quelqu'un d'autre.

La télécopie, ou fax, permet l'envoi de textes ou de graphiques par le biais d'une ligne téléphonique ordinaire. L'appareil émetteur scanne et numérise le document ; à l'autre bout, la machine du récepteur décode les données et reproduit le document sur support papier. Les employés peuvent ainsi s'échanger très facilement et très rapidement certaines informations pour lesquelles la forme imprimée est la plus adaptée.

L'échange de données informatisées (EDI) offre aux entreprises le moyen de s'échanger des documents d'affaires, tels que des factures ou des commandes, par l'intermédiaire d'une connexion informatique directe. Les entreprises privilégient souvent l'EDI dans leurs rapports avec les distributeurs, les fournisseurs et les consommateurs, car il autorise d'importantes économies de temps et d'argent. Les informations relatives à une transaction donnée transitent d'une entreprise à l'autre par un réseau de télécommunication privé. L'édition et la manipulation de documents papier d'un côté, la saisie de données de l'autre, sont éliminées.

Les réunions – en privé, au sein d'une équipe, au niveau d'un département, ou impliquant l'ensemble du personnel – ont toujours représenté un bon moyen d'échanger des informations. Les limites de la technologie imposaient autrefois le regroupement des intervenants dans un même lieu. Ce n'est plus le cas aujourd'hui. La téléconférence permet à un groupe d'individus de converser de manière simultanée par téléphone ou e-mail. Si les gens ont la possibilité de voir leurs interlocuteurs par écrans vidéo interposés, on parle de visioconférence. Quel que soit le lieu où elles se trouvent, les équipes de travail, grandes ou petites, peuvent ainsi collaborer et échanger des informations. Cette méthode est très souvent moins coûteuse que de rapatrier des personnes venues de plusieurs endroits différents.

L'éclosion des réseaux informatiques a entraîné le développement d'intranets et d'extranets dans les entreprises. Un intranet désigne un réseau interne fondé sur la technologie d'Internet, mais dont l'accès est réservé aux employés. De nombreuses firmes s'en servent pour permettre au personnel d'échanger des informations et de collaborer sur tel ou tel document ou projet – mais aussi de se renseigner sur la politique de l'entreprise ou de consulter certaines données privées, comme le détail de leurs avantages sociaux – à partir de différents endroits[21]. Un extranet représente un réseau fondé sur la technologie d'Internet, qui permet aux utilisateurs accrédités par l'entreprise de communiquer avec certains partenaires extérieurs, tels que des clients ou des distributeurs. La plupart des grands constructeurs automobiles disposent d'un extranet pour communiquer plus rapidement et plus efficacement avec leurs concessionnaires.

Enfin, Internet sert également aujourd'hui à communiquer par la voix. À l'instar de Skype et de Yahoo!, des sites web offrent à leurs utilisateurs la possibilité de discuter ensemble. Parallèlement, de nombreuses compagnies s'orientent à présent vers un mode de communication basé sur l'Internet vocal.

2.2. Comment les technologies sans fil affectent-elles la communication ?

Malgré tout l'intérêt que peuvent présenter, aux yeux d'un manager, les possibilités de communication que lui offre l'interconnexion des réseaux informatiques, leur véritable potentiel n'a pas encore été entièrement exploité. Les réseaux actuels contraignent en effet les entreprises et leurs employés à utiliser des liaisons par câble. Les communications sans fil reposent à l'inverse sur la transmission de signaux à travers les airs, sans la moindre connexion physique, par le biais d'émetteurs à micro-ondes, de satellites, d'antennes radio ou de faisceaux infrarouges. Les téléphones mobiles, ordinateurs portables, bipeurs et autres offrent désormais aux managers de nouveaux moyens de « garder le contact ». Des millions de personnes utilisent les technologies sans fil pour envoyer et recevoir des informations partout dans le monde. Résultat : les employés n'ont plus besoin d'être au bureau, assis devant leur ordinateur, pour communiquer avec leurs collègues. À mesure que la technologie progressera, ils seront de plus en plus nombreux à utiliser la communication sans fil pour collaborer et partager l'information[22].

Le manager et les technologies

FYEO – les nouveaux jargons de la communication

Connaissez-vous suffisamment l'argot d'Internet ? Si vous recevez un e-mail ou un SMS comprenant les lettres GFTD, saurez-vous ce que cela signifie ? Et NSFW ou BIL ? Il y a des moments où c'est très important de le savoir. Si vous recevez au travail un e-mail marqué « NSFW », il vaudrait peut-être mieux attendre d'être à la maison pour regarder le fichier attaché… En effet, NSFW signifie « not safe for work » (« à ne pas regarder au travail »).

Puisque les abréviations dans les SMS, les e-mails et les tweets, sont de plus en plus courantes, il faut faire de plus en plus attention au contenu. Dans de nombreux bureaux, une connaissance de ce jargon est devenue indispensable. Parce que beaucoup d'employés utilisent des sites sociaux comme Twitter ou Facebook et des SMS pour communiquer avec leurs collègues ou leurs clients, ils se servent des abréviations pour ne pas dépasser la longueur imposée par le message. Toutefois, comme le montre notre exemple du NSFW, ne pas savoir ou mal comprendre le jargon peut être source de surprises, de réponses inappropriées et de malentendus. Comme ces sociolectes évoluent très rapidement en anglais tant qu'en français, n'hésitez pas à consulter les sites dédiés à l'argot internet…

(BTW – qui veut dire « *by the way* », « au fait » –, FYEO signifie « *for your eyes only* », « pour vous seulement », GFTD signifie « *gone for the day* », « parti pour la journée » et BIL, « *boss is listening* », « le chef écoute »).

2.3. Comment le management du savoir affecte-t-il la communication ?

La création d'un environnement favorable à l'apprentissage et à l'établissement d'une communication efficace passe notamment par la multiplication des possibilités d'acquisition du savoir à travers toute l'entreprise, et à tous les niveaux. Comment les managers peuvent-ils s'y prendre ? La première étape consiste à admettre que le savoir représente une ressource de première importance, au même titre que l'argent, les matières premières ou l'équipement des bureaux. Pour bien en comprendre la valeur, pensez à la manière dont vous choisissez vos fournisseurs de prestations intellectuelles (écoles, organismes de formation, sociétés d'études, consultants, etc.). Glanez-vous des renseignements auprès de ceux qui ont déjà eu tel ou tel fournisseur ou prestataire ? Fondez-vous votre décision sur l'expérience qu'ils ont vécue avec cette personne ou cette institution (leur connaissance de la situation) ? Dans ce cas, vous exploitez la valeur du savoir. Mais dans une entreprise, reconnaître la valeur du savoir accumulé ou de la sagesse des gens ne suffit pas. Les managers doivent prendre l'initiative de gérer cette masse de connaissances.

Le **management du savoir** *(knowledge management)* suppose le développement d'une culture de l'apprentissage dans laquelle les employés engrangent des connaissances et les partagent systématiquement avec leurs collègues afin d'améliorer leurs performances[23]. Chez Ernst & Young, l'un des cinq plus importants cabinets de conseil du marché, comptables et consultants documentent ainsi les meilleures méthodes qu'ils ont pu mettre en œuvre, les problèmes inhabituels auxquels ils ont été confrontés, ainsi que toutes sortes d'informations du même genre. Ce « savoir » est ensuite partagé avec l'ensemble du personnel au moyen d'applications informatiques et par le biais de groupes d'intérêt qui se réunissent régulièrement au sein de l'entreprise. Beaucoup d'autres entreprises – General Electric, Toyota, Hewlett-Packard… – reconnaissent, elles aussi, l'importance du management du savoir, qui leur permet d'enrichir leurs connaissances. Les technologies actuelles lui confèrent la capacité d'améliorer et de faciliter la communication et la prise de décisions.

*Management du savoir (*Knowledge Management*)* — Ensemble des processus visant une meilleure exploitation des connaissances organisationnelles et mettant en œuvre le développement d'une culture de l'apprentissage dans laquelle les employés engrangent des savoirs et les partagent avec leurs collègues.

3. Développer ses compétences interpersonnelles

Seriez-vous étonné d'apprendre que les managers sont sans doute plus souvent renvoyés pour leur manque de compétences interpersonnelles que pour leurs lacunes techniques[24] ? Un sondage mené auprès de dirigeants d'entreprises américaines a révélé qu'outre-Atlantique les compétences interpersonnelles constituaient l'un des premiers critères d'embauche des cadres supérieurs[25]. Étant donné que leur travail consiste au bout du compte à faire exécuter des ordres, les capacités en matière de leadership ou de communication conditionnent en effet directement leur efficacité[26]. Quelles sont donc ces compétences interpersonnelles que tout manager se doit de posséder[27] ?

3.1. Encore l'écoute active ?

Nous avons déjà évoqué l'écoute active qui représente une des plus importantes compétences interpersonnelles. L'écoute active oblige à entrer dans l'esprit de celui qui parle, afin d'envisager son message à partir de son point de vue, de sa représentation du monde, de sa conception de votre relation. Elle demande beaucoup de concentration et impose de vouloir comprendre de manière exhaustive ce que l'orateur est en train de dire[28]. Ceux qui mettent en œuvre des techniques d'écoute active sortent d'une réunion d'information d'une heure autant épuisés que celui qui a réalisé l'intervention, car ils ont consacré autant d'énergie à écouter que celui-ci en a dépensé pour parler.

L'écoute active requiert quatre conditions essentielles : (1) l'intensité de la concentration, (2) l'empathie, (3) la tolérance et (4) le désir d'assumer l'aboutissement de la communication[29]. Comme on l'a vu précédemment, le cerveau humain est capable de supporter une vitesse d'élocution six fois supérieure à celle d'un orateur moyen. Ce qui lui laisse amplement le temps de divaguer… L'auditeur actif doit donc se concentrer *intensivement* sur ce que dit l'orateur et ignorer toutes les pensées diverses et variées (relatives à l'argent, aux sentiments, aux vacances, aux soirées, aux examens…) qui risqueraient de le distraire. À quoi occupe-t-il les périodes d'inactivité de son cerveau ? À résumer et à assimiler ce qu'il vient d'entendre. À replacer chaque nouvel élément d'information dans le contexte de ceux qui précèdent.

L'*empathie* consiste à se mettre à la place de l'orateur. Il s'agit d'essayer de comprendre ce qu'il veut dire, et non ce que l'on veut entendre. Il convient de souligner que l'empathie exige à la fois de connaître l'orateur et de faire preuve de flexibilité. Il faut tenter de mettre de côté ses propres pensées et sentiments et de faire correspondre ce que l'on voit et entend avec l'univers de l'orateur. On augmente ainsi nos chances d'interpréter le message comme il était censé l'être.

Un auditeur actif doit également faire preuve de *tolérance*. Il doit pratiquer une écoute objective et s'abstenir de juger le contenu du message. Cela n'a rien de facile. Il est tout à fait normal d'être distrait par ce que dit l'orateur, surtout lorsqu'on n'est pas d'accord avec lui. Lorsqu'on entend des choses que l'on désapprouve, on commence en général à formuler mentalement des arguments contraires. Ce faisant, on n'écoute pas le reste du message. Le défi pour l'auditeur actif consiste donc à absorber les paroles de l'orateur en réservant son jugement jusqu'au terme de l'intervention.

L'écoute active suppose enfin d'*assumer l'aboutissement de la communication*. En d'autres termes, l'auditeur doit faire le nécessaire pour acquérir le sens complet et originel du message émis par l'orateur. Il existe deux techniques particulièrement répandues : se montrer réceptif aux sensations autant qu'au contenu et poser des questions pour s'assurer d'avoir bien compris. (Voir l'encadré « Comment développer une écoute active ? » ci-avant.)

1.2. Pourquoi le feed-back est-il si important ?

Si vous interrogez un manager sur la manière dont il utilise le feed-back, vous risquez d'obtenir une réponse évasive. Un feed-back positif a toutes les chances d'être communiqué sur-le-champ et avec enthousiasme. Le traitement du feed-back négatif est souvent très différent[30]. Comme la plupart d'entre nous, les managers n'apprécient pas particulièrement d'annoncer de mauvaises nouvelles. Ils craignent d'offenser celui qui les reçoit ou de devoir prendre en charge ses émotions. Voilà pourquoi le feed-back négatif se retrouve fréquemment éludé, retardé, ou substantiellement déformé. Or, il est important de communiquer le feed-back, qu'il soit positif ou négatif ; voici quelques techniques spécifiques susceptibles d'améliorer son efficacité.

Quelle est la différence entre feed-back positif et feed-back négatif ?

On sait que les managers gèrent différemment le feed-back positif et le feed-back négatif. Les récepteurs font de même. Il convient d'en tenir compte et d'ajuster son style de feed-back en conséquence.

Le *feed-back positif* se perçoit mieux, et plus précisément, que le feed-back négatif. En outre, alors qu'on accepte volontiers le premier, le second suscite souvent des résistances[31]. Pourquoi ? La réponse la plus logique semble être que les gens préfèrent recevoir de bonnes nouvelles et refouler le reste. Le feed-back positif correspond à ce que la plupart souhaitent entendre et à l'idée qu'ils se font déjà d'eux-mêmes. Cela signifie-t-il alors qu'il faut éviter de transmettre le feed-back négatif ? Certes pas ! Il s'agit simplement d'être conscient des résistances potentielles qu'il suscite et d'apprendre à l'utiliser dans les situations où il risque le moins d'être rejeté[32]. Quelles sont ces situations ? Les recherches montrent que le feed-back négatif a les meilleures chances d'être accepté lorsqu'il provient d'une source crédible ou revêt un caractère objectif. Les impressions subjectives n'ont de poids que lorsqu'elles sont émises par un personnage haut placé (aux yeux de celui qui reçoit le feed-back) et doté d'une très forte crédibilité[33]. Cela semble indiquer que le feed-back négatif aura d'autant plus de chances d'être admis qu'il s'appuiera sur des données concrètes – chiffres, exemples spécifiques, etc. Le feed-back négatif de nature subjective peut néanmoins donner de bons résultats chez les managers expérimentés, en particulier ceux qui occupent les échelons les plus élevés de la hiérarchie et qui sont parvenus à susciter la confiance et à gagner le respect de leurs employés. À l'inverse, venant d'un manager de moindre rang, ou dont la réputation n'est pas encore établie, il est probable que ce type de feed-back soit assez mal reçu.

Comment donner du feed-back efficace ?

Il existe six recommandations susceptibles de vous aider à utiliser le feed-back de manière plus efficace[34].

- **Concentrez-vous sur des comportements spécifiques.** Le feed-back doit être spécifique plutôt que général. Évitez les affirmations telles que « Votre attitude ne me convient pas » ou « Je suis vraiment impressionné par votre travail. » Trop vagues, elles ne fournissent pas assez d'informations à l'interlocuteur pour lui permettre de se corriger, ou pour savoir sur quels éléments s'appuie votre appréciation de son travail et pouvoir à l'avenir réitérer cette performance.
- **Veillez à l'objectivité du feed-back.** Le feed-back, et plus particulièrement le négatif, doit être descriptif plutôt que critique. Quel que soit votre niveau d'énervement, concentrez-vous sur le comportement professionnel (ce qui a été fait) et abstenez-vous d'émettre des critiques sur la personne même de votre interlocuteur (ce qu'il est). Accuser quelqu'un d'incompétence ou de paresse se révèle le plus souvent contre-productif. Ce genre de remarque provoque une telle réaction émotionnelle que la faute elle-même risque fort de se trouver reléguée au second plan. Lorsque vous critiquez quelqu'un, souvenez-vous que vous devez sanctionner son comportement professionnel, et non l'individu lui-même. Vous pourriez être tenté d'accuser telle ou telle personne de grossièreté ou d'incorrection (à juste titre, du reste). Mais vous ne feriez preuve alors d'aucune objectivité. Vous seriez bien mieux avisé de citer un cas particulier, et de dire par exemple : « Vous m'avez interrompu trois fois pour des questions sans importance, alors que vous saviez que j'étais en communication avec notre principal client brésilien. »
- **Veillez à ce que le feed-back soit orienté vers les objectifs.** Le feed-back ne doit pas servir à « démolir » ni à « charger » l'interlocuteur. Si vous devez lui faire une remarque négative, assurez-vous qu'elle se rapporte à ses objectifs professionnels. Demandez-vous à qui va profiter le feed-back. S'il doit servir à vous soulager (« Il faut absolument que ça sorte »), mordez-vous la langue et retenez-vous… Ce genre de feed-back porte atteinte à votre crédibilité et réduit la signification et l'influence de vos futures interventions.
- **Réagissez en temps et en heure.** Pour garantir une efficacité maximale, l'intervalle de temps entre le comportement incriminé et l'émission du feed-back doit être le plus court possible. Un nouvel employé tiendra plus facilement compte des recommandations de son manager si ce dernier lui signale son erreur juste après qu'il l'a commise, ou en fin de journée, au lieu d'attendre l'évaluation générale des performances, six mois plus tard. Si vous devez perdre du temps à reconstituer la situation et à rafraîchir la mémoire de votre interlocuteur, votre feed-back risque d'être totalement inefficace. En outre, si votre objectif consiste d'abord à modifier le comportement d'une personne, une réaction trop tardive réduit vos chances de voir l'évolution souhaitée se produire. Bien entendu, la promptitude du feed-back peut aussi se retourner contre vous, si vous réagissez avant de

disposer d'informations suffisantes ou sous le coup d'une contrariété. Dans ces cas-là, réagir en temps et en heure peut aussi signifier attendre le moment opportun.

- **Assurez-vous d'avoir été compris.** Votre feed-back est-il suffisamment concis et exhaustif pour que le récepteur puisse en saisir clairement la signification ? Rappelez-vous que le succès de la communication repose à la fois sur le transfert et sur la compréhension du sens. Pour que le feed-back soit efficace, vous devez vous assurer qu'il est parfaitement compris. Reprenez l'une des techniques d'écoute exposées précédemment : demandez au récepteur de reformuler votre message afin de dépister d'éventuelles erreurs d'interprétation.
- **Réservez le feed-back négatif aux comportements que le récepteur peut maîtriser.** Reprocher à quelqu'un des dysfonctionnements sur lesquels il pense n'avoir aucun pouvoir ne présente que peu d'intérêt. Le feed-back négatif ne doit concerner que les comportements susceptibles d'être corrigés par votre interlocuteur. S'il est ainsi parfaitement légitime de critiquer le retard d'un employé qui avoue avoir oublié de régler son réveil, il est en revanche tout à fait inutile de lui reprocher la coupure de courant qui a bloqué son métro pendant une heure et demie. Il n'avait en effet aucun moyen d'éviter l'incident – sauf à trouver sur-le-champ un autre mode de transport, ce qui n'est pas forcément très réaliste. Par ailleurs, si le feed-back négatif se rapporte à des erreurs qui relèvent de la responsabilité du récepteur, il peut être judicieux de lui indiquer précisément comment améliorer la situation. De telles recommandations permettent d'adoucir un peu la critique et de guider l'employé qui comprend le problème mais ne sait pas comment le résoudre.

3.3. Et la responsabilisation ?

On a plusieurs fois souligné dans cet ouvrage que les managers tendaient à donner de plus en plus d'autonomie à leurs collaborateurs directs. Beaucoup d'entre eux sont aujourd'hui chargés de prendre des décisions qui affectent directement leur travail. Ils préparent les budgets, organisent la production, gèrent les stocks, résolvent les problèmes de qualité et assument un certain nombre de fonctions que l'on pensait réservées jusqu'à présent aux seuls managers[35].

Cette autonomisation croissante résulte de l'action de deux forces simultanées. Tout d'abord, la nécessité de laisser le pouvoir de décision à ceux qui connaissent le mieux leur sujet, ce qui signifie un déplacement des responsabilités vers les échelons inférieurs. Si les entreprises veulent rester compétitives dans une économie globale et dynamique, elles doivent être capables de réagir et de changer rapidement d'orientation. Ensuite, l'accroissement considérable de la charge de travail de nombreux managers, conséquence des réductions d'effectifs intervenues au cours des deux dernières décennies. Pour y faire face, la seule solution consiste à laisser plus d'autonomie aux collaborateurs directs. Cette évolution pose deux conditions essentielles : apprendre à déléguer et en comprendre l'intérêt.

Déléguer, c'est transmettre à quelqu'un d'autre le pouvoir d'accomplir une activité spécifique, et notamment permettre à un employé de prendre des décisions – en d'autres termes, déplacer l'autorité décisionnelle d'un échelon supérieur vers un échelon inférieur (voir document 13.5). Attention toutefois à ne pas confondre délégation et participation. Dans un processus participatif, il y a partage de l'autorité. Dans le cas d'une délégation, les employés assument seuls leurs décisions – et c'est précisément ce qui en fait une composante essentielle de leur autonomisation.

Déléguer — Processus managérial conduisant un superviseur à transmettre à un collaborateur le pouvoir d'accomplir une activité spécifique relevant normalement de sa propre sphère de responsabilité.

Document 13.5 – La délégation de l'autorité.

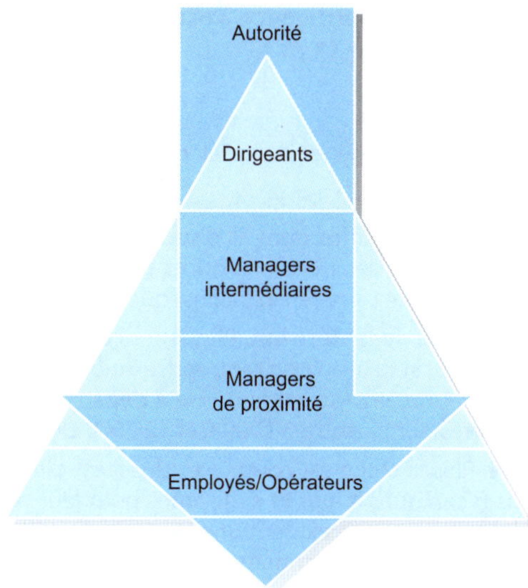

La délégation de l'autorité correspond à un transfert descendant aligné sur l'organisation hiérarchique de l'entreprise.

En déléguant, les managers n'abdiquent-ils pas leurs responsabilités ?

Lorsqu'elle est correctement mise en œuvre, la délégation n'a rien à voir avec l'abdication. *Correctement* : voilà le mot clé. En tant que manager, si vous vous déchargez d'une tâche sur un collaborateur sans lui expliquer clairement le travail demandé, la marge de liberté dont il dispose, la performance qu'on attend de lui et le temps qui lui est imparti, vous négligez vos responsabilités et risquez de graves ennuis[36]. Pour autant, ne tombez pas dans le piège qui consisterait à déléguer moins pour ne pas donner l'impression d'abdiquer. Beaucoup de jeunes managers, encore inexpérimentés, s'y laissent malheureusement prendre. N'ayant pas confiance en leurs subordonnés et craignant de devoir supporter les conséquences de leurs erreurs, ils essayent de tout faire par eux-mêmes.

Peut-être êtes-vous effectivement capable de travailler mieux – c'est-à-dire plus rapidement, et en faisant moins d'erreurs – en fonctionnant seul. Le problème, c'est que vous allez manquer de temps et d'énergie. Vous ne pourrez jamais tout faire tout seul. En tant que manager, il vous faudra déléguer pour rester efficace. De cette constatation découlent deux points. Premièrement, vous devrez accepter que vos subordonnés commettent des erreurs. Elles sont inévitables et représentent, tant qu'elles ne coûtent pas trop cher, un bon moyen d'apprentissage. Deuxièmement, pour garantir que les conséquences financières de ces erreurs n'excéderont pas la valeur de ce qu'elles enseigneront, vous devrez mettre en place des contrôles adéquats. Comme on va le voir, déléguer sans disposer d'un feed-back qui vous permette de détecter des problèmes potentiellement graves s'apparente à une forme d'abdication.

Quelle proportion de son autorité un manager doit-il déléguer ? Doit-il exercer un contrôle centralisé et ne laisser que le strict minimum d'autonomie aux personnes qui travaillent pour lui ? Quels sont les facteurs de contingence à examiner pour déterminer le degré optimal de cette délégation (voir document 13.6) ?

Document 13.6 – Les facteurs de contingence de la délégation d'autorité.

- **Taille de l'entreprise.** Le nombre de décisions à prendre augmente avec la taille de l'entreprise. Les dirigeants étant limités par le temps dont ils disposent et les informations qu'ils peuvent obtenir dépendent d'autant plus des décisions prises par les managers que l'entreprise est grande. La délégation de l'autorité s'y révèle par conséquent plus importante qu'ailleurs.
- **Importance de la fonction ou de la décision.** Plus la fonction ou la décision est importante (en termes de coût et d'impact sur l'avenir de l'entreprise), moins elle a de chances d'être déléguée. Un chef de service pourra ainsi se voir autorisé à dépenser jusqu'à 7 500 €, un chef de département ou un vice-président jusqu'à 50 000 € et 125 000 € respectivement.
- **Complexité de la tâche.** Plus la tâche est complexe, plus il est difficile pour les dirigeants de disposer d'informations techniques à jour et suffisantes pour leur permettre de prendre une bonne décision. Les tâches complexes exigent une expertise particulière, et les décisions qui s'y rapportent devraient revenir aux personnes qui possèdent les connaissances techniques nécessaires.
- **Culture d'organisation.** Si les managers font confiance à leurs collaborateurs, cette culture autorisera une délégation plus importante. À l'inverse, si les dirigeants doutent des capacités des cadres intermédiaires, ils ne délégueront leur autorité qu'en cas d'absolue nécessité. Dans ce genre de situation, la délégation de l'autorité reste toujours aussi limitée que possible.
- **Qualité professionnelle des employés.** Le dernier facteur à prendre en compte se rapporte à la qualité des employés. Ils doivent se montrer suffisamment compétents, doués et motivés pour endosser l'autorité qu'on leur délègue et en faire bon usage. Si ces conditions ne sont pas réunies, la direction exprimera quelque réticence à les laisser agir.

Comment déléguer efficacement ?

Comment faire pour déléguer efficacement ? Il existe un certain nombre de points de repère, aujourd'hui couramment reconnus dans le monde du management, et qui sont censés faire toute la différence entre un bon et un mauvais délégant[37].

- **Clarifier la mission.** Il convient tout d'abord de bien préciser ce qui doit être délégué et à qui vous allez le déléguer. Vous devez identifier la personne la plus apte à remplir la tâche considérée et déterminer ensuite si celle-ci dispose d'assez de temps et de motivation pour la mener à bien. En supposant qu'un employé se porte volontaire, il est de votre responsabilité de lui fournir des informations claires sur la nature de la délégation, les résultats attendus, et tous les objectifs de rapidité et de performance que vous pourriez lui fixer. À moins qu'il ne soit impératif de suivre une méthode spécifique, vous devriez vous contenter d'exiger de lui les résultats souhaités. En d'autres termes, mettez-vous d'accord sur le contenu de la mission et sur ce que vous attendez, mais laissez-le choisir la manière avec laquelle il accomplira son travail. En vous concentrant sur les objectifs et en laissant à votre employé la liberté de juger par lui-même du meilleur moyen de les atteindre, vous augmenterez sa confiance, sa motivation et son sens des responsabilités.

- **Définir la marge de liberté des collaborateurs.** Toute délégation entraîne des contraintes. Si vous accordez une certaine liberté d'action à vos subordonnés, vous ne leur abandonnez pas pour autant l'ensemble de vos prérogatives. Vous déléguez votre autorité sur un domaine particulier, en fonction de certains paramètres. Vous devez préciser ces paramètres, de sorte que les employés concernés puissent évaluer la latitude dont ils disposent. Vous partagerez ainsi la même notion des limites posées à leur autorité, et de ce qu'ils peuvent envisager de faire sans demander à nouveau votre approbation.
- **Faire participer les employés.** L'un des meilleurs moyens de définir correctement le niveau d'autorité nécessaire à l'accomplissement d'une tâche consiste à permettre aux employés qui en assumeront la responsabilité de participer à son évaluation. Soyez néanmoins conscient que cette participation peut elle-même engendrer des problèmes liés à l'expression des intérêts personnels des employés, susceptibles de les inciter à surestimer leurs compétences. Certains pourraient être tentés d'élargir leur autorité au-delà du strict nécessaire, et au-delà de ce qu'ils sont capables de faire. Leur trop grande implication dans le choix des tâches confiées et dans la détermination du niveau d'autorité adéquat risquerait de mettre en péril l'efficacité du processus de délégation.
- **Informer les autres.** La délégation ne saurait s'effectuer en vase clos. Il ne suffit pas que vous et vos employés sachiez précisément ce qui a été délégué et quelle part d'autorité se trouve ainsi transférée : vous devez également en informer tous ceux qui seront potentiellement affectés par cette décision, à l'extérieur comme à l'intérieur de l'entreprise. Il s'agit, pour résumer, de communiquer la nature de la délégation (mission et niveau d'autorité) et le nom du (des) délégataire(s). L'absence d'information favorise les conflits et réduit les chances de voir vos employés s'acquitter efficacement de la tâche qui leur a été confiée.
- **Mettre en place du feed-back.** Déléguer sans prendre le soin d'instaurer un feed-back peut se révéler très dangereux. Vos employés ont toujours la possibilité d'abuser de la liberté qui leur est offerte. Le contrôle régulier de leur travail augmente la probabilité d'identifier au plus tôt les problèmes importants et de voir la tâche accomplie dans les délais impartis et conformément aux instructions. Dans l'idéal, ce contrôle doit être négocié au moment de la délégation. Après accord sur la date d'achèvement, on fixera la fréquence avec laquelle les employés devront communiquer l'état d'avancement de leurs travaux et signaler tous les problèmes qui pourraient survenir. Ce contrôle pourra s'accompagner de vérifications périodiques visant à s'assurer du respect des limites de l'autorité transférée, de la politique de l'entreprise et des procédures de travail. Mais point trop n'en faut. Si le contrôle se révèle trop contraignant, les employés n'auront plus la possibilité d'acquérir de l'assurance. On risque alors de perdre l'aspect motivant de la délégation. Un système de contrôle bien conçu, tel qu'il sera exposé plus en détail au chapitre suivant, laissera passer les petites méprises des employés mais vous alertera dès qu'ils seront sur le point de commettre une erreur grave.

3.4. Comment gérer les conflits ?

La capacité à gérer les conflits représente sans aucun doute l'une des compétences les plus importantes d'un manager[38]. Une étude de l'American Management Association, centrée sur les dirigeants et les managers intermédiaires, a révélé que ceux-ci y consacraient en moyenne 20 % de leur temps[39]. Un sondage relatif aux sujets devant prioritairement figurer dans les programmes de formation au management est venu confirmer l'importance de la gestion des conflits, classée devant la prise de décision, le leadership voire même les compétences en matière de communication[40].

Qu'est-ce que la gestion des conflits ?

Un **conflit** correspond à une opposition *perçue*. Que le différend sous-jacent soit réel ou pas n'a aucune espèce d'importance. Il suffit que les gens le perçoivent pour qu'il y ait situation conflictuelle.

> *Conflit* — Situation de désaccord ou d'antagonisme entre acteurs, résultant de la perception d'un différend en matière de ressources, d'objectifs ou d'enjeux et engendrant des comportements de perturbation ou de résistance.

Au fil du temps, trois conceptions différentes du conflit professionnel se sont développées[41]. La première conception, dite **traditionnelle**, affirme qu'il doit être évité, car il met en lumière un dysfonctionnement de l'entreprise. La deuxième conception, dite **humaniste**, soutient que le conflit représente un élément naturel et inévitable de la vie de l'entreprise et qu'il n'est pas nécessairement mauvais, mais possède au contraire le potentiel de se transformer en une force positive susceptible de contribuer à l'amélioration des performances. La troisième conception, dite **interactionniste**, est aussi la plus récente ; elle confirme non seulement l'aspect potentiellement positif du conflit mais suggère même qu'il est absolument indispensable pour garantir l'efficacité de l'entreprise ou de ses équipes.

> *Conception traditionnelle du conflit* — Elle affirme que les conflits, naturellement néfastes, doivent être évités.

> *Conception humaniste du conflit* — Elle considère le conflit comme une chose naturelle et inévitable, qui possède le potentiel de se transformer en une force positive.

> *Conception interactionniste du conflit* — Elle présente le conflit comme un facteur indispensable de l'efficacité de l'entreprise.

La vision interactionniste ne signifie pas pour autant que tous les conflits soient bénéfiques. Certains contribuent à la réussite de l'organisation ; ce sont des **conflits fonctionnels**, aux effets constructifs. D'autres l'empêchent d'atteindre ses objectifs ; ce sont des **conflits dysfonctionnels**, aux effets destructifs. Le document 13.7 illustre le défi auquel nombre de managers se trouvent confrontés.

> *Conflit fonctionnel* — Conflit qui favorise la réussite de l'entreprise.

> *Conflit dysfonctionnel* — Conflit qui empêche l'entreprise d'atteindre ses objectifs.

Quand un conflit est-il fonctionnel ou dysfonctionnel ? Des résultats de recherche suggèrent qu'il convient de tenir compte du *type* de conflit[42]. Le **conflit lié à la tâche** concerne les contenus et objectifs du travail. Le **conflit relationnel** s'appuie sur les relations interpersonnelles, et le **conflit lié au processus** se base sur les façons d'accomplir le travail. Des résultats de recherche montrent que les conflits *relationnels* sont presque toujours dysfonctionnels car l'hostilité interpersonnelle augmente le nombre d'accrochages, réduit la compréhension mutuelle et empêche la finalisation des tâches. À l'opposé, un faible degré de conflits liés au processus ainsi qu'un faible à moyen degré de conflits liés à la tâche sont considérés fonctionnels. Pour qu'un conflit lié au *processus* soit fonctionnel, il faut qu'il soit faible. Autrement, les différends concernant la question « qui est censé faire quoi » deviennent dysfonctionnels car ils induisent de l'incertitude concernant les responsabilités, augmentent le temps nécessaire à terminer le travail, et amènent les membres de l'équipe à considérer des intérêts qui ne sont pas liés à la tâche. Un degré faible à moyen de conflits liés à la *tâche*, par contre, a systématiquement un impact positif sur la performance d'une équipe car il incite à l'échange d'idées qui permettent à l'équipe d'être plus innovante[43]. Ne disposant pas encore de mesures qui permettraient d'établir le niveau précis d'un conflit donné, les managers doivent faire preuve de discernement pour déterminer si les niveaux de conflit au sein de leurs services sont optimaux, trop élevés ou trop faibles.

Document 13.7 – Conflit et performances de l'entreprise.

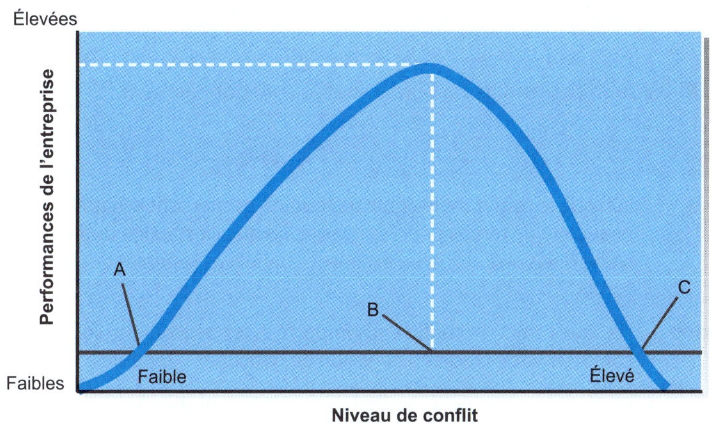

Situation	Niveau de conflit	Type de conflit	Caractéristiques intrinsèques de l'entreprise	Niveau de performance de l'entreprise
A	Faible ou nul	Dysfonctionnel	Apathie/Stagnation/ Absence de réactivité/ Manque d'idées nouvelles	Faible
B	Optimal	Fonctionnel	Viabilité/Autocritique/ Innovation	Élevé
C	Élevé	Dysfonctionnel	Instabilité/Désordre/ Manque de coopération	Faible

Conflit lié à la tâche — Conflit qui concerne les contenus et les objectifs du travail.

Conflit relationnel — Conflit qui est basé sur les relations interpersonnelles.

Conflit lié au processus — Conflit qui se base sur les façons d'accomplir le travail.

Quels conflits gérer ?

Pour atténuer un conflit excessif, les managers peuvent choisir l'une ou l'autre des cinq stratégies de gestion de conflit : évitement, accommodation, compétition, compromis et collaboration[44] (voir le document 13.8 pour les conditions d'application de ces stratégies). Chacune présente des qualités et des défauts particuliers, et aucune n'est idéale dans toutes les situations.

Indépendamment de nos ambitions, la réalité nous enseigne que certains conflits sont tout simplement ingérables[45]. Lorsque les antagonismes s'enracinent trop profondément, que l'une ou l'autre des parties (ou les deux) s'emploie à perpétuer le conflit, ou que les esprits sont à ce point échauffés qu'aucune interaction constructive n'est envisageable, vos tentatives d'apaisement n'ont que très peu de chances d'aboutir. Oubliez l'idée naïve selon laquelle un bon manager devrait pouvoir résoudre tous les conflits. Certains n'en valent pas la peine, tandis que d'autres se situent en dehors de votre sphère d'influence. D'autres encore peuvent se révéler éminemment fonctionnels, et vous aurez donc tout intérêt à ne pas y toucher.

Document 13.8 – Gestion des conflits : la bonne stratégie au bon moment.

Stratégie	À utiliser
Évitement	Lorsque le conflit est insignifiant, que les esprits sont échauffés et qu'il faudra beaucoup de temps pour les apaiser, ou que l'instabilité potentielle découlant d'une décision autoritaire excède les bénéfices résultant de la résolution du conflit.
Accommodation	Lorsque l'objet du conflit vous importe assez peu, ou que vous souhaitez conforter votre crédit en prévision de difficultés ultérieures.
Compétition	Lorsque vous devez résoudre rapidement un problème important qui vous oblige à entreprendre des actions impopulaires, et que l'adhésion des autres n'est pas indispensable.
Compromis	Lorsque les parties qui s'opposent sont de forces à peu près égales, qu'il est souhaitable de trouver une solution temporaire à un problème complexe, ou que les contraintes de temps exigent un règlement rapide.
Collaboration	Lorsque les contraintes de temps sont minimales, que les parties cherchent sincèrement à ne léser personne, et que le problème posé est trop important pour se contenter d'un compromis.

Comment stimule-t-on les conflits ?

Qu'en est-il de l'autre facette de la gestion des conflits – en fait, de ces situations qui imposent aux managers de stimuler les antagonismes ? Cette notion n'est pas toujours très facile à accepter. Pour la grande majorité d'entre nous, le terme de conflit véhicule une connotation négative, et l'idée d'en provoquer à dessein semble représenter l'antithèse d'une bonne politique managériale. Les gens qui apprécient les situations conflictuelles sont rares. Pourtant, l'expérience montre qu'il existe bel et bien des circonstances dans lesquelles l'accentuation du conflit est constructive[46]. Malgré le flou qui caractérise la frontière entre conflits fonctionnels et dysfonctionnels et l'absence d'une méthode sûre permettant de mesurer les besoins conflictuels, une réponse affirmative à l'une au moins des questions suivantes peut laisser présager la nécessité de stimuler les conflits[47].

- Les gens qui vous entourent se montrent-ils obséquieux ?
- Les employés craignent-ils de vous avouer leurs doutes ou leurs lacunes ?
- Les décisionnaires sont-ils à ce point focalisés sur le compromis qu'ils finissent par perdre de vue les valeurs, les objectifs à long terme ou les intérêts vitaux de l'entreprise ?
- Les managers s'imaginent-ils qu'il soit dans leur intérêt de perpétuer à tout prix l'illusion d'une ambiance paisible et collégiale dans leur service ?
- Les décisionnaires se soucient-ils trop de ménager les sentiments des autres ?
- Les managers estiment-ils que leur popularité est plus importante, en termes de rétribution, que leur compétence et leur performance ?
- Les managers attachent-ils trop de prix à créer le consensus autour de leurs décisions ?
- Les employés témoignent-ils d'une résistance au changement anormalement élevée ?
- L'innovation est-elle en perte de vitesse ?

Certes, on sait beaucoup mieux résoudre les conflits que les stimuler. Il n'y a rien d'étonnant à cela : les êtres humains s'intéressent à la réduction des antagonismes depuis des centaines, voire peut-être des milliers d'années, et la rareté des travaux consacrés aux techniques de stimulation des conflits ne fait que refléter l'intérêt encore très récent que suscite ce sujet. On pourra néanmoins s'inspirer des quelques suggestions qui suivent[48].

Pour stimuler un conflit fonctionnel, la première étape consiste, en s'appuyant sur des actes concrets, à faire comprendre aux employés que le conflit occupe une place légitime dans le travail. C'est d'ailleurs ce qui peut nécessiter un changement de la culture de l'entreprise. Les individus qui bousculent le *statu quo* suggèrent des idées innovantes, affirment des opinions divergentes et font preuve d'originalité, devront être ostensiblement récompensés par le biais de promotions, d'augmentations de salaire ou de toute autre forme d'encouragements.

Depuis l'époque de Franklin D. Roosevelt, et sans doute même avant, la Maison Blanche se sert régulièrement des moyens de communication pour stimuler les conflits. L'administration (la fameuse « source sûre ») révèle aux médias les décisions qu'elle envisage de prendre. Elle dévoile par exemple le nom d'un juge célèbre susceptible d'être nommé à la Cour suprême. Si le candidat résiste à cette exposition médiatique, le président annoncera officiellement sa nomination. Mais s'il se voit rejeté par le public, le porte-parole du gouvernement s'emploiera à nier formellement l'information, précisant qu'« à aucun moment il n'avait été envisagé de nommer cette personne ». Indépendamment de leur couleur politique, les locataires de la Maison Blanche ont tous utilisé la méthode de la « source sûre » comme technique de stimulation des conflits. Elle est d'autant plus appréciée qu'elle dispose d'un mécanisme de désamorçage extrêmement pratique : si le niveau de conflit devient trop élevé, la source peut être aussitôt niée et éliminée…

Les messages ambigus ou menaçants favorisent également les conflits. La fermeture possible d'une usine, la suppression probable d'un service ou l'imminence d'un plan de licenciement sont autant d'informations qui permettent de réduire l'apathie, d'encourager l'innovation et d'imposer une réévaluation – conséquences positives d'un accroissement du conflit. Une autre méthode fréquemment utilisée consiste à sortir un service ou une entreprise de sa léthargie en introduisant de nouveaux éléments, recrutés à l'extérieur ou par mutations internes, dont les origines, les valeurs, les attitudes ou les styles de management diffèrent de ceux du personnel en place. Au cours des dernières décennies, beaucoup de grandes sociétés ont adopté cette technique pour désigner leurs administrateurs. Les femmes, les représentants des minorités, les défenseurs des consommateurs, et d'autres encore dont le parcours et les intérêts se distinguaient de manière significative du reste du conseil apportaient ainsi une perspective nouvelle à l'entreprise.

On sait par ailleurs que les variables structurelles représentent elles aussi une source de conflit. Il est donc parfaitement logique que les managers s'y intéressent. Centraliser les décisions, regrouper les équipes, formaliser les rapports ou accroître l'interdépendance des services : tous ces instruments structurels permettent de briser le *statu quo* et d'augmenter le niveau de conflit.

On peut enfin envisager de confier à quelqu'un le rôle de « l'avocat du diable », celui qui prend systématiquement et délibérément le contre-pied des arguments ou des méthodes de la majorité, au point même de contester des positions qu'il partage en réalité. L'avocat du diable sert de garde-fou contre les attitudes grégaires qui n'auraient plus d'autre justification que l'habitude acquise. Si ses avis reçoivent une écoute favorable, la qualité de la prise de décisions peut s'en trouver améliorée. À l'opposé, les autres membres d'un groupe estimeront souvent qu'un individu de ce genre leur fait perdre leur temps. Dans ces cas-là, il est à peu près certain que sa présence ralentira au contraire le processus décisionnel.

3.5. Les compétences de négociation

Les avocats et les commerciaux consacrent une part significative de leur temps de travail à la négociation. Mais ce constat vaut aussi pour les managers. Ils doivent négocier les salaires des nouvelles recrues, se mettre d'accord avec leurs supérieurs, aplanir les différends avec leurs pairs et résoudre leurs conflits avec les employés. Certains sont même amenés à négocier des contrats de travail ou d'autres sortes d'accords avec des partenaires extérieurs à l'entreprise. Pour notre part, nous définirons la **négociation** comme le processus par lequel deux parties aux vues opposées tentent d'aboutir à un accord et à une décision commune. Pour parvenir à ce résultat, les deux parties vont devoir déployer une stratégie spécifique.

> *Négociation* — Processus par lequel deux parties aux vues opposées aboutissent à un accord et à une décision commune.

Quelles sont les différentes stratégies de négociation ?

Il existe deux grandes approches en matière de négociation : la négociation distributive et la négociation intégrative[49]. Voyons en quoi elles se différencient.

Vous découvrez dans le journal une annonce pour une automobile d'occasion. Le véhicule semble correspondre exactement à ce que vous cherchiez. Vous vous rendez aussitôt chez le vendeur : sa voiture est superbe, et vous décidez de l'acheter. Le vendeur vous annonce le prix, mais vous ne voulez pas payer aussi cher. Vous commencez alors à négocier. Le processus qui s'engage porte le nom de **négociation distributive**. Sa caractéristique essentielle est qu'il s'agit d'un jeu à somme nulle[50] – chacun de vos gains se fait aux dépens de la partie adverse, et réciproquement. Vous et le vendeur êtes dans *une logique de divergence d'intérêts*. Chaque euro en moins sur le prix de vente est un euro qui reste dans votre poche. Inversement, chaque euro que le vendeur remporte est un euro perdu pour vous. L'essence même de la négociation distributive consiste donc à déterminer quelle part du gâteau recevra chacun. L'exemple le plus couramment cité concerne sans doute les traditionnelles négociations salariales entre employés et dirigeants. Les représentants du personnel viennent s'asseoir à la table des négociations, déterminés à obtenir le maximum de concessions de la part de la direction. Chaque centime arraché venant s'ajouter aux frais de l'entreprise, les deux parties défendent âprement leurs positions et voient dans l'autre un adversaire à battre. Dans une négociation distributive, chaque partie définit une cible qu'elle souhaite atteindre, ainsi qu'un point de résistance correspondant au plus faible résultat acceptable (voir document 13.9). La zone située entre les points de résistance des deux parties définit la zone d'accord. Tant que leurs zones d'aspirations se chevauchent, il existe une zone d'accord dans laquelle les aspirations des deux parties se trouvent satisfaites.

Négociation distributive — Négociation à somme nulle, dans laquelle tout gain enregistré par l'une des parties se traduit par une perte chez l'autre.

Document 13.9 – Déterminer la zone de négociation.

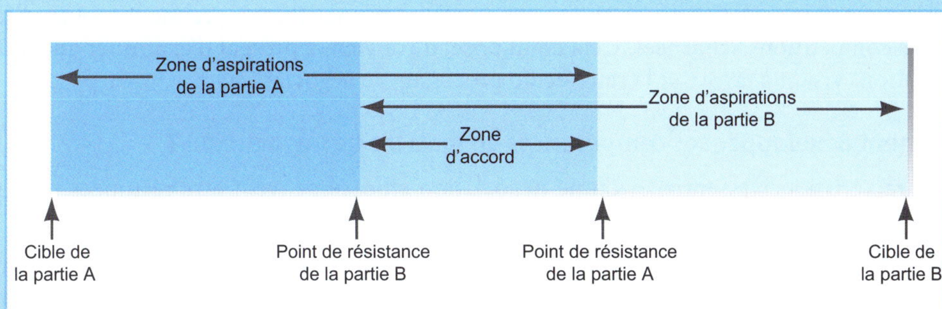

Lorsqu'on s'engage dans une négociation distributive, on cherche à faire en sorte que l'adversaire accepte la cible que l'on a définie, ou qu'il s'en approche le plus possible. Les tactiques mises en œuvre consisteront par exemple à le persuader qu'il n'a aucune chance d'atteindre sa propre cible, et qu'il aurait donc tout intérêt à signer un compromis, même défavorable ; à soutenir que votre cible est honnête, mais que la sienne ne l'est pas ; ou encore à tenter de l'émouvoir pour qu'il accepte, par générosité, un accord favorable à vos intérêts.

La représentante d'un fabricant d'articles de sport pour femmes vient d'obtenir une commande de 25 000 € de la part d'un revendeur indépendant. Elle transmet aussitôt cette commande au département des crédits. Mais l'entreprise refuse de livrer ce client, au motif qu'il se serait autrefois rendu coupable de retards de paiement. Le lendemain, la représentante et le directeur des crédits se rencontrent pour discuter du problème. La représentante ne veut pas perdre cette vente, pas plus que le directeur. Mais celui-ci ne veut pas non plus se retrouver avec une créance impossible à recouvrer. Ensemble, ils passent en revue toutes les options envisageables. Au terme d'un long débat, ils tombent d'accord sur une solution mutuellement satisfaisante. Le directeur des crédits approuvera la vente, mais le revendeur devra produire une caution bancaire qui garantira le remboursement au cas où la facture ne serait pas réglée sous soixante jours.

Il s'agit là d'un exemple de **négociation intégrative**. Contrairement à la négociation distributive, elle part du principe qu'il existe au moins une possibilité d'accord susceptible de satisfaire les deux parties. Nous sommes ici dans *une logique de convergence d'intérêts*. On préférera généralement la négociation intégrative à la négociation distributive, parce qu'elle permet d'instaurer des relations à long terme et facilite les contacts professionnels ultérieurs. Elle crée un lien entre les négociateurs et donne à chacun le sentiment d'avoir remporté une victoire. À l'inverse, lors d'une négociation distributive, l'une des deux parties sort forcément perdante. Il peut en résulter une certaine animosité, qui risque de diviser encore un peu plus les individus qui doivent continuer à travailler ensemble.

> *Négociation intégrative* — Négociation dans laquelle il existe au moins une possibilité d'accord qui ne lèse aucune des deux parties.

En pratique, pourquoi ne voit-on pas davantage de négociations intégratives dans les entreprises ? La réponse réside dans les conditions nécessaires à leur réussite, qui exigent entre autres une communication honnête des informations, l'existence de relations franches entre les parties, une sensibilisation de chacun aux besoins de l'autre, une confiance réciproque, et le désir de maintenir une certaine flexibilité[51]. Beaucoup d'entreprises ne réunissent pas ces conditions, ce qui explique que les négociations y prennent souvent l'aspect de compétitions acharnées. Cela étant posé, il convient à présent d'examiner quelques suggestions visant à favoriser la réussite du processus de négociation.

Comment développer ses compétences en matière de négociation ?

Les caractéristiques essentielles d'une négociation efficace peuvent être résumées sous la forme des sept recommandations suivantes[52].

- **Renseignez-vous sur la personne avec laquelle vous allez négocier et rassemblez autant d'informations que possible.** Quels sont ses intérêts et ses objectifs ? Qui représente-t-elle ? Quelle est sa stratégie ? Ces données vous permettront de mieux comprendre son comportement, de prévoir les réactions que lui inspireront vos offres et d'imaginer des solutions en rapport avec ses intérêts.
- **Tentez une ouverture positive.** Les recherches ont montré que les concessions étaient souvent payées de retour et conduisaient à un accord. Entamez donc la négociation avec une proposition positive – en cédant un peu de terrain, par exemple –, et répondez ensuite aux concessions de la partie adverse.
- **Ciblez les problèmes, et non les personnalités.** Concentrez-vous sur l'objet de la négociation, et non sur les caractéristiques personnelles de votre vis-à-vis. Si la négociation se durcit, évitez de céder à la tentation d'attaquer l'autre partie. Rappelez-vous que ce sont ses idées ou ses positions que vous combattez, et pas la personne en elle-même.

- **N'accordez pas trop d'importance aux offres initiales.** L'offre initiale ne représente qu'un simple point de départ, et se révèle le plus souvent excessive et utopique. Traitez-la comme telle.
- **Privilégiez les solutions mutuellement avantageuses.** Si les conditions le permettent, mettez en place une négociation intégrative. Formulez des propositions conformes aux intérêts de la partie adverse et cherchez des solutions qui vous permettent, à l'un comme à l'autre, de sortir victorieux de cette confrontation.
- **Instaurez un climat de confiance.** Les négociateurs aguerris écoutent mieux, posent plus de questions, ciblent mieux leurs arguments, se tiennent moins sur la défensive et ont appris à éviter les mots et les formules qui risqueraient d'irriter la personne avec qui ils négocient (des expressions telles que « prix honnête », « offre généreuse » ou « compromis raisonnable »). En d'autres termes, ils savent créer un climat de confiance permettant d'aboutir à un accord gagnant-gagnant.
- **En cas de nécessité, n'hésitez pas à demander l'aide d'un tiers.** Si la négociation n'avance plus, songez à faire appel à un tiers neutre – médiateur, arbitre ou conciliateur. Les médiateurs peuvent aider chacune des parties à faire un pas vers l'autre mais ne leur imposent aucun accord[53]. Les arbitres entendent les deux camps et dictent une solution. Les conciliateurs se positionnent comme des intermédiaires informels ; ils transmettent les informations entre les parties, interprètent leurs messages et clarifient les malentendus.

Résumé

1. **Identifier les connaissances nécessaires pour communiquer efficacement.**
   La communication désigne le transfert et la compréhension du sens. Le processus de communication comprend sept éléments : d'abord, un émetteur désire transmettre un message. Ce *message* est *encodé* sous une forme symbolique puis transite par le biais d'un *canal* jusqu'au *récepteur*, qui se charge de le *décoder*. Pour garantir la qualité de la communication, il est souhaitable que le récepteur produise un *feed-back* qui permette à l'émetteur de vérifier la compréhension de son message. Les obstacles à la communication efficace sont le filtrage, les émotions, la surcharge d'information, les émotions, le langage et les différences culturelles. Ils peuvent être surmontés par l'utilisation du feed-back, la simplification du langage, l'écoute active, la compréhension des émotions, et l'attention portée aux signaux non verbaux.
2. **Comprendre l'influence des technologies sur la communication.**
   Les technologies ont profondément modifié la communication. Elles permettent aux managers un meilleur suivi de la performance ; elles améliorent l'accès à l'information et permettent une prise de décision plus rapide ; elles permettent davantage de collaboration et de partage d'informations. Les technologies de l'information ont influencé la communication managériale à travers la mise en place de réseaux informatiques, de solutions sans fil ainsi que de systèmes de management du savoir.
3. **Connaître les principales compétences interpersonnelles.**
   Les comportements qui caractérisent une écoute active efficace incluent : la recherche du contact visuel ; les hochements de tête approbateurs et l'expression adéquate du visage ;

le questionnement ; la reformulation des propos ; le souci d'éviter les actes et les gestes qui pourraient distraire l'orateur, d'éviter de l'interrompre ou de parler en même temps que lui, et d'opérer une transition fluide entre les rôles d'orateur et d'auditeur. Pour produire un *feed-back* efficace, il convient de : se concentrer sur des comportements spécifiques ; veiller à son objectivité ; veiller à ce qu'il soit orienté vers les objectifs ; réagir en temps et en heure ; s'assurer d'avoir été compris ; réserver le feed-back négatif aux comportements que le récepteur peut maîtriser.

Certains facteurs permettent aux managers de déterminer jusqu'à quel point ils doivent *déléguer* leur autorité. Ce sont notamment : la taille de l'entreprise (les grandes entreprises se distinguent par un niveau élevé de délégation) ; l'importance de la fonction ou de la décision (plus la fonction ou la décision est importante, moins elle a de chances d'être déléguée) ; la complexité de la tâche (plus la tâche est complexe, plus il est probable que l'on délègue les décisions qui s'y rapportent) ; la culture de l'entreprise (la confiance que l'entreprise accorde à son personnel favorise la délégation) ; et enfin la qualité des employés (ils doivent se montrer suffisamment compétents, doués et motivés pour endosser l'autorité qu'on leur délègue et en faire bon usage). Pour *déléguer efficacement*, il faut : clarifier la mission ; définir la marge de liberté des employés ; les faire participer aux décisions ; informer les autres de l'instauration d'une délégation ; mettre en place un feed-back.

L'analyse et la résolution des conflits commencent par l'identification du style de traitement fondamental du manager. Il lui faut sélectionner ensuite uniquement les conflits méritant d'être traités et qu'il pourra résoudre. Dans un troisième temps, il procédera à l'évaluation des acteurs du conflit et en déterminera la source. Il ne lui restera plus alors qu'à choisir la stratégie de résolution qui correspondra le mieux à son style et aux caractéristiques de la situation. La *négociation* efficace demande de bien connaître la personne en face ; de chercher une ouverture positive ; de cibler des problèmes, et non les personnalités ; de ne pas accorder trop d'importance aux offres initiales ; de privilégier des solutions mutuellement avantageuses ; d'instaurer un climat de confiance ; et de demander l'aide d'un tiers si nécessaire.

Pour en savoir plus

AUDEBERT P., *Bien négocier*, Paris, Éditions d'organisation, 2005, 3e éd.

BUSSIÈRES M., GAUTHIER J.-P., SAVEL S., *Déléguer au quotidien*, Paris, Éditions d'organisation, 2003.

CARRÉ C., *Sortir des conflits*, Paris, Éditions d'organisation, 2010, 4e éd.

CARRÉ C., *La Manipulation au quotidien. La repérer, la déjouer et en jouer*, Paris, Eyrolles, 2007.

GOLEMAN D., BOYATZIS R., MCKEE A., *L'Intelligence émotionnelle au travail*, Paris, Village Mondial, 2010.

KOHLRIESER G., *Négociations sensibles*, Paris, Village Mondial, 2007.

LEMPEREUR A., COLSON A., *Méthode de négociation*, Paris, Dunod, 2010, 2e éd.

MARSAN C., *Gérer et surmonter les conflits*, Paris, Dunod, 2010, 2e éd.

PIVETEAU J., NOYÉ D., *Comment communiquer de façon efficace ?*, Paris, INSEP éditions, 2004, 7e éd.

SALOMÉ J., POTIE C., *Oser travailler heureux,* Paris, Albin Michel, 2000.

SANANÈS B., *La Communication efficace,* Paris, Dunod, 2011, 4e éd.

SOMMER G., *Savoir convaincre : la rhétorique au service de vos idées*, Paris, Favre Sa, 2006.

VAN DEN BULKE P., MONÈME I., DOUBLET L., *Le Management relationnel,* Paris, Dunod, 2007, 5e éd.

Activités

Questions de compréhension

1. Quel type de communication est-il le plus efficace dans l'environnement de travail ? Pourquoi ?
2. Précisez en quoi une communication efficace ne signifie pas obligatoirement la conclusion d'un accord entre les protagonistes d'une interaction.
3. Selon vous, laquelle des deux attitudes est la plus importante pour un manager : l'expression précise ou l'écoute active ? Pourquoi ?
4. « La responsabilité d'une communication inefficace doit être recherchée chez l'émetteur. » Que pensez-vous de cette affirmation ?
5. En quoi est-ce que les technologies d'information aident les managers à être plus performants ? Expliquez votre réponse.
6. Pourquoi les compétences interpersonnelles sont-elles tellement importantes pour le succès d'un manager ?
7. Comment un manager peut-il utiliser la rumeur à son profit ? Quels sont les risques de cette stratégie à terme ?
8. Menez une recherche sur les caractéristiques d'un bon communicant. Présentez les résultats de votre recherche dans un rapport. Pensez à indiquer vos sources.

Autoévaluation

Suis-je suffisamment à l'écoute ?

Pour être un communicant efficace, il faut avoir développé de bonnes compétences d'écoute. Ce questionnaire vous permet de découvrir si vous en faites partie.

Questionnaire

Répondez à chacune des quinze affirmations suivantes en utilisant l'échelle suivante :

1 = En accord parfait

2 = En accord

3 = Ni en accord, ni en désaccord

4 = En désaccord

5 = En complet désaccord

1.	J'arrive souvent à écouter plusieurs conversations en même temps.	1	2	3	4	5
2.	J'apprécie que les gens ne me donnent que les faits et me laissent faire ma propre interprétation.	1	2	3	4	5
3.	Je fais quelquefois semblant d'écouter les gens.	1	2	3	4	5
4.	Je me considère comme un bon juge des communications non verbales.	1	2	3	4	5
5.	Je sais souvent ce que va dire quelqu'un avant même qu'il ne parle.	1	2	3	4	5
6.	Je mets souvent fin à une conversation qui ne m'intéresse pas en détachant mon attention de celui qui parle.	1	2	3	4	5
7.	Je hoche souvent de la tête, je fronce des sourcils ou je fais d'autres signes non verbaux pour faire comprendre à celui qui parle ce que je pense de ce qu'il me dit.	1	2	3	4	5
8.	Je réponds souvent immédiatement après que quelqu'un a fini de parler.	1	2	3	4	5
9.	J'évalue ce qui est dit quand cela est dit.	1	2	3	4	5
10.	Je donne généralement ma réponse quand l'autre personne est toujours en train de parler.	1	2	3	4	5
11.	La façon de parler de quelqu'un m'empêche souvent d'écouter ce qu'il dit.	1	2	3	4	5
12.	Je demande souvent aux gens de clarifier ce qu'ils viennent de dire plutôt que de deviner le sens.	1	2	3	4	5
13.	Je fais beaucoup d'efforts pour comprendre le point de vue des autres.	1	2	3	4	5
14.	J'entends souvent ce que je veux entendre plutôt que ce qui est réellement dit.	1	2	3	4	5
15.	La plupart des personnes pensent que j'ai compris leur point de vue quand nous ne sommes pas d'accord.	1	2	3	4	5

Calculez votre résultat

Vous calculez votre résultat à ce questionnaire en additionnant vos réponses à chaque affirmation. Toutefois, vous devez inverser vos résultats (5 devient 1, 2 devient 4, etc.) pour les numéros 4, 12, 13 et 15.

Analyse et interprétation

Les résultats se situent entre 15 et 75. Plus votre résultat est élevé, plus vous savez écouter. Bien que toutes les divisions soient arbitraires, si votre résultat est supérieur ou égal à 60, cela signifie que vos compétences d'écoute sont très bonnes. Un résultat inférieur ou égal à 40 indique que vous devez faire de sérieux efforts pour améliorer vos compétences. Vous devriez commencer par lire l'encadré « Comment développer une écoute active ».

Source : Adapté de E. C. Glenn et E. A. Pood, « Listening Self-Inventory », *Supervisory Management*, janvier 1989, p. 12-15. Utilisé avec la permission de l'éditeur ; © 1989 American Management Association, New York.

Dilemme éthique

La distorsion délibérée de l'information

Le problème de la rétention d'informations préoccupe constamment les managers intermédiaires. Intimement liée à la communication interpersonnelle, l'étude des dilemmes éthiques relatifs à la distorsion intentionnelle de l'information trouve naturellement sa place dans le présent chapitre. Nous vous proposons d'examiner les situations suivantes[54].

- **Situation 1.** Vous travaillez comme comptable au sein d'un grand cabinet. Vous avez parmi vos clients le directeur financier d'un important conglomérat évoluant dans le domaine de l'énergie. Celui-ci vient de constater les pertes enregistrées dans certaines activités. Plutôt que de les voir apparaître sur les comptes de l'entreprise, il souhaiterait que vous confirmiez officiellement qu'elles sont imputables à l'une de ses filiales. La cotation boursière de l'entreprise s'en trouverait ainsi préservée. Qu'allez-vous faire ?
- **Situation 2.** En tant que directeur commercial d'une filiale éloignée d'un grand groupe, vous venez de recevoir les résultats mensuels de votre unité. Les ventes ont considérablement baissé. Votre patron, qui travaille à plusieurs milliers de kilomètres de distance, dans un autre pays, a peu de chances de voir ces chiffres. Vous êtes convaincu que les ventes vont rebondir au cours des deux prochains mois, et que vous serez ainsi en mesure de tenir vos objectifs trimestriels. Vous savez également que votre patron n'est pas du genre à apprécier les mauvaises nouvelles. Or, il se trouve qu'il vous appelle justement au téléphone et vous demande entre autres comment se sont comportées les ventes au cours du mois dernier. Qu'allez-vous lui dire ?
- **Situation 3.** Vous êtes courtier en Bourse et représentez les intérêts d'un personnage de premier plan de la vie économique, qui se trouve être l'ami intime du P.-D.G. d'une certaine compagnie, dans laquelle il a lui-même investi. Un beau jour, votre client vous demande de vendre toutes ses actions de cette compagnie. Peu après, la presse publie des informations qui entraînent une chute spectaculaire du cours. Votre client parle d'une coïncidence, mais vous n'y croyez pas. Qu'allez-vous raconter à la Commission des opérations de Bourse, lorsque vous serez convoqué à propos de cet incident ?
- **Situation 4.** Un employé vous parle d'une rumeur qu'il a entendue, selon laquelle l'ensemble de votre département s'apprêterait à déménager du quartier de la Défense (Paris) à Luxembourg. Vous savez depuis peu que la rumeur est vraie, mais vous ne voulez pas divulguer l'information pour l'instant. En effet, vous craignez que cela ne démotive vos collaborateurs et n'entraîne une vague de démissions prématurées. Que répondez-vous à votre interlocuteur ?

Ces quatre situations illustrent les dilemmes auxquels les managers intermédiaires peuvent se trouver confrontés : dissimulation de la vérité, distorsion des faits, mensonge. Pour compliquer encore les choses, on constate qu'ils n'ont pas forcément intérêt, ni pour eux, ni pour leurs collaborateurs, à fournir des informations complètes et exhaustives. Une communication un peu « floue » présente potentiellement de nombreux avantages : elle permet de réduire le nombre de questions, d'accélérer la prise de décisions, de limiter les objections, de vaincre les résistances, de réfuter plus facilement les déclarations antérieures, de conserver la liberté de changer d'avis, de refuser quelque chose de façon diplomatique, ou encore d'éviter la confrontation directe et l'angoisse.

Questions

1. La déontologie interdit-elle de déformer intentionnellement une information en vue d'en tirer profit ?
2. Qu'en est-il des « petites cachotteries », qui ne lèsent finalement personne ? Sont-elles acceptables ?
3. Quels conseils donneriez-vous aux managers qui se demandent s'ils ont le droit ou pas d'altérer l'information ?

Pour action

Répondre | Répondre à tous | Transférer

Dubois et associés

À : Jean Moulin

De : Frédérique Bruneau

Objet : Bruits de couloir

Jean, j'ai besoin de ton conseil. Tu es au courant que mon équipe va être transférée à Dijon. Pour l'instant, on m'a obligée à garder cette information secrète. Or hier, quelqu'un de mon service m'a annoncé de but en blanc qu'il avait eu vent d'une rumeur concernant ce transfert. Je ne lui ai pas répondu tout de suite. Mais j'ai peur que le bruit se répande, que de fausses informations commencent à circuler et que tout cela finisse par affecter le moral et la productivité de l'équipe. Comment dois-je réagir ? Qu'est-ce que tu ferais à ma place ? Merci de ton retour rapide (et confidentiel…).

Cette entreprise et ce message fictifs ont été imaginés dans un but exclusivement pédagogique. Il n'est aucunement question ici d'évoquer, ni en bien, ni en mal, les pratiques managériales d'une entreprise réelle qui porterait le même nom.

Mise en situation

Deux grandes équipes pour une grande organisation

Objet : Cette étude de cas a pour but d'exposer les difficultés souvent associées à la sélection des individus devant occuper les différents postes d'une équipe. Elle met également en évidence les multiples niveaux caractérisant la formation d'une équipe, où la sélection des postes repose sur l'adéquation des individus, mais où l'interaction de tous ces postes entre eux suscite des préoccupations spécifiques.

Vous faites partie d'une société de conseil sollicitée par le conseil d'administration d'une firme biotechnologique en plein essor, créée il y a une quinzaine d'années. Plusieurs d'entre vous étaient déjà intervenus dans le projet initial fondé sur le produit (A), qui a généré l'essentiel des revenus et apporté à l'entreprise la plus grande part de sa croissance. Aujourd'hui, ce produit est devenu une vache à lait. Son potentiel de progression est assez limité, et le leadership qu'il assure encore est davantage question d'efficience et de maintien de la part de marché que de véritable croissance. Au cours des cinq dernières années, votre société a promu deux nouveaux produits (B et C), positionnés sur des marchés émergents. Ils présentent davantage de risques que le premier, et leur succès est moins assuré. Mais ils constituent le nouveau gisement de croissance de l'entreprise.

La structure dirigeante actuelle s'appuie sur une équipe de sept personnes chargée de rendre compte auprès du P.-D.G. Celui-ci, appuyé par son conseil d'administration, a jugé qu'il était nécessaire de mettre en place une nouvelle structure organisationnelle composée de deux équipes de trois personnes. L'idée maîtresse consiste à traiter avec deux équipes distinctes, qui géreront chacune les deux grands modèles commerciaux de la firme – la vache à lait d'une part, et l'aspect croissance d'autre part. Le P.-D.G. veut créer un premier trio responsable collectivement du produit (A) et un second trio ayant pour mission d'assurer la croissance de l'entreprise. Il souhaiterait que, dans cette seconde équipe, deux personnes se chargent respectivement du développement du produit (B) et du développement du produit (C). Voici les sept personnes actuellement en poste, avec une courte description de leur personnalité et de leurs compétences :

Personne 1 : Liliane Charrière (femme, 38 ans, diplôme d'école de commerce). Lily est un membre apprécié de l'équipe depuis plusieurs années maintenant. Elle était directrice financière de l'entreprise et on la juge extrêmement compétente. Elle a suivi un cursus grande école dans une des meilleures écoles de province, et on sent bien qu'elle pourrait exprimer un potentiel considérable en termes de leadership. Mais elle se montre plutôt discrète et préfère visiblement éviter les situations conflictuelles. On ignore si sa tendance à la retenue pourrait découler du caractère agressif de certains des autres membres de l'équipe.

Personne 2 : Stéphane Brochand (homme, 40 ans, DUT gestion). Stéphane est souvent considéré comme l'exact opposé de Lily. Il se vante régulièrement d'être autodidacte ; en fait, il est titulaire d'un diplôme technologique obtenu dans une petite université de province. Il est arrivé à ce poste après avoir travaillé au service des ventes et dans le marketing. Énergique et plein d'entrain, il est toutefois à l'origine de davantage de démissions que n'importe quel autre membre du conseil d'administration. Il supporte mal l'incompétence. Bien qu'on le juge parfois moins intelligent que ses collègues, il donne l'impression de savoir rapidement prendre les choses en main.

Personne 3 : Arnaud Lenoir (homme, 48 ans, maîtrise de gestion à Paris-Dauphine). Avec son 1,90 m et sa voix de stentor, Arnaud ne passe pas inaperçu. À l'image de Stéphane, il fait preuve d'une certaine agressivité. Il faisait partie des premiers membres de l'organisation et aime à se considérer comme un ancien. Il est globalement compétent, mais vous le jugez assez limité sur le plan intellectuel. Il semble parfois incapable de prendre la mesure d'une situation complexe et compter trop souvent sur sa présence imposante pour obtenir les résultats qu'il attend.

Personne 4 : Ilham Tazi (femme, 44 ans, MBA Londres). Ilham est issue d'une famille aisée de la haute société marocaine. Elle est vive et intelligente, mais souvent distraite. Plus que tout autre cadre dirigeant de l'entreprise, elle a tendance à s'absenter pendant de longues périodes sans que l'on sache où la trouver. Le mois dernier, elle s'est ainsi octroyé deux semaines de congés pour une prétendue expédition de reconnaissance, qui s'est révélée davantage liée à la visite d'un vignoble que sa famille envisageait d'acquérir dans le sud de l'Italie. Pour autant, elle semble réussir tout ce qu'elle choisit d'entreprendre. Les gens sont souvent partagés entre la moquerie et l'admiration, et la qualifient volontiers de « princesse de glace ». Elle semble apprécier ce surnom. Où qu'elle aille, elle ne manque jamais d'attirer l'attention.

Personne 5 : Francis Rodriguez (homme, 50 ans, ingénieur Arts et Métiers). Francis est entré récemment dans l'entreprise. Ingénieur de grand renom dans la profession, il ne compte pas ses heures et se concentre sur le développement de produits. Bien que les aspects techniques des produits de l'entreprise n'aient à coup sûr aucun secret pour lui, Francis ne semble défendre aucun sentiment de leadership ou d'urgence sur quelque question que ce soit en dehors du domaine de l'ingénierie. Il est terriblement fier de son surnom – « la mule » – acquis dans son précédent poste en raison des journées interminables qu'il avait tendance à effectuer.

Personne 6 : Robert Balmer (homme, 58 ans, maîtrise de droit). Au même titre qu'Arnaud, Robert fait partie de l'organisation depuis sa création. On le sait dévoué, responsable et sérieux. Il n'a jamais obtenu d'excellentes appréciations, mais s'en est toujours bien sorti et a toujours su mener à bien ce qui lui était demandé. Il ne manque jamais aucune réunion, mais peut en suivre plusieurs d'affilée sans prononcer un seul mot. Il est très apprécié dans l'organisation, et on le voit souvent converser avec certains employés des échelons inférieurs, échangeant des histoires de pêche ou discutant de la situation des équipes sportives professionnelles.

Personne 7 : Joël Labianca (homme, 36 ans, ingénieur, MBA). Joël est le membre le plus jeune et peut-être le plus talentueux de l'équipe. Il est considéré comme très compétent sur chacune des trois gammes de produits de l'entreprise. L'an passé, vous avez dû repousser à deux reprises les tentatives de débauchage d'autres sociétés. Il a su tirer profit de ces offres et perçoit désormais une rémunération substantiellement supérieure à celle des autres membres du conseil d'administration. Malgré leur professionnalisme, cet écart de salaire a suscité un certain ressentiment parmi ses collègues. S'agissant de ses réalisations, aucune ne vous vient particulièrement à l'esprit. Joël passe pour l'un de ces rares individus aussi doués sur le plan des connaissances techniques que sur la capacité à traduire ce savoir en termes de ventes.

Instructions pour le groupe : Votre tâche se divise en deux parties. Vous devrez d'abord évaluer les sept membres actuels du conseil et leur confier un poste approprié dans l'entreprise. Exposez pour chacun, en quelques mots, les raisons de votre choix. Pour les six positions de leadership, expliquez notamment pourquoi vous avez choisi telle personne plutôt que telle autre. En outre, l'un des sept membres actuellement en place va devoir quitter l'équipe. Le choix de la personne à écarter devra faire l'objet d'une réflexion particulièrement approfondie.

Une fois vos décisions arrêtées, observez la composition des deux nouvelles équipes et les traits de personnalité de leurs nouveaux membres. Quel type d'équipe pensez-vous voir apparaître ? Quel type de culture et quel genre d'interactions devraient en ressortir ? En quoi les deux équipes vont-elles différer quant à leur manière d'appréhender et de gérer les problèmes ? Leurs méthodes vont-elles répondre aux besoins de l'organisation ? À terme, les membres de l'équipe chargée du produit (A) devront-ils recevoir une rémunération comparable à ceux de l'équipe responsable du nouveau produit ? Pourquoi ?

Cas d'entreprise

Jay Ellison et les vendredis sans e-mails

En 2008, selon des estimations, un utilisateur moyen a envoyé ou a reçu plus de 150 e-mails par jour. Pour 2011, ce chiffre est supérieur à 225. Une autre étude a constaté qu'un tiers des utilisateurs se sentent mal à l'aise devant un tel volume. Considérée autrefois comme une manière de gagner du temps, l'inbox est-elle devenue un fardeau ?

Jay Ellison, directeur général d'United States Cellular Corp., un opérateur de téléphonie mobile, le pense et a pris des décisions. Il a imposé la règle du « no e-mail Friday », une nouveauté qu'un nombre croissant de compagnies a adoptée par la suite. Bien que cette règle permette quand même d'envoyer des e-mails aux clients ou de répondre aux questions urgentes, l'objectif est de ralentir les e-mails internes qui font perdre du temps et encombrent le réseau informatique de l'organisation. Elle vise aussi à encourager les face-à-face et le contact téléphonique avec les collègues et les clients. Ellison espère ainsi que cela donnera un petit répit à ses employés face à l'assaut journalier des e-mails. Cependant, tout ce qu'il a vu, c'est une rébellion. Un employé s'est opposé à lui, lui disant qu'il n'avait pas mesuré la masse de travail à faire et qu'il était plus facile de le faire par e-mail.

Questions

1. Quels avantages et quels inconvénients entraînent les e-mails comme forme de communication ? En plus de votre expérience personnelle, menez quelques recherches avant de répondre à cette question.
2. Pourquoi croyez-vous que les employés se sont révoltés ?
3. Quelle est votre opinion sur l'action d'Ellison ? A-t-il eu raison ou tort ? Assurez-vous de voir cela tant du point de vue de l'organisation que de celui des employés.
4. Quelles autres approches Ellison aurait-il pu considérer pour éviter ce problème d'invasion d'e-mails ?

Sources : S. Shellenbarger, « A Day Without Email Is Like… », *Wall Street Journal*, 11 octobre 2007, p. D1 ; M. Kessler, « Fridays Go from Casual to E-Mail-Free », *USA Today*, 5 octobre 2007, p. 1 A ; D. Beizer, « Email Is Dead », *Fast Company*, juillet-août 2007, p. 46 ; O. Malik, « Why Email Is Bankrupt », *Business 2.0*, juillet 2007, p. 46 ; D. Brady, « *!#?@ the E-Mail. Can We Talk? », *BusinessWeek*, 4 décembre 2006, p. 109.

Chapitre 14

Les bases du contrôle

Objectifs

1. Expliquer les caractéristiques et l'importance du contrôle.
2. Décrire les trois étapes du processus de contrôle.
3. Distinguer les types de contrôles utilisés en entreprise.
4. Présenter les développements actuels.

1. Qu'est-ce que le contrôle et pourquoi est-il important ?

Le présent chapitre montrera qu'un management efficace nécessite un système de contrôle bien conçu, permettant d'aider l'entreprise à atteindre ses objectifs stratégiques.

1.1. Qu'est-ce que le contrôle ?

Le **contrôle** désigne la fonction managériale par laquelle s'opère le suivi des activités, qui vise à garantir leur conformité aux préconisations de départ et à corriger tout écart trop important. Le terme de contrôle recouvre ce double processus qui d'une part permet d'évaluer le rendement d'une entité et d'autre part d'intervenir afin d'obtenir les résultats recherchés. Les managers ne peuvent pas vraiment savoir si leurs services fonctionnent correctement tant qu'ils n'ont pas évalué les tâches accomplies ni comparé les performances réalisées avec les objectifs fixés. Un système de contrôle efficace permet de vérifier que le travail est bien effectué, de manière à atteindre les objectifs de l'entreprise. L'efficacité du système dépend directement de sa capacité à favoriser leur réalisation. Plus il y contribue, meilleur il est[1].

> *Contrôle* — Suivi des activités visant à garantir leur conformité aux préconisations de départ et à corriger tout écart trop important.

1.2. Pourquoi est-il important de contrôler ?

On peut planifier ; on peut mettre en place une structure favorisant une réalisation plus efficiente des objectifs ; on peut diriger et motiver les employés. Pourtant, rien ne garantit que l'activité soit menée comme prévu ou que les objectifs soient effectivement atteints. Le contrôle est important car il permet de savoir si les objectifs ont été atteints et, le cas échéant, de connaître les raisons des décalages. Sa valeur se manifeste plus particulièrement dans trois domaines : la planification, la responsabilisation et la protection du lieu de travail.

Au chapitre 5, nous avons expliqué que la définition des objectifs représentait l'essence même de la planification. Les objectifs fournissent aux managers et aux collaborateurs des directions à suivre. Cependant, le simple fait de fixer des objectifs et de les faire accepter aux employés n'assure en aucun cas l'accomplissement des tâches nécessaires. Un manager efficace doit opérer un suivi afin de vérifier que ses subordonnés effectuent réellement les tâches qui leur ont été assignées, et que les objectifs qu'ils sont censés atteindre sont effectivement atteints. Le contrôle représente, dans ce sens, un feed-back essentiel pour la planification et permet de définir les actions futures (voir document 14.1).

Document 14.1 – Le lien entre planification et contrôle.

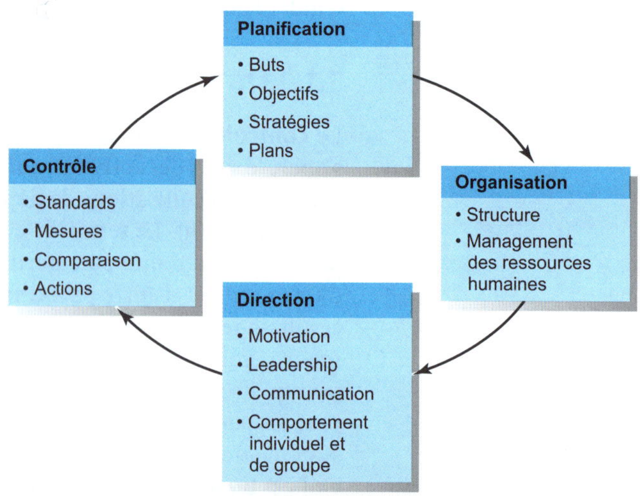

Deuxièmement, le contrôle joue un rôle important dans le contexte de la responsabilisation. Beaucoup de managers hésitent à responsabiliser leurs collaborateurs par crainte d'être tenus responsables de leurs erreurs. Mais un système de contrôle efficace donne des informations et un feed-back sur leur performance et réduit ainsi la probabilité de situations difficiles.

Finalement, le contrôle permet de protéger l'entreprise et son capital[2]. Les entreprises sont exposées aux risques naturels, aux crises et aux scandales financiers, aux phénomènes de violence au travail, aux risques d'approvisionnement, aux intrusions informatiques et même à d'éventuelles attaques terroristes. Les managers doivent les protéger lorsqu'un de ces phénomènes se produit. Un système de contrôle et des mesures correctrices permettront de réduire le risque d'interruption d'activité.

2. Comment le processus de contrôle se déroule-t-il ?

Le **processus de contrôle** comprend trois étapes distinctes : (1) la mesure des performances réalisées et du rendement ; (2) la comparaison des performances réalisées par rapport aux normes de référence ; (3) l'action managériale visant à corriger les écarts ou à modifier les normes (voir document 14.2). Il suppose l'existence préalable des normes de performance, établies par le biais de la fonction de planification.

> *Processus de contrôle* — Processus en trois étapes comprenant la mesure des performances réalisées, leur comparaison par rapport aux normes de référence, ainsi que l'action corrective.

Document 14.2 – Le processus de contrôle.

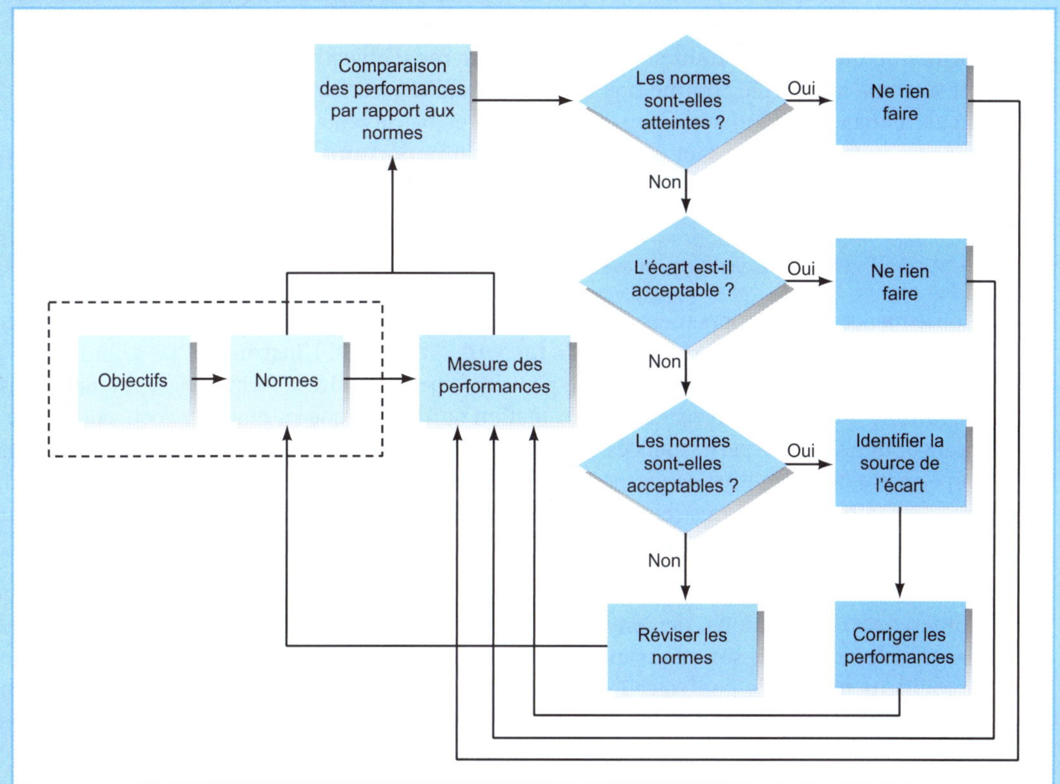

2.1. En quoi consiste la mesure des performances ?

Pour évaluer les performances réalisées, le manager doit disposer d'informations précises. La première étape du contrôle consiste donc à mesurer les performances. Voyons à présent comment s'effectue cette mesure, et ce qu'il s'agit de mesurer.

Comment les managers mesurent-ils les performances ?

La mesure des performances exploite couramment quatre sources d'information principales : l'observation personnelle, les rapports statistiques, les comptes-rendus oraux et les comptes-rendus écrits. Chacune présente des qualités et des défauts particuliers ; leur utilisation combinée augmente à la fois le nombre de sources et la probabilité de recueillir une information fiable.

L'*observation personnelle* procure une information de première main – une information qui n'a pas été filtrée par d'autres. Elle permet de couvrir l'ensemble des activités, des plus importantes aux plus accessoires, et offre la possibilité de lire entre les lignes. Le **management baladeur** (*management by walking around*) caractérise le manager qui s'invite sur le lieu de travail, dialogue directement avec les employés et se tient ainsi au courant de l'évolution des choses. Cette méthode permet de détecter certaines omissions, de capter des expressions ou des tons de voix que d'autres sources pourraient ne pas relever. Malheureusement, l'information quantitative étant aujourd'hui synonyme d'objectivité, l'observation personnelle est souvent considérée comme une source de qualité inférieure. Elle est trop subjective : ce qu'un manager voit, un autre pourrait très bien ne pas le remarquer. Elle est en outre grande consommatrice de temps, et pèche enfin par son importunité – certains employés risquant en effet d'interpréter la surveillance ostensible du manager comme un signe de défiance.

> *Management baladeur* — Concept décrivant les activités d'un manager qui s'invite sur le lieu de travail et dialogue directement avec les employés.

Conséquence du développement de l'informatique, les managers fondent de plus en plus leur mesure des performances sur l'étude de *rapports statistiques*. L'instrument ne se limite pas à l'édition de simples données chiffrées. Il peut également prendre la forme de graphiques, d'histogrammes, ou d'autres formes de représentation numérique que les managers peuvent mettre à profit pour évaluer les performances. Bien que l'information statistique soit aisément perceptible et permette de démontrer de manière très efficace les liens de causalité, elle n'offre cependant que des renseignements restreints sur l'activité considérée. Les statistiques se concentrent sur certains points précis, en ignorant d'autres facteurs importants, souvent subjectifs.

L'information peut également provenir de *comptes rendus oraux* – recueillis par le biais de conférences, de réunions, de conversations privées ou de communications téléphoniques. Lorsque les employés sont dans un environnement culturel, cette méthode peut constituer le meilleur moyen de contrôler l'évolution des performances. Ses avantages et ses inconvénients sont analogues à ceux de l'observation personnelle. Bien que l'information soit filtrée, c'est une technique rapide qui offre de bonnes possibilités de feed-back et permet de communiquer par l'expression du visage et le ton de la voix autant que par les mots. Historiquement, l'un des principaux inconvénients du compte-rendu oral résidait dans l'impossibilité d'en conserver une trace durable en vue d'une consultation ultérieure. Mais les progrès technologiques réalisés au cours des dernières décennies autorisent désormais son enregistrement et sa pérennisation.

Les performances peuvent enfin être mesurées par le biais de *comptes-rendus écrits*. À l'instar des rapports statistiques, ils représentent une source d'information plus lente, mais aussi plus formelle que l'estimation orale directe ou indirecte. Ce caractère formel leur confère souvent une exhaustivité et une concision supérieures aux comptes-rendus oraux. Ils sont en outre très faciles à classer et à référencer.

Étant donné les divers avantages et inconvénients de chacune de ces quatre techniques de mesure, les managers auront tout intérêt à les combiner afin d'assurer le contrôle le plus complet possible.

Que s'agit-il de mesurer ?

Dans le cadre du processus de contrôle, l'objet mesuré revêt sans doute une importance beaucoup plus cruciale que la façon dont on le mesure. L'utilisation des mauvais critères peut en effet entraîner de graves dysfonctionnements. En outre, le choix de ce que l'on mesure détermine très largement le domaine dans lequel les employés chercheront à exceller[3]. Supposons par exemple qu'un professeur demande à ses étudiants de traiter par écrit dix exercices au choix parmi ceux proposés à la fin de chaque chapitre de leur manuel de référence. En consultant les coefficients des épreuves, les étudiants s'aperçoivent que ces travaux n'y figurent pas. L'enseignant leur précise alors que ceux-ci ne visent qu'à enrichir leur culture personnelle et n'auront aucune influence sur la note finale, laquelle dépendra exclusivement des résultats obtenus aux trois partiels. Dans ces conditions, on peut raisonnablement prévoir que les étudiants consacreront l'essentiel – si ce n'est la totalité – de leurs efforts à bien réussir ces trois partiels.

Certains critères de contrôle s'appliquent à toutes les situations managériales. Ainsi, étant donné qu'un manager dirige, par définition, l'activité d'autres personnes, des critères tels que la satisfaction des employés ou les taux de turn-over et d'absentéisme peuvent être mesurés dans tous les cas. La plupart des managers disposent, sur leur zone de responsabilité, d'un budget libellé en unités monétaires (euros, dollars, livres, yens, etc.). Le maintien des coûts en deçà des limites du budget représente de ce fait un critère assez couramment utilisé. Néanmoins, tout système de contrôle un tant soit peu exhaustif doit reconnaître la diversité de l'activité de manager. Le directeur de la production d'une usine de blocs-notes pourra par exemple se fonder sur la mesure de la production journalière, de la production horaire, du taux de rebut, ou du taux de retour des clients. De son côté, le responsable d'un service administratif au sein d'une administration publique mesurera le nombre de pages produites chaque jour, le nombre de tâches effectuées en une heure, ou le temps de traitement moyen des appels téléphoniques d'usagers. Enfin, le directeur marketing s'intéressera plutôt aux parts de marché, au nombre de clients par vendeur, ou aux taux d'audience des différents supports publicitaires.

Comme on peut l'imaginer, certaines activités sont plus difficiles à quantifier. Un manager aura ainsi plus de mal à mesurer la performance d'un chercheur en médecine ou d'un conseiller d'orientation que celle d'un courtier d'assurances. Cependant, la plupart de ces activités peuvent être divisées en une série de segments objectifs, qui se prêtent mieux à l'évaluation. Le manager doit déterminer ce que la personne, le département ou la division, apporte à l'entreprise, et convertir cette contribution en fonction d'un certain barème.

La plupart des emplois et des activités peuvent être exprimés sous une forme tangible et mesurable. Lorsqu'un indicateur de performances ne peut être défini en termes quantifiables, les managers doivent recourir à des mesures subjectives. Celles-ci présentent, il est vrai, d'importantes limites. Mais elles valent toujours mieux qu'une absence totale de références et de contrôle. S'il s'agit d'une activité importante, le fait qu'elle soit difficile à mesurer ne peut constituer une excuse valable. Dans ce cas-là, le manager doit mettre en œuvre des critères de performance subjectifs. Bien entendu, toute analyse ou décision qui s'appuiera dessus devra par ailleurs en rappeler les limites.

Comment comparer les performances réalisées avec les objectifs fixés ?

L'étape de comparaison permet d'établir le degré de divergence entre les performances mesurées et les normes fixées. Toutes les activités peuvent donner lieu à certains écarts ; il est donc crucial de déterminer une **marge de variation** raisonnablement acceptable (voir document 14.3). Au-delà de cette marge, l'écart sera considéré comme gênant et devra retenir l'attention du manager. Lors de l'étape de comparaison, les managers s'intéressent plus particulièrement à l'ampleur et à la direction de la variation. Un exemple permettra d'éclaircir ce point.

Marge de variation — Définit l'écart acceptable entre les performances mesurées et les normes fixées.

Document 14.3 – Définir une marge de variation acceptable.

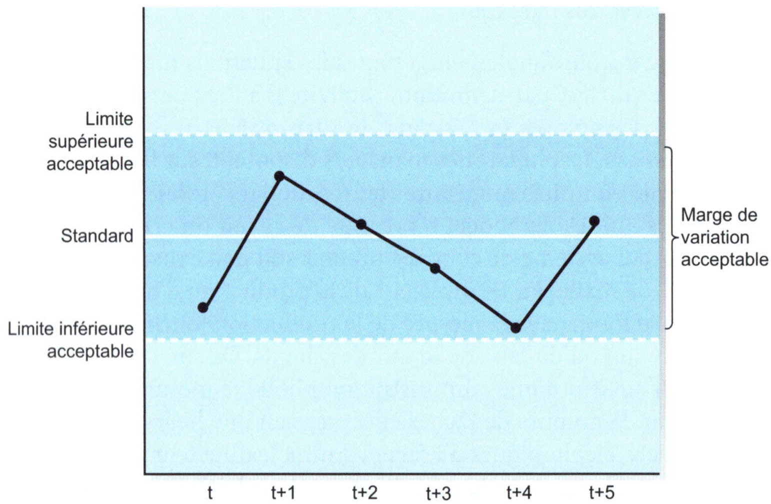

Patrick Gallois occupe le poste de directeur des ventes chez SudEurop Distribution. L'entreprise distribue des bières d'importation sur tout le territoire français. Au début de chaque mois, Gallois rédige un rapport récapitulant les ventes du mois précédent, classées par marques. Le document 14.4 dresse la liste des objectifs fixés et des ventes effectivement réalisées (en centaines de caisses), pour le mois de juillet.

Patrick Gallois doit-il s'inquiéter de ces performances ? Les ventes totales ont certes légèrement dépassé les objectifs initiaux, mais cela signifie-t-il pour autant qu'il n'y ait eu aucun écart significatif ? Bien que les résultats soient globalement très satisfaisants, plusieurs marques mériteraient peut-être un examen plus approfondi. Leur nombre dépend cependant de ce que Patrick considère comme un écart *significatif*. Quelle marge de variation peut-il tolérer avant d'entreprendre une action corrective ?

Document 14.4 – Ventes réalisées par SudEurop Distribution au mois de juillet (en centaines de caisses).

Marque	Objectif	Ventes	Écart
Heineken	1 075	913	– 162
Molson	630	634	+ 4
Beck's	800	912	+ 112
Moosehead	620	622	+ 2
Labatt's	540	672	+ 132
Corona	160	140	– 20
Amstel Light	225	220	– 5
Dos Equis	80	65	– 15
Tecate	170	286	+ 116
Total	4 300	4 464	+ 164

Certaines marques – Molson, Moosehead et Amstel Light – enregistrent des écarts très faibles, qui ne méritent sans doute pas qu'on s'y attarde. Le recul des ventes de Corona et de Don Equis est-il significatif ? C'est à Patrick d'en juger. Les ventes de Heineken ont été inférieures de 15 % aux objectifs. Cette marque doit faire l'objet d'une attention particulière. Il faut déterminer la cause d'une telle contre-performance. En l'occurrence, Gallois l'attribue aux campagnes de promotion très agressives menées par les grandes marques nationales, Kronenbourg et Kanterbrau. En tant que leader parmi les bières d'importation, Heineken est la plus exposée aux attaques de la concurrence. Si son déclin se révèle durable, Gallois devra songer à réduire le stock.

L'interprétation erronée des chiffres de ventes peut se montrer aussi néfaste que leur surestimation. Doit-on par exemple considérer la surprenante popularité de Tecate (en augmentation de 68 %) comme une simple aberration ponctuelle, ou comme le signe d'une réelle augmentation de ses parts de marché ? Cet exemple illustre bien que les managers doivent se préoccuper tout autant des écarts positifs que des écarts négatifs.

2.2. Quelles formes l'action managériale peut-elle prendre ?

Les managers ont trois possibilités : ne rien faire, corriger les performances, ou bien réviser les normes. Le premier choix n'exigeant pas d'explication particulière, nous examinerons plus en détail les deux autres.

Tenter de corriger les performances…

Si l'écart résulte d'une dégradation des performances, le manager s'orientera vers une action corrective. Il pourra notamment envisager d'opérer des changements stratégiques ou structurels, de modifier les méthodes de rémunération ou les programmes de formation, de redéfinir les postes ou de renouveler le personnel. Le manager doit choisir s'il opte pour une action corrective immédiate, ou pour une action corrective de fond. L'**action corrective immédiate** permet de traiter les problèmes sur-le-champ et de rétablir aussitôt un niveau de performance adéquat. L'**action corrective de fond** examine de quelle manière et pour quelle raison les performances ont dévié, et s'attache ensuite à supprimer la source de cette déviation. Il n'est pas rare que les managers estiment ne pas avoir le temps d'entreprendre des actions correctives de fond, et se contentent ainsi de combattre les incendies successifs à coups d'actions correctives immédiates. À l'inverse, un manager efficace saura analyser les variations de performances et prendre la peine, lorsque cela se justifie, de les corriger définitivement.

Action corrective immédiate — Cherche à traiter les problèmes sur-le-champ et de rétablir aussitôt un niveau de performance adéquat.

Action corrective de fond — Consiste à déterminer de quelle manière et pour quelle raison les performances ont dévié, afin de supprimer la source de cette déviation.

Pour reprendre l'exemple de SudEurop Distribution, la variation négative observée sur Heineken pourrait inciter Patrick Gallois à mener une action corrective de fond : accentuer ses efforts de promotion, augmenter le budget publicitaire, ou revoir à la baisse ses futures commandes. L'action entreprise dépendra de l'évaluation du potentiel de ventes de chaque marque.

… ou réviser les normes ?

Il est également possible que l'écart de performances soit dû à l'édiction d'une norme irréaliste – c'est-à-dire d'un objectif trop élevé ou trop faible. C'est la norme qu'il convient dans ce cas de corriger, et non les performances. Dans l'exemple cité, le directeur des ventes pourrait être amené à relever ses objectifs sur Tecate afin de refléter la popularité apparemment grandissante de cette marque jusque-là peu connue, à la manière d'un athlète qui, ayant déjà réalisé les résultats espérés, se fixerait en cours de saison de nouvelles ambitions.

Abaisser les normes de performance pose davantage de problèmes. Lorsqu'un employé ou une équipe reste très en deçà de ses objectifs, sa réaction naturelle consiste à critiquer la norme. L'étudiant qui obtient une mauvaise note aura par exemple très souvent tendance à condamner la sévérité du barème. Plutôt que d'admettre son échec, il préférera contester la rationalité de la norme. De même, un directeur des ventes incapable de respecter son quota mensuel sera tenté de mettre en cause le réalisme dudit quota. Bien entendu, il peut effectivement arriver qu'une norme soit trop élevée, entraînant un déficit de performances significatif et une démotivation des employés évalués sur cette base. Mais il faut garder à l'esprit que l'individu dont les résultats ne correspondent pas aux objectifs aura pour premier réflexe de critiquer la norme établie. Si vous estimez qu'elle n'a rien d'extravagant, vous devez tenir bon : expliquer votre position, réaffirmer vos attentes vis-à-vis de l'employé ou du manager, et prendre toutes les mesures correctives nécessaires pour en assurer la réalisation.

3. Les différents types de contrôles

Coût, temps d'attente… Voici juste quelques-uns des indicateurs qu'on mesure normalement dans un centre d'appels. Ces informations sont importantes afin de contrôler la performance d'une unité. Mais comment savoir que contrôler ? Cette partie traitera d'abord la question du *moment* du contrôle avant d'aborder quelques domaines dans lesquels le contrôle peut être effectué.

3.1. À quel moment le contrôle intervient-il ?

Le management peut mettre en œuvre des contrôles en amont de l'activité, pendant le déroulement de l'activité, ou en aval de l'activité. Ils portent respectivement les noms de contrôle préventif, contrôle continu et contrôle rétroactif (voir document 14.5).

Document 14.5 – Les différents types de contrôles.

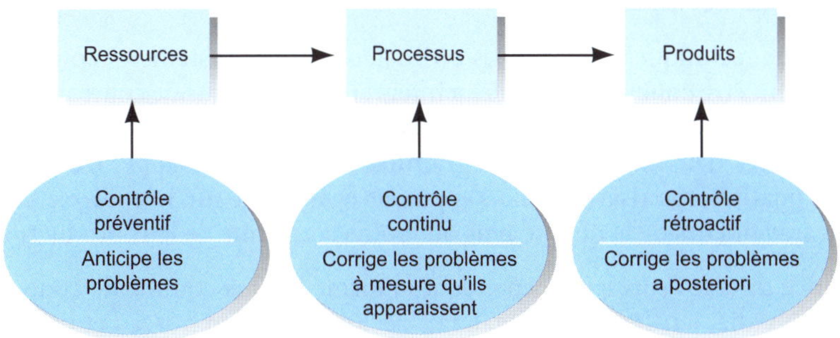

Qu'est-ce que le contrôle préventif ?

Le type de contrôle le plus intéressant – le **contrôle préventif** ou préliminaire, proactif – permet d'anticiper les problèmes, car il intervient en amont de l'activité[4]. Il est orienté vers l'avenir. Avant d'ouvrir son premier restaurant moscovite, McDonald's a ainsi dépêché des experts pour apprendre aux agriculteurs russes les techniques permettant de cultiver des pommes de terre de haute qualité, et des boulangers chargés d'enseigner les processus de fabrication des pains. Pourquoi ? Parce que McDonald's insiste énormément sur la qualité du produit, quel que soit le lieu de production. L'entreprise veut qu'un cheeseburger acheté à Moscou ait le même goût qu'un autre acheté à Clermont-Ferrand, en Auvergne. Le contrôle préventif est également utilisé dans le cadre des programmes de maintenance régulière des appareils mis en place par les grandes compagnies aériennes. Ces programmes visent à détecter – et si possible prévenir – les dégâts de structure qui risqueraient d'être à l'origine d'un crash.

Contrôle préventif — Type de contrôle en amont qui permet d'anticiper les problèmes.

L'essence du contrôle préventif consiste donc à entreprendre des actions managériales *avant* qu'une difficulté ne surgisse. Le management peut ainsi prévenir les problèmes, au lieu d'être obligé d'y remédier ultérieurement. Or, le contrôle préventif s'appuie sur une acquisition rigoureuse et opportune de l'information, qu'il est souvent difficile de mettre en œuvre. Les managers sont donc fréquemment contraints d'utiliser l'un des deux autres types de contrôle.

Dans quelles situations utilise-t-on le contrôle continu ?

Le **contrôle continu** ou de suivi, comme son nom l'indique, intervient pendant le déroulement de l'activité.

Contrôle continu — Type de contrôle qui intervient pendant le déroulement de l'activité.

Chez Google, par exemple, le directeur chargé de la gestion des produits pour les entreprises surveille de très près, avec son équipe, l'une des activités les plus rentables de la firme : la publicité en ligne. Ils observent « le nombre de recherches et de clics, le pourcentage d'utilisateurs qui cliquent sur les publicités, les recettes que cela génère – tout est enregistré heure par heure, comparé avec les données de la semaine précédente et visualisé sous forme de graphiques »[5]. S'ils remarquent que quelque chose ne fonctionne pas tout à fait bien, ils s'attachent à améliorer cet aspect-là.

Les équipements techniques (tels que les ordinateurs ou les systèmes à commandes informatisées) peuvent être conçus de manière à intégrer un processus de contrôle continu. Vous en avez peut-être fait l'expérience en manipulant par exemple un traitement de texte qui signalait vos fautes d'orthographe et de grammaire lors de la frappe. De nombreux programmes de qualité organisationnelle s'appuient également sur le contrôle continu pour informer les travailleurs de la qualité plus ou moins conforme de leur production.

La surveillance directe représente cependant la forme la plus connue de contrôle continu. Le P.-D.G. de Nvidia, Jen-Hsun Huang, a fait décloisonner son bureau et l'a fait remplacer par une table de conférence, de sorte qu'il est désormais disponible à tout moment pour discuter de ce qui se passe avec ses employés[6]. Le P.-D.G. de GE, Jeff Immelt, passe lui-même 60 % de son temps à l'extérieur, pour s'entretenir avec le personnel et visiter les nombreuses implantations de l'entreprise. Tous les managers peuvent tirer profit de l'utilisation du contrôle continu, car il leur permet de corriger les problèmes avant qu'ils ne deviennent trop coûteux. Le management baladeur, que nous avons décrit précédemment, constitue un excellent moyen de le mettre en œuvre.

Pourquoi le contrôle rétroactif est-il si populaire ?

Le type de contrôle le plus répandu repose sur la rétroaction. Il intervient *a posteriori*, en aval de l'activité. Les rapports de ventes de Patrick Gallois, dans l'exemple SudEurop Distribution cité précédemment, illustrent parfaitement l'utilisation du **contrôle rétroactif**.

Contrôle rétroactif — Type de contrôle *a posteriori* situé en aval de l'activité.

Ce type de contrôle présente comme principal inconvénient qu'il faut attendre que le mal soit fait pour avoir connaissance d'un problème. C'est un peu comme si on verrouillait sa maison après avoir été cambriolé. Pour de nombreuses activités, le contrôle rétroactif demeure cependant la seule solution viable. Les rapports financiers en sont un bon exemple. Si le compte de résultat révèle une baisse des bénéfices, cette baisse a déjà eu lieu. Dès lors, le manager n'a plus d'autre choix que d'essayer d'en déterminer la raison et de rétablir la situation.

Inversement, le contrôle rétroactif possède deux gros avantages par rapport aux contrôles préventif et continu[7]. D'une part, il fournit au manager de précieuses informations sur l'efficacité de sa planification. Un faible écart entre les performances mesurées et les normes fixées en démontrera la pertinence générale. Si l'écart est plus important, le manager pourra s'appuyer sur ces informations pour améliorer sa stratégie. Le contrôle rétroactif permet par ailleurs d'augmenter la motivation des employés : les gens aiment savoir s'ils ont bien ou mal travaillé ; le contrôle rétroactif assouvit cette curiosité naturelle quant à leur propre performance. (Voir l'encadré « Comment développer vos compétences de feed-back ».)

Comment développer vos compétences de feed-back

Dans ce chapitre, nous avons énoncé plusieurs suggestions concernant la pratique du feed-back. Les séances les plus critiques se dérouleront lorsque vous utiliserez, en tant que manager, le contrôle rétroactif pour traiter les problèmes de performances.

Points de repère

1. **Prévoir et préparer la séance de feed-back.** L'une des plus grosses erreurs que l'on puisse commettre consisterait à prendre le contrôle rétroactif à la légère. Se contenter de convoquer un employé pour lui fournir un feed-back à peine structuré n'apportera pas grand-chose, ni au manager ni aux collaborateurs. Pour que le feed-back soit efficace, on doit le préparer. Identifier les problèmes que l'on souhaite soulever et citer des exemples précis pour étayer ses propos. Prendre soin, surtout, de réserver le temps nécessaire pour rencontrer ses employés. S'assurer de pouvoir s'entretenir en toute confidentialité, et sans risquer d'être interrompu (on peut notamment penser à fermer la porte de son bureau ou à suspendre sa ligne téléphonique).
2. **Mettre le collaborateur à l'aise.** Quels que soient les sentiments du manager à propos du feed-back, l'employé doit pouvoir se sentir soutenu. Il faut être conscient que la transmission du feed-back peut représenter des deux côtés une expérience extrêmement stressante, y compris en cas de feed-back positif. En mettant à l'aise son employé, on crée un environnement propice à une compréhension mutuelle.
3. **S'assurer que l'employé comprend bien le but de cette séance de feed-back.** Quel est le but réel de cet entretien ? Voilà la question que les employés risquent de se poser. Pour le manager, clarifier ses objectifs permettra de partir sur de bonnes bases.
4. **Se concentrer sur des comportements spécifiques plutôt que sur une attitude générale.** Le feed-back doit être spécifique plutôt que global. Les considérations d'ordre général demeurent toujours trop vagues et n'offrent que peu de renseignements utilisables – en particulier si l'on cherche à corriger un problème.
5. **Veiller à émettre des commentaires objectifs et centrés sur le travail.** Le feed-back, et plus particulièrement le feed-back négatif, doit être descriptif plutôt que critique ou appréciatif. Quel que soit le niveau d'énervement ou de mécontentement du manager, celui-ci doit se focaliser sur l'activité de l'employé et ne jamais attaquer l'individu lui-même. En situation professionnelle, on n'est jamais censé critiquer la personne, mais son comportement.
6. **Étayer son feed-back en exploitant des données concrètes.** La manager se doit d'expliquer à son employé sur quelles bases ses performances ont été évaluées. L'utilisation de données concrètes aidera à identifier les comportements examinés.

Souligner ce qui a été réalisé correctement et présenter le cas échéant une critique détaillée des manquements observés. Dans ce dernier cas, il est nécessaire de signifier clairement que le travail n'a pas été convenablement mené.

7. **Réserver le feed-back négatif aux comportements que le récepteur peut maîtriser.** Le feed-back négatif doit exclusivement viser les comportements que l'employé est en mesure de corriger. Indiquez à l'intéressé ce qu'il peut faire pour améliorer la situation. De telles recommandations permettent d'adoucir un peu la critique et de guider l'employé qui comprend le problème mais ne sait pas comment le résoudre.

8. **Laisser l'employé s'exprimer.** Il faut demeurer attentif à la manière dont l'employé perçoit ce qu'on lui dit, surtout si on lui soumet un problème. Il n'est bien sûr pas question de lui trouver des excuses, mais de faire preuve d'empathie, en tentant de se mettre à sa place. Un événement particulier aura peut-être précipité son échec. En laissant l'employé s'exprimer, le manager se place en position de découvrir des choses dont il ne soupçonnait pas l'existence.

9. **S'assurer que l'employé a bien saisi l'entière signification du feed-back.** Le feed-back doit être suffisamment concis et exhaustif pour que le collaborateur concerné puisse en saisir clairement la signification. En s'inspirant des techniques de l'écoute active, le manager peut par exemple lui proposer de reformuler le contenu de son feed-back afin de dépister d'éventuelles erreurs d'interprétation.

10. **Élaborer un plan d'action.** La recherche de la performance ne doit pas s'interrompre sous prétexte qu'un feed-back est intervenu. Les bons résultats doivent être confirmés et de nouveaux objectifs fixés. En cas de défaillance, il faudra néanmoins prendre le temps d'aider l'employé à élaborer un plan d'action précis, qui permettra de rétablir la situation. Ce plan détaillera ce qui doit être fait, et annoncera à quel moment et de quelle manière l'activité sera contrôlée. Si le manager se doit de fournir toute l'aide possible, il doit aussi faire bien comprendre au collaborateur que c'est à lui, et non à son manager, de résoudre le problème.

Mise en pratique

Choisissez une compétence que vous souhaiteriez acquérir ou améliorer, ou une habitude que vous aimeriez perdre – apprendre une langue étrangère, faire du sport, arrêter de fumer, prendre des cours de ski, ou dépenser moins. Pour les besoins de l'exercice, imaginez que vous ayez trois mois pour mettre en route votre projet et que vous disposiez de tous les fonds nécessaires. Rédigez un plan d'action qui précisera les choses que vous devez faire, le moment où vous devrez les faire, et de quelle manière vous pourrez vérifier la bonne réalisation de chacune des étapes. Soyez réaliste, mais veillez tout de même à ne pas vous fixer des objectifs trop modestes.

Examinez votre plan. De quelles aides ou ressources extérieures aurez-vous besoin ? Comment les obtiendrez-vous ? Ajoutez ces informations. Quelqu'un d'autre pourrait-il suivre les étapes que vous avez définies en vue d'atteindre votre objectif ? Le cas échéant, que devriez-vous modifier

3.2. Dans quels domaines peut-on exercer le contrôle ?

La plupart des organisations regroupent d'innombrables activités, menées en différents lieux et au sein de divers domaines fonctionnels. Dès lors, *que* contrôle-t-on exactement ? Pour répondre à cette question, voyons dans quels domaines particuliers les managers peuvent agir, et les outils de contrôle spécifiques qu'ils peuvent utiliser.

Comment les managers assurent-ils le suivi financier ?

Toutes les entreprises cherchent à dégager des profits. Pour y parvenir, les managers doivent mettre en œuvre des contrôles financiers. Ils peuvent notamment analyser les comptes d'exploitation trimestriels, en vue de déceler d'éventuelles dépenses excessives. Ils peuvent aussi calculer des ratios financiers, afin de s'assurer qu'il reste assez de trésorerie pour couvrir les dépenses courantes, que les niveaux d'endettement ne sont pas devenus trop importants, ou que les actifs sont bien employés de façon productive.

L'analyse de ratios et l'analyse budgétaire font partie des outils de mesure auxquels les managers sont traditionnellement susceptibles de recourir. Le document 14.6 recense certains des ratios financiers les plus usités dans ce genre d'analyses. Les ratios de liquidité mesurent l'aptitude d'une organisation à faire face au service de sa dette. Les ratios de levier financier examinent de quelle manière l'organisation utilise l'endettement pour financer ses actifs et déterminent si elle a la capacité de payer les intérêts de sa dette. Les ratios d'activité évaluent l'utilisation plus ou moins efficiente de ses éléments d'actif. Enfin, les ratios de rentabilité mesurent l'efficience et l'efficacité avec lesquelles l'entreprise exploite ses actifs pour générer des profits. Tous ces chiffres sont calculés à partir d'informations choisies, issues des deux principaux états financiers de l'organisation (le bilan et le compte d'exploitation) ; ils sont ensuite exprimés sous forme de pourcentages ou de quotients. Étant donné que vous avez sans doute déjà étudié ces ratios dans d'autres cours de comptabilité ou de gestion financière, ou que vous n'allez pas tarder à le faire, nous ne nous étendrons pas davantage sur leur mode de calcul. Nous les mentionnons ici pour vous rappeler simplement que les managers utilisent ce type de ratios comme outils de contrôle interne.

Les budgets constituent un second type d'outil de planification et de contrôle financier. La formulation d'un budget en fait un outil de planification, car il indique quelles sont les activités importantes de l'entreprise, ainsi que le type et l'ampleur des ressources qu'il conviendrait de leur allouer. Mais les budgets servent également à contrôler, puisqu'ils fournissent aux managers des normes quantitatives en regard desquelles ils peuvent mesurer et comparer les ressources réellement consommées. Si les écarts constatés lui imposent de réagir, le manager examine ce qui s'est produit et s'efforce de découvrir pourquoi. Nanti de ces informations, il peut alors entreprendre les actions nécessaires. Si vous établissez par exemple un budget personnel pour surveiller et contrôler vos dépenses mensuelles, peut-être vous apercevrez-vous, sur un mois donné, que vos « frais divers » ont été plus élevés que prévu. Vous pourrez à ce moment-là réduire vos dépenses sur un autre poste, ou faire des heures supplémentaires pour gagner davantage.

Document 14.6 – Les principaux ratios financiers.

Catégorie	Ratio	Formule	Signification
Liquidité	Liquidité globale	Actif circulant / Passif exigible	Teste la capacité de l'organisation à faire face à ses engagements à court terme
	Liquidité réduite	(Actif circulant – stocks) / Passif exigible	Teste la liquidité de manière plus précise, quand les stocks tournent lentement ou sont difficiles à vendre
Levier financier	Dette sur actif	Endettement total / Total de l'actif	Plus le ratio est élevé, plus l'organisation est endettée
	Couverture des intérêts	Bénéfices avant intérêts et impôts / Frais financiers totaux	Évalue combien de fois l'organisation est en mesure de couvrir le remboursement de ses intérêts
Activité	Rotation des stocks	Ventes / Stock	Plus le ratio est élevé, plus l'exploitation des actifs de stocks est efficiente
	Rotation de l'actif total	Ventes / Total de l'actif	Moins il utilise d'actifs pour obtenir un niveau de ventes donné, plus le management exploite de manière efficiente l'actif total de l'organisation
Rentabilité	Marge bénéficiaire sur les ventes	Bénéfice net après impôts / Total des ventes	Identifie les profits générés
	Retour sur investissement	Bénéfice net après impôts / Total de l'actif	Mesure l'efficience avec laquelle les actifs génèrent des profits

Comment une organisation contrôle-t-elle son information ?

En 2006, un ordinateur portable contenant les données nominatives de quelque 26,5 millions d'anciens militaires américains (numéros de Sécurité sociale, dates de naissance, etc.) fut dérobé au domicile d'un employé du Department of Veteran Affairs, qui l'avait emporté chez lui sans autorisation. Bien que l'ordinateur ait été finalement retrouvé et qu'aucune donnée n'ait été perdue, cette situation aurait pu porter préjudice à un grand nombre de personnes[8]. D'où l'évidente nécessité de contrôler et de sécuriser l'information ! Les managers abordent le contrôle de l'information de deux manières différentes : (1) comme un outil qui les aide à contrôler d'autres activités au sein de l'organisation, et (2) comme un domaine organisationnel qu'il leur faut contrôler.

Pour les aider à *surveiller et à mesurer les activités de l'organisation*, les managers doivent disposer des bonnes informations, au bon moment et dans les quantités qui conviennent. Pour mesurer les performances réelles, ils doivent savoir comment les choses se déroulent au sein de leur sphère de responsabilité et être informés des normes en vigueur afin de pouvoir les comparer aux performances observées. Ces informations les aident également à déterminer l'acceptabilité des écarts constatés et leur permettent enfin d'élaborer des plans d'action appropriés. L'information revêt donc bel et bien une importance cruciale ! La plupart des outils informationnels que les managers utilisent dérivent en l'occurrence du système d'information de gestion mis en place par l'entreprise.

Un **système d'information de gestion** (SIG) [*Management Information System* ou MIS] fournit régulièrement aux managers les informations dont ils ont besoin. S'il peut aussi bien s'agir, en théorie, d'un système manuel que d'un système informatisé, la plupart des organisations ont aujourd'hui opté pour des applications informatiques. Le terme de « système » recouvre des notions d'ordre, d'agencement et de finalité. En outre, un SIG vise expressément à fournir aux managers des *informations* (traitées et analysées) et non de simples *données* (basées sur des faits bruts, livrés tels quels). L'analogie de la bibliothèque se montre tout indiquée. Bien qu'elle puisse renfermer des millions de volumes, une bibliothèque ne sera d'aucune utilité s'il est impossible d'y trouver rapidement ce que l'on veut. Voilà pourquoi les bibliothécaires consacrent tant de temps à cataloguer leurs collections et à s'assurer que les documents soient replacés là où il faut. Aujourd'hui, les entreprises ressemblent à de grandes bibliothèques, très bien garnies. Elles regorgent de données mais sont incapables de les traiter pour mettre à la disposition des bonnes personnes les informations dont elles ont besoin, au moment où elles en ont besoin. Un SIG permet de collecter ces données et d'en extraire des informations pertinentes à l'usage des managers.

> *Système d'information de gestion (SIG) [Management Information System, MIS]* — Système qui fournit aux managers, de façon régulière, les informations dont ils ont besoin.

Chaque semaine, il semblerait qu'une nouvelle affaire de violation de la sécurité des informations soit mise au jour. Une récente enquête a révélé que 85 % des professionnels de la sécurité et de la protection de la vie privée admettaient avoir subi au cours des seuls douze derniers mois une intrusion notable au sein de leur organisation[9]. Compte tenu de leur importance critique pour tout ce qui touche à l'activité d'une entreprise, les managers doivent disposer de contrôles étendus et sécurisés pour protéger leurs informations. Ces contrôles peuvent aller entre autres du cryptage ou de la sauvegarde des données à la mise en place de pare-feu système[10]. Mais les problèmes sont susceptibles de se tapir là où l'organisation n'a peut-être même pas eu l'idée de les débusquer. C'est ainsi que des informations sensibles, diffamatoires, confidentielles ou embarrassantes ont pu se retrouver publiées parmi les résultats des moteurs de recherche. Une requête Google sur le site web de l'Association nationale de spéléologie aux États-Unis a notamment fait apparaître le détail des dépenses et des salaires mensuels de ses employés[11]. Certains équipements tels que les ordinateurs portables ou même les étiquettes RFID (identification par fréquences radio) sont également exposés aux virus et au piratage. Il va sans dire que les dispositifs de contrôle doivent faire l'objet d'une surveillance régulière, afin de s'assurer que toutes les précautions possibles sont mises en œuvre pour protéger les informations importantes.

Comment se définit la démarche du balanced scorecard ?

La démarche du **balanced scorecard** (tableau de bord plurisectoriel) offre un moyen d'évaluer les performances d'une organisation sans se limiter aux seuls aspects financiers[12]. Elle étudie d'ordinaire quatre axes distincts qui contribuent à la performance de l'entreprise : la perspective financière, la perspective client, la perspective des processus internes, et la perspective des ressources en termes de personnel, d'innovation et de croissance. Dans le cadre de cette approche, les managers sont censés définir des objectifs précis sur chacun de ces quatre axes et mesurer ensuite si ces objectifs ont été atteints.

Balanced scorecard — Approche multidimensionnelle de mesure de la performance.

Bien que l'emploi du *balanced scorecard* soit judicieux, les managers auront tendance à se concentrer sur les axes qui déterminent la réussite de leur organisation et à utiliser des tableaux de bord reflétant les stratégies correspondantes[13]. Si elles sont centrées sur le client, il est ainsi probable que cette perspective-là suscite davantage d'attention que les trois autres. Pour autant, se focaliser sur la mesure d'un axe de performance unique est impossible, car d'autres axes se trouvent eux aussi affectés. À Houston, par exemple, chez IBM Global Services, les managers ont élaboré un tableau de bord autour d'une stratégie centrale orientée en priorité vers la satisfaction client. Mais les autres axes (finances, processus internes et personnel/innovation/croissance) viennent néanmoins la soutenir. Le chef de division décrit la chose en ces termes : « Le volet "processus internes" de notre activité est directement associé à la fourniture d'une réponse rapide aux clients, tandis que les aspects liés à l'apprentissage et à l'innovation se montrent pour nous d'une importance capitale – car de fait, ce que nous vendons aux clients, c'est d'abord et avant tout notre expertise. Bien entendu, les succès plus ou moins grands que nous enregistrons sur ces plans-là se répercutent ensuite sur la composante financière[14]. »

4. Les développements actuels du contrôle

Le contrôle représente une fonction managériale importante. Nous développerons deux problématiques qui y sont liées et auxquelles les managers doivent faire face aujourd'hui : les différences culturelles et le contrôle dans le contexte du travail.

4.1. Le contrôle doit-il tenir compte des différences culturelles ?

Les concepts de contrôle exposés précédemment s'appliquent à des structures géographiquement concentrées et culturellement homogènes. Mais qu'en est-il des entreprises multinationales ? Leurs systèmes de contrôle doivent-ils se conformer aux particularités locales ? Comment les managers peuvent-ils assurer cette adaptation ?

Le contrôle du comportement et de l'activité des employés met en œuvre des méthodes qui peuvent apparaître très différentes d'un pays à l'autre. Dans le cas des entreprises multinationales, ces différences concernent essentiellement les étapes du processus de contrôle relatives à la mesure des performances et aux actions correctives. Au sein d'une telle structure, la maison mère contrôle souvent ses filiales d'une manière assez lâche, ne serait-ce qu'en raison de la distance, qui exclut toute observation directe du travail. Cet éloignement géographique favorisant les contrôles formels, les multinationales s'appuient fréquemment sur l'étude de rapports officiels et approfondis. Mais elles peuvent aussi mettre à profit la puissance des technologies informatiques. C'est par exemple le cas de IYG Holding Company (filiale à 100 % de Ito-Yokado Co., Ltd. et de Seven-Eleven Japan Co., Ltd., propriétaire de la chaîne de supérettes 7-Eleven), qui exploite ainsi des caisses enregistreuses automatisées lui permettant non seulement d'enregistrer les ventes et de gérer les stocks, mais également d'organiser l'activité des directeurs de magasins et de vérifier l'utilisation des graphiques prévisionnels intégrés. S'ils ne s'y réfèrent pas assez souvent, la maison mère les rappelle aussitôt à l'ordre[15].

En matière de contrôle, l'impact de la technologie devient particulièrement flagrant lorsqu'on compare les nations technologiquement avancées avec d'autres pays moins évolués. Tant en Europe qu'en Amérique du Nord ou en Asie, les entreprises utilisent désormais, en complément de la normalisation des consignes et de la surveillance directe, des outils de contrôle indirect – l'analyse informatique, notamment – pour s'assurer du bon déroulement des activités. Dans les pays défavorisés, ce seront plutôt la surveillance directe et la centralisation extrême du pouvoir décisionnel qui constitueront les deux principaux moyens de contrôle.

Par ailleurs, certaines législations nationales interdisent aux managers de fermer des usines, de licencier du personnel, ou d'engager de nouvelles équipes de direction venues de l'étranger, ce qui limite quelque peu les actions correctives envisageables. La comparabilité des données représente enfin une véritable gageure pour les entreprises multinationales. Deux unités de production, l'une en Turquie, l'autre en Suède, peuvent ainsi très bien produire la même chose. Mais l'unité turque risque cependant d'employer une main-d'œuvre beaucoup plus importante, en raison du niveau plus faible des salaires. Si les dirigeants de l'entreprise choisissaient de contrôler l'activité en évaluant, par exemple, le coût de production unitaire ou le rendement par ouvrier, les chiffres ne seraient absolument pas comparables. Dans une multinationale, les managers doivent absolument tenir compte de ce genre de problèmes.

Le manager et la technologie

Surveiller les employés ?

Les avancées technologiques ont beaucoup facilité le management des organisations. Mais elles ont aussi fourni aux employeurs un moyen sophistiqué pour surveiller les employés. Bien que cette surveillance soit avant tout conçue pour améliorer la productivité des ouvriers, elle pourrait être, et a déjà été, une source d'inquiétude pour la vie privée de ceux-ci. Les avantages de la surveillance ont soulevé des questions difficiles concernant ce que les managers ont le droit de savoir sur les employés et jusqu'où ils peuvent aller dans le contrôle de leur conduite, autant pendant le travail que pendant les pauses. Voici quelques exemples :

- Le maire de Colorado Springs, Colorado, lisait les e-mails que les membres du conseil municipal s'envoyaient les uns aux autres depuis chez eux. Il s'est défendu en disant qu'il s'assurait que ces e-mails n'étaient pas utilisés pour contourner la loi du « débat libre » qui exige que la plupart des affaires du conseil soient rendues publiques.
- Le groupe d'audit interne de la direction générale des impôts américaine contrôle les connexions informatiques des employés aux dossiers des contribuables. L'administration a en effet la possibilité de surveiller ce que les employés font sur leur ordinateur.
- American Express possède un système élaboré pour contrôler les appels téléphoniques. Les agents de maîtrise reçoivent chaque jour des rapports qui exposent en détail la fréquence et la longueur des appels passés par les employés, ainsi que le temps de réponse aux appels entrants.

Le manager et la technologie (suite)

- Les employeurs de plusieurs entreprises exigent que leurs employés portent des badges quand ils sont sur le lieu de travail. Ces badges contiennent des données qui leur permettent d'accéder à certaines zones de l'entreprise. Ces badges intelligents peuvent aussi transmettre à tout moment la position de l'employé !

Se pose alors la question de savoir jusqu'où une compagnie peut surveiller la vie privée de ses employés. Où doivent s'arrêter le règlement et le contrôle imposé par l'employeur ? Le patron a-t-il le droit de dicter ce que vous faites pendant votre temps libre jusque dans votre propre maison ? Votre patron pourrait-il vous empêcher de faire de la moto, de sauter en parachute, de fumer, de boire de l'alcool ou de manger des hamburgers ? Ici encore, les réponses peuvent surprendre. Aujourd'hui, dans un souci d'assurer la sécurité et de baisser les coûts de l'assurance maladie, de nombreuses organisations s'insinuent dans la vie privée de leurs employés.

Bien que le contrôle de leurs conduites sur le lieu de travail et en dehors puisse sembler injuste, rien dans le système juridique américain n'empêche les employeurs de se livrer à ces pratiques. Au contraire, la loi est fondée sur le fait que, si les employés n'aiment pas les règles, ils ont la possibilité de partir. De leur côté, les managers défendent leurs actions en disant qu'ils cherchent à garantir la qualité, la productivité et une conduite appropriée des employés. Par exemple, un audit de la direction générale des impôts américaine dans ses bureaux régionaux du Sud-Est a constaté que 166 employés avaient accédé sans autorisation aux déclarations de revenus de leurs amis, de leurs voisins ou de célébrités.

À quel moment le besoin de renseignements sur les performances des employés va-t-il trop loin et se mêle du droit de ceux-ci à la vie privée ? La technologie est-elle mal utilisée ? Est-ce que la surveillance devient acceptable quand les employés sont prévenus qu'ils seront contrôlés ? Qu'en pensez-vous ?

4.2. Le contrôle dans l'organisation d'aujourd'hui

Les organisations actuelles soulèvent des défis considérables en ce qui concerne le contrôle. Depuis l'utilisation des outils informatiques jusqu'aux problèmes de violence au travail, le contrôle aide les managers à garantir le bon déroulement du travail.

Mon ordinateur m'appartient-il vraiment ?

Si vous travaillez, pensez-vous avoir droit au respect de votre intimité sur le lieu de travail ? Que pensez-vous que votre employeur soit susceptible de découvrir à votre sujet ? Les réponses à ces questions pourraient vous surprendre. Technologiquement, votre patron peut (et parfois n'hésite pas à) lire vos e-mails, écouter vos conversations téléphoniques, surveiller votre travail à distance, sauvegarder et contrôler vos fichiers informatiques, et suivre vos déplacements en voiture de fonction[16]. Dans beaucoup de pays et d'entreprises, ces pratiques sont courantes, même si le cadre légal varie d'un pays à l'autre. Selon des rapports récents, 26 % des entreprises aux États-Unis ont déjà licencié des collaborateurs pour des abus d'Internet, 25 % pour abus d'e-mails et 6 % pour un abus de ligne téléphonique professionnel[17].

Pourquoi les managers se sentent-ils obligés de surveiller ainsi le personnel ? L'un des premiers arguments consiste à rappeler que les employés sont embauchés pour travailler, et non pas pour boursicoter, jouer ou faire du shopping sur Internet. L'usage récréatif d'Internet pendant les heures de travail coûterait chaque année plusieurs milliards en termes de pertes de productivité. Selon un sondage, 87 % des salariés aux États-Unis consultent des sites web sans rapport professionnel pendant leur temps de travail et plus de la moitié le font tous les jours[18]. Pour certaines entreprises, la consultation de vidéos en ligne est devenue gênante non pas seulement à cause du temps de travail perdu, mais aussi à cause du trafic engendré sur les réseaux informatiques[19]. Le site le plus consulté : YouTube[20] ! Et même si tout cela peut paraître tout à fait innocent (« il ne s'agit que d'une petite vidéo de trente secondes »), la somme de ces nouveaux comportements représente un facteur de coût non négligeable pour les entreprises.

Mais si les managers contrôlent l'utilisation de l'e-mail et des ordinateurs, c'est aussi parce qu'ils ne veulent pas risquer d'être poursuivis en justice, accusés d'avoir laissé s'installer une ambiance hostile au motif qu'une image choquante ou qu'un message insultant se serait affiché sur l'écran d'un employé. La possibilité d'établir instantanément la réalité des faits leur permet au contraire de réagir sur-le-champ[21].

Enfin, les dirigeants veulent être sûrs que des secrets internes ne sont pas divulgués[22]. En plus de l'e-mail et de l'utilisation courante de l'ordinateur, certaines entreprises cherchent à surveiller les SMS, les blogs, ainsi que les sites de médias sociaux et interdisent l'utilisation de téléphones portables avec appareils photo. Ainsi, on veut assurer qu'aucune information sensible ne sera divulguée, même par inadvertance, à l'extérieur de l'entreprise.

Le Parlement européen, en novembre 2001, a voté un projet de directive concernant le traitement des données à caractère personnel ainsi que la protection de la vie privée en matière de communications électroniques. Il y est clairement spécifié : « En vertu de la Convention européenne des droits de l'homme et conformément aux arrêts rendus par la Cour européenne des droits de l'homme, toute forme de surveillance électronique générale ou exploratoire pratiquée à grande échelle est interdite. » Une décision de la Cour de justice européenne a même reconnu au salarié le droit d'avoir du temps « privé » au bureau, dès lors qu'il reste dans des limites raisonnables.

En France, la CNIL (Commission nationale informatique et libertés) a émis des recommandations en 2002. En outre, la jurisprudence s'enrichit d'année en année et un certain nombre de règles sur les droits et devoirs des salariés et des entreprises existent déjà dans le code du travail. Ainsi, en France, toute mise en place d'un système de surveillance ou de contrôle de l'activité des salariés nécessite la consultation préalable des représentants du personnel ainsi que l'information des salariés. Par ailleurs, si l'employeur dispose d'un droit de contrôle sur les mails professionnels, il ne saurait prendre connaissance du contenu d'un mail personnel qu'avec l'accord du salarié. Depuis l'arrêt rendu dans le cadre de l'affaire Nikon en 2001, il est admis qu'un salarié a droit, même sur son lieu de travail, au respect de l'intimité de sa vie privée et au secret des correspondances. D'une manière générale, la justice française s'est toujours montrée très méfiante envers des preuves issues de la surveillance électronique, allant jusqu'à requalifier à la baisse des cas de licenciement pour « faute grave » en licenciement pour « cause réelle et sérieuse ».

Les comportements frauduleux des employés sont-ils en augmentation ?

Aussi surprenant que cela puisse paraître, aux États-Unis, près de 85 % des vols et des détournements commis au sein des entreprises sont le fait des employés eux-mêmes[23]. Les répercussions financières sont énormes : une étude a estimé les pertes annuelles autour de

4 500 dollars par employé[24]. Et pour 20 % des entreprises nord-américaines, les vols constituent un problème modéré à très grave[25].

Le **vol ou le détournement par un employé** peut se définir comme l'appropriation non autorisée d'un bien appartenant à l'entreprise en vue d'un usage privé[26]. Cela peut aller du détournement de fonds à la falsification des notes de frais, en passant par l'escamotage d'outils, de pièces détachées, de logiciels ou de fournitures de bureau. Bien que le commerce de détail connaisse depuis longtemps le potentiel de pertes liées à ce type d'agissements, les contrôles financiers rudimentaires mis en œuvre par les start-up ou les petites structures, combinés avec un accès de plus en plus aisé aux technologies de l'information, favorisent l'aggravation du phénomène dans tous les types d'entreprises. Il s'agit donc là d'un grave problème de contrôle que les managers doivent apprendre à gérer et à résoudre[27].

Vol ou détournement par un employé — Appropriation non autorisée d'un bien appartenant à l'entreprise en vue d'un usage privé.

Pourquoi les employés volent-ils ou détournent-ils des biens appartenant à l'entreprise ? La réponse à cette question dépend de la personne à laquelle on la pose[28]. Les experts en sécurité industrielle, en criminologie et en psychologie clinique ont tous un point de vue différent. Les premiers estiment que les gens profitent simplement du laxisme des contrôles et des circonstances favorables qui se présentent. Les criminologues affirment qu'il faut y voir la conséquence des pressions financières (difficultés pécuniaires, notamment) ou de certains travers (dettes de jeu, par exemple). Enfin, les psychologues estiment que les individus volent lorsqu'ils disposent d'arguments justifiant leur comportement (« tout le monde le fait », « ça leur pendait au nez », « cette compagnie gagne tellement d'argent qu'elle ne risque pas de couler pour si peu », « ça compensera tout ce qu'ils m'ont fait subir », etc.)[29]. Cependant, si ces trois approches proposent chacune une explication parfaitement convaincante, dont se sont d'ailleurs inspirés certains programmes de dissuasion, il n'en demeure pas moins que les pratiques de vols et de détournements demeurent.

Que peuvent faire les managers ? Le concept des contrôles préventif, continu et rétroactif, permet ainsi d'identifier les mesures susceptibles de dissuader ou de réduire les pratiques de vol ou de détournement, énumérées dans le document 14.7.

Comment les managers peuvent-ils combattre la violence sur le lieu de travail ?

Le 25 juin 2008, à Henderson, dans l'État du Kentucky, un employé d'une usine de matières plastiques est retourné sur son lieu de travail plusieurs heures après s'être disputé avec son supérieur hiérarchique, qui lui avait reproché de ne pas porter de lunettes de sécurité et d'avoir utilisé son téléphone portable alors qu'il était en poste sur la chaîne de montage. L'employé a sorti une arme à feu et a abattu son chef ainsi que quatre collègues, avant de se donner la mort. En avril 2007, le même mois que la fusillade de Virginia Tech, deux forcenés, l'un chez son ancien employeur à Troy, dans le Michigan, et l'autre dans les bureaux de la NASA à Houston, ont eux aussi fait feu et causé chacun la mort d'une personne. Le 30 janvier 2006, une ancienne salariée d'un bureau de poste de Santa Barbara, en Californie, jadis renvoyée pour cause de « comportement déviant », est revenue sur les lieux et a fait cinq morts ainsi qu'un blessé grave parmi les membres du personnel, avant de retourner son arme contre elle. Le 26 janvier 2005, un ouvrier d'une usine Jeep de Toledo, dans l'Ohio, qui la veille s'était entretenu de ses difficultés professionnelles avec la direction, est entré dans l'établissement et a tué l'un de ses supérieurs, puis blessé deux autres employés avant de mettre fin à ses jours. En avril 2003, après la fermeture, l'un des managers d'un restaurant Boston Market d'Indianapolis a été abattu par un employé pour avoir repoussé ses avances sexuelles. En juillet 2003, s'étant absenté d'un cours obligatoire sur l'éthique et le respect au travail, un employé d'une usine de construction aéronautique de Meridian, dans le Mississippi, est revenu avec armes et munitions dans son entreprise et a mitraillé quatorze de ses collègues, dont cinq ont été mortellement atteints, avant de se supprimer[30].

Document 14.7 – Mesures de contrôle visant à dissuader ou réduire le vol des employés.

Contrôle préventif	Contrôle continu	Contrôle rétroactif
Approfondir les enquêtes avant embauche. Établir un règlement spécifique donnant une définition précise du vol et des procédures disciplinaires applicables. Impliquer les employés dans l'élaboration du règlement. Former les employés au respect du règlement. Demander à des professionnels de contrôler votre sécurité interne.	Respecter les employés. Communiquer ouvertement les coûts engendrés par le vol. Informer régulièrement les employés de leur efficacité dans la prévention des vols. Installer, si les conditions le permettent, un système de vidéosurveillance. Installer des dispositifs de verrouillage sur les ordinateurs, les téléphones et les messageries. Ouvrir une ligne téléphonique spéciale permettant de signaler les incidents. Faire un exemple.	S'assurer que les employés savent bien qu'un vol a été commis – ne pas exiger de noms, mais faire comprendre aux individus qu'il s'agit d'un acte inacceptable. Solliciter les services d'enquêteurs professionnels. Redéfinir les mesures de contrôle. Évaluer la culture de l'entreprise et les relations entre managers et employés.

Sources : Inspiré de A. H. Bell et D. M. Smith, « Protecting the Company Against Theft and Fraud », *Workforce Online*, www.workforce.com, 3 décembre 2000 ; J. D.Hansen, « To Catch a Thief », *Journal of Accountancy*, mars 2000, p. 43-46 ; J. Greenberg, « The Cognitive Geometry of Employee Theft », in *Dysfunctional Behavior in Organizations: Nonviolent and Deviant Behavior*, Stamford, CT, JAI Press, 1998, p. 147-193.

La violence sur le lieu de travail constitue-t-elle un réel problème pour les managers ? La réponse est oui. Pour les États-Unis, les dernières données disponibles (2007) font état d'une augmentation du nombre d'homicides au sein des entreprises (610), même si l'on observe malgré tout un recul de 44 % par rapport au chiffre record de 1 080 tués recensés en 1994.[31] Cela étant, la violence au travail ne se limite pas aux seuls homicides. Aux États-Unis, l'Institut national de la santé et de la sécurité au travail indique que deux millions de travailleurs américains sont chaque année victimes dans leur entreprise d'une forme quelconque de violence, qu'il s'agisse d'injures, de récriminations, d'une dégradation volontaire des équipements ou du mobilier, ou d'agressions. On compte en moyenne un employé abattu chaque semaine, et 25 au moins grièvement blessés par d'autres employés ou par d'anciens collègues. D'après un sondage du ministère du Travail, 58 % des entreprises ont en outre signalé que leurs managers avaient reçu des menaces verbales de la part de certains employés[32]. Ces crises de colère, ces accès de fureur et ces actes de violence terrifient les autres salariés et nuisent à leur productivité. Le coût annuel pour les entreprises américaines est estimé entre 20 et 35 milliards de dollars[33]. Du reste, le problème de la violence au bureau ne touche pas exclusivement les États-Unis. Dans le cadre d'une enquête sur les comportements agressifs au sein des entreprises britanniques, 18 % des managers ont ainsi indiqué qu'ils avaient été personnellement victimes de harcèlement ou d'intimidations verbales, tandis que 9 % d'entre eux ont affirmé avoir subi des agressions physiques[34].

Quels sont les facteurs censés favoriser la violence sur le lieu de travail ? Le stress lié à la précarité de l'emploi, le nombre d'heures travaillées, la surcharge d'informations, les multiples interruptions quotidiennes, les délais irréalistes et l'indifférence des managers n'y sont sans doute pas étrangers. On a aussi dit que la configuration même de certains bureaux, divisés en de minuscules boxes obligeant les employés à supporter le bruit et l'agitation engendrés par leurs voisins, aggravait la situation[35]. D'autres experts ont décrit des environnements de travail dangereusement dysfonctionnels, caractérisés par les facteurs suivants, qui contribuent selon eux de manière essentielle au problème[36] :

- Travail des employés gouverné par les horaires, les chiffres et les crises.
- Changements rapides et imprévisibles, créant une instabilité et une incertitude qui empoisonnent le quotidien des employés.
- Styles de communication destructifs, qui voient les managers communiquer sur un mode exagérément agressif, condescendant, explosif ou acariâtre ; taquineries excessives ou recherche abusive de boucs émissaires.
- Leadership autoritaire marqué par une mentalité rigide et militariste des managers à l'égard des employés ; impossibilité pour les employés de contester les idées, de participer aux décisions, ou de s'investir dans le développement de valeurs collectives.
- Attitude défensive où l'on ne fournit que peu de retours sur les performances, si ce n'est aucun ; seuls les chiffres comptent ; le haussement de ton, l'intimidation ou l'esquive constituent les modes privilégiés de gestion des conflits.
- Discrimination entre managers et employés sur le plan des politiques d'entreprise, des procédures et des possibilités de formation.
- Griefs laissés en suspens, du fait qu'il n'existe aucun mécanisme de résolution ou qu'ils sont uniquement fondés sur un débat contradictoire ; les individus à problèmes peuvent se trouver protégés ou ignorés, sous l'effet de vieilles règles encore en vigueur, des dispositions de la convention collective ou d'une réticence à régler les difficultés.
- Apparition de troubles émotionnels chez les employés, sans que les managers cherchent à aucun moment à leur procurer une aide.
- Travail répétitif et ennuyeux, qui n'offre aucune chance de faire autre chose ou de voir arriver de nouvelles personnes.
- Équipements dangereux ou défectueux, ou formation insuffisante, ne permettant pas aux employés de travailler de manière efficace ou de fournir un bon rendement.
- Environnement de travail délétère sur le plan de la température, de la qualité de l'air, de la répétitivité des gestes, de la suroccupation de l'espace, du niveau de bruit, de l'abus

d'heures supplémentaires, et ainsi de suite. Pour réduire les coûts au maximum, aucun extra n'est embauché quand la charge de travail devient excessive, engendrant des attentes et des conditions de travail potentiellement dangereuses.

- Culture de violence, avec des antécédents d'agressions et de maltraitances individuelles ; présence d'individus violents ou d'un caractère explosif, qui se trouvent pris en exemple ; tolérance vis-à-vis de l'absorption d'alcool ou de l'usage de drogues sur le lieu de travail.

En parcourant cette liste, vous aurez certainement espéré que les entreprises où vous serez amené à travailler ne ressembleront pas à cela. Comment les managers peuvent-ils s'y prendre pour prévenir ou limiter les actes de violence susceptibles de survenir sur le lieu de travail ? Les concepts du contrôle préventif, continu et rétroactif, les aideront là encore à identifier les mesures qu'ils pourraient mettre en œuvre[37]. Le document 14.8 recense en la matière plusieurs suggestions possibles.

Document 14.8 – Contrôler la violence sur le lieu de travail.

Contrôle préventif	Contrôle continu	Contrôle rétroactif
S'assurer de l'engagement de la direction en faveur de l'instauration d'un environnement de travail fonctionnel	Mettre à profit le management baladeur pour identifier les problèmes ; observer de quelle manière les employés traitent leurs collègues et interagissent entre eux	Communiquer ouvertement sur la survenue des incidents et sur les actions entreprises pour y remédier
Proposer des programmes d'assistance aux employés (PAE) pour les aider à régler leurs problèmes de comportement	Permettre aux employés ou aux groupes de travail d'émettre des « doléances » lorsque des changements organisationnels majeurs interviennent.	Étudier les incidents et adopter les mesures appropriées
Imposer au sein de l'organisation une politique de tolérance zéro contre tout acte de violence ou d'agression	Incarner un bon modèle à suivre, par la façon dont vous traitez les autres	Passer en revue les politiques de l'entreprise et au besoin les modifier
Pratiquer un dépistage rigoureux lors de l'embauche	Utiliser les lignes directes de l'entreprise ou d'autres mécanismes pour signaler et étudier les incidents	
Ne jamais ignorer les menaces	Intervenir avec fermeté et rapidité	
Former les employés pour leur apprendre, le cas échéant, à éviter les dangers	En cas d'éruption de violence, solliciter l'assistance d'experts professionnels	
Indiquer clairement aux employés les politiques instaurées	Fournir les équipements et les procédures nécessaires pour faire face aux situations de violence (téléphones portables, systèmes d'alarme, mots ou phrases codés, et ainsi de suite)	

Sources : D'après M. Gorkin, « Five Strategies and Structures for Reducing Workplace Violence », *Workforce Management Online*, 3 décembre 2000 ; « Investigating Workplace Violence: Where Do You Start? », *Workforce Management Online*, 3 décembre 2000 ; « Ten Tips on Recognizing and Minimizing Violence », *Workforce Management Online*, 3 décembre 2000 ; « Points to Cover in a Workplace Violence Policy », *Workforce Management Online*, 3 décembre 2000.

Résumé

1. **Expliquer les caractéristiques et l'importance du contrôle.**
Le contrôle est une fonction managériale qui se concentre sur le suivi des activités, afin de garantir leur conformité aux préconisations de départ. En tant que dernière étape dans le processus de management, il rejoint la planification. Sans lui, les managers n'auraient aucun moyen de savoir si leurs objectifs ont été atteints. Le contrôle est important car (1) il constitue la seule façon de savoir si les objectifs sont atteints, et, dans le cas contraire, d'en connaître les causes, (2) il met à disposition les informations et le feed-back nécessaires pour permettre la responsabilisation des collaborateurs, et (3) il contribue à protéger l'organisation et ses ressources.

2. **Décrire les trois étapes du processus de contrôle.**
Les trois étapes du processus du contrôle sont la mesure, la comparaison et l'action. Mesurer impose de définir la méthode de mesure de la performance et l'objet de la mesure. La comparaison nécessite d'analyser la variation entre la performance réelle et les normes de référence (les objectifs). Les décalages qui dépassent un seuil de variation acceptable demandent de l'attention. L'action managériale peut consister à ne rien changer, à ajuster les performances, ou à réviser les normes de référence. L'ajustement des performances peut entraîner des actions correctives immédiates ou des actions correctives de fond. La révision des normes de référence peut résulter en une augmentation ou une baisse des standards.

3. **Distinguer les types de contrôles utilisés en entreprise.**
Le contrôle préventif est orienté vers l'avenir et conçu pour anticiper les problèmes. Le contrôle continu intervient pendant le déroulement de l'activité. Le contrôle rétroactif intervient en aval de l'activité ou de l'événement. Les contrôles financiers à disposition du manager comprennent les ratios financiers (liquidité, levier financier, activité et rentabilité) ainsi que les budgets. Les systèmes d'information de gestion fournissent aux managers l'information nécessaire. D'autres mécanismes qui protègent l'information en entreprise sont le chiffrage de données, les pare-feu protégeant les systèmes informatiques ainsi que la sauvegarde automatique des données. Les *balanced scorecard* permettent d'évaluer la performance d'une organisation selon quatre perspectives différentes au lieu de considérer uniquement la perspective financière.

4. **Présenter les développements actuels.**
Le contrôle doit tenir compte des différences culturelles, notamment en ce qui concerne la mesure de performance ainsi que les actions correctives. Les principales questions liées au lieu de travail concernent le respect de la vie privée, le vol et le détournement par les employés ainsi que la violence sur le lieu de travail. Pour chacune de ces questions, les managers doivent mettre en place des contrôles afin de détecter des dysfonctionnements et garantir que le travail sera accompli efficacement.

Pour en savoir plus

GALLET O., *Halte aux fraudes : Guide pour auditeurs et dirigeants*, Paris, Dunod, 2010, 2e éd.

GIRAUD F., SAULPIC O., NAULLEAU G., *Contrôle de gestion et pilotage de la performance*, Paris, Gualino, 2008, 3e éd.

GUEDJ N., BERTHET J., *Le Contrôle de gestion. Pour améliorer la performance de l'entreprise*, Paris, Éditions d'Organisation, 2000, 3e éd.

HAFFEN F., *Le Contrôle des filiales dans la stratégie de groupe*, Paris, Éditions d'Organisation, 1999.

LORINO Ph., *Méthodes et pratiques de la performance. Le pilotage par les processus et les compétences*, Paris, Éditions d'Organisation, 2003.

MASSELIN J.-L., MADERS H.-P., *Contrôle interne des risques*, Paris, Eyrolles, 2009, 2e éd.

MARTORY B., *Contrôle de gestion sociale*, Paris, Vuibert, 2009, 6e éd.

MOREAU F., *Comprendre et gérer les risques*, Paris, Éditions d'Organisation, 2002.

SELMER C., *Concevoir le tableau de bord. Outils de contrôle, de pilotage et d'aide à la décision*, Paris, Dunod, 2011, 3e édition.

VALIN G., GAVANOU J.-F., LE VOURC'H J., *Controlor & Auditor*, Paris, Dunod, 2006.

Activités

Questions de compréhension

1. Quel est le rôle du contrôle en management ?
2. Décrivez quatre méthodes permettant à des managers de se procurer de l'information concernant la performance de leur organisation.
3. Quels liens peut-on trouver entre les fonctions de planification d'une part et de contrôle d'autre part ? La fonction de contrôle est-elle liée, directement ou indirectement, aux fonctions d'organisation et de direction ? Expliquez votre point de vue à partir d'exemples précis.
4. Dans le chapitre 7, nous avons évoqué la « navigation en eaux vives », propre aux changements en environnement à la fois incertain et turbulent. Pensez-vous qu'il soit possible d'établir et de maintenir des critères de mesure et un contrôle efficace dans ce type d'atmosphère de travail ?
5. Dans le processus de contrôle d'une activité, pourquoi les dimensions mesurées sont-elles souvent plus déterminantes que la façon dont elles sont mesurées ? Développez en illustrant d'exemples concrets.
6. Pourquoi la pratique du feed-back constitue-t-elle la forme la plus populaire de contrôle ? Argumentez votre point de vue.
7. « Dans l'entreprise, le contrôle est l'affaire de tous. » Est-ce que vous êtes d'accord avec cette opinion ou pensez-vous que la responsabilité du contrôle incombe uniquement aux managers ? Expliquez votre point de vue.
8. Décrivez comment utiliser les concepts de contrôle dans votre vie personnelle. Trouvez des exemples concrets permettant d'illustrer les notions de contrôle préventif, continu et rétroactif dans différents domaines de votre vie.

Autoévaluation

Suis-je capable de discipliner les autres ?

Sanctionner des employés est probablement la chose la plus difficile à faire pour un manager. Toutefois, c'est un outil managérial important. Ce questionnaire est basé sur des textes qui définissent les techniques de discipline à privilégier. Ce n'est pas un questionnaire très précis, mais il vous donnera quelques aperçus concernant votre capacité à imposer une discipline sur votre lieu de travail.

Questionnaire

Il contient huit manières de faire des remarques aux personnes en faute. Pour chacune d'elles, sélectionnez la réponse qui vous caractérise le mieux. Pensez à la façon dont vous avez déjà agi ou pourriez agir et non pas à la façon dont vous devriez agir. Si vous n'avez pas d'expérience managériale, répondez comme si vous étiez un manager. Utilisez l'échelle suivante pour répondre :

1 = Souvent

2 = Parfois

3 = Rarement

Quand je veux sanctionner un collaborateur :

1.	Je donne plusieurs avertissements avant d'agir.	**1**	**2**	**3**
2.	J'attends plusieurs manquements avant de faire la remarque à l'employé.	**1**	**2**	**3**
3.	Même après des manquements répétés, je préfère une discussion informelle pour corriger le problème plutôt qu'une action disciplinaire trop formelle.	**1**	**2**	**3**
4.	Je retarde le face-à-face avec l'employé jusqu'à ce qu'il revoie son comportement.	**1**	**2**	**3**
5.	Quand je parle d'un manquement avec l'employé, mon style et mon ton sont toujours sérieux.	**1**	**2**	**3**
6.	Je cherche toujours le moyen de laisser à l'employé l'occasion d'expliquer sa position.	**1**	**2**	**3**
7.	Je reste impartial quand j'inflige une sanction.	**1**	**2**	**3**
8.	J'inflige une sanction plus forte pour des manquements répétés.	**1**	**2**	**3**

Calculez votre résultat

Additionnez les points pour les affirmations 2, 3 et 4. Pour les cinq autres (1, 5, 6, 7 et 8), inversez les points en donnant 1 à la place de 3 et 3 à la place de 1.

Analyse et interprétation

Votre résultat se situe entre 8 et 24. S'il est supérieur ou égal à 22, cela signifie que vous avez une bonne capacité pour sanctionner. Vous comprenez qu'une discipline efficace suppose de donner plusieurs avertissements, d'agir dans des délais raisonnables, d'utiliser un ton calme et sérieux, d'être explicite à propos du problème, de rester plutôt impersonnel. Les mesures disciplinaires doivent être progressives et vous devez reconnaître les circonstances atténuantes. Un résultat situé vers 20 suggère quelques déficiences. S'il est inférieur à 19, cela indique que vous avez vraiment besoin de vous améliorer.

Source : S. P. Robbins, *Training in Interpersonal Skills: TIPS for Managing People at Work*, Upper Saddle River, NJ, Prentice Hall, 1989, p. 104-105.

Dilemme éthique

Doit-on faire des vagues ?

Vous faites partie de la direction générale d'une société de conseil de taille moyenne située dans l'est de la France, qui supervise une vingtaine d'équipes composées chacune de trois à cinq consultants. Votre organisation s'est considérablement développée au cours des cinq dernières années, entraînant une certaine confusion au sein du département des ressources humaines (RH). Vous pratiquiez à l'origine des tarifs plutôt modérés, et vous vous adressiez principalement aux PME de la moitié est de la France, du Luxembourg et de la Belgique (Wallonie). Un total de quinze équipes environ suffisait à satisfaire votre clientèle. Vos consultants, comparés à ceux des autres sociétés de conseil du même type, sont rémunérés autour du 70e centile. À qualifications égales, de nombreuses firmes prestigieuses localisées à Paris ou en région parisienne, voire à Lyon, proposent des salaires plus importants. En réalité, votre société se classe même probablement parmi les moins généreuses du marché. Cette année, vous avez entendu plusieurs directeurs de clientèle se plaindre du fait que le département RH comptait jusqu'au dernier centime pour rembourser les frais de déplacement et les repas. La plupart des avantages proposés par des firmes parisiennes prestigieuses, dont vos consultants ont entendu parler, n'existent pas chez vous. L'un de vos directeurs n'a pas mâché ses mots : « Si nous voulons jouer avec les grands, nous devons payer aussi bien qu'eux. » La remise à plat de votre système de motivation constitue depuis une priorité absolue.

Il y a environ quatre ans, vous avez embauché un consultant de renom venu de Paris, Jean-Pierre Tardieu, diplômé HEC, MBA Insead, qui a accepté une rémunération inférieure au marché afin de se rapprocher de ses parents malades, installés à Metz. Durant ce laps de temps, il a transformé l'entreprise presque à lui tout seul. Il a doublé le nombre de clients et recruté plusieurs jeunes consultants de premier plan afin d'améliorer la qualité du service. Il a pour ainsi dire constitué lui-même ses propres équipes, réunissant quelques-uns des éléments les plus compétents et les plus motivés qu'il pouvait trouver. Les autres employés les ont surnommés « la division Rambo ». Les équipes placées sous la direction de Tardieu ont toujours obtenu de meilleurs résultats que n'importe quelle autre et toujours dépassé les attentes des clients. Vos pairs se sont récemment montrés favorables à l'intégration de Jean-Pierre au sein de la direction générale de l'entreprise, avec des prérogatives équivalentes.

Mais vous voilà convoqué à présent pour une réunion d'urgence. Il a été porté à votre attention que les équipes dirigées par Jean-Pierre Tardieu s'étaient en effet rendues systématiquement coupables de fraudes au cours des dernières années, autorisant couramment tel ou tel de leurs membres à prendre à tour de rôle un congé « payé » pendant que les autres se chargeaient de couvrir son absence. Ce comportement n'entraînait pas directement de préjudice à l'égard du client, étant entendu que les contrats étaient facturés à la tâche et non à l'heure. Mais les équipes remettaient en revanche des notes de frais falsifiées au département RH, réclamant le remboursement de frais de bouche et de déplacements fictifs. En outre, les consultants inactifs continuaient de toucher leur salaire et se trouvaient donc payés à ne rien faire. Poursuivant votre enquête, vous avez établi que ce comportement était limité aux équipes qui recevaient à la fois des appréciations supérieures aux autres de la part des clients et qui apportaient à l'entreprise le maximum d'activité. Vous avez même découvert que ce mécanisme avait été entièrement conçu et soutenu par Jean-Pierre lui-même. Au fil de vos investigations, vous apprenez également que d'autres équipes commencent à en entendre parler, et que la rumeur est en train de se propager.

Instructions pour le groupe : Votre tâche consiste à gérer au mieux cette situation. Il vous faut non seulement éradiquer le comportement incriminé, mais décider aussi de ce que vous allez faire de Jean-Pierre Tardieu. En tant que groupe, vous devez aboutir à un consensus. Dans l'entreprise, tout le monde sait que vous êtes sur le point de lui offrir une promotion et d'en faire un associé à part entière. Vous jugez qu'il ne reste plus beaucoup de temps avant que tout le monde apprenne l'existence de son système de congés frauduleux.

Pour action

École de commerce – Réduire la triche

À : Mathieu Wrobeck, responsable du département marketing

De : Claude Frichon, directrice de la pédagogie

Objet : Réduire la triche parmi les élèves

Mathieu, vous savez sans doute que plusieurs membres de votre département souhaitaient développer des dispositifs de contrôle spécifiques pour réduire au maximum les possibilités de tricherie parmi les élèves, aussi bien lors des devoirs à la maison que pendant les examens. En tant que responsable de département, je voudrais que vous élaboriez avec eux une série de propositions, en réfléchissant aux moyens de contrôler la triche (1) avant qu'elle ne survienne, (2) pendant le déroulement des examens ou des devoirs en classe, et (3) après qu'elle se sera produite.

Merci de dresser une liste concise (une page environ) et faites-la-moi parvenir avant la fin de la semaine. J'aimerais soumettre ce projet à l'ensemble du corps professoral lors de notre prochaine réunion trimestrielle.

Cette entreprise et ce message fictifs ont été imaginés dans un but exclusivement pédagogique. Il n'est aucunement question ici d'évoquer, ni en bien, ni en mal, les pratiques managériales d'une entreprise réelle qui porterait le même nom.

Mise en situation

Avion-Papier SA

Cet exercice doit vous permettre de :

1. Intégrer l'ensemble des fonctions managériales dans une même application.
2. Mettre en œuvre les concepts de planification et de contrôle en vue d'améliorer spécifiquement les performances d'une entreprise.

Connaissances requises. Vous devrez, dans le cadre de cet exercice, maîtriser les principaux concepts de planification, d'organisation et de contrôle.

Durée. Une heure environ.

Un nombre illimité de sous-groupes, composés de six personnes chacun, peut prendre part à cet exercice. Ces sous-groupes pourront être gérés collectivement dans la même salle, si la taille de cette dernière le permet. Chaque participant doit se munir des instructions d'assemblage (document 14.9), de la fiche récapitulative, ainsi que d'une grosse pile de feuilles blanches (papier format standard A4). La salle doit être suffisamment grande pour que chaque sous-groupe puisse disposer d'un espace réservé et travailler ainsi sans déranger les autres. Il s'agit de s'exercer à la méthodologie de la production. Chaque sous-groupe doit travailler de manière indépendante. Un manager et un inspecteur seront désignés dans chacun des sous-groupes. Les autres participants endosseront le rôle d'ouvriers. L'objectif consiste à fabriquer des avions en papier de la manière la plus rentable possible. L'animateur donnera le signal du départ. Les sous-groupes s'affronteront sur une épreuve chronométrée de dix minutes. Au terme du premier tour, chaque groupe devra annoncer à l'ensemble du groupe la production et les profits réalisés, et expliquer la façon dont il a planifié, organisé et contrôlé son activité. La même procédure sera répétée autant de fois que le temps imparti le permettra.

Votre groupe représente le personnel d'Avion-Papier S.A. Fondée en 1943, elle est aujourd'hui le leader sur le marché de l'avion en papier. Sous l'impulsion de ses nouveaux dirigeants, l'entreprise vient de signer un contrat de sous-traitance avec un client important. Vous devez planifier et organiser la production des avions commandés. Le contrat stipule les conditions suivantes :

1. Le client versera 20 000 € par avion.
2. Les appareils devront passer l'inspection avec succès.
3. Une pénalité de 25 000 € par avion sera appliquée en cas de non-respect des impératifs de production (appareils promis non fabriqués ou appareils défectueux).
4. Les coûts salariaux et autres frais généraux seront estimés à 300 000 €.
5. Le coût des matières premières sera de 3 000 € par avion promis. Si vous en promettez dix mais n'en fabriquez que huit, vous devrez payer les matières premières pour les avions non fabriqués ou non certifiés.

Document 14.9 – Fiche technique de l'avion en papier.

Instructions d'assemblage de l'appareil

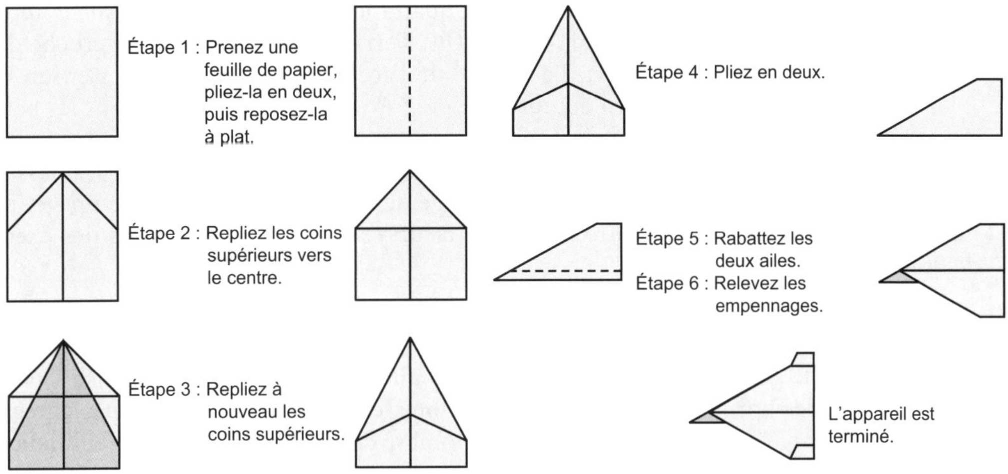

1er tour		
Engagement : [nombre d'avions] X 20 000 _	=	
Production : [nombre d'avions] * 20 000 _	=	
Retenues :		
frais généraux 300 000 _	=	300 000 €
[nombre d'avions promis] x 3 000 _ de matières premières	=	
[nombre d'avions non fabriqués ou défectueux] x 25 000 _	=	
Bénéfice (production – [frais généraux + matières premières + pénalité])	=	
2e tour		
Engagement : [nombre d'avions] x 20 000 _	=	
Production : [nombre d'avions] x 20 000 _	=	
Retenues :		
frais généraux 300 000 _	=	300 000 €
[nombre d'avions promis] x 3 000 _ de matières premières	=	
[nombre d'avions non fabriqués ou défectueux] x 25 000 _	=	
Bénéfice (production – [frais généraux + matières premières + pénalité])	=	
3e tour		
Engagement : [nombre d'avions] x 20 000 _	=	
Production : [nombre d'avions] x 20 000 _	=	
Retenues :		
frais généraux 300 000 _	=	300 000 €
[nombre d'avions promis] x 3 000 _ de matières premières	=	
[nombre d'avions non fabriqués ou défectueux] x 25 000 _	=	
Bénéfice [production – (frais généraux + matières premières + pénalité)]	=	

Source : Inspiré d'un exercice tiré de J. H. Donnelly Jr., J. L. Gibson et J. M. Ivancevich, *Fundamentals of Management*, 8e édition, Burr Ridge, IL, Irwin, 1992, p. 285-289. Reproduit avec l'autorisation de l'éditeur.

Cas d'entreprise

Mauvais cap…

Il était peu après minuit le 22 mars 2006, quand le ferry *Queen of the North* appartenant à la société British Columbia Ferries (BC Ferries), heurta un rocher proche de Gil Island au sud de Prince Rupert. La gravité de l'accident était évidente, et en un quart d'heure, *tous* les passagers et l'équipage avaient évacué le ferry en utilisant les bateaux de sauvetage. Le ferry coula un peu plus d'une heure après avoir échoué, au moment où les gardes-côtes et ainsi que des pêcheurs locaux commencèrent à sauver les passagers. Initialement, les médias saluèrent le sauvetage des 99 passagers et de l'équipage. L'évacuation du bateau avait pu être menée de façon exemplaire, comme lors des exercices réguliers de l'équipage.

Or, le lendemain, les médias annoncèrent que des passagers manquaient. Bien que les règles maritimes internationales exigent que les noms, le sexe et l'âge de tous les passagers soient enregistrés, le gouvernement canadien ne demande pas aux ferries de British Columbia d'appliquer les normes internationales. Les noms des passagers n'étaient pas enregistrés et l'équipage n'était pas tenu de compter le nombre de passagers à bord. Le seul indicateur du nombre de passagers était le nombre de billets vendus. Le communiqué de presse initial annonçant le sauvetage de tous les passagers se fondait simplement sur l'impression que tout le monde avait effectivement quitté le ferry.

Des demandes d'explication se firent alors entendre. Le directeur régional de l'autorité régionale des transports souligna que le *Queen of the North* avait participé à un audit de sécurité à peine trois semaines plus tôt et avait réussi un exercice d'évacuation du bateau en moins de trente minutes.

La commission interne mise en place par BC Ferries attribua les événements au « facteur humain ». Lors de l'investigation, les membres de l'équipage responsables de la navigation pendant la nuit de l'accident avouèrent ne pas avoir été à l'aise avec des équipements de navigation récemment installés. Ils avaient même éteint un écran traçant leur route car ils n'arrivaient pas à l'ajuster sur l'éclairage de nuit. L'équipage avait donc enfreint certaines règles professionnelles, même si ce comportement n'avait, selon le rapport, pas directement causé l'accident. Dans sa conclusion, le rapport souligne par contre l'attitude « passive » de l'équipage sur la passerelle, « dépassé par les événements » et « incapable de saisir la gravité de la situation ». Les transcriptions des communications radio de la nuit de l'accident mentionnent qu'il y avait de la musique sur la passerelle.

Même si l'on a reconnu qu'une grande partie de l'équipage avait réagi rapidement, plusieurs éléments ont inutilement compliqué l'évacuation. Comme il n'existait pas de passe pour les cabines des passagers, l'équipage a perdu du temps à essayer différentes clés. En outre, le règlement prévoyait que les cabines inspectées fussent marquées à la craie, mais aucun membre d'équipage n'avait de la craie sur lui. Et finalement, l'équipage rapporta avoir contrôlé seulement 53 des 55 cabines.

Questions

1. Quel(s) type(s) de contrôle pourrai(en)t être utilisé(s) pour prévenir ce type d'accident à l'avenir ? Développez des suggestions concrètes.
2. Mettez-vous à la place du directeur général de BC Ferries. Vous venez de prendre connaissance du rapport d'investigation. Qu'est-ce que vous feriez ? Expliquez vos choix.
3. Est-ce qu'il y aurait, dans cette situation, des types de contrôles plus importants que d'autres ? Argumentez votre point de vue.

Sources : Basé sur « Union Will Defend Fired Ferry Workers », *Kamloops Daily News*, 7 mai 2007, p. A5 ; C. Montgomery et I. Austin, « Human Error Is Faulted for Ship Sinking », *Province*, 27 mars 2007, p. A6 ; C. E. Harnett, « Human Error Sank B.C. Ferry », *Calgary Herald*, 27 mars 2007, p. A5 ; C. E. Harnett, « Ferry Brass », *Times Colonist*, 6 juin 2006, p. A3 ; C. Montgomery, « Loose Manifest Rules Led to Miscount », *Province*, 28 mars 2006, p. A4 ; E. Baron et E. O'Connor, « Why So Far Off Course? » *Province*, 23 mars 2006, p. A3 ; W. Boei, M. Bridge et L. Pynn, « 99 Escape After Ship Runs Aground, Slides into Depths », *Vancouver Sun*, 23 mars 2006, p. A1.

Chapitre 15

Le management des opérations

Objectifs

1. Définir le management des opérations et expliquer son rôle.
2. Définir la nature et les objectifs de la gestion de la chaîne de valeur.
3. Décrire de fonctionnement du management de la chaîne de valeur.
4. Comprendre les problématiques actuelles du management des opérations (technologie, contrôle de la qualité, management de projets).

On ne pense que rarement à la façon dont les organisations « produisent » les biens et services qu'elles vendent. C'est pourtant un processus très important, sans lequel la voiture ne serait jamais livrée dans les temps, ni le plat chaud servi au client, ni la prime d'assurance versée à son bénéficiaire. Toutes les organisations doivent pouvoir disposer d'un système opérationnel à la fois bien pensé et bien structuré. Cela vaut aussi pour leurs systèmes de contrôle des processus organisationnels et de la qualité, dimensions désormais nécessaires à la survie de l'entreprise dans un environnement de plus en plus concurrentiel. Cela fait aussi partie de la mission du manager. Le processus de transformation, la productivité et la gestion « juste-à-temps » constitueront donc les thèmes principaux de ce dernier chapitre. Nous y examinerons le rôle essentiel que revêt, au sein des entreprises modernes, la gestion de la chaîne de valeur, en particulier du point de vue de la fabrication. Ce faisant, nous aborderons la question du management des opérations, dont nous développerons, à travers la gestion de projet, l'un des aspects les plus essentiels.

1. Pourquoi le management des opérations est-il nécessaire ?

1.1. De quoi parle-t-on ?

Le terme de **management des opérations** désigne la conception, l'exploitation et le contrôle du processus de transformation qui permet de convertir des ressources telles que le travail et les matières premières en biens et services vendus aux consommateurs[1]. Le document 15.1 présente une vue simplifiée du processus de transformation, qui consiste à créer de la valeur en convertissant des ressources (*inputs*) en produits (*outputs*). Par la mise en œuvre de divers procédés, procédures et activités professionnelles, le système transforme les ressources – personnels, technologies, équipements, matériaux et données – en produits finis. Ce processus s'applique à l'ensemble de l'entreprise. Les membres des services du marketing, des finances, de la recherche et du développement, des ressources humaines ou de la comptabilité convertissent tous des ressources en produits – ventes, parts de marché, retours sur investissements, produits innovants, motivation et implication des employés, rapports comptables. En tant que manager, et quel que soit le domaine dans lequel vous exerciez, vous devrez vous familiariser avec les concepts du management des opérations, qui vous permettront d'atteindre vos objectifs d'une manière plus efficace et plus efficiente.

Management des opérations — L'étude et l'application du processus de transformation.

Document 15.1 – Le processus de transformation.

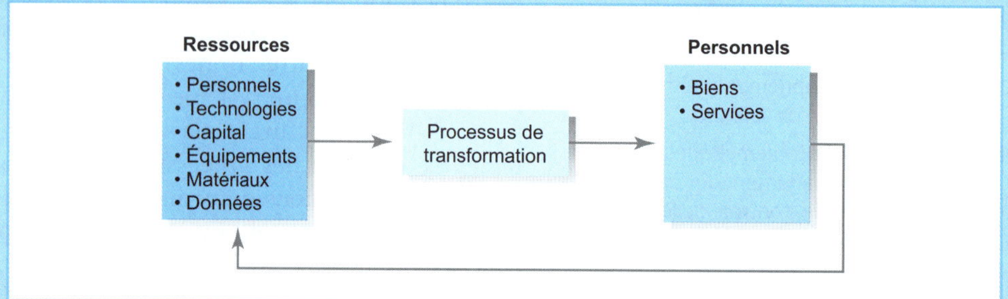

Pourquoi le management des opérations revêt-il une telle importance pour les entreprises et les managers ? Les raisons sont au nombre de trois. Il s'applique d'une part à tous les secteurs – les services comme l'industrie[2]. Il favorise ensuite une gestion efficace et efficiente de la productivité. Et, enfin, il joue un rôle stratégique en matière de compétitivité.

1.2. En quoi les entreprises industrielles et les sociétés de services se différencient-elles ?

Toutes les entreprises produisent des biens ou des services par le biais du **processus de transformation**. Schématiquement, elles possèdent toutes un système opérationnel qui crée de la valeur par transformation de ressources en produits finis.

Processus de transformation — Le processus par le biais duquel une entreprise crée de la valeur en transformant des ressources (personnels, capitaux, équipements, matériaux) en produits (biens ou services).

Les entreprises produisent toutes des biens. Lorsqu'il s'agit d'un fabricant de voitures, de téléphones portables ou de plats cuisinés, ces biens sont visibles. Les **entreprises industrielles** (ou manufacturières) produisent en effet des biens matériels : les matières premières se changent en produits identifiables, et le processus de management des opérations (de transformation) transparaît très nettement. Dans le cas des **sociétés de services**, qui produisent des biens immatériels, ce processus de transformation demeure beaucoup plus opaque.

Les hôpitaux offrent des services de soins qui améliorent la santé des individus, les compagnies de taxis fournissent des services de transport qui permettent d'aller d'un endroit à un autre, les agences de voyage proposent détente et évasion et, enfin, les plombiers et les électriciens font en sorte de garantir notre alimentation en eau et en électricité. Tous ces prestataires de services transforment des ressources en produits. Prenez l'exemple de votre université : son président combine des ressources – professeurs, livres, revues scientifiques, salles de classe multimédias, et autres ressources –, dans le but de transformer ses étudiant(e)s en autant d'individus compétents et cultivés.

Entreprise industrielle (ou manufacturière) — Une entreprise qui produit des biens matériels.

Société de services — Une entreprise qui produit des produits immatériels, tels que des services dans le domaine de l'éducation, de la médecine ou du transport.

Si nous insistons tant sur ce point, c'est parce qu'il apparaît que les économies des pays développés, autrefois dominées par la fabrication et la vente de produits manufacturés, sont aujourd'hui massivement orientées vers la création et la vente de services. En fait, la plupart des nations industrialisées de la planète possèdent à présent une économie essentiellement tertiaire. Aux États-Unis, par exemple, l'industrie des services représente près de 80 % des emplois du secteur privé[3]. On observe des chiffres équivalents en Grande-Bretagne (73 %), en Australie (71 %), en Allemagne (68 %), au Mexique (68 %), au Canada (66 %) et au Japon (63 %)[4]. En France, les services marchands et non marchands rassemblent 73 % de la population active (45,6 % dans les services marchands)[5].

1.3. Comment améliore-t-on la productivité ?

La productivité est étroitement liée au processus de transformation, et son amélioration est devenue un objectif majeur pour la quasi-totalité des entreprises. Ce terme de **productivité** désigne le rapport entre la production globale des biens et services et les ressources nécessaires à cette production. Au niveau d'un pays, une productivité élevée engendre croissance et développement économique. Les employés peuvent recevoir de meilleurs salaires, et les bénéfices des entreprises augmenter sans provoquer d'inflation. Du point de vue de l'entreprise, l'amélioration de la productivité permet d'abaisser les coûts et de proposer des tarifs plus compétitifs.

Productivité — Le rapport entre la production globale des biens et services et les ressources nécessaires à cette production.

C'est dans l'accroissement de la productivité que réside la clé de la compétitivité. La prospérité du Japon des années 1980 s'explique ainsi en grande partie par les gains de productivité de ses entreprises industrielles. En réaction, les sociétés américaines consentirent des efforts considérables afin d'améliorer leur propre efficience[6]. L'entreprise californienne U.S. Technical Ceramics décida par exemple d'investir dans un outil de découpe au diamant qui lui permit d'enregistrer une progression de 300 % de son rendement. Cet équipement éliminait en outre les périodes d'inactivité et augmentait de manière significative la productivité des employés[7]. Dispatch Industries, concepteur et fabricant de systèmes de développement thermique, observa des résultats similaires, avec un gain de productivité de 30 % et une meilleure qualité des produits, résultat d'une efficience accrue de la main-d'œuvre[8]. Des exemples de même nature peuvent également se retrouver dans l'ensemble des pays développés.

Les entreprises dont l'ambition est de réussir à l'échelle mondiale cherchent par tous les moyens à améliorer leur productivité. McDonald's a ainsi réduit de façon drastique le temps de cuisson de ses frites – qui n'est plus aujourd'hui que de soixante-cinq secondes, contre deux cent dix auparavant –, afin d'économiser ses ressources[9]. Le constructeur automobile tchèque Skoda Auto AS, qui appartient désormais à Volkswagen, a restructuré en profondeur ses processus de fabrication ; il produit désormais 500 voitures par jour, près de deux fois plus qu'il y a quelques années[10].

La productivité associe des variables humaines et opérationnelles. Pour l'améliorer, les managers doivent tenir compte des deux. W. Edwards Deming, consultant en management et expert en qualité, considérait que les managers, et non les ouvriers, représentaient le premier gisement de productivité de l'entreprise. Son programme en 14 points pour l'amélioration de la productivité du management témoigne de sa parfaite compréhension des interactions entre les hommes et l'activité. Une gestion pertinente des ressources humaines ne peut à elle seule entraîner une hausse du rendement. L'entreprise véritablement efficace maximisera la productivité en intégrant convenablement les individus à son système opérationnel. Vice-présidente de Grove Madsen Industries, fournisseur d'équipements électriques pour les casinos de Las Vegas, Vicky Combs passait beaucoup de temps et dépensait beaucoup d'énergie à discuter de ses projets avec les sous-traitants. Aujourd'hui, grâce à l'informatique, elle peut « directement transmettre ses plans aux usines, situées à 3 000 kilomètres de là », en sachant que la production débutera quelques minutes seulement après réception de sa commande[11].

1.4. Quel est le rôle stratégique du management des opérations ?

L'industrie manufacturière moderne est née aux États-Unis, il y a près d'un siècle, principalement au sein des usines automobiles de Detroit. Par la suite, le succès des entreprises américaines au cours de la Seconde Guerre mondiale a fait croire à leurs dirigeants que les problèmes de production étaient définitivement maîtrisés et ne requéraient plus grande attention. On s'est donc attaché à améliorer d'autres aspects, tels que la finance ou le marketing. De la fin des années 1940 jusqu'au milieu des années 1970, l'activité manufacturière des États-Unis fut considérée comme acquise et même, dans une certaine mesure, méprisée. À quelques exceptions près (l'armement et l'aérospatiale, notamment), les managers ne s'y intéressaient plus beaucoup.

Pendant ce temps, tandis que les chefs d'entreprise américains négligeaient leurs activités de production, leurs homologues européens (en particulier allemands) ou japonais saisirent l'occasion de développer des usines modernes, informatisées et très en avance sur le plan technologique, qui associaient totalement la fonction de production aux décisions de planification stratégique. Le succès de ces nouveaux concurrents bouleversa la hiérarchie mondiale. Les industriels américains découvrirent non seulement que les produits étrangers coûtaient moins cher à fabriquer, mais qu'ils étaient en outre de meilleure qualité. À la fin des années 1970, les entreprises américaines furent bien obligées d'admettre qu'elles se trouvaient confrontées à une véritable crise et décidèrent de réagir. Elles investirent des sommes considérables dans l'amélioration des technologies de fabrication, renforcèrent l'autorité de leurs dirigeants et la visibilité des directeurs techniques, et commencèrent à incorporer à leur planification stratégique les impératifs de production actuels et futurs. Aujourd'hui, les entreprises qui réussissent sont celles qui reconnaissent l'importance cruciale du management des opérations, en tant qu'élément d'une stratégie organisationnelle globale visant à leur assurer un leadership mondial durable. Cette révolution du management des opérations est aussi aujourd'hui à l'origine de la réussite des grands groupes industriels dans les pays émergents, tels que Huawei en Chine ou Mittal et Tata en Inde.

En matière de performance globale de l'entreprise, l'adoption de plus en plus fréquente d'une gestion fondée sur la chaîne de valeur témoigne bien du rôle éminemment stratégique du management des opérations.

2. Qu'est-ce que le management de la chaîne de valeur ?

Imaginez un instant… Il est 23 h 45, et vous recevez un e-mail d'un de vos proches vous annonçant qu'il souhaite vous offrir ou vous aider à financer un nouvel ordinateur, et vous laisse choisir et acheter le modèle qui vous convient. Vous vous rendez alors sur le site Web de Dell Computer afin de configurer la machine de vos rêves, qui pourra satisfaire vos besoins les plus exigeants. Vous cliquez sur le bouton de validation. Trois ou quatre jours plus tard, l'ordinateur vous est livré à domicile, assemblé selon vos spécifications, prêt à être branché. Voici un autre exemple avec Deere and Company's Horicon Works, fabricant américain de tondeuses autotractées. Dans cette entreprise, les managers se fixent comme objectif de livrer en moins de sept jours n'importe quel type de tracteur à n'importe quel revendeur d'Amérique du Nord. À St. Peters, dans le Missouri, Wainwright Industries produit les insignes General Motors destinés à l'usine d'assemblage de camionnettes, située à six kilomètres. Mais cette entreprise possède également un entrepôt entièrement dédié aux véhicules de la marque, qui gère en juste-à-temps quelque 1 500 références de pièces détachées, fabriquées par 50 sous-traitants différents. Toutes les sept minutes environ, un camion quitte l'entrepôt pour aller livrer l'usine GM, avec à son bord des casiers remplis de pièces classées selon leur couleur, leur taille ou leur forme, en fonction des besoins des chaînes d'assemblage[12].

Ces exemples montrent qu'il est possible d'intégrer de manière très poussée les activités de différents acteurs industriels. Cette intégration repose sur la gestion de la chaîne de valeur[13], dont les concepts sont en train de transformer les stratégies de management des opérations. De nombreuses entreprises à travers le monde deviennent ainsi peu à peu des modèles d'efficience et d'efficacité, stratégiquement positionnées de manière à exploiter toutes les possibilités de compétitivité qui se présentent[14]. Les paragraphes qui suivent offriront une définition de la gestion de la chaîne de valeur, décriront ses objectifs, souligneront les conditions nécessaires à son implémentation, exposeront ses avantages et présenteront brièvement les obstacles qui peuvent nuire à son efficacité.

2.1. Valeur ou chaîne de valeur ?

Pour survivre et prospérer, les entreprises ont besoin de clients, y compris les organisations à but non lucratif, comme certaines églises ou associations qui doivent vendre leurs services ou leurs produits. Les clients recherchent une valeur à ce qu'ils achètent ou utilisent, et ce sont eux qui en déterminent la présence[15]. Les entreprises doivent leur offrir cette valeur pour les attirer et les conserver. La **valeur** désigne les performances, les caractéristiques, les particularités, et tout autre aspect d'un bien ou d'un service pour lequel le client se montre prêt à sacrifier certaines ressources (en règle générale, de l'argent). Ainsi, lorsque vous achetez le dernier album d'un groupe que vous aimez à la Fnac, une part de pizza chez Pizza Hut, ou que vous allez vous faire couper les cheveux dans votre salon de coiffure habituel, vous échangez de l'argent contre la valeur (d'usage, de plaisir, de statut, de confort, etc.) que vous espérez tirer de ces produits – un délassement musical pendant vos heures de révision, l'apaisement de vos crampes d'estomac, ou l'amélioration de votre apparence en vue d'un entretien d'embauche.

> *Valeur* — Concept générique recouvrant les performances, les caractéristiques, les particularités, ou tout autre aspect d'un bien ou d'un service pour lesquels le client se montre prêt à sacrifier certaines ressources.

Comment offre-t-on de la valeur aux clients ? Par la transformation de matières premières et autres ressources en un produit ou service dont l'utilisateur final aura besoin ou envie – sous la forme et au moment qu'il souhaitera –, et pour lequel il sera prêt à payer le prix. Mais ce processus apparemment très simple implique en réalité un vaste ensemble d'activités professionnelles interdépendantes, assurées par divers intervenants. C'est ce que l'on appelle la chaîne de valeur. La **chaîne de valeur** désigne la totalité des activités successives qui, à chaque étape, depuis la manipulation des matières premières jusqu'au produit fini placé entre les mains de l'utilisateur, ajoutent de la valeur. Elle tient compte de tout, des fournisseurs d'un fournisseur jusqu'aux clients d'un client[16].

> *Chaîne de valeur* — Concept décrivant la totalité des activités successives qui, à chaque étape, depuis la manipulation des matières premières jusqu'au produit fini placé entre les mains de l'utilisateur, ajoutent de la valeur.

Le concept de chaîne de valeur a été popularisé par Michael Porter, auteur d'un ouvrage intitulé *Competitive Advantage: Creating and Sustaining Superior Performance*[17]. Il s'agit pour lui de faire comprendre aux managers de quelle manière les activités organisationnelles s'enchaînent pour créer de la valeur. S'attachant prioritairement à décrire le fonctionnement d'une entreprise isolée, l'auteur n'en souligne pas moins qu'il faut envisager l'intégration de sa chaîne de valeur au sein d'un processus industriel global. Ce qui n'est pas toujours très aisé. Dans une entreprise, certaines activités ne créent absolument aucune valeur pour le consommateur. Elles peuvent satisfaire la direction ou apaiser les syndicats, mais ne contribuent en rien au bonheur du client. Prenons comme exemple l'industrie du cinéma. Les producteurs dépensent souvent de grosses sommes d'argent pour des éléments qui n'ont aucun impact sur la qualité d'un film. L'argent bien utilisé doit « se voir sur l'écran. » Celui qui ne se voit pas – et qui sert par exemple à payer les repas, les limousines ou les jets privés des stars – n'ajoute aucune valeur au film. Le management peut s'analyser d'une manière similaire. Comme l'a noté un spécialiste, « Les managers ne créent pas de valeur. Le client n'achète jamais un produit en fonction de la qualité du management. Le management, par définition, agit indirectement. Il vaut donc mieux qu'il intervienne le moins possible. L'un des objectifs du *reengineering* (ingénierie des procédés) vise précisément à réduire les besoins en management[18]. ».

La **gestion de la chaîne de valeur** consiste à gérer l'enchaînement des activités et l'information sur les flux de production tout au long de la chaîne de valeur. Contrairement à la **gestion de la chaîne logistique** (on emploie souvent en français le terme anglo-saxon de *supply chain*), qui se concentre sur l'efficience des flux de matières à destination de l'entreprise et présente donc une orientation interne, la gestion de la chaîne de valeur concerne à la fois l'entrée des matières et la sortie des produits et services, et affiche par conséquent une orientation externe. En outre, tandis que la première est orientée vers l'efficience (elle a pour but de réduire les coûts et d'améliorer la productivité de l'entreprise), la seconde est orientée vers l'efficacité et vise à offrir le plus de valeur possible aux clients[19].

Gestion de la chaîne de valeur — Processus qui consiste à gérer l'enchaînement des activités et l'information sur les flux de production tout au long de la chaîne de valeur.

Gestion de la chaîne logistique (supply chain) — Processus qui désigne la gestion des installations, des fonctions et des activités qui interviennent dans la production et la livraison d'un produit ou d'un service, du fournisseur au client.

2.2. Pourquoi gérer la chaîne de valeur ?

Dans la chaîne de valeur, qui détient le pouvoir ? Est-ce le fournisseur, qui apporte les ressources et les matières nécessaires ? Ce sont elles, après tout, qui déterminent le prix et la qualité des produits. Est-ce le fabricant, qui se charge d'assembler ces ressources ? Son implication dans le processus de production est absolument évidente. Est-ce le distributeur, qui s'assure que le produit est disponible là où le client en a besoin, et au moment où il en a besoin ? En fait, aucun d'entre eux ne peut revendiquer ce privilège. Dans la gestion de la chaîne de valeur, c'est le client qui, au bout du compte, impose sa loi[20]. C'est lui qui définit la valeur, la façon dont elle est créée et la forme sous laquelle on la lui propose. En utilisant la gestion de la chaîne de valeur, les managers espèrent trouver cette combinaison unique qui leur permettra d'offrir aux clients des solutions qui répondent réellement à leurs besoins, à des tarifs que la concurrence ne pourra égaler[21]. Pour mieux anticiper la demande et assurer un meilleur réapprovisionnement de ses clients, la Shell Chemical Company a ainsi développé un système informatisé de gestion des stocks et des commandes. Le logiciel mis en place permet aux managers de suivre les livraisons, de calculer le niveau des stocks de sécurité, et de planifier les réapprovisionnements[22]. À son tour, Shell Chemical peut alors offrir à ses clients la possibilité de commander leurs produits quand ils le désirent, et d'être livrés immédiatement.

Une chaîne de valeur efficace doit voir l'ensemble de ses maillons travailler ensemble à la manière d'une équipe, chacun apportant un supplément de valeur au processus global – un assemblage plus rapide, une information plus précise, ou un meilleur service client[23]. Plus la collaboration entre les membres de la chaîne est bonne, plus les solutions proposées aux clients sont intéressantes. Lorsque l'on offre de la valeur aux clients, et que l'on comble leurs besoins et leurs désirs, c'est l'ensemble de la chaîne qui y gagne. Chez Iomega, fabricant de périphériques de stockage informatique (et inventeur notamment de la cartouche Zip), la gestion de la chaîne de valeur s'est tout d'abord traduite par une amélioration des relations avec ses fournisseurs internes, pour s'étendre ensuite aux fournisseurs externes et aux clients. À mesure qu'elle a acquis de l'expérience, ses liens avec la clientèle se sont intensifiés et consolidés, au bénéfice de tous ses partenaires[24].

2.3. Quels avantages peut-on retirer d'une bonne gestion de la chaîne de valeur ?

La collaboration avec des partenaires internes et externes demande de gros investissements en temps et en énergie, et exige un engagement total de tous les partenaires de la chaîne. Mais la gestion de la chaîne de valeur présente également des avantages non négligeables.

Le document 15.2 met en lumière les résultats d'un sondage effectué auprès d'entreprises industrielles ayant adopté ce mode de gestion[25].

Document 15.2 – Les avantages de la chaîne de valeur.

Pour les entreprises sondées, les « avantages majeurs » résultant de l'échange d'informations avec leurs partenaires sont :

	Entreprises partenaires d'une chaîne d'excellente ou de très bonne qualité	Entreprises partenaires d'une chaîne de faible qualité	Ensemble
L'augmentation des ventes	41 %	14 %	26 %
La réduction des coûts	62 %	22 %	40 %
L'augmentation des parts de marché	32 %	12 %	20 %
La réduction des stocks	51 %	18 %	35 %
L'amélioration de la qualité	60 %	28 %	39 %
La réduction des délais de livraison	54 %	27 %	40 %
L'amélioration de la logistique	43 %	15 %	27 %
L'amélioration du service clients	66 %	22 %	44 %

Source : G. Taninecz, « Forging the Chain », *Industry Week*, 15 mai 2000, p. 44.

L'amélioration du service clients représente pour 44 % de ces entreprises l'avantage majeur de la gestion de la chaîne de valeur, qui leur permet de mieux gérer les besoins des clients tout au long de celle-ci. À mesure que les partenaires renforcent leur collaboration et optimisent leurs processus, le service clients doit logiquement progresser.

Les deux autres avantages les plus souvent cités concernent la réduction des coûts et des délais de livraison (40 %). En éliminant les gaspillages inutiles et en écartant de la chaîne les activités qui ne créent pas de valeur, les entreprises parviennent à réduire leurs coûts dans de nombreux domaines. L'échange d'informations et l'enchaînement des activités importantes permettent en outre de diminuer les délais de livraison.

Vient ensuite l'amélioration de la qualité, citée par 39 % des entreprises sondées. Lors de l'évaluation de la valeur ajoutée potentielle des processus de travail, la qualité devrait en effet faire partie des critères utilisés.

La réduction des stocks représente ensuite pour 35 % des entreprises l'avantage majeur de la gestion de la chaîne de valeur. Le stockage – qu'il s'agisse de matières premières ou de produits finis – peut effectivement engendrer des coûts non négligeables. Une collaboration étroite entre les divers partenaires de la chaîne permet d'optimiser les flux de matières et d'informations, ce qui favorise la réduction des stocks. Straightline Source, division du sidérurgiste U.S. Steel, a découvert à cet égard que « la gestion en juste-à-temps de sa production d'acier, en fonction des besoins de ses clients », permettait à ces derniers de diminuer leurs stocks, mais aussi de mieux prévenir d'éventuelles pénuries[26].

Comme l'indique le document 15.2, les autres avantages liés à la gestion de la chaîne de valeur concernent notamment l'amélioration de la logistique, l'augmentation des ventes et la progression des parts de marché.

3. Comment manager la chaîne de la valeur ?

3.1. Quelles conditions de réussite ?

L'environnement concurrentiel et dynamique dans lequel évoluent aujourd'hui les entreprises mondiales impose l'adoption de solutions inédites[27]. Ayant compris comment et pourquoi le marché déterminait la valeur, certaines sociétés ont expérimenté un nouveau **modèle économique** (ou *business model*) – terme qui désigne le schéma qu'une entreprise entend suivre pour tirer profit de l'ensemble de ses stratégies, procédés et activités. En révolutionnant la chaîne de valeur de l'industrie de l'ameublement, IKEA, petite structure suédoise de vente par correspondance, est ainsi devenue le plus grand distributeur mondial de meubles. L'entreprise propose désormais des produits bien conçus à des prix imbattables, en échange de quoi ses clients acceptent de prendre en charge certaines tâches traditionnellement dévolues aux fabricants et aux revendeurs – livraison et assemblage, notamment[28]. Pour IKEA, l'élaboration d'un nouveau modèle économique et la décision d'abandonner les anciennes méthodes et les procédés d'autrefois ont parfaitement fonctionné.

> *Modèle économique (business model)* — Désigne le schéma qu'une entreprise entend suivre pour tirer profit de l'ensemble de ses stratégies, procédés et activités.

Quelles sont donc les conditions d'une bonne gestion de la chaîne de valeur ? Elles sont au nombre de six (voir document 15.3) : la coordination et la collaboration, l'investissement technologique, les processus organisationnels, le leadership, les ressources humaines et la culture de l'entreprise. Examinons plus en détail chacune d'entre elles.

Document 15.3 – Les six conditions d'une bonne gestion de la chaîne de valeur.

La coordination et la collaboration

Pour qu'une chaîne de valeur puisse satisfaire et devancer les besoins et les désirs de ses clients, elle doit absolument intégrer de la manière la plus complète et la plus cohérente possible l'ensemble de ses membres. Tous les partenaires doivent pouvoir identifier ce que le client valorisera, même si cela n'a en apparence aucune importance pour eux. L'échange d'informations et la souplesse dans la définition du rôle de chacun contribuent beaucoup au développement de la coordination et de la collaboration. Cette mise en commun des informations exige en outre une communication ouverte entre les membres de la chaîne. Furon, fabricant spécialisé dans les polymères, estime ainsi que l'amélioration des contacts avec les clients et les fournisseurs a permis d'augmenter la ponctualité des livraisons et offert des possibilités commerciales supplémentaires à l'ensemble de ses partenaires[29].

Comment collaborer ?

La collaboration désigne le travail d'équipe, la synergie et la coopération entre plusieurs individus qui visent un objectif commun. Étant donné que la gestion de la chaîne de valeur dépend du travail en commun de tous ses partenaires, la collaboration revêt dans ce processus une importance capitale. Elle passe, pour chaque employé concerné, par la mise en pratique d'un certain nombre d'éléments.

Points de repère pour l'action

1. **Chercher des centres d'intérêt communs.** Le meilleur moyen de commencer à collaborer consiste à chercher des points communs entre les parties, qui rendent la communication plus efficace.
2. **Écouter les autres.** La collaboration représente l'effort d'une équipe. Chacun a quelque chose d'intéressant à proposer, et chaque individu doit avoir l'occasion d'exprimer ses idées.
3. **Vérifier la compréhension.** S'assurer de bien comprendre les propos de l'autre et utiliser le feed-back si nécessaire.
4. **Accepter la diversité.** Dans le cadre d'une collaboration, tout n'ira pas toujours dans le sens désiré par chacun. Il est alors nécessaire de se mettre en condition d'accepter différentes idées et différentes manières de faire. Il s'agit d'être réceptif aux idées nouvelles, ainsi qu'à la créativité qu'elles expriment.
5. **Demander des informations complémentaires.** Demander aux uns de fournir des renseignements supplémentaires. Encourager les autres à parler et à développer leurs suggestions. Ce genre de *brainstorming* peut contribuer à l'émergence de solutions novatrices.
6. **Éviter de se tenir durablement sur la défensive.** La collaboration exige une communication ouverte. Les discussions peuvent porter sur ce que les uns et les autres n'ont pas fait ou devraient faire mieux. On ne doit pas confondre un feed-back constructif avec une critique personnelle. Pour cela, il est toujours préférable de se concentrer sur le sujet dont il est question, et non sur la personne qui transmet le message. Tout cela passe par le fait d'admettre que l'on ne peut pas avoir toujours raison[30].

Mise en pratique

Interrogez les managers de trois entreprises différentes sur la manière dont ils collaborent avec leurs partenaires. Quelles astuces particulières ont-ils trouvées pour améliorer l'efficacité de cette collaboration ? Quels problèmes ont-ils rencontrés ? Comment les ont-ils résolus ?

L'investissement technologique

Sans un investissement significatif dans les technologies de l'information, il est impossible d'assurer une gestion efficace de la chaîne de valeur. Accessoirement, ces technologies peuvent servir à restructurer la chaîne en vue d'améliorer le service client[31]. Rollerblade, leader sur le marché du skate, a beaucoup investi par exemple dans le développement de son site Web, qui lui permet de présenter ses produits aux clients. Mais, bien que l'entreprise ait choisi de ne pas proposer un service de vente en ligne, de peur de s'aliéner son réseau de revendeurs, ses managers n'ont pas définitivement écarté cette idée, et pourraient revoir leur position s'il se vérifiait qu'ils puissent ainsi mieux répondre aux attentes des clients[32].

Quelles sont les technologies les plus importantes ? Selon les experts, l'équipement de départ doit comprendre un logiciel de planification des ressources (plus couramment appelé ERP[33]), prenant en compte toutes les activités de l'entreprise, un outil sophistiqué de répartition temporelle du travail, et un système de gestion des relations avec la clientèle. Il doit aussi offrir des capacités de renseignement et d'intelligence économique, ainsi que des possibilités d'e-commerce avec les partenaires connectés au réseau[34]. Dans ses rapports avec les fournisseurs, Dell Computer traite ainsi quasi exclusivement par voie électronique. L'entreprise dispose d'un premier site Web pour les clients, et d'un second pour les fournisseurs, qui représente le mode de communication privilégié entre Dell et ses trente-trois partenaires les plus importants. Les investissements technologiques de la compagnie lui permettent aujourd'hui de répondre aux besoins des clients avec une efficacité que ses concurrents cherchent encore à égaler[35].

Les processus organisationnels

La gestion de la chaîne de valeur transforme radicalement les processus organisationnels – c'est-à-dire la façon d'effectuer le travail dans l'entreprise[36]. Les managers doivent examiner de A à Z tous les processus organisationnels et en analyser les composantes fondamentales – les compétences, capacités et ressources spécifiques de l'entreprise –, afin de déterminer à quel niveau se crée la valeur et pouvoir supprimer les activités qui n'en produisent pas. Il faut dès lors s'interroger sur chaque processus et se demander par exemple : « Où peut-on renforcer les connaissances internes pour améliorer les flux de matières et d'information ? », « Comment peut-on mieux concevoir notre produit pour satisfaire à la fois les clients et les fournisseurs ? », ou encore « Comment peut-on améliorer le service clients ? ». Lorsque les managers de Deere and Company, premier constructeur mondial de matériels agricoles et d'équipements pour l'entretien des espaces verts, mirent en place la gestion de la chaîne de valeur au sein de la division export, une évaluation exhaustive des processus révéla que les activités avaient besoin d'être mieux synchronisées, et les interactions entre les divers maillons de la chaîne mieux gérées. De nombreux processus de travail furent adaptés en conséquence[37].

En conclusion, on peut dégager trois axes importants autour desquels doit s'opérer la transformation des processus organisationnels.

Premièrement, une meilleure prévision de la demande est nécessaire, et possible, en raison des liens plus étroits qui unissent l'entreprise à ses clients et à ses fournisseurs. Ainsi, pour que la Listerine, liquide rince-bouche très populaire en Amérique du Nord, soit disponible en permanence, Wal-Mart et Pfizer (fabricant du produit) ont travaillé ensemble à améliorer l'information sur les prévisions de demande. En combinant leurs efforts, les deux partenaires sont parvenus à augmenter de 6,5 millions de dollars les ventes de Listerine dans les magasins Wal-Mart. Les clients trouvent désormais ce produit n'importe où et à n'importe quel moment.

De même, certaines fonctions spécifiques peuvent exiger la mise en place d'une collaboration avec d'autres membres de la chaîne de valeur. Cette collaboration peut même aller jusqu'à l'échange de main-d'œuvre. Saint-Gobain Performance Plastics, basée dans le Massachusetts (É.-U.), envoie ainsi ses employés travailler chez ses clients, tandis que ceux de ses fournisseurs et clients viennent travailler chez elle. Le P.-D.G. de Saint-Gobain affirme qu'il est absolument essentiel, « si l'entreprise veut devenir plus qu'un simple fournisseur et pouvoir offrir des solutions complètes », de pratiquer ce genre de collaboration[38].

Enfin, il convient de définir de nouvelles méthodes d'évaluation, afin de mesurer les performances de chacune des activités tout au long de la chaîne. Étant donné que la gestion de la chaîne de valeur a pour but de satisfaire et de devancer les besoins et les désirs des clients, les managers ont besoin de savoir de manière beaucoup plus précise si la création et la distribution de cette valeur s'effectuent correctement. Lorsque Nestlé décida d'adopter ce mode de gestion, l'entreprise réorganisa son système de mesure afin qu'il porte sur un ensemble cohérent de facteurs, parmi lesquels l'exactitude des prévisions de demande, la pertinence des programmes de production, la ponctualité des livraisons et la qualité du service clients. Les problèmes pouvaient ainsi être bien plus vite repérés et traités[39].

L'implication de l'encadrement

L'importance du management dans la gestion de la chaîne de valeur est absolument primordiale : celle-ci n'a en effet aucune chance de fonctionner si elle ne s'appuie pas sur un leadership solide et impliqué de l'ensemble des cadres[40]. Des postes de direction jusqu'aux échelons inférieurs, les managers doivent soutenir, faciliter et promouvoir la mise en place et la pérennisation de la gestion de la chaîne de valeur. J. Michael Hagan, P.-D.G. de Furon Company, entreprise américaine spécialisée dans les plastiques hautes performances, décrit son rôle en ces termes : « La valeur est une mentalité qu'il faut non seulement développer du haut de la hiérarchie vers le bas, mais également du bas vers le haut. Tout le monde doit se demander si telle ou telle tâche ajoute de la valeur ; et si ce n'est pas le cas, pourquoi l'accomplir[41] ? » Les managers doivent s'employer en permanence à identifier la valeur, à trouver comment l'exprimer du mieux possible, et à évaluer les résultats des efforts fournis. Dans une entreprise, l'instauration d'une atmosphère ou d'une culture de ce type, dans laquelle tous les efforts visent à offrir le maximum de valeur au client, exige l'implication absolue des managers à tous les niveaux.

Il est également très important que les leaders énoncent clairement les attentes de l'entreprise. Dans l'idéal, il s'agira de communiquer une vision ou de définir un ordre de mission exprimant son attachement à identifier, capter et proposer aux clients la valeur la plus élevée possible. Au moment de mettre en œuvre la gestion de la chaîne de valeur, le P.-D.G. d'American Standard – l'un des leaders mondiaux en matière de fabrication d'équipements de cuisines et de salles de bains – organisa ainsi des dizaines de réunions à travers tout le pays, expliquant le caractère concurrentiel et évolutif de l'environnement économique, et les raisons pour lesquelles l'entreprise devait établir de meilleures relations de travail avec ses partenaires[42]. À tous les niveaux, les managers devaient donc clarifier les attentes vis-à-vis du rôle de chaque employé dans la chaîne de valeur. Cet effort de clarté devait aussi s'étendre aux partenaires. Dans l'entreprise, les managers avaient défini certaines conditions imposées aux fournisseurs, et se tenaient prêts à abandonner celui qui ne les remplirait pas. L'entreprise se montra si stricte que plusieurs centaines d'entre eux se virent effectivement interdire l'accès aux marchés de l'air conditionné, des équipements de cuisines et de salles de bains, et des systèmes de contrôle pour véhicules. En contrepartie, ceux qui répondaient aux exigences bénéficiaient de nouvelles possibilités, et American Standard pouvait compter sur des partenaires capables d'offrir une meilleure valeur aux clients.

Les ressources humaines

Le présent ouvrage ayant exposé les diverses théories et approches du management, on sait désormais que les employés représentent la ressource la plus précieuse d'une entreprise. Il n'est donc pas surprenant qu'ils doivent jouer un rôle important dans la gestion de la chaîne de valeur. En termes de ressources humaines, celle-ci impose trois conditions : une définition flexible des postes, un processus d'embauche efficace, et un effort substantiel en matière de formation continue.

Dans une entreprise pratiquant la gestion de la chaîne de valeur, la flexibilité des postes constitue un élément clé. Les fonctions traditionnelles – directement rattachées au marketing, à la vente, à la comptabilité ou au service clients – y perdent en effet toute pertinence. La définition des emplois doit en fait s'articuler autour des processus de travail, qui relient les unes aux autres toutes les fonctions impliquées dans la création et la distribution de la valeur auprès des clients. Cette flexibilité répond au désir de l'entreprise d'offrir à ses clients la meilleure valeur possible[43]. Lorsque l'on structure les postes en ce sens, il convient d'abord de bien apprécier comment chacune des activités d'un employé pourra le mieux contribuer à la création de valeur – ce qui suppose une certaine souplesse dans le travail et dans la manière de l'effectuer.

Cet impératif de flexibilité se répercute donc sur la deuxième condition : des postes flexibles exigent des employés flexibles. Dans une organisation fondée sur la chaîne de valeur, les employés peuvent être conduits à travailler en équipe sur un processus donné, et se voient souvent confier des tâches différentes au fil des jours, en fonction des besoins. Lorsque l'environnement de travail met en œuvre des relations de collaboration qui peuvent évoluer avec les besoins des consommateurs, la souplesse des employés revêt une importance cruciale. En conséquence, le processus d'embauche doit être conçu de manière à détecter les candidats présentant les meilleures facultés d'apprentissage et d'adaptation.

Enfin, le besoin de flexibilité implique également un investissement significatif en matière de formation continue. Qu'il s'agisse d'apprendre à utiliser les logiciels, à améliorer le flux de matières tout au long de la chaîne, à identifier les activités créatrices de valeur, à décider mieux et plus vite, ou à progresser sur n'importe quel autre plan, les managers doivent veiller à ce que les employés disposent des connaissances et des outils nécessaires à la bonne exécution de leur travail. Chez Alenia Marconi Systems, fournisseur des forces armées britanniques basé à Portsmouth, en Angleterre, la formation continue participe de l'engagement de l'entreprise à répondre de manière efficace et efficiente aux besoins de ses clients. Les employés bénéficient d'une remise à niveau technique régulière, et suivent également des cours portant sur diverses questions stratégiques, comme par exemple l'importance de mettre l'accent sur les rapports humains et non pas seulement sur les ventes et les bénéfices[44].

La culture d'entreprise

La gestion de la chaîne de valeur pose comme dernière condition l'existence d'une culture d'entreprise positive, s'appuyant sur le partage, la collaboration, l'ouverture, la flexibilité, le respect mutuel et la confiance. Ces principes concernent non seulement les partenaires internes de la chaîne de valeur, mais également ses partenaires externes. American Standard a choisi une mise en œuvre classique privilégiant le contact direct et l'utilisation intensive du téléphone. L'un des fournisseurs de l'entreprise décrit leur relation en ces termes : « Leurs objectifs sont aussi les nôtres car nos deux entreprises cherchent avant tout la croissance. Les clés de notre relation sont le respect mutuel et la communication directe à tous les échelons. Il n'y a pas d'intermédiaires. Si nos ingénieurs ont besoin de s'entretenir avec les leurs, ils tombent tout de suite sur les bonnes personnes[45]. ». De son côté, Dell Computer a opté pour une approche radicalement différente, qui l'amène, comme on a pu le voir précédemment, à traiter presque exclusivement par voie électronique[46]. Mais dans les deux cas, les entreprises affirment néanmoins leur désir de développer des relations de confiance durables et mutuellement enrichissantes, qui permettent de satisfaire au mieux les besoins du client.

3.2. Quels sont les obstacles à la gestion de la chaîne de valeur ?

Quels que soient les avantages qu'elle présente, la gestion de la chaîne de valeur se heurte à de nombreux obstacles. Les plus importants d'entre eux se rapportent aux résistances organisationnelles, à la culture de l'entreprise, aux aptitudes requises, ainsi qu'aux ressources humaines (voir document 15.4).

Les résistances organisationnelles

Les résistances organisationnelles font partie des obstacles les plus difficiles à surmonter. Elles peuvent se traduire par un refus ou une réticence à partager l'information, par une certaine défiance face au changement, ou encore par l'apparition de problèmes de sécurité. Sans partage de l'information, une coordination et une collaboration étroites sont impossibles. Quant au refus du changement, il peut tout simplement entraver la mise en place effective de la gestion de la chaîne de valeur. Enfin, étant donné que cette gestion s'appuie sur une importante infrastructure technologique, les problèmes de sécurité et d'intrusions par Internet ne doivent surtout pas être négligés. Si le site Web du Pentagone a pu être piraté, toutes les entreprises sont vulnérables[47].

Document 15.4 – Les obstacles qui s'opposent à la gestion de la chaîne de valeur.

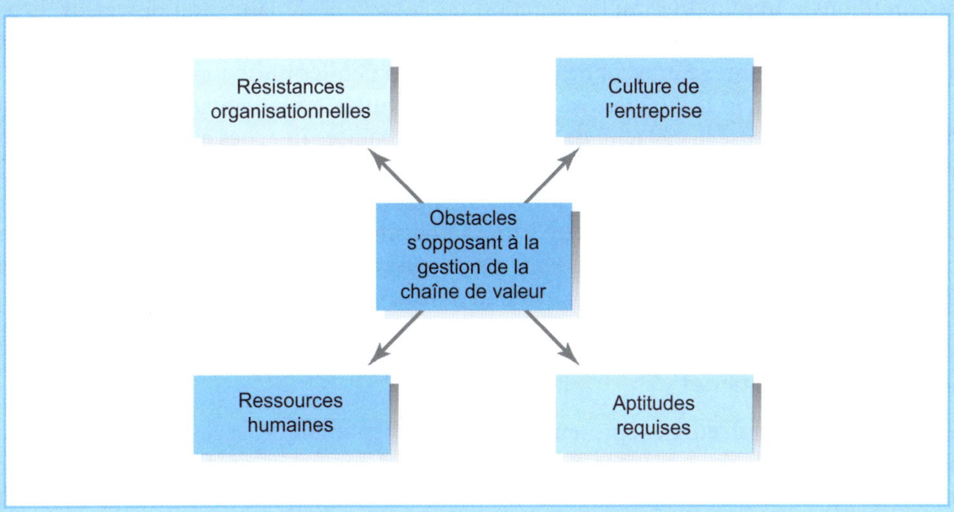

La culture de l'entreprise

L'absence de certaines notions culturelles – en particulier la confiance et le contrôle – peut également constituer un obstacle pour la gestion de la chaîne de valeur. La question de la confiance, qu'il en manque ou qu'il y en ait trop, est absolument cruciale. Pour être efficaces, les partenaires d'une chaîne de valeur doivent pouvoir se fier les uns aux autres. Les activités de chacun, d'un bout à l'autre de la chaîne, doivent être traitées avec respect et honnêteté. Si cette confiance n'existe pas, les partenaires hésiteront à partager leurs informations, leurs compétences ou leurs procédés. Mais l'excès de confiance peut, lui aussi, poser problème. De nombreuses entreprises se trouvent ainsi exposées à l'usurpation de leur propriété intellectuelle – des informations confidentielles qui jouent un rôle critique en termes d'efficience et d'efficacité. Une étude de l'American Society for Industrial Security a établi que les partenaires engagés dans une relation de confiance avec une entreprise étaient ceux qui menaçaient le plus sa propriété intellectuelle[48]. Tout en conservant la confiance nécessaire, une meilleure compréhension de l'activité de chacun et une prudence accrue vis-à-vis de la propriété intellectuelle peuvent considérablement réduire les risques de vol.

L'attitude qui consiste à croire qu'une entreprise, parce qu'elle collabore avec des partenaires internes et externes, n'est plus maîtresse de son destin, fait elle aussi obstacle à la gestion efficace de la chaîne de valeur. Mais elle n'est pas nécessairement fondée. En dépit de l'intense collaboration qu'elles doivent entretenir, les entreprises conservent en effet la maîtrise des décisions les plus cruciales – et notamment celles qui touchent à la définition de la valeur, à l'évaluation du désir des consommateurs et au choix des canaux de distribution[49].

Les aptitudes requises

Les conditions d'une bonne implémentation de la gestion de la chaîne de valeur, exposées précédemment, montrent qu'il existe un certain nombre d'aptitudes que les différents partenaires de la chaîne se doivent de cultiver – en particulier une coordination et une collaboration extrêmes, la faculté de configurer les produits de manière à satisfaire clients et fournisseurs, ou encore la capacité de former les partenaires internes et externes. Ces aptitudes jouent un rôle essentiel quant à la captation et à la maximisation de la valeur générée par la chaîne, mais sont souvent très difficiles à acquérir. Parmi les entreprises citées dans ce chapitre, beaucoup ont dû se soumettre à une autoévaluation sans complaisance et souvent douloureuse de leurs capacités et de leurs processus, afin de pouvoir assurer une gestion plus efficiente et plus efficace de leur chaîne de valeur.

Les ressources humaines

Le personnel d'une entreprise représente le dernier obstacle auquel la gestion de la chaîne de valeur est susceptible de se heurter. Son succès dépend en effet en grande partie de l'implication et de la volonté des employés. Si ceux-ci refusent ou acceptent mal la flexibilité, il sera difficile d'effectuer les ajustements nécessaires pour s'adapter aux changements de situation. S'ils ne sont pas disposés à modifier leurs habitudes de travail, la mise en place d'une collaboration et d'une coopération étroites entre les divers maillons de la chaîne posera d'énormes difficultés.

La gestion de la chaîne de valeur suppose en outre, de la part des employés, un investissement considérable en temps et en énergie. Les managers devront donc, là aussi, motiver leurs troupes en conséquence[50].

4. Le management des opérations aujourd'hui...

Miser sur les technologies de l'e-fabrication... Faire en sorte que les pièces arrivent juste à temps... S'assurer de la qualité optimale de la production... Les managers font de ces trois priorités les conditions de l'amélioration du management des opérations. La section précédente s'étant concentrée sur ses aspects externes – la collaboration entre les partenaires de la chaîne logistique, par exemple –, il convient à présent de s'intéresser à ses aspects internes. Et puisque les managers les considèrent essentiels à la conception de produits et de services compétitifs, nous exposerons brièvement ici chacun d'entre eux.

4.1. Le rôle de la technologie en matière d'e-fabrication

Comme nous l'a montré l'étude de la gestion de la chaîne de valeur, le marché actuel, extrêmement concurrentiel, exerce une pression énorme sur les entreprises, dont les produits et services doivent être parfaitement synchrones avec les attentes des consommateurs[51]. Pour améliorer l'efficacité du management des opérations, les entreprises les mieux inspirées cherchent à tirer profit des technologies Internet[52]. Schneider Automation, basée dans le Massachusetts, est une division de la multinationale française Schneider Electric. Elle a développé un système original, baptisé *Transparent Factory Initiative*. Il s'agit en fait d'une architecture informatique qui permet de contrôler l'ensemble des automatismes de l'usine à partir du réseau global de l'entreprise. Initialement, la société possédait dans ses ateliers des millions de capteurs et d'actionneurs, mais chacun d'entre eux était contrôlé par un logiciel autonome, inaccessible depuis le réseau. L'interconnexion de tous ces dispositifs a offert aux managers de Schneider la possibilité de tirer profit des technologies de l'information, et de gérer ainsi l'activité d'une manière plus efficace et plus efficiente[53].

Si l'e-fabrication découle en droite ligne de la notion de client-roi, les managers ne doivent pas perdre de vue qu'elle les oblige aussi à améliorer la réactivité de la production. Les chefs d'exploitation doivent notamment pouvoir s'appuyer sur des systèmes qui leur indiquent les capacités disponibles, l'état des commandes et la qualité des produits pendant la fabrication – et non pas simplement après. Pour se rapprocher encore plus du client, les activités de l'entreprise, parmi lesquelles la fabrication, doivent être synchronisées. Afin d'éviter l'apparition de goulets d'étranglement au niveau de la production ou de la livraison, cette fonction de fabrication doit être pleinement intégrée à l'architecture globale de l'e-business.

Le manager et la technologie

Bienvenue dans l'usine du futur !

À quoi ressemblera l'usine du futur ? Les experts du Centre de recherche industrielle de Georgia Tech ont déterminé trois tendances qui définissent cette usine du futur. La première est *la mondialisation de la chaîne d'approvisionnement*. Dans les usines du futur, la conception et le processus commercial seront exécutés là où ils seront les plus efficaces. Par exemple, les parties du Boeing 787 Dreamliner sont déjà produites dans différents pays et sont assemblées dans des ateliers américains. La deuxième tendance est *la technologie qui dématérialise le produit en même temps qu'elle accroît grandement sa complexité*. Le challenge de gérer de telles opérations est que, malgré la simplicité des produits, le processus de production sera de plus en plus complexe. La troisième tendance concerne *la démographie des produits et l'impact sur la demande*. Les produits auront à la fois des cycles de vie plus courts et offriront plus de variété et de choix. « Le challenge pour les usines du futur est à la fois de s'adapter aux différents cycles de vie des produits et d'être flexibles quant au nombre de produits différents qui seront fabriqués dans la même période de temps. »

Avec ces tendances, il est clair que la technologie continuera à jouer un rôle clé dans les processus de transformation qui doivent être collaboratifs, adaptatifs, flexibles et réactifs. Mais, il faut tout de même garder à l'esprit que la technologie n'est qu'un instrument. Les usines du futur auront toujours besoin d'une main-d'œuvre compétente ainsi que d'une compréhension claire des processus opérationnels du management. Voilà les challenges que devront affronter les managers qui désirent que leur entreprise survive et prospère dans le futur.

Ce qui rend cette collaboration et cet investissement possibles, c'est la **technologie**. Elle offre aux usines la possibilité de contrôler les coûts, en particulier dans les domaines de la maintenance prédictive, du diagnostic à distance et de la réduction des frais. La technologie de l'e-fabrication influence ainsi les fonctions de maintenance des équipements. Les générations récentes de matériels Internet embarquent des serveurs Web capables de communiquer de manière prospective. En d'autres termes, lorsqu'un élément tombe en panne ou atteint certains paramètres prédéfinis qui permettent de prévoir sa défaillance, il peut de lui-même tirer le signal d'alarme. C'est un peu l'équivalent des voyants d'alerte que l'on trouve sur les tableaux de bord de la plupart des voitures modernes. Ce genre de dispositif vous informe que quelque chose ne fonctionne pas correctement et réclame votre attention. Mais la technologie peut offrir plus qu'une simple alerte ou qu'un voyant sur un tableau de bord. Certains appareils savent même envoyer un e-mail ou faire sonner le téléphone ou le *pager* d'un fournisseur, du service de maintenance, ou d'un sous-traitant, puis décrire précisément la nature du problème ainsi que les pièces détachées nécessaires. Ces systèmes de maintenance électronique anticipent l'apparition des pannes et permettent d'éviter l'interruption de la production.

4.2. L'inventaire juste-à-temps

Certaines grandes entreprises telles que Boeing, Toyota ou General Electric, possèdent des milliards de dollars immobilisés sous forme de stocks. Dans les petites entreprises, il n'est pas rare que plusieurs millions de dollars soient ainsi bloqués. Toute réduction significative de ces stocks ne peut donc qu'améliorer la productivité. Les systèmes d'inventaire **juste-à-temps (JAT)** révolutionnent la technologie de gestion des stocks. Au lieu d'être stockés, les éléments sont livrés au moment précis où le processus de production l'exige. Avec le JAT, l'objectif idéal consiste à ne disposer que des pièces dont on aura besoin dans la journée – et à réduire d'autant les délais de réapprovisionnement, les stocks et les coûts qu'ils induisent.

> *Juste-à-temps (JAT)* — Systèmes qui consistent à livrer les éléments au moment précis où le processus de production l'exige, au lieu de les stocker.

Au Japon, les systèmes JAT portent le nom de **kanban** – « carte » ou « fiche » en français –, un terme qui traduit l'essence même du concept[54]. Les fournisseurs japonais livrent leurs pièces dans des conteneurs. Chaque conteneur porte une fiche, ou kanban, glissée dans une poche latérale. Lorsqu'un ouvrier ouvre le conteneur, il sort la fiche et la renvoie au fournisseur. Le retour de cette fiche déclenche l'expédition d'un nouveau conteneur qui, dans l'idéal, sera réceptionné par l'ouvrier au moment précis où il s'apprêtera à utiliser la dernière pièce du conteneur précédent. C'est grâce à ce système très simple de « cartes » que Dana Corporation, l'un des plus importants fournisseurs mondiaux de produits et systèmes pour l'industrie automobile, a remporté en l'an 2000 le trophée de la National Association of Manufacturers, récompensant l'excellence de sa main-d'œuvre[55]. Associé à quelques autres dispositifs fondés sur le management des opérations, il permet à l'entreprise d'économiser chaque année près de 300 000 dollars. Le kanban aurait aussi entraîné une réduction des coûts de stockage de 20 % et une diminution des erreurs d'approvisionnement de plus de 50 % chez Waterville TG, fabricant québécois de systèmes de scellement pour chaînes d'assemblage automobiles[56].

> *Kanban* — Mot japonais signifiant « carte » ou « fiche » ; désigne un système de livraison par conteneurs, fondé sur le concept du juste-à-temps (le retour d'une carte déclenche une livraison lorsqu'un conteneur est ouvert).

Le but d'un système d'inventaire juste-à-temps est d'éliminer le stockage des matières premières en coordonnant le plus précisément possible la production et l'approvisionnement. Lorsque cela fonctionne correctement, le fabricant en tire un certain nombre d'avantages : réduction des stocks, des temps de réglage, meilleur flux de travail, diminution du temps de fabrication, de l'espace occupé, voire augmentation de la qualité. Il reste bien entendu à trouver des fournisseurs capables de livrer en temps et en heure des matériaux de qualité supérieure. L'absence de stock ne laisse en effet aucune marge de manœuvre qui pourrait autoriser un lot de pièces défectueuses ou un retard de livraison.

4.3. Amélioration continue et contrôle de la qualité

Orienté vers le client, le concept d'amélioration continue, déjà évoqué, vise à assurer une progression permanente de la qualité des processus, des produits et des services de l'entreprise. Ce genre d'initiative suppose néanmoins l'existence d'un dispositif permettant de vérifier et d'évaluer les progrès réalisés. Qu'il porte sur les normes de gestion des stocks, le taux de rebut des matières premières, ou tout autre aspect du management des opérations, le contrôle de la qualité revêt une importance considérable. Chacun des membres de l'entreprise doit en assumer la responsabilité.

Tandis que les programmes d'amélioration continue mettent l'accent sur la prévention des erreurs, le **contrôle de la qualité** identifie celles qui ont déjà pu survenir. Concrètement, il s'agit d'opérer un suivi de la qualité – poids, résistance, conformité, couleur, goût, fiabilité, finition, ou tout autre ensemble de caractéristiques – afin de vérifier qu'elle correspond bien aux normes préétablies. Le contrôle de la qualité devra sans doute intervenir à plusieurs niveaux, à commencer par la réception des ressources. Il s'appliquera ensuite aux travaux en cours, et à toutes les étapes successives qui mènent au produit fini. De multiples évaluations à différents stades du processus de transformation seront également recommandées, la détection précoce d'une pièce défectueuse ou d'un procédé défaillant permettant en effet d'économiser le coût d'une réparation ultérieure.

> *Contrôle de la qualité* — Processus permettant de s'assurer que les unités produites correspondent aux normes préétablies.

Avant de mettre en place la moindre mesure de contrôle, les managers doivent se demander s'ils souhaitent passer au crible l'ensemble de la production, ou se contenter d'en examiner un petit échantillon. L'inspection de chaque unité produite n'a de sens que si le coût de cette évaluation permanente demeure très faible, ou si les conséquences d'une erreur statistique risquent d'être désastreuses (comme dans la fabrication d'un médicament utilisé en chirurgie cardiaque, par exemple). L'échantillonnage se révèle généralement beaucoup moins coûteux, et constitue parfois la seule option valable : si l'évaluation de la qualité entraîne la destruction du produit (on pense notamment aux ampoules électriques, aux feux d'artifice, ou aux tests de grossesse), on ne pourra procéder autrement.

4.4. La gestion de projets

Un **projet** se définit comme un ensemble ponctuel d'activités, non répétitives, comprenant un début et une fin clairement déterminés[57]. De taille et d'ampleur variables, il peut aller d'un simple mariage au lancement d'une navette spatiale. La **gestion de projets** consiste à assurer la réalisation des activités en temps et en heure, dans les limites du budget imparti, et conformément aux spécifications.

> *Projet* — Ensemble d'activités temporaires, non répétitives, comprenant un début et une fin clairement déterminés.

> *Gestion de projets* — Consiste à assurer la réalisation des activités en temps et en heure, dans les limites du budget imparti, et conformément aux spécifications.

Utilisée depuis très longtemps déjà dans certaines industries telles que le bâtiment ou le cinéma, la gestion de projets s'étend aujourd'hui à tous les domaines. Cette popularité croissante s'explique par le fait qu'elle s'accorde particulièrement bien au dynamisme de l'environnement économique actuel, et aux besoins de flexibilité et de réactivité des entreprises. De plus en plus souvent, celles-ci doivent s'engager dans des projets spéciaux ou exceptionnels, qui leur imposent des délais bien précis, impliquent une succession de tâches complexes exigeant des compétences particulières et sont, par nature, temporaires. Ils s'accommodent donc assez mal des procédures standardisées et répétitives qui régissent les activités courantes de l'entreprise[58].

Dans le cadre d'un projet, les équipiers concernés sont généralement encadrés par un chef de projet qui coordonne les activités et rend compte de l'avancement des travaux auprès d'un supérieur hiérarchique. Il s'agit d'une structure temporaire, qui ne subsiste que le temps d'atteindre ses objectifs spécifiques. Une fois le projet achevé, ses acteurs se tournent vers de nouveaux projets, regagnent leur service d'origine, voire quittent l'entreprise.

Quels sont les outils de programmation de projet les plus courants ?

Si vous observez un groupe de managers intermédiaires ou de chefs de service pendant quelques jours, vous les verrez régulièrement énumérer les activités à effectuer, leur ordre d'exécution, les personnes qui doivent s'en charger, et l'heure à laquelle elles doivent être achevées. Ces managers font ce que l'on appelle de la programmation. Leur tâche met en œuvre certains instruments très utiles, comme le diagramme de Gantt. Fondé sur une idée relativement simple, cet outil de planification a été développé au début du siècle par Henry Gantt (voir chapitre 1). Il se présente sous la forme d'un histogramme muni d'un axe temporel horizontal et d'un axe vertical présentant les diverses activités programmées. Les barres du graphique symbolisent, sur une période donnée, les quantités de travail prévues et effectivement réalisées. Le **diagramme de Gantt** permet de visualiser à quel moment les tâches sont censées être achevées et de comparer pour chacune la date fixée et l'état d'avancement effectif. Grâce à cet outil très simple mais extrêmement utile, les managers peuvent très facilement distinguer ce qu'il reste encore à faire pour mener une tâche ou un projet à son terme, et déterminer si le travail est en avance, en retard, ou simplement dans les temps.

> *Diagramme de Gantt* — Outil de planification qui met en regard, sous la forme d'un histogramme, les dates d'achèvement prévu d'une série de tâches et leur état d'avancement effectif.

Le document 15.5 présente le diagramme de Gantt utilisé dans une maison d'édition lors de la préparation d'un ouvrage. Le temps est exprimé en mois, dans la partie supérieure du diagramme. Les principales activités sont répertoriées sur le côté gauche. L'histogramme permet de planifier les tâches à accomplir pour réaliser l'ouvrage, l'ordre dans lequel elles doivent être effectuées, et le temps qui devrait leur être consacré. Les barres de couleur or indiquent l'état d'avancement effectif de chacune des tâches.

Document 15.5 – Exemple de diagramme de Gantt.

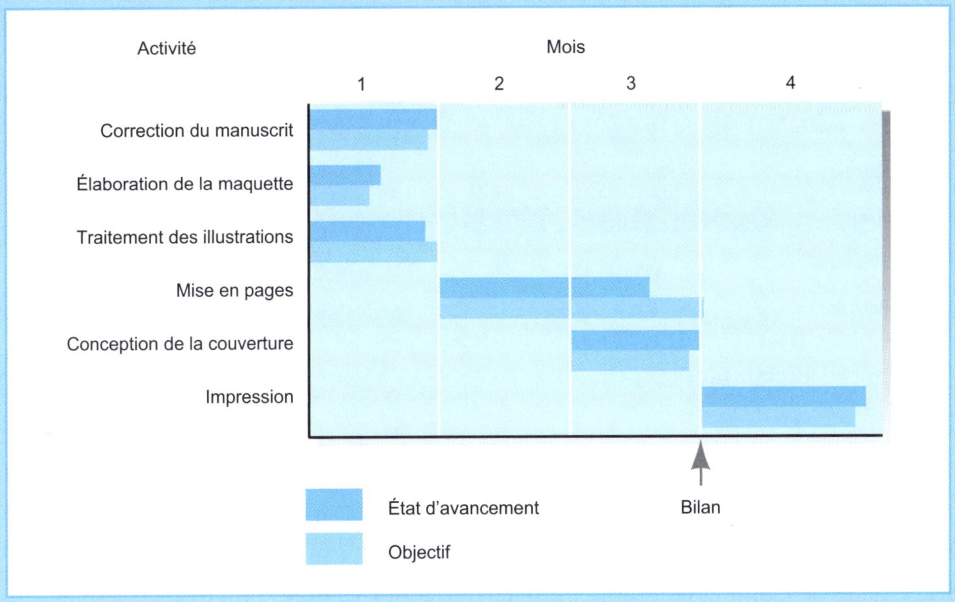

Le diagramme de Gantt, en ce qu'il permet au manager de déceler les écarts par rapport au planning fixé, peut donc se transformer en instrument de contrôle. Dans le cas présent, la plupart des activités ont été accomplies dans les temps. Cependant, si l'on y regarde de plus près, on constate que la mise en pages a nécessité deux semaines de plus que prévu. Fort de cette information, le manager pourra décider d'entreprendre une action corrective – rattraper les deux semaines perdues, ou faire en sorte qu'aucun nouveau retard ne se produise. En l'état, et sans réaction de sa part, il devra s'attendre à ce que l'ouvrage soit publié au moins deux semaines après la date initialement envisagée.

Le **diagramme de charge** est une version modifiée du diagramme de Gantt. Au lieu d'énumérer les activités, il dresse une liste d'individus ou de ressources, et permet ainsi aux managers de planifier et de contrôler la répartition de la charge de travail. Le diagramme de charge du document 15.6 concerne par exemple les six éditeurs d'une même maison. Chacun a en charge le suivi de plusieurs titres, de la réception du manuscrit au bon à tirer. En examinant le diagramme, leur directeur éditorial peut savoir instantanément lequel d'entre eux est disponible pour prendre en charge un nouvel ouvrage. Si tous sont occupés, il pourra décider de ne plus accepter de nouveau projet, d'en accepter certains en retardant les autres, d'imposer des heures supplémentaires à ses éditeurs, ou d'augmenter ses effectifs.

Diagramme de charge — Version modifiée du diagramme de Gantt, le diagramme de charge utilise une liste d'individus ou de ressources.

Document 15.6 – Exemple de diagramme de charge.

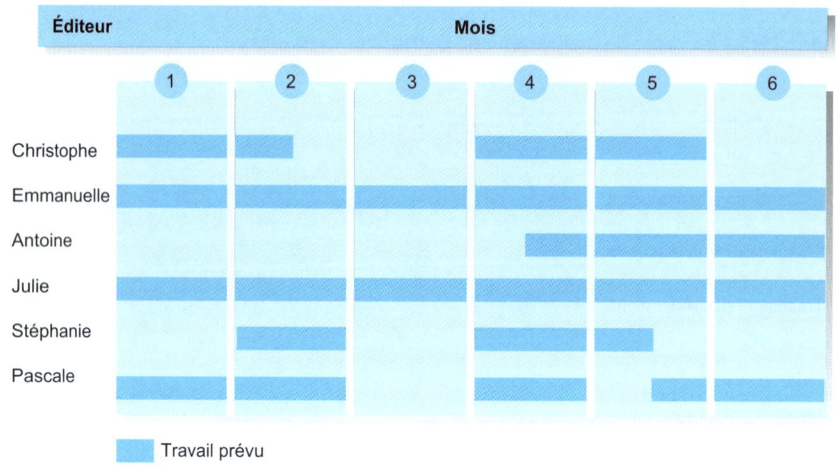

Qu'est-ce qu'une analyse PERT ?

Diagrammes de Gantt et diagrammes de charge sont très utiles tant que les activités programmées restent peu nombreuses et indépendantes les unes des autres. Mais imaginons à présent qu'un manager doive planifier un projet de grande envergure – une restructuration particulièrement complexe, le lancement d'une grande campagne de réduction des coûts, ou le développement d'un nouveau produit –, qui nécessite la coordination des services du marketing, de la production et de la conception. Un tel projet implique l'harmonisation de plusieurs centaines ou milliers d'activités, dont certaines doivent être réalisées simultanément, tandis que d'autres ne peuvent commencer si les précédentes n'ont pas été achevées. Si vous construisez un centre commercial, vous ne pouvez pas bâtir les murs tant que les fondations n'ont pas été creusées. Comment pourriez-vous planifier un projet aussi complexe ? En utilisant la technique d'évaluation et de révision des programmes, ou PERT (initiales de *Program Evaluation and Review Technique*).

L'**analyse PERT** fut développée à la fin des années 1950 pour coordonner les 3 000 sous-traitants et agences qui travaillaient alors sur le système d'armement sous-marin Polaris. Il s'agissait d'un projet extraordinairement ardu, exigeant la coordination de centaines de milliers d'activités différentes. La méthode PERT aurait permis d'en achever la réalisation deux ans plus tôt que prévu.

Analyse PERT — Organigramme décrivant les activités successives nécessaires à l'accomplissement d'un projet, et précisant la durée et le coût de chacune d'entre elles.

Un réseau PERT se présente sous la forme d'un organigramme décrivant les activités successives nécessaires à l'accomplissement d'un projet, et précisant la durée et le coût de chacune d'entre elles. Le chef de projet doit détailler le travail à effectuer, mettre en évidence les dépendances entre tâches et dépister les éventuelles contradictions (voir document 15.7). La méthode PERT offre le moyen de comparer très facilement l'impact respectif de deux options différentes en termes de programmation et de coûts. Elle permet de suivre l'avancement du projet, d'identifier de possibles goulets d'étranglement, et de réaffecter au besoin les ressources disponibles.

Document 15.7 – Conception d'un diagramme PERT.

Pour concevoir un réseau PERT, le manager doit identifier l'ensemble des activités nécessaires à l'accomplissement du projet, les classer par ordre de dépendance, et déterminer le temps de réalisation de chaque activité. Cette procédure peut se traduire sous la forme d'un plan en cinq points :

1. Identifier les activités significatives qui doivent être accomplies pour mener à bien le projet. L'accomplissement de chaque activité aboutit à une étape.
2. Établir l'ordre dans lequel ces étapes doivent apparaître.
3. Tracer l'enchaînement des activités, en attribuant une lettre à chacune d'entre elles et en indiquant les relations qu'elle entretient avec les autres. Utiliser des cercles pour représenter les étapes et des flèches pour les activités. L'organigramme que l'on obtient porte le nom de « réseau PERT ».
4. Estimer le temps nécessaire à l'accomplissement de chaque activité. Utiliser pour cela une moyenne pondérée faisant intervenir la durée optimiste de l'activité (d_{opt}), correspondant à des conditions idéales de réalisation, la durée vraisemblable (d_{vrai}) – celle qu'elle occuperait dans des conditions normales –, et enfin la durée pessimiste (d_{pes}), qui indique le temps qu'elle devrait prendre dans les pires conditions imaginables. Le calcul de la durée probable (d_{pro}) s'effectuera selon la formule suivante :

$$d_{pro} = \frac{d_{opt} + 4\,d_{vrai} + d_{pes}}{6}$$

5. Enfin, à l'aide d'un schéma reprenant ces estimations de durée, déterminer les dates de début et de fin de chaque activité ainsi que celles du projet global. Les retards apparaissant sur le chemin critique réclament une attention particulière car ils retardent le projet tout entier. En d'autres termes, le chemin critique ne présente aucune marge de manœuvre ; le moindre retard se répercute donc sur la date d'achèvement du projet.

Pour bien comprendre la conception d'un réseau PERT, il faut connaître trois termes : étape, activité et chemin critique. Les étapes représentent l'aboutissement des activités principales. Elles indiquent qu'un événement important s'est produit (comme la réception d'une commande de pièces, par exemple) ou qu'une partie significative du projet vient de s'achever. Dans le système PERT, les étapes sont des indicateurs temporels. Les *activités* désignent les actions qui sont effectuées. Chaque activité possède une certaine durée, déterminée à partir du temps ou des ressources nécessaires pour passer d'une étape à l'autre. Enfin, le **chemin critique** représente la plus longue succession d'étapes et d'activités permettant de réaliser le projet en un minimum de temps. Appliquons maintenant la méthode PERT à la construction d'une maison d'architecte de 600 m^2.

Chemin critique — Concept décrivant la plus longue succession d'étapes et d'activités permettant de réaliser le projet en un minimum de temps.

En tant que chef de chantier, vous savez bien que le temps, dans le secteur du bâtiment, représente réellement de l'argent. Les retards peuvent transformer un projet rentable en un véritable gouffre financier. Vous devez donc déterminer avec précision le temps qu'il faudra pour construire cette maison. D'ores et déjà, vous avez soigneusement disséqué le projet en une série d'activités et d'étapes. Le document 15.8 énumère les plus importantes d'entre elles, en précisant pour chacune sa durée d'accomplissement estimée. Le document 15.9 traduit ces données sous la forme d'un réseau PERT.

Document 15.8 – Les activités principales liées à la construction d'une maison.

Étape	Description	Durée (semaines)	Activités prérequises
A	Approuver les plans et obtenir le permis	3	Aucune
B	Préparer le terrain	1	A
C	Couler les semelles	1	B
D	Élever les murs de fondation	2	C
E	Dresser la charpente	4	D
F	Installer les fenêtres	0,5	E
G	Couvrir le toit	0,5	E
H	Installer les parements extérieurs	4	F, G
I	Installer l'électricité, les canalisations, le chauffage et la climatisation	6	E
J	Installer l'isolation	0,25	I
K	Installer le Placoplâtre	2	J
L	Poncer le Placoplâtre	7	K
M	Installer les équipements intérieurs	2	L
N	Peinture (intérieur et extérieur)	2	H, M
O	Installer les rangements	0,5	N
P	Poser le parquet	1	N
Q	Dernières finitions et livraison au propriétaire	1	O, P

Document 15.9 – Réseau PERT correspondant à la construction de la maison.

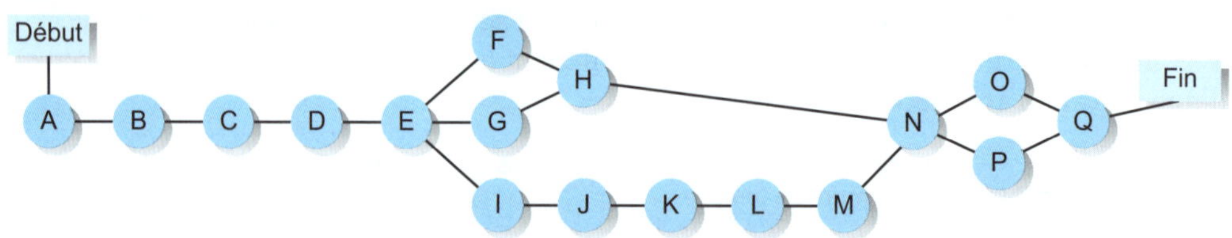

Comment le processus PERT fonctionne-t-il ?

Votre réseau PERT indique qu'il faudra, si tout se déroule comme prévu, un peu plus de trente-deux semaines pour construire la maison. On obtient cette durée en traçant le chemin critique du réseau : A B C D E F G H I J K L M N P Q. Tout retard dans l'une des étapes composant ce chemin se traduira par un retard du projet tout entier. Ainsi, s'il fallait en fin de compte six semaines au lieu de quatre pour dresser la charpente (étape E), l'achèvement du projet serait retardé d'autant. Un retard d'une semaine sur les parements extérieurs (étape H) n'aura en revanche qu'un impact négligeable, étant donné que cette étape ne figure pas sur le chemin critique. Grâce à la méthode PERT, le chef de chantier saura aussitôt qu'une action corrective ne s'impose pas. Un retard plus grand pourrait néanmoins poser problème, en ce sens qu'il risquerait d'engendrer l'apparition d'un nouveau chemin critique. Mais revenons à notre point de départ.

On remarque que le chemin critique passe par N P Q. Le tableau (document 15.8) montre que ces trois activités occupent au total quatre semaines. Le trajet N O Q ne serait-il pas plus rapide ? Certes. Le réseau PERT indique qu'il ne faut que trois semaines et demie pour le parcourir. Dans ce cas, pourquoi N O Q ne figure-t-il pas sur le chemin critique ? Parce que l'activité Q ne peut débuter tant que les activités O et P n'ont pas été réalisées. Même si l'activité O ne prend qu'une demi-semaine, l'activité P en réclame une entière. De ce fait, l'activité Q ne pourra commencer au mieux qu'une semaine plus tard. Qu'advient-il de la différence entre la durée de l'activité critique (P) et la durée de l'activité non critique (O) ? Cette différence – une demi-semaine, en l'occurrence – se transforme en marge libre. La **marge libre** désigne l'écart de durée entre le chemin critique et tous les autres chemins. À quoi sert-elle ? Si le chef de projet observe un dérapage sur une activité critique, il pourra emprunter la marge libre d'une activité non critique pour la reporter temporairement sur l'activité critique.

Marge libre — L'écart de durée entre le chemin critique et tous les autres chemins.

La méthode PERT, outil de planification ou de contrôle ?

Outre qu'elle permet d'estimer les durées associées à la planification d'un projet, la méthode PERT fournit également quelques indices précieux sur l'emplacement idéal des points de contrôle. Compte tenu du fait qu'une étape du chemin critique qui se trouve retardée repousse à son tour l'ensemble du projet (ce qui induit non seulement un dépassement des délais, mais probablement aussi un dépassement du budget), l'attention du manager doit se concentrer en permanence sur les activités critiques. Ainsi, si l'activité F (installation des fenêtres) se voit retardée d'une semaine en raison d'un problème de livraison, il ne doit pas s'en inquiéter outre mesure, cette activité ne faisant pas partie du chemin critique. En revanche, si la durée de l'activité P (pose du parquet) s'allonge d'une à deux semaines, c'est le projet tout entier qui se trouve retardé. En conséquence, tout ce qui peut avoir un impact immédiat sur les délais (les activités critiques) doit faire l'objet d'un suivi extrêmement vigilant.

Résumé

1. **Définir le management des opérations et expliquer son rôle.**
   Le management des opérations désigne la conception, l'exploitation et le contrôle du processus de transformation, lequel constitue l'essence même du management des opérations. Les ressources (personnels, matériaux, etc.) sont rassemblées et transformées en produits finis par le biais des activités et des processus de l'entreprise.

   Le management des opérations revêt une importance considérable pour toutes les entreprises et tous les managers car il s'applique indifféremment à la production de biens et de services, permet de gérer la productivité de manière efficiente et efficace, et joue un rôle stratégique dans la compétitivité de l'entreprise.

   Une société de services produit des produits immatériels. Une entreprise manufacturière produit des biens matériels. Hormis cette différence, le management des opérations présente dans les deux cas un aspect très similaire.

2. **Définir la nature et les objectifs de la gestion de la chaîne de valeur.**
   La gestion de la chaîne de valeur consiste à gérer l'enchaînement des activités et l'information sur les flux de production tout au long de la chaîne de valeur.

   Les avantages de la chaîne de valeur concernent notamment l'amélioration du service aux clients, de la qualité et de la logistique, la réduction des coûts, des délais de livraison et des stocks, et l'augmentation des ventes et des parts de marché. Les obstacles qui s'opposent à la mise en place de la gestion de la chaîne de valeur sont liés aux résistances organisationnelles, à la culture de l'entreprise, aux aptitudes requises et aux ressources humaines.

3. **Décrire le fonctionnement du management de la chaîne de valeur.**
   Les conditions d'une bonne gestion de la chaîne de valeur sont au nombre de six : (1) la collaboration et la coordination des différents partenaires, impliquant notamment l'échange d'informations et la flexibilité dans la définition du rôle de chacun, (2) l'investissement dans une infrastructure technologique favorisant la collaboration et l'échange, (3) l'adoption de processus organisationnels adaptés, permettant une meilleure prévision de la demande, une meilleure collaboration professionnelle, et une évaluation plus précise des différentes activités tout au long de la chaîne, (4) une équipe de management solide et impliquée, (5) une approche appropriée de la main-d'œuvre, impliquant une définition flexible des postes, un processus d'embauche efficace et un effort important en matière de formation continue, et (6) une culture d'entreprise positive.

4. **Comprendre les problématiques actuelles du management des opérations.**
   Le rôle de la technologie dans le management des opérations. La technologie permet aux entreprises de gérer leurs opérations d'une manière plus efficace et plus efficiente, en leur offrant la possibilité de contrôler les capacités disponibles, l'état des commandes et la qualité des produits, de se connecter avec les clients et les fournisseurs, et de maîtriser les coûts.

La gestion en juste-à-temps. Les systèmes d'inventaire juste-à-temps révolutionnent la technologie de gestion des stocks. Au lieu d'être stockés, les éléments sont livrés au moment précis où le processus de production l'exige.

Le contrôle de la qualité. Le contrôle de la qualité consiste à opérer un suivi des paramètres de qualité – poids, résistance, conformité, couleur, goût, fiabilité, finition, ou n'importe quelle autre caractéristique –, afin de s'assurer qu'ils correspondent bien aux normes préétablies. Le contrôle de la qualité intervient à toutes les étapes du processus de production, de sorte que la détection précoce d'une pièce défectueuse ou d'un procédé défaillant permette d'économiser le coût d'une réparation ultérieure.

La gestion de projet. La gestion de projet consiste à assurer la réalisation en temps et en heure de toutes les activités composant un projet, dans les limites du budget imparti et conformément aux spécifications. Un projet se définit comme un ensemble ponctuel d'activités présentant un début et une fin clairement déterminés.

Pour en savoir plus

BLONDEL F., *La Gestion de production*, Paris, Dunod, 2002, 3e éd.

BRANDENBURG H., WOJTYNA J.-P., *L'Approche processus, mode d'emploi*, Paris, Éditions d'Organisation, 2003.

COHEN S., ROUSSEL J., *Avantage Supply Chain : les 5 leviers pour faire de votre Supply Chain un atout compétitif*, Paris, Éditions d'Organisation, 2005.

COUSTY J.-J., HOUGRON T., *La Conduite de projets. Les 101 règles pour piloter vos projets avec succès*, Paris, Dunod, 2009, 2e éd.

DORNIER P. P., FENDER M., *La Logistique globale et le Supply Chain management*, Paris, Éditions d'Organisation, 2007, 2e éd.

DURET D., PILLET M., *Qualité en production. De l'ISO 9000 à Six Sigma*, Paris, Éditions d'Organisation, 2005, 3e éd.

FONTANILLE O., FREMY O., *Pratique du lean*, Paris, Dunod, 2010.

GOLDRATT E., COX J., *Le But : un processus de progrès permanent*, Paris, AFNOR gestion, 2006, 3e éd.

GONZALEZ L., *Vous avez dit Supply Chain ! Les fondamentaux de votre performance*, Paris, AFNOR, 2010.

GUTH J.-P., NAULLEAU G., *La Voiture qui a changé l'entreprise*, Paris, Éditions d'Organisation, 2003.

POIRIER C., REITER S., *La Supply Chain. Maîtriser la chaîne logistique*, Paris, Dunod, 2001.

RITZMAN L., KRAJEWSKI L., TOWNLEY C., RENARD, J., *Management des opérations. Principes et applications*, Paris, Pearson Éducation, 2010, 2e éd.

WOMACK J., JONES D., *Système Lean. Pensez l'entreprise au plus juste*, Paris, Village Mondial, 2007.

Activités

Questions de compréhension

1. Qu'est-ce que le management des opérations et comment est-il utilisé, tant dans l'industrie que dans les services ?
2. Quel rôle stratégique le management des opérations joue-t-il dans la performance de l'entreprise ?
3. En quoi les concepts du management des opérations peuvent-ils s'appliquer à d'autres fonctions managériales, en dehors du contrôle ?
4. Quels sont les bénéfices que retire l'organisation du management de la chaîne de valeur ?
5. Expliquez pourquoi la gestion de la productivité est importante en matière de management des opérations.
6. Qui détient le pouvoir dans la chaîne de valeur ? Expliquez et argumentez votre réponse à partir d'exemples précis.
7. Choisissez deux tâches que vous faites toutes les semaines (faire les courses, nettoyer votre appartement, organiser une soirée entre amis). Pour chacune d'entre elles, tentez d'identifier en quoi vous pourriez a) réaliser cette tâche de façon plus productive et b) avec un niveau de qualité supérieur.

Autoévaluation

Quel est mon style de négociation ?

Questionnaire

Sept caractéristiques se rapportant à des styles de négociation spécifiques sont énumérées ci-dessous. Chacune d'entre elles démontre une gamme de variations. Indiquez votre préférence en choisissant un des chiffres.

1.	Approche	Conflictuelle	**1**	**2**	**3**	**4**	**5**	Collaborative
2.	Personnalité	Émotionnelle	**1**	**2**	**3**	**4**	**5**	Rationnelle
3.	Formalisme	Élevé	**1**	**2**	**3**	**4**	**5**	Bas
4.	Communication	Indirecte	**1**	**2**	**3**	**4**	**5**	Directe
5.	Transparence	Faible	**1**	**2**	**3**	**4**	**5**	Élevée
6.	Recherches d'options	Limitées	**1**	**2**	**3**	**4**	**5**	Nombreuses
7.	Désir d'utiliser le pouvoir	Bas	**1**	**2**	**3**	**4**	**5**	Élevé

Calculez votre résultat

Pour calculer votre résultat, additionnez les points des 7 caractéristiques.

Analyse et interprétation

Les personnes diffèrent dans leur façon de négocier. Ce questionnaire calcule les dimensions clés qui permettent de différencier les préférences dans le style de négociation.

Votre résultat doit s'établir entre 7 et 35. Les recherches indiquent que le style de négociation est influencé par un certain nombre de facteurs (dont font partie la situation, l'origine culturelle et le travail). Néanmoins, les experts de la négociation recommandent aux personnes d'utiliser un style qui donnera un résultat élevé à ce questionnaire, c'est-à-dire qui favorise plutôt la collaboration, la rationalité, une communication directe, etc. Nous pensons cependant qu'il est plus intéressant d'envisager vos compétences de négociateur selon la situation. Par exemple, même si un score élevé à ce test promet un résultat généralement plus favorable dans une négociation, il existe des exceptions. Par exemple, l'utilisation d'un style informel pourrait être un handicap pour les Nord-Américains ou les Européens s'ils négocient avec des Nigérians, qui préfèrent une formalité élevée. De la même façon, les Sud-Américains ont plutôt tendance à montrer leurs émotions. Ainsi, si vous négociez avec des Brésiliens ou des Costaricains, une approche plus émotionnelle de votre part sera plus appropriée, voire attendue par vos interlocuteurs.

Sources : Basé sur R. Fisher et W. Ury, *Getting to Yes*, New York: Penguin, 1981) ; J. W. Salacuse, « Ten Ways That Culture Affects Negotiating Style: Some Survey Results », *Negotiation Journal*, juillet 1998, p. 221-239.

Dilemme éthique

Les exigences du distributeur

Que se passe-t-il lorsque l'un des partenaires de la chaîne de valeur joue de son pouvoir et revendique des exigences disproportionnées ? Voilà qui semble parfaitement décrire les agissements de certains grands revendeurs opérant dans le secteur du commerce en ligne.

Les fabricants sont en train d'apprendre que les gros distributeurs – ceux qui ont toujours assuré l'essentiel de leurs ventes – peuvent se comporter comme des tyrans. Plutôt que de vendre directement par le biais de leur site Web et risquer ainsi d'irriter leurs clients (c'est-à-dire les détaillants), la plupart des fabricants préfèrent orienter les acheteurs potentiels vers « le revendeur le plus proche ». Ils se laissent donc dicter, sous la pression, certaines de leurs pratiques organisationnelles. Wal-Mart encourage par exemple ses fournisseurs à adopter son nouveau système d'identification et de suivi. Ce système d'identification par fréquences radio (RFID) permet aux clients d'effectuer leurs achats sans avoir à passer les articles en caisse[37]. Il leur suffit de présenter leur panier face à un scanner : les produits sont alors automatiquement « détectés » et la carte de crédit est débitée en conséquence. Tous les grands fournisseurs de l'enseigne se voient imposer l'utilisation d'étiquettes RFID sur l'ensemble de leurs références. Wal-Mart espère économiser de la sorte plus de 8 milliards de dollars chaque année, en réduisant le vol et en évitant les ruptures de stocks[38]. De l'autre côté, chaque fournisseur devra en revanche investir jusqu'à 23 millions de dollars pour répondre aux exigences du distributeur.

Estimez-vous qu'il s'agisse là d'un comportement éthique ? Pourquoi ? Peut-on seulement envisager une gestion efficace de la chaîne de valeur lorsque certaines organisations se comportent ainsi ? Expliquez.

Pour action

WestWood Travel Services

À : Hélène Belmont, directrice d'exploitation

De : Anne Mendales, présidente

Objet : Certification ISO 9001

J'ai lu un grand nombre d'articles sur la gestion globale de la qualité, et j'estime qu'il nous faudrait envisager de mettre en œuvre chez nous les principes de la GGQ. Étant donné le développement de notre entreprise, qui compte désormais cinq agences et près de 50 salariés, je souhaite m'assurer que nous fassions bien tout ce qui est en notre pouvoir pour satisfaire les besoins des clients – et ce d'autant plus que nous en avons récemment perdu un certain nombre au profit de nos concurrents. J'aimerais que vous analysiez de quelle manière nous pourrions appliquer à notre métier de voyagiste les concepts de focalisation client, d'amélioration continue des processus, d'étude comparative, de formation, de travail d'équipe et de responsabilisation, afin de renforcer notre compétitivité. Présentez votre analyse sous forme d'une liste à puces (en vous limitant s'il vous plaît à un maximum de deux pages) et faites-la moi parvenir d'ici la fin de la semaine.

Cette entreprise et ce message sont fictifs et ont été imaginés dans un but exclusivement pédagogique. Il n'est nullement question ici d'évoquer, ni en bien, ni en mal, les pratiques managériales d'une entreprise réelle qui porterait le même nom.

Exercice pratique

L'université du futur

Répartissez-vous en groupes de quatre à cinq personnes. Votre équipe doit imaginer de quelle manière les nouvelles technologies auront modifié les méthodes de transmission du savoir d'ici à une dizaine d'années. Selon vous, à quoi ressembleront les techniques d'enseignement classique en l'an 2020 ? Afin de guider votre réflexion, voici quelques questions que vous pourriez étudier :

1. Sera-t-il toujours nécessaire de disposer d'un campus de plusieurs dizaines d'hectares ?

2. Pensez-vous que les étudiants devront tous se munir d'un ordinateur portable pour assister aux cours ?
3. Les salles de cours seront-elles toutes informatisées et équipées des technologies multimédias les plus avancées ?
4. Pensez-vous que les étudiants seront encore obligés d'assister physiquement aux cours ?
5. De quelle manière l'enseignement à distance et le télétravail influenceront-ils les activités estudiantines ?

Vous disposez de trente minutes pour débattre de ces questions et élaborer vos réponses. Désignez l'un des membres de l'équipe qui se chargera de présenter votre travail à l'ensemble du groupe.

Mise en situation

« On recherche façonneurs de moules en plastique ! »

Objet : Cette étude de cas se propose d'évoquer un problème que tout directeur d'exploitation peut avoir à résoudre au sein d'une organisation.

Votre entreprise produit des pièces moulées par injection à destination des constructeurs d'appareils électroménagers. Au lieu d'assembler de multiples éléments, le processus d'injection permet de fabriquer des pièces en plastique d'un seul tenant. Vous bénéficiez aujourd'hui d'un concours de circonstances tout à fait favorable. Une grande marque automobile japonaise s'est en effet installée à deux pas de votre principale unité de production. Adepte de la gestion juste-à-temps, il est essentiel pour elle de pouvoir s'approvisionner à proximité. Après plusieurs inspections et de nombreuses entrevues, elle a décidé de vous inclure dans sa liste de fournisseurs de premier niveau. Vous possédez la technologie nécessaire pour répondre à ses besoins. Qui plus est, les contrats qui s'annoncent permettront de tripler le chiffre d'affaires de votre entreprise. Pour votre directeur d'exploitation, la difficulté consiste en revanche à soutenir cet accroissement de la production.

Après plusieurs réunions internes, il vous fait savoir que la région regorge d'employés potentiels pour la majorité des postes à pourvoir ; en d'autres termes, le marché du travail paraît suffisamment solide. Mais il reste un problème crucial : trouver de bons façonneurs de moules. Votre nouveau client exige en effet des gammes de produits flexibles, ce qui signifie qu'il va vous falloir embaucher quatre fois plus de façonneurs pour gérer l'augmentation de la production. Or, les ouvriers expérimentés se font rares. Vous employez à l'heure actuelle 8 façonneurs à temps plein, et le directeur d'exploitation affirme qu'il vous en faudra 32 de plus d'ici à six mois. Le directeur des ressources humaines soutient que vous pourriez en recruter un ou deux chaque mois en lançant une vigoureuse campagne d'annonces, mais que ces nouvelles embauches vous obligeront sans doute à relever le salaire de tous vos façonneurs d'environ 15 %. La chef comptable signale qu'il sera possible d'absorber ce coût grâce au supplément d'activité généré, mais s'inquiète d'éventuelles concessions sur les prix que le client pourrait un jour réclamer, et qui rendraient la situation plus délicate. L'une des solutions possibles consisterait à demander aux façonneurs recrutés dans les six mois de venir de travailler en double poste, en attendant d'en avoir embauché assez. Le directeur de l'ingénierie juge cette stratégie dangereuse, soulignant que l'entreprise ne doit commettre aucun impair avec ce client. « On ne peut prendre le risque de saboter cette possibilité en faisant des économies de bouts de chandelle », explique-t-il. Un autre ingénieur nuance ces propos : « Je suis d'accord, mais d'après mon expérience, nous devrions pouvoir faire tourner la moitié de nos façonneurs en double poste sans engendrer trop de fatigue. »

Le P.-D.G. se tourne vers les membres de votre groupe : « Je pense que nous allons devoir à terme relever les salaires de 15 %, non seulement pour embaucher davantage de façonneurs, mais également pour éviter que certains ne nous quittent en cours d'année. Pouvez-vous me calculer tout ça ? Indiquez-moi, le cas échéant, la date ultime à laquelle je devrai instaurer la hausse de salaire, ou si je dois le faire immédiatement. Dites-moi aussi, en fonction de votre planification, à quelle date nous pouvons espérer atteindre le nombre nécessaire de façonneurs. »

Instructions pour le groupe : Votre groupe doit trouver comment gérer au mieux les besoins imminents de l'organisation, et notamment le meilleur moyen d'embaucher assez d'ouvriers pour répondre aux besoins de production attendus dans les six mois à venir. Un diagramme PERT pourra vous aider à prendre les bonnes décisions. Vous pourrez utiliser les remarques des différents cadres dirigeants pour justifier vos choix quant à la méthode de recrutement qui vous semble la plus adaptée.

Cas d'entreprise

Du grain à moudre

Le café fumant dans la tasse vendue dans n'importe quel Starbucks provient de grains cueillis dans les champs de caféiers à l'autre bout du monde. De la récolte à l'entreposage, à la torréfaction et à la vente, Starbucks a compris le rôle important que joue chaque participant de sa chaîne de valeur.

Chez Starbucks, les acheteurs de café se déplacent personnellement dans les régions de production de l'Amérique latine, de l'Afrique, de l'Arabie ou de l'Asie afin de sélectionner et d'acquérir les grains *arabica* de la meilleure qualité. Une fois ces grains parvenus dans l'une des cinq usines de torréfaction (Washington, Pennsylvanie, Nevada, Caroline du Sud et Amsterdam), le maître torréfacteur fait son « tour de magie » pour créer les cafés qui seront la signature de l'entreprise, un processus qui « est le résultat du travail des experts qui connaissent le café et donne un équilibre à tous ses attributs gustatifs ». Il existe plusieurs défis potentiels à relever afin de « transformer » le matériel brut en un produit de qualité et c'est cette expérience que les clients attendent de Starbucks. Le climat, l'instabilité politique, la logistique, les technologies, etc., tout cela pourrait avoir un impact sur la réussite de la marque. Ce sont bien sûr des défis importants à relever pour le management opérationnel, toutefois la question la plus stimulante à laquelle l'entreprise doit faire face aujourd'hui est de rechercher l'équilibre entre l'expérience unique d'un café façon Starbucks et les raisons pour lesquelles elle vend un café à plus de 5 euros.

Les produits de Starbucks sont en effet devenus un luxe que beaucoup ne peuvent pas se permettre. Comme les revenus et les profits ont chuté pendant la crise économique, le P.-D.G., Howard Schultz, s'est rendu compte que « la compagnie devait changer presque toute sa façon d'opérer ». Bien qu'il ait construit son entreprise comme un « anti fast-food », la récession et la compétition grandissante ont forcé Starbucks à se rationaliser. Une nouvelle initiative a été mise en place dans les magasins américains. Ainsi, les étapes qui faisaient perdre du temps aux employés sont découragées : se pencher pour prendre du café au-dessous du comptoir, se tenir paresseusement en attendant que le café s'écoule ou flâner derrière le présentoir à pâtisseries. Au lieu de cela, les employés doivent toujours être occupés : ils aident les clients ou font un peu de nettoyage. Dans l'un des premiers magasins à exécuter ces techniques de *lean* management (ou management allégé), la gérante a cherché des moyens simples pour que ses employés soient plus efficaces : mettre les articles toujours au même endroit, placer les garnitures des boissons plus près du lieu où celles-ci sont données aux clients ou changer l'ordre de l'assemblage. Après deux mois avec ces nouvelles méthodes, son magasin a connu une augmentation de 10 % du chiffre d'affaires.

Questions

1. Décririez-vous la technologie de production/d'opérations de Starbucks dans ses magasins comme production d'unités, production de masse, ou production de processus ? Expliquez votre choix. Comment cette approche de la technologie de production par rapport aux opérations affecte-t-elle la manière dont les produits sont fabriqués ?
2. Quelles incertitudes Starbucks doit-il affronter dans sa chaîne de valeur ? Starbucks peut-il les gérer ? Si oui, comment ? Si non, pourquoi pas ?
3. Allez sur le site Internet de la compagnie, **www.starbucks.fr**, et trouvez les renseignements concernant les activités environnementales de l'entreprise depuis le grain jusqu'à la tasse. Choisissez une des étapes de la chaîne (votre professeur peut vous en allouer une). Décrivez quelles actions environnementales sont prises. Comment celles-ci pourraient-elles affecter la façon dont Starbucks « fabrique » ses produits ?
4. Effectuez des recherches sur le concept du management « *lean* » (littéralement en français : *maigre, sans gras, allégé*). Que sont à votre avis ces techniques dites de gestion « *allégée* » ? Quels avantages « allègent » vraiment l'offre ? Comment une entreprise comme Starbucks pourrait davantage utiliser les concepts de l'approche *lean* ?

Sources : S. Berfield, « Starbucks: Howard Schultz *vs.* Howard Schultz », *BusinessWeek Online*, 6 août 2009 ; J. Jargon, « Latest Starbucks Buzzword: 'Lean' Japanese Techniques », *Wall Street Journal*, 4 août, 2009, p. A1 ; et « Starbucks Opens LEED Certified Coffee Roasting Plant », nouvelle édition, http://www.starbucks.com (19 février 2009).

Notes

Chapitre 1

1. Dossier spécial : « 100 ans de management », *L'Essentiel du Management*, n° 42, août 1998.
2. Voir notamment R. Brillinger, « Management History's Broad Sweep and Putting People in Project Management », *Canadian HR Reporter*, 14 août 2000, p. 8.
3. A. Smith, *Recherches sur la nature et les causes de la richesse des nations*, Paris, Economica, 2000.
4. F. W. Taylor, *Principes d'organisation scientifique des usines*, Paris, Dunod, 1911 (trad. fr.) et *La direction scientifique des entreprises*, Paris, Dunod, 1975 (trad. fr.)
5. C. D. Wredge et R. M. Hodgetts, « Frederick W. Taylor's 1899 Pig Iron Observations: Examining Fact, Fiction, and Lessons for the New Millenium », *Academy of Management Journal*, décembre 2000, pp. 1283-1291 ; W. D. Eggers, « The Rise of eGov », *Wall Street Journal*, 30 août 2001, p. A-12 ; D. Organ, « The Great Restructuring of 1787-1789 », *Business Horizons*, mars/avril 2001, pp. 1-2 ; J. R. Hough et M. A. White, « Using Stories to Create Change: The Object Lesson of Frederick Taylor's « Pig-Tale" », *Journal of Management*, janvier 2001, pp. 585-600 et « PBS Film Examines the Life and Works of Frederick Taylor », *IIE Solutions*, avril 2000, p. 13.
6. F. B. Gilbreth, *Motion Study*, New York, D. Van Nostrand, 1911 ; F. B. Gilbreth et L. M. Gilbreth, *Fatigue Study*, New York, Sturgis and Walton, 1916.
7. Voir Gilbreth, *Motion Study*.
8. H. Fayol, *Administration générale et industrielle*, Paris, Dunod, 1916.
9. M. Weber, *The Theory of Social and Economic Organizations*, édition dirigée par T.Parsons, traduit par A. M. Henderson et T.Parsons New York, Free Press, 1947.
10. H. B. Jones, « Magic, Meaning and Leadership: Weber's Model and the Empirical Literature », *Human Relations*, juin 2001, pp. 753-771.
11. R. A. Owen, *A New View of Society*, New York, E. Bliss and White, 1825.
12. H. Munsterberg, *Psychology and Industrial Efficiency*, Boston, Houghton Mifflin, 1913.
13. M. P. Follett, *The New State: Group Organization the Solution of Popular Government*, Londres, Longmans, Green, 1918.
14. C. I. Barnard, *The Functions of the Executive*, Cambridge, MA, Harvard University Press, 1938.
15. E. Mayo, *The Human Problems of an Industrial Civilization*, New York, Macmillan, 1933 ; Roethlisberger F. J. et Dickson W. J., *Management and the Worker*, Cambridge, MA, Harvard University Press, 1939.
16. Mayo, *The Human Problems of an Industrial Civilization*.
17. J. M. Bartunek et M. G. Seo, « Qualitative Research Can Add New Meanings to Quantitative Research », *Journal of Organizational Behavior*, mars 2002, pp. 237-242.
18. D. Carnegie, *How to Win Friends and Influence People*, New York, Simon & Schuster, 1936.
19. A. Maslow, « A Theory of Human Motivation », *Psychological Review*, juillet 1943, pp. 370-396. Voir également Maslow, *Motivation and Personality*, New York, Harper & Row, 1954.
20. D. McGregor, *The Human Side of Enterprise*, New York, McGraw-Hill, 1960.
21. D. A. Wren, *The Evolution of Management Thought*, New York, John Wiley & Sons, 1993, p. 127.
22. C. C. Holt, « Learning How To Plan Production, Inventories, and Work Force », *Operations Research*, janvier/février 2002, pp. 96-99.
23. *Ibid.*, p. 51.
24. R. Shirali, « Grasping the Guru », *Asian Business*, juin 2000, p. 56.
25. Voir également P. R. Carson, P. A. Lanier et K. D. Carson, « A Historical Examination of Early « Believers" in the Quality Management Movement: The Shaker Example », *TQM Magazine*, janvier 2000, p. 37.
26. H. Koontz, « The Management Theory Jungle », *Journal of the Academy of Management*, décembre 1961, pp. 174-188.
27. H. Koontz (sous la direction de), *Toward a Unified Theory of Management*, New York, McGraw-Hill, 1964.
28. R. L. Priem et J. Rosenstein, « Is Organization Theory Obvious to Practitioners? A Test of One Established Theory », *Organization Science*, septembre/octobre 2000, pp. 509-524.
29. Voir notamment A. J. Shenhar, « One Size Does Not Fit All Projects: Exploring Classical Contingency Domains », *Management Science*, mars 2001, pp. 394-414.

Chapitre 2

1. Bureau des statistiques des États-Unis.
2. B. Galambaud, *Si la GRH était de la gestion*, Paris, Éditions Liaisons, 2002.
3. H. Fayol, *Administration générale et industrielle* (Paris, Dunod, 1916).
4. H. Koontz et C. O'Donnell, *Principles of Management : An Analysis of Managerial Functions*, New York, McGraw-Hill, 1955.
5. H. Mintzberg, *The Nature of Managerial Work*, New York, Harper & Row, 1973.
6. R. L. Katz, « Skills of an Effective Administrator », *Harvard Business Review*, septembre-octobre 1974, pp. 901-2.
7. Voir notamment J. G. Harris, D. W. DeLong et A. Donnellon, « Do You Have What It Takes to Be an Emanager? », Strategy and Leadership (août 2001), pp. 10-14 ; C. Fletcher et C. Baldry, « A Study of Individual Differences and Self-Awareness in the Context of Multi-source Feedback », Journal of Occupational and Organizational Psychology (septembre 2000), pp. 303-19.
8. Voir notamment R. D. Pathak, V. S. Dhar, D. M. Pestonjeeet N. Reddy, « Effect of Personal and Situational Variables on Managerial Effectiveness: An Empirical Study », *International Journal of Management* (mars 2002), pp. 27-37 ; ainsi que « An Interview: Horace Deets of AARP », *Nonprofit Management and Leadership* (hiver 2001), pp. 87-94.
9. S. Agut et R. Grau, « Managerial Competency Needs and Training Requests: The Case of the Spanish Tourist Industry », *Human Resource Development Quarterly* (printemps 2002), pp. 31-51 ; ainsi que H. W. Goldstein, K. P. Yusko et V. Nicolopoulos, « Exploring Black-White Subgroup Differences of Managerial Competencies », *Personnel Psychology* (hiver 2001), pp. 783-807.
10. « The High Performance Managerial Competencies », www.brefigroup.co.uk (15 avril 2002), pp. 1-2.
11. Voir « Management Standards Center: The Standard Setting Body for Management », *Standards Overvi* (Londres, Angleterre, 2007). Disponible en ligne sur http://www.management-standards.org/.
12. Voir notamment, T. Kellner, « One Man's Trash », *Forbes*, 4 mars 2002, pp. 96-98.
13. Office of Advocacy, U.S. Small Business Administration, Small Business Economic Indicators (Washington DC, Government Printing Office, 2001).
14. H. Etemad et Y. Lee, « Technological Capabilities and Industrial Concentrations in NICs and Industrialized Countries: Taiwanese SMEs versus South Korean Chaebols », *International Journal of Entrepreneurship and Innovation Management* (mars 2001), p. 329.
15. J. Lee, « The Tao of Business », *Asian Business* (août 2001), pp. 48-49.
16. Encadré « Dilemme éthique » basé sur C. Tuna et K. J. Winstein, « Economy Promises to Fuel Résumé Fraud », *Wall Street Journal*, 17 novembre 2008, p. B4 ; K. J. Winstein et T. Audi, « MGM Mirage CEO Resigns Amid Questions About MBA », *Wall Street Journal*, 14 novembre 2008, p. 1 et suivantes ; K. J. Winstein, « Inflated Credentials Surface in Executive Suite », *Wall Street Journal*, 13 novembre 2008, p. B1 et suivantes ; « Redoing Your Resume? Leave Off the Lies », *Training*, décembre 2006, p. 9 ; J. O'Donnell, « CEO Left Radio Shack with His Whole Life in Turmoil », *USA Today*, 27 février 2006 ; « Lies, Damn Lies, and Statistics », *Wired*, mars 2004, p. 60.

Chapitre 3

1. J. Revell, « How to Profit in the New Economy », *CNNMoney.com*, 12 juin 2009.
2. *Ibid.*
3. M. Saltmarsh, O.E.C.D., « Improved Its Outlook for Economy », *New York Times Online*, 24 juin 2009 ; B. Knowlton, « Global Economy Called Worst Since 1945 », *New York Times Online*, 23 avril 2009.
4. A. Ignatius, « Trust Revisited », *Harvard Business Review*, juin 2009, p. 8.
5. N. Gibbs, « 25 People to Blame », *BusinessWeek*, 23 février 2009, p. 20.
6. *Ibid.*
7. F. Zakaria, « Greed Is Good (To a Point) », *Newsweek*, 22 juin 2009, p. 41-47.
8. *Ibid.*
9. B. Davis et J. Hilsenrath, « Federal Intervention Pits 'Gets' vs. 'Get-Nots' », *Wall Street Journal*, 15 juin 2009, p. A1+.
10. R. M. Kidder, « Cleaning Up Damage of Economic Collapse Must be Rooted in Values, Argues Sociologist », *Ethics Newsline*, **http://www.globalethics.org/newsline**, 15 juin 2009.
11. L. Meckler, « Public Wary of Deficit, Economic Intervention », *Wall Street Journal*, 18 juin 2009, p. A1+.
12. Cet encadré s'inspire de l'ouvrage R. M. Kesner, « Running Information Services as a Business: Managing IS Commitments Within the Enterprise », *Information Strategy*, été 2002, p. 15-35.
13. P. Dvorak, « Why Multiple Headquarters Multiply », *Wall Street Journal*, 19 novembre 2007, p. B1+.
14. D. A. Aaker, *Developing Business Strategies*, 5e éd., New York : John Wiley & Sons, 1998 ; J. A. Byrne *et al.*, « Borderless Management », *Business Week*, 23 mai 1994, p. 24-26.
15. « Global Business: Getting the Frameworks Right », *Organization for Economic Cooperation and Development*, avril 2000, p. 20.

16. G. Hofstede, D. Bollinger, *Les Différences culturelles dans le management*, Paris, Éditions d'Organisation, 1987 ; *Cultures Consequences: International Differences in Work Related Values*, Beverly Hills, Sage Publications, 1980, p. 25-26 et Hofstede, « The Cultural Relativity of Organizational Practices and Theories », *Journal of International Business Studies*, automne 1983, p. 75-89.
17. M. Javidan et R. J. House, « Cultural Acumen for the Global Manager: Lessons from Project GLOBE », *Organizational Dynamics*, printemps 2001, p. 289-305.
18. Voir par exemple P. C. Earley, « Leading Cultural Research in the Future: A Matter of Paradigms and Taste », *Journal of International Business Studies*, novembre 2006, p. 922-931 ; G. Fink, A. Neyer et M. Kolling, « Understanding Cross-Cultural Management Interaction Research into Culture Standards to Complement Cultural Value Dimensions and Personality Traits », *International Studies of Management & Organizations*, hiver 2006, p. 38-60.
19. J. Friedland et R. Wartzman, « A Look at Enron Figures Set to Testify Before Congress Today », *Wall Street Journal*, 7 février 2002, p. A18 ; R. Karlgaard, « Enron End Notes », *Forbes*, 4 mars 2002, p. 37 et R. Karlgaard, « My Ken Lay », *Forbes*, 1er avril 2002, p. 35.
20. S. C. Awe, « Good Work: When Excellence and Ethics Meet », *Library Journal*, 15 mars 2002, p. 42.
21. J. Useem, « Fortune 5 Hundred: No 2-Exxon's African Adventure », *Fortune*, 15 avril 2002, p. 102-14 et J. Rossant, J. Ewing et B. Brenner, « The Corporate Cleanup Goes Global », *BusinessWeek*, 6 mai 2002, p. 80-82.
22. D. Dearlove et S. Crainer, « Enterprise Goes Social », *Chief Executive*, mars 2002, p. 18 et « Bronze Winner: Ben & Jerry's Citizen Cool », *Brandweek*, 18 mars 2002, p. R-24.
23. B. W. Husted, « A Contingency Theory of Corporate Social Performance », *Business and Society*, mars 2000, p. 24-48.
24. Voir notamment N. A. Ibrahim, J. P. Angelidis et D. P. Howell, « The Corporate Social Responsiveness Orientation of Hospital Directors: Does Occupational Background Make a Difference? », *Health Care Management Review*, printemps 2000, p. 85-92.
25. W. Acar, K. E. Aupprele et R. M. Lowy, « An Empirical Exploration of Measures of Social Responsibility Across the Spectrum of Organizational Types », *International Journal of Organizational Analysis*, janvier 2001, p. 26-57.
26. Voir P. Paul, « Corporate Responsibility », *American Demographics*, mai 2002, p. 24.
27. Voir également J. A. Byrne, L. Lavelle, N. Byrnes et M. Vickers, « How to Fix Corporate Governance », *BusinessWeek*, 6 mai 2002, p. 69-78.
28. S. A. DiPiazza, « Ethics in Action », *Executive Excellence*, janvier 2002, p. 15-16.
29. J. Liedtka, « Ethics and the New Economy », *Business and Society Review*, printemps 2002, p. 1.
30. « Only in America: Starwood Hotels Survey », *Readers Digest*, septembre 2002, p. 19.
31. B. R. Gaumnitz et J. C. Lere, « Contents of Codes of Ethics of Professional Business Organizations in the United States », *Journal of Business Ethics*, janvier 2002, p. 35-49.
32. T. F. Shea, « Employees' Report Car on Supervisors' Ethics: No Improvement », *HR Magazine*, avril 2002, p. 29.
33. Voir également A. G. Peace, J. Weber, K. S. Hartzel et J. Nightingale, « Ethical Issues in eBusiness: A Proposal for Creating the eBusiness Principles », *Business and Society Review*, printemps 2002, p. 41-60.
34. B. Tulgan, « Generation Y Defined: The New Young Workforce », *HR Tools Online*, **http://www.hrtools.com/insights/bruce_tulgan**, 25 février 2009.
35. Voir à ce sujet les ouvrages suivants : P. Cappelli, J. Constantine, et C. Chadwick, « It Pays to Value Family: Work and Family Trade-Offs Reconsidered », *Industrial Relations*, avril 2000, p. 175-98 ; R. C. Barnett et D. T. Hall, « How to Use Reduced Hours to Win the War for Talent », *Organizational Dynamics*, mars 2001, p. 42 ; M. A. Verespej, « Balancing Act », *Industry Week*, 15 mai 2000, p. 81-85.
36. M. Conlin, « The New Debate over Working Moms », *BusinessWeek*, 18 novembre 2000, p. 102-103.
37. M. Elias, « The Family-First Generation », *USA Today*, 13 décembre 2004, p. 5D.
38. J. Revell, C. Bigda et D. Rosato, *The Rise of Freelance Nation*, CNNMoney.com, 12 juin 2009.
39. *Ibid.*
40. *Ibid.*
41. S. Armour, « Generation Y: They've Arrived at Work with a New Attitude », *USA Today*, 6 novembre 2005, p. 1B+ ; B. Moses, « *The Challenges of Managing Gen Y, The Globe and Mail* », 11 mars 2005, p. C1 ; C. A. Martin, *Managing Generation Y*, Amherst, MA : HRD Press, 2001.
42. L'encadré *Manager la diversité* s'appuie sur l'ouvrage de C. Lindsay, *Paradoxes of Organizational Diversity: Living within the Paradoxes, in* L. R. Jauch et J. L. Wall (eds.), *Proceedings of the 50th Academy of Management Conference*, San Francisco, 1990, p. 374-78.
43. A. J. Rucci, S. P. Kirn et R .T. Quinn, « The Employee Customer Profit Chain at Sears », *Harvard Business Review*, janvier-février 1998, p. 83-97.
44. Voir notamment B. Schneider, D. E. Bowen, M. G. Ehrhart et K. M. Holcombe, *The Climate for Service: Evolution of a Construct*, dans N. M. Ashkanasy, C. P. M. Wilderom et M. F. Peterson (eds.), Handbook of Organizational Culture and Climate, Thousand Oaks, CA, Sage, 2000, p. 21-36 ;

M. D. Hartline, J. G. Maxham III et D. O. McKee, « Corridors of Influence in the Dissemination of Customer-Oriented Strategy to Customer Contact Service Employees », *Journal of Marketing*, avril 2000, p. 35-50 ; L. A. Bettencourt, K. P. Gwinner et M. L. Meuter, « A Comparison of Attitude 'Personality' and Knowledge Predictors of Service-Oriented Organizational Citizenship Behaviors », *Journal of Applied Psychology*, février 2001, p. 29-41.

45. Voir notamment J. McElroy, « Six Lessons for Ford », *Ward's Auto World*, décembre 2001, p. 17.
46. « Continuous Improvement: Ten Essential Criteria », *Measuring Business Excellence*, janvier 2002, p. 49.
47. « Winning with Kaizen », *IIE Solutions*, avril 2002, p. 10.
48. M. Budman, « Jim Champy Puts His 'X' on Reengineering », *Across the Board*, mars-avril 2002, p. 15-16.
49. Voir notamment R. McAdam, « Large Scale Innovation – Reengineering Methodology in SMEs: Positivistic and Phenomenological Approaches », *International Small Business Journal*, février 2002, p. 33-52 ; T. Kontzer, « A Better Way to Manage Rules », *Information Week*, 29 avril 2002, p. 48.
50. Encadré « Dilemme éthique » basé sur Y. I. Kane et J. S. Lublin, « Apple Mum on Jobs's Treatment, Diagnosis », *Wall Street Journal*, 30 juin 2009, p. B1 et suivantes ; A. Hesseldahl, « Experts: Apple Disclosure 'Falls Short' », *BusinessWeek Online*, 23 juin 2009 ; Y. I. Kane et J. S. Lublin, « Jobs Had Liver Transplant », *Wall Street Journal*, 20 juin 2009, p. A1 et suivantes ; R. M. Kidder, « Do Ailing CEOs of Publicly Traded Firms Have a Right to Medical Privacy? », *Ethics Newsline*, http://www.globalethics.org/newsline, 19 janvier 2009.

Chapitre 4

1. Voir notamment A. Nagurney, J. Dong et P. L. Mokhtarian, « Multicriteria Network Equilibrium Modeling with Variable Weights for Decision-Making in the Information Age with Applications to the Telecommuting and Teleshopping », Journal of Economic Dynamics and Control, août 2002, p. 1629-1650.
2. J. Sawyer, « Problem-Solving Success Tips », *Business and Economic Review*, avril-juin 2002, p. 23-24.
3. Voir J. Figueira et B. Ray, « Determining the Weights of Criteria in the Electre Type of Methods with a Revised Simos' Procedure », *European Journal of Operational Research*, 1er juin 2002, p. 317-326.
4. Voir notamment M. Elliott, « Breakthrough Thinking », IIE Solution, octobre 2001, p. 22-25 ; ainsi que B. Fazlollahi et R. Vahidov, « A Method for Generation of Alternatives by Decision Support Systems », *Journal of Management Information Systems*, hiver 2001, p. 229-250.
5. D. Miller, Q. Hope, R. Eisenstat, N. Foote et J. Galbraith, « The Problem of Solutions: Balancing Clients and Capabilities », *Business Horizons*, mars-avril 2002, p. 3-12.
6. E. Teach, Avoiding Decision Traps, CFO, juin 2004, p. 97-99 ; D. Kahneman et A. Tversky, Judgment Under Uncertainty: Heuristics and Biases, *Science*, 185, 1974, p. 1124-1131.
7. La source des informations citées dans ce paragraphe est *Decide & Conquer* de S. P. Robbins, Upper Saddle River, NJ: Financial Times/Prentice Hall, 2004.
8. T. A. Stewart, « Did You Ever Have to Make Up Your Mind? », *Harvard Business Review*, janvier 2006, p. 12 ; E. Pooley, « Editor's Desk », *Fortune*, 27 juin 2005, p. 16.
9. R. DeYoung, « Practical-Theoretical Approach in the Application of Theory Models of Organizational Behavior », *Journal of American Academy of Business*, mars 2002, p. 361-364.
10. Voir D. R. A. Skidd, « Revisiting Bounded Rationality », *Journal of Management Inquiry*, dé cembre 1992, p. 343-347 ; B.E. Kaufman, « A New Theory of Satisficing », *Journal of Behavioral Economics*, printemps 1990), p. 35-51 ; N. McK. Agnew et J. L. Brown, « Bounded Rationality: Fallible Decisions in Unbounded Decision Space », *Behavioral Science*, juillet 1986, p. 148-161.
11. Voir, par exemple, G. McNamara, H. Moon et P. Bromiley, « Banking on Commitment: Intended and Unintended Consequences of an Organization's Attempt to Attenuate Escalation of Commitment », *Academy of Management Journal*, a vril 2002, p. 443-452.
12. C. Flora, « When to Go with Your Gut », *Women's Health*, juin 2009, p. 68-70.
13. Voir E. Dane et M. G. Pratt, « Exploring Intuition and Its Role in Managerial Decision Making », *Academy of Management Review*, janvier 2007, p. 33-54 ; M. H. Bazerman et D. Chugh, « Decisions Without Blinders », *Harvard Business Review*, janvier 2006, p. 88-97 ; C. C. Miller et R. D. Ireland, « Intuition in Strategic Decision Making: Friend or Foe in the Fast-Paced 21st Century », *Academy of Management Executive*, février 2005, p. 19-30 ; E. Sadler-Smith et E. Shefy, « The Intuitive Executive: Understanding and Applying 'Gut Feel' in Decision-Making », *Academy of Management Executive*, n ovembre 2004, p. 76-91 ; L. A. Burke et M. K. Miller, « Taking the Mystery Out of Intuitive Decision Making », *Academy of Management Executive*, octobre 1999, p. 91-99.
14. C. C. Miller et R. D. Ireland, « Intuition in Strategic Decision Making: Friend or Foe », p. 20.
15. E. Sadler-Smith et E. Shefy, « Developing Intuitive Awareness in Management Education », *Academy*

of Management Learning & Education, juin 2007, p. 186-205.
16. M.G. Seo et L. Feldman Barrett, « Being Emotional During Decision Making—Good or Bad? An Empirical Investigation », *Academy of Management Journal*, août 2007, p. 923-940.
17. « Bond des profits trimestriels d'Amazon qui acquiert Audible », in *La Tribune.fr*, 31 janvier 2008.
18. S. Mohammed, « Toward an Understanding of Cognitive Consensus in a Group Decision-Making Context », *Journal of Applied Behavioral Science*, décembre 2001, p. 408.
19. S. Mohammed, « Cognitive Diversity and Consensus in Group Decision Making: The Role of Inputs, Processes, and Outcomes », *Organizational Behavior and Human Decision Processes*, juillet 2001, p. 310-335.
20. R.A. Meyers, D. E. Brashers et J. Hanner, « Majority-Minority Influence: Identifying Argumentative Patterns and Predicting Argument-Outcome Links », *Journal of Communication*, automne 2000, p. 3-30.
21. I. L. Janis, Groupthink (Boston, Houghton Mifflin, 1982). Voir également C. R. Leana, « A Partial Test of Janis' Groupthink Model: Effects of Group Cohesiveness and Leader Behavior on Defective Decision Making », *Journal of Management*, printemps 1985, p. 517 ; G. Morehead et J. R. Montanari, « An Empirical Investigation of the Groupthink Phenomenon », *Human Relations*, mai 1986, p. 399-410 ; W. Auer-Rizzi et M. Berry, « Business vs. Cultural Frames of Reference in Group Decision Making: Interactions Among Austrian, Finnish, and Swedish Business Students », *Journal of Business Communications*, juillet 2000, p. 264-292 ; ainsi que P. Smith, « Groupthink or Nuke Think », *New Zealand Management*, mars 2001, p. 48-49.
22. Voir notamment T. Horton, « Groupthink in the Boardroom », *Directors and Boards*, hiver 2002, p. 9.
23. Voir également T. W. Costello et S. S. Zalkind, eds., Psychology in Administration: A Research Orientation, *Upper Saddle River*, NJ, Prentice Hall, 1963, p. 429-430 ; R. A. Cooke et J. A. Kernaghan, « Estimating the Difference between Group versus Individual Performance on Problem Solving Tasks », *Group and Organization Studies*, septembre 1987, p. 319-342 ; L. K. Michaelsen, W. E. Watson et R. H. Black, « A Realistic Test of Individual versus Group Consensus Decision Making », *Journal of Applied Psychology*, octobre 1989, p. 834-839 ; ainsi que J. Hollenbeck, D. R. Ilgen, J. A. Colquitt et A. Ellis, « Gender Composition, Situational Strength, and Team Decision-Making Accuracy: A Criterion Decomposition Approach », *Organizational Behavior and Human Decision Processes*, mai 2002, p. 445-475.
24. Voir notamment L. K. Michaelsen, W. E. Watson et R. H. Black, « A Realistic Test of Individual vs. Group Consensus Decision Making », *Journal of Applied Psychology*, octobre 1989, p. 834-839 ; ainsi que P. W. Pease, M. Beiser et M. E. Tubbs, « Framing Effects and Choice Shifts in Group Decision Making », *Organizational Behavior and Human Decision Processes*, octobre 1993, p. 149-165.
25. J. Wagstaff, « Brainstorming Requires Drinks », *Far Eastern Economic Review*, 2 mai 2002, p. 34.
26. T. Kelley, « Six Ways to Kill a Brainstormer », *Across the Board*, mars-avril 2002, p. 12.
27. K. L. Dowling et R. D. St. Louis, « Asynchronous Implementation of the Nominal Group Technique: Is It Effective », *Decision Support Systems*, octobre 2000, p. 229-248.
28. Voir également B. Andersen et T. Fagerhaug, « The Nominal Group Technique », *Quality Progress*, février 2000, p. 144.
29. J. Burdett, « Changing Channels: Using the Electronic Meeting System to Increase Equity in Decision Making », *Information Technology, Learning, and Performance Journal*, hiver 2000, p. 3-12.
30. « Fear of Flying », *Business Europe*, 3 octobre 2001, p. 2.
31.« VC at Nestlé », *Business Europe*, 3 octobre 2001, p. 3.
32. M. Roberti, « Meet Me on the Web », *Fortune: Tech Supplement*, hiver 2002, p. 10.
33. Voir également J. A. Hoxmeier et K. A. Kozar, « Electronic Meetings and Subsequent Meeting Behavior: Systems as Agents of Change », *Journal of Applied Management Studies*, décembre 2000, p. 177-195.
34. Voir notamment P. Berthon, L. F. Pitt et M. T. Ewing, « Corollaries of the Collective: The Influence of Organizational Culture and Memory Development on Perceived Decision-Making Context », *Academy of Market Science Journal*, printemps 2001, p. 135-150.
35. J. de Haan, M. Yamamoto et G. Lovink, « Production Planning in Japan: Rediscovering Lost Experiences or New Insights », *International Journal of Production Economics*, 6 mai 2001, p. 101-109.
36. Le texte de cette section s'inspire de S. P. Robbins, Essentials of Organizational Behavior, 7e édition, *Upper Saddle River*, NJ, Prentice Hall, Inc., 2003 ; C. W. Wang et R. Y. Horng, « The Effects of Creative Problem Solving Training on Creativity, Cognitive Type, and R & D Performance », *R & D Management*, janvier 2002, p. 35-46 ; S. Caudron, « Creativity 101 », *Workforce*, mars 2002, p. 20-24 ; ainsi que T. M. Amabile, « Motivating Creativity in Organizations », *California Management Review*, hiver 1997, p. 42-52.
37. Encadré « Dilemme éthique » basé sur D. Ephron, « The Battle over the Battle of Fallujah », *Newsweek*, 15 juin 2009, p. 40-42 ; K. Hall, « Konami Pulls Out

of Fallujah Video Game », *BusinessWeek Online*, 28 avril 2009.

Chapitre 5

1. Le texte de cette section s'inspire de C. Gilbert et J.L. Bower, « Disruptive Change: When Trying Harder Is Part of the Problem », *Harvard Business Review*, mai 2002, p. 94-101 ; R. J. Herbold, « Inside Microsoft: Balancing Creativity and Discipline », *Harvard Business Review*, janvier 2002, p. 72-79 ; B. Von Oetinger, « The Renaissance Strategist », *The Journal of Business Strategy*, novembre-décembre 2001, p. 38-42 ; T.K. Das et B. S. Teng, « Inabilities of Strategic Alliances: An Internal Tensions Perspective », *Organizational Science*, janvier-février 2000, p. 77-101 ; P.D. Cameron, « Life After Planning », *CMA Management*, juin 2001, p. 14-17 ; H. Mintzberg, *The Rise and Fall of Strategic Planning*, New York, Free Press, 1994 ; D. Miller, « The Architecture of Simplicity », *Academy of Management Review*, janvier 1993, p. 116-138.
2. E. Bellman, « McDonald's Plans Expansion in India », *Wall Street Journal*, 30 juin 2009, p. B4 ; Starbucks Advertisement, *USA Today*, 30 juin 2009, p. 7A ; A. Chowdhury et S. Choudhury, « Tata Adds Jaguar, Land Rover to India's Luxury-Car Segment », *Wall Street Journal*, 29 juin 2009, p. B3.
3. H. J. Cho et V. Pucik, « Relationship Between Innovativeness, Quality, Growth, Profitability, and Market Value », *Strategic Management Journal*, juin 2005, p. 555-575 ; W. F. Joyce, « What Really Works », *Organizational Dynamics*, mai 2005, p. 118-129 ; M. A. Roberto, « Strategic Decision-Making Processes », *Group & Organization Management*, décembre 2004, p. 625-658 ; A. Carmeli and A. Tischler, « The Relationships Between Intangible Organizational Elements and Organizational Performance », *Strategic Management Journal*, décembre 2004, p. 1257-1278 ; D.J. Ketchen, C.C. Snow et V.L. Street, « Improving Firm Performance by Matching Strategic Decision-Making Processes to Competitive Dynamics », *Academy of Management Executive*, novembre 2004, p. 29-43 ; E.H. Bowman et C.E. Helfat, « Does Corporate Strategy Matter? », *Strategic Management Journal*, 22, 2001, p. 1-23 ; P.J. Brews et M.R. Hunt, « Learning to Plan and Planning to Learn: Resolving the Planning School-Learning School Debate », *Strategic Management Journal*, 20, 1999, p. 889-913 ; D.J. Ketchen Jr., J.B. Thomas et R.R. McDaniel Jr., « Process, Content and Context; Synergistic Effects on Performance », *Journal of Management*, 22(2), 1996, p. 231-257 ; C.C. Miller et L.B. Cardinal, « Strategic Planning and Firm Performance: A Synthesis of More Than Two Decades of Research », *Academy of Management Journal*, décembre 1994, p. 1649-1665 ; N. Capon, J. U. Farley et J. M. Hulbert, « Strategic Planning and Financial Performance: More Evidence », *Journal of Management Studies*, janvier 1994, p. 105-110.
4. C.K. Prahalad et G. Hamel, « The Core Competence of the Corporation », *Harvard Business Review*, mai-juin 1990, p. 79-91.
5. Voir notamment M. E. Porter, *Competitive Strategy: Techniques for Analyzing Industries and Competitors*, New York, Free Press, 1980 ; et *Competitive Advantage: Creating and Sustaining Superior Performance*, New York, Free Press, 1985.
6. N. Argyres et A.M. McGahan, « Introduction: Michael Porter's Competitive Strategy », Academy of Management Executive, mai 2002, p. 41-42 ; ainsi que N. Argyres et A.M. McGahan, « An Interview with Michael Porter », *Academy of Management Executive*, mai 2002, p. 43-52.
7. F.K. Wang et W. Lee, « Learning Curve Analysis in Total Productive Maintenance », *Omega*, décembre 2001, p. 491-499.
8. F. Jossi, « Take a Peek Inside », HR Magazine, juin 2002, p. 46-52 ; ainsi que R. A. Martins, « Continuous Improvement Strategies and Production Competitive Criteria: Some Findings in Brazilian Industries », *Total Quality Management*, mai 2001, p. 281-291.
9. R. Pear, « A.M.A. to Develop Measure of Quality of Medical Care », *New York Times Online*, 21 février 2006 ; A. Taylor III, « Double Duty », *Fortune*, 7 mars 2005, p. 104-110.
10. *Technology and the Manager's Job* d'après D. McGinn, « From Harvard to Las Vegas », *Newsweek*, 18 avril 2005, p. E8-E14 ; G. Lindsay, « Prada's High-Tech Misstep », *Business 2.0*, mars 2004, p. 72-75 ; G. Loveman, « Diamonds in the Data Mine », *Harvard Business Review*, mai 2003, p. 109-113 ; et L. Gary, « Simplify and Execute: Words to Live By in Times of Turbulence », *Harvard Management Update*, janvier 2003, p. 12.
11. *McDonald's Annual Report 2007*, 21, avril 2008, http://www.mcdonalds.com.
12. S. Zesiger Callaway, « Mr. Ghosn Builds His Dream Car », *Fortune*, 4 février 2008, p. 56-58.
13. Consulter pour référence les ouvrages suivants : J. Pfeffer, *Organizational Design*, Arlington Heights, IL: AHM Publishing, 1978, p. 5-12 ; C.K. Warriner, « The Problem of Organizational Purpose », *Sociological Quarterly*, printemps 1965, p. 139-46.
14. D. Drickhamer, « Braced for the Future », *Industry Week*, octobre 2004, p. 51-52.
15. P. N. Romani, « MBO by Any Other Name Is Still MBO », *Supervision*, décembre 1997, p. 6-8 ; A.W. Schrader et G.T. Seward, « MBO Makes Dollar Sense », *Personnel Journal*, juillet 1989, p. 32-37.
16. R. Rodgers et J. E. Hunter, *Impact of Management by Objectives on Organizational Productivity*, *Journal of Applied Psychology*, avril 1991, p. 322-336.

17. G. P. Latham, *The Motivational Benefits of Goal-Setting, Academy of Management Executive*, novembre 2004, p. 126-129.
18. Pour des informations complémentaire sur les objectifs, voir notamment P. Drucker, *The Executive in Action*, New York : Harper-Collins Books, 1996, p. 207-214 ; E. A. Locke et G. P. Latham, *A Theory of Goal Setting and Task Performance*, Upper Saddle River, NJ : Prentice Hall, 1990.
19. J.L. Roberts, « Signed, Sealed, Delivered? », *Newsweek*, 20 juin 2005, p. 44-46.
20. Plusieurs de ces facteurs ont été proposés par R. K. Bresser et R. C. Bishop, « Dysfunctional Effects of Formal Planning: Two Theoretical Explanations », *Academy of Management Review*, octobre 1983, p. 588-599 ; et J. S. Armstrong, « The Value of Formal Planning for Strategic Decisions: Review of Empirical Research », *Strategic Management Journal*, juillet-septembre 1982, p. 197-211.
21. K. Garber, « Powering the Information Age », *U.S. News & World Report*, avril 2009, p. 46-48 ; et S. Hamm, « It's Too Darn Hot », *BusinessWeek*, 31 mars 2008, p. 60-63.
22. A. Campbell, *Tailored, Not Benchmarked: A Fresh Look at Corporate Planning, Harvard Business Review*, mars-avril 1999, p. 41-50.
23. J.H. Sheridan, « Focused on Flow », *IW*, 18 octobre 1999, p. 46-51.
24. P.J. Brews et M.R. Hunt, « Learning to Plan and Planning to Learn: Resolving the Planning School/Learning School Debate », *Strategic Management Journal*, 20, 1999, p. 889-913.
25. R. J. Newman, « Coming and Going », *U.S. News & World Report*, 23 janvier 2006, p. 50-52 ; T. Atlas, « Bangalore's Big Dreams », *U.S. News & World Report*, 2 mai 2005, p. 50-52 ; et K. H. Hammonds, « Smart, Determined, Ambitious, Cheap: The New Face of Global Competition », *Fast Company*, février 2003, p. 90-97.
26. Voir par exemple P. Tarraf et R. Molz, « Competitive Intelligence », SAM *Advanced Management Journal*, automne 2006, p. 24-34 ; W. M. Fitzpatrick, « Uncovering Trade Secrets: The Legal and Ethical Conundrum of Creative Competitive Intelligence », *S.A.M Advanced Management Journal*, été 2003, p. 4-12 ; L. Lavelle, « The Case of the Corporate Spy », *BusinessWeek*, 26 novembre 2001, p. 56-58 ; C. Britton, « Deconstructing Advertising: What Your Competitor's Advertising Can Tell You About Their Strategy », *Competitive Intelligence*, janvier-février 2002, p. 15-19 ; L. Smith, « Business Intelligence Progress in Jeopardy », *Information Week*, 4 mars 2002, p. 74.
27. S. Greenbard, « New Heights in Business Intelligence », *Business Finance*, mars 2002, p. 41-46 ; K. A. Zimmermann, « The Democratization of Business Intelligence », *KN World*, mai 2002, p. 20-21 ; C. Britton, « Deconstructing Advertising: What Your Competitor's Advertising Can Tell You About Their Strategy », *Competitive Intelligence*, janvier-février 2002, p. 15-19.
28. L. Weathersby, « Take This Job and ***** It », *Fortune*, 7 janvier 2002, p. 122.
29. Starwood vs. Hilton, *Hotels' Investment Outlook*, juin 2009, p. 14 ; R. Kidder, « Hotel Industry Roiled by Corporate Espionage Claim », *Ethics Newsline*, http://www.globalethicslorg/newsline ; Reuters, « Hilton Hotels Is Subpoenaed in Espionage Case », *New York Times Online*, 22 avril 2009 ; T. Audi, « U.S. Probes Hilton Over Theft Claims », *Wall Street Journal*, 22 avril 2009, p. B1 ; et T. Audi, « Hilton Is Sued over Luxury Chain », *Wall Street Journal*, 17 avril 2009, p. B1.
30. B. Rosner, « HR Should Get a Clue: Corporate Spying Is Real », *Workforce*, avril 2001, p. 72-75.
31. K. Western, « Ethical Spying », *Business Ethics*, septembre-octobre 1995, p. 22-23.
32. Encadré « Dilemme éthique » basé sur S. Clifford, « Online Age Quiz Is a Window for Drug Makers », *New York Times Online*, 26 mars 2009 ; S. McGuire, « Hearst Magazines Takes on Wellness with Real-Age », *Medical Marketing & Media*, novembre 2007, p. 24 ; L.A. Armour, « How Old Am I Really? », *Fortune*, 19 avril 2004, p. 134-135.

Chapitre 6

1. « Entrepreneurship Module » basé sur M. Meece, « On to Plan B: Starting a Business », *New York Times Online*, 23 août 2009 ; D. Holthouse, « Well Done: How Viking Range Got Started : An Interview with Fred Carl Jr. », *CNNMoney.com*, 19 août 2009 ; « Frequently Asked Questions », *U.S. Small Business Administration*, http://www.sba.gov/advo, septembre 2008 ; D. E. Gumpert, « The Right Business Plan for the Job », *BusinessWeek Online*, 7 janvier 2008 ; W. H. Stewart, « Risk Propensity Differences Between Entrepreneurs and Managers: A Meta-Analytic Review », *Journal of Applied Psychology*, février 2001, p. 145-153 ; I. O. Williamson, « Employer Legitimacy and Recruitment Success in Small Businesses », *Entrepreneurship Theory and Practice*, automne 2000, p. 27-42 ; R. L. Heneman, J. W. Tansky et S. M. Camp, « Human Resource Management Practices in Small and Medium-Sized Enterprises: Unanswered Questions and Future Research Perspectives », *Entrepreneurship Theory and Practice*, automne 2000, p. 11-26 ; T. L. Hatten, *Small Business : Entrepreneurship and Beyond*, Upper Saddle River, NJ, Prentice Hall, 1997, p. 5 ; L. W. Busenitz, « Research on Entrepreneurial Alertness », *Journal of Small Business Management*, octobre 1996, p. 35-44 ; J. M. Crant, « The Proactive Personality Scale as Predictor of Entrepreneurial Intentions », *Journal of Small Business*

Management, juillet 1996, p. 42-49 ; J. C. Collins et J. I. Porras, *Built to Last: Successful Habits of Visionary Companies*, New York, Harper Business, 1994 ; M. Depree, *Leadership Jazz*, New York, Currency Doubleday, 1992, p. 8-9 ; P. B. Robinson, D. V. Simpson, J. C. Huefner et H. K. Hunt, « An Attitude Approach to the Prediction of Entrepreneurship », *Entrepreneurship Theory and Practice*, été 1991, p. 13-31 ; P. F. Drucker, *Innovation and Entrepreneurship: Practice and Principles*, New York, Harper & Row, 1985 ; J. W. Carland, F. Hoy, W. R. Boulton et J. C. Carland, « Differentiating Entrepreneurs from Small Business Owners: A Conceptualization », *Academy of Management Review*, 9, n° 2, 1984, p. 354-359.

2. Encadré « Dilemme éthique » basé sur E. Maltby, « Biz Is Failing: Should You Tell the Staff? », *CNNMoney.com*, 3 mars 2009.

Chapitre 7

1. Voir notamment A. Takeishi, « Knowledge Partitioning in the Interfirm Division of Labor: The Case of Automotive Product Development », *Organizational Science*, mai-juin 2002, p. 321-328 ; S. Prasso et D. Fairlamb, « One Currency, Many Pink slips », *Business Week*, 28 janvier 2002, p. 10 ; J. Z. Muller, « Great Minds, Imperfect Markets », *Wall Street Journal*, 21 juin 2001, p. A16.
2. R. S. Benchley, « Following Orders », *Chief Executive*, mars 2002, p. 6.
3. R. Preston, « Inside Out », *Management Today*, septembre 2001, p. 37 ; R. D. Clarke, « Over Their Heads », *Black Enterprise*, décembre 2000, p. 79.
4. Voir J. R. P. French et B. Raven, « The Bases of Social Power », in D. Cartwright et A. F. Zander (dir.), *Group Dynamics: Research and Theory*, New York, Harper & Row, 1960, p. 607-623.
5. L. Urwick, *The Elements of Administration*, New York, Harper & Row, 1944, p. 52-53. Voir également J. H. Gittel, « Supervisory Span, Relational Coordination, and Flight Departure Performance: A Reassessment of Post-Bureaucracy Theory », *Organizational Science*, juillet-août 2001, p. 468-483.
6. P. C. Light, « From Pentagon to Pyramids: Whacking at Bloat », *Government Executive*, juillet 2001, p. 100.
7. Voir notamment D. Van Fleet, « Span of Management Research and Issues », *Academy of Management Journal*, septembre 1983, p. 546-552 ; S. H. Cady et P. M. Fandt, « Managing Impressions with Information: A Field Study of Organizational Realities », *Journal of Applied Behavioral Science*, juin 2001, p. 180-204.
8. Henri Fayol, *General and Industrial Management*, trans. C. Storrs, Londres, Pitman Publishing, 1949, p. 19-42.
9. J. Zabojnik, « Centralized and Decentralized Decision Making in Organizations », *Journal of labor Economics*, janvier 2002, p. 1-22.
10. Voir P. Kenis et D. Knoke, « How Organizational Field Networks Shape InterOrganizational Tie-Formation Rates », *Academy of Management Review*, avril 2002, p. 275-293.
11. E. W. Morrison, « Doing the Job Well: An Investigation of Pro-Social Rule Breaking », *Journal of Management*, février 2006, p. 5-28.
12. T. Burns et G. M. Stalker, *The Management of Innovation*, Londres, Tavistock, 1961.
13. A. D. Chandler Jr., *Strategy and Structure: Chapters in the History of the Industrial Enterprise*, Cambridge, MA, MIT Press, 1962.
14. I. Scales, « Thinking Local; Acting Local », *America's Network*, 1er mai 2002, p. 10 ; A. Burton-Jones, « Daunting Paradox », *Across the Board*, mai-juin 2002, p. 60-63.
15. R. Dhawan, « Firm Size and Productivity Differential: Theory and Evidence from a Panel of US Firms », *Journal of Economic Behavior & Organization*, mars 2001, p. 269-293 ; E. Pentecost, « The Determinants of Technology Diffusion: Evidence from the UK Financial Sector », *The Manchester School*, mars 2002, p. 185-203.
16. C. C. Miller, W. H. Glick, Y. D. Wang et G. Huber, « Understanding Technology Structure Relationships: Theory Development and Meta Analytic Theory Testing », *Academy of Management Journal*, juin 1991, p. 370-399. Voir également M. J. Lopez-Eguilaz, « The Impact of Technological Innovation: Situation in Spain, the Case of Navarra », *International Journal of Entrepreneurship and Innovation Management*, février 2001, p. 276-294 ; J. Teresko, « Strategic Design: Building the World's Next Plants », *Industry Week*, mai 2002, p. 22-27.
17. J. Woodward, *Industrial Organization: Theory and Practice*, Londres, Oxford University Press, 1965 ; C. Perrow, *Organizational Analysis: A Sociological Perspective*, Belmont, CA, Wadsworth, 1970.
18. Voir également P. M. Blau et R. A. Schoenherr, *The Structure of Organizations*, New York, Basic Books, 1971.
19. Voir notamment H. M. O'Neill, « Restructuring, Reengineering and Rightsizing: Do the Metaphors Make Sense? », *Academy of Management Executive*, 8, n° 4, 1994, p. 9-30 ; R. K. Reger, J. V. Mullane, L. T. Gustafson et S. M. DeMarie, « Creating Earthquakes to Change Organizational Mindsets », *Academy of Management Executive*, 8, n° 4, 1994, p. 31-41 ; J. Tan, « Impact of Ownership Type on Environment-Strategy Linkage and Performance: Evidence from a Transitional Company », *The Journal of Management Studies*, mai 2002, p. 333-354.
20. J. C. Linder et S. Cantrell, « It's All in the Mind(set) », *Across the Board*, mai-juin 2002, p. 38-42 ; B. Hol-

land, « Management's Sweet Spot », *New Zealand Management*, mars 2002, p. 60-61.

21. M. Song, « Samsung Electronics Net Rises 54% », *Wall Street Journal*, 22 avril 2002, p. B4.
22. H. Mintzberg, *Structure in Fives: Designing Effective Organizations*, Upper Saddle River, NJ, Prentice Hall, 1983, p. 157. Voir également D. Pal et J. Sarkar, « Spatial Competition Among Multi-Store Firms », *International Journal of Industrial Organization*, février 2002, p. 163-190 ; R. Metters et V. Vargas, « Organizing Work in Service Firms », *Business Horizons*, juillet-août 2000, p. 23-32.
23. R. J. Williams, J. J. Hoffman et B. T. Lamont, « The Influence of Top Management Team Characteristics on M-Form Implementation Time », *Journal of Managerial Issues*, hiver 1995, p. 466-480.
24. Voir, par exemple, G. J. Castrogiovanni, « Organization Task Environments: Have They Changed Fundamentally over Time? », *Journal of Management*, 28, n° 2, 2002, p. 129-150 ; D. F. Twomey, « Leadership, Organizational Design, and Competitiveness for the 21st Century », *Global Competitiveness*, 2002, p. S31-S40 ; M. Hammer, « Processed Change: Michael Hammer Sees Process as « the Clark Kent of Business Ideas"–A Concept That Has the Power to Change a Company's Organizational Design », *Journal of Business Strategy*, novembre-décembre 2001, p. 11-15 ; T. Clancy, « Radical Surgery: A View from the Operating Theater », *Academy of Management Executive*, février 1994, p. 73-78 ; I. I. Mitroff, R. O. Mason et C. M. Pearson, « Radical Surgery: What Will Tomorrow's Organizations Look Like? », *Academy of Management Executive*, février 1994, p. 11-21 ; R. E. Hoskisson, C. W. L. Hill et H. Kim, « The Multidivisional Structure: Organizational Fossil or Source of Value? », *Journal of Management*, 19, n° 2, 1993, p. 269-298.
25. Q. Hardy, « Google Thinks Small », *Forbes*, 14 novembre 2005, p. 198-202.
26. M. Dufficy, « Training for Success in a New Industrial World », *Industrial and Commercial Training*, février 2001, p. 48-54.
27. C. Garvey, « Steer Teams with the Right Pay », *HR Magazine*, mai 2002, p. 70-78.
28. Voir notamment Z. Laslor et A. I. Goldberg, « Matrix Structures and Performance: The Search for Optimal Adjustment to Organizational Objectives », *IEEE Transactions on Engineering Management*, mai 2001, p. 144-156.
29. P. Kaihla, « Best-Kept Secrets of the World's Best Companies », *Business 2.0*, avril 2006, p. 83 ; C. Taylor, « School of Bright Ideas », *Time Inside Business*, avril 2005, p. A8-A12 ; B. Nussbaum, « The Power of Design », *BusinessWeek*, 17 mai 2004, p. 86-94.
30. Voir, par exemple, G. G. Dess, A. M. A. Rasheed, K. J. McLaughlin et R. L. Priem, « The New Corporate Architecture », *Academy of Management Executive*, août 1995, p. 7-20.
31. Pour lire davantage sur l'entreprise étendue, voir M. F. R. Kets de Vries, « Leadership Group Coaching in Action: The Zen of Creating High Performance Teams », *Academy of Management Executive*, février 2005, p. 61-76 ; J. Child et R. G. McGrath, « Organizations Unfettered: Organizational Form in an Information-Intensive Economy », *Academy of Management Journal*, décembre 2001, p. 1135-1148 ; M. Hammer et S. Stanton, « How Process Enterprises Really Work », *Harvard Business Review*, novembre-décembre 1999, p. 108-118 ; T. Zenger et W. Hesterly, « The Disaggregation of Corporations: Selective Intervention, High-Powered Incentives, and Modular Units », *Organization Science*, 8, 1997, p. 209-222 ; R. Ashkenas, D. Ulrich, T. Jick et S. Kerr, *The Boundaryless organization: Breaking the Chains of Organizational Structure*, San Francisco: Jossey-Bass, 1997 ; R. M. Hodgetts, « A Conversation with Steve Kerr », *Organizational Dynamics*, printemps 1996, p. 68-79 ; J. Gebhardt, « The Boundaryless Organization », *Sloan Management Review*, hiver 1996, p. 117-119. Pour un autre regard sur l'entreprise étendue, voir B. Victor, « The Dark Side of the New Organizational Forms: An Editorial Essay », *Organization Science*, novembre 1994, p. 479-482.
32. Voir, par exemple, Y. Shin, « A Person-Environment Fit Model for Virtual Organizations », *Journal of Management*, décembre 2004, p. 725-743 ; D. Lyons, « Smart and Smarter », *Forbes*, 18 mars 2002, p. 40-41 ; W. F. Cascio, « Managing a Virtual Workplace », *Academy of Management Executive*, août 2000, p. 81-90 ; G. G. Dess, A. M. A. Rasheed, K. J. McLaughlin et R. L. Priem, « The New Corporate Architecture » ; H. Chesbrough et D. Teece, « When Is Virtual Virtuous: Organizing for Innovation », *Harvard Business Review*, janvier-février 1996, p. 65-73 ; W. H. Davidow et M. S. Malone, *The Virtual Corporation*, New York, Harper Collins, 1992.
33. « Could Your Brand Pass the Tee Shirt Test? », *Fortune*, 28 mai 2007, p. 122 ; M. Maddever, « The New School: An Inconvenient Truth », http://www.strategymag.com, avril 2007 ; K. Hugh, « Goodson Forecasts Future Shock », http://www.adweek.com, 5 mars 2007 ; J. Ewing, « Amsterdam's Red-Hot Ad Shops », *BusinessWeek*, 18 décembre 2006, p. 52 ; T. Howard, « Strawberry Frog Hops to a Different Drummer », *USA Today*, 10 octobre 2005, p. 4B.
34. R. E. Miles, C. C. Snow, J. A. Matthews, G. Miles et H. J. Coleman Jr., « Organizing in the Knowledge Age: Anticipating the Cellular Form », *Academy of Management Executive*, novembre 1997, p. 7-24 ; C. Jones, W. Hesterly et S. Borgatti, « A General Theory of Network Governance: Exchange Conditions and Social Mechanisms », *Academy of*

Management Review, octobre 1997, p. 911-945 ; R. E. Miles et C. C. Snow, « The New Network Firm: A Spherical Structure Built on Human Investment Philosophy », *Organizational Dynamics*, printemps 1995, p. 5-18 ; R. E. Miles et C. C. Snow, « Causes of Failures in Network Organizations », *California Management Review*, 34, n° 4, 1992, p. 53-72.

35. G. Hoetker, « Do Modular Products Lead to Modular Organizations? », *Strategic Management Journal*, juin 2006, p. 501-518 ; C. H. Fine, « Are You Modular or Integral? », *Strategy & Business*, été 2005, p. 44-51 ; D. A. Ketchen Jr. et G. T. M. Hult, « To Be Modular or Not to Be? Some Answers to the Question », *Academy of Management Executive*, mai 2002, p. 166-167 ; M. A. Schilling, « The Use of Modular Organizational Forms: An Industry-Level Analysis », *Academy of Management Journal*, décembre 2001, p. 1149-1168 ; D. Lei, M. A. Hitt et J. D. Goldhar, « Advanced Manufacturing Technology: Organizational Design and Strategic Flexibility », *Organization Studies*, 17, 1996, p. 501-523 ; R. Sanchez et J. Mahoney, « Modularity Flexibility and Knowledge Management in Product and Organization Design », *Strategic Management Journal*, 17, 1996, p. 63-76 ; R. Sanchez, « Strategic Flexibility in Product Competition », *Strategic Management Journal*, 16, 1995, p. 135-159.
36. S. Reed, A. Reinhardt et A. Sains, « Saving Ericsson », *BusinessWeek*, 11 novembre 2002, p. 64-68.
37. C. E. Connelly et D. G. Gallagher, « Emerging Trends in Contingent Work Research », *Journal of Management*, novembre 2004, p. 959-983.
38. N. M. Adler, *International Dimensions of OrganizationalBehavior*, 5e éd., Cincinnati, OH, South-Western, 2008, p. 62.
39. Les travaux de la Learning Organization furent initiés par P. M. Senge, *The Fifth Discipline: The Art and Practice*, New York, Doubleday, 1990.
40. K. Shadur et M. A. Kienzle, « The Relationship Between Organizational Climate and Employee Perceptions of Involvement », *Group & Organization Management*, décembre 1999, p. 479-503 ; M. J. Hatch, « The Dynamics of Organizational Culture », *Academy of Management Review*, octobre 1993, p. 657-693 ; L. Smircich, « Concepts of Culture and Organizational Analysis », *Administrative Science Quarterly*, septembre 1983, p. 339.
41. J. A. Chatman et K. A. Jehn, « Assessing the Relationship Between Industry Characteristics and Organizational Culture: How Different Can You Be? », *Academy of Management Journal*, juin 1994, p. 522-553 ; C. A. O'Reilly III, J. Chatman et D. F. Caldwell, « People and Organizational Culture: A Profile Comparison Approach to Assessing Person-Organization Fit », *Academy of Management Journal*, septembre 1991, p. 487-516.
42. « IBM Through the Years », www-1.ibm.com/ibm/history/history/decade_1990.htm, 2002.
43. « We Weren't Just Airborne Yesterday », www.southwest.com/ about_swa/airborne.htm, 11 mars 2002.
44. P. Guber, « The Four Truths of the Storyteller », *HarvardBusiness Review*, décembre 2007, p. 53-59 ; S. Denning, « Telling Tales », *Harvard Business Review*, mai 2004, p. 122-129 ; C. H. Deutsch, « The Parables of Corporate Culture », *New York Times*, 13 octobre 1991, p. F25 ; D. M. Boje, « The Storytelling Organization: A Study of Story Performance in an Office-Supply Firm », *Administrative Science Quarterly*, mars 1991, p. 106-126.
45. E. Ransdell, « The Nike Story? Just Tell It! », *Fast Company*, janvier-février 2000, p. 44-46.
46. J. Useem, « Jim McNerney Thinks He Can Turn 3M from a Good Company into a Great One—With a Little Help from His Former Employer, General Electric », *Fortune*, 12 août 2002, p. 127-132.
47. D. Drickhamer, « Straight to the Heart », *Industry Week*, octobre 2003, p. 36-38.
48. E. H. Schein, « Organizational Culture », *American Psychologist*, février 1990, p. 109-119.
49. G. Johnson, « Strategy Through a Cultural Lens: Learning for a Manger's Experience », *Management Learning*, décembre 2000, p. 403-426.
50. E. H. Schein, *Organizational Culture and Leadership*, San Francisco, Jossey-Bass, 1985, p. 314-315.
51. Dilemme éthique basé sur M. W. Walsh, « A.I.G. Balks at Claims from Jet Ditching in Hudson », *New York Times Online*, 12 juin 2009 ; P. McGeehan, « Passengers, Here Are Your Bags », *New York Times Online*, 18 mai 2009.

Chapitre 8

1. I. M. Jawahar et G. L. McLaughlin, « Toward a Descriptive Stakeholder Theory: An Organizational Life Cycle Approach », *Academy of Management Review*, juillet 2001, p. 397-415.
2. E. Shannon, « Agent of Change », *Time*, 4 mars 2002, p. 17 ; B. Kenney, « SLA Head Shaffer Resigns Abruptly: Did « Change Agent" Move too Fast in Aggressive Restructuring », *Library Journal*, 15 mars 2002, p. 17-19 ; T. Mudd, « Rescue Mission », *Industry Week*, 1er mai 2000, p. 30-37.
3. Voir également T. Pollock, « Mind Your Own Business: The Gentle Art of Selling Change », *Supervision*, décembre 2000, p. 11 ; R. M. Kanter, « The Enduring Skills of Change Leaders », *Ivey Business Journal*, mai 2000, p. 31.
4. Ces métaphores sont tirés de P. Vaill, *Managing as a Performing Art: New Ideas for a World of Chaotic Change*, San Francisco, Jossey Bass, 1989.
5. K. Lewin, *Field Theory in Social Science*, New York, Harper & Row, 1951.
6. R. E. Levasseur, « People Skills: Change Management Tools–Lewin's Change Model », *Interfaces*, août 2001, p. 71-74.

7. L. S. Lüscher et M. W. Lewis, « Organizational Change and Managerial Sensemaking: Working Through Paradox », *Academy of Management Journal*, avril 2008, p. 221-240 ; F. Buckley et K. Monks, « Responding to Managers' Learning Needs in an Edge-of-Chaos Environment: Insights from Ireland », *Journal of Management*, avril 2008, p. 146-163 ; G. Hamel, « Take It Higher », *Fortune*, 5 février 2001, p. 169-170.
8. Sabrina Hicks, « What Is Organization Development? », *Training and Development*, août 2000, p. 65 ; H. Hornstein, « Organizational Development and Change Management: Don't Throw the Baby Out with the Bath Water », *Journal of Applied Behavioral Science*, juin 2001, p. 223-227.
9. M. J. Austin, « Introducing Organizational Development (OD) Practices into a Country Human Service Agency », *Administration in Social Work*, hiver 2001, p. 63.
10. Voir notamment H. B. Jones, « Magic, Meaning, and Leadership: Weber's Model and the Empirical Literature », *Human Relations*, juin 2001, p. 753.
11. Gib Akin et Ian Palmer, « Putting Metaphors to Work for a Change in Organizations », *Organizational Dynamics*, hiver 2000, p. 67-79.
12. J. Grieves, « Skills, Values or Impression Management? Organizational Change and the Social Processes of Leadership, Change Agent Practice, and Process Consultation », *Journal of Management Development*, mai 2000, p. 407.
13. M. McMaster, « Team Building Tips », *Sales & Marketing Management*, janvier 2002, p. 140 ; « How To: Executive Team Building », *Training and Development*, janvier 2002, p. 16.
14. W. H. Bovey et A. Hede, « Resistance to Organizational Change: The Role of Cognitive and Affective Processes », *Leadership and Organizational Development Journal*, juillet-août 2001, p. 372-383 ; W. H. Bovey et A. Hede, « Resistance to Organizational Change: The Role of Defense Mechanisms », *Journal of Managerial Psychology*, septembre-octobre 2001, p. 488-503 ; K. J. Jansen, « The Emerging Dynamics of Change: Resistance, Readiness, and Momentum », *Human Resource Planning*, juin 2000, p. 53.
15. Voir notamment P. de Jager, « Resistance to Change », *The Futurist*, mai 2001, p. 24 ; R. Maurer, « What Blocks Support? » *Journal for Quality and Participation*, mai-juin 2000, p. 47.
16. J. P. Kotler et L. A. Schlesinger, « Choosing Strategies for Change », *Harvard Business Review*, mars-avril 1979, p. 106-114 ; S. K. Piderit, « Rethinking Resistance and Recognizing Ambivalence: A Multidimensional View of Attitude Toward an Organizational Change », *Academy of Management Review*, octobre 2000, p. 783-794 ; R. Maurer, « What Blocks Support? », *Journal for Quality and Participation*, mai-juin 2000, p. 47.
17. Gib Akin et Ian Palmer, « Putting Metaphors to Work for a Change in Organizations », *Organizational Dynamics*, hiver 2000, p. 67-79.
18. R. S. Schuler, « Definition and Conceptualization of Stress in Organizations », *Organizational Behavior and Human Performance*, avril 1980, p. 191.
19. The Associated Press, « Overwork Cited in Death of Japanese Worker », *New York Times Online*, 10 juillet 2008 ; « Jobs for Life », *The Economist*, http://www.economist.com, 19 décembre 2007 ; B. L. de Mente, « Karoshi: Death from Overwork », *Asia Pacific Management Forum*, http://www.apmforum.com, mai 2002.
20. Fay Hansen, « Employee Assistance Programs (EAPs) Grow and Expand Their Reach », *Compensation and Benefits Review*, mars-avril 2000, p. 13.
21. William Atkinson, « Wellness, Employee Assistance Programs: Investments, Not Costs », *Bobbin*, mai 2000, p. 42-47.
22. J. Useem, « The New Company Town », *Fortune*, 10 janvier 2000, p. 62-70.
23. Voir notamment P. Petesch, « Workplace Fitness or Workplace Fits? », *HR Magazine*, juillet 2001, p. 137-140.
24. Exemples extraits du dossier « Devenir un bon manager », *Enjeux-Les Échos*, n° 199, février 2004, p. 52-74.
25. J. McGregor, « The World's Most Innovative Companies », *BusinessWeek*, 24 avril 2006, p. 64.
26. J. E. Perry-Smith et C. E. Shalley, « The Social Side of Creativity: A Static and Dynamic Social Network Perspective », *Academy of Management Review*, janvier 2003, p. 89-106 ; P. K. Jagersma, « Innovate or Die: It's Not Easy, But It Is Possible to Enhance Your Organization's Ability to Innovate », *Journal of Business Strategy*, janvier-février 2003, p. 25-28.
27. « Aspirin Man Hoffman Recognized », *Chemical Week*, 26 juin 2002, p. 30.
28. L. Bannon, « Think Tank in Toyland », *Wall Street Journal*, 6 juin 2002, p. B1, B3.
29. C. Vogel et J. Cagan, *Creating breakthrough Products: Innovation from Product Planning to Program Approval*, Upper Saddle River, NJ, Prentice Hall, 2002.
30. T. M. Egan, « Factors Influencing Individual Creativity in theWorkplace: An Examination of Quantitative Empirical Research », *Advances in Developing Human Resources*, mai 2005, p. 160-181 ; N. Madjar, G. R. Oldham et M. G. Pratt, « There's No Place Like Home? The Contributions of Work and Nonwork Creativity Support to Employees' Creative Performance », *Academy of Management Journal*, août 2002, p. 757-767 ; T. M. Amabile, C. N. Hadley et S. J. Kramer, « Creativity Under the Gun », *Harvard Business Review*, août 2002, p. 52-61 ; J. B. Sorensen et T. E. Stuart, « Aging, Obsolescence, and Organizational Innovation », *Administrative Science Quarterly*, mars

2000, p. 81-112 ; G. R. Oldham et A. Cummings, « Employee Creativity: Personal and Contextual Factors at Work », *Academy of Management Journal*, juin 1996, p. 607-634 ; F. Damanpour, « Organizational Innovation: A Meta-Analysis of Effects of Determinants and Moderators », *Academy of Management Journal*, septembre 1991, p. 555-590.

31. P. R. Monge, M. D. Cozzens et N. S. Contractor, « Communication and Motivational Predictors of the Dynamics of Organizational Innovations », *Organization Science*, mai 1992, p. 250-274.
32. T. M. Amabile, C. N. Hadley et S. J. Kramer, « Creativity Under the Gun ».
33. N. Madjar, G. R. Oldham et M. G. Pratt, « There's No Place Like Home? ».
34. « Creating the Innovation Culture: Leveraging Visionaries, Dissenters, and Other Useful Troublemakers in Your Organization », *Indianapolis Business Journal*, 4 février 2002, p. 63.
35. J. Ramos, « Producing Change That Lasts », *Across the Board*, mars 1994, p. 29-33 ; T. Stjernberg et A. Philips, « Organizational Innovations in a Long-Term Perspective: legitimacy and Souls-of-Fire as Critical Factors of Change and Viability », *Human Relations*, octobre 1993, p. 1193-2023 ; J. M. Howell et C. A. Higgins, « Champions of Change », *Business Quarterly*, printemps 1990, p. 31-32.
36. Fondé sur D. Cole, « The Big Chill », *U.S. News & World Report*, 6 décembre 2004, p. EE2-EE5.

Chapitre 9

1. K. M. Kroll, « Absence-Minded », *CFO Human Capital*, 2006, p. 12-14.
2. D. W. Organ, *Organizational Citizenship Behavior: The Good Soldier Syndrome*, Lexington, MA, Lexington Books, 1988, p. 4. Voir également J. L. Lavell, D. E. Rupp et J. Brockner, « Taking a Multifoci Approach to the Study of Justice, Social Exchange, and Citizenship Behavior: The Target Similarity Model », *Journal of Management*, décembre 2007, p. 841-866 ; J. A. LePine, A. Erez et D. E. Johnson, « The Nature and Dimensionality of Organizational Citizenship Behavior: A Critical Review and Meta-Analysis », *Journal of Applied Psychology*, février 2002, p. 52-65.
3. R. Ilies, B. A. Scott et T. A. Judge, « The Interactive Effects of Personal Traits and Experienced States on Intraindividual Patterns of Citizenship Behavior », *Academy of Management Journal*, juin 2006, p. 561-75 ; P. Cardona, B. S. Lawrence et P. M. Bentler, « The Influence of Social and Work Exchange Relationships on Organizational Citizenship Behavior », *Group & Organization Management*, avril 2004, p. 219-47 ; M. C. Bolino et W. H. Turnley, « Going the Extra Mile: Cultivating and Managing Employee Citizenship Behavior », *Academy of Management Executive*, août 2003, p. 60-73 ; M. C. Bolino, W. H. Turnley et J. J. Bloodgood, « Citizenship Behavior and the Creation of Social Capital in Organizations », *Academy of Management Review*, octobre 2002, p. 505-522 ; P. M. Podsakoff, S. B. MacKenzie, J. B. Paine et D. G. Bachrach, « Organizational Citizenship Behaviors: A Critical Review of the Theoretical and Empirical Literature and Suggestions for Future Research », *Journal of Management*, 26, n° 3, 2000, p. 543-548.
4. M. C. Bolino et W. H. Turnley, « The Personal Costs of Citizenship Behavior: The Relationship Between Individual Initiative and Role Overload, Job Stress, and Work-Family Conflict », *Journal of Applied Psychology*, juillet 2005, p. 740-748.
5. Définition fondée sur R. W. Griffin etY. P. Lopez, « Bad Behavior in Organizations: A Review and Typology for Future Research », *Journal of Management*, décembre 2005, p. 988-1005.
6. S. J. Becker, « Empirical Validation of Affect, Behavior, and Cognition as Distinct Components of Behavior », *Journal of Personality and Social Psychology*, mai 1984, p. 1191-1205.
7. « A Case of Cognitive Dissonance », *U. S. News and World Report*, 26 novembre 2001, p. 10.
8. P. Robbins, *Essentials of Organizational Behavior*, 8e éd., Prentice Hall, Upper Saddle River, NJ, 2004, p. 19.
9. D. R. May, R. L. Gilson et L. M. Harter, « The Psychological Conditions of Meaningfulness, Safety and Availability and the Engagement of the Human Spirit at Work », *Journal of Occupational and Organizational Psychology*, mars 2004, p. 11-37 ; R. T. Keller, « Job Involvement and Organizational Commitment as Longitudinal Predictors of Job Performance: A Study of Scientists and Engineers », *Journal of Applied Psychology*, août 1997, p. 539-545 ; W. Kahn, « Psychological Conditions of Personal Engagement and Disengagement at Work », *Academy of Management Journal*, décembre 1990), p. 692-794 ; P. P. Brooke Jr., D. W. Russell et J. L. Price, « Discriminant Validation of Measures of Job Satisfaction, Job Involvement, and Organizational Commitment », *Journal of Applied Psychology*, mai 1988, p. 139-145. Voir également, par exemple, J. Smythe, « Engaging Employees to Drive Performance », *Communication World*, mai-juin 2008, p. 20-22 ; A. B. Bakker et W. B. Schaufeli, « Positive Organizational Behavior: Engaged Employees in Flourishing Organizations », *Journal of Organizational Behavior*, février 2008, p. 147-154 ; U. Aggarwal, S. Datta et S. Bhargava, « The Relationship Between Human Resource Practices, Psychological Contract, and Employee Engagement – Implications for Managing Talent », *IIMB Management Review*, septembre 2007, p. 313-325 ; M. C. Christian et J. E. Slaughter, « Work

Engagement: A Meta-Analytic Review and Directions for Research in an Emerging Area », *AOM Proceedings*, août 2007, p. 1-6 ; C. H. Thomas, « A New Measurement Scale for Employee Engagement: Scale Development, Pilot Test, and Replication », *AOM Proceedings*, août 2007, p. 1-6 ; A. M. Saks, « Antecedents and Consequences of Employee Engagement », *Journal of Managerial Psychology*, 21, n° 7, 2006, p. 600-619 ; A. Parsley, « Road Map for Employee Engagement », *Management Services*, printemps 2006, p. 10-11.

10. « Driving Employee Engagement in a Global Workforce », *Watson Wyatt Worldwide*, 2007-2008, p. 2.
11. A. J. Elliott et P. G. Devine, « On the Motivational Nature of Cognitive Dissonance: Dissonance as Psychological Discomfort », *Journal of Personality and Social Psychology*, septembre 1994, p. 382-394.
12. L. Festinger, A Theory of Cognitive Dissonance (Stanford, CA, Stanford University Press, 1957).
13. H. C. Koh et E. H. Y. Boo, « The Link Between Organizational Ethics and Job Satisfaction: A Study of Managers in Singapore », *Journal of Business Ethics*, 15 février 2001, p. 308.
14. Voir notamment J. Jermias, « Cognitive Dissonance and Resistance to Change: The Influence of Commitment Confirmation and Feedback on Judgment Usefulness of Accounting Systems », *Accounting, Organizations and Society*, mars 2001, p. 141.
15. T. A. Judge, C. J. Thoresen, J. E. Bono et G. K. Patton, « The Job Satisfaction-Job Performance Relationship: A Qualitative and Quantitative Review », *Psychological Bulletin*, mai 2001, p. 376-407.
16. L. Saari et T. A. Judge, « Employee Attitudes and Job Satisfaction », *Human Resource Management*, hiver 2004, p. 395-407 ; T. A. Judge et A. H. Church, « Job Satisfaction: Research and Practice », in C. L. Cooper et E. A. Locke (dir.), *Industrial and Organizational Psychology: Linking Theory with Practice*, Oxford, UK, Blackwell, 2000.
17. D. A. Harrison, D. A. Newman et P. L. Roth, « How Important Are Job Attitudes? Meta-Analytic Comparisons of Integrative Behavioral Outcomes and Time Sequences », *Academy of Management Journal*, avril 2006, p. 305-325.
18. *Psychologists Press*, Inc., Myers-Briggs Type Indicator® (MBTI®), www1.cpp.com/products/mbti/index.asp (2000).
19. P. Moran, « Personality Characteristics and Growth-Orientation of the Small Business Owner Manger », *Journal of Managerial Psychology*, juillet 2000, p. 651 ; ainsi que M. Higgs, « Is There a Relationship Between the Myers-Briggs Type Indicator and Emotional Intelligence? », *Journal of Managerial Psychology*, septembre-octobre, 2001, p. 488-513.
20. J. M. Digman, « Personality Structure: Emergence of the Five Factor Model », in M. R. Rosenweig et L. W. Porter (dir.), *Annual Review of Psychology*, 41, Palo Alto, CA, Annual Reviews, 1990, p. 417-440 ; O. P. John, « The Big Five Factor Taxonomy: Dimensions of Personality in the Natural Language and in Questionnaires », in L. A. Pervin (dir.), *Handbook of Personality Theory and Research*, New York, Guilford Press, 1990, p. 66-100 ; M. K. Mount, M. R. Barrick et J. P. Strauss, « Validity of Observer Ratings of the Big Five Personality Factors », *Journal of Applied Psychology*, avril 1996, p. 272-280.
21. Voir G. Vittorio, C. Barbaranelli et G. Guido, « Brand Personality. How to Make the Metaphor Fit », *Journal of Economic Psychology*, juin 2001, p. 377 ; G. M. Hurtz et J. J. Donovan, « Personality and Job Performance: The Big Five Revisited », *Journal of Applied Psychology*, décembre 2000, p. 869 ; W. A. Hochwarter, L. A. Witt et K. M. Kacmar, « Perceptions of Organizational Politics as a Moderator of the Relationship Between Conscientiousness and Job Performance », *Journal of Applied Psychology*, juin 2000, p. 472.
22. Barrick et Mount, « Autonomy as a Moderator of the Relationship between the Big Five Personality Dimensions and Job Performance ».
23. Voir également I. T. Robertson, H. Baron, P. Gibbons, R. MacIver et G. Nyfield, « Conscientiousness and Managerial Performance », *Journal of Occupational and Organizational Psychology*, juin 2000, p. 171-178.
24. R. Barrick, M. Piotrowski et G. L. Stewart, « Personality and Job Performance: Test of the Mediating Effects of Motivation Among Sales Representatives », *Journal of Applied Psychology*, février 2002, p. 43-52.
25. Le texte de cette section s'inspire de R. Bar-On et J. D. A. Parker, *The Handbook of Emotional Intelligence: Theory, Development, Assessment, and Application at Home, School, and in the Work Place*, San Francisco, CA, Jossey-Bass, 2000 ; B. E. Ashforth, « The Handbook of Emotional Intelligence: Theory, Development, Assessment, and Application at Home, School, and in the Work Place: A Review) », *Personnel Psychology*, automne 2001, p. 721-724 ; S. Fox, « Promoting Emotional Intelligence in Organizations: Make Training in Emotional Intelligence Effective », *Personnel Psychology*, printemps 2002, p. 236-240.
26. Pour de plus amples informations sur l'intelligence émotionnelle, voir P. J. Jordan, N. M. Ashkanasy et C. E. J. Hartel, « Emotional Intelligence as a Moderator of Emotional and Behavioral Reactions to Job Insecurity », *Academy of Management Review*, juillet 2002, p. 361-372.
27. C. Cherniss et R. D. Caplan, « A Case Study of Implementing Emotional Intelligence Programs in Organizations », *Journal of Organizational Excellence*, hiver 2001, p. 763-786 ; S. B. Vanessa-Urch et W. Deuskat, « Building the Emotional Intelligence

of Groups », *Harvard Business Review*, mars 2001, p. 81-91.
28. « Can't We All Just Get Along », *BusinessWeek*, 9 octobre 2000, p. 18.
29. C. Moller et S. Powell, « Emotional Intelligence and the Challenges of Quality Management », *Leadership and Organizational Development Journal*, juillet-août 2001, p. 341-345.
30. L.A. Downey, V. Papageorgiou et C. Stough, « Examining the Relationship Between Leadership, Emotional Intelligence, and Intuition in Female Managers », *Leadership & Organization Development Journal*, avril 2006, p. 250-264.
31. Voir notamment J. Silvester, F. M. Anderson-Gough, N. R. Anderson et A. R. Mohamed, « Locus of Control, Attributions and Impression Management in the Selection Interview », *Journal of Occupational and Organizational Psychology*, mars 2002, p. 59-77 ; D. W. Organ et C. N. Greene, « Role Ambiguity, Locus of Control, and Work Satisfaction », *Journal of Applied Psychology*, février 1974, p. 101-102 ; T. R. Mitchell, C. M. Smyser et S. E. Weed, « Locus of Control: Supervision and Work Satisfaction », *Academy of Management Journal*, septembre 1975, p. 623-631.
32. R. G. Vleeming, « Machiavellianism: A Preliminary Review », *Psychology Reports*, février 1979, p. 295-310.
33. P. Van Kenhove, I. Vermeir et S. Verniers, « An Empirical Investigation of the Relationship Between Ethical Beliefs, Ethical Ideology, Political Preference and Need for Closure », *Journal of Business Ethics*, 15 août 2001, p. 347.
34. Adapté de J. Brockner, *Self Esteem at Work*, Lexington, MA, Lexington Books, 1988, chapitres 1-4.
35. Voir notamment R. Vermunt, D. Van Knippenberg, B. Van Knippenberg et E. Blaauw, « Self-Esteem and Outcome Fairness: Differential Importance of Procedural and Outcome Considerations », *Journal of Applied Psychology*, août 2001, p. 621 ; T. A. Judge et J. E. Bono, « Relationship of Core Self-Evaluation Traits – Self-Esteem, Generalized Self-Efficacy, Locus of Control, and Emotional Stability – With Job Satisfaction and Job Performance », *Journal of Applied Psychology*, février 2001, p. 80 ; D. B. Fedor, J. M. Maslyn, W. D. Davis et K. Mathieson, « Performance Improvement Efforts in Response to Negative Feedback: The Roles of Source Power and Recipient Self-Esteem », *Journal of Management*, janvier-février 2001, p. 79-97.
36. M. Snyder, Public Appearances/Private Realities: The Psychology of Self Monitoring (New York, W. H. Freeman, 1987).
37. Voir notamment P. M. Fandt, « Managing Impressions with Information: A Field Study of Organizational Realities », *Journal of Applied Behavioral Science*, juin 2001, p. 180-205.
38. D. V. Day, A. L. Unckless, D. J. Schleicher et N. J. Hiller, « Self-Monitoring Personality at Work: A Meta-Analytic Investigation of Construct Validity », *Journal of Applied Psychology*, avril 2002, p. 390-402 ; J. S. Miller, « Self-Monitoring and Performance Appraisal Satisfaction: An Exploratory Field Study », *Human Resource Management*, hiver 2001, p. 321-333.
39. R. N. Taylor et M. D. Dunnette, « Influence of Dogmatism, Risk Taking Propensity, and Intelligence on Decision Making Strategies for a Sample of Industrial Managers », *Journal of Applied Psychology*, août 1974, p. 420-423.
40. I. L. Janis et L. Mann, *Decision Making: A Psychological Analysis of Conflict, Choice, and Commitment*, New York, Free Press, 1977.
41. N. Kogan et M. A. Wallach, « Group Risk Taking as a Function of Members' Anxiety and Defensiveness », *Journal of Personality*, mars 1967, p. 50-63.
42. K. Hyrshy, « Entrepreneurial Metaphors and Concepts: An Exploratory Study », *Journal of Managerial Psychology*, juillet 2000, p. 653 ; B. McCarthy, « The Cult of Risk Taking and Social Learning: A Study of Irish Entrepreneurs », *Management Decision*, août 2000, p. 563-575.
43. J. L. Holland, *Making Vocational Choices: A Theory of Vocational Personalities and Work Environments*, Upper Saddle River, NJ, Prentice Hall, 1982.
44. S. Bates, « Personality Counts: Psychological Tests Can Help Peg the Job Applicants Best Suited for Certain Jobs », *HR Magazine*, février 2002, p. 28-38 ; K. J. Jansen et A. K. Brown, *Toward a Multi Level Theory of Person Environment Fit*, comptes rendus de la 58e réunion annuelle de l'Academy of Management à San Diego, du 7 au 12 août 1998, p. HR: FR1-FR 8.
45. Voir, par exemple, G. W. M. Ip et M. H. Bond, « Culture, Values, and the Spontaneous Self-Concept », *Asian Journal of Psychology*, 1, 1995, p. 30-36 ; J. E. Williams, J. L. Saiz, D. L. Formyduval, M. L. Munick, E. E. Fogle, A. Adom, A. Haque, F. Neto et J. Yu, « Cross-Cultural Variation in the Importance of Psychological Characteristics: A Seven-Year Country Study », *International Journal of Psychology*, octobre 1995, p. 529-550 ; V. Benet et N. G. Walker, « The Big Seven Factor Model of Personality Description: Evidence for Its Cross-Cultural Generalizability in a Spanish Sample », *Journal of Personality and Social Psychology*, octobre 1995, p. 701-718 ; R. R. McCrae et P. To. Costa Jr., « Personality Trait Structure as a Human Universal », *American Psychologist*, 1997, p. 509-516 ; M. J. Schmit, J. A. Kihm et C. Robie, « Development of a Global Measure of Personality », *Personnel Psychology*, printemps 2000, p. 153-193.

46. J. F. Salgado, « The Five Factor Model of Personality and Job Performance in the European Community », *Journal of Applied Psychology*, février 1997, p. 30-43. Cette étude couvre l'Union européenne à 15 et ne tient pas compte des dix pays devenus membres en 2004.
47. Voir M. R. Barrick, M. Piotrowski et G. L. Stewart, « Personality and Job Performance: Test of the Mediating Effects of Motivation among Sales Representatives », *Journal of Applied Psychology*, février 2002, p. 43-52.
48. H. H. Kelley, « Attribution in Social Interaction », in E. Jones *et al.* (dir.), *Behavior*, Morristown, NJ, General Learning Press, 1972.
49. G. Miller et T. Lawson, « The Effect of an Informational Option on the Fundamental Attribution Error », *Personality and Social Psychology Bulletin*, juin 1989, p. 194-204. Voir également G. Charness et E. Haruvy, « Self-Serving Bias: Evidence from a Simulated Labour Relationship », *Journal of Managerial Psychology*, juillet 2000, p. 655 ; T. J. Elkins, J. S. Phillips et R. Konopaske, « Gender-Related Biases in Evaluations of Sex Discrimination Allegations: Is Perceived Threat a Key? » *Journal of Applied Psychology*, avril 2002, p. 280-293.
50. B. F. Skinner, *Contingencies of Reinforcement*, East Norwalk, CT, Appleton-Century-Crofts, 1971.
51. A. Bandura, *Social Learning Theory*, Upper Saddle River, NJ, Prentice Hall, 1977.
52. Pour une contribution intéressante autour de ce sujet, voir D. Nitsch, M. Baetz et J. C. Hughes, « Why Code of Conduct Violations Go Unreported: A Conceptual Framework to Guide Intervention and Future Research », *Journal of Business Ethics*, avril 2005, p. 327-341.
53. S. Armour, « Generation Y: They've Arrived at Work with a New Attitude », *USA Today*, 6 novembre 2005, p. 1B+.
54. N. Ramachandran, « New Paths at Work », *U. S. News & World Report*, 20 mars 2006, p. 47.
55. D. Sacks, « Scenes from the Culture Clash », *Fast Company*, janvier-février 2006, p. 75.
56. S. Armour, « Generation Y », p. 2B.
57. S. Armour, « Generation Y » ; B. Moses, « The Challenges of Managing Gen Y », *The Globe and Mail*, 11 mars 2005, p. C1 ; C. A. Martin, *Managing Generation Y*, Amherst, MA, HRD Press, 2001.
58. C. M. Pearson et C. L. Porath, « On the Nature, Consequences, and Remedies of Workplace Incivility: No Time for Nice? Think Again », *Academy of Management Executive*, février 2005, p. 7-18.
59. J. Robison, « Be Nice: It's Good for Business », *Gallup Brain*, brain.gallup.com, 12 août 2004.
60. Y. Vardi et E. Weitz, *Misbehavior in Organizations*, Mahwah, NJ, Lawrence Erlbaum Associates, 2004, p. 246-247.

Chapitre 10

1. B. W. Tuckman et M. A. C. Jensen, « Stages of Small Group Development Revisited », *Group and Organizational Studies*, 2, n° 3, 1977, p. 419-427.
2. T. Bragg, « Turn Around an Ineffective Team », *IIE Solutions*, mai 1999, p. 49-51 ; L. N. Jewell et H. J. Reitz, *Group Effectiveness in Organizations*, Glenview, Scott, Foresman, 1981.
3. F. M. J. LaFasto et C. E. Larson, *When Teams Work Best*, Thousands Oaks, CA, Sage Publications, 2001.
4. S. E. Asch, « Effects of Group Pressure upon the Modification and Distortion of Judgements », in H. Guetzkow (dir.), *Groups, Leadership, and Men*, Pittsburgh, PA, Carnegie Press, 1951, p. 177-190.
5. *Ibid.*
6. Voir notamment E. J. Thomas et C. F. Fink, « Effects of Group Size », *Psychological Bulletin*, juillet 1963, p. 371-384 ; M. E. Shaw, *Group Dynamics: The Psychology of Small Group Behavior*, New York, McGraw-Hill, 1975.
7. R. Albanese et D. D. Van Fleet, « Rational Behavior in Groups: The Free Riding Tendency », *Academy of Management Review*, avril 1985, p. 244-255.
8. L. Berkowitz, « Group Standards, Cohesiveness, and Productivity », *Human Relations*, novembre 1954, p. 509-518.
9. L. Chaney et J. Lyden, « Making U.S. Teams Work », *Supervision*, janvier 2000, p. 6.
10. Voir notamment A. Edmondson, « Psychological Safety and Learning Behavior in Work Teams », *Administrative Science Quarterly*, juin 1999, p. 350 ; D. W. Tjosvold, *Working Together to Get Things Done: Managing for Organizational Productivity*, Lexington, MA, Lexington Books, 1986 ; Tjosvold, *Organization: An Enduring Competitive Advantage*, New York, John Wiley & Sons, 1991.
11. L. D. Fredendall, M. D. Crino, G. Curtain, S. Kittel, K. M. Elliott et C. M. Hydrick, « Assigning Human Resource Responsibilities to Self-Directed Work Teams », *Production and Inventory Management Journal*, été 2000, p. 5.
12. Voir également L. Chaney et J. Lyden, « Making U.S. Teams Work », *Supervision*, janvier 2000, p. 6.
13. Les informations de cette section sont tirées de J. R. Katzenbach et D. K. Smith, *The Wisdom of Teams*, Boston, Harvard Business School Press, 1993, p. 21, 45, 85 ; D. C. Kinlaw, *Developing Superior Work Teams*, Lexington, MA, Lexington Books, 1991, p. 3-21.
14. S. Adams et L. Kydoniefs, « Making Teams Work: Bureau of Labor Statistics Learns What Works and What Doesn't », *Quality Progress*, janvier 2000, p. 43-49.
15. T. Capozzoli, « How to Succeed with Self-Directed Work Teams », *Supervision*, février 2002, p. 25-27.
16. M. Cianni et D. Wanuck, « Individual Growth and Team Enhancement: Moving Toward a New Model

of Career Development », *Academy of Management Executive*, février 1997, p. 105-115.

17. « Teams », *Training*, octobre 1996, p. 69 ; C. Joinson, « Teams at Work », p. 30.
18. A. Valeyre, « Les conditions de travail des salariés dans l'Union européenne à quinze selon les formes d'orgaisation », *Travail et emploi*, n° 112, octobre-décembre 2007, p. 35-47.
19. « Meet the New Steel », *Fortune*, 1er octobre 2007, p. 68-71.
20. J. Appleby et R. Davis, « Teamwork Used to Save Money; Now It Saves Lives », *USA Today*, http://www.usatoday.com, 1er mars 2001.
21. J. Koranteng, « Heineken Puts Together Virtual Marketing Team », *Advertising Age International*, février 2000, p. 30.
22. D. Robb, « Virtual Workplace », *HR Magazine*, juin 2002, p. 105-113.
23. 29. Voir par exemple, J. R. Hackman, « The Design of Work Teams », in J. W. Lorsch (ed.), *Handbook of Organizational Behavior* (Upper Saddle River, NJ: Prentice Hall, 1987), pp. 315–42; et M. A. Campion, G. J. Medsker et C. A. Higgs, « Relations Between Work Group Characteristics and Effectiveness: Implications for Designing Effective Work Groups », *Personnel Psychology* (Winter 1993), pp. 823–50.
24. Ce modèle se fonde sur M. A. Campion, E. M. Papper et G. J. Medsker, « Relations Between Work Team Characteristics and Effectiveness: A Replication and Extension », *Personnel Psychology* (été 1996), pp. 429–452; D. E. Hyatt et T. M. Ruddy, « An Examination of the Relationship Between Work Group Characteristics and Performance: Once More into the Breech », *Personnel Psychology* (Automne 1997), pp. 553–85; S. G. Cohen et D. E. Bailey, « What Makes Teams Work: Group Effectiveness Research from the Shop Floor to the Executive Suite », *Journal of Management* (September 1997), pp. 239–90; L. Thompson, *Making the Team* (Upper Saddle River, NJ: Prentice Hall, 2000), pp. 18–33; et J. R. Hackman, Leading Teams: Setting the Stage for Great Performance (Boston: Harvard Business School Press, 2002).
25. Voir M. Mattson, T. V. Mumford et G. S. Sintay, « Taking Teams to Task: A Normative Model for Designing or Recalibrating Work Teams », article présenté à la National Academy of Management Conference, Chicago, août 1999 ; et G. L. Stewart et M. R. Barrick, « Team Structure and Performance: Assessing the Mediating Role of Intrateam Process and the Moderating Role of Task Type », *Academy of Management Journal* (avril 2000), pp. 135–48.
26. Hyatt et Ruddy, « An Examination of the Relationship Between Work Group Characteristics and Performance », p. 577.
27. K. T. Dirks, « Trust in Leadership and Team Performance: Evidence from NCAA Basketball », *Journal of Applied Psychology* (Décembre 2000), pp. 1004–1012; et M. Williams, « In Whom We Trust: Group Membership as an Affective Context for Trust Development », Academy of Management Review (Juillet 2001), pp. 377–96.
28. R. R. Hirschfeld, M. J. Jordan, H. S. Field, W. F. Giles et A. A. Armenakis, « Becoming Team Players: Team Members' Mastery of Team Knowledge as a Predictor of Team Task Proficiency and Observed Teamwork Effectiveness », Journal of Applied Psychology 91, no. 2 (2006), pp. 467–74.
29. S. T. Bell, « Deep-Level Composition Variables as Predictors of Team Performance: A Meta-Analysis », *Journal of Applied Psychology* 92, no. 3 (2007), pp. 595–615; et M. R. Barrick, G. L. Stewart, M. J. Neubert, et M. K. Mount, « Relating Member Ability and Personality to Work-Team Processes and Team Effectiveness », Journal of Applied Psychology (Juin 1998), pp. 377–91.
30. C. Margerison and D. McCann, *Team Management: Practical New Approaches* (London: Mercury Books, 1990).
31. E. Mannix et M. A. Neale, « What Differences Make a Difference: The Promise and Reality of Diverse Teams in Organizations », Psychological Science in the Public Interest (Octobre 2005), pp. 31–55.
32. A. Deutschman, « Inside the Mind of Jeff Bezos », Fast Company, Août 2004, pp. 50–58.
33. Hyatt et Ruddy, « An Examination of the Relationship Between Work Group Characteristics and Performance"; J. D. Shaw, M. K. Duffy et E. M. Stark, « Interdependence and Preference for Group Work: Main and Congruence Effects on the Satisfaction and Performance of Group Members », *Journal of Management* (Juin 2000), pp. 259–79; et S. A. Kiffin-Peterson et J. L. Cordery, « Trust, Individualism, and Job Characteristics of Employee Preference for Teamwork », International Journal of Human Resource Management (Février 2003), pp. 93–116.
34. R. Wageman, « Critical Success Factors for Creating Superb Self-Managing Teams », *Organizational Dynamics* (été 1997), p. 55.
35. M. A. Campion, E. M. Papper et G. J. Medsker, « Relations Between Work Team Characteristics and Effectiveness », p. 430; B. L. Kirkman and B. Rosen, « Powering Up Teams », *Organizational Dynamics* (Winter 2000), pp. 48–66; et D. C. Man et S. S. K. Lam, « The Effects of Job Complexity and Autonomy on Cohesiveness in Collectivist and Individualist Work Groups: A Cross-Cultural Analysis », *Journal of Organizational Behavior* (Décembre 2003), pp. 979–1001.
36. K. Hess, *Creating the High-Performance Team* (New York: Wiley, 1987); Katzenbach and Smith, *The Wisdom of Teams*, pp. 43–64; K. D. Scott and A. Townsend, « Teams: Why Some Succeed and Others Fail », *HR Magazine* (August 1994), pp. 62–67;

and K. Blanchard, D. Carew, and E. Parisi-Carew, « How to Get Your Group to Perform Like a Team », Training and Development (Septembre 1996), pp. 34–37.

37. K. Tasa, S. Taggar et G. H. Seijts, « The Development of Collective Efficacy in Teams: A Multilevel and Longitudinal Perspective », *Journal of Applied Psychology* (Janvier 2007), pp. 17–27; C. B. Gibson, « The Efficacy Advantage: Factors Related to the Formation of Group Efficacy », *Journal of Applied Social Psychology* (Octobre 2003), pp. 2153–2186; et D. I. Jung et J. J. Sosik, « Group Potency and Collective Efficacy: Examining Their Predictive Validity, Level of Analysis, and Effects of Performance Feedback on Future Group Performance », *Group & Organization Management* (Septembre 2003), pp. 366–91.

38. K. A. Jehn, « A Qualitative Analysis of Conflict Types and Dimensions in Organizational Groups », *Administrative Science Quarterly* (Septembre 1997), pp. 530–57. Voir aussi R. S. Peterson et K. J. Behfar, « The Dynamic Relationship Between Performance Feedback, Trust, and Conflict in Groups: A Longitudinal Study », *Organizational Behavior and Human Decision Processes* (septembre–novembre 2003), pp. 102–12.

39. K. H. Price, D. A. Harrison et J. H. Gavin, « Withholdingnputs in Team Contexts: Member Composition, Interaction Processes, Evaluation Structure, and Social Loafing », Journal of Applied Psychology (December 2006), pp. 1375–84.

40. N. H. Woodward, « Make the Most of Team Building », *HR Magazine*, septembre 2006, p. 73-76.

41. R. M. Yandrick, « A Team Effort », *HR Magazine*, juin 2001, p. 136-141.

42. M. A. Marks, C. S. Burke, M. J. Sabella et S. J. Zaccaro, « The Impact of Cross-Training on Team Effectiveness », *Journal of Applied Psychology*, février 2002, p. 3-14 ; M. A. Marks, S. J. Zaccaro et J. E. Mathieu, « Performance Implications of Leader Briefings and Team Interaction for Team Adaptation to Novel Environments », *Journal of Applied Psychology*, décembre 2000, p. 971.

43. C. Garvey, « Steer Teams with the Right Pay: Team-Based Pay Is a Success When It Fits Corporate Goals and Culture, and Rewards the Right Behavior », *HR Magazine*, mai 2002, p. 71-77.

44. R. Bond et P. B. Smith, « Culture and Conformity: A Meta- Analysis of Studies Using Asch's [1952, 1956] Line Judgment Task », *Psychological Bulletin* (Janvier 1996), pp. 111–37.

45. I. L. Janis, *Groupthink*, 2nd ed. (New York: Houghton Mifflin Company, 1982), p. 175.

46. Voir P. C. Earley, « Social Loafing and Collectivism: A Comparison of the United States and the People's Republic of China », *Administrative Science Quarterly* (December 1989), pp. 565–81; and P. C. Earley, « East Meets West Meets Mideast: Further Explorations of Collectivistic and Individualistic Work Groups », Academy of Management Journal (April 1993), pp. 319–48.

47. N. J. Adler, *International Dimensions of Organizational Behavior,* 4th ed. (Cincinnati, OH: Southwestern, 2002), p. 142-144.

48. K. B. Dahlin, L. R. Weingart, and P. J. Hinds, « Team Diversity and Information Use », *Academy of Management Journal* (December 2005), pp. 1107–23.

49. Adler, *International Dimensions of Organizational Behavior,* p. 142.

50. S. Paul, I. M. Samarah, P. Seetharaman etP. P. Mykytyn, « An Empirical Investigation of Collaborative Conflict Management Style in Group Support System-Based Global Virtual Teams », *Journal of Management Information Systems* (Winter 2005), pp. 185–222.

51. C. E. Naquin et R. O. Tynan, « The Team Halo Effect: Why Teams Are Not Blamed for Their Failures », *Journal of Applied Psychology* (Avril 2003), pp. 332–40.

52. A. B. Drexler et R. Forrester, « Teamwork—Not Necessarily the Answer », *HR Magazine* (Janvier 1998), pp. 55–58. Voir aussi R. Saavedra, P. C. Earley et L. Van Dyne, « Complex Interdependence in Task-Performing Groups », *Journal of Applied Psychology* (Février 1993), pp. 61–72; et K. A. Jehn, G. B. Northcraft et M. A. Neale, « Why Differences Make a Difference: A Field Study of Diversity, Conflict, and Performance in Work Groups », *Administrative Science Quarterly* (Décembre 1999), pp. 741–63.

Chapitre 11

1. R. Katerberg et G. J. Blau, « An Examination of Level and Direction of Effort and Job Performance », *Academy of Management Journal*, juin 1983, p. 249-257.

2. A. Maslow, *Motivation and Personality*, New York, Harper & Row, 1954.

3. Voir notamment R. L. Payne, « Eupsychian Management and the Millenium », *Journal of Managerial Psychology*, mars 2000, p. 219-227 ; « Dialogue-Discussion of Abraham H. Maslow's Management Theory », *Academy of Management Review*, octobre 2000, p. 696 ; S. Coles, « Satisfying Basic Needs: Professor Don Harper Tells Sarah Coles about the Profound Impact of Maslow's Hierarchy of Needs », *Employee Benefits*, octobre 2001, p. S3-S7. (Si l'on veut motiver le personnel, affirme le Pr Don Harper, il n'est pas forcément très compliqué de trouver une récompense adaptée au bon comportement.)

4. N. K. Austin, « The Power of the Pyramid: The Foundation of Human Psychology and, Thereby, of

Motivation, Maslow's Hierarchy Is One Powerful Pyramid », *Incentive*, juillet 2002, p. 10.

5. Voir notamment E. E. Lawler III et J. L. Suttle, « A Causal Correlational Test of the Need Hierarchy Concept », *Organizational Behavior and Human Performance*, avril 1972, p. 265-287 ; D. T. Hall et K. E. Nongaim, « An Examination of Maslow's Need Hierarchy in an Organizational Setting », *Organizational Behavior and Human Performance*, février 1968, p. 12-35.
6. D. McGregor, *The Human Side of Enterprise*, New York, McGraw-Hill, 1960.
7. F. Herzberg, B. Mausner et B. Snyderman, *The Motivation to Work*, New York, John Wiley & Sons, 1959 ; F. Herzberg, *The Managerial Choice: To Be Effective or To Be Human*, édition révisée, Salt Lake City, Olympus, 1982.
8. Voir notamment L. K. Savery et J. A. Luks, « The Relationship Between Empowerment, Job Satisfaction and Reported Stress Levels: Some Australian Evidence », *Leadership and Organization Development Journal*, mars 2001, p. 97.
9. Voir notamment M. F. Gordon, N. M. Pryor et B. V. Harris, « An Examination of Scaling Bias in Herzberg's Theory of Job Satisfaction », *Organizational Behavior and Human Performance*, février 1974, p. 106-121 ; E. A. Locke et R. J. Whiting, « Sources of Satisfaction and Dissatisfaction among Solid Waste Management Employees », *Journal of Applied Psychology*, avril 1974, p. 145-156 ; J. B. Miner, *Theories of Organizational Behavior*, Hinsdale, Il, Dryden Press, 1980, p. 76-105.
10. D. C. McClelland, *The Achieving Society*, New York, Van Nostrand Reinhold, 1961 ; J. W. Atkinson et J. O. Raynor, *Motivation and Achievement*, Washington, DC, Winston, 1974 ; D. C. McClelland, *Power: The Inner Experience*, New York, Free Press, 1969.
11. D. C. McClelland, *The Achieving Society*.
12. Pour en savoir plus sur les échanges entre le leader et le suiveur, voir A. S. Phillips et A. G. Bedeian, « Leader Follower Exchange Quality: The Role of Personal and Interpersonal Attributes », *Academy of Management Journal* 37, no. 4 (1994), pp. 990–1001; et T. A. Scandura and CF. Vogelstein, « Mighty Amazon », *Fortune,* May 26, 2003, pp. 60–74.. A. Schriesheim, « Leader Member Exchange and Supervisor Career Mentoring as Complementary Constructs in Leadership Research », *Academy of Management Journal* 37, no. 6 (1994), pp. 15881–602.
13. R. J. House, « A Path-Goal Theory of Leader Effectiveness », *Administrative Science Quarterly* (septembre 1971), pp. 321–38; House et T. R. Mitchell, « Path-Goal Theory of Leadership », *Journal of Contemporary Business* (automne 1974), p. 86; et R. J. House, « Path-Goal Theory of Leadership: Lessons, Legacy, and a Reformulated Theory », *Leadership Quarterly* (automnne 1996), pp. 323–52.
14. J. C. Wofford et L. Z. Liska, « Path-Goal Theories of Leadership: A Meta-Analysis », *Journal of Management* (hiver 1993), pp. 857–76; et A. Sagie, et M. Koslowsky, « Organizational Attitudes and Behaviors as a Function of Participation in Strategic and Tactical Change Decisions: An Application of Path-Goal Theory », *Journal of Organizational Behavior* (janvier 1994), pp. 37–47.
15. B. M. Bass et R. E. Riggio, *Transformational Leadership,* 2e éd. (Mahwah, NJ: Lawrence Erlbaum Associates, Inc., 2006), p. 3.
16. B. M. Bass, « Leadership: Good, Better, Best », Organizational Dynamics (hiver 1985), pp. 26–40; et J. Seltzer et B. M. Bass, « Transformational Leadership: Beyond Initiation and Consideration », *Journal of Management* (décembre 1990), pp. 693–703.
17. B. J. Avolio et B. M. Bass, « Transformational Leadership, Charisma, and Beyond." Working paper, School of Management, State University of New York, Binghamton, 1985, p. 14.
18. R. S. Rubin, D. C. Munz et W. H. Bommer, « Leading from Within: The Effects of Emotion Recognition and Personality on Transformational Leadership Behavior », *Academy of Management Journal* (octobre 2005), pp. 845–58; T. A. Judge et J. E. Bono, « Five-Factor Model of Personality and Transformational Leadership », *Journal of Applied Psychology* (octobre 2000), pp. 751–65; B. M. Bass et B. J. Avolio, « Developing Transformational Leadership: 1992 et Beyond », Journal of European Industrial Training (janvier 1990), p. 23; et J. J. Hater et B. M. Bass, « Supervisors' Evaluation and Subordinates' Perceptions of Transformational and Transactional Leadership », *Journal of Applied Psychology* (novembre 1988), pp. 695–702.
19. A. E. Colbert, A. L. Kristof-Brown, B. H. Bradley et M. R. Barrick, « CEO Transformational Leadership: The Role of Goal Importance Congruence in Top Management Teams », *Academy of Management Journal* (février 2008), pp. 81–96; R. F. Piccolo et J. A. Colquitt, « Transformational Leadership and Job Behaviors: The Mediating Role of Core Job Characteristics », *Academy of Management Journal* (avril 2006), pp. 327–40; O. Epitropaki et R. Martin, « From Ideal to Real: A Longitudinal Study of the Role of Implicit Leadership Theories on Leader-Member Exchanges and Employee Outcomes », *Journal of Applied Psychology* (juillet 2005), pp. 659–76; J. E. Bono et T. A. Judge, « Self-Concordance at Work: Toward Understanding the Motivational Effects of Transformational Leaders », *Academy of Management Journal* (octobre 2003), pp. 554–71; T. Dvir, D. Eden, B. J. Avolio et B. Shamir, « Impact of Transformational Leadership on Follower Development and Performance: A Field Experiment », *Academy of Management Journal* (août 2002), pp. 735–44;

N. Sivasubramaniam, W. D. Murry, B. J. Avolio et D. I. Jung, « A Longitudinal Model of the Effects of Team Leadership and Group Potency on Group Performance », *Group and Organization Management* (mars 2002), pp. 66–96; J. M. Howell et B. J. Avolio, « Transformational Leadership, Transactional Leadership, Locus of Control, and Support for Innovation: Key Predictors of Consolidated- Business-Unit Performance », *Journal of Applied Psychology* (décembre 1993), pp. 891–911; R. T. Keller, « Transformational Leadership and the Performance of Research and Development Project Groups », *Journal of Management* (septembre 1992), pp. 489–501; et Bass and Avolio, « Developing Transformational Leadership."

20. F. Vogelstein, « Mighty Amazon », *Fortune*, mai 26, 2003, pp. 60–74.
21. Voir J. R. Hackman et G. R. Oldham, « Motivation Through the Design of Work: Test of a Theory » , Organizational Behavior and Human Performance, août 1976, p. 250-279 ; Y. Fried et G. R. Ferris, « The Validity of the Job Characteristics Model: A Review and Meta-Analysis » , Personnel Psychology, été 1987, p. 287-322 ; S. J. Zaccaro et E. F. Stone, « Incremental Validity of an Empirically Based Measure of Job Characteristics », Journal of Applied Psychology, mai 1988, p. 245-252 ; R. W. Renn et R. J. Vandenberg, « The Critical Psychological States: An Underrepresented Component in Job Characteristics Model Research » , Journal of Management, février 1995, p. 279-303.
22. G. Van Der Vegt, B. Emans et E. Van Der Vliert, « Motivating Effects of Task and Outcome Interdependence in Work Teams » , *Journal of Managerial Psychology*, juillet 2000, p. 829 ; B. Bemmels, « Local Union Leaders' Satisfaction with Grievance Procedures » , *Journal of Labor Research*, été 2001, p. 653-669.
23. J. S. Adams, « Inequity in Social Exchanges » , in L. Berkowitz (dir.), *Advances in Experimental Social Psychology*, vol. 2, New York, Academic Press, 1965, p. 267-300.
24. P. S. Goodman, « An Examination of Referents Used in the Evaluation of Pay » , *Organizational Behavior and Human Performance*, octobre 1974, p. 170-195 ; S. Ronen, « Equity Perception in Multiple Comparisons: A Field Study » , Human Relations, avril 1986, p. 333-346 ; R. W. School, E. A. Cooper et J. F. McKenna, « Referent Effects on Behavioral and Attitudinal Outcomes » , *Personnel Psychology*, printemps 1987, p. 113-127 ; C. T. Kulik et M. L. Ambrose, « Personal and Situational Determinants of Referent Choice » , *Academy of Management Review*, avril 1992, p. 212-237.
25. P. Bordia et G. Blau, « Pay Referent Comparison and Pay Level Satisfaction in Private versus Public Sector Organizations in India » , *International Journal of Human Resource Management*, février 1998, p. 155-168.
26. P. S. Goodman et A. Friedman, « An Examination of Adams' Theory of Inequity » , *Administrative Science Quarterly*, septembre 1971, p. 271-288.
27. Voir notamment M. R. Carrell, « A Longitudinal Field Assessment of Employee Perceptions of Equitable Treatment » , Organizational Behavior and Human Performance, février 1978, p. 108-118 ; R. G. Lord et J. A. Hohenfeld, « Longitudinal Field Assessment of Equity Effects on the Performance of Major League Baseball Players » , *Journal of Applied Psychology*, février 1979, p. 19-26 ; J. E. Dittrich et M. R. Carrell, « Organizational Equity Perceptions, Employee Job Satisfaction, and Department Absence and Turnover Rates » , *Organizational Behavior and Human Performance*, août 1979, p. 97-132.
28. P. S. Goodman, « Social Comparison Process in Organizations » , in B. M. Staw et G. R. Salancik (dir.), *New Directions in Organizational Behavior*, Chicago, St. Clair, 1977, p. 97-132.
29. V. H. Vroom, *Work and Motivation*, New York, John Wiley & Sons, 1964.
30. Voir notamment H. G. Henneman III et D. P. Schwab, « Evaluation of Research on Expectancy Theory Prediction of Employee Performance » , *Psychological Bulletin*, juillet 1972, p. 1-9 ; L. Reinharth et M. Wahba, « Expectancy Theory As a Predictor of Work Motivation, Effort Expenditure, and Job Performance » , *Academy of Management Journal*, septembre 1975, p. 502-537.
31. Voir notamment V. H. Vroom, « Organizational Choice: A Study of Pre and Post-Decision Processes » , *Organizational Behavior and Human Performance*, avril 1966, p. 212-225 ; L. W. Porter et E. E. Lawler III, *Managerial Attitudes and Performance*, Homewood, Il, Richard D. Irwin, 1968 ; M. L. Ambrose et C. T. Kulik, « Old Friends, New Faces: Motivation Research of the 1990s » , *Journal of Management*, mai-juin 1999, p. 231-242.
32. Les théoriciens parlent des variables respectivement de valence, d'instrumentalité et d'expectation.
33. Voir notamment K. Smith, E. Jones et E. Blain, « Managing Salesperson Motivation in a Territory Realignment » , *Journal of Personal Selling and Sales Management*, automne 2000, p. 215 ; R. G. Isaac, W. J. Zerbe et D. C. Pitt, « Leadership and Motivation: The Effective Application of Expectancy Theory » , *Journal of Managerial Issues*, été 2001, p. 212-220.
34. Cet examen en quatre étapes s'inspire de K. F. Taylor, « A Valence-Expectancy Approach to Work Motivation » , *Personnel Practice Bulletin*, juin 1974, p. 142-148.
35. Voir notamment M. Siegall, « The Simplistic Five: An Integrative Framework for Teaching Motivation » , *Organizational Behavior Teaching Review*, 12, no 4, 1987-1988, p. 141-143.
36. Voir G. M. Combs, « Meeting the Leadership Challenge of a Diverse and Pluralistic Workplace:

Implications of Self-Efficacy for Diversity Training », *Journal of Leadership Studies*, printemps 2002, p. 1-17.

37. J. R. Billings et D. L. Sharpe, « Factors Influencing Flextime Usage Among Employed Married Women », *Consumer Interests Annual*, 1999, p. 89-94 ; I. Harpaz, « The Importance of Work Goals: An International Perspective », *Journal of International Business Studies*, premier trimestre 1990, p. 75-93.
38. G. Hofstede, « Motivation, Leadership, and Organizations: Do American Theories Apply Abroad? », *Organizational Dynamics*, été 1980, p. 55.
39. J. K. Giacobbe-Miller, D. J. Miller et V. I. Victorov, « A Comparison of Russian and U. S. Pay Allocation Decisions, Distributive Justice Judgements, and Productivity Under Different Payment Conditions », *Personnel Psychology*, printemps 1998, p. 137-163.
40. S. L. Mueller et L. D. Clarke, « Political-Economic Context and Sensitivity to Equity: Differences Between the United States and the Transition Economies of Central and Eastern Europe », *Academy of Management Journal*, juin 1998, p. 319-329.
41. P. d'Iribarne, « Motivating Workers in Emerging Countries: Universal Tools and Local Adoptions », *Journal of Organizational Behavior*, mai 2002, p. 243-257 ; D. H. B. Walsh, F. Luthens et S. M. Sommer, « Organizational Behavior Modification Goes to Russia: Replicating an Experimental Analysis across Cultures and Tasks », *Journal of Organizational Behavior Management*, automne 1993, p. 15-35 ; J. R. Baum, J. D. Olian, M. Erez et E. R. Schnell, « Nationality and Work Role Interactions: A Cultural Contrast of Israel and U.S. Entrepreneurs' versus Managers' Needs », *Journal of Business Venturing*, novembre 1993, p. 499-512.
42. P. Falcone, « Motivating Staff Without Money », *HR Magazine*, août 2002, p. 105-108.
43. *Ibid*., p. 106.
44. Voir notamment G. Cheetham et G. Chivers, « The Reflective and Competent Practitioner: A Mode of Professional Competence Which Seeks to Harmonize the Reflective Practitioner and Competence-Based Approaches », *Journal of Managerial Psychology*, juillet 2000, p. 713.
45. R. Fournier, « Teamwork is the Key to Remote Development – Inspiring Trust and Maintaining Motivation Are Critical for a Distributive Development Team », *InfoWorld*, 5 mars 2001, p. 48.
46. Information extraite du site web de l'entreprise, www.sapient.com, le 2 août 2002 ; « America's Fastest-Growing Companies », *Fortune*, 4 septembre 2000, p. 164.
47. « Saluting the Global Awards Recipients of Arthur Andersen's Best Practices Awards 2000 », site web de *Fortune*, www.fortune.com, 16 janvier 2001.
48. T. Purdum, « Winning with Empowerment », *Industry Week*, 16 octobre 2000, p. 109-110.
49. Adapté de « Favi, l'entreprise qui tourne sans patron », *Management*, juin 2002, p. 36-39.
50. R. Levering et M. Moskowitz, « And the Winners Are… », *Fortune*, 2 février 2009, p. 67 ; A. Lashinsky, « Where Does Google Go Next? », CNNMoney.com, 12 mai 2008 ; K. Hafner, « Google Options Make Masseuse a Multimillionaire », *New York Times Online*, 12 novembre 2007 ; Q. Hardy, « Close to the Vest », *Forbes*, 2 juillet 2007, p. 40-42 ; K. J. Delaney, « Start-Ups Make Inroads with Google's Work Force », *Wall Street Journal Online*, 28 juin 2007 ; « Perk Place: The Benefits Offered by Google and Others May Be Grand, but They're All Business », *Knowledge @ Wharton*, http://knowledge.wharton.upenn.edu/article, 21 mars 2007.

Chapitre 12

1. Voir notamment R. A. Barker, « The Nature of Leadership », *Human Relations*, avril 2001, p. 469.
2. T. L. Gessner, M. S. Connelly, J. A. O'Connor et T. C. Clifton, « Leadership and Destructive Acts: Individual and Situational Influences », *Leadership Quarterly*, 4, n° 2, 1993, p. 115-147.
3. K. Lewin et R. Lippitt, « An Experimental Approach to the Study of Autocracy and Democracy: A Preliminary Note », *Sociometry*, 1, 1938, p. 292-300 ; K. Lewin, « Field Theory and Experiment in Social Psychology: Concepts and Methods », *American Journal of Sociology*, 44, 1939, p. 868-896 ; K. Lewin, R. Lippitt et R. K. White, « Patterns of Aggressive Behavior in Experimentally Created Social Climates », *Journal of Social Psychology*, 10, 1939, p. 271-301 ; R. Lippitt, « An Experimental Study of the Effect of Democratic and Authoritarian Group Atmospheres », *University of Iowa Studies in Child Welfare*, 16, 1940, p. 43-95.
4. B. M. Bass, *Stodgills Handbook of Leadership*, New York, Free Press, 1981, p. 298-299.
5. R. Tannenbaum et W. H. Schmidt, « How to Choose a Leadership Pattern », *Harvard Business Review*, mai-juin 1973, p. 162-180.
6. R. M. Stodgill et A. E. Coons (dir.), *Leader Behavior: Its Description and Measurement, Research Monograph*, n° 88, Columbus, Ohio State University, Bureau of Business Research, 1951 ; voir également S. Kerr, C. A. Schriesheim, C. J. Murphy et R. M. Stodgill, « Toward a Contingency Theory of Leadership Based Upon the Consideration and Initiating Structure Literature », *Organizational Behavior and Human Performance*, août 1974, p. 62-82 ; B. M. Fisher, « Consideration and Initiating Structure and Their Relationships with Leader Effectiveness: A Meta Analysis », in F. Hoy (dir.), *Proceedings of the 48th Annual Academy of Management Conference*, Anaheim, CA, 1988, p. 201-205.

7. R. Kahn et D. Katz, « Leadership Practices in Relation to Productivity and Morale » , in D. Cartwright et A. Zander (dir.), *Group Dynamics: Research and Theory*, 2e éd., Elmsford, NY, Pow, Paterson, 1960.
8. R. R. Blake et J. S. Mouton, *The Managerial Grid III*, Houston, Texas, Gulf Publishing, 1984.
9. R. R. Blake et J. S. Mouton, *Les Deux Dimensions du management*, Paris, Éditions d'Organisation, 1969.
10. L. L. Larson, J. G. Hunt et R. N. Osborn, « The Great Hi-Hi Leader Behavior Myth: A Lesson from Occams Razor » , *Academy of Management Journal*, décembre 1976, p. 628-641 ; P. C. Nystrom, « Managers and the Hi-Hi Leader Myth » , *Academy of Management Journal*, juin 1978, p. 325-331 ; voir également R. R. Blake et J. S. Mouton, « The Managerial Grid » , *Thinkers*, mars 2002, p. 1-4.
11. Voir notamment « The 3-D Theory of Leadership » , in W. J. Reddin, *Managerial Effectiveness*, New York, McGraw-Hill, 1967.
12. F. E. Fiedler, *A Theory of Leadership Effectiveness*, New York, McGraw-Hill, 1967.
13. L. H. Peters, D. D. Hartke et T. J. Pholman, « Fiedler's Contingency Theory of Leadership: An Application of the Meta Analysis Procedures of Schmidt and Hunter » , *Psychological Bulletin*, mars 1985, p. 274-285.
14. Voir F. E. Fiedler, « When IQ + Experience [is not equal to] Performance » , *Leadership and Organization Development Journal*, mars 2001, p. 132.
15. P. Hersey et K. H. Blanchard, « So You Want to Know Your Leadership Style? » , *Training and Development Journal*, février 1974, p. 1-15 ; P. Hersey et K. H. Blanchard, *Management of Organizational Behavior: Utilizing Human Resources*, 5e éd., Upper Saddle River, NJ, Prentice Hall, 1988.
16. Voir la page web de Ken Blanchard Companies, www.animal-tv.ch/specialties/perfsys/performance/index.cfm, 23 août 2002.
17. S'agissant des termes utilisés dans le leadership situationnel, le lecteur pourra se reporter au lumineux entretien de Paul Hersey : « Paul Hersey Defines Situational Leadership Terms » , *Journal of Leadership Studies*, printemps 2002, p. 87.
18. K. Carrier, « Situational Leadership » , *Nation's Cities Weekly*, 22 janvier 2001, p. 5.
19. C. F. Hernandez et R. P. Vecchio, « Situational Leadership Theory Revisited: A Test of an Across-Jobs Perspective » , *Leadership Quarterly*, janvier 1997, p. 67 ; C. L. Graeff, « Evolution of Situational Leadership Theory: A Critical Review » , *Leadership Quarterly*, février 1997, p. 153-170. Pour obtenir un point de vue différent, voir G. C. Avery, « Situational Leadership Preferences in Australia: Congruity, Flexibility et Effectiveness » , *Leadership and Organization Development Journal*, janvier 2001, p. 11 ; C. Cranford, « Analysis of the Communication Components Found Within the Situational Leadership Model: Toward Integration of Communication and the Model » , *Technical Communication*, février 2002, p. 123.
20. V. H. Vroom et P. W. Yetton, *Leadership and Decision Making*, Pittsburgh, University of Pittsburgh Press, 1973.
21. V. H. Vroom et A. G. Jago, *The New Leadership: Managing Participation in Organizations*, Upper Saddle River, NJ, Prentice Hall, 1988. Consultez en particulier le chapitre 10.
22. Voir notamment R. H. G. Field, « A Test of the Vroom Yetton Normative Model of Leadership » , *Journal of Applied Psychology*, octobre 1982, p. 523-532 ; C. R. Leana, « Power Relinquishment versus Power Sharing: Theoretical Clarification and Empirical Comparison of Delegation and Participation » , *Journal of Applied Psychology*, mai 1987, p. 228-233 ; J. T. Ettling et A. G. Jago, « Participation under Conditions of Conflict: More on the Validity of Vroom Yetton Model » , *Journal of Management Studies*, janvier 1988, p. 73-83 ; R. H. G. Field et R. J. House, « A Test of the Vroom Yetton Model Using Manager and Subordinate Reports » , *Journal of Applied Psychology*, juin 1990, p. 362-366.
23. Pour de plus amples informations sur les interactions entre leaders et subordonnés, voir A. S. Phillips et A. G. Bedeian, « Leader Follower Exchange Quality: The Role of Personal and Interpersonal Attributes » , *Academy of Management Journal*, 37, n° 4, 1994, p. 990-1001 ; T. A. Scandura et C. A. Schriesheim, « Leader Member Exchange and Supervisor Career Mentoring as Complementary Constructs in Leadership Research » , *Academy of Management Journal*, 37, n° 6, 1994, p. 1588-1602.
24. J. Schemerhorn *et al*, *Comportement humain et organisation*, Paris, Village Mondial, 2002.
25. R. J. House, « A Path Goal Theory of Leader Effectiveness » , *Administrative Science Quarterly*, septembre 1971, p. 321-338 ; R. J. House et T. R. Mitchell, « Path Goal Theory of Leadership » , *Journal of Contemporary Business*, automne 1974, p. 86 ; R. J. House, « Retrospective Comment » , in L. E. Boone et D. D. Bowen (dir.), *The Great Writings in Management and Organizational Behavior*, 2e éd., New York, Random House, 1987, p. 354-364.
26. J. Seltzer et J. W. Smither, « A Role Play Exercise to Introduce Students to Path Goal Leadership » , *Journal of Management Education*, août 1995, p. 381.
27. C. Silverthorne, « A Test of the Path-Goal Leadership Theory in Taiwan » , *Leadership and Organization Development Journal*, mars 2001, p. 151. Voir également A. W. Joshi et S. Randall, « The Indirect Effects of Organizational Controls on Salesperson Performance and Customer Orientation » , *Journal of Business Research*, 1er octobre 2001, p. 1-10 ; R. T. Keller, « A Test of the Path Goal Theory of Leadership with Need for Clarity as a

Moderator in Research and Development Organizations », *Journal of Applied Psychology*, avril 1989, p. 208-212 ; J. C. Wofford et L. Z. Liska, « Path Goal Theories of Leadership: A Meta Analysis », *Journal of Management*, hiver 1993, p. 857-876 ; S. Sagie et M. Koslowsky, « Organizational Attitudes and Behaviors as a Function of Participation in Strategic and Tactical Change Decisions: An Application of Path Goal Theory », *Journal of Organizational Behavior*, janvier 1994, p. 37-47.

28. B. M. Bass, « Leadership: Good, Better, Best », *Organizational Dynamics*, hiver 1985, p. 26-40 ; J. Seltzer et B. M. Bass, « Transformational Leadership: Beyond Initiation and Consideration », *Journal of Management*, décembre 1990, p. 693-703 ; C. P. Egri et S. Herman, « Leadership in the North American Environmental Sector: Values, Leadership Styles, and Contexts of Environmental Leaders and Their Organizations », *Academy of Management Journal*, août 2000, p. 571-604.
29. R. L. Ackoff, « Transformational Leadership », *Strategy and Leadership*, janvier-février 1999, p. 20-26. Voir également D. I. Dung et B. J. Avolio, « Opening the Black Box: An Experimental Investigation of the Mediating Effect of Trust and Value Congruence on Transformational and Transactional Leadership », *Journal of Organizational Behavior*, décembre 2000, p. 949.
30. B. J. Avolio et B. M. Bass, *Transformational Leadership, Charisma and Beyond*, document de travail, School of Management, State University of New York, Binghamton, NY, 1985, p. 14.
31. Exemple cité dans B. M. Bass et B. J. Avolio, « Developing Transformational Leadership: 1992 and Beyond », *Journal of European Industrial Training*, janvier 1990, p. 23.
32. J. J. Hater et B. M. Bass, « Supervisors Evaluation and Subordinates Perceptions of Transformational and Transactional Leadership », *Journal of Applied Psychology*, novembre 1988, p. 695-702.
33. K. A. Arnold, J. Barling et E. K. Kelloway, « Transformational Leadership or the Iron Cage: Which Predicts Trust, Commitment, and Team Efficacy? », *Leadership and Organization Development Journal*, juillet-août 2001, p. 315-321.
34. B. M. Bass et B. J. Avolio, « Developing Transformational Leadership… ».
35. J. A. Conger et R. N. Kanungo, *Charismatic Leadership in Organizations*, Thousand Oaks, CA, Sage, 1998. Voir également A. M. O'Roark, *The Quest for Executive Effectiveness: Turning Inside-Out Charismatic-Participatory Leadership*, Nevada City, CA, Symposium, 2000 ; C. G. Emrich, H. H. Brower, J. M. Feldman et H. Garland, « Images in Words: Presidential Rhetoric, Charisma and Greatness », *Administrative Science Quarterly*, septembre 2001, p. 527-561 ; J. J. Sosik, « The Role of Personal Meaning in Charismatic Leadership », *Journal of Leadership Studies*, printemps 2000, p. 60-75.
36. J. A. Conger, R. N. Kanungo et S. T. Menon, « Charismatic Leadership and Follower Effects », *Journal of Organizational Behavior*, novembre 2000, p. 747 ; J. M. Grant et T. S. Bateman, « Charismatic Leadership Viewed from Above: The Impact of Proactive Leadership », *Journal of Organizational Behavior*, février 2000, p. 63.
37. R. J. House, « A 1976 Theory of Charismatic Leadership », in J. G. Hunt et L. L. Larson (dir.), *Leadership: The Cutting Edge*, Carbondale, IL, Southern Illinois University Press, 1977, p. 189-207.
38. W. Bennis, « The Four Competencies of Leadership », *Training and Development Journal*, août 1984, p. 15-19.
39. J. A. Conger et R. N. Kanungo, « Charismatic Leadership in Organizations ».
40. B. Shamir, R. J. House et M. B. Authur, « The Motivational Effects of Charismatic Leadership: A Self-Concept Theory », *Organizational Science*, novembre 1993, p. 577-594.
41. Voir notamment R. F. Russell, « The Roles of Values in Servant Leadership », *Leadership and Organization Development Journal*, janvier 2001, p. 76.
42. R. W. Roden, « The Relationship Between Charismatic Leadership Behaviors and Organizational Commitment », *Leadership and Organization Development Journal*, janvier 2000, p. 30 ; D. A. Walman et F. J. Yammarino, « CEO Charismatic Leadership: Levels of Management and Levels of Analysis Effects », *Academy of Management Review*, avril 1999, p. 266-268 ; C. Romm et N. Pliskin, « The Role of Charismatic Leadership in Defusion and Implementation of e-Mail », *Journal of Management Development*, mars 1999, p. 273.
43. J. A. Conger et R. N. Kanungo, « Charismatic Leadership in Organizations ».
44. R. J. House, « A 1976 Theory of Charismatic Leadership » ; R. J. House et R. N. Aditya, « The Social Scientific Study of Leadership: Quo Vadis? », *Journal of Management*, automne 1997, p. 441.
45. Cette définition s'inspire de M. Sashkin, « The Visionary Leader », in J. A. Conger et R. N. Kanungo (dir.), *Charismatic Leadership*, p. 124-125 ; B. Nanus, *Visionary Leadership*, New York, Free Press, 1992, p. 8 ; N. H. Snyder et M. Graves, « Leadership and Vision », *Business Horizons*, janvier-février 1994, p. 1 ; J. R. Lucas, « Anatomy of a Vision Statement », *Management Review*, février 1998, p. 22-26 ; S. Marino, « Where There Is No Visionary, Companies Falter », *Industry Week*, 15 mars 1999, p. 20.
46. B. Nanus, *Visionary Leadership*, p. 8.
47. P. C. Nutt et R. W. Backoff, « Crafting Vision », *Journal of Management Inquiry*, décembre 1997, p. 309.
48. *Ibid.*, p. 312-314.

49. D'après M. Sashkin, « The Visionary Leader » , p. 128-130 ; J. R. Baum, E. A. Locke et S. A. Kirkpatrick, « A Longitudinal Study of the Relation of Vision and Vision Communication to Venture Growth in Entrepreneurial Firms » , *Journal of Applied Psychology*, février 1998, p. 43-54.
50. Voir notamment J. H. Zenger, E. Musslewhite, K. Hurson et C. Perrin, *Leading Teams: Mastering the New Role*, Homewood, IL, Business One Irwin, 1994 ; M. Frohman, « Nothing Kills Teams Like Ill-Prepared Leaders » , *Industry Week*, 2 octobre 1995, p. 72-76.
51. W. H. Decker et D. M. Rotondo, « Relationships Among Gender, Types of Humor, and Perceived Leader Effectiveness » , *Journal of Managerial Issues*, hiver 2001, p. 93.
52. *Ibid.*, p. 100.
53. B. Wise, « The Five Dysfunctions of a Team: A Leadership Fable » , *Library Journal*, 15 avril 2002, p. 102.
54. R. Renson-Armer et D. Stickel, « Successful Team Leadership Is Built on Trust » , *Ivey Business Journal*, mai 2000, p. 20.
55. N. Steckler et N. Fondas, « Building Team Leader Effectiveness: A Diagnostic Tool » , *Organizational Dynamics*, hiver 1995, p. 20. Voir également P. Kelly, « Lose the Boss » , *Inc.*, décembre 1997, p. 45-46 ; J. Pfeffer et J. P. Veiga, « Putting People First for Organizational Success » , *Academy of Management Executive*, mai 1999, p. 37-48.
56. R. S. Wellins, W. C. Byham et G. R. Dixon, *Inside Teams*, San Francisco, Jossey Bass, 1994, p. 318.
57. N. Steckler et N. Fondas, « Building Team Leader Effectiveness » , p. 21.
58. Voir T. Rickards, M. H. Chen et S. Moger, « Development of a Self-Report Instrument for Exploring Team Factor, Leadership, and Performance Relationships » , *British Journal of Management*, septembre 2001, p. 243-251.
59. Voir K. T. Dirks, « Trust in Leadership and Team Performance: Evidence from NCA Basketball » , *Journal of Applied Psychology*, décembre 2000, p. 1004.
60. Sur l'applicabilité interculturelle de la documentation relative au leadership, voir R. S. Bhagat, B. L. Kedia, S. E. Crawford et M. R. Kaplan, « Cross Cultural Issues in Organizational Psychology: Emergent Trends and Directions for Research in the 1990s » , in C. L. Cooper et I. T. Robertson (dir.), *International Review of Industrial and Organizational Psychology*, vol. 5, New York, John Wiley & Sons, 1990, p. 79-89 ; M. F. Peterson et J. G. Hunt, « International Perspectives on International Leadership » , *Leadership Quarterly*, automne 1997, p. 203-231.
61. Exemple cité dans R. J. House et R. N. Aditya, « The Social Scientific Study of Leadership » , p. 463.
62. R. J. House, « Leadership in the Twenty-First Century » , in A. Howard (dir.), *The Changing Nature of Work*, San Francisco, Jossey Bass, 1995, p. 442.
63. *Ibid.*
64. R. J. House et R. N. Aditya, « The Social Scientific Study of Leadership » , p. 463.
65. Voir notamment D. A. Yousef, « Organizational Commitment: A Mediator of the Relationships of Leadership Behavior with Job Satisfaction and Performance in a Non-Western Country » , *Journal of Managerial Psychology*, janvier-février 2000, p. 6-26.
66. R. J. House, P. J. Hanges, S. A. Ruiz-Quintanilla, P. W. Dorfman, et associés, « Culture Specific and Cross-Culturally Generalizable Implicit Leadership Theories: Are the Attributes of Charismatic/Transformational Leadership Universally Endorsed?" *Leadership Quarterly*, (Summer 1999), pp. 219–56; D. E. Carl et M. Javidan, « Universality of Charismatic Leadership: A Multi-Nation Study », article présenté à la National Academy of Management Conference, Washington, DC, août 2001.
67. Carl et Javidan, « Universality of Charismatic Leadership », p. 29.
68. Cette partie s'inspire de D. Coleman, *Working with Emotional Intelligence*, New York, Bantam, 1998 ; D. Goleman, « What Makes a Leader? » , *Harvard Business Review*, novembre-décembre 1998, p. 93-102 ; J. M. George, « Emotions and Leadership: The Role of Emotional Intelligence » , *Human Relations*, août 2000, p. 1027-1055 ; D. R. Caruso, J. D. Mayer et P. Salovey, « Emotional Intelligence and Emotional Leadership » , in R. E. Riggio, S. E. Murphy et F. J. Pirozzolo (dir.), *Multiple Intelligences and Leadership*, Mahwah, NJ, Lawrence Erlbaum, 2002, p. 55-74 ; D. Coleman, R. E. Boyatzis et A. McKee, *Primal Leadership: Realizing the Power of Emotional Intelligence*, Boston, Harvard Business School Press, 2002.
69. « The Secret Skill of Leaders » , *U.S. News & World Report*, 14 janvier 2002, p. 8. Voir également L. Gardner et C. Stough, « Examining the Relationship Between Leadership and Emotional Intelligence in Senior Level Managers » , *Leadership and Organization Development Journal*, janvier-février 2002, p. 68-79.
70. *Ibid.*
71. S. Simsarian, « Leadership and Trust Facilitating Cross-Functional Team Success » , *Journal of Management Development*, mars-avril 2002, p. 201-215.
72. On trouvera une intéressante application de la notion de confiance au monde de l'université dans W. A. Jones, « A Study of the Relationship of Butler's Conditions of Trust to Birnbaum's Organizational Models: Implications for Leaders in Higher Education » , *Journal of Leadership Studies*, hiver 2002, p. 110-117.

73. Cette définition s'inspire de S. D. Boon et J. G. Holmes, « The Dynamics of Interpersonal Trust: Resolving Uncertainty in the Face of Risk » , in R. A. Hinde et J. Groebel (dir.), *Cooperation and Pro-Social Behavior*, Cambridge, Angleterre, Cambridge University Press, 1991, p. 194 ; D. J. McAllister, « Affect and Cognition Based Trust as Foundations for Interpersonal Cooperation in Organizations » , *Academy of Management Journal*, février 1995, p. 25 ; D. M. Rousseau, S. B. Sitkin, R. S. Burt et C. Camerer, « Not So Different After All: A Cross Discipline View of Trust » , *Academy of Management Review*, juillet 1998, p. 393-404.
74. J. B. Rotter, « Interpersonal Trust, Trustworthiness, and Gullibility » , *American Psychologist*, mai 1980, p. 17.
75. J. D. Lewis et A. Weigert, « Trust as a Social Reality » , *Social Forces*, juin 1985, p. 970.
76. J. K. Rempel, J. G. Holmes et M. P. Zanna, « Trust in Close Relationships » , *Journal of Personality and Social Psychology*, juillet 1985, p. 96.
77. M. Granovetter, « Economic Action and Social Structure: The Problem of Embeddedness » , *American Journal of Sociology*, novembre 1985, p. 491.
78. R. C. Mayer, J. H. Davis et F. D. Schoorman, « An Integrative Model of Organizational Trust » , *Academy of Management Review*, juillet 1995, p. 712.
79. C. Johnson George et W. Swap, « Measurement of Specific Interpersonal Trust: Construction and Validation of a Scale to Assess Trust in a Specific Other » , *Journal of Personality and Social Psychology*, mai 1982, p. 1306.
80. P. L. Schindler et C. C. Thomas, « The Structure of Interpersonal Trust in the Workplace » , *Psychological Reports*, octobre 1993, p. 563-573.
81. T. E. Becker, « Integrity in Organizations: Beyond Honesty and Conscientiousness » , *Academy of Management Review*, janvier 1998, p. 154-161. On prendra connaissance du débat suscité par l'article de Becker en consultant B. Barry et C. U. Stephens, « Objections to an Objectivist Approach to Integrity » , *Academy of Management Review*, janvier 1998, p. 162-169 ; E. A. Locke et T. E. Becker, « Rebuttal to a Subjectivist Critique of an Objectivist Approach to Integrity in Organizations » , *Academy of Management Review*, janvier 1998, p. 170-175.
82. A. C. Wicks, S. L. Berman et T. M. Jones, « The Structure of Optimal Trust: Moral and Strategic Implications » , *Academy of Management Review*, janvier 1999, p. 96-116 ; C. Braun, « Organizational Infidelity: How Violations of Trust Affect the Employee-Employer Relationship » , *Academy of Management Executive*, novembre 1997, p. 94-96 ; J. K. Butler Jr. et R. S. Cantrell, « A Behavioral Decision Theory Approach to Modeling Dyadic Trust in Superiors and Subordinates » , *Psychological Reports*, août 1984, p. 19-28.
83. D. McGregor, *The Professional Manager*, New York, McGraw-Hill, 1967, p. 164.
84. B. Nanus, *The Leaders Edge: The Seven Keys to Leadership in a Turbulent World*, Chicago, Contemporary Books, 1989, p. 102.
85. J. P. Donlon, « Trust Is the Issue » , *Chief Executive*, mars 2001, p. 6.
86. D. E. Zand, *The Leadership Triad: Knowledge, Trust, and Power*, New York, Oxford University Press, 1997, p. 89.
87. Inspiré de L. T. Hosmer, « Trust: The Connecting Link between Organizational Theory and Philosophical Ethics » , *Academy of Management Review*, avril 1995, p. 393 ; R. C. Mayer, J. H. Davis et F. D. Schoorman, « An Integrative Model of Organizational Trust » , *Academy of Management Review*, juillet 1995, p. 712.
88. M. Kouzes et B. Z. Posner, *Credibility: How Leaders Gain and Lose It, and Why People Demand It*, San Francisco, Jossey Bass, 1993, p. 14.
89. J. Brockner, P. A. Siegel, J. P. Daly, T. Tyler et C. Martin, « When Trust Matters: The Moderating Effect of Outcome Favorability » , *Administrative Science Quarterly*, septembre 1997, p. 558-584.
90. K. T. Dirks, « Trust in Leadership and Team Performance » .
91. Cité dans C. Lee, « Trust Me » , *Training*, janvier 1997, p. 32.
92. R. A. Eckeert, « Where Leadership Starts » , *Harvard Business Review*, novembre 2001, p. 53.
93. Claire Aubé, « La confiance, un mode de management » , *Enjeux-Les Échos*, février 2003.
94. Cette partie s'inspire de D. Shapiro, B. H. Sheppard et L. Cheraskin, « Business on a Handshake » , *Negotiation Journal*, octobre 1992, p. 365-377 ; R. J. Lewicki et B. B. Bunker, « Developing and Maintaining Trust in Work Relationships » , in R. M. Kramer et T. R. Tyler (dir.), *Trust in Organizations*, Thousand Oaks, CA, Sage, 1996, p. 119-124.
95. Inspiré de F. Bartolome, « Nobody Trust the Boss Completely – Now What? » , *Harvard Business Review*, mars-avril 1989, p. 135-142 ; J. K. Butler Jr., « Toward Understanding and Measuring Conditions of Trust: Evolution of a Condition of Trust Inventory » , *Journal of Management*, septembre 1991, p. 643-663.
96. S. Kerr et J. M. Jermier, « Substitutes for Leadership: Their Meaning and Measurement » , *Organization Behavior and Human Performance*, décembre 1978, p. 375-403 ; J. P. Howell et P. W. Dorfman, « Substitutes for Leadership: Test of a Construct » , *Academy of Management Journal*, décembre 1981, p. 714-728 ; J. P. Howell, P. W. Dorfman et S. Kerr, « Leadership and Substitutes for Leadership » , *Journal of Applied Behavioral Science*, 22, n° 1, 1986, p. 29-46 ; J. P. Howell, D. E. Bowen, P. W. Dorfman, S. Kerr et P. M. Podsakoff, « Substitutes for Leadership: Effective Alternatives to

Ineffective Leadership » , *Organizational Dynamics*, été 1990, p. 21-38 ; P. M. Podsakoff, S. B. Mac-Kenzie et W. H. Bommer, « Meta-Analysis of the Relationships between Kerr and Jermier's Substitutes for Leadership and Employee Attitudes, Role perceptions, and Performance » , *Journal of Applied Psychology*, août 1996, p. 380-399 ; J. M. Jermier et S. Kerr, « Substitutes for Leadership: Their Meaning and Measurement – Contextual Recollections and Current Observations » , *Leadership Quarterly*, vol. 8, n° 2, 1997, p. 95-101.

Chapitre 13

1. D. K. Berlo, *The Process of Communication*, New York, Holt, Rinehart & Winston, 1960, p. 30-32.
2. *Ibid.*, p. 54.
3. Voir notamment « Get the Message: Communication Is Key in Managing Change within Organization – Yet Ensuring Its Effectiveness at Times of High Concerns Can Be Tricky » , *Employee Benefits*, février 2002, p. 58-60.
4. *Ibid.*, p. 103.
5. L. R. Birkner, R. K. Birkner, « Communication Feedback: Putting It All Together » , *Occupational Hazards*, août 2001, p. 9.
6. L. Hilton, « They Heard It Through the Grapevine » , *South Florida Business Journal*, 18 août 2000, p. 53.
7. M. Fulfer, « Nonverbal Communication: How to Read What's Plain as the Nose… Or Eyelid… Or Chin… On Their Faces » , *Journal of Occupational Excellence*, printemps 2001, p. 19-38.
8. *Ibid.*
9. P. Mornell, « The Sounds of Silence » , Inc., février 2001, p. 117.
10. A. Warfield, « Do You Speak Body Language ? » , *Training and Development*, avril 2001, p. 60.
11. « Information Overload » , *Australian Business Intelligence*, 16 avril 2002.
12. S. I. Hayakawa, *Language in Thought and Action*, New York, Harcourt Brace Jovanovich, 1949, p. 292.
13. « Jargon Leaves Us Lost For Words » , *Australian Business Intelligence*, 23 août 2002 ; W. S. Mossberg, « A Guide to the Lingo You'll Want to Learn for Wireless Technology » , *The Wall Street Journal*, 28 mars 2002, p. B1.
14. « Gobbledygook Begone » , *Workforce*, février 2002, p. 12 ; « Business-Speak » , *Training and Development*, janvier 2002, p. 50-52.
15. Voir notamment M. K. Kozan, « Subcultures and Conflict Management Styles » , *Management International Review*, janvier 2002, p. 89-106.
16. Voir également W. L. Adair, T. Okumura et J. M. Brett, « Negotiation Behavior When Cultures Collide: The United States and Japan » , *Journal of Applied Psychology*, juin 2001, p. 371.
17. C. H. Tinsley, « How Negotiators Get to Yes: Predicting the Constellation of Strategies Used across Cultures to Negotiate Conflict » , *Journal of Applied Psychology*, août 2001, p. 583.
18. Encadré basé sur J. Langdon, « Differences Between Males and Females at Work » , *USA Today*, www.usatoday.com, 5 février 2001 ; J. Manion, « He Said, She Said » , *Materials Management in Health Care*, novembre 1998, p. 52-62 ; G. Franzwa et C. Lockhart, « The Social Origins and Maintenance of Gender Communication Styles, Personality Types, and Grid-Group Theory » , *Sociological Perspectives*, 41, n° 1, 1998, p. 185-208 ; D. Tannen, *Talking from 9 to 5: Women and Men in the Workplace*, NewYork, Avon Books, 1995.
19. Voir S. P. Robbins, P. L. Hunsaker, *Training in Interpersonnal Skills*, 4e éd., Upper Saddle River, NJ, Prentice Hall, Inc., 2006.
20. Voir notamment R. R. Panko, *Business Data Networks and Communications*, 4e éd., Upper Saddle River, NJ, Prentice Hall, 2003.
21. « Virtual Paper Cuts » , *Workforce*, juillet 2000, p. 16-18.
22. Voir notamment A. Cohen, « Wireless Summer » , *Time*, 29 mai 2000, p. 58-65 ; K. Hafner, « For the Well Connected, All the World's an Office » , *New York Times*, 30 mars 2000, p. D1.
23. J. S. Brown, P. Duguid, « Balancing Act: How to Capture Knowledge Without Killing It » , *Harvard Business Review*, mai-juin 2000, p. 73-80 ; J. Torsilieri, C. Lucier, « How to Change the World » , *Strategy and Business*, octobre 2000, p. 17-20.
24. Voir J. Lloyd, « Derailing Your Career » , *Baltimore Business Journal*, 19 octobre 2001, p. 3 ; H. Johnson, « Soften Up » , *Training*, février 2002, p. 20 ; M. Langbert, « Professors, Managers, and Human Resource Education » , *Human Resource Management*, printemps 2000, p. 65-78.
25. « Executive Update » , *Training and Development*, mars 2002, p. 19.
26. « More Than One-Third of People Surveyed Identified Communication Skills or Interpersonal Relationship Skills as the Most Important Quality in a Good Boss » , *Training and Development*, février 2000, p. 16.
27. Cette section s'inspire de S. P. Robbins, P. L. Hunsaker, *Training in Interpersonal Skills*, Upper Saddle River, NJ, Prentice Hall, 1996, p. 3.
28. D. Flack, « Active Listening Is [a] Skill That Needs Undivided Attention » , *San Antonio Business Journal*, 28 septembre 2001, p. 33.
29. C. R. Rogers, R. E. Farson, Active Listening, Chicago, Industrial Relations Center of the University of Chicago, 1976.
30. Voir notamment K. Leung, S. Su, M. W. Morris, « When Is Criticism Not Constructive? The Roles of Fairness Perceptions and Dispositional Attributions in Employee Acceptance of Critical

Supervisory Feedback » , *Human Relations,* septembre 2001, p. 1155 ; C. A. Walker, « Saving Your Rookie Managers from Themselves » , *Harvard Business Review,* avril 2002, p. 97-103.

31. D. Ilgen, C. D. Fisher, M. S. Taylor, « Consequences of Individual Feedback on Behavior in Organizations » , *Journal of Applied Psychology,* août 1979, p. 349-371.
32. F. Bartolome, « Teaching about Whether to Give Negative Feedback » , *The Organizational Behavior Teaching Review,* 9, n° 2, 1986-1987, p. 95-104.
33. K. Halperin, C. R. Snyder, R. J. Schenkel, B. K. Houston, « Effect of Source Status and Message Favorability on Acceptance of Personality Feedback » , *Journal of Applied Psychology,* février 1976, p. 85-88.
34. Inspiré de P. L. Hunsaker, *Training in Management Skills,* Upper Saddle River, NJ, Prentice Hall, 2001, p. 60-61.
35. S. Gazda, « The Art of Delegating: Effective Delegation Enhances Employee Morale, Manager Productivity, and Organizational Success » , *HR Magazine,* janvier 2002, p. 75-79
36. L. L. Steinmetz, *The Art and Skill of Delegation,* Boston, Addison-Wesley, 1976.
37. Inspiré de P. L. Hunsaker, *Training in Management Skills,* p. 135-136, 430-432 ; R. T. Noel, « What You Say to Your Employees When You Delegate » , *Supervisory Management,* décembre 1993, p. 13 ; S. Caudron, « Delegate for Results » , *Industry Week,* 6 février 1995, p. 27-30.
38. M. Delahoussaye, « Don't Get Mad, Get Promoted » , *Training,* juin 2002, p. 20 ; C. Tinsley, J. Brett, « Managing Workplace Conflict in the United States and Hong Kong » , *Organizational Behavior and Human Decision Processes,* juillet 2001, p. 360-362.
39. K. W. Thomas, W. H. Schmidt, « A Survey of Managerial Interests with Respect to Conflict » , *Academy of Management Journal,* juin 1976, pp. 315-318.
40. *Ibid.*
41. Cette section s'inspire de S. P. Robbins, *Managing Organizational Conflict: A Nontraditional Approach,* Upper Saddle River, NJ, Prentice Hall, 1997, p. 11-14.
42. Voir par exemple K. A. Jehn, E. A. Mannix, « The Dynamic Nature of Conflict: A Longitudinal Study of Intragroup Conflict and Group Performance » , *Academy of Management Journal,* avril 2001, p. 238-51 ; C. K. W. DeDreu, A. E. M. Van Vianen, « Managing Relationship Conflict and the Effectiveness of Organizational Teams » , *Journal of Organizational Behavior,* mai 2001, p. 309-328 ; J. Weiss, J. Hughes, « Want Collaboration? Accept–And Actively Manage–Conflict » , *Harvard Business Review,* mars 2005), p. 92-101.
43. C. K. W. DeDreu, « When Too Little or Too Much Hurts: Evidence for a Curvilinear Relationship Between Task Conflict and Innovation in Teams » , *Journal of Management,* février 2006, p. 83-107.
44. K. W. Thomas, « Conflict and Negotiation Processes in Organizations » , in M. D. Dunnette et L. M. Hough (dir.), *Handbook of Industrial and Organizational Psychology,* 2e éd., vol. 3, Palo Alto, CA, Consulting Psychologists Press, 1992, p. 651-717.
45. L. Greenhalgh, « Managing Conflict » , *Sloan Management Review,* été 1986, p. 45-51.
46. Voir notamment D. Tjosvold, D. W. Johnson, *Productive Conflict Management Perspectives for Organizations,* New York, Irvington Publishers, 1983.
47. S. P. Robbins, « Conflict Management and Conflict Resolution Are Not Synonymous Terms » , *California Management Review,* hiver 1978, p. 71.
48. Voir E. Van de Vliert, A. Nauta, E. Giebels, O. Janssen, « Constructive Conflict at Work » , in L. N. Dosier et J. B. Keys (dir.), *Academy of Management Best Paper Proceedings,* 8-13 août 1997, p. 92-96 ; S. P. Robbins, *Managing Organizational Conflict,* p. 78-89 ; S. Berglas, « Innovate: Harmony Is Death. Let Conflict Reign » , *Inc.,* mai 1997, p. 56-58.
49. R. E. Walton, R. B. McKersie, *A Behavioral Theory of Labor Negociations: An Analysis of a Social Interaction System,* New York, McGraw-Hill, 1965.
50. « Negotiation Skills Invaluable in Workplace » , *Knight-Ridder/Tribune Business News,* 23 juin 2002, p. 1.
51. K. W. Thomas, « Conflict and Negotiation Processes in Organizations » , in M. D. Dunnette, L. M. Hough (dir.), *Handbook of Industrial and Organizational Psychology,* vol. 3, 2e édition, Palo Alto, CA, Consulting Psychologists Press, 1992, p. 651-717.
52. Inspiré de R. Fisher, W. Ury, *Getting to Yes: Negotiating Agreement without Giving In,* Boston, Houghton Mifflin, 1981 ; J. A.Wall Jr., M. W. Blum, « Negotiations » , *Journal of Management,* juin 1991, p. 295-296 ; M. H. Bazerman, M. A. Neale, *Negotiating Rationally,* New York, Free Press, 1992.
53. R. A. Posthuma, J. B. Dworkin, M. S. Swift, « Mediator Tactics and Sources of Conflict: Facilitating and Inhibiting Effect » , *Industrial Relations,* janvier 2002, p. 94-109.
54. Les données de l'une des situations décrites proviennent de « Martha Stewart Could Be Charged as « Tippee", Court Papers in Guilty Plea by a Merrill Employee Say She Based Sales on Inside Information » , *Wall Street Journal,* 3 octobre 2002, p. C1 ; M. Roman, « A Fresh Stew for Martha » , *Business Week,* 23 septembre 2002, p. 50.

Chapitre 14

1. E. Flamholtz, « Organizational Control Systems as a Managerial Tool » , *California Management Review*, hiver 1979, p. 55.
2. T. Vinas et J. Jusko, « 5 Threats That Could Sink Your Company » , *Industry Week*, septembre 2004, p. 52-61 ; « Workplace Security: How Vulnerable Are You? » , *Wall Street Journal*, 29 septembre 2003, p. R1-R8 ; P. Magnusson, « Your Jitters Are Their Lifeblood » , *BusinessWeek*, 14 avril 2003, p. 41 ; T. Purdum, « Preparing for the Worst » , *Industry Week*, janvier 2003, p. 53-55.
3. S. Kerr, « On the Folly of Rewarding A, While Hoping for B » , *Academy of Management Journal*, décembre 1975, p. 769-783.
4. H. Koontz, R. W. Bradspies, « Managing Through Feedforward Control » , *Business Horizons*, juin 1972, p. 25-36.
5. M. Helft, « The Human Hands Behind the Google Money Machine » , *New York Times Online*, 2 juin 2008.
6. B. Caulfield, « Shoot to Kill » , *Forbes*, 7 janvier 2008, p. 92-96.
7. W. H. Newman, *Constructive Control: Design and Use of Control Systems*, Upper Saddle River, NJ, Prentice Hall, 1975, p. 33.
8. D. Stout et T. Zeller Jr., « Vast Data Cache About Veterans Has Been Stolen » , *New York Times Online*, 23 mai 2006.
9. Deloitte & Touche et Ponemon Institute, « Research Report: Reportable and Multiple Privacy Breaches Rising at Alarming Rate » , *Ethics Newsline*, 1er janvier 2008, http://ethicsnewsline.wordpress.com.
10. B. Grow, K. Epstein et C-C. Tschang, « The New E-Spionage Threat » , *BusinessWeek*, 21 avril 2008, p. 32-41 ; S. Leibs, « Firewall of Silence » , *CFO*, avril 2008, p. 31-35 ; J. Pereira, « How Credit-Card Data Went out Wireless Door » , *Wall Street Journal*, 4 mai 2007, p. A1 et suivantes ; B. Stone, « Firms Fret as Office E-Mail Jumps Security Walls » , *New York Times Online*, 11 janvier 2007.
11. D. Whelan, « Google Me Not » , *Forbes*, 16 août 2004, p. 102-104.
12. R. S. Kaplan et D. P. Norton, « How to Implement a New Strategy Without Disrupting Your Organization » , *Harvard Business Review*, mars 2006, p. 100-109 ; L. Bassi et D. McMurrer, « Developing Measurement Systems for Managers in the Knowledge Era » , *Organizational Dynamics*, mai 2005, p. 185-196 ; G. M. J. De Koning, « Making the Balanced Scorecard Work (Part 2) » , *Gallup Brain*, 12 août 2004, http://brain.gallup.com ; G. M. J. De Koning, « Making the Balanced Scorecard Work (Part 1) » , *Gallup Brain*, 8 juillet 2004, http://brain.gallup.com ; K. Graham, « Balanced Scorecard » , *New Zealand Management*, mars 2003, p. 32-34 ; K. Ellis, « A Ticket to Ride: Balanced Scorecard » , *Training*, avril 2001, p. 50 ; T. Leahy, « Tailoring the Balanced Scorecard » , *Business Finance*, août 2000, p. 53-56.
13. T. Leahy, « Tailoring the Balanced Scorecard » .
14. *Ibid.*
15. Informations issues de Hoovers Online, www.hoovers.com, 8 septembre 2002, et de N. Shirouzu, J. Bigness, « 7-Eleven Operators Resist System to Monitor Managers » , *Wall Street Journal*, 16 juin 1997, p. B1.
16. Voir C. Morton, « Monitoring Communications...: At a Glance » , *Personnel Today*, 3 septembre 2002, p. 1 ; « All the Changes to the Code on Employee Monitoring: What HR Needs to Know » , *Personnel Today*, 16 juillet 2002, p. 2 ; J. B. Lewis, « I Know What You E-Mailed Last Summer » , *Security Management*, janvier 2002, p. 93-98.
17. AMA/ePolicy Institute, « 2005 Electronic Monitoring & Surveillance Survey » , *American Management Association*, http://www.amanet.org.
18. S. Armour, « Companies Keep an Eye on Workers' Internet Use » , *USA Today*, 21 février 2006, p. 2B.
19. B. White, « The New Workplace Rules: No Video-Watching » , *Wall Street Journal*, 4 mars 2008, p. B1+.
20. *Ibid.*
21. J. Jusko, « A Watchful Eye » , *Industry Week*, 7 mai 2001, p. 9 ; « Big Brother Boss » , *U.S. News and World Report*, 30 avril 2001, p. 12.
22. S. Armour, « More Companies Keep Track of Workers' E-Mail » , *USA Today*, 13 juin 2005, p. 4B ; E. Bott, « Are You Safe? Privacy Special Report » , *PC Computing*, mars 2000, p. 87-88.
23. A. M. Bell, D. M. Smith, « Theft and Fraud May Be an Inside Job » , *Workforce Online*, www.workforce.com, 15 mai 2000.
24. C. C. Verschoor, « New Evidence of Benefits from Effective Ethics Systems » , *Strategic Finance*, mai 2003, p. 20-21 ; E. Krell, « Will Forensic Accounting Go Mainstream? » , *Business Finance*, octobre 2002, p. 30-34.
25. S. E. Needleman, « Businesses Say Theft by Their Workers Is Up » , *Wall Street Journal*, 11 décembre 2008, p. B8.
26. J. Greenberg, « The STEAL Motive: Managing the Social Determinants of Employee Theft » , in R. Giacalone et J. Greenberg (dir.), *Antisocial Behavior in Organizations*, Newbury Park, CA, Sage, 1997, p. 85-108.
27. B. P. Niehoff, R. J. Paul, « Causes of Employee Theft and Strategies that HR Managers Can Use for Prevention » , *Human Resource Management*, printemps 2000, p. 51-64 ; G. Winter, « Taking at the Office Reaches New Heights: Employee Larceny Is Bigger and Bolder » , *New York Times*, 12 juillet 2000, p. C1+.
28. Cette section s'inspire de J. Greenberg, *Behavior in Organizations*, 7e édition, Upper Saddle River, NJ, Prentice Hall, 2000, p. 396-397.

29. A. H. Bell, D. M. Smith, « Why Some Employees Bite the Hand That Feeds Them » , *Workforce Online*, www.workforce.com, 16 mai 2000.
30. R. Lenz, « Gunman Kills Five, Himself at Plant » , The Associated Press, *Springfield, Missouri, News-Leader*, 26 juin 2008, p. 6A ; S. Oppermann, « Violence in the Workplace: Is Your Agency Prepared? » , *FedSmith*, 30 mai 2007, http://www.fedsmith.com ; « Former Postal Worker Kills 5, Herself » , *CBS News*, 31 janvier 2006, http://www.cbsnews.com/stories ; « Autoworker's Grudge Turns Deadly » , *CBS News*, 27 janvier 2005, http://www.cbsnews.com/stories ; D. Sharp, « Gunman Just Hated a Lot of People » , *USA Today*, 10 juillet 2003, p. 3A ; M. Prince, « Violence in the Workplace on the Rise; Training, Zero Tolerance Can Prevent Aggression » , *Business Insurance*, 12 mai 2003, p. 1.
31. « Workplace Homicides in 2007 » , *U.S. Bureau of Labor Statistics Division of Information Services*, 26 août 2008, http://data.blg.gov.
32. J. McCafferty, « Verbal Chills » , *CFO*, juin 2005, p. 17 ; S. Armour, « Managers Not Prepared for Workplace Violence » , *USA Today*, 15 juillet 2004, p. 1B et suivantes ; « Workplace Violence » , *OSHA Fact Sheet*, U.S. Department of Labor, Occupational Safety and Health Administration, 2002.
33. « Ten Tips on Recognizing and Minimizing Violence » , *Workforce Online*, 3 décembre 2000, http://www.workforce.com.
34. « Bullying Bosses Cause Work Rage Rise » , *Management Issues News*, 28 janvier 2003, http://www.management-issues.com.
35. R. McNatt, « Desk Rage » , *BusinessWeek*, 27 novembre 2000, p. 12.
36. M. Gorkin, « Key Components of a Dangerously Dysfunctional Work Environment » , *Workforce Online*, 3 décembre 2000.
37. « Ten Tips on Recognizing and Minimizing Violence » ; M. Gorkin, « Five Strategies and Structures for Reducing Workplace Violence » ; « Investigating Workplace Violence: Where Do You Start? » ; « Points to Cover in a Workplace Violence Policy » , articles tirés de *Workforce Online*, 3 décembre 2000.

Chapitre 15

1. Pour une analyse exhaustive du management des opérations, consulter R. S. Russell, B. W. Taylor III, *Operations Management*, 4e éd., Upper Saddle River, NJ, Prentice Hall, 2003.
2. C. M. Wright et G. Mechling, « The Importance of Operations Management Problems in Service Organizations » , *Omega*, avril 2002, p. 77-88.
3. Ministère américain du Travail, bureau des statistiques, « The Employment Situation » , août 2002, p. 1-2.
4. Voir *The World Fact Book 2001*, disponible en ligne, www.odci.gov/cia/publications/factbook/index.html, 2002.
5. Chiffres 2002, source Insee.
6. W. Royal, « Leading the Charge » , *Industry Week*, 20 mars 2000, p. 32.
7. D. Meyers, « Cutting Costs with Diamond Coatings: Carbide Tolls with CVD Diamond Coatings Can Help Manufacturers Increase Both Productivity and Product Quality in Machining Green Ceramics, Making Them Well Worth the Extra Investment » , *Ceramic Industry*, juillet 2002, p. 21-24.
8. « Integrated AutoCAD Routines Help Increase Productivity » , *Process Heating*, avril 2002.
9. J. Ordonez, « McDonald's to Cut the Cooking Time of Its French Fries » , *Wall Street Journal*, 19 mai 2000, p. B2.
10. T. Mudd, « The Last Laugh » , *Industry Week*, septembre 2000, p. 38-44.
11. G. Bylinksy, « The E-Factory Catches On: Huge Increases in Productivity Result When Customers Can Design the Products They Want and Send Orders Straight to the Plant Floor Via the Internet » , *Fortune*, 23 juillet 2001, p. 200.
12. Voir « Industry Week's Best Plants » , *Industry Week*, octobre 2002, disponible en ligne sur www.industryweek.com ; J. H. Sheridan, « Managing the Value Chain » , *Industry Week*, 6 septembre 1999, disponible en ligne sur www.industryweek.com.
13. J. S. McCleanahen, « The Future » , *Industry Week*, 17 avril 2000, p. 45-50.
14. D. Drickamer, « Getting Down to Brass Tacks: Value-Chain Management Moves from Dream to Reality » , *Industry Week*, avril 2002, p. 53-55 ; « Networked Value Chain: Seizing the Competitive Edge Supply Chain Management » , *Chief Executive*, mars 2002, p. D1-D13.
15. J. H. Sheridan, « Managing the Value Chain » , *Industry Week*, 6 septembre 1999, disponible en ligne sur www.industryweek.com.
16. *Ibid.*, p. 1.
17. M. E. Porter, *Competitive Advantage: Creating and Sustaining Superior Performance*, New York, Simon and Schuster, 1998.
18. R. Karkgaard, « ASAP Interview: Mike Hammer » , *Forbes ASAP*, 13 septembre 1993, p. 70.
19. Voir notamment K. P. O'Brien, « Value Chain Report: Supply Chain Success in the Aftermarket » , *Industry Week*, 15 juillet 2002, disponible en ligne sur www.industryweek.com.
20. S. Leibs, « Getting Ready: Your Suppliers » , *Industry Week*, 6 septembre 1999, disponible en ligne sur www.industryweek.com.
21. Voir notamment J. Jusko, « Procurement – Not All Dollars and Cents » , *Industry Week*, 4 avril 2002, disponible en ligne sur www.industryweek.com.

22. Voir « News Item Future Challenges for the Aromatics Supply Chain » , communication de N. Sullivan, directrice adjointe du département Composés aromatiques et phénol, à l'occasion de la 1re Conférence européenne sur les composés aromatiques et leurs dérivés, Londres, Royaume-Uni, 29 mai 2002, disponible en ligne à l'adresse www.shellchemicals.com/newsroom/1,1098.71.00.html.
23. D. Bartholomew, « The Infrastructure » , *Industry Week*, 6 septembre 1999, p. 1.
24. G. Taninecz, « Forging the Chain » , *Industry Week*, 15 mai 2000, p. 40-46.
25. G. Taninecz, « Forging the Chain » , p. 44.
26. « Straighline Provides Real-Time Visibility to the Supply Chain with New Online Service: StraightEdge™ Enables Customers to Increase Inventory Turns, Enhance Operational Efficiency and Improve Cash Flow » , *PR Newswire*, 8 octobre 2002, p. 1.
27. Voir J. H. Sheridan, « Now It's a Job for the CEO » , *Industry Week*, 20 mars 2000, p. 22-30.
28. R. Norman, R. Ramirez, « From Value Chain to Value Constellation » , *Harvard Business Review on Managing The Value Chain*, Boston, Harvard Business School Press, 2000, p. 185-219.
29. S. Leibs, « Getting Ready: Your Customers » , *Industry Week*, 6 septembre 1999, p. 4.
30. Cette liste est adaptée de The Prep Center, « Collaboration Skills Checklist » , 2002, disponible en ligne sur www.prepcenter.org.
31. Voir notamment C. Lunan, « Workers Doing More in Less Time » , *The Charlotte Observer*, 1er juin 2002, p. D1.
32. S. Leibs, « Getting Ready: Your Customers » , p. 3.
33. Initiales d'*Enterprise Resources Planning*.
34. Voir notamment L. Harrington, « The Accelerated Value Chain: Supply Chain Management Just Got Smarter, Faster, and More Cost-Effective, Thanks to a Groundbreaking Alliance Between Intel and Technologies » , *Industry Week*, avril 2002, p. 45-51.
35. *Ibid.*, p. 2.
36. *Ibid.* ; J. H. Sheridan, « Managing the Value Chain » .
37. J. H. Sheridan, « Managing the Value Chain » , p. 3.
38. S. Leibs, « Getting Ready: Your Customers » , p. 4.
39. J. H. Sheridan, « Managing the Value Chain » , p. 2-3 ; S. Leibs, « Getting Ready: Your Customers, » p. 1, 4 ; D. Bartholomew, « The Infrastructure » , p. 6.
40. G. Taninecz, « Forging the Chain » .
41. S. Leibs, « Getting Ready: Your Customers » , p. 1.
42. *Ibid.*
43. *Ibid.*
44. D. Drickamer, « On Target » , *Industry Week*, 16 octobre 2000, p. 111-112.
45. S. Leibs, « Getting Ready: Your Customers » , p. 2.
46. *Ibid.*
47. D. Bartholomew, « The Infrastructure » , p. 3.
48. W. Royal, « Too Much Trust ? » , *Industry Week*, 2 novembre 1998, disponible en ligne sur www.industryweek.com.
49. J. Sheridan, « Managing the Value Chain » , p. 4.
50. W. Echikson, « Taking Hungary on a High-Tech Ride » , *Business Week*, 23 octobre 2000, p. 148D.
51. H. Filman, « You Order It, They'll Make It » , *Business Week*, 29 mai 2000, p. 218D-218J.
52. D. Bartholomew, « Supply Chain Moves Online » , *Industry Week*, 20 mars 2000, p. 52-56.
53. J. Teresko, « The Dawn of E-Manufacturing » , *Industry Week*, 2 octobre 2000, p. 455-460.
54. Voir J. Cauhorn, « The Journey to World Class » , *Industry Week*, 6 avril 2001, disponible en ligne sur www.industryweek.com.
55. D. Bartholomew, « One Product, One Customer » , *Industry Week*, 12 septembre 2002, disponible en ligne sur www.industryweek.com.
56. S. Chausse, S. Landry, F. Paisn, S. Fortier, « Anatomy of a Kanban: A Case Study » , *Production and Inventory Management Journal*, automne 2000, p. 4-15.
57. Pour un exposé approfondi sur la gestion de projets, voir J. M. Nicholas, *Project Management for Business and Technology : Principles and practice*, 2e éd., Upper Saddle River, NJ, Prentice Hall, 2001.
58. H. Maylor, « Beyond the Gantt Chart: Project Management Moving On », *European Management Journal*, février 2001, p. 92-101.

Index thématique

D

E

F

G

N

O

P

Q

R

S

T

U

V

Index des noms propres

IMPRIMÉ EN ESPAGNE

Imprimé par **GraphyCems**
31132 Villatuerta (Espagne)

Suivant sa politique de développement,
amélioration continue, qualité et gestion de l'environnement,
GraphyCems possède les certifications **ISO 9001**,
ISO 14001 et **FSC** (Forecast Stewardship Council).